Franz Peter Sonntag · Ruhelose Zeit

Franz Peter Sonntag

Ruhelose Zeit

Das Jahrhundert der Reformation und der Reform

1985
Verlag Styria Graz Wien Köln

CIP-Kurztitelaufnahme der Deutschen Bibliothek

Sonntag, Franz Peter:
Ruhelose Zeit: d. Jh. d. Reformation
u. d. Reform / Franz Peter Sonntag
Graz; Wien; Köln: Verlag Styria 1985
ISBN 3-222-11535-4

1985 Verlag Styria Graz Wien Köln

Printed in the German Democratic Republic
Gesamtherstellung: VOB Buch- und Offsetdruck, Leipzig
ISBN 3-222-11535-4

Meinen Hörern
des Philosophisch-Theologischen Studiums in Erfurt
gewidmet.

INHALT

DIE GEBURT DES KONFESSIONELLEN ZEITALTERS

DAS KONZIL VON TRIENT UND KIRCHLICHE REFORM

VORWORT

„Escribo los hechos famosos de un siglo inquieto – Ich schreibe die großen Taten einer ruhelosen Zeit."

So beginnt Fray Prudencio de Sandoval († 1620), Benediktiner, Bischof von Tuy und später Bischof von Pamplona, die erste Darstellung Karls V.: „Historia de la vida y hechos del emperador Carlos V, maximo, fortissimo rey catholico de Espana y de las Indias, islas y tierra firme del mar oceano" (2. Ausgabe Pamplona 1634, weitere: Madrid 1675, Antwerpen 1681). „Ich werde über die Reiche, die Kronen, die verehrungswürdigen und glorreichen Zepter der Eitelkeit der Welt berichten. Ich werde von Kriegen, vom Tod unzähliger Menschen, der Stärksten auf Erden, erzählen. Ich werde über unausgesetzte, ein halbes Jahrhundert währende Kämpfe, über die Gefangenschaft der Könige, über die Plünderung Roms, über wütenden Hader zwischen Fürsten, über zerbrochene Bündnisse, Eide, Verbrüderungen, über Habsucht, Selbstsucht und Neid der königlichen Gemüter, über vorgetäuschte, verlogene Ziele, über Freundschaftsverträge mit Türken, mit Ketzern, über Haß, Rache und Leidenschaft, über brennende Städte und Dörfer . . . über all das werde ich berichten."

Auf dem Hintergrund dieser Landschaft entwirft Sandoval, von der Gestaltungskraft des echten Historikers getragen, die Gestalt Karls V., der geführt von seiner Kaiseridee sich als Vogt Gottes fühlte und sechsunddreißig Jahre um die Einheit der Kirche und des Römischen Reiches deutscher Nation rang.

In die Geschichte dieses großen Habsburgers gehört auch die Geschichte Martin Luthers, jenes Mönches, der auf eine ihn bedrängende religiöse Frage eine theologische Antwort suchte und mit dieser Antwort eine Welt veränderte.

Luthers Tat wirkte wie ein Funke in dem Zündstoff, der im Zeitgrund von den geistigen, politischen und wirtschaftlichen Strömungen angeschwemmt war. Das Werk des Reformators ist untrennbar mit den geschichtlichen Kräften des beginnenden 16. Jahrhunderts verbunden und verdankt ihnen seine weltweite Wirkung.

Im Zeitalter wachsender Spezialisierung ist es vermessen, wenn ein einzelner es unternimmt, die Geschichte eines Zeitalters vorzustellen. Dieser Versuch ist aus Vorlesungen erwachsen, die der Verfasser vor Theologiestudenten des Philosophisch-Theologischen Studiums in Erfurt hielt und hält. Beim akademischen Unterricht kann man sich nicht nur auf eigene Forschungen stützen, sondern ist von der Sache her gefordert, den Stoff, den die Forschung erarbeitete, zu verwenden.

Diese Arbeit stützt sich auf die katholische reformationsgeschichtliche Forschung unseres Jahrhunderts, besonders auf die Studien von Sebastian Merkle, Adolf Herte, Joseph Lortz, Hubert Jedin, Erwin Iserloh und auf das theologische Bemühen von Gottlieb Söhngen, Daniel Olivier, Robert Grosche, Hans Küng, Joseph Ratzinger, Otto H. Pesch, Albert Brandenburg und Heinrich Fries.

Grundlegende Erkenntnisse für das moderne protestantische Lutherverständnis verdanke ich den Werken von Franz Lau, Otto Scheel, Karl Holl, Heinrich Bornkamm, Ulrich Kühn, Ingetraut Ludolphy, Walther von Loewenich, Leif Grane und Martin Bogdahn, dessen Arbeit ich für die Darstellung der lutherischen Rechtfertigungslehre benutzte.

Für die allgemeine Zeitgeschichte weiß sich der Verfasser den Arbeiten von Karl Brandi und Stephan Skalweit verpflichtet. Die Darstellung der Kurie in Avignon resümiert die Forschungen von Karl August Fink, die Deutung der Bilder des Meisters Grünewald schrieb Wilhelm Nyssen.

Geziemenden Dank schulde ich Frau Sybille Ziemann, Leipzig, für die Anfertigung des Registers.

Am Fest des hl. Basilius und des
hl. Gregor von Nazianz 1982
Leipzig/Erfurt

Franz Peter Sonntag

Zeitenwende

1

STERBENDES ZEITALTER

Gegen Ende des Jahres 1299 verdichtete sich in der abendländischen Christenheit das Gerücht, daß im kommenden Jahre in der Petersbasilika in Rom ein besonderer Ablaß zu gewinnen sei. So strömten vom Beginn des Jahres 1300 an – von Angst und Hoffnung getrieben, das hereinbrechende Endgericht erwartend – große Pilgerscharen nach Rom. Papst Bonifaz VIII. (1294–1303) erließ, nachdem er seine Kardinäle angehört hatte, am 22. Februar 1300, dem Fest Petri Stuhlfeier in Antiochien, die Bulle „Antiquorum habet fidem".

Sie verkündete einen vollkommenen Nachlaß der Sündenstrafen all denen, die in diesem Jahr und in jedem künftigen 100. Jahr nach reumütiger Beichte die Basilika der beiden Apostelfürsten besuchen würden. Die Römer mußten die beiden Kirchen fünfzehnmal, die fremden Pilger dreißigmal besuchen.

Eine ungeheure Erregung ergriff die Christenheit. Zu Tausenden wanderten oder fuhren die Pilger nach Rom, um den großen Ablaß zu gewinnen. Die Opfergaben der Pilger waren beträchtlich. Es wird erzählt, daß in den beiden Basiliken der Apostel Tag und Nacht Kleriker damit beschäftigt waren, mit dem Rechen die niedergelegten Münzen einzustreichen. Aber diese Spenden kamen vornehmlich den Kirchen selbst zugute. Viel entscheidender war, daß das Ansehen des Papstes Bonifaz VIII. eine neue Steigerung erfuhr. Mit 60 Jahren empfing er, Kardinal Benedetto Gaetani, die Tiara und gab ihr, zum Zeichen seines Anspruchs auf die Fülle der Gewalten, die neue Form der Doppelkrone. Er war von riesenhafter Gestalt, unbändiger Lebenskraft und behielt bis zum Tode alle Zähne. Herrscher vom Scheitel bis zur Sohle, schwieg er in Verhandlungen und ließ das Wort seinen Beratern. Stärker als sein Glaube war sein Aberglaube. Wie andere Aufgeklärte seiner Zeit, so auch Friedrich II., der am Ende nur noch seinen Astrologen glaubte, befragte er die Sterne, trug einen Ring, in dem er seinen hilfreichen Dämon gegenwärtig wußte.

Nicht zu zweifeln ist an seiner rohen und höhnischen Kälte und seiner Menschenverachtung. Als der Papst einst den Franziskaner-Dichter Jacopone um die Deutung eines Traumes bat – der Papst hatte im Traum eine große Glocke ohne Klöppel gesehen – antwortete dieser: Das bedeutet dich, den Menschen ohne Herz.

Das Jubiläumsjahr 1300 war der Höhepunkt im Pontifikat Bonifaz' VIII. Es stärkte sein Selbstbewußtsein und Machtgefühl, das durch die Kämpfe mit den Kardinälen aus dem Geschlechte Colonna und seiner Auseinandersetzung mit dem französischen König Philipp dem Schönen schwer gelitten hatte. Päpstliche Kanonisten feierten den Papst als „menschlichen Gott" (Deus humanus). Zeitgenossen überlieferten zuverlässig, daß der Papst sich mehrfach im Schmuck kaiserlicher Insignien zeigte und ausrief: „Ich bin Cäsar, ich bin Kaiser!". Beide Gewalten, die geistliche und die weltliche, „beide Schwerter" wollte er in seiner Hand vereinen. Alle Menschen seien ihm in weltlichen und geistlichen Dingen rechtlich unterworfen. Diese Gedanken spricht der Papst auch in seiner Bulle „Unam sanctam", die er am 18. November 1302 erließ, aus. Diese Bulle enthielt kaum neue und eigene Gedanken. Ihre entscheidenden Texte sind den Werken Bernhards von Clairvaux, Hugos von St. Victor und Thomas' von Aquin wie auch dem Traktat „De ecclesiastica sive summi pontificis potestate" des Augustinereremiten Aegidius Romanus entnommen. Der Papst ist der Herr der Erde, lautete der Tenor dieser päpstlichen Bulle. Dieses Werk stellt den Gipfel päpstlichen Machtanspruchs dar.

Das Mittelalter, wie man diese Epoche der Geschichte der Christenheit immer noch benennt, träumte einen kühnen Traum. Es strengte sich an, den zentralen Begriff der Verkündigung Jesu, „Reich Gottes", mit politischen Mitteln zu verwirklichen.

Jesus von Nazaret verkündete das „Reich Gottes". Wenn man die Aussagen des Neuen Testamentes prüft, so redete Jesus „in einer dreifachen Weise vom Reiche Gottes": Er verkündet, daß das Reich Gottes mit seinem Kommen angebrochen ist; er sagt weiter, daß es schon jetzt verborgen in uns ist; seine endgültige Errichtung aber verheißt Jesus erst mit den Tagen seiner Wiederkunft. In den ersten drei Jahrhunderten ihrer Geschichte wartete die Kirche sehnsüchtig auf die Wiederkunft des Herrn. Ihre Gebete schlossen mit dem Ruf „Komm, Herr Jesus, ja, komme bald!".

Kaiser Konstantin (306–337) tolerierte den christlichen Glauben, ordnete die Kirche in das Gefüge des Imperiums ein und legte so den Grund für die „Kaiserkirche". Die Kaiserkirche, das bedeutete, der Kaiser war der Vicarius Christi, der Bischof für die äußeren Angelegenheiten, der dreizehnte Apostel. Aus der wandernden Kirche, die sich auf ihren wiederkommenden Herrn hin bewegte, wurde eine Kirche, die sich immer mehr in dieser Welt einrichtete und die von den Trägern der politischen Macht zur Erhöhung ihres eigenen Glanzes und Ansehens mißbraucht wurde, wenn auch die endzeitliche Erwartung nie vollends verschwand.

Einer der Nachfolger Konstantins macht im Jahre 381 das Christentum zur Staatsreligion. Die Germanen, Slawen und Kelten, die Träger der politischen Ordnung des kommenden Jahrtausends, begegneten dem Christentum und der Antike in der Form der Kaiserkirche. Die Franken wurden das staatbildende Volk der Germanen, zunächst unter der Führung der Merowinger, später aber vor allem durch Karl den Großen. Karl der Große vereinigte weithin die germanischen Völker und fühlte sich als Nachfahre und Erneuerer des Römischen Imperiums. Er ergriff die Geschichtsauffassung und Geschichtstheologie, wie sie der heilige Augustinus († 430) in seinem Werk „De Civitate Dei" niederlegte, deutete sie aber so, wie er sie verstand. Eine Geschichtsanschauung, die dem geschichtlichen Ablauf selbst entnommen war oder aus dem Bedenken des Geschehens stammte, also in irgendeinem Sinne empirisch war, gab es nicht. Offenbarung und Tradition bedingten durch ihre Inhalte die Geschichtsbetrachtung. Grundsätzlich war die Weltgeschichte mit Christus abgeschlossen. Man stand am Ende des irdischen Geschichtsablaufes und erwartete das Hereinbrechen des Gottesreiches.

Trotz allem Einrichten im Hiesigen ist die endzeitliche Denkweise, d. h. die Frage nach dem Ende, nicht verstummt, auch wenn sie in den einzelnen Jahrhunderten in verschiedener Stärke gestellt wurde. Im 6. nachchristlichen Jahrhundert wurde die Zeitrechnung praktisch auf die Zeitenwende umgerechnet. Die nachchristliche Zeit war die letzte Weltzeit, das sechste Weltzeitalter, wenn man, wie fast allgemein üblich, das Sechstagewerk zugrunde legte. Nur über die Einteilung der Zeit vor Christus konnte man verschiedener Ansicht sein. Nach dem Buche Daniel des Alten Testamentes (Kapitel 2) gibt es vier große Weltreiche, die sich nacheinander ablösen. Als das vierte und letzte dieser Weltreiche wurde das Imperium Romanum angesehen. Durch die Tat Konstantins und seiner Nachfolger wurde das Imperium Romanum christlich, alle nun entstehenden Reiche verstanden sich als rechtmäßige Nachfolger des Imperiums; in ihnen lebte das Imperium fort. So lassen sich auch aus dem Bedürfnis nach Kontinuität, trotz anscheinend äußerlich verschiedener Entwicklungsformen, die Theorien über die „Translatio imperii" verstehen. Wie stark dieses Denken einen Mann wie Karl den Großen beherrschte, macht der Anblick des Aachener Münsters deutlich. Der Sinn des Bauwerkes, dessen Mittelpunkt der Kaiserstuhl ist, offenbart sich in der ausgeführten Symbolik des Baues. Der Kaiserstuhl weist dem Herrscher den höchsten Platz an. Der Sitz steht im Westen; die Achse der Kirche verläuft genau von Ost nach West. „Der Jüngste Tag, der von Osten aufleuchtet, wird das Ende des irdischen Reiches bringen. Die Erwartung des Endreiches Christi, des Königs aller Könige, gibt dem Anspruch auf die höchste Stelle, wie sie der Thron zum Ausdruck brachte, das richtige Maß" (E. Stephany). Der Aachener Kirchenbau enthält das Mysterium des Königs nach dem Vorbild Davids und Salomons. Die Kirche selbst ist ein Abbild des himmlischen Jerusalems, sie ist nach den Maßzahlen für den Umfang der heiligen Stadt (Offb 21,17) gebaut.

Das mittelalterliche Kaisertum, das durch Karl den Großen begründet wurde und das sich als Fortsetzung des römischen Kaisergedankens verstand, trug eine schwere geschichtliche Last mit sich. Konstantin verband Kirche und Reich eng miteinander und fühlte sich zu dieser Zeit auch als Herr der Kirche. So war die Kirche einer dauernden Gefahr ausgesetzt, eine Staatskirche zu werden. Auch die Kaiser des Mittelalters betrachteten sich als Herren und Beschützer der Kirche. Bei ihrer Weihe trugen sie priesterliche Gewandung. Der Ordo der Weihe war der Bischofsweihe angeglichen. Otto d. Gr., der das Kaisertum Karls und das Kaisertum Konstantins erneuerte, bekleidete sich mit Gewändern, die der Kleidung eines alttestamentlichen Hohenpriesters nachgebildet waren.

Am Lichtmeßtag des Jahres 962, einem Sonntag, wurde die Kaisersalbung und -krönung Ottos I. in St. Peter in Rom vollzogen. Im Eingangsgebet der Liturgie dieses Tages begegnen die Gedanken der Misericordia Dei, der Justitia und der Laus in finis terrae. Der Krönungsornat, die Machtzeichen und die Krone, die der Kaiser an diesem Tage anlegte, zeigten, wie er selbst das Kaisertum verstand, nämlich als eine Verbindung des geistlichen Amtes mit der weltlichen Macht. Nie ist das Priestertum enger mit der Macht des Herrschers vereint worden als bei der Krönung Ottos I. Schon nach der Schlacht auf dem Lechfeld (955) beschäftigte sich Otto I. mit dem Gedanken, seiner Umwelt zu verdeutlichen, wie er zu Gott und Christus stand. Sein Bruder Brun, Erzbischof von Köln und seit 953 auch Herzog von Lothringen, beriet ihn bei diesen Überlegungen. Die Vorstellungen der beiden Brüder nahmen in der Reichskrone Gestalt an.

Auf dem Bügel der heute in Wien bewahrten Krone steht der Name Konrads II., aber es besteht kein Zweifel, daß der Bügel mit dem Namen Konrads einen älteren gleichgeformten ersetzt hat. Es besteht auch nach Vergleich mit anderen Goldschmiedearbeiten kein Bedenken gegen eine Datierung der Krone um 960. Auf einer der vier Bildplatten ist jene Szene, auf der Ezechias, dem kranken, sitzenden König, neben ihm stehend Jesaja, dargestellt mit dem Zuspruch: Ecce, adiciam super dies tuos XV annos – Ich will deinen Tagen noch fünfzehn Jahre hinzugeben (Jes 38,5). Die bildliche Wiedergabe dieser Szene ist ungewöhnlich. Otto I. erkrankte 957 schwer. Seine Errettung führte er auf die Hilfe des heiligen Vitus zurück. Man vermutet, daß jene Darstellung auf der Krone mit der Krankheit zusammenhängt, so daß der König die Reichskrone kurz vorher oder kurz nachher in Auftrag gab. Die Krone ist achteckig. Zwischen den vier mit Steinen geschmückten Platten sind Platten mit Email angeordnet. Zwei zeigen Darstellungen aus der Welt der Propheten und zwei Bilder aus der Geschichte des alttestamentlichen Königtums.

Der Träger einer solchen Krone war also in vielfacher Weise in Beziehung zur Heilslehre, zur göttlichen Ordnung der Welt und zum Ablauf der Geschichte gesetzt. Nie vorher war das bei einer Krone versucht worden. Über die Reichskrone spannt sich ein hahnenkammartiger Bügel. Was bedeutet das? Unter der Krone wurde eine Mitra getragen, und zwar eine niedrige Mitra mit zwei stumpfen Ecken und einem Sattel in der Mitte. Nur einmal zuvor waren in der Geschichte Krone und Mitra vereint. Im Alten Testament wird erzählt, daß eine Krone über einer Mitra vom Hohenpriester getragen wurde.

Zum Reichsschatz gehörte ursprünglich auch ein Gürtel. An diesem Gürtel waren an blauen und roten Schnüren vier Glöckchen angebracht. Dadurch wird deutlich, warum eine Quelle des 11. Jahrhunderts angibt, am Gewande des Kaisers seien „Tintinnabula" befestigt. Wiederum wird hieran das Vorbildhafte des Alten Testamentes mit einer Schilderung der Gewandung des Hohenpriesters spürbar. Im Bamberger Domschatz hat sich ein Mantel erhalten, auf dessen blauem Grund in Gold Gestalten der Apokalypse und die Figuren des Zodiakus eingestickt sind. Es ist bekannt, daß auch Otto III. und sein Zeitgenosse Hugo Capet von Frankreich solche Himmelsmäntel besaßen. Im Alten Orient und im hellenistischen Bereich trugen Herrscher ebensolche Mäntel als Zeichen des Anspruchs auf die Weltherrschaft. Aber eine derartige Auslegung paßt schlecht ins 10. Jahrhundert. Doch das Alte Testament berichtet in der Weisheit Salomos, daß auf dem Mantel des Hohenpriesters „totus orbis terrarum", der ganze Weltkreis, abgebildet sei. Auch die Salbung, die zum ersten Mal im 7. Jahrhundert an einem gotischen Herrscher auf der Iberischen Halbinsel vollzogen wurde, war vom alttestamentlichen Königtum übernommen.

Bis zur Mitte des 11. Jahrhunderts stand das Papsttum weithin völlig in der Botmäßigkeit des Kaisers. Der Kaiser war der „Papstmacher". Um diese Zeit kam vom Kloster Cluny her eine Bewegung in der Kirche auf, die sich mit dem Ruf „Freiheit der Kirche" (Libertas ecclesiae) aus der bedrohlichen Umarmung des Kaisers lösen wollte. Die mittelalterliche Geschichte ist von diesem Zeitpunkt an von dem Kampf bestimmt, wer in diesem „heiligen Reich", das wohlgeordnet – die irdische Hierarchie galt als ein Abbild der himmlischen Ordnung nach dem Werk des Dionysios Areopagites – wie eine Pyramide aufragt, die Spitze einnimmt: der Kaiser oder der Papst.

Das jahrhundertelange Ringen, das mit Gregor VII. (1073–1085) und Heinrich IV. (1056–1106) beginnt, erfährt in dem Kampf zwischen Innozenz III. (1198–1216) und Friedrich II. (1212–1250) seinen Höhepunkt. Schließlich und endlich aber verbraucht sich das mittelalterliche Kaisertum in diesen Auseinandersetzungen. Das 13. Jahrhundert bringt die „kaiserlose, die schreckliche Zeit", das „Interregnum", und es scheint, daß die Bulle „Unam sanctam“ des Jahres 1302 den endgültigen Triumph des Papsttums über den Kaiser manifestiert.

Aber wie trügerisch ist dieser Eindruck, auf welch tönernen Füßen steht diese so laut verkündete päpstliche Macht! Von welch einer Selbstverblendung muß dieser mit der Tiara gekrönte, ausgezeichnete Jurist getroffen sein! Seine Bulle „Unam sanctam“ stellt gleichzeitig Höhepunkt und Abgesang des päpstlichen Machtanspruches dar. Noch steht zwar der gewaltige Bau der mittelalterlichen Welt, aber schon zeigt der kühngefügte Bau klaffende Risse, und schon ist der feste Grund, auf dem er ruht, erschüttert. Drei Männer sind es vor allem, die durch ihr Denken eine neue Zeit vorbereiten: Joachim von Fiore († 1202), Wilhelm von Ockham († 1347) und Marsilius von Padua († 1343).

Die neue Geschichtsschau des Zisterzienserabtes Joachim von Fiore wirkte damals revolutionierend und blieb für das europäische Geschichtsdenken anregend. In der Mitte des 12. Jahrhunderts wurde Joachim in der Nähe von Cosenza in Kalabrien geboren. Dort wirkten jahrhundertelang griechische Einflüsse, und später waren die Normannen gekommen. Hier lebten noch das griechische Denken und der Geist orthodoxen Christentums. Im 11. Jahrhundert bewohnten in dieser Gegend noch Basilianermönche, also Mönche griechischer Herkunft, ihre Klöster. Sie wurden im Gefolge der großen Reform in die Organisation der lateinischen Kirche eingegliedert. Im griechischen Denken und in der heiligen Überlieferung der orthodoxen Kirche wurzelt das Denken Joachims. In jungen Jahren wurde er Abt des Zisterzienserklosters in Corazzo. Er trennte sich aber bald von seinem Orden und gründete nach einem kurzen Einsiedlerdasein in Floris eine eigene Abtei und Genossenschaft, die sich besonders normannischer Schutzherrschaft erfreute. Auch zur Trinitätslehre äußerte er sich, aber schon das 4. Laterankonzil (1215) hatte einige seiner Thesen verworfen.

In lebenslanger Meditation befaßte sich Joachim mit der Erklärung und Deutung der Heiligen Schrift. Ihr sind seine Hauptwerke „Concordia novi ac veteris testamenti“, „Expositio in Apocalysim“, „Psalterium decem chordarum“ und „Tractatus super quatuor Evangelia“ gewidmet. Joachim beherrschte alle Formen mittelalterlicher Schrifterklärung. Bezeichnenderweise befaßte er sich fast ausschließlich mit den geschichtlichen Büchern der Heiligen Schrift. Historie in seinem Sinne der Heilsgeschichte ist das ihn eigentlich Bewegende. Erst nach seinem Tode wurden seine Erklärungen zur Heiligen Schrift so verbreitet und der Inhalt bekannt, daß er dadurch zu einer der umstrittensten Gestalten des hohen und späten Mittelalters wurde. Wie viele Geschichtsdenker des Mittelalters beschäftigt sich auch Joachim mit der Erwartung der Endzeit. Das jahrelange Mühen um die Deutung des heiligen Textes wird plötzlich überreich belohnt in dem „Pfingsterlebnis“ eines unbekannten Jahres während eines längeren Aufenthaltes in der Zisterzienserabtei von Casamari. Ihm wird eine plötzliche Erleuchtung geschenkt. Dieser Vorgang wiederholt sich während einer Osternacht und führt zu jahrelang gesuchtem Verständnis der Apokalypse und schenkt ihm die große Zusammenschau der Heiligen Schrift. Er selbst schreibt: „Inmitten der nächtlichen Stille, wohl zur Stunde, da uns der Erlöser aus dem Stamm Juda auferstanden ist, empfing ich nach kurzem Meditieren Erleuchtung, die mit strahlender Helligkeit die Augen des Geistes öffnete, über die ganze Fülle der Weisheit dieses Buches und über den ganzen Zusammenhang des Alten und des Neuen Testamentes." Jetzt fand er die lang gesuchte Konkordanz zwischen den Epochen der Heilsgeschichte. Er geht von der Trinität aus. Den drei göttlichen Personen Vater, Sohn und Heiliger Geist entsprechen drei Zeitalter: Altes Testament, Neues Testament und das Zeitalter des Heiligen Geistes oder des Geistes überhaupt. Der Heilsplan wiederholt sich also in ähnlichen und deshalb voraussehbaren Zyklen, die zueinander in einer vielseitigen Parallelität stehen, aber so, daß die fortschreitende Entwicklung sie gleichsam spiralenförmig in die Höhe führt. Der eine Zyklus ist Vorbild für den nächsten, der die Erfüllung des Vorbildes bringt. „Auf drei Weltordnungen (Status) weisen uns die Geheimnisse der Heiligen Schrift. Auf die erste, in der wir unter dem Gesetz waren; auf die zweite, in der wir unter der Gnade sind; auf die dritte, welche wir schon aus der Nähe erwarten, in der wir unter einer reicheren Gnade sein werden.

Der erste Status also steht in der Wissenschaft, der zweite in der teilweise vollendeten Weisheit, der dritte in der Fülle der Erkenntnis. Der erste Status ist die Zeit der Knechtschaft der Sklaven, der zweite in der Knechtschaft der Söhne, der dritte Status in der Freiheit. Im ersten Status herrscht die Furcht, im zweiten der Glaube, im dritten die Liebe. Der erste Status ist der Status der Knechte, der zweite der Freien, der dritte der Freude; der erste der des Knaben, der zweite der Männer, der dritte der Ahnen; der erste steht im Lichte der Gestirne, der zweite im Lichte der Morgenröte, der dritte in der Helle des Tages; der erste steht im Winter, der zweite im Frühlingsanfang, der dritte im Sommer; der erste bringt Primeln, der zweite Rosen, der dritte Lilien; der erste bringt Gras, der zweite Halme, der dritte Ähren; der erste bringt Wasser, der zweite Wein, der dritte Öl; der erste bezieht sich auf die Septuagesima, der zweite auf die Quadragesima, der dritte auf das Pfingstfest; der erste Status bezieht sich auf den Vater, der zweite auf den Sohn, der dritte auf den Heiligen Geist." (Protokoll von Anagni; übersetzt von Benz „Ecclesia spiritualis" 9.)

Mit diesem Denken wird mit der bisherigen Geschichtsauffassung des Mittelalters radikal gebrochen. Nach der überlieferten Auffassung war die Geschichte durch das Kommen des Weltenheilands gespalten, und zwar in die Zeit vor Christus und nach Christus. Jetzt aber wird der Geschichtsablauf dreiteilig. Das letzte Zeitalter nach Christus, die Zeit vor der Wiederkunft Christi und dem Weltuntergang, ist für ihn nicht das letzte dieser irdischen Welt. Joachim verlegt die dritte Weltzeit nicht ins Jenseits, wie man herkömmlich sich gedacht hatte, sondern ins Diesseits. Das Erscheinen des Antichrist, das den Weltuntergang einleitet und das auch Joachim ankündigt als Abschluß der zweiten und Beginn der dritten Epoche, bringt aber nicht das Weltende, sondern nur das Ende der jetzigen zweiten Epoche des Sohnes. Sie wird abgelöst durch das dritte Reich des Geistes. Damit ist etwas Entscheidendes ausgesagt. Die Kirche ist in ihrer jetzigen Gestalt nicht endgültig, sondern sie ist qualitativ der Vervollkommnung fähig. Auch ihre Normen, ihr Recht und ihre Einrichtungen sind veränderlich. Für Joachim ist das dritte Reich wesentlich eine Mönchskirche, wohl ohne Hierarchie in der bisherigen rechtlichen Begründung. Auch das heilige Buch des Neuen Testamentes ist nicht mehr die letzte Norm, sondern es kann noch überhöht werden durch das ungeschriebene Evangelium aeternum, in dem nichts verhüllt ist, sondern offenbar liegt. Dieses Denken bedeutet eine Loslösung von der christologisch orientierten Zeit der Heilsgeschichte. Die Offenbarung ist mit Christus nicht mehr abgeschlossen, sondern geht weiter und wird höher und klarer. Nicht mehr die Wiederkunft des Herrn steht im Mittelpunkt dieses Denkens, sondern die Errichtung des „Reiches des Geistes“.

Vermutlich ist ihm die ganze Tragweite seiner Formulierung nicht bewußt geworden. Hier wird jene Kirche, die sich fest in dieser Welt einrichtete und fest verbunden ist mit politischer Macht, als Form des Reiches Gottes in Frage gestellt. An die Stelle der Hierarchie, der Prälaten und des Klerus, treten im dritten Status die „Spirituales Homines“, die Mönche. Unter dem Gesetz der Ablösung aber steht auch das Papsttum. Auch wenn die Deutung hier umstritten und nicht genau festzulegen ist, so ist es wahrscheinlich, daß im dritten Status das Papsttum nicht mehr notwendig ist. Die Papstkirche wird sterben und die Petruskirche abgelöst durch die Johanneskirche. Damit gerät der Kirchenbegriff des Mittelalters ins Wanken.

Wann tritt das nun alles ein? Das ist eine entscheidende Frage. Nach der Interpretation der Schriftworte zählt Joachim für den zweiten Status 42 Generationen zu etwa 30 Jahren. Damit wäre der Übergang gar nicht mehr fern und würde in der Mitte des 13. Jahrhunderts, ungefähr in der Zeit 1250–1260 anzusetzen sein. Als Joachim 1202 starb, ist seine neue Deutung der Geschichte noch der Gedanke eines „reinen Toren“. Jahrzehnte nach seinem Tod war sein Werk kaum bekannt.

Am Anfang des 13. Jahrhunderts steht die einzigartige Gestalt des Franz von Assisi. Arm und demütig, wohl einer der größten Christen, die die Geschichte der Kirche kennt, vielleicht der Heilige, der Jesus von Nazaret am nächsten steht. Um seine Form des apostolischen Lebens entbrennt ein heißer Streit der Meinungen in seiner Gefolgschaft, die bald von der Leitung der Kirche zum Orden umgewandelt wird. Die Nachfolge des armen Jesus bringt den Kampf in den Orden hinein, der sich in eine strenge Richtung der Observanten und eine gemäßigte der Konventualen entzweit. In diesen Kämpfen um den Spiritualismus spielen die Schriften des Zisterzienserabtes aus Kalabrien, dieses Sehers und Mystikers, seine echten und noch mehr seine unechten Schriften eine große Rolle.

1241 kommt ein Abt des Floriazenserordens auf der Flucht vor staufischen Soldaten in das Franziskanerkloster zu Pisa. Er bringt das gesamte Schrifttum Joachims von Fiore mit, und seine Gedanken beginnen zu wirken. Joachims „Evangelium aeternum", als die ungeschriebene Heilige Schrift des dritten Status, wird jetzt von dem Franziskaner Gerhard von Borgo San Donnino in die Wirklichkeit umgesetzt. Es ist die Überzeugung dieser von heiliger Ergriffenheit erfüllten Gruppe, daß das Ende des zweiten Weltzeitalters gekommen ist und der Anbruch des dritten Status unmittelbar vor der Tür steht. Ist der Ordo Justorum des heiligen Franz nicht die neue Geist-Kirche? Sind seine Söhne nicht die Männer des Geistes? Werden sie nicht von der Papstkirche, der Fleisches-Kirche, verfolgt? Reitet nicht der Antichrist in der Gestalt des Stauferkaisers Friedrich II. durch das Land?

Der Führer der Kirche, der neue Dux, kann niemand anders sein als Franz von Assisi. Christus siegelt ihn mit seinen Wundmalen. Er und kein anderer ist der Führer des dritten Reiches des Heiligen Geistes, das in so vielen Bildern vorherverkündet und mit so brennender Sehnsucht erwartet wird. Aber die Hoffnungen erfüllen sich nicht. Die kleine Schar von apokalyptischen Spiritualen wird zur Sekte. Sie trägt die Erwartung des irdischen Reiches des Heiligen Geistes weiter und geht dafür in den Tod. In seinem Denken bricht der Abt aus Kalabrien mit der mittelalterlichen Geschichtsdeutung.

Seine Geschichtsanschauung ist auch nur Theorie, aber eine neue Theorie gegenüber der immer mehr der Geschichte sich entfremdenden Scholastik. Mit ihm und seinem Denken ist das Mittelalter in gewisser Weise zu seinem Ende gekommen. Dem Ideal der „Ecclesia Spiritualis", das er mit heißem Herzen gebar, die kommende Kirche, dem Ideal innerlicher Menschen, wird die große Liebe all derer gehören, die in der Geschichte des Christentums nicht nur die Statik der Institutionen, sondern auch die Dynamik des Heiligen Geistes sehen. Seine Gedanken werden erst in jenen Jahrhunderten wirksam, in denen sich ein neues Zeitalter vorbereitet. Das 14. Jahrhundert gebiert eine neue Epoche. Erschütterte Joachim von Fiore das mittelalterliche Geschichtsdenken wesentlich, so werden zwei andere Denker, die am Anfang des 14. Jahrhunderts lebten, die mittelalterliche Welt theologisch und politisch in Frage stellen.

Wilhelm von Ockham (um 1285 zu Ockham, England, Grafschaft Surrey geb., um 1347 zu München gest.), studierte und lehrte in Oxford. Er gehörte dem Franziskanerorden an. 1324 wurde er vom Kanzler der Oxforder Universität, John Lutterell, bei Papst Johannes XXII. als Häretiker angezeigt. Ockham wurde nach Avignon gerufen. Vier Jahre dauerte dort der Prozeß. Er entzog sich dem Urteil durch die Flucht an den Hof Ludwigs von Bayern in Pisa. 1330 ist er in München. Hier wirkte er als Hoftheologe Ludwigs von Bayern und lieferte die Theorien für seinen politischen Kampf gegen den Papst.

Es ist hier nicht der Ort, auf seine Philosophie und Theologie einzugehen. Nur so viel sei zum Verständnis des Folgenden gesagt, daß Ockham die radikale Trennung von Gott und Geschöpf verkündet und eine ebenso scharfe Trennung von Glauben und Wissen durchführt. Folgerichtig kommt es zu einer Trennung von Kirche und Welt.

Der Satz Wilhelms von Ockham: „Entia non sunt multiplicanda praeter necessitatem – Die Seinsgegebenheiten dürfen nicht ohne Notwendigkeit vervielfältigt werden", ist das Grundaxiom des Nominalismus. Dieser Satz des Franziskanertheologen wandelte die Welt stärker als die Technik oder Atomspaltung. Vielmehr Technik und Atomzertrümmerung beruhen auf einer Anwendung dieses Satzes. Der Geist des Satzes stammt von Ockham, er fand aber seine endgültige Formulierung von einem Schüler des Duns Scotus, John Ponce von Cork. Mit diesem Satz wurde eine radikale Trennung zwischen der supranaturalen Welt und der empirischen Erfahrung vollzogen. Er bedeutet und charakterisiert die Abkehr vom allegorischen Denken des Mittelalters, dem alles Vergängliche nur ein Gleichnis des Ewigen und Unvergänglichen war. Der Ockhamismus hat das Denken vom Himmel wieder auf die Erde herabgeholt. Das war die „kopernikanische Wende". Die frühere Zeit sah die Dinge anders. Nach dem Verständnis des Hochmittelalters war etwas verstehen gleich zeigen. Es war nicht nur das, was uns die Sinne oder die darauf gegründete Abstraktion vermitteln, sondern aufweisen, es ist Symbol und Zeichen einer tieferen Wirklichkeit jenseits unserer Sinnenwelt. Für Anselm von Canterbury, dem Vater der Scholastik, war der für uns unsichtbare Gott das Allerwirklichste und Denknotwendigste unseres Geistes. Das neue Denken des Nominalismus war keine freidenkerische oder autonome Diesseitigkeit, die mit dem Trotz des Prometheus das Licht auf die Erde brachte. Franziskus hatte als erster das Jesuskind in der Krippe liegend verehrt. In diesem Säugling war der Logos sichtbar geworden. So fühlte sich der Franziskaner zur untersten Schicht menschlicher Existenz hingezogen, ebenso zur niedrigsten Form der Kreatur: der Materie. Franziskaner waren die ersten Naturforscher im modernen Sinne. Crombi bewies, die Franziskaner haben Jahrhunderte vor Galilei bereits die experimentelle Methode der Naturwissenschaft vorweggenommen.

Was änderte sich durch diese Neuorientierung des Denkens? Man ist versucht zu denken, daß es sich hier um eine jener philosophischen Spitzfindigkeiten, an denen die Spätscholastik überreich ist, handelt, über die man heute zur Tagesordnung übergeht. Es geht um die Gültigkeit der Universalbegriffe.

Die gestellte Frage lautet: Existieren die Universalbegriffe vor oder nach den Einzeldingen? Es gibt Bäume, es gibt aber auch den Sammelbegriff „Baum". Ist der Einzelbaum früher oder später als der Begriff des Baumes? Für Platon war zuerst der Begriff „Baum" da, die Einzelbäume kommen erst später (universalia ante rem). Aristoteles schwächte diese Überlegung ab, für ihn existierte der Begriff „Baum" nur in engster Verbindung mit den Einzelbäumen (universalia in re). Schließlich kam der Nominalismus, vor allem durch Ockham, der den Begriffen jede Selbständigkeit absprach, weil nur das konkrete Einzelding existiert: Es gibt also keinen Begriff „Baum" in der Wirklichkeit, sondern nur einzelne Bäume (universalia post rem). Weil die Begriffe keine selbständige Existenz haben, sind sie nur Namen (flatus vocis – „Worthauch"). Darum nennt sich diese Weltanschauung Nominalismus (nomen = Namen). Zunächst erwecken solche Spekulationen nicht den Eindruck, als stünden bedeutende praktische Folgerungen dahinter, dennoch ist es so.

„Der Sieg des Nominalismus ist die wichtigste Tatsache der neueren Geschichte, viel bedeutsamer als die Reformation, das Schießpulver oder der Buchdruck. Er kehrt das Weltbild vollständig um und stellt die bisherige Weltordnung auf den Kopf: alles übrige war nur die Wirkung und Folge des neuen Aspekts.

Der Nominalismus hat ein Doppelantlitz, je nachdem man das Schwergewicht auf sein negatives oder sein positives Ergebnis legt. Die negative Seite leugnet die Realität der Universalien, der Kollektivvorstellungen, der übergeordneten Ideen: aller jener Lebensmächte, die das bisherige Dasein erfüllt und getragen hatten, und ist daher identisch mit Skepsis und Nihilismus. Die positive Seite bejaht die Realität der Singularien, der Einzelvorstellungen, der körperlichen Augenblicksvorstellungen: aller jener Orientierungskräfte, die das Sinnendasein und die Praxis der Tageswirklichkeiten beherrschen, und ist daher identisch mit Sensualismus und Materialismus" (E. Friedell).

Friedell übersah allerdings den Ursprung dieser Weltanschauungen in der Offenbarung. Der Thomismus stammt nicht nur aus der griechischen Philosophie, er ist auch zugleich Funktion der Logos-Offenbarung nach Joh 1,1. Der Nominalismus ist nicht nur mechanischer Materialismus, er hat auch seine Wurzel in der franziskanischen Liebe zur Kreatur. Allerdings darf man nicht die Gefahren übersehen, die den beiden Weltanschauungen drohen. Dem

Thomismus droht die Gefahr des Rationalismus, der alles und jedes der Vernunft unterwirft. Hinter dem Nominalismus steht die Möglichkeit eines rein diesseitigen Nihilismus.

So seltsam es klingen mag, aber ohne die Wegbereiter des Nominalismus Roscelin und Ockham wäre Amerika nicht entdeckt worden. Vorher hatte man sich nur mit philosophischen Spekulationen über die Erde zufriedengegeben. Kolumbus dagegen nahm das Risiko der Fahrt auf sich. Eine Entdeckung allein genügt nicht. Es muß Männer geben, die sich auch über die Tragweite dieser Ereignisse klar sind. Vor Kolumbus verkehrten schon die Franziskaner im Mittelalter mit Tschinggis-Chan. Marco Polo hatte bereits genaue Kenntnis über China nach Europa gebracht. 1307 errichtete Clemens V. das Erzbistum Peking, 1311 einen Bischofssitz in Fokien. Aber das alles hinterließ in der abendländischen Kultur noch keine sichtbaren Spuren. Erst durch den neuen Geist der kritischen Erfahrungswissenschaft konnte unter Kolumbus das Zeitalter der Entdeckungen beginnen. Man muß sich davor hüten, im Nominalismus eine Art Mephisto zu sehen: „Ein Teil von jener Kraft, die stets das Böse will und stets das Gute schafft". Das ist nur dann möglich, wenn man das Mittelalter im Lichte der Romantik verklärt, wobei die Dinge schematisch vereinfacht werden. Eine solche Auffassung vertrat etwa Novalis in seiner Abhandlung „Die Christenheit oder Europa". Novalis läßt die geschichtliche Wirklichkeit zu kurz kommen. Die furchtbare Grausamkeit der Albigenserkriege offenbart, wie gespalten damals Europa war; das Blutbad von Béziers (1209) war noch schlimmer als die Bartholomäusnacht 1572. Die Uniformität des Denkens setzt erst nach dem Konzil von Trient in der Gegenreformation ein. Die angebliche Geschlossenheit der Weltanschauung des Mittelalters ist eine Fabel, im Gegenteil: man trifft hier immer wieder eine liberale Freiheit und Kritik, die uns heute kaum vorstellbar wäre. Dante versetzt seinen Gegner Bonifaz VIII., der ihn aus seinem geliebten Florenz verbannte, aus Rache in die Hölle (Göttliche Komödie, Gesang 19). Dennoch hat ihn die Kirche immer als den katholischen Dichter schlechthin anerkannt. In manchen mittelalterlichen Meßbüchern gibt es sogar eine Votivmesse gegen den Amtsmißbrauch der Bischöfe (missa votiva contra episcopos male agentes). Spanien ist der klassische Beweis dafür, wie wenig sich die katholische Weltanschauung in starre Formen pressen ließ. Es hat 700 Jahre vor Gregor VII. den Zölibat auf der Synode von Elvira (312) eingeführt. Zeitweise herrschte echte Toleranz in Spanien zwischen Christen, Juden und Mauren. Bei der Eroberung von Toledo (1085) nannte sich Alfons von Kastilien „König zweier Religionen". Der spanische Nationalheld Cid kämpft sogar sowohl auf der Seite der Mauren wie der Christen. Später wurde Spanien das Land der grimmigsten Ketzerverfolgung, als die Inquisition Geheimjuden und Mohammedaner aufspürte. Allein auch das läßt sich nicht immer auf eine Formel bringen. Während im 17. Jahrhundert überall die Hexenprozesse ihren Höhepunkt erreichten, hat Spanien als erste Nation bereits 1614 unter Alonso Salasar de Trias die Hexenprozesse abgeschafft. Mehrere Generationen von Theologen und Gelehrten waren in Deutschland notwendig, ehe es zur endgültigen Einstellung der Hexenprozesse kam. 1775 ist in Kempten die letzte Hexe verbrannt worden.

Die Geschichte der kolonialen Ausbeutung ist ein düsteres Kapitel der englischen Historiker. Demgegenüber stellt gerade die moderne Forschung der spanischen Verwaltung in Südamerika ein glänzendes Urteil über die Leistungen aus, nach der ersten, allerdings sehr blutigen Eroberung, weil man die Kolonien nicht als Objekte der Aussaugung betrachtete, sondern als ein Teil der spanischen Nation. Die ersten amerikanischen Universitäten lagen auf spanischem Gebiet. Das Völkerrecht ist nicht von Hugo Grotius begründet, sondern von spanischen Theologen. Der Begriff der Volkssouveränität in dem Sinne, daß man einen unrechtmäßigen König sogar töten dürfe, wurde von dem spanischen Jesuiten Mariana vertreten. Der Begriff „Liberalismus" stammt aus der spanischen Politik, wo er zuerst angewandt wurde. So zeigt sich im Bilde des Mittelalters und auch Spaniens: eine souveräne Vielfalt und Möglichkeit gehört zum Wesen katholischen Geisteslebens; die Uniformität des Denkens ist nur aus der Schockwirkung der Gegenreformation zu erklären, deren Impulse allerdings noch in der Gegenwart spürbar sind.

Ockhams erstes großes kirchenpolitisches Werk ist das „Opus nonaginta dierum". Mit den 126 Kapiteln dieser Schrift greift er in den Armutsstreit ein, der damals den Franziskanerorden erschütterte und spaltete. Die Schrift Ockhams stellt die Antwort auf ein Schreiben Papst Johannes' XXII. dar, in dem dieser das Rundschreiben des Franziskanergenerals Michael von Cesena vom 25. April 1331, mit dem der theoretische Armutsstreit eröffnet wurde, angriff. Ockhams kirchenpolitisches Hauptwerk aber ist der „Dialogus", dessen erster Teil von 1334 die Lehre von der kirchlichen Öffentlichkeit enthält. In zwei weiteren Teilen werden die Irrtümer Johannes' XXII. nachgewiesen und die Lehre von Kirche und Reich dargestellt. In zwei weiteren Werken, den „Octo quaestiones" und in der kurzen Schrift „De imperatorum et pontificum potestate", nimmt Ockham nochmals Stellung zu politischen Fragen. Im „Dialogus" greift Ockham die Unfehlbarkeit des Papstes und der öffentlichen kirchlichen Körperschaften an. Er vertritt das Prinzip der Volkssouveränität. Auch in der Kirche käme alle Gewalt von unten. Die Kirche ist der eigentliche Ort dieser Souveränität, denn sie allein ist eine Gemeinschaft der Freiheit, sie kann keine weltlichen Machtmittel – vor allem keinen Reichtum – besitzen, die für die Zwangsgewalt notwendig sind. Kirche ist zum Dienst bestimmt und nicht zur Herrschaft. Auch der Papst muß sich dem Urteil der Gesamtkirche unterwerfen. Es gibt nach Auffassung Ockhams ein Widerstandsrecht der Kirche gegen einen häretischen Papst. Auch der Papst hat wie Kaiser und Könige seine Gewalt unmittelbar, aber vom Volk oder der Gemeinschaft. Die Laien haben das Recht, ihre kirchlichen Vertreter zu wählen.

„Die Nachwirkung Ockhams ist überaus stark gewesen. Schon Konrad von Meggenberg greift zu einem apokalyptischen Bild, um den ungeheuren Einfluß Ockhams zu schildern. Wie der Schwanz des Drachen habe er ein Drittel der Sterne des Himmels mit sich gerissen, das sind die Leuchten der Universitäten. Ja, man kann noch mehr sagen: für rund ein Jahrhundert hat Ockham in Wahrheit die gesamte Wissenschaft beherrscht – es war das Jahrhundert der Entdeckung der kopernikanischen Weltanschauung, ja, der gesamten Weltanschauung der Neuzeit. Man kann wohl ruhig behaupten, daß in dem ganzen Jahrhundert der Konziliarbewegung und der politischen Reformation kein Gedanke ausgesprochen worden ist, der nicht schon durch ihn vorbereitet war. Und so ist er der stille Heros für diese ganze bewegteste Epoche der Kirchengeschichte, den zu nennen man sich freilich scheut" (A. Dempf).

Am Hofe Kaiser Ludwigs findet Ockham jenen Mann, der gleich ihm durch seine Denkarbeit ein neues Zeitalter vorbereiten half: Marsilius von Padua. Dieser, ein Sohn eines Universitätsnotars aus Padua, ist 1312 als Magister artium in Paris, wo er schon bald Rektor der Universität wurde. Er studiert neben Philosophie und Medizin vermutlich auch Theologie. Er bewirbt sich um ein Kanonikat in Padua; eine Zeitlang ist er politisch tätig, um 1320 ist er wieder in Paris. 1324 beendete er jenes Werk, das Geschichte machte, den „Defensor Pacis".

„Defensor Pacis", das der Verfasser seinem Schutzherrn, Ludwig dem Bayern, widmete und das vielleicht als Denkschrift für ihn verfaßt wurde, ist die schärfste kirchenpolitische Schrift dieses Zeitalters. Im ersten Teil der Schrift vertritt der Verfasser den Gedanken, daß alle staatliche Gewalt vom Volke auszugehen hat, einen Gedanken, den man modern „Volkssouveränität" nennen würde. Auch trennt er die gesetzgebende und die vollziehende Gewalt. Die vollziehende Gewalt wird in die Hände einer Regierung gelegt, die vom Volke gewählt ist, oder auch in die Hand eines Wahlkönigs. Als einzige Glaubensquelle erkennt Marsilius die Heilige Schrift an. Auch in der Kirche ruhe die Gesetzgebung im Volk; übrigens trennt er die Kirche vom Staat beziehungsweise überträgt dem Staat Befugnisse über die Kirche. In der Kirche ruhe alle Gesetzgebung beim Konzil, das aus Laien und Klerikern zu bilden ist. Das Papsttum sei nicht göttlichen Rechts – er bekämpft es leidenschaftlich –, sondern nur eine Frage der Zweckmäßigkeit. Die Seelsorge, das heißt die Verkündigung des Wortes und die Spendung der Sakramente sei einzig und allein Aufgabe des Priestertums.

Welche Wirkung die Gedanken des Marsilius von Padua, die er in „Defensor Pacis“ vorlegte, auf die Welt des 14. Jahrhunderts, die von Umstürzen und Wandlungen betroffen war, haben mußte und wie belebend sein Denken für die konziliare Bewegung wurde, ist leicht verständlich.

Joachim von Fiore, Wilhelm von Ockham und Marsilius von Padua werden die geistigen Väter einer neuen Zeit. Ihre Gedanken verbinden und verknüpfen sich vielfältig und gehören mit zu dem Gärstoff auf dem Grund des 14. Jahrhunderts, des Jahrhunderts, in dem sich die Brüchigkeit der mittelalterlichen Welt offenbart.

2

DIE BABYLONISCHE GEFANGENSCHAFT DER KIRCHE

Seit dem ausgehenden 13. Jahrhundert war Frankreich die erste Macht Europas. Das Papsttum und seine Gelder halfen Frankreich, groß zu werden, nun begann es, sich als die natürliche Tochter des Imperium Romanum zu fühlen. In den französischen Vorstellungen lebte Karl der Große als romantischer Held und Schutzherr eines Königtums, dessen Wille seit der Mittelmeerpolitik in den Kreuzzügen Ludwigs des Heiligen und dem Vorstoß der Anjous gegen die staufische Südmacht zu erkennen war. Nach der Schwächung der Widerstände des Adels im Innern und dem Aufkommen eines am Staatsleben beteiligten Bürgertums konnten die universalen Pläne Philipps IV. des Schönen (1285–1314) auch der anderen Macht, die als Erbe des Imperiums auftrat, dem Papsttum begegnen.

In der französischen Geschichte sagt Leopold von Ranke von Philipp dem Schönen: „Durch sein Dasein weht schon der schneidende Luftzug der neueren Geschichte.“

Pierre Dubois beansprucht in seiner ersten großen Schrift für den französischen König, der für sein Königreich die Vormachtstellung in Europa erstrebte: „Er anerkennt keinen Höheren über sich, und er ist Kaiser in seinem Königreich.“

Nach dem Tode Bonifaz’ VIII., der am 11. Oktober 1303 in Rom starb und dessen großartige Trauerfeierlichkeiten durch einen Orkan über Rom gestört wurden, wählten die Kardinäle unter Druck Karls II. von Neapel Niccolo Boccasini zum Papst. Er nahm den Namen Benedikt XI. an. Der neugewählte Papst zeigte in der Auseinandersetzung mit Philipp IV. dem Schönen von

Frankreich weitgehendes Entgegenkommen. Sein kurzes Pontifikat trug alle Kennzeichen des Kompromisses. Auch eine stärkere Persönlichkeit als er, der ehemalige Dominikanergeneral, hätte kaum viel mehr aus den Trümmern zu retten vermocht, die Bonifaz VIII. hinterließ. Dessen kirchenpolitische Maßnahmen waren zumeist ergebnislos oder kritisch für die Kurie verlaufen; Stadt und Kirchenstaat waren in großer Unruhe, und der Streit zwischen den Caëtani und den Colonna flammte erneut und stärker auf.

Benedikt war ein beseelter Priester und ein stiller Theologe. Wo er es vermochte, wirkte er für den Frieden.

In Rom, in dem immer noch die harten Auseinandersetzungen und Parteiwirren der Orsini und Colonna tobten, hielt es der neugewählte Benedikts XI. nicht aus. Er floh aus Rom, und er residierte die längste Zeit seines Pontifikates in Perugia.

Sein Pontifikat bildete die Brücke zu einer neuen Residenz des Papsttums, die man als das „Exil von Avignon" bezeichnet.

Das Konklave, zu dem die Kardinäle nach dem Tode Benedikts XI. zusammenkamen, ist eines der bewegtesten und folgenschwersten der Papstgeschichte gewesen. Zwei Parteien von annähernd gleicher Stärke standen sich schroff gegenüber. Die Anhänger Bonifaz' VIII. führte wie bisher schon der betagte Matteo Rosse Orsini, seine Gegner scharten sich um seinen Neffen Napoleon Orsini. Die Partei des Matteo Rosse Orsini forderte Rache für Bonifaz VIII. und Fortführung seiner Politik, das heißt Kampf gegen den übermächtigen französischen Einfluß. Napoleon Orsini hingegen vertrat das Programm der Franzosen, das Zusammengehen mit Frankreich. So kam es zu heftigen Zusammenstößen, und die Einigung auf einen Kandidaten aus dem Kardinalskollegium schien bei diesen harten Gegensätzen unmöglich. Das Jahr 1304 ging darüber zu Ende. Es kam zu einer Unterbrechung des Konklaves. Man traf sich wieder in Perugia, und man schaute sich nach einem außerhalb des Kardinalskollegium stehenden Kandidaten um. Schließlich schlug man – es war das Werk des Napoleon Orsini – doch einen Kandidaten vor, der dem französischen König genehm sei.

Nach vielerlei Verhandlungen und unwürdigen Intrigen wählte man den Erzbischof von Bordeaux, Bertrand de Got. Am 5. Juni 1305 wurde er gewählt, und er nahm den Namen Clemens V. an. Einer alten Gascogner Adelsfamilie entstammend – damals war die Gascogne noch englischer Besitz –, hatte er nach Vollendung seiner Rechtsstudien in Orléans und Bologna seine kirchliche Laufbahn begonnen. Sehr rasch erlangte er den Bischofssitz von Comminges, und schließlich wurde er 1299 Erzbischof von Bordeaux. Bertrand de Got verstand es, sowohl mit dem englischen König als auch mit Philipp dem Schönen in guter Beziehung zu bleiben. Diese waren auch dadurch nicht gestört worden, als der Erzbischof trotz des Verbotes des französischen Königs der Berufung Bonifaz' VIII. zu der römischen Synode gefolgt war.

Die Mitteilung seiner Wahl und die Aufforderung der Kardinäle, den Stuhl Petri einzunehmen, beantwortete Clemens V., der auf dem Konklave selbst nicht anwesend war, mit der überraschenden Aufforderung, die Kardinäle möchten zur Krönung über die Alpen zu ihm kommen. Zunächst war Vienne als Krönungsort vorgeschlagen worden; hier hoffte der französische Bischof, daß sowohl der französische wie auch der englische König zur Krönungsfeier kommen würden. Er wollte zwischen beiden den endgültigen Frieden vermitteln. Dem Papst schien dieser Friede zwischen dem englischen und dem französischen König die entscheidende Voraussetzung für den Kreuzzug, dessen Plan ihn während seines ganzen Pontifikates beschäftigte. Nach Verhandlungen mit Philipp dem Schönen wurde dann auf dessen Drängen Lyon als Krönungsort ausersehen. Am 15. November 1305 hat dann Napoleon Orsini als Dekan des Heiligen Kollegiums – er hatte dieses Amt nach dem Tode seines Oheims erhalten – dem Papst, der ihm seine Erhebung verdankte, in Gegenwart des französischen Königs die Tiara auf das Haupt gesetzt.

Sicher ist es, daß Clemens V. am Anfang seines Pontifikates nicht beabsichtigte, dauernd in Frankreich zu bleiben. Er plante, nach Italien zurückzukehren. Zwar hatten ihm die Kardinäle die Zustände in Italien in düstersten Farben geschildert. So kam es, daß der Papst, der von Natur ein schwächlicher, ängstlicher, zum Nachdenken geneigter Charakter war und dessen Widerstandskraft zudem von Anfang an durch schwere körperliche Leiden gelähmt war, immer mehr in die drückende Abhängigkeit des französischen Königs geriet. Dieser zögerte nicht, ihm rücksichtslos seinen Willen aufzuzwingen.

Zunächst hielt sich Clemens V. in den verschiedenen Städten im Süden Frankreichs wie Bordeaux und Poitiers auf. Der ausdrücklichen Forderung, die Kurie in Frankreich zu belassen, beugte er sich und verlegte seine Residenz im Jahre 1309 endgültig nach Avignon, das damals im Besitz der Anjou, der Lehensträger des Papstes für das Königreich Neapel, war. Avignon lag damit in der französischen Einflußsphäre. Immer mehr geriet der Papst in die französische Botmäßigkeit, und das zeigte verhängnisvolle Folgen, es erschwerte in der Folgezeit die Lösung aus der drückenden Abhängigkeit von Frankreich. Besonders die Rückverlegung der Kurie nach Rom wurde auf das äußerste erschwert. Schon wenige Wochen nach seiner Krönung nahm er neun Franzosen ins Kardinalskollegium auf, zum Teil waren es eigene Verwandte, zum Teil Günstlinge Philipps des Schönen. Durch weitere Ernennungen erhielten die Franzosen das Übergewicht im Heiligen Kollegium. Dem französischen König wurden vielerlei Gunsterweise zuteil, vor allem die Gewährung von Kirchenzehnten und die Überlassung von Pfründenverleihungen. Schließlich wurde vom Papst die Bulle „Clericis laicos" aufgehoben, und in der Konstitution „Meruit" vom 1. Februar 1306 erklärte er unter Lobpreisung Philipps des Schönen, daß ihm und seinem Reich aus der Bulle „Unam sanctam" seines Vorgängers kein Präjudiz erwachsen dürfe und daß er und seine Untertanen durch diese Bulle der römischen Kirche nicht mehr im höheren Maße unterworfen würden, als es schon vorher der Fall war.

Aber in seinen Forderungen war Philipp der Schöne unersättlich. Gemäß den Vorschlägen, wie sie schon die Colonna-Kardinäle in ihrer Denkschrift vom Jahre 1297 gemacht hatten, verlangte der König eine Berufung eines allgemeinen Konzils nach Frankreich, auf dem Bonifaz VIII. als Häretiker verurteilt werden sollte. Eine der schwersten Demütigungen, die der Papst auf sich nehmen mußte, war dann die Forderung des Königs, gegen den Templerorden vorzugehen.

1291 waren die letzten christlichen Besitzungen im Heiligen Land verlorengegangen. Der Templerorden verschaffte sich nicht wie die anderen beiden Ritterorden ein neues, seiner Bestimmung entsprechendes Wirkungsfeld. Schon auf dem zweiten Lyoner Konzil waren Pläne erörtert worden, die Templer und Johanniter zu einem neuen einheitlichen Orden zusammenzufassen. Diese Pläne wurden nicht verwirklicht. Nun besaß der Templerorden, der von französischen Rittern gegründet worden war, in Frankreich eine besondere Machtstellung. Die Templer hatten nicht nur Grundbesitz, sondern sie waren eine Finanzmacht geworden. Ihre durch das kirchliche Asylrecht geschützten Häuser waren sichere Plätze für Geld und Kostbarkeiten. Vor allem waren die Templer in Paris zu einem Mittelpunkt des internationalen Finanzverkehrs geworden. Für die französischen Könige waren die Templer „nicht bloß Bankiers, sondern auch Finanzminister, der Tempel wurde das Finanzministerium, in dem die wichtigsten finanzpolitischen Transaktionen der französischen Herrscher beschlossen, das Rechnungswesen geleitet wurde ..." (H. Finke).

Natürlich leisteten die Templer diese Dienste auch Philipp dem Schönen.

Welche Gründe trieben Philipp den Schönen, unter dem Pontifikat Clemens' V. in solch brutaler und rücksichtsloser Weise gegen den Orden vorzugehen und ihn zu vernichten? Sicher ist, daß die Machtstellung des Ordens dem König, der ebenfalls an einer straffen Zentralisierung und Stärkung der königlichen Macht interessiert war, unbequem war. Auch der Reichtum des Ordens wird den stets in Geldnöten befindlichen König, dessen Kassen immer leer waren, sehr gereizt haben. Aber der Besitz anderer Orden, der Johanniter und Zisterzienser, war größer. Auch schien im Gegensatz zu diesen die Kraft der Templer erschöpft, ihr Geist erlahmt; sie scheinen ihre eigentliche Aufgabe seit der Übersiedlung nach Zypern aus dem Auge verloren zu haben. Vermutlich hat auch die Weigerung der Templer, sich mit den Johannitern zu vereinen, den König gegen sie eingenommen. Man weiß, daß der König allen Ernstes daran dachte, die französische Königskrone niederzulegen und als König von Jerusalem das Haupt des neu zu begründenden einheitlichen Ritterordens zu werden.

Die tiefsten Gründe des Vorgehens gegen die Templer liegen im Dunkel. Eine Denunziation gab dem König den gewünschten Anlaß zum Vorgehen gegen den Orden. Ein Südfranzose, ein Esquiu de Floyran aus Beziers, behauptete, bei den geheimgehaltenen Aufnahmezeremonien der Templer würde Christus durch Anspeien des Kreuzes verleugnet, ferner werde ein Idol angebetet und schließlich seien mit der Aufnahme Sodomie und unsittliche Küsse verbunden. Von diesem angeblichen Templergeheimnis (factum Templariorum) machte Esquiu dem König Jaime II. von Aragon, dann auch Philipp dem Schönen Mitteilung. Der König begann schlau und rücksichtslos mit Maßnahmen, deren Ziel die Vernichtung des Ordens war. Zunächst wartete er die Ergebnisse der vom Papst auf sein Drängen hin zugesagten Untersuchungen nicht ab.

Am 13. Oktober 1307 ließ er alle Templer in Frankreich verhaften. Aufgrund der Denunziation und der Geständnisse einzelner abtrünniger Templer wurde der dringende Verdacht der Häresie als gegeben erachtet, die Untersuchungen gegen die einzelnen Templer wurden durch königliche Beamte geführt. Ihre Instruktion wies sie an, im Fall der Geständnisse Verzeihung in Aussicht zu stellen.

Ohne Wissen des Papstes wurde der Schlag gegen die Templer geführt. Der Papst sagte schon im August eine Untersuchung der Angelegenheit dem König zu und erbat dessen Unterstützung. Als nun die Nachricht von dem Vorgehen des Königs eintraf, war die Verwirrung in der Kurie groß. Der Papst beklagte sich in einem Schreiben vom 27. Oktober bitter über das Vorgehen des Königs und sprach sich gegen die Übergriffe aus. Nun kam es dem Papst darauf an, die Untersuchung gegen die Templer in die Hand zu bekommen und auch den Templerbesitz für die Kirche zu erhalten. Der französische König hatte allen Fürsten Europas mitgeteilt, welche Maßnahmen er gegen die Templer anstrengte. Er schilderte deren Freveltaten, und er war daran interessiert, daß das französische Vorgehen in den anderen Ländern Nachahmung finden würde. Am 22. November erließ der Papst eine Bulle, die sich nur von daher erklären läßt. Sie forderte alle Fürsten Europas zur Gefangensetzung aller Templer und zur Beschlagnahme ihrer Güter im Namen der Kirche auf. Vermutlich neigte der Papst dazu, gegen seine ursprüngliche Auffassung, dem Orden die Schuld anzulasten.

Der Papst entschloß sich, die Befugnisse der Bischöfe und Inquisitoren zu suspendieren und behielt sich die weiteren Entscheidungen in der Ordensangelegenheit vor. So aber waren die Pläne des französischen Königs gestört und gefährdet.

Der König zögerte nicht, die öffentliche Meinung in gewissenloser Weise zu bearbeiten, er machte die Angelegenheiten der Templer zu einer nationalen Sache Frankreichs. Wie schon in seinem Kampf gegen Bonifaz VIII. erprobt, ließ Philipp der Schöne nun auch gegen Clemens V. Angriffe schärfster Art richten.

Auf einer Reichsversammlung zu Tours im Mai 1308 ließ der König seinen Maßnahmen zustimmen: Die Templer müßten mit dem Tode bestraft werden.

Der König begab sich Ende Mai zum Papst nach Poitiers. Beide führten scharfe Auseinandersetzungen. In einem feierlichen Konsistorium forderte Wilhelm von Plasian in einer Drohrede die Erklärung, daß der Templerorden wegen seiner Schandtaten verurteilt sei. Der Papst verweigerte diese Erklärung. Er erklärte sich nur bereit, im Verein mit den Kardinälen gegen den Templerorden vorzugehen. Man scheute aber nicht davor zurück, den Orden der Häresie zu bezichtigen. Neben dem Konsistorium, in dem man sich heftig stritt, verhandelte der Papst, der auch nach Poitiers gekommen war, in geheimen Verhandlungen über den Templerorden.

In diesen Verhandlungen stellte der König sechs Forderungen auf: dauerndes Verbleiben der Kurie in Frankreich, die Verurteilung der in Frankreich verhörten Templer, Abhalten eines allgemeinen Konzils auf französischem Boden, Kanonisation Cölestins V., Verurteilung Bonifaz' VIII. und Verbrennung seiner Gebeine und schließlich die Lossprechung Nogarets. Wilhelm von Nogaret gehörte seit 1296 dem französischen Königlichen Rate an und wurde bald der einflußreichste Ratgeber Philipps IV. Seit 1307 war er Großsiegelbewahrer Frankreichs. Nogaret war die treibende Kraft im Kampf gegen Bonifaz VIII., den er mit Sciarra Colonna in Anagni überfiel, am 7. September 1303, um ihn als Gefangenen nach Frankreich zu bringen. Der Plan mißlang. Die Bürger von Anagni befreiten den Papst.

Auch nachdem Benedikt XI. ihn 1304 exkommuniziert hatte (er wurde im Jahre 1311 durch Clemens V. vom Bann gelöst), blieb er die rechte Hand Philipps IV. Er unterstützte in brutaler Weise des Königs Kampf gegen die Templer und betrieb haßerfüllt den Ketzerprozeß gegen den toten Bonifaz VIII. Der Prozeß, 1310 eröffnet, wurde jedoch nicht zu Ende geführt. In der Wahl seiner Mittel skrupellos, huldigte er einer politischen Konzeption, welche die Allmacht des Staates forderte und in Frankreich eine staatskirchenrechtliche Entwicklung einleitete, die später im Gallikanismus ihre Entfaltung fand.

Der Papst wurde durch diese Forderungen gedemütigt. Offenkundiger konnte der Wille des Königs, das Papsttum in eine unwürdige Abhängigkeit zu bringen, nicht ausgedrückt werden. Clemens V. stimmte sofort einem allgemeinen Konzil zu. Den übrigen Forderungen gegenüber verhielt er sich zurückhaltend und ablehnend. Aber dem unerbittlichen Streben des Königs folgend, mußte er auch diesen Punkten zustimmen. In Sachen der Templer willigte er zunächst ein, die Vollmachten der Bischöfe und der Inquisition wiederherzustellen. Während nun in den einzelnen Diözesen Kommissionen unter der Leitung der Bischöfe die Untersuchungen gegen die einzelnen Templer weiterführten, sollte eine päpstliche Kommission in den verschiedenen Ländern die Anklagen gegen den Orden als solchen prüfen. Aber der Papst hatte noch nicht einmal in der Zusammensetzung der Kommissionen außerhalb Frankreichs freie Hand. Dieses Nebeneinander und in nicht wenigen Fällen Gegeneinander der beiden Kommissionen ist in Frankreich für viele Templer verhängnisvoll geworden.

Die Sache der Templer sollte auf einem vom Papst zugesagten allgemeinen Konzil entschieden werden.

Am 12. August 1308 erließ der Papst die Bulle „Aquam in coelis", mit der er zum 1. Oktober 1310 ein Konzil nach Vienne berief. Vienne war dem Namen nach eine Reichsstadt, aber sie stand schon längst unter französischem Einfluß. Nun konnten die Inquisitionsprozesse gegen die Templer bis zum Termin des Konzilsbeginns nicht zu Ende gebracht werden. So wurde die Eröffnung um ein Jahr, auf den 1. Oktober 1311, verschoben. Zum Erscheinen verpflichtet waren zunächst nur die Bischöfe. Ihre Namen waren in die Bulle aufgenommen worden, und es erging auch eine dringliche Einladung an die weltlichen Fürsten. Doch diese sandten nur eine Abordnung. Von den mehr als 230 namentlich berufenen Erzbischöfen und Bischöfen erschienen nur etwa die Hälfte. Dies ist ein sicheres Zeichen, daß die Begeisterung für dieses Konzil nicht groß war. Verschiedene Gründe wurden genannt: die Kosten der Reise und des Aufenthaltes waren erheblich, in der Kleinstadt Vienne fehlte es an Unterkünften, aber es fehlte auch bei vielen Teilnehmern die Lust, überhaupt zum Konzil zu kommen, und schließlich und endlich war da auch noch die Sache der Templer, von deren Schuld man keineswegs überzeugt war. Man wollte nicht an einer solchen Ungerechtigkeit mitwirken, denn die Templerfrage war die Kardinalfrage, die das Konzil beschäftigen sollte, das ergab sich schon aus der Berufungsbulle. So begann das 15. allgemeine Konzil am 16. Oktober 1311 mit dem feierlichen Zeremoniell, über das wir durch den Bericht des Kardinals Jacob Stefaneschi genau unterrichtet sind.

Es fanden nur drei öffentliche Sitzungen, getrennt durch monatliche Zwischenräume, statt. Die öffentlichen Sitzungen waren, wie es später beispielsweise in Trient geschah, für die Publikation dessen, was beschlossen war, bestimmt. Zum ersten Mal in der Geschichte der Konzilien erfolgten die Beratungen in Kommissionen, die vom Gesamtkonzil gewählt waren. Sie arbeiteten die einzelnen dem Konzil obliegenden Aufgaben durch. Zunächst prüfte man eingehend die Prozeßakten über die Templer. Die Frucht dieser Prüfung war, daß die Konzilsväter nichts von einer Verurteilung des Ordens wissen wollten, ohne daß den Templern Gelegenheit zur Verteidigung gegeben würde.

Während der Beratung erschienen neun Templer in Vienne. Sie forderten das Recht der Verteidigung und ein Vorgehen, das der Ordnung entsprach. Es war ein Verlangen, das sich auf die Bestimmungen des öffentlichen Prozeßrechtes der Kirche stützen konnte. Dem Papst war dieser Vorgang unerwünscht. Er befürchtete Maßnahmen des französischen Königs. So scheute er sich nicht, die mutigen Ritter einkerkern zu lassen. Der Papst fürchtete für seine Sicherheit, und er hielt es für geboten, Philipp dem Schönen davon mitzuteilen und auch ihn zur Vorsicht zu mahnen.

So kam es nicht zu einer Verteidigung des Ordens vor dem Konzil, obwohl die Mitglieder des großen Ausschusses in geheimer Abstimmung mit überwiegender Mehrheit sich dahin aussprachen, daß der Orden aufgrund des vorliegenden Materials ohne Beleidigung Gottes und ohne offene Rechtsverletzung nicht verurteilt werden könne. Der Papst müsse für die Verteidigung des Ordens sorgen. Zunächst verhandelte man die Templerfrage auf dem Konzil nicht weiter. Man befürchtete das Eingreifen des französischen Königs. Er hatte sein Erscheinen in Vienne angekündigt. In geheimen Verhandlungen, die vom Papst in der zweiten Februarhälfte des nächsten Jahres mit Vertretern des Königs zu Vienne geführt wurden, entschied sich Wohl und Wehe des Templerordens. Die Einzelheiten lassen sich nicht mehr aufhellen, da vermutlich die Aufzeichnungen über diese geheimen Besprechungen nicht erhalten sind, vielleicht – so nimmt die Forschung an – mit Absicht vernichtet wurden. Ein weiteres Entgegenkommen des Papstes gegen den König erzielte ein Einvernehmen.

In der feierlichen zweiten Sitzung des Konzils am 3. April, in Anwesenheit des Königs, ging der Schlußakt der Templertragödie über die Bühne: Kraft apostolischer Gewalt erklärte der Papst den Templerorden für aufgehoben. Man verlas dann die Aufhebungsbulle „Vox in Excelso". Die Vernichtung des Ordens erfolgte nicht aufgrund eines richterlichen Urteils, sondern auf dem Wege der Verwaltung, weil – wie die Bulle sagt – der gute Ruf des Ordens schweren Schaden gelitten habe. Auch sei er seinem ursprünglichen Zweck, für die Freiheit des Heiligen Landes zu streiten, entfremdet gewesen.

Die vielerörterte Frage nach der Schuld des Templerordens kann nach neueren Forschungen mit Sicherheit dahin beantwortet werden, daß der Orden nicht schuldig war. Die von Esquiu de Floyran erhobenen Beschuldigungen sind nicht erwiesen. Der durch Folterungen oder durch Angst erzwungenen Geständnisse der Templer kann man keinen Wert beimessen. Die Untersuchungen in den von Frankreich unabhängigen Ländern hat die Unschuld des Ordens ergeben. „Nur die Territorien, die mit Frankreich enger zusammenhingen, wie die Provence und Neapel, oder auch mit dem Papsttum, wie der Kirchenstaat oder auch Tuscien, weisen Schuldbekenntnisse auf. Diese Tatsachen sprechen für sich." (H. Finke)

Über die Verwendung des Vermögens der Templer gab es viele Streitigkeiten. Erst mit der Bulle „Ad providam" vom 2. Mai 1312 wurde die Übergabe sämtlichen beweglichen und unbeweglichen Besitzes der Templer an den Johanniterorden verfügt, dessen Reform in Aussicht genommen war. Die Templergüter in Kastilien, Aragon, Portugal und Majorca wurden von dieser Verfügung ausgenommen, aber erst nach harten Kämpfen und langwierigen Verhandlungen, die sich bis in den Pontifikat Johannes XXII. hinzogen, wurden die getroffenen Bestimmungen durchgeführt. Vor allem der französische König suchte immer wieder neue Ausflüchte, um möglichst viel vom Templerbesitz in seiner Hand zu behalten. Tatsächlich ist nur ein Teil desselben in den Besitz des Hospitaliterordens übergegangen. Daß Clemens V. sich in der Frage des Templerordens so schwächlich verhielt, war schließlich auch jenem Drängen Philipps des Schönen zu danken, der den Prozeß gegen das Andenken Bonifaz' VIII. durchführen wollte. Clemens V. wies anfangs das Drängen des Königs und seines Mitarbeiters Wilhelm von Nogaret und der Colonna-Kardinäle zurück, willigte aber dann doch in die Eröffnung des Prozesses ein, suchte ihn aber möglichst lange hinauszuschieben. Für ihn konnte es ja wohl nichts Peinlicheres geben, als gegen das Andenken seines Vorgängers einen Prozeß zu führen.

Neben der Frage um die Zukunft des Templerordens und des Prozesses gegen Bonifaz VIII. sprach die Berufungsbulle Clemens' V. ernstes Interesse an dem Kreuzzugsgedanken aus. Die Unterstützung des Heiligen Landes wurde als Beratungsgegenstand des Konzils bezeichnet. So verhandelte man in Vienne auch die Frage eines Kreuzzugs. Durch den Fall von Akkon (1291) war der Kreuzzugsbewegung neuer Auftrieb gegeben. Der Kurie waren teils aus eigenem Antrieb, zum Teil auf Anregung der Päpste eine Fülle von Vorschlägen, Gutachten und Plänen eingereicht worden, wie dem Heiligen Lande zu helfen sei.

Auch dem Konzil von Vienne wurden Kreuzzugsgutachten vorgelegt. Die französische Seite verband die Kreuzzugsbemühungen mit eigenen Absichten. So forderten die Franzosen als Vorbedingung eines neuen Kreuzzuges, dessen berufener Führer natürlich nur der französische König sein könne, die Aufhebung des Templerordens, außerdem forderten sie für ihren König die Verfügung über alle Kreuzzugsgelder. In Vienne wurde nun ein sechsjähriger Zehnt von allen kirchlichen Einkünften und Gütern für den künftigen Kreuzzug beschlossen. Wiederum zeigte sich die beschämende Abhängigkeit des Papstes vom französischen König. Er mußte in den geheimen Verhandlungen während des Konzils zugestehen, daß die Erträgnisse der ersten vier Jahre dieses sechsjährigen Kreuzzugs-Zehnten dem französischen König zur Verwendung nach eigenem Gutdünken, und zwar ohne zu einer Rechenschaftslegung verpflichtet zu sein, überlassen werden. Außerdem wurde ihm noch ein vierjähriger Zehnt von den kirchlichen Einkünften Frankreichs zugestanden. Nachdem er diese Dinge dem König von Frankreich gewährt hatte, konnte der Papst in der zweiten öffentlichen Konzilsitzung nach der Verkündigung der Aufhebung mitteilen, daß der König von Frankreich binnen Jahresfrist mit seinen Söhnen und den Großen des Landes den Kreuzzug unternehmen wolle. Dieses Versprechen hat der König nicht gehalten. Wenn man auch zugeben kann, daß ihm persönliche Frömmigkeit nicht fehlte und daß religiöse Motive bei ihm nicht auszuschließen sind, so bestimmten doch politische Beweggründe vorwiegend sein Handeln.

Eine weitere entscheidende Aufgabe war, wie der Papst in seiner Eröffnungsrede des Konzils erklärt hatte, die Reform der Kirche. Von Vienne aus ist der Ruf der Reform der Kirche an Haupt und Gliedern erhoben worden. Demgemäß haben die Reformverhandlungen in Vienne einen breiten Raum eingenommen. Sicherlich wird man dem Papst wie dem Konzil nicht den Willen abstreiten können, die Mißstände, die sich damals in mannigfacher Weise schon in der Kirche zeigten, abzustellen. Auch wenn es nicht ernsthaft zur Durchführung der Kirchenreform gekommen ist, fehlte es dem Konzil nicht am entsprechenden Willen.

Auf Aufforderung des Papstes waren aus den einzelnen Kirchenprovinzen und Diözesen zahlreiche Reformgutachten eingegangen, Beschwerden und Besserungsvorschläge wurden dem Konzil zugeschickt. Man ordnete diese Gutachten und Schreiben nach den Nationen. Es zeigt sich hier, wie stark die Ausbildung der Nationalstaaten sich bereits auf kirchlichem Gebiet zeigte. Dann aber wurden die Beschwerdepunkte (Gravamina) nach sachlichen Punkten geordnet. So wurden sie den Beratungen des Konzils zugrunde gelegt. Die französischen Prälaten vor allem, aber auch die anderer Länder beschwerten sich über die Eingriffe in die kirchlichen Freiheiten und Übergriffe in kirchliche Rechte seitens der weltlichen Fürsten.

Um diese Zeit setzt sich die Bildung der Nationalstaaten durch. Die Erstarkung der Staatsgewalt mit ihren Bestrebungen auf Zentralisierung machte Fortschritte, und so waren Zusammenstöße mit althergebrachten und bisher kaum bestrittenen Rechten und Privilegien der Kirche an der Tagesordnung. Das gewaltige Ringen zwischen Bonifaz VIII. und Philipp IV. dem Schönen zeigte, was die Stunde geschlagen hatte. In Kommissionssitzungen beschäftigte sich das Konzil, wie man wenigstens aus einem Teil der erhaltenen Akten ersehen kann, eingehend mit diesen zahlreichen Beschwerden über Verletzungen kirchlicher Rechte. Vorschläge wurden unterbreitet, wie diesen abgeholfen werden könne. Sehr dürftig war das Ergebnis der Beratungen. Es liegen nur drei Konzilsdekrete vor, welche mit schweren Strafen alle die bedrohen, welche kirchliche Freiheiten durch Übergriffe gegen geistliche Personen und gegen Kirchengut verletzen.

Die Dekrete, die sich mit innerkirchlichen Reformen beschäftigen, sind zahlreicher. So wird eine Neuordnung des kirchlichen Inquisitionsverfahrens bestimmt, die Kompetenzstreitigkeiten zwischen den Diözesanbischöfen und den päpstlichen Inquisitoren werden durch eine klare Umschreibung der Machtbefugnisse geklärt. Über die allzulange Dauer kirchlicher Prozesse führte man schon seit langem berechtigt Klage, zumal wenn solche Prozesse an der Kurie liefen. Das Konzil versuchte, für zahlreiche Streitfälle summarische Prozeßverfahren einzuführen. Ein weiterer Punkt ständiger innerkirchlicher Streitigkeiten war der schroffe Gegensatz zwischen den Bischöfen und den Orden wegen der Exemtion der letzteren. Auch hiermit mußte sich das Konzil beschäftigen.

Es kam zu harten und scharfen Auseinandersetzungen. Mehrere angesehene Bischöfe wie Aegidius Romanus, der bekannte Vorkämpfer der päpstlichen Vollgewalt und Begründer der älteren Augustinerschule, und Wilhelm Durandus hatten dem Konzil Gutachten eingereicht, in denen sie die durch die Exemtion verschuldeten groben Mißstände darlegten. Vor allem der Zisterzienserabt Jakob Thermis verteidigte in mehreren Schriften die Exemtion. Es ging nicht so sehr um den Nachweis, daß die Exemtion für die Orden selbst gut und notwendig seien, sondern man betonte, daß die Exemtion ein Ausfluß der obersten Jurisdiktions- und Hirtengewalt des Papstes sei. Daher konnte man auf dem Konzil eine völlige Beseitigung der Exemtionen, wie sie in der Absicht der Prälaten lag, nicht erreichen. Aber man kam dazu, einige Dekrete zu erlassen, die der Beseitigung offenkundiger Mißstände dienten, und man schränkte die Exemtion ein und versuchte, eine Regelung der Verhältnisse zwischen den Bischöfen und den exemten Klöstern zu schaffen. Vor allen Dingen gelang es den Bischöfen, die Bulle Bonifaz' VIII. „Super cathedram", die Benedikt XI. aufgehoben hatte, wieder zu erneuern. Dem Konzil gelang es nicht, den unerquicklichen, bald von dieser, bald von jener Seite verschuldeten Streit wegen der Exemtion ein Ende zu bereiten. Dies geschah erst auf dem Konzil von Trient, das eine Neuregelung der Exemtionsfrage erreichte.

Zur Förderung der Missionen wurde von Raimundus Lullus vorgeschlagen, daß an der Kurie und an den Universitäten zu Paris, Oxford, Bologna und Salamanca je zwei Lehrstühle für den Unterricht der griechischen, hebräischen, arabischen und chaldäischen (syrischen) Sprache geschaffen werden sollten, um so die praktische Ausbildung von Missionaren für die Völker dieser Sprachen zu ermöglichen. Auch die Aufbringung der Kosten für diese Schulen wurde geregelt.

Man verlas die Reformdekrete des Vienner Konzils, und zwar zumeist in den Schlußsitzungen des Konzils; sie sind aber teilweise erst nach erheblichen Veränderungen und Überarbeitungen der Öffentlichkeit durch Johannes XXII. in den Clementinen und deren Übersendung an die Universitäten 1317 rechtskräftig geworden.

In Deutschland folgte dem ermordeten Habsburger Albrecht der Luxemburger Heinrich VII. als König. Papst Clemens selbst, ihm von Anfang an wohlgesonnen, begünstigte seine Erhebung. Er wollte die drohende Wahl Karls von Valois, des Bruders Philipps des Schönen, verhüten. Mit seinem Einverständnis empfing Heinrich VII., vom ghibellinischen Italien als Retter aus der Selbstzerfleischung des Landes begrüßt, in Rom 1312 aus den Händen dreier Kardinäle die Kaiserkrone. Der Friede aber war nur von kurzer Dauer. Als Heinrich, von den Erfolgen in Oberitalien ermuntert, sich mit Friedrich von Sizilien, dem alten Feind der Kurie, gegen den Anjou Robert von Neapel verbündete und die Reichsacht über ihn verhängte, blieben Papst und Kaiser ihrer alten Feindschaft treu. Der Tod verhinderte den Krieg. Heinrich starb bei Siena 1313 und fand zu Pisa sein Grab. Ein Jahr später, am 20. April starb der Papst. Im gleichen Jahr starb auch jener französische König, der den Papst so gedemütigt hatte.

3

DIE KURIE IN AVIGNON

Avignon, an den Ufern der Rhône gelegen, gab dem „Babylonischen Exil“ den Namen. Siebzig Jahre lang residierten hier die Päpste. Offiziell wurde der Sitz des Papstes niemals nach Avignon verlegt. 1348 kaufte Clemens VI. die Stadt und das sie umgebende Gebiet. So wurde Avignon ein Teil des Kirchenstaates.

Neuere Forschungen ergaben, daß die Geschichte der Päpste in Avignon milder zu beurteilen ist, als es bislang der Fall war.

Die Stadt bot durch ihre Größe und günstige Lage einen geeigneten Platz für einen Hof. Auch die unmittelbare Nähe des damaligen französischen Königreiches war für die Stadt wichtig. Unter Benedikt XII. (1334–1342) und Clemens VI. (1342–1352) entstand, durch französische Architekten ausgeführt, die fürstliche Palastfestung der Päpste inmitten der Stadt.

Die Räume wurden von italienischen Künstlern gestaltet. In beschlagnahmten Häusern wurde die Beamtenschaft der Kurie und ihre Behörden untergebracht. Sehr bald wuchsen Neubauten. Paläste, Klöster, Spitäler, Fremdenheime, Handelshäuser wurden gebaut, und die so erweiterte Stadt wurde durch ein festes Mauerwerk geschützt. In der landschaftlich schönen Umgebung wurden Sommersitze für den Papst erbaut. So errichtete Johannes XXII. in Pont-Sorgue und Châteauneuf-du-Pape Schlösser.

Eine fürstliche Hofhaltung wurde den Kardinälen durch ihre großen Einkünfte ermöglicht, sie dienten auch zur Förderung von Kunst und Wissenschaft, auch wurde viel Geld für den Bau und die Ausschmückung von Kirchen und Kapellen verwendet. An diesem Hof herrschte ein unbekümmertes Leben und Treiben. Die Rechnungsbücher der apostolischen Kammer geben gelegentlich darüber Auskunft. Bestimmte auch Charakter des jeweils herrschenden Papstes Form und Übermaß der Hofhaltung, so bildete sich doch allmählich eine Lebensart heraus, die durch Vornehmheit und Prunk gekennzeichnet war und die bei der Feier der Feste, in den Konsistorien und bei den großen Empfängen des Hofes sich entfaltete. Die päpstliche Hofhaltung in Avignon brachte für die Stadt nicht nur große bauliche Entfaltung, die Bevölkerung wuchs, der Verkehr belebte sich, und ein weltmännischer Lebensstil prägte die Atmosphäre der Stadt.

Auch in Rom gab es schon im hohen Mittelalter eine Kurie im Sinne eines Fürstenhofes; Bonifaz' VIII. Hofhaltung ist näher bekannt. Genaue Überlieferungen geben uns aber Kenntnis darüber, wie jetzt diese Hofhaltung in Avignon erweitert wurde. Italiener hatten die höheren Chargen in der Verwaltung inne. Die Päpste stellten jeweils aus den Reihen ihrer Landsleute das mittlere und niedere Personal. Clemens V. brachte eine Art Leibgarde aus seiner engeren Heimat mit. In besonderer Weise regelte Johannes XXII., durch sein systematisches Denken geschult, die Hofhaltung, er legte die Dinge bis ins einzelne fest, aber die nachfolgenden Päpste hielten sich nicht immer an diese Regelungen, sie wandelten sie nach eigenem Gutdünken ab. Mehr als an anderen Fürstenhöfen trat durch den Wechsel des Pontifikates auch ein Wechsel des Personals und der Gebräuche, oft auch der Geschäftsführung der Behörden ein. Im großen und ganzen aber unterschied sich der Stil des Hofes der Päpste von Avignon nicht von dem der französischen Könige. Dem apostolischen Palast stand der „magister hospitii papae“ vor. In der päpstlichen

Kapelle besorgten die „cantores“ und die „clerici capellae“ den liturgischen Dienst. Nicht genau umschrieben ist die Tätigkeit und Leistung der „capellani commensales“. Es handelte sich um einflußreiche Leute bei diesen Kaplänen. Sie wurden oft Bischöfe.

Zur engeren Umgebung des Papstes gehörte eine ausgesuchte Dienerschaft. Die Aufteilung der Hofverwaltung in vier Grundämter (Küche, Brotamt, Keller und Marstall) war schon älter. Die päpstliche Kasse sorgte auch für die Speisung und Kleidung der vielen Hunderte von Armen, ein eigenes Almosenamt war hierfür zuständig. All die vielen Chargen und Ämter und Posten wurden von Geistlichen geleitet. Daneben gab es ein zahlreiches Laienpersonal (Pförtner, Soldaten, Gendarmen). Etwa 500 Personen waren in der päpstlichen Hofhaltung beschäftigt. Viele Ämter wurden auf Lebenszeit verliehen, manche erloschen beim Tod des Papstes. Ein Teil der Höflinge waren Familiares des Papstes. In steigendem Maße wurden Ernennungen zu päpstlichen Kaplänen ehrenhalber ausgesprochen, und zwar etwa für die Zeit von Johannes XXII. (1316) bis zu Benedikt XII. etwa 3000.

Das Kardinalskollegium wurde immer stärker während dieser Zeit von Franzosen durchsetzt, von 1316 bis 1375 wurden ernannt: 90 Franzosen, 14 Italiener, 5 Spanier und ein Engländer. Auffallend ist in den avignonesischen Pontifikaten, wie stark die Verwandten und Landsleute aus der Gascogne, dem Quercy und dem Limousin in der Kurie beschäftigt wurden. Die Hofhaltung in Avignon war keine Vertretung der allgemeinen Christenheit. Die französische Krone wußte ihren Einfluß stetig und unvermindert zu sichern. Mehrere Mitglieder des Kardinalskollegiums standen früher in französischem Dienste.

In der avignonesischen Zeit des Papsttums spielt die Finanzwirtschaft eine beherrschende Rolle. Die Einkünfte waren beträchtlich, vor allem wurden üppige Wahlgeschenke gemacht, aber nach dem großen Schisma gingen zahlreiche Benefizien zurück. Die Kardinäle hatten großen Einfluß in der Regierung der Kirche. Das drückte sich besonders in den Konsistorien, in den Aufträgen rechtlicher Natur und in Legationen aus.

Im Konklave von 1352 versuchten die Kardinäle durch eine schriftliche Wahlkapitulation, den künftigen Papst juristisch auf die Forderungen des Kollegiums festzulegen. Der Versuch scheiterte. Aber für die Zeit von Avignon gilt, daß der Papst durch das Kardinalskollegium in seiner Handlungsweise eingeschränkt war. Die Zahl der Kardinäle schwankte um zwanzig. Zumeist führten sie ein großes Haus, beschäftigten eine zahlreiche Dienerschaft. Öfter mußten die Päpste die Kardinäle ermahnen, bescheidener und zurückhaltender aufzutreten. Die Testamente mehrerer Kardinäle zeigen, über welche Reichtümer ein Kardinal der damaligen Zeit verfügen konnte.

In der avignonesischen Zeit prägte sich in der Führung der Kirche ein Zentralismus aus, der sich von den Verwaltungsmaßnahmen vorher sehr unterschied. Neue Formen der kirchlichen Verfassung wurden entworfen, das päpstliche Finanzwesen ausgebaut und eine kirchliche Bürokratie von erheblichem Ausmaße geschaffen. Zusammen mit der Förderung der Franzosen in der Kirche und des Nepotismus in der Zuwendung kirchlicher Benefizien forderte gerade dies in den kommenden Jahrzehnten zur schärfsten Kritik heraus. Die Verhältnisse von Avignon forderten die Reform der Kirche, und ihre Ärgernisse waren ein wichtiger Bestandteil der Gravamina für weitere Jahrhunderte.

In der avignonesischen Zeit des Papsttums, also etwa seit dem Tode von Bonifaz VIII. bis zum Jahre 1363, verstanden es die Päpste, die Verleihung der kirchlichen Ämter immer stärker an sich zu ziehen. Die juristische Basis für die „plenitudo administrationis“ wurde schon im 13. Jahrhundert gelegt.

Virtuos verstanden es die Päpste, diese sogenannten Reservationen der Benefizien immer stärker auszubauen. Bonifaz VIII. ordnete an, daß alle Benefizien, die im Umkreis von zwei Tagereisen von Rom vakant wurden, dem Heiligen Stuhl zur Verleihung vorbehalten waren. Clemens V. dehnte diese Reservation auch auf jene Benefizien von Bischöfen aus, die an der Kurie konsekriert worden waren oder wenn Verzicht, Versetzung oder Tausch an der Kurie getätigt wurden. Johannes XXII. ging 1316 durch seine Konstitution „Ex debito“ noch weiter. Er ordnete an, daß alle Ämter, die durch Absetzung eines Benefiziaten, durch die Kassierung einer Wahl und durch die Zurückweisung einer Postulation frei wurden, zur Verleihung an die Kurie fielen.

Auch Benefizien, die durch Verzicht in die Hände des Papstes frei wurden, und alle Benefizien der Kardinäle und fast aller kurialen Beamten behielt sich der Papst vor. Die höheren Benefizien im Kirchenstaat, in Mittel- und Oberitalien wurden auf zwei Jahre reserviert. Diese Frist wurde immer wieder verlängert. In einer neuen Konstitution wandte sich der gleiche Papst ein Jahr später gegen die Pfründenhäufung: In Zukunft darf nur ein Benefizium mit Seelsorgeverpflichtung mit einem anderen ohne diese behalten werden. Auf alle anderen Benefizien hat der Bischof Verzicht zu leisten, und diese frei werdenden Benefizien sind alle dem Heiligen Stuhl reserviert, und nur der Heilige Stuhl kann sie verleihen. 1335 faßte Papst Benedikt XII. in seiner Konstitution „Ad regimen“ alle früheren Reservationen mit einigen Erweiterungen zusammen. Urban V. hat dann im Jahre 1363, diesem Weg seiner Vorgänger konsequent folgend, die Besetzung aller Patriarchalsitze, Bischofssitze, Männer- und Frauenklöster von einer bestimmten Einkommenshöhe an dem Heiligen Stuhl reserviert. So erreichte man die volle Ämterhoheit der Kurie. Es liegt auf der Hand, daß die Ausführung dieser päpstlichen Anordnungen zahlreiche Behörden mit einem gewaltigen Beamtenapparat erforderte. Die apostolische Kanzlei war für die technische Seite zuständig; der Vorsteher dieser apostolischen Kanzlei, der Vizekanzler, gehörte dem Kardinalskollegium an. Der Geschäftsgang wurde durch Kanzleiordnungen und Kanzleiregelungen bis in Kleinigkeiten hinein geordnet. Zu dieser apostolischen Kanzlei gehörten Notare, Referendare, Abbreviatoren, Skriptoren, Korrektoren, Registratoren, Bullatoren, Prokuratoren und Agenten. Jedes Geschäft, vor allem die Benefizialsachen, begann durch die Einreichung einer Bittschrift (Supplik), die je nach Bedeutung dem Papst, dem Vizekanzler oder einem der Referendare zur Genehmigung (Signierung) vorgelegt werden mußte. Die Datierung, die daraufhin erfolgte, war für den weiteren Geschäftsgang durch ihr Datum maßgebend. Der genehmigte Teil der Suppliken, wenigstens ihr größerer Teil, wurde schon seit Benedikt XII. in ein Register eingetragen. Nach einer etwa erforderlichen Prüfung des Kandidaten ging die Supplik an die Abbreviatoren zur Herstellung eines Konzeptes, dann folgten Reinschrift, Taxierung, Bullierung und Registrierung in den Bullenregistern, die Zahlungen waren an die apostolische Kammer zu leisten. Es wurden Exekutoren zur Durchführung der päpstlichen Anordnung bestellt, und damit war der formale Teil dieses Geschäftes erledigt.

Nun wäre es gut gewesen, wenn die päpstliche Verfügung sofort ihr Ziel erreicht hätte, aber das geschah nur in wenigen Fällen. Am einfachsten war es noch, wenn ein Benefizium durch Tod des bisherigen Inhabers frei wurde, doch waren auch da meistens der Petenten mehrere. Die gebräuchlichen Gründe für das Freiwerden eines Benefiziums waren im allgemeinen: Verzicht, Erlangung einer anderen Pfründe (normalerweise war die Häufung von Pfründen verboten), mangelnde Weihe bei Seelsorgebenefizien, Heirat eines Geistlichen mit niederen Weihen, illegitime Geburt, mangelndes Alter, körperliche Defekte. Ergaben sich bei der Verleihung der Benefizien Schwierigkeiten, so wurde von den „auditores sacri palatii“ (Rota) der Prozeß eröffnet, wieder beginnend mit der Einreichung einer Supplik, und dann mußten die vielen Hürden der Bürokratie genommen werden, und der Bittsteller mußte sich in Geduld fassen, und oft endete der mühsame Gang ohne Ergebnis.

Ein solcher Bittsteller mußte über Mittel verfügen, denn ohne Trinkgelder, ohne die geforderten Taxen war ein solcher Vorgang nicht in Gang zu bringen. In den Vatikanischen Archiven sind für das 14. Jahrhundert trotz großer Verluste Hunderttausende solcher Urkunden registriert, so für Johannes XXII. (1316–1334) etwa 65000 nur in den Kommuneregistern, für Clemens VI. (1342–1352) etwa 90 000, für Innozenz VI. (1352–1362) 30 000, für Urban V. (1362–1370) 25 000, für Gregor XI. (1370–1378) 35 000. Die Beförderung dieser riesigen Mengen von Schriftstücken, die von der Kurie ausgingen, geben erhebliche Rätsel auf. Man schätzt, daß etwa die Hälfte dieser Schriftstücke von den Bittstellern selbst wieder mitgenommen wurden, ein weiterer beträchtlicher Prozentsatz von solchen, die von Avignon aus in die betreffende Gegend reisten. Beide Arten gingen nicht zu Lasten der Kurie. Viele dieser Schriften wurden durch das weltweite Netz der Geschäftsverbindungen der Banken transportiert, die in Avignon ihre Niederlassungen hatten. Nur bei besonders wichtigen, vor allem politischen und eiligen Schriftstücken, kamen die Kursoren des Papstes in Frage oder höhere Geistliche, Mönche, und unter diesen besorgten besonders häufig Dominikaner die Beförderung der Päpstlichen Post.

Die wichtigste Behörde in Avignon aber war die Apostolische Kammer. Ein Erzbischof war zumeist der Kämmerer, der an der Spitze dieser Einrichtung stand, oft ein Mann, der vordem sich an der Kurie hochgedient und im Außendienst als Kollektor tätig gewesen war. Ein kleiner Stab von Kammerklerikern und Sekretären besorgte die politische Korrespondenz. In die Hände des Vorstehers der Kammer legte auch das Personal des päpstlichen Hofes den Amtseid ab. Von der geheimen Politik weiß man wenig, aber um so mehr kennt man die Finanzgeschäfte, die von dieser Kammer wahrgenommen wurden. Es gab Hauptbücher, so etwa die „Introitus et exitus", also Einnahmen und Ausgaben, die Abrechnungen der Kollektoren, die als „nuntii et collectores" im ganzen Bereich der damaligen Christenheit die der Kammer geschuldeten Gelder eintrieben und im Dienste der Kammer so unterwegs waren. Es gab eine Reihe von Spezialregistern für Zehnten, für Einkünfte aus vakanten Benefizien, Prokurationen, Zahlungsverpflichtungen und der Nachweis erfolgter Zahlungen. Die Divisionsregister hielten die Einnahmen aus Servitien, Visitationen und Zensus fest. Diese wurden seit dem 13. Jahrhundert zwischen Papst und Kardinälen häufig geteilt. Der größte Teil der Einnahmen kam aus Servitien, Annaten, Zehnten, Subsidien und Spolien. Finanzielle Zuwendungen empfingen Papst und Kardinäle schon seit dem hohen Mittelalter. Sie waren zunächst mehr spontan und freiwillig, sie verfestigten sich allmählich und wurden dann als eine pflichtmäßige Abgabe angesehen. Seit 1295 sind sogenannte Obligationsregister für Servitien erhalten. Klöster und Bistümer mit einem Jahreseinkommen von 100 Goldgulden wurden anläßlich der Besetzung durch die Kurie zum Servitium herangezogen. Ein Drittel des ersten Jahreseinkommens mußte an die Kurie abgeliefert werden. Dieses eine Drittel durfte nur einmal im Jahr gefordert werden. Die Zahl der Pflichtigen, die solche Zahlungen zu leisten hatten, wurden durch den unaufhaltsamen und systematischen Ausbau der Reservationen ständig erweitert, so daß man für die Mitte des 14. Jahrhunderts fast alle Konsistorialbenefizien als erfaßt ansehen darf. Der Papst erhielt die eine Hälfte des Servitiums, das Kardinalskollegium die andere Hälfte. Die Beamten der Kurie wurden außerdem nach einem sehr detallierten Schlüssel an diesen Zuwendungen beteiligt. Zur Feststellung der Höhe des Einkommens dienten zunächst die Obligationsregister, seit dem Ende des Jahrhunderts der „liber taxarum" der Apostolischen Kammer.

Im Jahre 1306 ordnete Papst Clemens V. an, daß von allen freiwerdenden oder freigewordenen Benefizien in England, Schottland und Irland die Einkünfte des ersten Jahres ohne Rücksicht auf die Art der Besetzung an den Heiligen Stuhl abzuführen seien. Mit dieser Anordnung wurde eine neue Abgabe an den Heiligen Stuhl angeordnet, die sogenannten Jahrgelder (Annaten). Zwar widersprach das Konzil von Trient dieser päpstlichen Anordnung und forderte ein ausreichendes Auskommen für die Erwerber der Pfründe. Johannes XXII. schrieb Annaten aus, manchmal fast für ganz Europa, dann auch öfters für mehrere Kirchenprovinzen oder Länder. Dieser Papst ordnete im Jahre 1326 an, daß die Annaten von allen Benefizien entrichtet werden müssen, die bei der Kurie vakant geworden waren. Die Höhe dieser Jahrgelder schwankt im 14. Jahrhundert, sie entsprach aber meistens der Schätzung für die Zehnten. Eine beliebte Definition war „Annata, seu medii fructus primi anni". Alle Benefizien mit einem Einkommen über 24 Goldgulden mußten diese Annaten zahlen. Die Jahrgelder flossen der päpstlichen Kasse zu und stellten eine der gesicherten Einkommensquellen dar.

Noch waren die vom II. Lyoner Konzil ausgeschriebenen Kreuzzugszehnten noch nicht abgerechnet und die von Bonifaz VIII. noch nicht ganz bezahlt, als das Konzil von Vienne wieder einen sechsjährigen Kreuzzugszehnten anordnete. Am Ende seines Pontifikates hat dann Johannes XXII. auch einen solchen Zehnten ausgeschrieben, aber Benedikt XII. widerrief ihn und befahl die Rückgabe der schon eingesammelten Gelder. Die folgenden Päpste Clemens VI., Innozenz VI. und Urban V. schrieben wieder einen allgemeinen Zehnten aus. Aber dieser Ausschreibung war wenig Erfolg beschieden. An einzelne Territorien wurden häufig im Laufe des Jahrhunderts Zehntforderungen gestellt. Die Einkünfte mußten aber mit dem jeweiligen Landesherrn geteilt werden. Die Könige von Frankreich erhielten die meisten Kreuzzugszehnten, ohne daß sie Rechnung legen oder sie zurückzahlen mußten, wenn ein Kreuzzug nicht zustande kam. Das „subsidium caritativum" war ursprünglich eine freiwillige Gabe für eine festumschriebene Sache. Im 14. Jahrhundert wurde es in seiner Höhe normiert und verpflichtend gemacht. Johannes XXII. verlangte von französischen Bistümern ein Subsidium zwischen 200 000 und 300 000 Goldgulden. Auch der Einzug des Nachlasses von an der Kurie verstorbenen Kardinälen und höheren Prälaten brachte erhebliche Einnahmen. Seit dem 14. Jahrhundert wurde er aufgrund spezieller Reservationen gefordert. Urban V. reservierte sich den Nachlaß aller Bischöfe, Äbte, Dekane, Pröpste und Rektoren.

Dem Thesaurar, dem Schatzmeister der Kurie, oblag die Kassenführung. Er arbeitete mit den Depositaren, den Vertretern der Bankhäuser, eng zusammen. Sie gaben Kredite, leisteten Vorschüsse und besorgten den Transfer der Gelder.

In diesem Zusammenhang muß die Frage gestellt werden, ob die Finanzgeschäfte der Kurie vollständig zu durchschauen sind, obwohl eine Masse von Rechnungsbüchern für das 14. Jahrhundert vorliegt. Es wird die Ansicht vertreten, daß diese Rechnungsbücher nicht eine Bilanz darstellen, sondern eher als Quittungen und Belege für eingezahlte Summen zu gelten haben. Außerdem bestand neben der ordentlichen Verwaltung noch ein Geheimfond, eine Privatschatulle des Papstes. Von Papst Clemens V. wissen wir, daß er ein solches Geheimbuch und Aufzeichnungen über solche private Gaben anlegte, das er kurz vor seinem Tode vernichten ließ. Allein für den Krieg in der Lombardei gab Johannes XXII. aus seiner Privatschatulle mehr als 400 000 Gulden aus.

Man berechnet als Jahresdurchschnitt an Einnahmen für Johannes XXII. 230 000, für Benedikt XII. 165 000, für Clemens VI. 190 000, für Innozenz VI. 250 000, für Urban V. 260 000 und für Gregor XI. 480 000 Goldgulden.

Am wenigsten durchsichtig sind die Finanzen Clemens' V., der aus dem in Perugia deponierten Schatz Bonifaz' VIII. und Benedikts XI. nur das erhalten hatte, was er zur Krönung nach Lyon kommen ließ. In Lucca und Assisi wurden später durchgeführte Transporte ausgeraubt. Bei seinem Tode hinterließ dieser Papst große Summen Geldes, das er seinen Verwandten vermachte.

Etwa auf eine Million belief sich der angesammelte Schatz Johannes' XXII. Eineinhalb Millionen Gulden sammelte der sparsame Benedikt XII. Einen geringen Nachlaß vererbte Clemens VI., der wegen seiner Gastlichkeit und Freigebigkeit bekannt war. Der päpstliche Schatz wurde in den festen Gewölben der großen Türme des Papstpalastes in Avignon, unweit der päpstlichen Schlafgemächer, untergebracht. Inventare aus dieser Zeit verzeichnen viele Kisten mit Gold- und Silbermünzen, goldene und silberne Gefäße und Gegenstände der Kunst. Auch von goldenen Ringen mit Edelsteinen, teuren Tuchen, Mitren und Büchern ist in diesen Verzeichnissen die Rede. Um die Mitte des Jahrhunderts wurde das Bargeld immer knapper, und öfters mußten Wertsachen aus Edelmetall in Münzen umgeschmolzen werden, vor allem zur Bestreitung der Rüstungsausgaben in Italien.

In den Hauptbüchern sind die Ausgaben der zentralen Verwaltung gegliedert nach: Küche, Brotamt, Keller, Marstall, Kleidung und Gewebe, Kunstgegenstände und Schmuck, Bibliothek, Bauten, Siegelamt, außerordentliche Gehälter und Rüstungen, Kriegszahlungen, Gehaltszahlungen, Grund- und Hausbesitz, Almosenamt und Verschiedenes.

Als Jahresdurchschnitt der Ausgaben wurden für Johannes XXII. 233 000, für Benedikt XII. 96 000, für Clemens VI. 165 000, für Innozenz VI. 260 000, für Urban V. 300 000 und für Gregor XI. 480 000 Goldgulden errechnet. Man darf bei der Aufzählung dieser Summen nicht vergessen, daß die außerordentlichen Einnahmen und Ausgaben nicht genügend bekannt sind. Die Kriege in Italien verschlangen riesige Summen, so vor allen Dingen im Pontifikat Johannes XXII. 63% der Ausgaben machten die Rüstungen in den Regierungszeiten Innozenz' VI. und Gregors XI. aus. Der Stab der Beamten verschlang etwa 10 bis 20% der päpstlichen Einnahmen. Der Haushalt der Päpste in Avignon wurde im wesentlichen von der Umgebung beliefert. Die Luxusimporte machten etwa 5 bis 10% des jährlichen Etats aus. Die Kosten für das Krönungsmahl Clemens' VI. betrugen 15 000 Goldgulden.

Die Kurie hatte internationales Gepräge. Es war ein stetes Kommen und Gehen, aus und nach allen Gegenden der Christenheit. Handelsunternehmungen, die politisch der Kurie nahestanden, wickelten diese Geschäfte seit dem 13. Jahrhundert ab. Es sind vor allem die Großkaufleute aus Florenz, die diese Geschäfte wahrnahmen. Clemens V. brach gleich alle Beziehungen zu den Banken ab und ließ die Gelder durch Geistliche verwalten und in Klöstern deponieren. Aber nachher wurde Avignon wieder zu einem erstrangigen Handelsplatz. Die Stadt an der Rhône war wohl die drittgrößte Stadt Frankreichs mit etwa 30 000 Einwohnern. Die meisten großen Handelshäuser errichteten hier ihre Niederlassungen. Als um die Mitte des Jahrhunderts sich der Zusammenbruch der Florentiner Hochfinanz ereignete, wurden auch vorübergehend andere, auch guelfisch gesinnte italienische Banken in Dienst genommen. Wie schon erwähnt, beförderten die Handelshäuser auch die Post, sie waren Lieferanten von Waren und Nachrichten. Die Einnahmen überstiegen unter den Pontifikaten Johannes' XXII. und Benedikts XII. die Ausgaben, und so konnte man Reserven anlegen, die bei den höheren Ausgaben unter Clemens VI. und Innozenz VI. wieder herangezogen werden konnten. Urban V. und Gregor XI. konnten ihre Ausgaben nur noch durch neue Schulden decken. Der Vergleich mit den Hofhaltungen in Frankreich, England und Neapel zeigt, daß die Einnahmen der Kurie niedriger waren, obwohl man dabei nicht vergessen darf, daß es sich immer noch um imponierende Summen handelt, über die die Päpste verfügten.

Bei genauer Betrachtung des Finanzgebarens der Kurie in Avignon verstärkt sich der Eindruck, wie leichtfertig mit dem Geld aus der ganzen christlichen Welt hier umgegangen worden ist. Clemens V. ragt hier besonders hervor. Von ihm kann man mit Gewißheit sagen, daß er mit dem materiellen Schätz der Kirche in unverantwortlicher Weise umging. Am Ende seiner Regierungszeit verfügte er über eine Million. 800 000 Goldgulden kamen an seinen Neffen, den Vicomte de Lomagne. Zur Verwahrung der Gelder und des Schatzes hatte der Papst schon früher das Schloß Monteux gekauft. Ohne Rechnungslegung überließ dieser Papst riesige Beträge an Zehnten den Königen von Frankreich und England. Johannes XXII., der nach zweijähriger Vakanz gewählt wurde, erhielt nur noch 70 000 Goldgulden, von denen noch die Hälfte dem Kardinalskollegium zugesprochen war. Immerhin konnten nach einem langen Prozeß gegen die Erben Clemens' V. noch 150 000 Goldgulden in die Kassen Johannes' XXII. zurückfließen.

Diese Verhältnisse an der Kurie in Avignon blieben nicht ohne Kritik. Überall in der Christenheit verlangte man nach der Reform der Kirche, nach der Reform der Verhältnisse in Avignon. Gerade die Gravamina, die auf dem Konzil von Vienne laut wurden, faßten vieles von dem zusammen, was früher schon an anklagenden Stimmen laut geworden war. Das ganze Jahrhundert hindurch, besonders während der Zeit des großen Schismas, versuchten Bischöfe und Äbte sich dieser Entmachtung durch den Zentralismus der Kurie zu erwehren. Die rücksichtslose Forderung nach Geld und die unvollkommene, schluderige Verwaltung des Benefizial- und Finanzwesens gaben den Anstoß.

Von der Kurie wurde jede Möglichkeit zum Erwerb von Geld rücksichtslos und ohne Bedenken ausgenutzt. Man ließ Pfründe, Benefizien oft bis zu einem Jahr einfach unbesetzt, um der Kurie den Einzug dieser Annaten und Jahrgelder zu ermöglichen. Höhere Prälaten mußten die von ihren Vorgängern nicht bezahlten Servitien einfach übernehmen. Besonders leichtfertig und frivol ging man mit kirchlichen Strafen um, so daß sie im Laufe des Jahrhunderts fast völlig entwertet wurden. Automatisch erfolgte die Verlängerung von Suspension, Exkommunikation und Interdikt. Am 5. Juli 1328 wurden ein Patriarch, fünf Erzbischöfe, 30 Bischöfe und 46 Äbte als der Suspension, Exkommunikation und dem Interdikt verfallen erklärt, weil sie die Servitien nicht bezahlt hatten. In drei Urkunden der Apostolischen Kammer zwischen 1365 und 1368 stehen als Zensurierte und Meineidige 7 Erzbischöfe, 49 Bischöfe, 123 Äbte und zwei Archimandriten aus Frankreich und Spanien. Geschäftsführung der Bürokratie in Avignon, die nichts mehr mit geistlichen Vorgängen zu tun hatte, führte zu einem immer größer werdenden Schwund des Vertrauens in der Christenheit in Kurie und geistliches Amt.

Auf diesem Hintergrund werden erst die harten Vorwürfe während des Schismas gegen Päpste und Kardinäle und das unerbittliche Ringen um eine wahre Reform der Kirche in Konstanz und Basel verständlich. Man darf nicht vergessen, daß diese Geldgeschäfte unverträglich mit dem geistlichen Charakter des Papsttums waren und daß sie eine gefährliche Verweltlichung von höchster kirchlicher Stelle aus einleiteten.

Wenn man diesen dunklen Hintergrund betrachtet, werden die Angriffe, wie die des Dichters Petrarca (1304–1374) (seine Lebenszeit deckt sich nahezu mit der Dauer des avignonesischen Exils) verständlich, die er in seinen bitterbösen „Briefen ohne Namen" den Päpsten von Avignon vorwirft. Der Dichter war als Knabe mit seiner florentinischen Familie nach Avignon gekommen, hatte als Student und auf Reisen ein großes Stück Welt gesehen und nahe der Papstburg in der stillen Vaucluse eine Zuflucht gebaut vor der Welt, die er so hassen als lieben, verklären als verachten konnte. In Rom mit dem Dichterlorbeer gekrönt – er ist der erste poeta laureatus der christlichen Zeit –, kam er 1342 in die Stadt seiner Laura zurück.

Den Papst Clemens VI., dem Petrarca selbst in politischen Geschäften diente, stellt er in seinen Briefen als eine besonders üble Gestalt dar. Er nennt ihn einen zynischen Lebemann, der statt der Kirche seine „epy", die epikurische Lebenskünstlerschaft zur Braut erwählt habe, sich freue, daß er nicht in der dumpfen Hütte des römischen Lateran wohnen müsse; behaglich ausgestreckt im prunkenen Gemach, überschaue er seine Herde. Mit stolzem Gefolge ziehe er an der Seite seiner geliebten Nichte Cäcilie, der „Semiramis", die mit ihren Reizen den ganzen Palast beherrsche, auf die Jagd. Ein künftiger Papst, sofern er die Maske fallen läßt, werde die Kurie vollends nach Bagdad verlegen. Nicht sieben Gregore könnten den Schaden beheben, den der V. und VI. Clemens der Kirche zugefügt hätten. Mit Petrarcas Spott treffen auch die Anklagen anderer Zeitgenossen zusammen. Die heilige Birgitta, die Seherin und Reformerin Schwedens, die als kinderreiche Witwe ihren Sitz in Rom genommen, mahnt dort die Fürsten, rügt die Päpste und ruft sie zur Heimkehr aus dem Exil auf. Diese große schwedische Seherin nennt den Papst einen „Liebhaber des Fleisches".

Aber zur entschiedensten Kämpferin gegen Avignon, gegen die dort herrschenden Mißstände, für die Rückkehr des Papstes nach Rom setzt sich die heilige Katharina von Siena, eine Bußschwester vom heiligen Dominikus und gefeierte Kirchenlehrerin (1347–1380) ein. Über wenige Gestalten des Mittelalters fließen die Quellen so reichlich wie über diese Tochter eines Färbers aus Siena. Katharina, obwohl sie eine wenig gebildete Frau aus einfachen Verhältnissen war, sie konnte etwas lesen, zu schreiben aber verstand sie nicht, hinterließ ein umfangreiches Werk, das sie einigen Schreibern diktierte. 380 Briefe haben sich bis auf unsere Zeit erhalten. Sie sind in der Zeit von 1367 bis 1380 verfaßt und ein getreuer Spiegel all der Kümmernisse und Sorgen, der Gedanken und Gefühle, der Hoffnungen und Enttäuschungen dieser großen Frau, und sie künden von jenem Feuer des Glaubens, das in ihrem Herzen glühte. Lebendig bezeugen sie jene Sorge und jenes Verlangen, das Katharina einmal in einem Brief an Gregor XI. so ausdrückte: „Ein anderes Verlangen habe ich nicht in diesem Leben, als Gottes Ehre, Euren Frieden und die Erneuerung der Kirche zu sehen und in jeder vernunftbegabten Kreatur das Leben der Gnade." Mit ihrer Glut möchte sie alle Kräfte hinwegschmelzen, die sie in ihrem Gegenüber weiß. Ihre Briefe sind ein einziges Zeugnis jener Aussage über sich selbst, die sie einmal ihrem Beichtvater Raimund von Capua machte: „Feuer ist mein Wesen". Es bleibt immer wieder ein erstaunliches Ereignis, wie diese ungebildete Frau, die bisher im stillen Gebet gelebt hat, plötzlich politisch aktiv wird. Eins ist wichtig zu wissen: Katharina ist immer und zuerst die begnadete Mystikerin, die ganz und gar davon erfüllt ist, den Willen Gottes zu tun. Nur von daher kann man ihr Wirken in der Welt verstehen. Sie handelt immer im Auftrag des Gekreuzigten. Deshalb ist ihr Leben, das wie ein Pendel hin- und herschwingt, vom Ort der Beschauung hin in das tätige Leben, doch eine geschlossene Einheit. Das Leben wird von einem einzigen Quell und ist von einem einzigen Ziel her bestimmt. Sie tritt aus ihrer mystischen Beschauung, um in dieser letzten Stunde der abendländischen Christenheit den göttlich-irdischen Ordo zu stützen und zu erhalten.

Rein irdische Ziele gibt es für sie nicht. Sie kämpft um ein ganz anderes: um den Garten der Seelen, um die Kirche Christi. Die Braut Christi, die Kirche, steht ausschließlich im Mittelpunkt ihres öffentlichen Wirkens. Dante und Petrarca wollten die Rückkehr des Papsttums nach Italien aus nationalen Gründen, für Katharina ist die Gefangenschaft des Papstes in Avignon das Sinnbild der Verweltlichung der Kirche, die tiefste Ursache für den Verfall der Religion und die Zerstörung der Sitten, das Hindernis für das Zustandekommen des Kreuzzuges, ein Verrat an der Kirche. Aus heiliger Sorge findet sie so harte Worte: „Da seht, wie sie hausen, diese avignonesischen Legaten, diese stinkenden Blumen im Garten der Kirche. Durch ihre Unsittlichkeit und Habgier verpesten sie den Leib der Kirche und bringen sie in Gefahr. Großes Unheil für die Kirche in Italien steht bevor. Um Gottes Willen kommen Sie zurück, Heiliger Vater."

Katharina trägt in ihrem Herzen eine große Schau von der Kirche. Kein Blick auf die Wirklichkeit kann sie so erschüttern, daß sie von diesem Bild ablassen kann. Mit einem unerhörten Freimut und in einer Weise, wie sie heute kaum vorstellbar ist, tritt sie Päpsten und Kardinälen gegenüber und sagt ihnen, von dieser Liebe zur Kirche getrieben, offen – man ist versucht zu sagen: unbarmherzig – die Meinung. Manchmal ist sie nicht frei von Übertreibungen, aber niemals zerstört ihre Kritik. Sie tritt damit nicht an die Öffentlichkeit. Ihre Kritik ist immer nur als persönliche Ermahnung gemeint und vermeidet jede Propaganda nach außen. Katharinas Schau der Kirche bewahrt sie auch davor, mit der verrotteten Kirche ihrer Zeit zu brechen. Sie leidet an der Kirche, aber sie hat deshalb nicht gegen sie gehandelt. Sie will die Umkehr erzwingen durch den Weg der Buße und nicht durch den Weg der Revolution. Sie möchte für die Kirche ihr Leben hingeben. Ihr geht es einzig und allein um die Umkehr der gesamten Kirche, um Buße, Rettung und ewiges Heil.

4

DAS GROSSE SCHISMA

Während der Abwesenheit der Päpste von Rom schnitten sich Gewalthaber an allen Enden aus den päpstlichen Provinzen kleine Teile heraus. Rom war ein einziges anarchisches Chaos. Cola di Rienzo, der vom Geist der Renaissance erfüllt wurde, versuchte in Rom, die alte römische Kaiserherrlichkeit wieder zum Leben zu erwecken. Zwar hatte der Tribun des Volkes in Avignon den Papst entzückt und die Freundschaft Petrarcas gewonnen. Nach seinem Sturz floh er an den Hof Karls IV. zu Prag. Der lieferte ihn 1352 als Ketzer in die Hand des Papstes.

Um 1350, während sich dieses Schicksal Rienzos erfüllte, raste durch Europa die große Pest. Ein Drittel der europäischen Bevölkerung sank in die Massengräber. Über die Straßen Europas zogen die Heere der Geißler, man hörte das Klatschen der Geißel auf ihrem nackten Rücken. Das „Kyrie eleison" singend, zogen sie durch die Lande. Eine Woge religiöser Inbrunst trieb die Pilgerscharen im Jahre 1350 nach Rom.

In Avignon verbreitete sich 1351 ein Brief, der die Überschrift trug „Luzifer an den Papst, seinen Statthalter auf Erden". Luzifer bedankt sich in diesem Brief bei den Kardinälen und Prälaten für alle Hilfe im Kampfe gegen Christus. Luzifer ist der Überzeugung, daß sein triumphaler Sieg nicht mehr weit ist. So grüßt er sie alle, die ihm geholfen, auch im Namen ihrer Mutter des Hochmuts und aller Laster, die mit dem Hochmut verschwistert sind. Der Geist dieses Briefes spricht auch aus einer Novelle im Decamerone des Boccaccio. Boccaccio, einer der Mitbegründer der italienischen Sprache, war tiefgläubig wie Petrarca, aber er empfand das päpstliche Exil, wie die anderen großen Geister des Humanismus, etwa Dante, als Erniedrigung des Papsttums und Italiens. Der italienische Dichter befand sich hier in guter Gesellschaft in Opposition gegen Frankreich und Avignon, Geister, die im Drange nach kultureller Selbstbehauptung die nationale Neugeburt gegen alle Barbaren, auch die Franzosen, erstrebten. In der Erzählung überzeugt der christliche Großhändler Gianotto seinen Freund, den Pariser Juden Abraham, von der

Wahrheit des Christentums. Der Jude studiert das Christentum am Sitz der Kurie.

Nun hält Gianotto alles für verloren. Nach einiger Zeit kehrt der Jude aus Avignon zurück und teilt dem Pariser Freund mit, daß er sich zum Übertritt zum katholischen Glauben entschlossen habe. Er erklärt dem überraschten Freund: „Der Papst und seine Kurie wollten das Christentum aus der Welt und aus den Herzen vertilgen; nun es dennoch besteht und wächst, muß es wohl von Gott sein."

Der vorletzte Papst von Avignon, der alle Päpste des Exils an Charakter und schlichtem Glauben überragte, ein sittenreiner heiliger Mönch, war Urban V. Kaiser Karl IV. besuchte ihn in Avignon und bedrängte ihn, nach Rom zurückzukehren. Aber der Papst, der 1367 mit seiner Kurie auf der sechzig Galeeren starken Flotte der italienischen Seemächte nach Rom zurückkehrte, ging schweren Tagen entgegen.

Bei seiner Landung im Hafen von Corneto empfing ihn Albornoz der Kardinal, ein müder Greis, auf den Knien. Er verwaltete den Kirchenstaat während der Abwesenheit des Papstes. Der alte Kardinal mußte sich vom Verdacht gewisser Neider reinigen, die ihm eigensüchtige Verwendung der Einkünfte vorwarfen. Urban schenkte ihm neu Vertrauen und dankte ihm. Danach starb der Kardinal, der zweite Begründer des Kirchenstaates.

Sehr bald spürte der Papst, was er an ihm verloren hatte. Florenz, die reiche Handelsstadt und der mächtigste Staat Italiens, rief die Bewohner des Kirchenstaates zur Empörung gegen die landfremden französischen Beamten auf. Die Herren zogen mit ihren raubenden Banden durch die Lande, während der milde Urban fremd und vereinsamt in Viterbo stand. Endlich erlaubte die wiedererstandene Ruhe den Einzug in die Ewige Stadt. Aber welches Elend mußten seine Augen erblicken! Auf den Straßen Roms wuchs das Gras, Schafe weideten dort und fanden selbst grüne Nahrung in St. Peter, im Lateran, zwischen den zerstörten Fliesen. Das gelbschmutzige Wasser des Tibers floß über die Trümmer eingestürzter Brücken. Kirchen und Basiliken lagen im Schutt. Öde starrte der vatikanische Palast den Papst an, Unkraut wucherte in den zur Wildnis gewordenen Gärten.

Karl IV. kam nach Rom und ließ seine Gemahlin krönen. Aber das Kaisertum dieses Kaufmanns hatte aus dem Lande zuviel Geld erpreßt, als daß es dem Papst hätte zur Hilfe werden können. So blieb dem Papst nichts anderes übrig, da die Angriffe auf seine weltliche Macht fortdauerten, als nach Avignon zurückzukehren. Als unglücklicher Fremdling starb er noch im selben Jahr, das Kreuz auf der Brust, in der es unruhig war von Reue über seine Umkehr. So erfüllte sich die Weissagung der heiligen Birgitta von Schweden, die ihn beschworen hatte, in Rom zu bleiben.

In diesen Jahren spielte sich im Orient die letzte Kreuzzugstragödie ab. Ein Heer aus Zypern, mehr Plünderer als Soldaten, überfiel auf einem vom Papst mit Eifer betriebenen Kreuzzug Alexandrien. Bei diesem Überfall wurden beispiellose Mordorgien verübt. Dieser Angriff geschah, obwohl das Sultanat der ägyptischen Mamelucken seit langem in Frieden mit den Christen lebte. Es hatte nie etwas gegen das Königtum Zypern unternommen. So ging bei diesem Angriff die Kultur Alexandriens zugrunde, wie in den Plünderungen 160 Jahre zuvor die von Byzanz. König Peter von Zypern und auch der päpstliche Legat sahen diesen Verbrechen ungerührt zu. Es wurden neben dem Plündergut von unermeßlichem Wert auch weit über 5000 Christen, Juden und Mohammedaner verschleppt und als Sklaven verkauft. Im Abendland übersah man bewußt diese Untaten.

Johannes V. von Byzanz, der nur noch Herrscher eines vom Islam eingekreisten kleinen Territoriums war, erschien als Bittsteller in Rom. Er bat um militärische Hilfe. Der byzantinische Kaiser bot seinen Übertritt zum katholischen Glauben an. Kein einziger Angehöriger des oströmischen Klerus hatte sich ihm angeschlossen, und so konnte von einer Union der Orthodoxie mit der Kirche Roms, die erreicht zu haben sich der Papst vorzuspiegeln suchte, nicht die Rede sein. Der unglückliche Kaiser erhielt trotz seiner Konversion keine Hilfe. Wochenlang saß er in Venedig im Schuldturm und mußte, als er nach Konstantinopel zurückkehrte, sogar im Gefolge Sultan Murads I. Heeresdienst leisten, ein Untergang, der weit tragischer war als der Tod des letzten byzantinischen Kaisers, des letzten Paläologen an den Toren des von den Türken erstürmten Konstantinopels, Jahrzehnte später (1453).

Erst der letzte französische Papst, Gregor XI. (Pierre Roger de Beaufort) führte das Papsttum wieder nach Rom zurück. Er spürte wohl, daß alles verloren war, wenn er länger in Avignon blieb.

In Italien war das weitblickende Erneuerungswerk des Kardinals Albornoz unter Innozenz VI. und Urban V. dadurch gefährdet und häufig sogar wieder zerstört worden, daß die Distrikte des Kirchenstaates von französischen Legaten und Gouverneuren beherrscht wurden, deren Willkür sich nicht wesentlich von der Tyrannis aus der Frühzeit der Anjou in Neapel und Sizilien unterschied. Päpstliche Marodeure und französische Söldnerbanden plünderten das Land und suchten es so heim. Aufstände brachen los. Florenz und Bologna gingen zur offenen Revolte über, die Versuche der heiligen Katharina von Siena, den Frieden wiederherzustellen, erreichten weder beim Papst noch in Florenz etwas. Im Gegenteil, der Papst antwortete mit dem Interdikt und mit der Entsendung weiterer französischer Soldateska. Wenn es der Heiligen auch gelang, den Papst persönlich zur Rückkehr zu bewegen, so nahm das Verhängnis in Italien doch seinen Verlauf bis zu dem Gemetzel, das der Kardinal

Robert von Genf wenige Wochen nach dem Einzug des Papstes in Rom gegen das sonst papsttreue Cesena, gegen die Gewaltherrschaft erhoben hatte. Dieser Tag von Cesena wurde in Italien als der erste Gruß des nach Rom zurückgekehrten Papstes empfunden. Viertausend hingerichtete Bürger wurden nun mit dem Namen dieses Papstes verbunden, mochte er auch an dem Verbrechen nur mittelbar schuld sein. Der Kardinal, der von der Geschichte als Henker von Cesena gebrandmarkt wurde, wurde der erste Gegenpapst des großen abendländischen Schismas.

Gregor XI. verließ am 13. September 1376 Avignon. Katharina von Siena hatte seinem Wunsch gemäß bis zur Abreise ihm zur Seite gestanden. Da dieses Mal die italienischen Städte die Schiffe nicht zur Verfügung stellten, im Gegensatz zur Ausreise Urbans V. nach Rom, mußten Galeeren für teures Geld gemietet werden. Die Ausgaben für diese Schiffe und die sonstigen Reisekosten erschöpften die päpstliche Kasse. Man mußte, um die Rückkehr zu finanzieren, eine hohe Anleihe aufnehmen. Schwere Stürme behinderten die Überfahrt. Sie dauerte wegen der nötigen Zwischenlandungen länger. Erst am 5. Dezember wurde Corneto erreicht. Während des mehrwöchigen Aufenthaltes in der Stadt wurden mit den Römern Verhandlungen geführt über die Anerkennung und Ausübung der päpstlichen Oberhoheit in Rom.

Am 17. Januar 1377 konnte Gregor XI. feierlich in Rom einziehen und Wohnung im Vatikan nehmen. So endete die avignonensische Zeit des Papsttums.

Die Rückkehr des Papsttums nach Rom war nicht ohne Schwierigkeiten und Widerstände erfolgt. Frankreichs Machtstellung war durch seine Niederlagen im Kampf gegen England geschwächt. So ließ der Einfluß Frankreichs auf die Entschlüsse der Kurie in Avignon nach. Das war die Voraussetzung dafür, daß der Papst nach Rom zurückkehren konnte. Der Papst hatte aus Avignon ein Erbe mitgebracht, das ihm sehr zu schaffen machte, nämlich die überwiegende Mehrheit des Kardinalskollegiums bestand aus Franzosen. Als Gregor XI. starb (1378), geriet die Kirche in eine schwierige Lage. „Die Klärung und Beurteilung der Vorgänge in Rom in den Wochen von der Wahl bis zum offenen Abfall der Kardinäle im Juni 1378 gehört zu den schwierigsten Aufgaben in der spätmittelalterlichen Kirchengeschichte“ (H. Finke).

Die nach Rom zurückgekehrte Kurie, vor allem aber die französischen Kardinäle, waren in Italien noch nicht heimisch geworden. Sechs französische Kardinäle waren in Avignon zurückgeblieben. Die Römer waren von Sorge erfüllt, ihr eben erst wieder neugewonnenes Papsttum zu verlieren. So sind die intensiven Anstrengungen, einen Italiener als Papst zu erhalten, verständlich, aber diese Bemühungen beschränkten sich nicht nur auf Bitten und Vorstellungen, sondern wurden mit Gewalt durchgesetzt. Noch während der Beisetzungsfeierlichkeiten für Gregor XI. kam es zu Unruhen in Rom. Als am Abend des 7. April 1378 das Konklave eröffnet wurde, nahm der Druck der Römer an Gewalt zu, Tausende von Römern verlangten in Sprechchören einen aus Rom stammenden oder in Italien geborenen Papst. Die päpstlichen Truppen konnten nur mit Mühe die bewaffneten Scharen, die in die Räume des Papstpalastes eingedrungen waren, entfernen. Sechzehn Kardinälen (11 Franzosen, 4 Italiener, 1 Spanier) wurden noch am gleichen Abend von den Vorstehern der Regionen des Kirchenstaates der Wunsch nach einem italienischen Papst vorgetragen. Die Kardinäle gaben ausweichende Antworten. Aber auch ohne diesen äußeren Druck, unter dem das Konklave stand, mußte man mit schwierigen Verhandlungen rechnen. Die stärkste Gruppe im Konklave stellten die sogenannten Limousiner dar, aus der Heimat der vier letzten Avignon-Päpste stammend. Für sie waren nur die lokalen französischen Interessen der Landschaft Limousa, nicht die der Weltkirche maßgebend. Nepotismus und Provinzialismus von Avignon trugen die indirekte Schuld an dem dann sich bildenden abendländischen Schisma mit seiner 51jährigen Dauer und seinen sechs Gegenpäpsten.

Dieser Gruppe der Kardinäle stand eine kleine französische Gruppe gegenüber. Die französische Gruppe wollte solche Pläne um jeden Preis vereiteln. Es waren, um einen Ausweg zu finden, schon auswärtige Kandidaten genannt worden, unter ihnen z. B. der Erzbischof von Bari usw. Bei dem Konklave erschien ein geordnetes Wahlverfahren unmöglich. Schon nach der ersten Nacht, die unruhig verlief, begannen die Störungen von neuem. Der Kustos des Konklaves, der Bischof von Marseille, mußte immer wieder die rangältesten der drei Ordines herausrufen, um durch sie die auf den Vatikan anstürmende Volksmenge zu beruhigen, und sie versprachen ihr, im Laufe des Tages einen römischen oder zumindestens einen italienischen Kardinal zum Papst zu wählen. Im Laufe des Vormittags entschied sich ein Teil der Kardinäle, den schon erwähnten Erzbischof von Bari, Bartolomeo Prignano, zur Zeit Regens der päpstlichen Kanzlei, da sich der eigentliche Vizekanzler noch in Avignon befand, zum Papst zu wählen. Ob mit allgemeinem Vorbehalt gewählt wurde, ist nicht sicher, für einen Teil der Kardinäle aber bezeugt. Er nahm den Namen Urban VI. an. Am Nachmittag versuchten die Kardinäle, die Abstimmung über Prignano zu wiederholen, aber es muß erwähnt werden, daß nicht alle Kardinäle die Abstimmung wiederholten und den inzwischen herbeigerufenen Kandidaten über die Annahme der Wahl befragen wollten. Aber die Befragung kam nicht zu Ende, denn jetzt stürmten die Römer das Konklave. Man konnte die erregte Menge beschwichtigen, indem man den alten römischen Kardinal Tebaldeschi als gewählt erklärte. Die Volksmenge zog den sich sträubenden Kardinal vor den Altar der Kapelle. Er wurde inthronisiert.

Während dieser Pause flohen andere Kardinäle, sechs suchten Schutz hinter dem dicken Gemäuer der Engelsburg, die übrigen in ihren festen Häusern inner- und außerhalb Roms. Am Nachmittag des anderen Tages fanden sich zwölf Kardinäle im Vatikan ein, um den unterbrochenen Wahlgang zu beenden.

Nach dieser unseligen Wahl beginnt das eigentliche Problem, da die Kardinäle, die an der Inthronisation teilnahmen, Urban VI. als Papst behandelten. Sie legten ihm ihre Suppliken vor und zeigten den Fürsten die Wahl des neuen Papstes an. Damit war eine gewisse schweigende Zustimmung gegeben, und die Kardinäle hatten ihr Einspruchsrecht gegen den Zwang bei der Wahl verwirkt. Ob die Wahl Urbans VI. gültig oder ungültig war, war eine der brennenden Fragen der Zeit, und kein Ereignis des 14. Jahrhunderts hat ein solches Ausmaß an Überlieferung hinterlassen wie diese angefochtene Papstwahl.

Im Vatikanischen Archiv wird eine Sammlung von etwa 60 Handschriften aufbewahrt, die die Bezeichnung „Libri de schismate" trägt. In dieser Sammlung ist ein sehr unterschiedliches Material zusammengetragen, das vom Beginn des Schismas bis zur Jahrhundertwende geht und von Martin de Zalva, Bischof von Pamplona und Kardinal, als einem treuen Anhänger Benedikts XIII. zusammengetragen worden ist. In die Hand Benedikts XIII. ging dann später diese Sammlung über, der zur schnellen Auswertung und Benutzung eine „tabula" anfertigen ließ. Zunächst war die Sammlung für die praktische Verteidigung der Rechtmäßigkeit dieser Papstwahl gedacht, aber sie war weiter ausgelegt, und auch die Gegenseite kommt in dieser Sammlung zu Wort und ist berücksichtigt. Ein großer Teil dieser „Libri de schismate" besteht aus Zeugenverhören über den Ursprung des Schismas, vor allem über die Wahl Urbans VI. Ausführlich werden die darauf folgenden Wochen bis zur Wahl Clemens' VII. berücksichtigt. Die verhörten Personen benutzen den zeitgenössischen Sprachgebrauch und entscheiden sich jeweils für den „primus electus" oder „secundus electus", aber sie machen auch sehr viele neutrale Aussagen über die Vorgänge. Die „Libri" beschäftigen sich mit Bemühungen um die Erkenntnis des Faktums. Dieser Zweifel in der Sache wird nach allen Seiten hin untersucht mit dem Ziel, die Vorgänge bei der Wahl bis ins kleinste genau zu erforschen. Auch möchte man die Haltung der Wähler kennenlernen. Die Beurteilung der Wahl ist fast einstimmig. Diese Papstwahl war nicht frei, sie wurde durch Druck und Furcht beeinflußt, sie war weder absolut gültig noch absolut ungültig, aber auf jeden Fall anfechtbar.

Zunächst nahm man außerhalb Roms den Vollzug der Wahl zur Kenntnis, aber sehr bald mehrten sich vielerorts Gerüchte, man erzählte Einzelheiten über die Vorkommnisse in Rom. Es wurde zur Vorsicht gemahnt. Zwei Tage nach der Wahl wurde selbst in Rom in einer Predigt in der Kirche Ara coeli die

Gültigkeit der Wahl angezweifelt. Auch die offiziellen Anzeigen der Kardinäle, die an die Fürsten gerichtet waren und deren Wortlaut weithin vom neuen Papst mitbestimmt wurde, wurden von Geheimschreiben begleitet, die natürlich einen anderen Text boten als die amtliche Verlautbarung.

Sehr viel wurde sicher bei diesem Vorgang davon abhängig gemacht, wie der neue Papst sich gab, wie er auftrat, wie er seine Geschäfte führen würde. Ob er Takt genug besaß und über die notwendige Klugheit verfügte, die Mängel seiner Wahl durch sein Auftreten so zu heilen, daß es zu einer wirklichen Zustimmung zur Wahl kam. Aber das war nicht der Fall. Da der neugewählte Papst sich politisch höchst unklug verhielt, vor allem der Königin von Neapel mit dem deutschen König gegenüber, kam es sehr bald zu heftigen Auseinandersetzungen und Zusammenstößen auf diplomatischem Boden mit den gesamten Kardinälen, Bischöfen und Beamten. Er kündigte sofort Reformen der Kirche an. Diese sollten bei den Kardinälen beginnen. Aber dieses Ganze geschah in einer so unglücklichen Art und Weise eines diktatorischen Anspruchs, der die Kardinäle verletzte. Es verstärkte sich das Bild, daß dieser Papst eine pathologische Persönlichkeit wäre.

Im Juni des Wahljahres gingen die Kardinäle aus Rom weg und versammelten sich in Anagni, wohin die Kurie verlegt war. Auch der Papst wollte dorthin kommen. Immer mehr verstärkten sich die Stimmen, die von einer ungültigen Wahl sprachen. Es war von einer Wiederwahl unter normalen Umständen die Rede, vom Konzil wurde gesprochen und auch davon, daß man den Papst, der sich nicht gerade als voll regierungsfähig erwies, unter Kuratel stellen wolle. Die in Anagni versammelten Bischöfe sandten Ende Juli einen Vertreter nach Rom, um ihm mitzuteilen, er habe kein Recht auf die päpstliche Würde; entweder man würde ihn wiederwählen, oder er würde anderweitig versorgt.

Mitte Dezember des Jahres 1378 fanden entscheidende Verhandlungen aller Kardinäle in Fondi statt. Die italienischen Kardinäle wiesen noch einmal auf das Konzil hin, dieses brauche nicht alle Bischöfe zu versammeln, es genüge auch, wenn jede Kirchenprovinz einen Vertreter sende. Als Orte für dieses abzuhaltende Konzil wurden genannt: Venedig, Pisa oder Neapel. Aber an den Schwierigkeiten der Berufung und der Interimsregierung scheiterten diese Überlegungen. Die in Fondi versammelten Kardinäle beschlossen eine Neuwahl. Am 20. September 1379 wurde ein Konklave gehalten, an dem auch die Italiener teilnahmen, denen man Hoffnungen gemacht hatte. Aber es wurde kein Italiener gewählt, sondern die Abtrünnigen wählten, von König Karl V. von Frankreich unterstützt, von französischen Soldtruppen bewacht, den 36jährigen Kardinal Robert von Genf, den „Henker von Cesena“ als Gegenpapst. Die Wahl wurde am 21. September publiziert, und Robert von Genf ließ sich am 31. Oktober als Clemens VII. krönen. So wurde das Schisma Wirklichkeit. Clemens VII., der Gegenpapst, kehrte mit seinem französischen Anhang nach Avignon zurück. Er nahm das einst gewohnte üppige Leben auf Kosten der von rücksichtslosen Steuern erdrückten Bevölkerung Frankreichs wieder auf. Die Erklärung von Fondi, der rechtmäßige Papst sei gezwungen gewählt worden, war wenig glaubhaft. Nun spalteten sich nicht nur Päpste, Kardinäle, Orden und Völker, sondern auch die Heiligen. Katharina von Siena bekannte sich zu Rom, ohne dabei aufzuhören, dem Papst laut seine starre Härte vorzuwerfen. Vinzenz Ferrer warb in Spanien für Avignon und erklärte den Glauben an den ehemaligen Soldbandenführer Clemens VII. für heilsnotwendig, zu ihm hielten das Reich, England, Ungarn und Polen. Zu Avignon hielten Frankreich, Schottland, Kastilien, Aragon, Portugal und Navarra. In Neapel schwankte die haltlose Johanna I. vom Papst zum Gegenpapst. Als ihr Nachfolger und Mörder Karl III. sich weigerte, einem Nepoten des Papstes die schönsten Provinzen des Landes auszuhändigen, ging der Papst selber nach Neapel. Mit dem König verfeindet, zog er sich in die Festung Nocera zurück, bannte den König in Zeremonien von lächerlicher Krankhaftigkeit, die offenkundig auf Irrsinn deuteten. Sechs Kardinäle, die sich darum gegen ihn verschworen, ließ er in Zisternen versenken, foltern und fast verhungern. Als er der Belagerung von Nocera entfliehen konnte, schleppte er die Gemarterten mit sich, um fünf von ihnen schließlich, nachdem er zu Schiff nach Genua gelangt war, am Meeresstrand in entsetzlicher Weise hinrichten zu lassen; den sechsten, einen Engländer, wagte er König Richards II. wegen nicht hinrichten zu lassen. Weder die Fürsprache des Dogen von Genua noch der angesehensten weltlichen und geistlichen Bürger der Republik haben diese Taten des Wahnsinns hindern können, die Papst Urban VI. auf eine Stufe mit dem Gegenpapst stellten. Sein Tod löste im Vatikan Freude aus.

Das große abendländische Schisma, wie man diese vierzig Jahre dauernde (1378–1417) Kirchenspaltung nennt, stürzte die Christenheit in ein Meer von Zweifel und Trübsal. Unermeßlichen Schaden fügte es dem Papsttum und dem kirchlichen Leben zu. Die öffentliche Meinung geriet in Verwirrung. Die Päpste in Rom und Avignon, deren Anliegen es hätte sein müssen, für die Beseitigung des Schismas alle Sorge zu tragen, vernachlässigten ihre Pflicht, während andere Kreise der Kirche mit großem Eifer wirkten, ihr den nötigen Frieden wiederzugeben. Schon vor der Wahl Clemens' VII. war, wie erwähnt wurde, von drei Urban VI. treugebliebenen Kardinälen der Vorschlag gemacht worden, ein Konzil über die Rechtmäßigkeit seiner Wahl entscheiden zu lassen.

5

DIE KONZILIARE IDEE UND DAS REFORMKONZIL VON KONSTANZ

Neue Forschungen haben über die Bedeutung des allgemeinen Konzils im hohen und späten Mittelalter neue Erkenntnisse gewonnen. Immer schon war bekannt, daß das Generalkonzil in der Verfassung der Kirche jener Zeit einen hohen Stellenwert hatte. Leider sind die vielfältigen Auffassungen über die äußere Struktur und die Verteilung der Gewalt kaum einmal in einem geschlossenen System vorgeführt worden, sondern man muß sich die unterschiedlichen Auffassungen aus den Glossen der Dekretisten und Dekretalisten zusammensuchen. So ist es verständlich, daß sich beim gleichen Autor unterschiedliche Auffassungen zum selben Thema finden. Es hat sich allgemein durchgesetzt, daß Ockham und Marsilius von Padua als die alleinigen Väter des sogenannten Konziliarismus angesprochen werden können. Überall lassen sich Theorien, die mit solchen Schlagworten wie Papalismus, Konziliarismus, Kooperationssystem, Oligarchie bezeichnet werden, nachweisen. Weniger geglückt scheinen die biblischen Begründungen der jeweiligen Meinung. Nach dem Ausbruch des großen Schismas und den ersten Versuchen, es zu heilen, lag es nahe, sich nach einem gründlichen Mittel zur Überwindung der Spaltung umzusehen. Die konziliare Idee bot sich hier als entscheidende Hilfe an. „In einer fast unübersehbaren Fülle von meist noch ungedruckten Traktaten und Gutachten wurde das Konzil immer wieder als der Retter in der großen Not empfohlen“ (H. Finke).

Die meisten dieser Gutachten, Denkschriften und theologischen Abhandlungen waren politisch ausgerichtet, wissenschaftlich verbrämt richteten sie sich nach den Auffassungen des jeweiligen Machtbereiches. Die italienischen Kardinäle waren die ersten, die auf die Abhaltung eines Konzils drängten. Selbst Peter von Luna, der später als Benedikt XIII. das Konzil als Vereinigung der beiden oder später der drei Obedienzen schroff zurückwies, soll in den Anfängen des Schismas ein Konzil gewünscht haben. Besonders wichtig aber wurde es, daß die Universität Paris sich zum Vorkämpfer des konziliaren Gedankens machte. Diese hervorragende Universität jener Zeit, international in ihrer Zusammensetzung wie in ihrem Ansehen, war auch im eigenen Interesse bemüht, die kirchliche Einheit wiederherzustellen.

Keineswegs einmütig und freiwillig, sondern dem Druck der französischen Krone folgend, hatte sich die Universität der Obedienz des avignonensischen

Papstes anschließen müssen (24. Mai 1379). Nunmehr war es ihr verwehrt, als Kooperation zum Schisma Stellung zu nehmen. Zwei hervorragende Mitglieder des Lehrkörpers ihrer theologischen Fakultät, Heinrich von Langenstein und Konrad von Gelnhausen, hinderte das nicht, zu dieser Frage, die die gesamte Christenheit bewegte und erregte, öffentlich zu sprechen. Noch vor dem Anschluß der Universität an den avignonensischen Papst hatte Heinrich von Langenstein, der Vizekanzler der Universität, seinen „Friedensbrief" (Epistola pacis) geschrieben. In einem Dialog zwischen einem Urbanisten und einem Clementisten läßt er diese über die Machtansprüche der beiden Päpste diskutieren. In einer Empfehlung an ein allgemeines Konzil klingt diese Erörterung aus. Für die Berufung eines Generalkonzils als des einzigen Erfolg verheißenden Mittels zur Wiederherstellung des kirchlichen Friedens setzte sich auch Konrad von Gelnhausen, Dompropst von Worms, einige Monate später ein. Er ließ dem König von Frankreich seine „Epistola brevis" überreichen. Gleichzeitig fand der Konzilsgedanke, für dessen Entstehung und Entfaltung sich bei Ockham und Marsilius von Padua schon Anknüpfungspunkte im 14. Jahrhundert finden lassen, aber auch heftige Widersacher seitens der avignonensischen Kardinäle.

Die konziliare Idee, die sich nach den politischen Umständen stärker oder schwächer äußerte, gründete in der Auffassung, daß der Papst der absolute Herr der Kirche sei. Zwar führt der Papst in normalen Zeiten die Regierung der sichtbaren Kirche, aber es können Fälle eintreten, wie etwa das große Schisma, eine Häresie, wo die Gesamtkirche (die Ecclesia universalis, die Congregatio fidelium, das Corpus Christi mysticum) in Erscheinung treten muß. So gesehen ist die Gewalt der Fülle der Gesamtkirche die größere. Sie allein ist auch unfehlbar. Hier ist anzumerken, daß das Wort „unfehlbar" und „Unfehlbarkeit" eine unglückliche Übersetzung des lateinischen Wortes „infalibilitas" ist. Das zu diesem Wort gehörige Tätigkeitswort bedeutet, jemanden zu Fall bringen. Falibel ist also ein Mensch, der imstande ist, einen anderen zu Fall zu bringen, zu täuschen oder selbst durch Täuschung zu Fall gebracht zu werden. „Infalibel" ist man, wenn man weder für sich noch für seine Umgebung eine derartige Gefahr zu befürchten hat. Wenn man dieses bedenkt, erhält der Ausdruck „Unfehlbarkeit" eine andere Sinnrichtung, der rechthaberische Beigeschmack ist dem lateinischen Ausdruck nicht eigen.

Der Kirche ist zugesagt, daß sie in der Wahrheit Jesu Christi bewahrt wird. Die Kirche ist in dieser Wahrheit Jesu Christi geborgen.

Die Kardinäle Clemens' VII. haben in ihren Traktaten das Kardinalskollegium selbst als den zuständigen Richter über die Papstwahl bezeichnet. Sie bedienten sich dabei eines Vergleichs mit Bischof und Kapitel und der weithin vertretenen Ansicht, daß die Kardinäle und nicht die Bischöfe die Nachfolger der Apostel seien. Es gibt auch Autoren, die die Berufung des Konzils den Patriarchen zugestehen. Viele Autoren sind der Meinung, daß es den Fürsten und unter ihnen besonders dem Kaiser oder dem römischen König zustehe, das Konzil einzuberufen. So wie die weltlichen Fürsten die Kardinäle zur Papstwahl zwingen müssen, so im Schisma die Kirche zum Konzil. Man unterscheidet dabei verschiedene Formen des Konzils: ein Generalkonzil in jeder Obedienz, eine Zusammenkunft beider Parteien oder die Versammlung der Gesamtkirche unter der Leitung des Kardinalskollegiums.

Auch wird die Einberufung eines reinen Kardinalskonzils erwogen. Manche vertreten auch die für eine Synode gut ausgewählten Vertreter der einzelnen Kirchenprovinzen. Außerdem hatte man schon seit langem erkannt, daß die schon seit dem Konzil von Vienne durch Durandus geforderte Reform nur durch ein Konzil möglich sei. Durandus hatte auf dem Vienner Konzil die Abhaltung eines Generalkonzils alle zehn Jahre verlangt. Immer mehr wurde es allgemein kirchliche Überzeugung, daß diese Reform ohne Konzil nicht zu verwirklichen sei.

Am Ausgang des Mittelalters gab es also eine Mannigfaltigkeit der Meinungen über das Konzil und die Kirchenverfassung.

Hubert Jedin hat in seiner „Geschichte des Konzils von Trient" (Band 1, S. 150) die Ansicht vertreten, Luthers Reform sei eine Erneuerung des Konziliarismus gewesen. Seine Appellation an ein Konzil und die Forderung eines freien Konzils deuten darauf hin. Luthers Reformation kann man aber nur dann mit dem Konziliarismus gleichsetzen, wenn man sie als einen Versuch ansieht, äußere kirchliche Reformen einzuleiten oder durchzusetzen.

Nach vielem Hin und Her und Überwindung vieler Schwierigkeiten und Wirren gelang es zum 25. März 1409, ein sogenanntes Reformkonzil nach Pisa einzuberufen, das am 25. März mit den üblichen Feierlichkeiten im Dom zu Pisa eröffnet wurde. Einziges Ziel dieses Konzils war, die Reform der Kirche herbeizuführen, das Schisma zu beenden. Das Konzil wollte den beiden Päpsten den Prozeß machen, und so standen auch rechtliche Formalitäten im Vordergrund. Das Konzil unterschied sich von seinen Vorgängern dadurch, daß es durch das Kardinalskollegium einberufen wurde, es nahmen 24 Kardinäle, darunter vier Patriarchen, über 80 Erzbischöfe und Bischöfe, ebensoviele Äbte, die Prokuratoren von über 100 Bischöfen und 200 Äbten, Vertreter von Fürsten und Universitäten, die Generale der großen Orden und zahlreiche Doktoren der Theologie und des kanonischen Rechts daran teil. Es unterschied sich nicht nur durch seine Berufung von den vorausgegangenen Konzilien, sondern auch durch die Veränderung des Stimmrechtes.

Es wurde nach Nationen abgestimmt, deren vier anerkannt waren. Das zeigt, wie das nationale Denken auch die Kirche erreichte und sich durchsetzte. Zur Vorbereitung tagten schon die sogenannten Nationen: die deutsche, französische, englische, italienische und eine kleine provencalische, außerdem versammelten sich die Kardinäle eigens als Kolleg. Mehrfach verhandelte das Kardinalkolleg auch mit den Vertretern der Nationen. In 22, meist rasch aufeinanderfolgenden Sitzungen, leistete das Konzil seine Arbeit. Dieses Konzil endete damit, daß in der Wahl des Gegenpapstes Alexander V. das Schisma verdoppelt wurde.

Was das Konzil von Pisa nicht erreichte, gelang dann dem Reformkonzil von Konstanz kraft der konziliaren Idee. Am 30. Oktober 1413 verkündete Kaiser Sigismund die Einberufung eines Konzils zum 1. November 1414 nach Konstanz. Dieses größte Konzil des Mittelalters wurde am 5. November 1414 feierlich eröffnet. Die Zahlenangaben, die der Chronist dieses Konzils, Ulrich Richental, nennt, sind übertrieben. Die Zeitgenossen charakterisierten die Aufgaben dieses Konzils mit kurzen Worten so: Causa unionis, die Einheit der Kirche, Causa reformationis, die Reform der Kirche an Haupt und Gliedern war gemeint, und die Causa fidei, die Glaubenssachen. Zu diesen zählten die umstrittene Kelchspendung, die Stellungnahme zu Hus und Wiclif, die Frage der Erlaubtheit des Tyrannenmordes und der Streit des Deutschen Ordens mit Polen.

Die ganze Kirche des Mittelalters, einschließlich der östlichen Kirche, war auf diesem größten Kongreß des Zeitalters gegenwärtig. Man kann die Bedeutung dieser Versammlung der Völker für die Ausbreitung der neuen geistigen Idee des Humanismus nicht hoch genug einschätzen.

In den Veröffentlichungen des Konzils, in den Predigten, Traktaten, vor allem in den Flugschriften zeigt sich ein neuer Stil. In dreieinhalb Jahren fanden 45 feierliche Sitzungen statt, Hunderte von Generalkongregationen usw.

Die beiden entscheidenden Dekrete dieses Konzils sind das Dekret der fünften Sitzung „Haec sancta“ vom 12. Juni 1415, das entschied, daß das Konzil die oberste Instanz der Kirche sei und unter dem Papst stehe, und das Dekret „Frequenz“ vom 9. Oktober 1417, das das Konzil zu einer Dauereinrichtung der Kirche machte, indem es zunächst anordnete, daß das Konzil alle fünf, dann alle sieben und dann alle zehn Jahre zusammentreten soll. Dem Konzil gelang es kraft dieser Dekrete, die Einheit der Kirche wiederherzustellen. Johannes XXIII. wurde am 29. Mai 1415 abgesetzt, Gregor XII. und Benedikt XIII. verzichteten auf ihr Amt, und so wählte das Konzil den Kardinal Oddone Colonna am 11. November 1417 zum neuen Papst, der den Tagesheiligen als Papstnamen annahm und sich Martin V. nannte.

War die Einheit gewiß die gewichtigste, aber doch eine begrenzte Aufgabe des Konstanzer Konzils, so nahm die Reform der Kirche oder mindestens der Kurie das breiteste Programm in Anspruch. Die Reform an Haupt und Gliedern war seit dem Konzil von Vienne, also seit dem Beginn des 14. Jahrhunderts, das eigentliche Thema des späten Mittelalters.

Den Zeitgenossen war die Auffassung eigen, daß die erlangte und schwer errungene Einheit nur gesichert werden konnte, wenn die Kirche die ersehnte Reform durchführte. Unzertrennlich sind deshalb im 14. und 15. Jahrhundert die Begriffe Konzil und Reform. Ja, man glaubte, daß nach dem Vollzug der Reform auch die Wiedervereinigung mit der griechischen Kirche sich ergeben würde. Unter Reform verstand man keine Umwälzung, sondern eine Wiederherstellung der alten Ordnung. Ohne Konzil keine Reform. Reform der Kirche erschien nur möglich, wenn das Generalkonzil als das grundsätzlich höchste Organ der Kirche gilt. Die großen Denkschriften, die die Reform fordern, vertraten fast alle eindeutig diesen Standpunkt. Schon auf dem Konzil von Vienne hatte der jüngere Durandus die Abhaltung von Konzilien mindestens alle zehn Jahre gefordert, und diese These wurde zu Beginn des großen Schismas wieder aufgegriffen und durch das ganze 15. Jahrhundert weitergeführt.

Das Konzil verdammte am 8. Mai 1415 die 45 Thesen des englischen Reformators John Wiclif († 1384). Er war als Philosoph ein extremer Realist, und er brachte seine philosophischen Schwierigkeiten direkt in das kontroverse Gebiet der Eucharistielehre. Er glaubte, daß der Mensch mit der Gnade Gottes Herr aller Dinge sei, ohne die Gnade aber alles – Macht, Besitztümer und Autorität – verwirke.

Die Kirche samt Papst, Kardinälen, Bischöfen und religiösen Orden seiner Zeit hielt er für so sündhaft, daß diese Gnade verwirkt sei. Auf die politische Theorie angewandt, bedeutete dies, daß er die Laiengewalt in der Person des Königs für befugt hielt, eine irrende Kirche zu reformieren und ihren Besitz wegzunehmen.

Die Kirchenversammlung verurteilte Johannes Hus (1370/71–1415) durch Feuertod und ließ ihn am 6. Juli 1415 verbrennen.

Aus dem südböhmischen Husinec stammend, war Johannes Hus seit 1400 Priester in Prag. Er stand schon unter dem Einfluß der jahrzehntealten Prager Reformbewegung, als er 1398 mit der radikalen Kirchenkritik des John Wiclif bekannt wurde. Um dessen philosophischen Realismus scharten sich Anhänger aus der böhmischen Nation der Prager Universität, die seine Ansichten nicht ohne Kritik und sehr abgestuft annahmen.

Hus wandte sich zunächst im Sinn moralischer Reformen gegen weltlichen Kirchenbesitz, berief sich später gegen kirchliche Disziplinarverfahren auf den Begriff einer unsichtbaren Kirche und die Autorität des Gewissens. Schließlich bestritt er die Gültigkeit der Sakramente, wenn sie von unwürdigen Geistlichen gespendet würden. Seine größte Wirksamkeit erreichte er seit 1402 als Volksprediger an der Bethlehemkirche, die 1391 zur tschechischsprachigen Volksmission gegründet wurde. Der Prager Erzbischof erließ am 25. Juni 1410 ein indirektes Predigtverbot gegen Johannes Hus und am 18. Juli 1410 wurde er von Johannes XXIII. gebannt. Aber König Wenzel schützte ihn. Erst nach einem Angriff Hus' gegen eine von König Wenzel gebilligte Ablaßsammlung in Böhmen verscherzte er sich die königliche Gunst. Einer Vorladung vor das Konzil von Konstanz konnte sich Johannes Hus nicht entziehen. Trotz des Geleitversprechens durch Kaiser Sigismund wurde er eingekerkert. Sein lauteres Wollen verschaffte ihm auch unter seinen Richtern Fürsprecher. Er weigerte sich, eine Lehrautorität der versammelten Konzilsväter anzuerkennen und forderte die Widerlegung seiner Ansichten aus der Schrift.

Dieses bedeutende Konzil von Konstanz ist sehr unterschiedlich beurteilt worden, und von der vollen und teilweisen Anerkennung bis zur radikalen Ablehnung erstrecken sich die Wertungen. Bellarmin, dem wir die Zählung der allgemeinen Konzilien verdanken, erwähnt das Konstanzer ebenso wie das nachfolgende Konzil zu Basel nicht. Diese Entscheidung erwuchs nicht aus wissenschaftlicher Erkenntnis, sondern wohl vorwiegend aus apologetischem Bemühen und hat daher wenig Anspruch auf sachliche Richtigkeit. Es besteht wohl kein Zweifel darüber, daß die höhere Stellung des Generalkonzils schon lange und von dem weitaus größeren Teil der Theologen vor dem Konzil von Konstanz vertreten wurde.

1433 schrieb Nikolaus von Cues sein wichtiges Werk zur Begründung des Konziliarismus, seine „Concordancia catholica". Ihr setzte Martin V. durch seinen Theologen Johannes de Torquemada ein klassisches Werk entgegen, in dem er die Primizialgewalt des Papstes verteidigen ließ, die „Summa de ecclesia". Der Kampf um den Konziliarismus und um die konziliare Idee hat in der Geschichte der Reformation eine entscheidende Rolle gespielt. Rom hatte seit Konstanz eine Phobie, eine Furcht vor dem Konzil. Das ist unter anderem, neben politischen Ursachen, der Grund dafür, daß das Reformkonzil von Trient so lange auf sich warten ließ.

6

DAS PAPSTTUM DER RENAISSANCE – ALEXANDER VI. UND SAVONAROLA

Im 15. und im beginnenden 16. Jahrhundert gewann das Papsttum seine alte Machtstellung nicht mehr zurück. Der Papst verstand sich oft mehr als Territorialherr des Kirchenstaates denn als Hirte einer sich bildenden Weltkirche. Vor Entscheidungen gestellt, entschieden die Päpste dieser Zeit häufig aus politisch-nationalen Überlegungen; der Horizont verengte sich. Der Geist der Renaissance verweltlichte Rom, die Kurie und das Papsttum immer mehr. Das vom römischen Recht geprägte Denken in der Kurie und ihr Geschäftsgebaren ließen in den Völkern der Christenheit eine anti-römische Stimmung aufkommen. Mit Alexander VI. (Rodrigo Borja 1492–1503) erhielt das Renaissance-Papsttum seine dunkelste Gestalt. Dieser Mann, aus dem spanischen Geschlecht der Borja stammend, wurde 1492 durch Bestechung von Konklaveteilnehmern Papst. Mit 37 Jahren war er bereits Kardinal; sein Oheim, Papst Calixtus, hatte ihn kreiert. Rodrigo Borja besaß außerordentliche Geistesgaben, verstand die Kunst der Rede und bewegte sich in der Gesellschaft gewandt und gewinnend. Er war von stattlichem Wuchs, und sein Gesicht mit der ausgeprägten Nase der Borjas wurde belebt von dem Feuer seiner Augen. Er verfügte über staatsmännische Gewandtheit und beherrschte die Technik einer guten Verwaltung. Am Tage seiner Wahl brachten ihm die Römer einen Fackelzug dar, und die römischen Straßen waren mit Sprüchen wie folgendem geziert: „Einst machte Rom groß Cäsar, nun führst du, Alexander, neu es zum Gipfel empor – jener ein Mensch, du ein Gott". Alle diese Vorzüge hätten ihn befähigen sollen, das Petrusamt ordentlich zu verwalten, aber dem widersprach seine völlige Sittenlosigkeit und wohl auch sein mangelnder Glaube. Die letzten Stunden seines Lebens, auf dem Sterbebett, verbrachte er mit Kartenspiel. Schon im Jahre 1460 hatte Pius II. ihm wegen seines lasterhaften Lebens ernste Vorhaltungen gemacht. Er unterhielt schon als Kardinal Beziehungen zu einer Witwe, die dreimal verheiratet gewesen war. Sie gebar ihm vier Kinder: Cäsare, Lucrezia, Joffre und Juan. Es sind nicht die einzigen Kinder, die diesem Papst nachzuweisen sind. Auch im Vatikan änderte er sein sittenloses Leben nicht. Er sorgte sich um seine Kinder. Sie sollten erleben, daß das Wappen der Borja, im rechten Felde einen Stier zeigend, über ein geeintes Italien herrschte. Auf diesen dunklen Hintergrund blickend, wächst das Verstehen für den Bußruf des Mönches Hieronymus Savonarola (1452–1498). So wird auch die harte Auseinandersetzung zwischen diesem von Christus ergriffenem Mönch und dem sittenlosen Papst verständlich. Savonarola wollte die Reform der Kirche, so wie er die Reform seines Ordens wünschte. Er wollte das Leben der Christenheit erneuern. Diese Christenheit begegnete ihm in der Stadt Florenz, wo Savonarola einen großen Teil seines Lebens als Sohn des heiligen Dominikus verbrachte. Seine Predigten waren das entscheidende Mittel in seinem Ringen um die Erneuerung des Volkes. Er kannte den Zustand der Kurie, er geißelte das sündhafte Leben. In einer seiner Predigten findet sich das Wort: „Willst du deinen Sohn verderben, dann mache ihn zum Priester." Der Stil seiner Predigt ist nicht abhängig vom Geschmack des Volkes und der Humanisten, aber er bezaubert seine Zuhörer durch die innere Glut seiner Worte, die Kraft seiner Bilder. Hier sprach einer, der vom Geiste Gottes ergriffen war. Hier sagte einer die Wahrheit ungeschminkt und deutlich, hier war keine gekünstelte Rede. Er hatte die Gabe der Rede, die ins Herz geht. Er bereitete sich gründlich vor, immer ist es ein Text der Heiligen Schrift, über den er predigt.

Immer stärker verwandte Savonarola in seinen Predigten biblische Aussprüche, um sie auf die Verhältnisse seiner Zeit anzuwenden. Je bedrohlicher die Lage und das Verderben der Christenheit wurde, um so eindringlicher mahnte er. Seit etwa 1486 wiederholen sich immer wieder in seinen Kanzelreden jene drei Sätze, die fortan bis zu seinem Lebensende den Grundton, den „cantus firmus" aller seiner Predigten bilden: 1. Die Kirche wird gezüchtigt werden; 2. Durch diese Züchtigung wird die Kirche erneuert werden; 3. Es wird bald geschehen. Seine Worte schlugen ein. Manchmal konnten die Schnellschreiber vor Ergriffenheit und Spannung nicht weiterschreiben. Schon zeigten sich erste Erfolge. Dieser Mönch, dessen Leben eine einzige Predigt war, sagte von sich: „Wenn ich nicht predige, so kann ich nicht leben. Das Wort Gottes brennt mir wie Feuer im Herzen, und wenn ich ihm nicht Luft mache, so verbrennt es mir Mark und Beine im Innern." Auch die Predigt diente nur der einzigen Leidenschaft: der Rettung der Seelen. Savonarola diente diesem Ziel, der Erneuerung des religiösen Lebens, bis zur Selbstaufgabe in Buße und Gebet, im Beichtstuhl und in Gespräch und Schrifttum.

Solch zündende und aufrüttelnde Reden und Worte hörte man am Florentiner Hof, aber vor allem in Rom nicht gerne. Immer genauer wurden die Prophezeiungen des Mönches. So sagte er dem Lorenzo de Medici seinen Tod voraus und auch den Tod des Papstes Innozenz VIII. kündete er an. Da trat ein politisches Ereignis ein, das Savonarola als Schwert Gottes deutete. Karl VIII. rüstete das größte Heer seiner Zeit aus, um in Italien einzumarschieren. Er wollte die Herrschaft Frankreichs über Sizilien wiederaufrichten.

Am 29. Oktober 1494 stand der französische König an der Grenze von Florenz. Die Medici wurden gestürzt. Die beiden Söhne Cosimo-Pedro und Giovanni, der Kardinal, der später einmal als Leo X. Papst sein wird, flohen. Giovanni rettete sich nur dadurch, daß er in San Marco seinen Kardinalspurpur ablegte und in der Kutte eines Minderbruders aus der Stadt entkam. Savonarola aber zog Karl VIII. entgegen – die Florentiner hatten ihn um diesen Dienst gebeten – und begrüßte den König als den Vollstrecker der göttlichen Gerechtigkeit. Er verhandelte mit ihm, und es gelang, die königlichen Forderungen zu mildern. Karl VIII. zog in Florenz ein, aber bald zeigte es sich, daß ein Zusammenleben zwischen Franzosen und Florentinern nicht möglich war. Wiederum wandte sich die Regierung von Florenz um Hilfe an Savonarola. Er stimmte den König zur Milde. Zwei Tage danach ritt der König aus Florenz heraus.

Nach dem Sturz der Medici und dem Abzug der Franzosen richteten sich die Blicke aller auf Savonarola. Er hatte Florenz in dieser wirren Zeit beigestanden, und von seinem Wirken erhoffte man eine bessere Zukunft. Savonarola fühlte sich nicht zum Politiker berufen, aber das Drängen der Volksvertretung besiegte seine ablehnende Haltung. Nun bestimmte Savonarola die Geschicke von Florenz. Aber das politische Wirken Savonarolas war ihm nur Mittel zum Zweck. Es entsprang seinem seelsorglichen Eifer und der Sorge um das Heil der Seelen seiner Mitbürger. Florenz zu einer Stadt Jesu Christi zu machen, war das letzte Ziel seiner politischen Mühen. Wenn er schon nicht die Mißstände der ganzen Kirche beseitigen konnte, so sollte doch die Stadt Florenz Gottes Stadt werden. Es ist hier nicht der Ort, die politischen Handlungen Savonarolas zu untersuchen. Wenige Monate vor seinem Tode, Anfang 1498, gab er eine theoretische Darstellung seines politischen Denkens in der „Abhandlung über die Verwaltung und Regierung der Stadt Florenz“ heraus. Ein Teil der dort theoretisch abgehandelten Vorschläge war von ihm bereits in die Praxis umgesetzt worden. Noch nach seinem Tode hat der größere Teil der Bewohner von Florenz die Maßnahmen Savonarolas gutgeheißen.

Über die Vorgänge in Florenz war Alexander VI. längst unterrichtet. Der Papst hätte sich um die prophetischen Aussagen Savonarolas in keiner Weise gekümmert und auch dessen Einreden in die Politik nicht beachtet, wenn diese Politik seine Politik gewesen wäre. So aber kam es zu Auseinandersetzungen. Der Kaiser Maximilian und der Papst Alexander VI., Spanien und die italienischen Städte Venedig und Mailand verbanden sich am 1. April 1495 zu einer Liga, die die Franzosen aus Italien vertreiben sollte. Auch Florenz sollte auf Drängen des Papstes dieser Liga beitreten. Florenz war dagegen. Savonarola stärkte den Widerstand. Er hoffte immer noch, daß der französische König, Karl VIII., die Kirche erneuern würde. Alexander VI. berief, um seine Pläne nicht durch Savonarola zerstören zu lassen, diesen mit einem schmeichelhaften Brief nach Rom. Savonarola sollte in Rom über seine Prophezeiungen Rechenschaft ablegen. Savonarola fuhr nicht nach Rom, er entschuldigte sich mit seiner Kränklichkeit, außerdem sei seine Anwesenheit in Florenz notwendig. Alexander VI. verbot ihm darauf das Predigen. Der Rat von Florenz erreichte die Aufhebung des Predigtverbotes. Nun versuchte es Alexander VI. auf andere Weise. Um sich Savonarola gefügig zu machen, bot er ihm hohe kirchliche Würden, sogar den Kardinalshut an, wenn Savonarola zwischen ihm und dem König von Frankreich vermitteln würde. Getreu seiner Sendung, lehnte Savonarola ab. „Ich will keinen roten Hut, keine großen oder kleinen Mitren. Ich will nichts, als was du deinen Heiligen gibst – den Tod. Einen roten Hut, einen blutigen Hut, den begehre ich.“ Alexander VI. gab nicht auf, er suchte nach einem anderen Weg, um Savonarola für seine Pläne zu gewinnen. Der

Papst wußte, wie sehr Savonarola an seinem Reformkloster und an der von ihm geführten Ordensprovinz hing. Schon 1495 nahm Alexander VI. die vor zwei Jahren zugestandene Trennung San Marcos von der lombardischen Kongregation zurück, diese Maßnahme aber konnte Savonarola rückgängig machen. Am 7. November 1496 errichtete der Papst eine weitere Provinz des Ordens und befahl unter der Strafe der Exkommunikation allen Oberen und Brüdern in Latium und Toskana, sich dieser neuen Kongregation anzuschließen. Savonarola sollte seine Selbständigkeit verlieren, er sollte einen neuen Oberen erhalten, der ihn auf päpstliches Drängen vielleicht von Florenz entfernen würde. Savonarola leistete Widerstand, glaubend, daß es gegen die Liebe sei, sich mit Klöstern von schlechter Zucht zusammenzuschließen. Savonarola sah ein Teil seines Werkes, die Reform der Dominikanerklöster, gefährdet. Er widersetzte sich der Verfügung. So wurde am 18. Juni 1497 das Exkommunikationsdekret des Papstes wegen Ungehorsams an mehreren Florentiner Kirchen verkündet. Savonarola feierte nicht mehr die heilige Messe, er predigte auch nicht mehr. Er glaubte jedoch fest daran, daß die Exkommunikation erschlichen worden und deshalb ungültig sei.

So predigte er in der Fastenzeit 1498 in einem Predigtzyklus über das Buch Exodus, nachdem er das Volk über die Ungültigkeit der Exkommunikation aufgeklärt hatte. Alexander VI., das erkannte Savonarola, würde niemals eine Reform, die für die Kirche lebensnotwendig war, durchführen. Savonarola versuchte in seiner Gewissensnot und in seiner Liebe zur Kirche das Äußerste: Dieser Papst mußte durch ein Konzil abgesetzt werden.

Es war für ihn die schwerste Entscheidung, die er sich abrang; von der Liebe zur Kirche getrieben und seiner Berufung treu bleibend, wagte er es, an den deutschen Kaiser, an die Könige von Frankreich, Spanien, England und Ungarn zu schreiben, um sie für die Einberufung eines Konzils zu gewinnen. Sicherlich dachte Savonarola bei diesem Vorhaben an das Konzil von Konstanz, das in der Notzeit des großen Schismas die Kirche rettete. War seine Zeit nicht eine ähnliche Notzeit? War Alexander VI. nicht ein Wolf im Schafspelz? War er nicht ein Simonist, ein sittenloser Mensch, nur auf das Wohl seiner eigenen Kinder bedacht? Am 3. März 1498 gab Savonarola seine Absicht zu verstehen. Alexander drohte der Stadt mit dem Interdikt, falls sie nicht auf einen seiner Vorschläge eingehen würde: Savonarola sollte das Predigen verboten werden, und er sollte nach Rom ausgeliefert oder wenigstens sicher bewacht werden. Nun sahen seine Gegner in Florenz ihre Stunde gekommen. Sie verbündeten sich gegen ihn. Der Rat verhing das Predigtverbot, die Ratsherren wiegelten das Volk auf. Ein Gottesurteil sollte entscheiden, ob sein Handeln richtig, seine Worte wahr seien. Ein Franziskaner war zur Feuerprobe gegen ihn bereit, seine Feinde aber fürchteten ihn so sehr, daß sie die Feuerprobe verhinderten. Das war am Vorabend des

Palmsonntags 1498. Am folgenden Tag stürmte die wütende Menge das Kloster San Marco. Freiwillig lieferte Savonarola sich aus und kam ins Gefängnis. Er wurde gequält, geschunden und gefoltert, so erpreßte man von dem Geschundenen die gewünschten Aussagen: Er stellte seine Prophezeiungen als Anmaßungen hin. Als ihm das Bewußtsein zurückkehrte, widerrief er die durch die Folter erzwungenen Geständnisse. Diese mußten noch gefälscht werden, um das in Rom schon ausgestellte Todesurteil zu rechtfertigen. „Sterben muß er und wäre er ein zweiter Johannes der Täufer, ich habe das Todesurteil schon in der Tasche", so brüstete sich der päpstliche Kommissar, der 36jährige Bischof Francesco Romolino, bei seiner Ankunft in Florenz.

Am 23. Mai 1498, am Vigiltag des Festes Christi Himmelfahrt, vollstreckt man das Urteil. Auf dem Signorienplatz vor dem Palazzo Vecchio in Florenz reckt sich über dem brodelnden Menschenhaufen, der sich versammelt hat, drohend ein Galgen. Drei Stricke und drei Ketten hängen von ihm herab. Am Fuße des Galgens sind Holzscheite aufgerichtet. Vor dem Gerüst, von der brüllenden Menge umgeben, stehen die zum Tode verurteilten Männer, drei Mönche sind es, darunter Savonarola. Über eine Brücke mit scharfen Spitzen schreiten sie zur Hinrichtung. Die beiden ersten stimmen das Tedeum an, als letzter geht stumm Savonarola, der vor 23 Jahren im Kloster des heiligen Dominikus zu Bologna das Ordenskleid empfangen hatte. Vor wenigen Minuten hatte man es ihm vom Leibe gerissen. Er wird aufgeknüpft, seine Leiche wird verbrannt und die Asche in die Fluten des Arno gestreut.

Der Streit um Savonarola bewegte auch nach seinem Tode noch manches Gemüt. Leopold von Ranke hat ihn neben Martin Luther gestellt. Joseph Schnitzer stellt in seiner Biographie vor, daß es nicht zur Glaubensspaltung gekommen wäre, wenn die Kirche Savonarolas Ruf beantwortet hätte. Sebastian Merkle sagte 1929, Savonarola sei eine jener Heiligengestalten von tadelloser Reinheit des Wandels und Lebens, an dem ein ungeheurer Justizmord begangen worden ist. Die geschichtliche Forschung hat Savonarolas Bild in der ursprünglichen Lauterkeit erstellt. Er ist ein Mann ohne Fehl und Tadel. Es gibt sicher schwerlich im 15. Jahrhundert eine Gestalt, die mehr von der Liebe zur Kirche zum Handeln getrieben worden ist wie Savonarola. Dieser Dominikanermönch sorgte sich bis zur Selbstaufgabe um ihre Reinheit und um die Erfüllung ihrer Sendung. Zur Frage des Zusammenstoßes von Savonarola mit der kirchlichen Autorität möge Kardinal Robert Bellarmin aus der Gesellschaft Jesu gehört werden: „Wenn jemand dem Papste Widerstand leisten darf, wenn er einen leiblich angreift, wenn er die Seelen angreift oder den Staat in Verwirrung bringt, und noch viel mehr, wenn er die Kirche zu zerstören sucht. Ich sage, man darf ihm Widerstand leisten, indem man seine Befehle nicht vollzieht und indem man ihn an der Durchführung seines Willens hindert. Die Kirche wäre ja in der bedauernswertesten Lage, wenn sie einen offenkundig wütenden Wolf als Hirten anerkennen müßte" (Robert Bellarmin, De protestate summi pontificis in rebus temporalibus, Lib. 2 c 29, ad arg. 7 et c 30, ad tertiam oppinionem).

Der heilige Philipp Neri, der Erneuerer des katholischen Glaubens im Rom des 16. Jahrhunderts, hatte in seiner Zelle ein Bild des Hieronymus Savonarola hängen, das er mit der Gloriole eines Heiligen umgab. Philipp hatte als Knabe das Kloster San Marco in Florenz besonders geliebt, hier war er groß geworden, und Savonarolas Geist war für ihn lebendig als Geist, der die Erneuerung der Kirche betrieben hatte.

Unter Papst Eugen IV. (1431–1447) begann der Kampf der Kurie gegen die Beschlüsse des Konzils von Konstanz und des Konzils von Basel (1431). An die Stelle der Beschlüsse von Basel sollten nun jene Bestimmungen treten, die Friedrich III. mit Papst Nikolaus V. (1447–1455) 1448 abgeschlossen hatte. Sie waren in einem Konkordat festgelegt worden. So konnte sich der Konziliarismus nicht mehr halten. Das Baseler Konzil mußte sich selbst auflösen. Aber in manchen Kreisen hielten sich die konziliaren Grundsätze. Papst Pius II. (1458–1464), der einst als Kardinal Enea Silvio de Piccolomini zu den Verfechtern des Konziliarismus gehörte, verurteilte in der Bulle „Ex e crabilis" von 1461 jede Appellation vom Papst an das Konzil für Ketzerei.

Schon der große Innozenz III. hatte auf dem 4. Laterankonzil die Reform der Kirche an Haupt und Gliedern gefordert. Seit 300 Jahren hoffte man auf eine Erneuerung der Kirche. Der Ruf nach einer solchen Erneuerung an Haupt und Gliedern war weit davon entfernt, antikirchlich oder antipäpstlich gemeint zu sein. Die Völker Europas waren der Überzeugung, daß die innere Ordnung der Kirche gestört sei und daß eine Erneuerung, eine Umgestaltung gebieterisch zu verlangen wäre. Es wuchs die Überzeugung, daß diese Änderung kommen könne als gottgewollte apokalyptische Züchtigung in gewaltigem Umsturz. Angst und Sehnsucht zugleich bezeichnen diese Erwartung.

7

BISCHÖFE, PRIESTER UND MÖNCHE

Die Kirche des Mittelalters war eng mit dem Feudalismus verbunden. Diese Tatsache bestimmte die Verhältnisse im hohen Klerus. Bischöfe und Äbte stützten ihre Herrschaft auf Grundherrschaft. Darauf gründete sich ihre Gewalt. Schon im Frankenreich bestand die enge Verbindung zwischen Staat und

Kirche. So erlangten die höheren Geistlichen, die Prälaten, Bischöfe und Äbte schon früh politische Vorteile. Seit dem 7. Jahrhundert wurden sie wie die weltlichen Großen zur Beratung des Königs und zum Dienst beim König in Staatsgeschäften herangezogen. Diese Stellung verdankten die Prälaten einmal ihrer geistlichen Würde und Bildung, dann aber auch ihrer zumeist adeligen Abkunft und schließlich und endlich auch dem Grundbesitz, mit dem ihre Kirchen reichlich ausgestattet waren. Sehr bald bekamen einzelne Kirchen und Abteien Steuerfreiheit. Der geistliche Grundherr ließ seine Abgaben und Lasten von den von ihm abhängigen Leuten durch seine eigenen Beamten einfordern. Da die geistlichen Grundherren auch gleichzeitig Leibherren und Gerichtsherren waren, wurde zunächst die niedere, später aber auch die hohe Gerichtsbarkeit durch die Vögte ausgeübt. Das wichtige Privileg der Immunität besaßen seit dem 9. Jahrhundert fast alle Reichskirchen und bedeutenden Klöster. Schon früh erhielten die Prälaten, also Bischöfe und Äbte, andere Hoheitsrechte (Regalien) wie die Markt-, Münz- und Zollgerechtigkeit. Hinzu kam auch die Grafschaft mit ihren Rechten an sie.

Durch Otto I. wurde in Deutschland die Bindung der Bischöfe an das Reich durch das ottonische Reichskirchensystem noch fester. Der Kaiser belehnte Bischöfe und Äbte in großem Umfange mit Reichsrechten, Reichsgütern und Grafschaften, um sich in ihnen eine sichere Stütze seines Thrones zu schaffen. Denn die Erfahrung lehrte den Kaiser, daß auf die Stammesherzöge mit ihrem Egoismus und unbotmäßigen Forderungen kein Verlaß sei. Diese geistlichen Herrschaftsgebiete waren nicht erblich und bildeten so ein Gegengewicht gegen die weltlichen Herrschaftsgebiete. Mit ihrer Hilfe und kraft ihrer wirtschaftlichen und militärischen Vermögen haben die deutschen Könige vornehmlich gegenüber dem Reich regiert.

Bis weit in das 13. Jahrhundert hinein sind Bischöfe und Äbte Verwalter hoher Staatsämter, sie dienen als Minister und Diplomaten, sie führen Heere an, und sie haben das auf sie gesetzte Vertrauen gegenüber dem Kaiser weithin gerechtfertigt. Diese Entwicklung in Deutschland, die Ausbildung der geistlichen Fürstentümer, wurde durch die Privilegienbriefe Kaiser Friedrichs II. (1220) und seines Sohnes, König Heinrich VII. (1231) – bestätigt durch Friedrich 1232 – im wesentlichen abgeschlossen. So wurden die deutschen Reichsbischöfe und Reichsäbte vollkommene Landesherren und als solche der Reichsverfassung eingegliedert. Erst der Reichsdeputationshauptschluß im Jahre 1803 beendete diesen Zustand.

Diese Entwicklung fügte der Kirche in deutschen Landen, aber nicht nur dort, ungeheuren Schaden zu. Denn diese Äbte und Bischöfe, die so mit der Verwaltung des Reiches beschäftigt waren, entsprachen nicht der Vorstellung eines Bischofs im Sinne des Neuen Testamentes, eines Bischofs in der Nachfolge Christi, eines Bischofs voll seelsorglichen Eifers. „Der Herr, der Macht besitzt und damit zwingt und durch sie das Leben genießt, war eigentlich die Vorstellung, aus der die hohe Geistlichkeit lebte“ (J. Lortz).

Die Kirche des Mittelalters wurde so zu einem Versorgungsinstitut des Adels, sie wurde ausgenutzt für persönliche weltlich-finanzielle Dinge.

Zu Beginn des ottonischen Reichskirchensystems spürten die Bischöfe noch diese ungeheure Spannung, die in ihrem geistlichen Auftrag und ihrer weltlichen Tätigkeit lag. Oskar Köhler hat in einer Dissertation das Bild der geistlichen Fürsten in den Viten des 10. bis 12. Jahrhunderts untersucht und festgestellt, daß gerade die Bischofsgeneration, mit der Otto d. Gr. zu tun hatte, besonders unter dieser Spannung litt und auch wohl spürte, daß die Vereinigung beider Tätigkeiten schwer möglich war.

Domkapitel und Bischofsstühle waren weithin den nachgeborenen Söhnen des Adels vorbehalten. Die Domkapitel nahmen grundsätzlich nur Adelige auf; um dort eintreten zu können, mußte man 16 adelige Ahnen nachweisen und die Turnierfähigkeit besitzen.

Mit dem Aufkommen der Staaten mit ihren modernen Heeren und Beamtentum und der aufkommenden Geldwirtschaft brauchte man kein Rittertum mehr. Der verarmende Ministerialadel war so für die Versorgung seiner zahlreichen Kinder auf die Kirche verwiesen. Auch wurde die Besetzung der Bischofsstühle ein entscheidender Faktor in den politischen Überlegungen der Fürsten. Manche Bischöfe erhielten ihr Bistum auch als Belohnung für ihren Dienst bei Hofe, nicht nur an der Kurie, auch beim Kaiser. Besonders war das bei den Königen von England und Frankreich der Fall. Von den 15 englischen Bischöfen des Jahres 1517 waren zehn einst in königlichen Diensten gewesen, waren also so die meisten Mitraträger des Mittelalters aus dem Adel hervorgegangen, in der Verwaltung und in dem Genuß der Pfründe der Domkapitel groß geworden, geistlich und geistig auf ihr Amt nicht vorbereitet, zumeist hatten sie an den Universitäten nur etwas Kirchenrecht gehört. Aus Interessen ihrer Familien allzu jung in dieses Amt gekommen, waren sie oft von Schulden geplagt und in zahllose politische Händel und Fehden verstrickt. Für viele waren die Bistümer auch nur Sprungbretter für ihre Laufbahn, Sprossen eines weiteren steilen Aufstieges. Eine große Zahl der Bischöfe sammelten Diözesen, um ihren Reichtum zu mehren, manche haben ihre Diözese nicht einmal besucht. So ist sicher, daß der Kardinal Accolti († 1532), der den ersten Entwurf der Bulle „Exsurge“ gegen Luther ausfertigte, gleichzeitig das Erzbistum Ravenna, die Bistümer Cadiz, Cremona, Maillezais und die Administratur von Arras erhielt.

Das Reformkonzil von Trient befahl die Residenzpflicht der Bischöfe und verbot die Kumulation von kirchlichen Ämtern. Wie schwer es aber war, selbst in deutschen Landen, diese Reformen von Trient durchzusetzen, zeigt ein Vorgang, der sich im Bistum Münster ereignete. Am 26. Juni 1683 starb der Fürstbischof Ferdinand von Fürstenberg, der schon in Personalunion die Bistümer Paderborn und Münster verwaltete. Ihm zur Seite war der Däne Niels Stensen seit dem 7. Oktober 1680 als Weihbischof in Münster tätig. Nun bewarb sich der Kölner Erzbischof Maximilian Heinrich, der schon drei Bistümer besaß, nämlich Köln, Hildesheim und Lüttich, auch um das Fürstbistum Münster. Der Däne Niels Stensen, einst anerkannter Anatom und Wissenschaftler der Erdgeschichte, flüchtete aus Münster nach Hamburg und ging dann nach Schwerin. Er wollte an dieser Ämterkumulation nicht teilhaben.

Diese Entwicklung führte zu einer Verweltlichung der Kirche, zu einer Herrschaft der Justiz, der Politik und des Geldes. Die Bischöfe waren durch eine Kluft von ihrem Volk, das ihnen anvertraut war, getrennt. Eine ebenso starke Kluft trennte sie von ihrem Klerus. Diese Trennung zwischen hohem und niederem Klerus ist ein Kennzeichen der Kirche dieser Zeit, die sich bis zur Französischen Revolution auswirkte und eine der Kräfte war, die zur Französischen Revolution führte.

Bei Beginn der Reformation waren in Deutschland 18 Bistümer und Erzbistümer mit Söhnen von Fürsten besetzt.

Der niedere Klerus, die Leutpriester, die Plebane, die Pfarrer und Kapläne, war für seine seelsorglichen Aufgaben in der mittelalterlichen Gesellschaft wenig oder gar nicht gerüstet. Seine Ausbildung war denkbar schlicht und einfach. Die meisten Priester hatten keine Theologie studiert. Theologie studieren konnte man im Mittelalter nur – von den Ordenshochschulen abgesehen – an den Universitäten. Das Studium an den Universitäten kostete zu allen Zeiten Geld. Kopernikus konnte nur studieren, weil sein Onkel Bischof in Ermland war und ihm eine Pfründe besorgt hatte, so daß er 17 Jahre lang, von seinem 20. bis zu seinem 37. Lebensjahr, in Italien und an anderen Orten Europas studieren konnte.

So war Hochschulbildung eine Ausnahme. Sie war nur möglich, wenn man Pfründe besaß. Das war zwar eine lobenswerte Einrichtung der Kirche, beinhaltete aber auch, daß die Seelsorge an dieser Pfründe von einem Vikar während dieser Zeit ausgeübt werden mußte, man überließ die anvertraute Herde einem Mietling. Erst in der zweiten Hälfte des 15. Jahrhunderts wird die Hochschulbildung häufiger. Aus der größten deutschen Diözese, Konstanz, die rund 17 000 Geistliche zählte, lassen sich in jenen 50 Jahren 4700 nachweisen, die Universitätsstudien gemacht haben.

Normalerweise erfuhr der Priester des Mittelalters seine Ausbildung in einer Haus-, Lebens- und Bildungsgemeinschaft mit einem Pfarrer, zumeist dem des Heimatortes. Man lernte die Elemente der lateinischen Sprache, man übte den Ritus der Messe und den der Sakramentenspendung, und man ließ sich vom Priesterbild leiten, das einem vorgelebt wurde, zumeist begnügte man sich mit Mittelmaß. Dem so heranwachsenden und auf sein Amt zugehenden Priester fehlte jede geistliche und aszetische Ausbildung. Erst das Konzil von Trient hat diese aszetisch-geistliche Ausbildung in den Seminarien, die zu gründen es anordnete, vorgeschrieben. Aber wie lange auch hier die Durchsetzung der Reformen dauerte, zeigten die Verhältnisse in Frankreich. Kardinal Richelieu war der erste, der in seinem Bistum am Beginn des 17. Jahrhunderts ein Priesterseminar errichtete, und Vinzenz von Paul hat als erster zur gleichen Zeit in Paris versucht, die Weihekandidaten für das Priestertum in den Dienstagskonferenzen zusammenzufassen, ihnen Exerzitien zu geben und sie geistlich ein wenig auf ihr Amt und ihre Tätigkeit vorzubereiten.

Da es an der geistlichen Erziehung des Priesters mangelte, fehlte dem Klerus weiterhin jeder seelsorgliche Eifer. Mit Offizium und Messe, der Führung der Seelbücher und Jahresstiftungen, mit der Verwaltung der kirchlichen Güter, hin und wieder mit einer Predigt, soweit nicht zu dieser Aufgabe eine eigens gestiftete Pfründe gehörte, der Spendung der Sterbesakramente, den Begräbnissen war im allgemeinen die Arbeit in seiner Gemeinde getan. Es gab im Mittelalter keine katechetische Unterweisung, keine Christenlehre – das ist erst eine Frucht der Neuzeit. Die religiöse Unterweisung blieb weithin den Eltern überlassen. Wie spärlich sie war, kann man sich leicht vorstellen, denn es gab keine regelmäßige Spendung des Bußsakramentes, man kannte keine nachgehende Seelsorge, kümmerte sich nicht um Verirrte und Gestrauchelte. Es gab kein Sammeln des Kernes der Gemeinde zur missionarischen Arbeit oder zum apostolischen Einsatz. Man glaubte, daß eine Gemeinde mit ein wenig Kirchenrecht zu führen und zu regieren sei. Bucer, der Reformator von Straßburg, schrieb noch 1549 aus England, dem England Eduards VI., daß der Klerus sich nur mit seinen Zeremonien beschäftigte, höchst selten predige und nie Katechese halte. Auch der Bischof, der erste Seelsorger seines Bistums, unterließ den Kontakt mit dem Klerus und gab ihm nicht die geringsten seelsorglichen Anweisungen.

Die wirtschaftliche Stellung des Klerus war in den Städten wie auf dem Lande unterschiedlich. Es gab Pfarrer, die über Reichtümer verfügten, und es gab die Vielzahl derer, die schlecht bezahlt waren, die auf ärmlichen Landpfarreien saßen oder als Kapläne und Altaristen in den Städten eine Art klerikales Proletariat bildeten. Vor allem die Vikare der an Klöster inkorporierten Pfarreien mußten sich in manchen Gegenden mit sehr bescheidenen Bezügen begnügen. In manchen Gegenden Europas blieben die Priester zeitlebens arm. Auf dem Konzil von Trient hat der Bischof von Clermont 1546 eine Denkschrift eingereicht, in der er feststellte, daß von den 800 Pfarreien seiner Diözese nur 60 durch einen Pfarrer betreut wurden, alle anderen aber durch Vikare, die manchmal nur 10 oder 12 Gulden Jahresgehalt bekämen. Diese seien wegen ihrer Armut noch nicht einmal in den Stand gesetzt, um eine gerechte Bezahlung zu kämpfen. Die Priesterweihe bedeutete zunächst keine wirtschaftliche Sicherung. Heute schreibt das Kirchenrecht vor, daß der Bischof für den Unterhalt des Priesters verantwortlich ist, den er auf den Titel seiner Diözese weiht. Das war im Mittelalter nicht der Fall. Der geweihte Priester mußte selbst sehen, wie er zu einer Pfründe gelangte, und so kam es zur Pfründenjagd und Pfründenhäufung. Man versuchte, möglichst viele Vikarien auf sich zu vereinigen oder mehrere Pfarreien sich zu verschaffen, die man dann wieder durch andere, ärmere Priester verwalten ließ. So ist man nicht erstaunt festzustellen, daß viele mittelalterliche Priester, vor allem wenn sie einmal eine Karriere gemacht hatten, viele Pfründe sammelten, um sich so finanziell zu sichern.

Im 14. Jahrhundert, vom 8. April 1346 bis zum 17. April 1376, ist zum Beispiel im Erfurter Kollegiatstift St. Marien der Propst Dietmar von Meckenbach nachzuweisen. Er ist Kleriker der Meißner Diözese. Dietmar ist wohl bürgerlicher Herkunft. Schon vor dem 7. Januar 1342 ist er Kaplan und Notar des Markgrafen Karl von Mähren. Auf Bitten der Markgräfin bekommt er die durch das Zisterzienserinnenkloster in Oslawen in der Olmützer Diözese zu besetzende Pfarrei Neukirchen in Mähren. Der böhmische König Johann vermittelt ihm ein Kanonikat mit der Exspektanz auf eine Präbende an der Krakauer Kirche. 1342 und vom 25. September 1347 bis zum 9. August 1351 wird er als Notar des böhmischen Königs Johann erwähnt. Mit anderen Männern aus der Umgebung des böhmischen Königs reist er nach Avignon. Am 21. November verleiht ihm der Papst ein Kanonikat mit der Exspektanz auf eine Pfründe an der Breslauer Domkirche. Gleichzeitig erscheint er hier als bepfründeter Kanoniker an der St.-Severi-Kirche in Erfurt. Außerdem streitet er über Kanonikat und Präbende an der Krakauer Kollegiatkirche und über die Pfarrkirche zu Lyssa in der Prager Diözese. Dietmar wird hier Familiar und Kleriker des Königs Johann genannt.

In einer in Avignon am 8. April 1346 ausgestellten Urkunde beauftragt Papst Clemens VI. den Dekan von St. Simon und Paulini in Trier und den Scholastiker von St. Pauli, den Dietmar Meckenbach in die Propstei von St. Maria ad gradus in Erfurt einzuführen, mit dem er ihn providiert hat. Der Papst tut dies, obwohl Dietmar schon Kanonikat mit der Exspektanz auf eine Präbende in Krakau und Breslau besitzt und wegen eines Kanonikates in Glogau und wegen der Pfarrkirche in Lyssa prozessiert. In dieser Urkunde wird Dietmar auch Sekretär des Königs Johann genannt. Ab 20. September 1358 ist er Propst von Erfurt. Seit dem 8. Februar 1362 wird er ständig im Breslauer

Domkapitel genannt, und am 11. August erhält er die durch den Tod des Dompropstes Petrus von Lima frei gewordene Präbende am Breslauer Dom.

Für die Zeit von 1117 bis 1400 lassen sich urkundlich für das Erfurter Kollegiatsstift St. Marien 338 Kanoniker nachweisen, darunter eine Reihe von Prälaten. Für 118 dieser Kleriker ist eine Pfründenhäufung urkundlich festzustellen. Mit dem Beginn des 14. Jahrhunderts steigt die Pfründenhäufung und das Prozessieren um andere Pfründe erheblich an, so daß für diesen Zeitraum fast für jeden zweiten Angehörigen des Stiftes eine Ämterkumulation und Pfründenhäufung nachzuweisen ist.

Joseph Lortz zeigt auf, daß es in Breslau am Ende des 15. Jahrhunderts an zwei Kirchen bloß Altaristen, d. h. nur zum täglichen Feiern der heiligen Messe bestellte Geistliche, zusammen 236, gab. Bei der Visitation von St. Gereon in Köln 1549 waren immerhin noch 30 Vikare zugegen. Daß sich so ein „geistliches Proletariat von erschreckender zahlenmäßiger Stärke und sinkender Qualität ergab" (Lortz), ist begreiflich. Johannes Agricola berechnet die Gesamtzahl der Kleriker und Nonnen in Deutschland auf 1 400 000, und diese Zahlen bekommen eigentlich erst ihre Ausprägung und ihre Beweiskraft, wenn man auf die Einwohnerzahl der Städte der damaligen Zeit hinweist. Für München und Köln nennt man 40 000, in Erfurt, eine der blühendsten Städte dieser Zeit, rechnet man mit 18 000–20 000 Einwohnern. Leipzig verfügt im gleichen Zeitraum etwa über 4000 und Wittenberg hatte rund 2000 Einwohner.

Wie weit der Handel mit Pfründen geht, zeigt eine Urkunde vom 2. September 1356 für das Stift St. Marien in Erfurt. Unter diesem Datum stiften der Priester Johannes dictus Schenke von Albrechtsleben und sein Bruder Nikolaus, der Erfurter Bürger ist, in besonderer Zuneigung zum Marienstift zwei Vikarien mit zwei täglichen Messen daselbst. Die Vikarien sollen mit Zinsen von Gütern, die sie gekauft haben, ausgestattet werden. Die Kollatur der Vikarien verbleibt den beiden Stiftern und dem letzten lebenden von ihnen auf Lebenszeit. Nach ihrem Tode geht sie auf den Dekan des Kapitels von St. Marien über. Der Dekan und das Kapitel verpflichten sich, die Vikarien nur mit einem geeigneten Priester oder mit einem, der sich verpflichtet, innerhalb eines Jahres die Priesterweihe zu empfangen, zu besetzen.

Die Klagen über diese Dinge sind in den Zusammenstellungen der Beschwerden der Gravamina alltäglich.

Zu den oft beklagten Mißständen im Klerus dieser Zeit gehört neben zahlreichem Einzelversagen und Skandalgeschichten auf moralischem Gebiet vor allem die weite Verbreitung des Konkubinates, d. h. des eheähnlichen Zusammenlebens mit einer Frau. So sprechen die Visitationsberichte der Niederlande von einem Viertel, am Niederrhein 1569 sogar von einem Drittel aller

Geistlichen, die im Konkubinat leben. Wenn man die Gerichtsakten der geistlichen Gerichte, unter anderem auch das von Erfurt dieser Zeit sich anschaut, dann erkennt man, daß Dutzende von Geistlichen von eifrigen Dekanen beim Bischof deswegen angezeigt wurden oder sich auch selbst anzeigten. Dieser Mißstand schien unabänderlich und unausrottbar, und das Vorgehen der geistlichen Gerichte gegen diesen Mißbrauch wurde sehr lax gehandhabt, zumeist wurde er mit einer Geldstrafe geahndet. Auch wenn die Entlassung der Konkubine gefordert war, wurde sie zumeist nicht durchgeführt. Auf dem Lande erschien das Konkubinat vor allem wegen der Landwirtschaft, die der Pfarrer zu seinem Unterhalt zu betreiben hatte, fast unvermeidlich. Für viele Gläubige hatte das priesterliche Konkubinat kaum mehr den Charakter eines Ärgernisses, es hatte selbst nach der Auffassung vieler Geistlicher den Charakter des Sündhaften eingebüßt. Weithin war im geistlichen Stand die Kraft des Religiösen geschwunden, die Selbstentäußerung, Hingabe an Christus und Gott waren in diesem Stand weithin nicht mehr gefragt. Vor allem ärgerten sich die Gläubigen, wenn die Pfarrer dann den Versuch machten, ihren Söhnen aus dem Konkubinat die eigenen Pfründe zu vererben. Dispensen für Söhne von Priestern zum Empfang der heiligen Weihen mußten zwar in Rom eingeholt werden, wurden aber auch häufig erteilt. Es sind auf diesem Gebiet sehr schwer Zahlen beizubringen, nur die Gerichtsakten geben solche Zahlen her, das heißt also von Fällen, die gerichtsnotorisch geworden sind. Von den vielen Stillen im Land, jenen Priestern, die getreulich ihre Pflicht taten, berichten Urkunden normalerweise wenig, oder nur sehr selten wird von einem solchen Geistlichen etwa in einem literarischen Werk oder in einer Chronik berichtet. So ist etwa die Predigtlehre und die seelsorgliche Anweisung des Straßburger Dompredigers Geiler von Kaisersberg († 1520) auf uns gekommen. Oder es sei auch an den schwäbischen Priester Heinrich von Flummern in Biberach (1475–1561) erinnert, der zeitlebens keine Pfründe annahm, um Gott und den Kranken im Spital besser dienen zu können.

Als Seelsorger in den Städten des späten Mittelalters waren vor allem die Angehörigen der Bettelorden beliebt. Fast in allen Städten dieser Zeit gab es Niederlassungen der Franziskaner und Dominikaner, aber auch die Augustinereremiten, der Orden, dem später Luther angehörte, waren als Seelsorger sehr angesehen. Diese Mönche waren theologisch gebildet, aszetisch erzogen und eifrig in der Seelsorge. So nimmt es nicht wunder, daß sie von der Bevölkerung in besonderer Weise verehrt und geliebt wurden. Obwohl sie Bettelorden waren, haben sie erstaunlich große, prächtig ausgestattete Kirchen bauen können. Ein gutes Beispiel dafür bietet Erfurt. Die beiden größten Kirchen, die im Spätmittelalter in Erfurt gebaut worden sind, gehören den beiden Bettelorden, den Dominikanern und den Franziskanern. Sie konnten es, weil ihnen in reichlichem Maße die Spenden der Bürger, vor allem aus den Gilden und Zünften, zuflossen. Da am Beginn des 14. Jahrhunderts das Kapitel von St. Marien bemüht war, seine Baukasse zu füllen und den Neubau der Stiftskirche weiter voranzutreiben, gestattet der Dekan des Stiftes Hertwig am 22. Juli 1317 den Brüdern der Augustinereremiten, die als gute Prediger bekannt waren, an allen Sonnabenden im Dom zu predigen. An diesen Predigten beteiligte sich auch wohl der berühmte Gelehrte dieses Ordens, Heinrich von Friemar, Professor der Theologie.

Aber es kam auch zu großen Spannungen zwischen Weltklerus und eben den Angehörigen der Orden in den Städten. Am 10. Januar 1372 veröffentlicht Petrus, Kardinaldiakon von St. Eustachius, (Rom), Auditor, Richter und beauftragter Kommissar, die Klage der Pfarrer, Rektoren und Vizeplebane von Erfurt. Diese beschuldigen die „fratres mendicantes, Predicatorum, Minorum, Herimitarum et Carmelitarum" (auch servi s. Marie genannt), die in großer und zügelloser Weise sich in der Stadt Erfurt versammelt haben, daß sie ihnen die „quarta funeralium" (ein Viertel der Stolgebühren für Beerdigungen) verweigern und die Leute bereden, sich bei ihnen begraben zu lassen. Auch hätten sie die Leute angehalten, bei ihnen zu beichten. Ferner seien die Angehörigen der genannten Orden gewaltsam in die Pfarrkirchen eingedrungen und hätten den Gottesdienst in frevelhafter Weise lärmend gestört. Die Konvente der Bettelorden führen folgende Gegenklage: Einige Pfarrer seien in ihre Kirchen eingedrungen und hätten die Beendigung des Gottesdienstes verhindert. Andere Weltgeistliche warnten in Predigten von der Kanzel gegen die Ordensleute; die Bettelmönche seien gar keine Christen, sondern Betrüger und schlimmer als Ketzer. Die Pfarrer hielten ihre Gläubigen ab, bei den Ordensleuten zu beichten. Auch wird von den Pfarrern behauptet, daß die Bettelmönche kein Privilegium des Papstes hätten und die von ihnen konsekrierte Hostie sich nicht in den Leib Christi verwandele. Nachdem aufgrund dieser Klagen Verhöre und Untersuchungen angestellt worden waren, wurden die Akten endlich von den Prokuratoren der beiden Parteien, Theodericus Linoldi de Luneborch und Bertoldus de Makenrade, geschlossen. Nun hatte der Prozeß begonnen.

Schon am 31. August 1319 hatte der Dekan Rudolf von Nordhausen von St. Marien, der vierte Generalrichter des Generalgerichtes in Erfurt, eine Urkunde des Erzbischofs von Mainz der Geistlichkeit Thüringens vorgestellt, daß er, der Erzbischof, einigen Brüdern des Predigerordens erlaubt habe, Beichte zu hören, zu predigen und die Messe zu lesen. Der 1375 zwischen dem Stadtklerus und den Dominikanern geführte Streit geht vor allem so aus, daß den Dominikanern gestattet wird, weiterhin zu beerdigen, wenn sie ein Viertel der Stolgebühren an den zuständigen Pfarrer überweisen.

Alle Orden des Spätmittelalters sind gekennzeichnet durch einen ständigen Wechsel von Niedergang und Reformbestrebungen. Auch aus deutschen Landen sind – wenn man manche Übertreibungen von Fürsten und Städten auf ein rechtes Maß zurückbringt – genügend Zeugnisse und Klagen über Mißstände bekannt. Frauen- und Männerklöster sind gleichermaßen von diesen Übelständen heimgesucht worden. Natürlich gibt es Einzelfälle, die in besonders bedrohlicher Weise gewirkt haben und die auch mit Recht schweres Ärgernis erregten. Viel schlimmer aber war, ähnlich wie bei der Geschichte des Renaissance-Papsttums, nicht der einzelne Skandal, sondern die allgemeine Zersetzung der Grundlagen des Ordenslebens: die Aufhebung der Klausur unter den verschiedensten Vorwänden, die Auflösung der vita communis, des Gemeinschaftslebens, das Verlassen der Armut und der Übergang zu Privateigentum. So behielt man gerne das elterliche Erbe, man verfügte über Einkünfte, machte Testamente und vererbte sogar seine Klosterzelle. Viele Mönche strebten nach der Lebensart der Weltpriester und versuchten die Sicherung des Daseins in der Form der Bürger. Es zeigte sich, auch wenn die Anforderungen des Ordens noch befolgt wurden, doch ein erstaunliches Mittelmaß, Vernachlässigung und Unterlassung der Studien, Trägheit, Hang zum Genuß, Dinge, die dann von der Kritik, vor allem von den Humanisten oft überspitzt aufgezeigt wurden. Das Volk aber wurde durch die stetigen Betteleien, den regelmäßigen Kollekten, die in fest umgrenzten Terminierbezirken abgehalten wurden, verärgert. Auch die aus klerikalem Neid entstehende Konkurrenz zwischen Pfarrern und Ordensleuten, der aus Predigt, Beichtrecht und Beerdigungen, Ferien- und Festzeiten erwuchs, wirkte sich auf die Gläubigen aus, zumal es bei allem um Geld und Macht ging.

Aber es zeigt sich in der gleichen Zeit in den Orden religiöser Ernst, es werden Anstrengungen unternommen zur Reform. Manchmal umfassen diese Reformanstrengungen die Mehrzahl der Klöster. Vor allem will man die Beachtung der Forderungen der alten Regel wieder ins Gewissen rufen. Man sucht die alte strenge Form des Mönchtums wieder zu erneuern und herzustellen. Nach diesem Ziel der Beobachtung der Regel, der Observanz, erhalten die reformierten Mönche auch ihren Namen. Im Benediktinertum des deutschen Sprachraums entwickelten sich diese Kräfte der Erneuerung am Beispiel italienischer und spanischer Versuche der Reform. So entwickelten sich eigene Mittelpunkte der Erneuerung des benediktinischen Lebens in Österreich, im oberpfälzischen Caatl und in Bursfelde an der Weser. Alle diese Anstrengungen, die von diesen Zentren ausgingen, trugen reiche Frucht. Manche Klöster versuchten, trotz der Unterstützung durch verschiedene Bischöfe, dem Zwang der Erneuerung dadurch auszuweichen, daß sie sich mit römischer Genehmigung in weltliche Chorherrenstifte umwandeln ließen. Visitationen, die oft auch von Landesfürsten durchgeführt wurden, stießen da und dort auf Widerstand. In Deutschland blieb die Erneuerung der Benediktiner infolge ihrer Bauleidenschaft und der Sorge um Unabhängigkeit von Fürsten nach guten Anfängen um 1500 stecken.

Von Italien ging die Erneuerung des Dominikanerordens aus. Hier sei vor allem an das Werk Savonarolas erinnert. Obwohl diese Erneuerung zielbewußt anfing, konnte sie sich nicht ganz durchsetzen. Der Ordensgeneral Cajetan warf seinen Mitbrüdern vor, daß sie alle „sich im Zustand der Verdammung befinden, wenn sie nicht den aufrichtigen Willen haben, alles, was sie besitzen, zu Füßen ihrer Oberen niederzulegen". Cajetan sorgte auch dafür, daß für jedes Haus wieder ein Lektor bestimmt wurde, und er erklärte, daß das Ende des Hauses nahe sei, „wenn uns nicht unser theologisches Können empfiehlt".

Von Frankreich her erfaßte die franziskanische Observanzbewegung auch die deutschen Niederlassungen der Minoriten. Diese Observanzbewegung wurde vor allem von Fürsten und deren Gemahlinnen nach Deutschland getragen. Sie eroberte, wenn auch nicht ohne Widerstand, Konvent um Konvent. Es bildete sich eine eigene observante Provinz. Ihr Leiter war der bekannte und tüchtige Theologe Kaspar Schatzgeyer († 1527). Leo X. gestattete 1517 die Bildung zweier selbständiger Orden, der Observanten und der Conventualen. Leider versuchten beide Zweige, sich gegenseitig zu verleumden. Bei den Augustinereremiten erreichte der Sachse Andreas Rolis († 1503) den Zusammenschluß der Observanz in Klöster und einen Generalvikar. Der Ordensgeneral der Augustinereremiten unterstützte diese Observanzbewegung energisch, und der Augustiner Ägidius von Viterbo, der von 1506–1518 General des Ordens war, hat in seiner Eröffnungsrede zum 5. Laterankonzil 1511 das Programm einer Reform von innen heraus verkündet. Er verlangte auch für den Orden eine Reform im wahren Sinne des Wortes, nämlich nicht in der Form einer Erneuerung, sondern in der Wiederherstellung der alten Form.

Ägidius von Viterbo traf sich hier mit dem Geist und den Forderungen der Renaissance, mit dem er auch durch andere wissenschaftliche Interessen stark verbunden war, vor allem auf dem Gebiet der Erforschung der Heiligen Schrift.

Im späten Mittelalter wurden wenige neue Orden gegründet, und die gegründeten waren nicht von großer Bedeutung. Am wichtigsten war noch die Gemeinschaft der Brüder vom gemeinsamen Leben, die Fraterherren, die von Utrecht und Deventer im 14. Jahrhundert ihren Ausgang nahmen, aber darüber wird an anderer Stelle zu sprechen sein. Für die theologische Arbeit und das geistliche Leben aber war in jener Zeit der Kartäuserorden eine Quelle stetiger Erneuerung und Kraft für die Kirche. Das 14. Jahrhundert ist das große Jahrhundert dieses Ordens, der von sich sagen kann, daß er niemals in seiner Geschichte einer Reform bedurfte.

8

DIE FRÖMMIGKEIT DES SPÄTEN MITTELALTERS

Jesus Christus hat mit dem Letzten Mahl, das er mit den Seinen in der Stunde des Abschiedes hielt, der Kirche sein kostbarstes Vermächtnis hinterlassen, die Feier der Eucharistie. Die Feier ist die Mitte der Kirche, hier schlägt ihr Herz. Es wäre erhellend, einmal eine Geschichte der Kirche zu schreiben als eine Geschichte ihres Umganges und Verständnisses der Eucharistie. In den ersten vier Jahrhunderten war diese Feier die Mitte des kirchlichen Lebens, von ihr ging alles aus. Die Feier war durch keine Sprachbarriere von den Gläubigen getrennt, der Vollzug der Handlung war verständlich, und die Gemeinde lebte aus der Feier der Eucharistie und aus der Liturgie.

Für die Kirche des Abendlandes fügte sich die Entwicklung so: Die Stämme der Mitte und des Nordens Europas, die in die Kirche strömten, mußten eine Liturgie in der lateinischen Sprache mitfeiern, die sie nicht verstanden. So entstand eine Mauer, eine Trennung zwischen dem Priester, der das Mahl und das Vermächtnis Jesu feierte, und der Gemeinde, die ihm beiwohnte. Man half sich damit, daß man das eucharistische Geschehen, die Passionsgeschichte des Herrn, umdeutete, wie es die Kommentare des Durandus zur Feier der Eucharistie zeigen. Diese Trennung vom vollziehenden Priester und der mitfeiernden Gemeinde wurde auch äußerlich sichtbar, als man im Mittelalter Lettner in die Kirchen zog, die Feier der Eucharistie hinter den Mauern dieses Lettners verschloß und dem Volk nur noch einen Leutealtar vor den Lettner stellte und so die Feier zu einem stillen priesterlichen Opfer zusammenschrumpfte, bei dem die Gemeinde nur noch durch Ministranten dargestellt wurde. Dieser Vorgang in der Liturgie hatte für das Leben der Kirche schmerzliche und zerstörende Folgen. Das Leben in der Welt hieß geistlich immer nur Verlust, mindestens Gefahr des Verlustes, das Leben in der Kirche als Kleriker aber einen besonderen Gewinn. So wie die Gemeinde vom Zentrum des kirchlichen Lebens, der Feier der Eucharistie, immer mehr geistlich ausgeschlossen wurde, so wurde sie auch am Leben der Kirche immer weniger beteiligt. Wurden in der alten Kirche die Bischöfe und Priester noch vom Volke gewählt, so wurde die Scheidung von Klerus und Volk und die Mitwirkung des Volkes an der Führung der Kirche endgültig deutlich durch das Papstwahl-Dekret von 1059 und allen weiteren Wahlordnungen, wodurch die Gläubigen, das Volk Gottes, endgültig aus der Verwaltung der Kirche entfernt wurden. So bestellte die Kirche fortan auch die Bischöfe ohne alle Mitwirkung des Volkes. Sie wurde innerlich wie äußerlich in ihren Trägern, ihrem Kultus und ihrer Bildung eine Priesterkirche. Der Gegensatz prägte sich auch um so stärker aus, als sich die Kirche dauernd und ausschließlich der lateinischen Sprache bediente, während das Volk Gottes ihre neue Kultur, den Austausch in der Landessprache suchte.

So führte die Herauslösung der Gemeinde aus dem Verständnis der Messe zu einer unheilvollen Entwicklung. Die Messe des Priesters gesellte sich nun zu den reinen, zu den klerikalen, an sich verdienstvollen Werken. Den Gläubigen blieb das Zuschauen und das Heranschaffen immer neuer Mittel zur Feier heiliger Messen und zum Unterhalt der Messe lesenden Priester. Von da her entwickelte sich im späten Mittelalter die Stiftung von Messen an besonderen Altären und in neu erbauten Kapellen in besonderer Weise. In den Kirchen wurde Altar an Altar gesetzt, mit Stiftungen versehen, die Altäre mit Stifterbildern geschmückt. Es häuften sich die kleinen Kapellen, die wie Sternenkränze die Hohen Chöre umsäumten.

Die Frömmigkeit der Laien suchte sich andere Wege. Vor allem, als im späten Mittelalter eine religiöse Unruhe auch das deutsche Volk ergriff, wurden diese Frömmigkeitsformen in starker Weise ausgebaut. Man versuchte, sich auf allen Wegen seines Heiles zu versichern. So wie man die Altäre in den Kirchen vermehrte, so häufte man Stiftungen auf Stiftungen, Ablässe auf Ablässe. Das kaufmännische Rechnen, die geschäftliche Ausbeutung der Frömmigkeit durch andere, den Landesherren oder einem redegewandten Ablaßkrämer oder Bettelmönch, war das Gegenstück dazu.

Das religiöse Leben gewann andere Schwerpunkte. Man suchte zunächst Schutzpatrone gegen jegliches Unglück, für jede menschliche Krankheit und jedes menschliche Unheil gab es einen Schutzpatron. Wie der heilige Liborius für Gallen- und Nierensteine zuständig war und der heilige Erasmus für Darmkrankheiten, so sorgte sich die heilige Apollonia darum, wenn jemand der Zahnschmerz quälte, und wenn man Sorge hatte, daß die Tochter keinen Mann bekam, flehte man zur heiligen Anna, die gleichzeitig auch noch den Schutz der Bergleute übernahm. Und Reliquien brauchte man als handgreifliche Beweise, die gesammelt wurden, wie die Sammlung der Landesherren in Halle und Wittenberg es zeigten. Die Berührung der Reliquie verschafft Heil. Von einer theologisch ausgerichteten Frömmigkeit flüchtet man in die Sensationen. In den Wallfahrtsorten, zu denen man strömt, will man Wunder erfahren, will das Mirakulöse beinahe ergreifen können. Für solche Unternehmungen scheut man keine Opfer, kein Weg ist zu weit und keine Anstrengung zu groß. Man schenkt Jahre seines Lebens hin, um auf den Straßen der Wallfahrer dabei zu sein und an den heiligen Orten sich die Gnade zu verschaffen.

Selbst die Massen, die die Kreuzzüge in Europa im 11. und 12. Jahrhundert in Bewegung setzten, lassen sich nicht mit den Zahlen jener Gläubigen vergleichen, die in den letzten Jahrzehnten des Spätmittelalters auf den Straßen Europas nach Spanien wallfahrteten, nach San Diego di Compostella, zu jenem heiligen Herrenbruder, der auch der Patron der Wallfahrer wurde mit seiner Muschel am Hut, der Kürbisflasche, den Strick um den Leib und den Wanderstab in der Hand. So wie nach San Diego, so zogen die Deutschen nach Italien zum Monte Gargano. Von dort verbreitete sich die Verehrung des heiligen Erzengels Michael – die ursprünglich aus dem Orient stammte – allmählich im Abendland. Die Deutschen wallfahrteten auch nach Frankreich zum Heiligtum des heiligen Erzengels Michael nach St. Michel, und vermutlich haben von dorther die Deutschen bei den Franzosen den Namen „die Michels" bekommen, nicht nur weil sie auf den Straßen Frankreichs zum Erzengel Michael zogen, sondern auch weil dem deutschen Heere das Banner vorangetragen wurde, das das Bildnis des Erzengels zeigte. So zogen sie nach St. Gilles, nach Einsiedeln, zu den Heiltümern nach Aachen, zum Heiligen Rock nach Trier, zu den Stätten von Leiden und Tod des Herrn nach Jerusalem, zu den Gräbern der Apostel nach Rom und zur blutenden Hostie nach Wilsnack. Trotz des Verbotes durch den päpstlichen Legaten Nikolaus von Cues (1451) zeigte man hier in Wilsnack die blutende Hostie. Die Verehrung von blutenden Hostien kam seit dem 14. Jahrhundert auf, seitdem das 4. Laterankonzil die Transsubstantiationslehre dogmatisierte und seitdem das Fronleichnamsfest eingeführt worden war. Wenn man der Kultlegende der blutenden Hostien, dieser Orte, an denen blutende Hostien verehrt wurden, nachgeht, ist zumeist der Kern des Geschehens, daß ein Jude eine Hostie geschändet haben soll. So wie einst die Juden Christus ans Kreuz schlugen, so würden sie jetzt den unter der Gestalt des Brotes anwesenden Herrn schänden, deshalb blute die Hostie. Die Legenden der blutenden Hostien sind Anlaß zu Judenverfolgungen im 14. Jahrhundert geworden, vor allen Dingen dann, wenn Prediger die unterschwelligen Instinkte zu wecken wußten. Es gab viel Aberglaube in dieser Zeit, Hexenglaube lief um. Schon im 12. Jahrhundert von der Kirche heftig bekämpft, wurden die volkstümlichsten Anklagen in einer Bulle Innozenz' VIII. von 1484 zusammengefaßt und im „Hexenhammer" von 1487 zu den abgeschmacktesten Sätzen verdichtet.

Das war eine wilde Zeit. Die Sinne waren erregt. Man flüchtete in Phantasien, und auch durch den raschen Aufschwung der Kultur unendlich angeregt und ohne eine sichere Kritik, stellte man sich den uralten Kampf der Geister um die Seelen immer derber vor Augen. Man sah die Verführten und Ketzer in körperlicher Gemeinschaft mit Teufel und Dämonen. Man muß nur die großen Tafelbilder dieser Zeit sich anschauen, wie die bildende Kunst den

Kampf der inneren Teufel um die aufschwebende Seele in drastischen Gefechten darstellt. Besondere Formen, aber nicht minder heidnisch, nahmen diese Vorstellungen in den Kreisen der Gelehrten und Gebildeten an. Der Glaube an die Macht der Gestirne, aus dem Orient kommend, gewann neue Macht. Besonderen Einfluß schrieb man den Tagesplaneten als Tagesregenten zu. Die Astrologie, aufgefrischt in neuplatonischen Ideen, zeigte geheimnisvolle Wirkungen auch auf das Leben der Menschen. Die Gestirne übten Macht auf die Menschen aus. Horoskop und Stundenwahl bedeuteten die gelehrte Art des Verkehrs mit dem Übernatürlichen. Selbst Päpste bestimmten Tag und Stunde für das Konsistorium nach dem Stand der Gestirne, Astrologen stellten die Nativität; der Unsinn willkürlichster Mutmaßungen erwies sich als furchtbare Bedrohung. Zwischen Dämonenglauben und Astrologie gab es zahllose Zwischenformen, Verifizierung aller äußeren und Objektivierung aller inneren Nöte der Menschen, durchsetzt von Sucht nach Wundern und Taten der Wissenschaft.

Seit dem Aufkommen der Buchdruckerkunst steigerte die Herstellung gedruckter Blätter und Bücher die Massenstimmung und erregten sie ständig aufs Neue. Der dunkle Hintergrund und Untergrund dieser Zeit hatte auch einen strahlenden Vordergrund. In dieser Epoche entstanden aus einer vertieften Frömmigkeit und einem lebendigen religiösen Leben bedeutende Kunstwerke. Man sorgte sich um die Schönheit und Entfaltung des Gottesdienstes. Zahlreiche Bruderschaften aus Zünften, Gilden und aus allen Ständen sorgten für ein inniges Gemeinschaftsleben. Unzählige caritative Stiftungen verbesserten das soziale Leben, ein Leben, für das heute ein Gesetzeswesen sorgt. Man muß einmal die Testamente dieser Zeit, reicher Bürger oder auch Kleriker, lesen, um zu sehen, welch eine Sorge auch um den Nächsten aus diesen frommen Stiftungen spricht. Barmherzige Bruderliebe erfüllte die Menschen, und es gab eine lebendige bis ins Innerste gehende Verbindung von Glaube und Volkstum.

Welche religiöse Kraft noch in den Familien lebte, zeigt die Jugend von Männern wie Eck, Dürer, Savonarola und Thomas Morus. Sie sind ein lebendiges Zeugnis für das religiöse Leben der christlichen Familie der Zeit. Welche Kraft zu einer Erneuerung der Kirche in den Bruderschaften stecken konnte, zeigen Beispiele wie etwa das des Oratoriums der göttlichen Liebe im Italien des beginnenden 16. Jahrhunderts. Auch der Buchdruck gibt Zeugnis von der religiösen Lebendigkeit der Zeit. Die Hälfte aller Bücher, die seit der Erfindung der Buchdruckerkunst erschienen, waren religiösen Inhalts, und wiederum die Hälfte von diesen dienten der Erbauung, der Andacht und der Unterweisung. Sie waren zumeist in der Volkssprache gedruckt.

Die Kunst ist immer ein besonderer Ausdruck für das geistliche Leben einer Zeit. Wenn man einmal daraufhin den Isenheimer Altar des Meisters

Niethart, genannt Grünewald, betrachtet, so erlebt man einen lebendigen Aufweis von religiöser Kraft, die noch in den Menschen der Zeit lebte.

Den lebendigen Glauben dieser Zeit bezeugen auch die Heiligen. Da ist Nikolaus von der Flüe († 1487), der einfache Bauer und Familienvater im Schweizer Kanton Unterwalden, ein begabter Mystiker und Friedensapostel seines Landes; da ist der englische Kanzler und Lordsiegelbewahrer Thomas Morus († 1535), der während eines Verhörs am 30. April 1535 sagte: „Mein ganzes Denken und Studieren wird auf die Passion Christi gerichtet sein und auch mein Fortgehen aus dieser Welt." Es sei an Margarethe Pole erinnert, die Haushofmeisterin der Königin Katharina von England, der Mutter des Kardinals, der mit 70 Jahren noch das Haupt abgeschlagen wurde (1541).

Im Antlitz dieses Zeitalters zeigen sich Züge der Veräußerlichungen religiösen Lebens, aber auch Züge, die von einer tiefen Frömmigkeit sprechen. Wer will sie abwägen?

„Auf dem Hintergrund der aufgewühlten Zeit zu Anfang des 16. Jahrhunderts, die auch den einfachen Menschen in seiner Frömmigkeit bis ins Innerste betraf, hat man schon oft genug versucht, auch die künstlerische Entwicklung als Beweis oder Vertiefung anzuführen, und hat besonders jene Kunstwerke herausgehoben, die außerhalb des bürgerlichen Alltagsempfindens als einsame Zeugnisse über ihre Zeit hinausragten. An zwei Künstlern läßt sich die innere Lage des späten Mittelalters besonders eindringlich darstellen, an dem Niederländer Hieronymus Bosch und an dem in seinem Namen immer noch umstrittenen Matthias Grünewald. Hieronymus Bosch wirkt in jener Zeit als der ganz und gar gnostische Maler, der die wie aus Urtiefen aufgeweckten kabbalistischen Strömungen so ins Bild rief, daß die Erde selbst nur noch eine Chiffre kabbalistisch-gnostischer Erkenntnis genannt werden kann, was besonders an seinem großen Altarwerk ‚Das Paradies der Lüste' im Prado in Madrid zur Anschauung gelangt. Sein verborgener Gegenspieler, dem alle Ströme der Zeit bekannt sind und der in aller Aufgewühltheit doch wieder die ursprüngliche Glaubenstiefe auch als ein neues Begreifen der Erde zur Anschauung bringt, ist Matthias Grünewald. Bis in neueste Untersuchungen kennt man weder sein genaues Geburts- noch Todesdatum, und nicht einmal der Name ist vorbehaltlos garantiert. Dennoch weiß man von 16 Altarwerken, daß sie nur einer einzigen Hand entstammen können, auch wenn der Name so dunkel bleibt wie der eines gotischen Glaskünstlers, etwa der Kathedrale von Chartres. Man nimmt gemeinhin an, daß er zwischen 1475 und 1480 in Würzburg geboren wurde, daß er 1528 oder auch erst 1531 gestorben sei. Die Mehrzahl der Kunsthistoriker bleibt bei der Auffassung, daß er vor dem 1. September 1528 in Halle an der Saale als Wasserkunstmacher gestorben ist, nachdem er 1526 als Hofmaler aus dem Dienst des Kardinals Albrecht von Brandenburg–Mainz ausgeschieden sei. In seinen Altären malt er ausschließlich religiöse Themen und nur nach Aufträgen. Zwei Themen ragen besonders heraus, die Kreuzigung und das Marienthema. Seine Malweise lebt aus der älteren Überlieferung. Er malt nicht in Öl, sondern in Temperamanier auf steinhartem, selbstgefertigtem Kreidegrund. Er zeichnet nicht vor, sondern malt sogleich in der Farbe, wobei die Temperamanier auch bei einer einzigen Farbe, etwa in roten Gewändern, fließende Übergänge vieler Farbtöne garantiert. Er malt so visionär, als ob er gepeinigt sei von inneren Gesichten. Sein größtes und bedeutendstes Werk, dem unsere Tafeln entnommen sind, ist der Isenheimer Altar, ein Wandelaltar von drei hintereinander stehenden Mittelflügeln, die bei ihrer Öffnung jeweils von Seitenflügeln umgeben sind. Dieses größte Werk eines mittelalterlichen Altares ist von Anfang an nicht für eine Kathedrale, sondern für ein Pestspital vorgesehen, für das Pestspital des Antoniterordens in Isenheim im Oberelsaß, eine der großen und reichsten Niederlassungen dieses Ordens, der sich der Pflege der Kranken widmete, die am sogenannten Antonius-Feuer, dem Fleischbrand einer Mutterkornvergiftung, zu leiden hatten und dem nahen Tod entgegensehen mußten, da es noch keine Mittel vollständiger Heilung gab.

Derjenige, der in der Reformationsgeschichte ein wenig zu Hause ist, kann an der ersten Tafel, dem Bild des Kreuzes, unmittelbar wahrnehmen, daß hier das von der Reformation neu erfahrene Ereignis, die Kreuzigung des Menschensohnes, derartig leidvoll und in gesteigerter Qual zum Ausdruck gebracht ist, daß man den Eindruck haben kann, der Maler wolle das Reformationsgeschehen, um das die Geister rangen, in seiner eigentlichen Tiefe erstehen lassen. Wer dann aber dieses Bild länger betrachtet und im Zusammenhang der anderen gemalten Tafeln erkennt, dem wird ebenso deutlich, daß hier nicht ein einseitig von der Reformation hervorgehobenes Ereignis, sondern ein uraltes Thema der gesamten Christenheit so neu ins Bild gebracht wird, daß es damit auch in der ganzen Schwere seiner Überlieferung dem Auge nahetritt. Grünewald läßt sich in der ganzen Art seines Malens niemals von Thesen oder Gedankengebilden leiten, sondern von Bildern. Durch ihn wird gleichsam dem Wort von der Rechtfertigung das Bild des Heilsgeschehens entgegengesetzt und jenes durch dieses überboten. Man möchte meinen, daß Grünewald in seinen Tafeln die Reformation überbietet, weil er sie an ihre tieferen Ursprünge zurückführt. Wenn ein Tafelwerk wie der Isenheimer Altar für ein Pestspital gemalt wurde, ist darin auch zum Ausdruck gebracht, daß in ihm nicht ein gelehrtes theologisches Gedankengebilde mit vielen gedachten Verknüpfungen sichtbar wird, sondern das Heilsgeschehen selbst, wie es auch dem Ärmsten und Beladensten, dem unheilbar Kranken von Isenheim nahetritt und zur Erfahrung wird. Gewiß ist die damals in Deutschland verbreitete nordische

Seherin Birgitta von Schweden mit ihren visionären Gesichten neben dem Wort der Heiligen Schrift und der Gebetsüberlieferung der Kirche eine wesentliche Quelle für das Entstehen dieses Altares, vor allem für die jähe Gegenwärtigkeit des gerade eingetretenen Todes beim Gekreuzigten. Vor dem schwarz-grünlichen Verwesungsgrund der Leidenschaft, der wie an einem helleren Strom an der rechten Seite die Stadt Jerusalem erkennen läßt, erhebt sich im unmittelbaren Vordergrund wie aus einer Rampenperspektive die überlebensgroße Gestalt des gekreuzigten Christus. Der Querbalken ist leicht nach unten gebogen, so daß das Kreuz einer Armbrust gleicht, an der er wie ein Pfeil ausgespannt ist. Alles an diesem gemarterten Leib, der gerade den Todeskampf erlitten hat, ist von Wunden und Schwären bedeckt. Unermeßliche Qual spricht aus jedem Gelenk und steigert sich in die im Schmerz erstarrten angenagelten Hände. Dieses Bild des gekreuzigten Christus scheint die gesamte Tradition der spätmittelalterlichen Pestkruzifixe zusammenzufassen und noch einmal zu steigern. Es ist so lebendig und unmittelbar Bild geworden, wie es in den Gesichten der heiligen Birgitta von Schweden im 70. Kapitel des 4. Buches ihrer Offenbarungen aufgeschrieben ist.

Birgitta von Schweden erfährt das Ereignis der Kreuzigung ganz aus eigenem Miterleben der Karfreitagsstunde dieser namenlosen Qual und schildert das, was sie sieht:

‚Die Dornenkrone ward ihm fest auf sein Haupt gedrückt, sie reichte bis zur Hälfte der Stirn herab. In ungezählten Läufen rann das Blut infolge der Eindrückung der Dornenstacheln über das Gesicht und füllte Augen, Haar und Bart, so daß das Ganze fast nur wie ein Blutstrom aussah und er nicht zu sehen vermochte, wie ich am Kreuze stand, wenn er nicht durch Zusammendrücken der Augenlider das Blut herauspreßte. Dann trat die Totenfarbe auf die Teile, die vor dem Blut gesehen werden konnten, und die Wangen hingen über die Zähne herab. Die Rippen waren gemagert und konnten gezählt werden. Der Bauch drängte sich, nachdem die Feuchtigkeiten verzehrt waren, nach dem Rücken zurück, die Nase war spitz und dünn, und als das Herz nahe am Brechen war, erzitterte sein ganzer Leib; sein Bart legte sich auf die Brust. Entseelt stürzte ich zu Boden. Nachdem sich der Mund geöffnet hatte, konnten die Zunge, die Zähne, das Blut im Mund von den Zuschauern gesehen werden; die halbgeschlossenen Augen waren abwärts gekehrt, und der bereits tote Leib hing niederwärts. Die Knie hatten sich nach der einen Seite gebogen, die Füße um die Nägel wie um Türangeln herum nach der anderen Seite gewendet.‘

Der so im Vordergrund überragend groß dargestellte gemarterte Christus im Augenblick des eingetretenen Todes ist von vier Gestalten wie von schrillen Farbklängen und Bewegungsformen umgeben. Erst in ihrem Zusammenklang wird das ganze Ereignis der Passion dem Auge deutlich. Rechts erhebt sich der

Täufer Johannes als aufragende männliche Gestalt mit dem Symbolzeichen des Gotteslammes am rechten Fuß. Links vom Gekreuzigten befinden sich drei Gestalten: kniend Maria Magdalena mit ihrem Salbgefäß, stehend Maria, die Mutter des Herrn, gehalten vom Arm des Lieblingsjüngers Johannes.

Johannes der Täufer erscheint wie ein Bild männlicher Größe und asketischer Härte. Das Symbolzeichen des Lammes mit dem Kreuz, dessen Blut in einen Kelch fließt, läßt sein Deutewort bildhaft erstrahlen: ‚Siehe das Lamm Gottes, das die Sünde der Welt hinwegnimmt' (Joh 1,29). Seine Gegenwart bei der Kreuzigung ist zeichenhaft zu verstehen, ein Ausdruck lebendiger Zeugenschaft dafür, daß das, was er voraussah, hier Gegenwart geworden ist.

Gleichzeitig verweist sein ausgestreckter rechter Arm mit dem überlangen Zeigefinger von sich fort ganz auf den Gekreuzigten hin. Matthias Grünewald hat dreimal auf dem Isenheimer Altar eine Schrift in das Bild gesetzt, um den malerischen Gestus zu steigern. Hier ist es das Wort, das der Täufer zu seinen Jüngern sagt, indem er von sich fort auf den Menschensohn verweist: ‚Illum oportet crescere, me autem minui – Jener da muß wachsen, ich aber muß abnehmen' (Jo 3,30). Der starke Prophet Johannes, mächtig in seiner männlichen Wucht, verweist auf den Christus der Wundenverweslichkeit und des Todesschmerzes, der statt seiner wachsen muß, weil er, Johannes, in prophetischer Erleuchtung im Buch des Alten Testamentes, das er aufgeschlagen in seiner linken Hand trägt, den Hinweis auf den leidenden Gottesknecht erkennt, von dem der Prophet Jesaia sagt: ‚Er ward durchbohrt um unserer Sünden willen, zerschlagen für unsere Missetaten. Zu unserem Frieden lag die Strafe auf ihm, durch seine Striemen ist uns Heilung geworden' (53,3).

Auf der linken Seite sind drei Gestalten auf das Kreuzesgeschehen bezogen. Kniend Maria Magdalena in der schrillen Ekstase ihres Schmerzes mit verkrampften Händen, die zu der Qual der Hände des Gekreuzigten in Beziehung treten. Maria Magdalena ist überall da, wo Grünewald sie dargestellt hat, ein lauthafter Ausdruck des Mitleidens und der Ergriffenheit. Man glaubt, daß ein solches Gleichwerden im Schmerz kaum gesteigert werden kann. Schaut man aber auf das Bild Mariens, der Mutter des Herrn, die in ihr weißes Gewand wie in ein Totenkleid gehüllt ist und im Arm des Johannes zu zerbrechen scheint, dann sieht man die Steigerung des Ausdrucks.

Maria ist dem Menschensohn fast gleich geworden im Tod. Während der Evangelist Johannes sie laut klagend umfaßt hält, stirbt sie den Tod des Sohnes im Geiste mit. Birgitta von Schweden sagt in ihren Gesichten von Maria unter dem Kreuz: ‚Als sie die klägliche Stimme ihres im Todeskampf schreienden Sohnes vernahm: Mein Gott, warum hast du mich verlassen? und sehen mußte, wie all seine Glieder erstarrten und er mit geneigtem Haupte seinen Geist aufgab, da schnürte die Heftigkeit der Schmerzen das Herz der Jungfrau also zusammen, daß jedes Gelenk ihres heiligsten Leibes die Bewegung versagte.'

Die erste Tafel des Isenheimer Altares, das Bild der Kreuzigung, ist also in der vollen Annahme der zeithaften Beladenheit zugleich eine Darstellung der Urtiefe des Glaubens in abendländischer Überlieferung, insofern es den Gekreuzigten nach der Darstellung des Johannes-Evangeliums mit Maria und Johannes dem Evangelisten zur gegenwärtigen Vision erhebt. Wie eine Brücke der Geschichtszeiten wirkt der Täufer Johannes an der rechten Seite mit seinem nur im Johannes-Evangelium überlieferten Wort: ‚Jener da muß wachsen, ich aber muß abnehmen.' Es ist, als würde durch diese geschundene Leibgestalt des gekreuzigten Christus in der Stunde der spätmittelalterlichen Gegenwart erst ganz erkannt, in welche Schmerzen und Qualen die Nachfolge des Menschensohnes hinführen kann. Man fragt natürlich, ob es bei diesem Thema bleibt, das wie ein drohendes Dunkel über der Zeit liegt.

Grünewald eröffnet so eindringlich wie das Kreuzesthema auch das andere, das Thema der Menschwerdung Gottes, und dadurch das Thema der Verwandlung der Erde, einer Theologie der Schöpfung, wie sie in der abendländischen Malerei in solcher Form bisher niemals Ereignis wurde. Die einfältige Eindringlichkeit des Vorganges verlangt, daß man die Flügel des Kreuzes buchstäblich öffnen muß, damit eine neue Mitte frei wird, die Mitte der neuen Schöpfung, der durch die Menschwerdung Gottes verwandelten Erde, aber auch die Erwartungsform der Welt in einer bildhaften Gesamtdarstellung der Geschichte Israels. Die Rückseiten der aufgeschlagenen Kreuzesflügel bieten den Anfang des Heiles, links das Bild der Verkündigung, rechts das strahlende Bild der Auferstehung.

In der Mitteltafel wird die neugewordene Erde im doppelten Zeichen Mariens eröffnet. So wie das Kreuzigungsbild den Gegensatz zwischen dem qualvoll gestorbenen Christus und den flammenden Gestalten der Umstehung darstellt, so ist hier das Bild in zwei verschiedene Räume geteilt. Links erscheint eine Architektur, ein kleiner Tempel, rechts eine gebirgige Landschaft, die so klar wie nach einem Gewitterabzug leuchtet. Inmitten dieser Landschaft sitzt wie in einem neuen Schöpfungsgrund Maria mit dem Kinde. Man spricht oft davon, dies sei das Bild der Weihnacht, und der kleine Tempel auf der linken Seite stelle den Himmelsraum dar, in dem die Engel das Konzert der Weihnacht musizieren. Wenn aber dieses Bild nach dem Durchschreiten von Golgota die neugewordene Erde darstellen soll und rechts sogar vom Bild der Auferstehung begleitet ist, dann muß es mehr darstellen als nur ein Weihnachtsbild.

Auch hier kann eine Besinnung auf die Geschichte Birgittas von Schweden den Schlüssel zum Verstehen des Ganzen darstellen. Der linke Raum ist wie ein Tempel dargestellt, in dessen spätgotischem Rankenwerk einzelne Propheten des Alten Bundes so erstehen, als ob sie sich in einer bewegten Wechselrede befänden. Birgitta von Schweden beschreibt in einer Lesung ihres Sermo angelicus die Propheten des Alten Bundes, wie sie in bewegter Rede darüber miteinander sprechen, daß Gott den ersten Tempel seines Bundes, jenes Jerusalem des Heils, zerstören werde. Obwohl sie voll Klage darüber sind, vertrauen sie dennoch darauf, daß Gott als neues Zeichen seiner Verheißung ein neues Jerusalem aus allen Völkern errichten wird, das sein Lob bis ans Ende der Zeiten verkündet.

Wir schauen also auf diesem Bild in den Tempel des Alten Bundes, in dessen Tiefe nach links die Engel gestaffelt sind, während rechts eine strahlende, überaus helle, glorienumflutete Gestalt kniet, gekrönt mit der roten Flammenkrone des Königs Salomon. Nach Birgitta von Schweden ist diese Gestalt das Bild Mariens im Plane Gottes vor aller Erschaffung der Welt. Wenn nun die Engel im linken Raum des Tempels wie in einem Konzert versammelt sind, das vorne durch ein Terzett angedeutet ist, jener drei Engel mit der Baßviola, der Viola da gamba und der Bratsche, dann ist auch dieses Konzert der Engel durch das Gesicht Birgittas von Schweden artikuliert. Im Sermo angelicus ist in einem Lobpreis Mariens von den Engeln gesagt: ‚O Trösterin aller, Jungfrau Maria, zu dir waren die heiligen Engel vom ersten Augenblick ihrer Erschaffung in solcher Liebe entbrannt, daß, so unaussprechlich auch die Freude war, die sie aus der Süßigkeit und Klarheit der Anschauung Gottes und seiner Nähe schöpften, sie doch auch darüber aufs höchste frohlockten, daß du näher als sie selbst zu Gott erhoben werden solltest. Und darum frohlockten selbst die Engel mehr darüber, daß Gott dich zu erschaffen gedachte, als darüber, daß er sie selber schon erschaffen hatte. Und so bist du, heiligste Jungfrau, für die Engel seit ihrer Erschaffung zur Freude gewesen.‘

Das Konzert, das der Maler zu einer Farbensymphonie werden läßt, deutet den Jubel darüber an, daß Gott den Plan mit seiner Schöpfung in Maria durch das Kommen seines Sohnes vollendet.

So öffnet sich hier der Tempel der Verheißung, das Bild des Alten Bundes und seiner Offenbarung. Inmitten dieses kleinen Tempels kann man über die Köpfe der Engel hinweg in eine nahezu unendliche Tiefe wie in einen Sternengrund schauen, aus dem in einer blauen Aura ein geflügeltes Wesen mit der Federkrone erscheint. Diese Gestalt im Dunkel der Schöpfung stellt Eva dar, die Stammutter der Lebendigen, während im Tor des Tempels, das nach rechtshin geöffnet ist, ihr Gegenbild, jene Braut des Hohen Liedes erscheint, Maria im Plane des Vaters vor aller Erschaffung der Welt, gänzlich eingehüllt in das göttliche Licht der Verheißung. Sie wird sichtbar wie eine Braut, als ob sie das innerste Wesen aller Kreatur ausmache, immer nur geöffnet zu sein gegenüber dem beseligenden Plan Gottes. Wenn man an das Bild Mariens unter dem Kreuz oder an ihre Klage nach der Kreuzabnahme denkt, ist man verwundert, daß dem Maler, der in solcher Weise die Tiefe des irdischen Schmerzes auszusagen vermag, auch gegeben ist, diesen bräutlichen Jubel der ganzen Schöpfung in einer einzigen Gestalt darzustellen.

Aus dieser visionären Schau in dem Tempel des Alten Bundes, mit dem Konzert der Engel, der in der Raumtiefe des Tempels blau aufleuchtenden Stammutter Eva sowie dem Bild Mariens im Plan des Vaters vor aller Erschaffung der Welt, wendet sich der Blick nach rechts in die andere Hälfte der Mitteltafel und schaut dort Maria mit dem Kinde inmitten der neugewordenen Schöpfung. Wie eine Erinnerung an das Paradies wächst genau in der Mitte der beiden Tafeln ein Granatapfelbaum hoch, während rings um Maria eine Mauer, ein kleines Gebirge, der Bau einer Kirche auf einem Felsen, ein See und ein Rosenstrauch erstehen. Im Hintergrund wächst ein höheres Gebirge auf, die Luft ist durchsichtig und läßt das Auge in unendliche Weiten schauen.

Maria selbst ist inmitten dieser Pracht der Erde in farbenschimmernder, vielfältiger, roter Gewandung und blauem Mantel wie eine aufblühende Rose. Ihr Antlitz, glorienumrandet, ist dem Kindlein zugewandt, das sein von der Mutter gehaltenes Köpfchen ihr schon herzlich zuwendet. Bei Birgitta von Schweden im Sermo angelicus ist von Maria in der 1. Lesung des Freitags gesagt: ‚Darum wird sie mit bestem Recht mit einer blühenden Rose verglichen, das ist mit der Rose von Jericho. Denn wie diese an Schönheit alle anderen Rosen übertrifft, so ragt Maria über alle Menschenkinder, ihren hochgebenedeiten Sohn allein ausgenommen ...‘

Je näher man auf dieses Bild Mariens schaut, um so stärker ist man berührt über die selige Zwiesprache zwischen Mutter und Kind. Offenbar ist das Kind kein Neugeborenes, sondern ein kleines Wesen, das schon seinen eigenen Willen zeigt und von der Mutter bereits durch Wochen genährt wurde. Für Grünewald ist es wichtig, das Mutter-Kind-Bild so durchsichtig werden zu lassen, daß ein größeres Geheimnis dahinter geahnt werden kann. Das Kind spielt in seinen Händchen mit einem Rosenkranz aus dicken Perlen. Dieser Rosenkranz weist auf die Morgengabe des fränkischen Bräutigams an seine Braut am Morgen der Hochzeit. So ist das Kind der Mensch gewordene Sohn der Erniedrigung, aber zugleich auch der Bräutigam, der eintritt in seine Welt, um sich mit der Braut, der in Maria neugewordenen Schöpfung, zu vermählen. Gleichzeitig bleibt er ganz im Zeichen seiner Erniedrigung, seiner Unterworfenheit unter alle menschliche Not, wobei die zerrissenen Windeln des Kindes genauso sprechend sind wie das kleine Bett, der Badezuber und das Thrönchen. Die Windeln verweisen auf ein Wort des Sermo angelicus aus den Gesichten Birgittas. In der 2. Lesung des Freitags ist dort von Maria gesagt: ‚Sooft sie ihn danach in Windeln wickelte, empfand sie in ihrem Herzen, mit welch scharfen Geißeln sein ganzer Leib werde zerrissen werden, so daß er das Aussehen eines vom Aussatz Geschlagenen haben würde. Und sooft die Jungfrau Arme und Füße ihres Kindleins sanft mit Tüchlein umwand, da gedachte sie, wie grausam sie mit eisernen Nägeln am Kreuze würden durchbohrt werden . . . Wie also die heilige Jungfrau mehr als alle anderen Mütter voll Freude war, sooft sie ihr neugeborenes Kind betrachtete, indem sie es als wahren Gott und wahren Menschen erkannte, sterblich zwar nach seiner Menschheit, ewig unsterblich aber nach seiner Gottheit, so war sie doch im Vorherwissen seines bittersten Leidens zugleich die betrübteste aller Mütter . . . Gleich als würde einer Gebärenden gesagt: wohl hast du ein lebendes, in allen seinen Gliedern wohlgestaltetes Kind geboren, aber die Wehen des Gebärens werden bis zu deinem Tode nicht mehr aufhören.'

Dadurch wird deutlich, daß im dargestellten Geheimnis der Menschwerdung auf dieser Tafel bereits die volle Erniedrigung des Menschensohnes bis zur Qual des Todes angedeutet ist, eine Zusammenschau der Erlösung vom Anfang bis zum Ende seines Kommens.

Erst aus dieser Gesamtsicht der Bildzusammenhänge geht der Blick nach oben und sieht, wie die Glorie des Vaters, von Myriaden und Engeln umgeben, die Wolkenzone durchbricht und in lichthafter Andeutung zeptertragend erscheint, während in der Ferne auf der ersten Felsenstufe des Gebirges über dem Bau der kleinen Kirche, fast einer Wiederkehr des Breisacher Münsters, die Verkündigung an die Hirten Ereignis wird und den einfachen Menschen anzeigt, daß mit der Ankunft des Menschensohnes wahrhaft der Himmel auf die Erde niedergestiegen ist.

Die Gesamtschau dieser zweiten Mitteltafel des Isenheimer Altares macht also deutlich, daß der Maler Grünewald in einer Kühnheit ohnegleichen das große Thema des Marienbildes der abendländischen Geschichte so in den Zusammenhang des ganzen Heils gesetzt hat, daß es darin nicht um die Verherrlichung einer einzelnen Person geht, sondern um die Annahme der gesamten Erde durch ihren Schöpfer. Man kann nur darüber staunen, wie ein solches Marienbild dem späten Mittelalter möglich war und wie es den Anstoß dazu gab, durch fortwährendes Schauen die nicht auszulotende Tiefe des Schöpfungssinnes der Erde zu bedenken.

Bevor man sich dem strahlenden Bild der Auferstehung zuwendet, möchte man die Frage stellen, ob der Maler Grünewald sein ganzes Werk als ein gegenwärtiges Aufleuchten der Heilsereignisse im Bild ansieht oder ob er auch, wenigstens in einem bestimmten Umfang, den Menschen der Geschichte in diesen Prozeß einbezieht. Im Angesicht der Tafel des sogenannten letzten Heiligenflügels am Isenheimer Altar erkennt man sogleich, wie Grünewald das

Leben des heiligen Antonius des Einsiedlers betrachtet, der als Patron der Pestkranken auch der Patron des Klosters von Isenheim gewesen ist. Der Heilige stellt sich ihm dar als ein Mensch der unbedingten Nachfolge, in dem die Tiefe und Weisheit der Gotteserkenntnis aufleuchtet, gleichzeitig aber auch von neuem nahezu ein Übermaß von Qual zum Ausdruck kommt, das nur eine Teilhabe an der Qual des Menschensohnes darstellen kann. Wieder ist er ein Meister der Gegensätze. Er kann den Schöpfungsfrieden so überzeugend Bild werden lassen, daß man auf der Tafel des Gespräches zwischen Antonius dem Einsiedler und dem Eremiten Paulus als Betrachter glaubt, in die Wiesen des Bildgrundes eintreten zu können. Dennoch fühlt man sich genauso auf der Tafel der Versuchungen des heiligen Antonius mit dem Heiligen aller Versuchbarkeit des menschlichen Herzens ausgeliefert. Hier wird die Versuchung des Heiligen Antonius in der Wüste dargestellt, wie sie in der Legenda aurea und in der sehr frühen Lebensbeschreibung des heiligen Athanasius dargestellt ist. Dämonen dringen von allen Seiten in Gestalt von Tieren drohend wie Traumgesichte auf den Heiligen ein, um seinen Geist mit den Mächten der Finsternis zu erfüllen. Nach vielen mittelalterlichen Holzschnitten kann man die einzelnen Tiere als die Zeichen der Urversuchungen deuten.

Auf der rechten Seite ist unten ein Sperber sichtbar, der mit einem Stock auf den Heiligen einschlägt, das Bild des Stolzes. Über ihm ein schlafmützenbedecktes Wesen mit triefenden Nüstern, das Bild der Acedia, der Trägheit. Links davon ein nilpferdartiges Ungeheuer mit aufgerissenem Schlund und schwerer Zunge, das Bild der Völlerei oder wie das Mittelalter freimütig sagte, das Bild der Freßlust. Darüber ein Hundekopf mit Hirschgeweih und scharfen Zähnen, das Zeichen des Ehebruchs. Über dem Bild eine höllische Inkubationsszene, wo auf ein rücklings liegendes Wesen durch zwei Dämonen eingeschlagen wird.

Auf der linken Seite erscheint im dunklen Grund die kalte Hundeschnauze, das Bild der Hoffart, des völligen Verfallenseins an die Welt. Darunter ein rüsselartiges Wesen, das Bild des Zornes. Daneben ein Tier mit scharfen Hörnern, das den Heiligen am Schopfe packt, das Bild des Neides. In der Ecke zeigt sich eine Gestalt wie die eines der Pestkranken von Isenheim selbst, voll von Beulen und von Schwären.

Im oberen Raum geht das dämonische Treiben weiter. Unholde reißen die Hütte des Heiligen nieder. Ein Kampf zwischen den lichten Mächten des Himmels und den dunklen der Erde scheint zugunsten der letzteren auszugehen. Auch die Glorie des Herrn erscheint in den Wolken, aber es ist eine Erscheinung wie von weit, als müsse die Welt noch eine Zeit dieser Vordergrundhölle ausgeliefert sein, bis die Macht der göttlichen Ankunft jeden Teufelsspuk vernichtet.

Ganz im Vordergrund naht sich ein gepanzertes, schildkrötenartiges Schuppentier, das den Heiligen mit scharfem Schnabel in die Hand beißt, um ihm seinen letzten Halt, den Stock und Rosenkranz, zu entreißen, das Bild der Unzucht.

In diesem Inferno starrer und doch andringender Tiere und dämonischer Versuchung schaut man in das Antlitz des Heiligen, ein Antlitz, das an der Grenze steht, noch ein menschliches Antlitz zu sein, das sich fast der bedrängenden Mächte nicht mehr erwehren kann. Hier ist die Ausgeliefertheit des Heiligen in der Nachfolge des Herrn bis an die letzte Grenze menschlicher Versuchbarkeit gesteigert. Es ist auch eine Grenze der malerischen Erfahrung, denn nur einen Schritt weiter, und das Ebenbild wäre zerstört.

Matthias Grünewald hat das, was in der Qual dieses Antlitzes ausgesagt ist, zum dritten Mal auf diesem Altar durch ein aufgeschriebenes Wort zur Kenntnis gebracht, das er ganz unten im Bilde an den Pfosten des Gatters auf einen Zettel angeheftet hat, den Schrei des Antonius in der Versuchung, wie ihn Athanasius berichtet: ‚Ubi eras, Jhesu bone, ubi eras, quare non affuisti, ut sanares vulnera mea. – Wo bist du gewesen, guter Jesus, wo bist du gewesen, warum warst du nicht da, um meine Wunden zu heilen.‘

Nirgendwo ist in der Geschichte der abendländischen Malerei das, was Versuchung ist und was den Menschen bis an die Grenze führen kann, überhaupt noch ein Mensch zu sein, deutlicher dargestellt als hier. Die Glaubwürdigkeit einer solchen Aussage im Bilde gibt der lichthaften Darstellung des Auferstandenen ein ganz anderes Gewicht. Es ist, als ob hier wie aus visionärer Hoffnung das Bild der ersten Vollendung des Kommens Jesu in seiner Auferstehung eine neue erfahrbare Lichthaftigkeit gewinnt. Über dem schweren Felsen des Hintergrundes und den umgesunkenen schlafenden Grabeswächtern vorn schwebt der Auferstandene aufwärts, dessen Mantel sich aus blau-weißer Farbigkeit von unten her in ein immer strahlenderes goldhelles Rot verwandelt. Das schimmernde Inkarnat seines Leibes zeigt nicht mehr den von Wunden und Schwären entstellten Leib mit den klaffenden Löchern seiner Durchbohrung an Händen und Füßen wie auf der Tafel der Kreuzigung, sondern eine helldurchsichtige Leibgestalt mit verklärten Wunden der Hände, der Füße und der Seite, deren Rötung goldene Strahlen ausgießt. Nach alter Überlieferung ist hier jenes Christusbild sichtbar geworden, das den auferstandenen Herrn zeigt, wie er vor den Vater tritt mit seinen Wunden, aber mit verklärten, um dem Vater zu zeigen, was er für die Welt gelitten hat. Gleichzeitig möchte man das Bildgeschehen aber auch als eine im Glauben gefundene visionäre Realität ansehen, weil in dieser Leibesgestalt in der inständigsten Form der Darstellung die Hoffnung auf einen kommenden Zustand des Menschen und der Weltzeit Bild wird“ (W. Nyssen).

9

DIE NEUE BILDUNG: DER HUMANISMUS

Das Wort Humanismus bezeichnet eine geistige Bewegung, die von entscheidender Bedeutung in der abendländischen Geschichte wurde. Man versteht darunter die immer wieder neu ansetzenden Bemühungen, die griechische und römische Kultur und Geisteswelt zu erschließen, um sie für die Bildung des Menschen fruchtbar zu machen. Dieser geistige Vorgang der Übertragung und Vertiefung hatte schon Vorläufer in den ersten christlichen Jahrhunderten in der Überlieferung von Teilen des antiken Schrifttums und der lateinischen Sprache. Der Begriff „Humanismus" ist eine Prägung der Neuzeit. Ein Schulmann, F. I. Niethammer, prägte ihn im Jahr 1808. Er benutzte ihn in der Auseinandersetzung des althumanistischen Gymnasiums gegenüber den Realschulen der Aufklärung. Als Bezeichnung einer Epoche der europäischen Geistesgeschichte wird er erst sehr viel später verwandt.

Jene geistige Bewegung, die wir Humanismus nennen, zeigt sich im „Herbst des Mittelalters" (Huizinga). Sie beschreibt den Reifungsprozeß des abendländischen Menschen. Das Reifen eines Menschen und eines Volkes ist das Ergebnis nicht nur eines Naturablaufes, sondern auch der Erziehung der Umwelt, der ökonomischen Verhältnisse. Im Spätmittelalter zeigt sich ein Durchbruch des Laientums. Der Laie tritt in die Geschichte. Der Mensch entdeckt sich selbst. Deutlich bezeugt das die Kunstgeschichte. In Oberitalien, im Prag Karls IV. und in der Landschaft von Burgund bildet sich die Tafelmalerei aus, und die Maler entdecken das wahre Antlitz des Menschen, nicht mehr werden die Heiligen wie auf Ikonen als Typos dargestellt, sondern der Mensch als Individuum erscheint auf den Bildern. Besonders deutlich wird es auf einem Bild, das van Eyck gemalt hat. Der Kanzler Rollain verehrt die Gottesmutter (um 1410). Da ist der Kanzler als gereifter Mann mit einem Männergesicht dargestellt, er ist gleich groß gemalt wie die Muttergottes, die Kleidung und Schmuck einer burgundischen Dame trägt.

Geistige Vorgänge haben eine lange Geschichte. Schon die Väter der Kirche wie etwa Clemens von Alexandrien, Origenes, Gregor von Nyssa setzten sich mit dem nichtchristlichen heidnischen Altertum auseinander. Die Schriften wurden meist in lateinischer Sprache abgefaßt, Latein ist bis heute die Sprache der Kirche geblieben, und sie war bis zum 18. Jahrhundert die Sprache der gelehrten Welt. Die unmittelbare Tradierung des antiken Schriftgutes und ihr Weg sind heute gut bekannt. Über die Alexandriner Boethius, Cassiodor,

Isidor von Sevilla, Alkuin, Rhabanus Maurus kam ein Strom ausgewählter antiker Autoren nach Europa und ging so in das geistige Fundament des Abendlandes ein. Die Bedeutung des benediktinischen Mönchtums bei diesem Übermittlungsprozeß ist bekannt. Weite Teile dieser alten Kultur blieben über lange Zeit verschüttet und wurden erst nach und nach wiederentdeckt. Durch die Kreuzzüge und ihre Folgeerscheinungen sind viele Texte der Antike, vor allem Originaltexte des Aristoteles, auf dem Wege über Arabien und Spanien nach Europa gelangt. Förderer dieses Vorganges waren in Europa Männer wie Karl der Große, man redet von einer karolingischen Renaissance, und die Ottonen, auch hier spricht man von einer ottonischen Renaissance.

Im 13. Jahrhundert bekam die humanistische Bewegung einen neuen Auftrieb durch das Zeitalter der höfischen Kultur, die schon starke Züge einer Laienkultur trägt. Hier ist besonders der „Loirekreis" zu nennen, dessen wichtigstes Mitglied Hildebert von Lavardin († 1134) einen christlichen Humanismus bezeugte. Ein Ereignis für die Ausprägung des Humanismus wurde die Schule von Chartres, wo man antike Traditionen wieder aufnahm. Hier wirkten Johannes von Salisbury, seine Schüler Petrus von Blois und Walter von Châtillon. Walter von St. Victor († nach 1180) verfaßte um 1178 eine Streitschrift mit dem Titel „Contra quartour laborinthos franciae". In dieser Schrift wendet er sich entschieden gegen die Benutzung antiker Autoren durch Theologen. Die Theologen sollten den göttlichen, nicht den freien Künsten folgen. In dieser Schrift wird die Spannung sichtbar zwischen christlichen und antiken Vorstellungen.

Das Vordringen philosophischer und naturwissenschaftlicher Interessen und ein starkes Anwachsen der theologischen Scholastik wiesen die humanistischen Studien seit dem 13. Jahrhundert in Westeuropa ein wenig ins Abseits. Erst im 14. Jahrhundert wird Italien das eigentliche Geburtsland jener geistigen Bewegung, die den Namen Humanismus trägt.

Warum wurde Italien das Geburtsland dieser humanistischen Bewegung? In Italien war die Verbindung mit der Antike nie abgerissen, vor allem in den oberitalienischen Städten und im Bürgertum lebte der Geist der Antike weiter.

Man entdeckte die Ursprünge der italienischen Geschichte, die Antike, wieder, man entdeckte den Begriff der Nation, des Nationalen, man entdeckte und formte die Muttersprache. Es kam zu einer Wiedergeburt, zu einer Renaissance des alten antiken Gutes der italienischen Kultur. Ein Dreigestirn leuchtet auf: Dante, Boccaccio und Petrarca. Sie sind die Schöpfer der italienischen Sprache und gleichzeitig die Väter dieser Wiedergeburt und Mitbegründer des Humanismus.

Im Sommer 1336 bestieg der Dichter Petrarca, er war 32 Jahre alt, in Begleitung seines Bruders Gerhardo, von Avignon aus den Mont Ventoux. Seit

Alexander von Humboldt betont man die weltgeschichtliche Bedeutung dieser Bergbesteigung. Petrarca ist der erste Mensch des Mittelalters, von dem man weiß, daß er aus reiner Neugier und zum Zweck des Genusses die Besteigung eines Berges von beträchtlicher Höhe – 1900 Meter – unternahm. In einem seiner Briefe, gerichtet an seinen Beichtvater, erzählt Petrarca selbst die Einzelheiten des ereignisreichen Tages. Der Brief gehört zu den merkwürdigsten Dokumenten, die von Petrarcas Seelenleben berichten. Er schildert darin, wie er auf dem Gipfel des Berges, die Wolken zu seinen Füßen, die Augen über die unermeßlichen Fernen schweifen ließ. Da wandte er seinen Blick nach der Richtung, wo seine Seele die italienische Heimat suchte. Ein Heimweh nach dem Vaterland und den fernen Freunden beschleicht ihn, kaum kann er sich der unmännlichen Schwäche erwehren. Dann denkt er daran, daß es nun zehn inhaltsreiche Jahre sind, seit er als fröhlicher Student Bologna verlassen, und während sein Auge über die Lande gleitet, die im Schein der Abendsonne liegen, wühlt seine Seele in fernen und nahen Erinnerungen und denkt des Schmutzes ihrer Sünden und der bitteren Kämpfe um ein besseres Selbst, die sie seit drei Jahren beschäftigen. Es ist kein Naturgenießen mehr, ein Blick in andere, tiefere Räume enthüllt sich ihm. Da greift er zu einem Buch, das er stets bei sich trägt, zu den „Bekenntnissen“ von Augustinus. Willkürlich öffnet er es und liest dem staunenden Bruder die Stelle vor: „Da gehen die Menschen hin und bewundern die Berge und die Fluten des Meeres und den Lauf der Ströme und die Bahnen der Gestirne, auf sich selbst aber sehen sie nicht.“

Erschüttert schließt er das Buch und zürnt sich selbst, daß er irdische Dinge bewundert, gibt es doch nichts Größeres und Bewundernswerteres als die menschliche Seele. Dieser Abend auf dem Mont Ventoux war für Petrarca der Anfang des großen Lebenswerkes der inneren Auseinandersetzung. Noch in späteren Jahren schreibt er an Boccaccio: „Der Mensch ist doch das merkwürdigste Gebilde der Natur, das beste und zugleich das schlimmste aller Geschöpfe.“

Im Mittelpunkt des Humanismus steht der Mensch und das Menschliche.

Das erste Mühen dieser neuen geistigen Bewegung galt den Texten der Antike. Der Ruf „Zurück zu den Quellen“ – „ad fontes“ erscholl. Planmäßig forschte man nach alten Handschriften, selbst Päpste beteiligten sich daran, vor allen Dingen durchsuchte man die Bibliotheken der im 13. Jahrhundert vielfach verwahrlosten Klöster, und so sicherte man erneut das wichtigste Schrifttum der Römer, das man in großzügig angelegten Bibliotheken sammelte (Vaticana 1480). Nach dem Erfinden der Buchdruckerkunst fingen humanistische Drucker, vor allem Aldus Manutius (Venedig), H. und R. Estienne (Paris) und J. Froben (Basel) an, diese Texte herauszugeben. Die Texte mußten aber von Verzeichnungen und Fehlern gereinigt werden, und so entwickelte sich eine strenge Philologie, deren Vater Laurentius Valla († 1457) war. Neben dem Finden der Quelle kam es auf Kritik an. Valla war Sekretär der Vatikanischen Bibliothek und schrieb das erste Buch der Bibelkritik, er entlarvte die Konstantinische Schenkung als Fälschung. Als Muster und Stil für die lateinische Sprache galt nicht mehr wie im Mittelalter Vergil, man denke etwa an die Bedeutung Vergils in Dantes „Göttlicher Komödie", sondern Cicero. Es beginnt die ciceronische Epoche der Latinität. Seine Lehre, das Studium der Literatur sei der würdigste Weg zur Erwerbung eines harmonisch entfalteten Menschentums (Studia humanitatis), beeinflußte die Theorie des Humanismus nachhaltig. Angeleitet von seinem Vorbild entstand ein neues lateinisches Schrifttum in Vers und Prosa.

Im Mai des Jahres 1453 wurde Konstantinopel von den Muselmanen erobert. Viele Griechen flohen mit ihren Texten nach Italien. Sie beeinflußten den Humanismus sehr. Mittelpunkte dieses italienischen Humanismus waren zunächst das Florenz der Medici. Die Florentiner, die Mediceer schufen die Florentiner Akademie. Hier wurde vor allen Dingen Platon durch jene Griechen ausgelegt, die aus Konstantinopel geflohen waren, und zwar der Platon in der neuplatonischen Version (Pantheismus, Spiritismus, Okkultismus, Kabbala). So entwickelte sich ein naturphilosophisches Denken. Marsilio Ficino war einer der entscheidenden Neuplatoniker. Pico della Mirandola behandelt in seiner Schrift „De hominis dignitate – Von der Würde des Menschen" das zentrale Thema des Humanismus. Die Florentiner Akademie löste die Philosophie bewußt aus ihrem Zusammenhang mit der Theologie und begründete ihre Weltanschauung mit den antiken Philosophen. Nach Plato genoß die Stoa fast eine religiöse Verehrung. Einen Zusammenprall mit der Kirche glaubte man durch die Lehre von der doppelten Wahrheit umgehen zu können, nach der etwa Unsterblichkeit der Seele, Freiheit des Willens und Tatsächlichkeit der Wunder von der Vernunft her geleugnet, vom Glauben her bejaht werden mußten. Diese Lehre verurteilte das 5. Laterankonzil im Jahre 1513.

In Rom bildete sich um 1416 um den Humanisten Pomponius Laetus eine Akademie. Sie legte sich nicht nur heidnische Namen und Titel bei, sondern näherte sich auch in ihrer geistigen Form sehr dem antiken Heidentum. Papst Paul II. hob sie im Jahr 1468 auf. Die Mitglieder dieser Akademie rächten sich nach ihrer Entlassung aus dem Gefängnis mit spitzer Feder an den „Barbaren auf dem päpstlichen Thron". Auch andere italienische Fürstenhöfe, die Urbino, Ferrara, Mantua, öffneten sich dem Humanismus, vor allem aber an den Universitäten Italiens hielt er seinen Einzug. Die Verehrung des antiken Lebens ging so weit, daß man sich in geselligen und privaten Lebensformen an die Vorbilder der Antike anpaßte. Man hielt Symposien, Gastmähler. Der weise, der gebildete Mensch wurde verehrt. Mit der Renaissance wird auch der Personenkult geboren.

Der Dichter Petrarca ist der erste Künstler, der öffentlich geehrt wird durch einen Lorbeerkranz, den man ihm in Rom auf das Haupt setzt, der „Poeta laureatus" zieht in die Geschichte ein. Das große Ziel der humanistischen Bildung war der autonome Mensch, bei Petrarca ist er bereits vorgebildet. Die Lehre des Evangeliums wurde immer freisinniger ausgelegt. In einigen Fällen führte sie zu reinem Freidenkertum. Dennoch versuchte der Humanismus, die Spannung zwischen Antike und Christentum auszugleichen. Man wollte den sittlichen Gehalt der Evangelien mit Platon und der Stoa versöhnen.

Im Prag Karls IV. bildete sich durch seinen Kanzler Johann von Neumarkt ein Kanzleihumanismus, in dessen Wirkungsbereich Johann von Tepl den „Ackermann aus Böhmen" um 1400 dichtete. Ausstrahlungen des Humanismus nach Norden wurden vor allem durch die Reformkonzilien von Konstanz (1414/18) und Basel (1431/49) herbeigeführt. 1443 wurde die Kanzlei des Reiches nach Wien verlegt. Kaiser Friedrich III. berief Enea Silvio de Piccolomini (später Papst Pius II.) dorthin. Hier bildete sich um ihn eine Schule, hier blühten die Naturwissenschaften, vor allem durch Regiomontanis (1436–1476).

Viele deutsche Studenten studierten in Italien. Sie kamen mit den skeptischen Lehren des Humanismus zusammen, aber in einer ausgesprochen heidnischen Form kam der Humanismus nicht über die Alpen. Der Augsburger spätere Ratsherr und Stadtpolitiker Konrad Peutinger und der spätere Nürnberger Ratsherr Willibald Pirkheimer studierten beide in Italien, und zwar an den Universitäten von Padua und Bologna, wo der Humanismus besonders gepflegt wurde.

Nach Hause zurückgekehrt, bildete sich um Willibald Pirkheimer in Nürnberg ein Humanistenkreis, zu dem Männer wie Hartmann Schedel, Nikolaus von Wiehe gehörten, und um Konrad Peutinger ein solcher Kreis in Augsburg. Auch Heidelberg besaß einen solchen humanistischen Kreis um Philipp den Aufrichtigen und Johann von Dalberg. Ein weiterer Kreis von Gelehrten wurde in Tübingen gegründet, dem Johannes Reuchlin, der erste deutsche Gräzist und erste deutsche Hebraist, angehörten. Er gab die „Elementa hebraica" heraus, und er konnte von sich sagen, daß vor ihm keiner dagewesen sei, der es gewagt hätte, die Regeln der hebräischen Sprache in ein Buch zu fassen. Zu seinen Füßen saß auch Philipp Melanchthon, der später an der Universität in Wittenberg den ersten Lehrstuhl für Griechisch an einer deutschen Universität erhielt.

Von Bedeutung wurde für die Verbreitung des Humanismus der Erfurter Kreis, der Kreis von Gelehrten an der Erfurter Universität, die sich dem Humanismus mit einem besonderen Ernst verschrieben hatten, und dazu gehörten unter anderen Konrad Mutianus Rufus, Eobanus Hessus und Crotus Rubianus.

Auch in Deutschland durchstöberten die Humanisten die Bibliotheken, und sie entdeckten die „Germania" des Tacitus. Die Wiederentdeckung des Tacitus und seine Neuauflage haben dazu beigetragen, daß um diese Zeit auch der nationale Gedanke in deutschen Landen neue Nahrung fand und man sich vom „Welschen" absetzte. Auch der antirömische Affekt bekam durch diesen entstehenden Nationalismus Auftrieb.

Der Humanismus ist auch der Wurzelgrund eines neuwerdenden Nationalismus in Europa, und gleichzeitig begründet er den modernen Kosmopolitismus. Die europäischen Humanisten waren durch Reisen und Briefe miteinander verbunden, sie fühlten sich als die Träger der Kultur, sie bildeten eine Gelehrten-Republik.

Die Schrift „Epistolae obscurorum virorum" ist eine Frucht der Blütezeit des deutschen Humanismus, sie greift mit Spott und Hohn das Mönchslatein der Scholastik an. Ulrich von Hutten (1488–1523) gab die Schrift Vallas über die Konstantinische Schenkung heraus. Die Verehrung Huttens hat erst im 19. Jahrhundert eingesetzt. Er war ein Freidenker und kein religiöser Mensch. Er blieb immer ein fränkischer Edelmann und hat nie seine Standesgenossen angegriffen. Luther hat Hutten abgelehnt, und Hutten ist Luther in keiner Weise ebenbürtig gewesen. Die Humanisten beschäftigten sich kritisch-philologisch mit den Texten antiker Autoren, aber manche von ihnen wandten sich mit der gleichen Emsigkeit Texten der Kirchenväter und sogar, wie wir es bei Reuchlin gesehen haben, dem Text der Heiligen Schrift zu.

Desiderius Erasmus (1469–1536) wurde der glänzendste Vertreter jenes Humanismus, der sich mit der Herausgabe der Kirchenväter und dann der Heiligen Schrift beschäftigte. Er war ein Altersgenosse von Peutinger und Pirkheimer. Erasmus, der Sohn eines Priesters, war ein Humanist schlechthin, ein kritischer Philologe, ein Mitbegründer des Indifferentismus. Seine Werke, die in zehn Bänden vorlagen, waren bis zum Auftreten des französischen Aufklärers Voltaire die meist verbreitetsten Werke in Europa, dann hat ihn Voltaire abgelöst. Erasmus und Voltaire sind weitaus mehr verlegt, verbreitet und gelesen worden als Goethe.

Herangewachsen in der Gemeinschaft der Brüder vom gemeinsamen Leben, geht Erasmus an die Pariser Universität. Hier lernt er die scharfe Kritik der Scholastik und ihre Denkart kennen. Er hatte sich sehr auf Augustinus ausgerichtet. In Paris entschließt er sich zu einer Bildungsreise nach England, die er in seinem 30. Lebensjahr unternehmen konnte. Entscheidend wird für ihn hier die Begegnung mit dem gleichaltrigen John Colet. Colet war Professor für Neues Testament in Oxford und lernte auf seinen Studienreisen im Süden den christlichen Humanismus mit seiner Liebe zu den Schriften der Bibel kennen, aber auch die kritische Beschäftigung mit dem Bibeltext. Von Oxford reist Erasmus nach Rom, kommt wieder nach Cambridge, Jahre seines Lebens verbringt er in der Gelehrtenstube in Basel. Hier erscheint auch 1516 das Neue Testament in griechischer Sprache. Seine Muttersprache verlernt er fast. Er spricht nur noch Latein, dann lernt er Griechisch. Er ist ganz allein auf Texte ausgerichtet und hat kein Verhältnis zur bildenden Kunst, er macht nur Jagd auf Handschriften. Wie schon bemerkt, griff er vor der Reformation die Mißstände in der Kirche scharf an, aber im entscheidenden Augenblick der Reformation, als Luther sich seiner versichern will, kehrt er zur Kirche zurück. Luther hat ihm das verübelt. Das ist verständlich, denn beide waren sehr unterschiedlich. Luther beschäftigte sich mit der Frage nach dem gnädigen Gott, Erasmus aber kannte nur eins, er wollte die Umgestaltung der Welt durch Bildung, Ausbildung des Menschen, um dadurch eine Bereicherung des Christentums zu erreichen. Desiderius Erasmus war überzeugt, daß die Renaissance-Kirche nichts mehr mit dem Christentum zu tun hatte. Erasmus wollte Christentum und Antike vereinen, das Humanum herausstellen. Damit vollzog er eine Umdeutung des Wesens des Christentums. Anstelle des Sündenbewußtseins sollte die Nächstenliebe treten. Im Grunde lautete seine Formel: Nächstenliebe und Bildung.

Erasmus will den Fortschritt vorbereiten, die Aufklärung, den christlichen Humanismus. Die Arbeit des Erasmus stellt eine Vereinigung ciceronischen Gedankengutes mit der Verkündigung und dem Evangelium Jesu dar. Erasmus' Forderung war nicht so sehr der fromme Christ, sondern der gebildete Christ. In seinem „Handbüchlein des christlichen Streiters", dem „Enchiridion", das 1504 in Loewen erschien und 1518 mit einem neuen Vorwort wieder herausgegeben wurde, legte der Niederländer eine Lehre seiner Frömmigkeit, seiner Ars pietatis, vor. Man muß bei dieser Schrift seine Absichten von ihrer tatsächlichen Wirkung her unterscheiden. Dieses Werk des Erasmus ist sehr stark vom Geiste des Platon genährt. Ein platonischer Zug prägte diese Frömmigkeitslehre. Für Erasmus streben Mensch und Welt ihrem inneren Wesen nach vor ihrer Erscheinung ihrer unsichtbaren Seite zu. Das Sichtbare stellt das Unsichtbare vor. Das Sichtbare vertritt das Unsichtbare, aber es weist auch gleichzeitig über sich hinaus. Es verweist auf die Welt des Geistes. Es ist eine strittige Frage, ob Erasmus im Geist des Platon steckenblieb oder nicht oder ob er innerlich zu Christus, nicht nur als Lehrer und Vorbild, sondern auch zu Christus als dem Haupt der Schöpfung und aller Erlösten gelangte.

Das „Enchiridion" spart auch nicht mit Kritik an der Kirche. Das Handbüchlein richtet sich scharf gegen alle Veräußerlichungen in der religiösen Praxis. Über das Wesen der Sakramente wird in seinen Texten wenig nachgedacht. Auch einen Nachweis, ob die kirchliche Hierarchie von Gott begründet ist, sucht man vergeblich. Erasmus wandte sich gegen den weitverbreiteten Irrtum, den Glauben in die Ausübung von Zeremonien zu verlegen und eine Art Gesetzesfrömmigkeit, wie sie im Alten Testament herrschte, zu beobachten. Er hat Sorge, daß die eigentliche Frömmigkeit vernachlässigt wird. Für den gelehrten Erasmus sind Sakramente ohne eigene persönliche Frömmigkeit und ohne menschliche Leistung sinnlos. Worauf es bei der Leistung, die vom Christen bei seiner Wanderung aus der sichtbaren Welt in die unsichtbare zu vollbringen ist, ankommt, ist die Einübung der Tugenden, jener Tugenden, die Christus vorlebte. Die Hauptquelle für den „Christlichen Streiter" sind nicht die Sakramente oder die Kirche, sondern die Heilige Schrift. Die tägliche private Lesung der Schrift wird gefordert. Wer in ihr Christus findet, das heißt, was er lehrt, wer durch die Fülle der Texte und durch das „bunte Kleid von Bildern und Erzählungen" hindurchgefunden, wer vom unsichtbaren Geheimnis ergriffen wird, der wird innerlich von Christus umgewandelt, besonders aber auch dann, wenn er sich um die Einübung der Tugenden bemüht, die Christus vorgelebt hat. Für einen solchen Christen haben Sakramente und die Beobachtung der vielen überlieferten Frömmigkeitsformen, Traditionen und Vorschriften nicht mehr die gleiche Rolle wie für die Anhänger der Volksfrömmigkeit. Ein Christ, der so nach der Meinung des Erasmus lebt, hat auch den Priester nicht mehr in der gleichen Weise nötig. Für ihn verliert die Kirche mit ihrer Hierarchie, mit ihrem Laien-, Priester- und Ordensstand ihre Bedeutung. Diese hierarchischen Stufen der Kirche sind nicht Grade höherer Frömmigkeit, sondern nur Lebensformen. So verlieren Sakramente, der geweihte Stand der Priester und Ämter in der Kirche ihren absoluten Wert. Nach Erasmus haben Päpste und Bischöfe nichts anderes in der Kirche zu tun, als Vorbilder christlichen Lebens zu sein auf dem Weg zur Vollkommenheit. Die Bischöfe sind nur dann höher gestellt, wenn sie Christus wirklich im Vollzug ihres Lebens nachfolgen und nicht nur im Amt. Sie haben die Tugend Christi vorzuleben. Erasmus wendet sich an eine Elite geistiger Menschen, seine Ansprüche können nur von einem kleinen Kreis geistig Hochstehender befolgt werden, und so weiß er, daß sein gestecktes Ziel nur von wenigen erreicht werden wird. Die Masse des Volkes wird in der religiösen Praxis der sichtbaren Kirche steckenbleiben. Vorschriften, Sakramente und äußerer Aufbau der Kirche sind nur für die Schwachen der Masse notwendig. Erstaunlich ist, wie wenig Sinn und Zugang Erasmus zu dem tiefsten Geheimnis der Kirche, zur Feier der Eucharistie hatte.

1506 reiste Erasmus nach Italien. An den Universitäten von Bologna und Padua traf er auf die berühmten Griechen jener Zeit, jene Griechen, die die alte Sprache beherrschten. Er wurde Doktor der Theologie. Er lernte den italienischen Humanismus mit seiner historisch-kritischen und philologischen Arbeit kennen, so wie ihn Laurentius Valla vertrat. Hier fing er an, nach dem Vorbild der Anmerkungen des Neuen Testaments des Valla, Material zu einer eigenen kritischen Ausgabe des Neuen Testamentes zu sammeln, und eine seiner großen Leistungen wird es sein, daß er 1516 in Basel bei dem technisch gut ausgerüsteten Drucker und Verleger Froben, der auch im Geiste des Humanismus lebte, sein „Novum instrumentum" herausbrachte, das griechische Neue Testament mit Anmerkungen und in einer humanistisch gefälligen lateinischen Übersetzung. Er widmete es Leo X. und dem englischen Primas Warham.

Erasmus hielt sich längere Zeit in Rom auf, er besuchte die heiligen Stätten und fühlte sich in der Stadt der Päpste außerordentlich wohl. Von dort ging er 1509 nach England und schrieb dort im Hause von Thomas Morus „Das Lob der Torheit" – das „Encomium moriae". In diesem Buch verarbeitete er sein Italienerlebnis.

Der junge Thomas Morus hatte eine starke innere Förderung durch die Einführung des Humanismus in Oxford erlebt. Es blieb nicht bei diesem flüchtigen Eindruck. Thomas begriff den Gegensatz zwischen der alten Schule und den neuen Fragen des Humanismus. Als junger Mensch stellte sich Thomas Morus auf die Seite der humanistischen Studien, denn er erkannte wohl, daß dem mittelalterlichen Denken die Bereitschaft, die Antike als Bildungsmacht anzuerkennen, fehlte.

John Colet, Dekan der St. Pauls Kathedrale in London, wurde nach der Rückkehr von Thomas Morus aus Oxford Beichtvater des jungen Juristen. Colet war nun mit Erasmus befreundet. Thomas Morus war von Colet begeistert, vor allem zählte er zu den wenigen Predigern, denen er mit innerer Anteilnahme zuhörte. Colet, der große Gelehrte, vermittelte dem jungen Thomas entscheidende Anregungen. Colet kannte Italien aus eigener Erfahrung, und er kannte sich in den Klassikern sehr gut aus. Er war ein Kenner des Neuplatonismus, und wer seinen Vorlesungen folgte, glaubte „Platon selbst sprechen zu hören". Colet gründete eine eigene Schule, die er nach dem Apostel Paulus benannte. Der mutige Prediger scheute nicht, in Gegenwart des Königs zu sagen: „Brüderliche Liebe, ohne die niemand Gott schauen wird, ist kaum damit zu vereinen, daß man einem Mitmenschen das Schwert in den Leib stößt. Ein christlicher Fürst täte besser daran, Christus nachzufolgen als jenem Julius und Alexander." Auch John Fisher, Bischof von Rochester, war sehr dem Humanismus zugetan. Er wurde Kanzler der Universität Cambridge, er erwarb sich große Verdienste um den Ausbau dieser Universität und um die Förderung der Wissenschaften. Noch im vorgerückten Alter erlernte dieser Bischof die griechische Sprache.

Die humanistischen Interessen und Studien fanden eine Ergänzung und Bestätigung in Erasmus von Rotterdam. Der Niederländer wohnte bei seinem ersten englischen Aufenthalt bei John Colet. Dort lernte er Thomas Morus kennen. Beide schlossen Freundschaft miteinander. Thomas Morus hatte ein Talent für Freundschaften, und die Freundschaft mit Erasmus war eine besonders tiefe und innige. So wundert man sich nicht, daß bei seinem Aufenthalt im Jahre 1506, dem zweiten Englandaufenthalt des Erasmus, Thomas Morus im Hause des Erasmus Wohnung nahm. Der spätere Lordsiegelbewahrer und Martyrer Thomas Morus ist es gewesen, der den Erasmus zu seiner Schrift „Lob der Torheit" anregte. Bei ihrem Zusammensein übersetzten sie auch eine Reihe von Dialogen des Lucian. Später meinte Erasmus: „Wenn Thomas Morus mir befehlen sollte, mit dem Seil zu tanzen, würde ich mich bereitwillig fügen."

Die tiefe Freundschaft zwischen Thomas und Erasmus darf nicht daran hindern zu erkennen, daß trotz gegenseitiger Zuneigung ein großer Unterschied zwischen ihnen bestand. Aber die Tatsache der Freundschaft zwischen diesen beiden Männern nötigt den Betrachter, über Erasmus nachzudenken, dem häufig wenig Gerechtigkeit geschenkt wird. Der entscheidende Unterschied zwischen Thomas und Erasmus war, daß jenem unerschrockenen Bekenner Generosität und Magnanimitas eigen waren, die bei Erasmus vergeblich gesucht werden. Luther sagte von Erasmus, er habe „vielleicht um der Lehre Christi willen nie ein Tränlein gelassen, und er selbst habe von sich behauptet, zum Martyrium sei er nicht geeignet". Im „Lob der Torheit" zeigt Erasmus auf der einen Seite gütige Nachsicht für die einfachen Leute, die schwachen Christen, die sich in ihrer Beschränktheit so glücklich der Welt und des Lebens freuen. Er gießt aber beißenden Spott über die römische Kurie aus, er geißelt das Leben der Kardinäle und Päpste und sitzt über sie zu Gericht. Er stellt das Leben der Apostel dem Treiben an der Kurie gegenüber: Welch ein Widerspruch! Welch ein Gegensatz zwischen dem Leben des Heiligen Vaters und der Nachfolge Christi. Vor allen Dingen haben ihn die Kriege Julius' II., die seinen Aufenthalt in Italien merklich störten, erschüttert. Erasmus hält sie für etwas Ungeheuerliches. Nach der Auffassung des Niederländers haben sie „nicht das Geringste mehr mit Christus zu tun, und doch lassen die Päpste um ihretwillen alles andere im Stich".

In späteren Werken wiederholt sich mehrfach die Spannung zwischen dem „Enchiridion" und dem „Encomium". Sie wird aber nicht mehr überboten. Inzwischen wuchs der Freundeskreis des Erasmus. Sein Einfluß wurde immer weitreichender, seine Stellung angesehener. Er ist ein Freund römischer Kardinäle, Leo X. kennt ihn persönlich, und Hadrian VI., der letzte deutsche Papst, lädt Erasmus ein, nach Rom zu kommen und an der Kurie die Reform der Kirche durchzuführen. Erasmus ist fürstlicher Rat in den Niederlanden. Nach dem Erscheinen des Neuen Testamentes 1516 faßte Erasmus die schon im „Enchiridion" genannten Gedanken zu einer biblischen Theologie zusammen. Jetzt sprach er von der Philosophie Christi, die nicht den Doktoren allein vorbehalten bleibe. „Jedem ist es erlaubt, Christ zu sein, jeder darf fromm sein, etwas kühn möchte ich behaupten, jeder darf Theologe sein". Erasmus begann dann mit der Herausgabe von gesäuberten Vätertexten, angefangen mit Hieronymus, den er als den gelehrtesten aller Kirchenväter bewunderte. Der Einfluß von Erasmus in Deutschland wurde von dem Einfluß Martin Luthers in den folgenden Jahren abgelöst. Durch seine Unentschiedenheit zu Beginn der Reformation wurde die Stellung des Erasmus geschwächt.

Luther und Erasmus trafen sich in der Forderung nach Reform, nach der Erneuerung im Geiste des Evangeliums. Allerdings teilte Luther nicht das humanistische Vertrauen des Erasmus auf den Menschen, auf sich selbst und den Aufruf an seine Kraft. Der humanistische Optimismus des Erasmus stand im harten Gegensatz zu Luthers Heilserlebnis. Dieser Gegensatz ist dem Erasmus lange völlig unbewußt geblieben. Erasmus empfand später die Entartung der evangelischen Freiheit zur Zügellosigkeit, das machte ihn zum Kritiker an Luther. Der große Humanist unterscheidet aber zwischen dem evangelischen Geist und der Verurteilung des Reformators. Die Erhaltung der Einheit der Kirche darf für ihn nicht das Ende der überall begonnenen religiösen Erneuerung im Geiste des Evangeliums bedeuten. Wenn er später die Autorität der Kirche betonte, so nur weil es in ihr Übereinstimmung und Sicherheit gab; ob auch die Wahrheit, das ist eine andere Frage. 1533 meinte er noch, man müsse tolerant sein, weil über die letzten Fragen keine Klarheit besteht. 1529, im Jahre der Reformation Basels, verließ er die Stadt, in der er so lange gewohnt hatte, nicht weil dort keine heilige Messe mehr gelesen wurde, nicht weil er die katholische Kirche für die einzig wahre, sondern für die relativ beste ansah. Erasmus unterschied katholische und römische oder päpstliche Kirche, es ist ein Zeichen für sein ständiges Zögern und seine Unentschiedenheit. Einmal schreibt er: „Ich erkenne Christus an, ich kenne Luther nicht, ich kenne die römische Kirche, die ich wohl mit der katholischen Kirche einig halte; von dieser wird mich nicht einmal der Tod trennen, sie müßte sich denn ausdrücklich von Christus trennen." Ein andermal: „Von der katholischen Kirche bin ich nie abgefallen: Ich weiß, daß es in dieser Kirche, die ihr (gemeint sind die Lutheraner) die päpstliche nennt, viele gibt, die mir mißfallen, aber solche sehe ich auch in deiner Kirche. Man trägt die Übel leichter, die man gewöhnt ist. Darum ertrage ich diese Kirche, bis ich eine bessere sehen werde, und sie ist wohl genötigt, auch mich zu ertragen, bis ich selbst besser geworden bin. Und der fährt nicht unglücklich, der zwischen zwei verschiedenen Übeln den Mittelkurs einhält."

Der Humanismus ist im Laufe der weiteren geistigen Geschichte oft zu einem Ersatz für das Christentum geworden. Thomas Morus aber, der Freund des Erasmus, verstand es, die beiden Großen, Antike und Christentum, bewußt miteinander zu einem religiösen Humanismus zu verbinden. Er hat ihn nicht erfunden. Dieser religiöse Humanismus ist viel älter. In der Heiligen Schrift, in der so unmißverständlich die Gottebenbildlichkeit des Menschen betont wird, gibt es bereits einen biblischen Humanismus. Schon die alte Kirche vertrat die Auffassung vom „Logos spermatikos", darauf ist eingangs schon hingewiesen (Justin, Clemens von Alexandrien, Origenes, Hieronymus, Augustinus). Bei Thomas Morus und seinem Freundeskreis fand diese Haltung der frühen Kirche eine Wiederbelebung. In den folgenden Jahrhunderten haben sich Männer wie Franz von Sales und Henry Newman in diese Reihe eingeordnet. Diese Form des christlichen Humanismus ist eine der schönsten Früchte des abendländischen Geisteslebens.

10

NEUE WIRTSCHAFT UND NEUES RECHT

Die Kirche ist eine Wanderin zweier Welten. Trotz ihres übernatürlichen Auftrags, die Menschen zum Heil zu führen, ist sie unlöslich in die Welt eingestiftet. Sie muß den Menschen jedes Jahrhunderts eben in seiner eigenen Umwelt mit ihrer Botschaft treffen und ihn dem ewigen Heil zuführen. Auf die Geschichte dieses Zeitalters angewandt, bedeutet dies, daß die wirtschaftlichen Entwicklungen des 14., 15. und 16. Jahrhunderts die Reformation nicht entscheidend verursachten, wohl aber die Bedingungen schufen, die den Anfang der Reformation und ihre überraschend schnelle Ausbreitung verständlich machen.

Mit dem Aufkommen der Geldwirtschaft, die im 13. Jahrhundert ihre Ausbreitung von Italien her nach Frankreich, England, Flandern und vor allem nach Süddeutschland begann, mußte auch die Kirche in eine wirtschaftliche Krise geraten. Der Besitz der Kirche, ihre wirtschaftliche Grundlage, bestand in erster Linie im Eigentum an Grund und Boden. Es war der Kirche als Lehen oder als Pachtgut übergeben. Die Pfarrer empfingen ihren Unterhalt fast ganz in Naturalabgaben, dem Zehnten.

Fortlaufende Münzverschlechterungen minderten die Kaufkraft der geldlichen Einkünfte, der abgelösten Zehnten und anderer Abgaben. Außerdem begann die Abwanderung in die Städte. Die Zahl der Bevölkerung auf dem Lande stagnierte, Grund und Boden verloren an Wert. Auf dem Lande herrschte Mangel an Arbeitskräften, darunter litt die Wirtschaft der Klöster. Mühlen und Faktoreien verfielen. Die unruhigen Zeiten mit ihren Kriegen in Böhmen und seinen Grenzgebieten, in Süditalien, Schottland, Spanien, Burgund und Norditalien taten das Ihrige. Ernten wurden zerstört, Klöster und Dörfer niedergebrannt, reiche Klöster geplündert. Vor allem die Landwirtschaft und die Grundeigentümer erfuhren das Schrumpfen der Wirtschaft. Auch die Kirche verlor einen Teil ihrer Güter. Sie verkaufte sie aus Not oder verpfändete sie an Juden als Sicherung bei Schuldaufnahmen. Jeder Bau von Kloster und Kirche bedeutete eine Verkürzung des Besitzes und eine Minderung der Einkünfte.

Die Folgen dieser wirtschaftlichen Krise bedrohten das innerkirchliche Leben. Die Bischöfe verloren ihre Unabhängigkeit gegenüber den Gläubigen. An den alten Universitäten verkümmerten die Studien, weil die Orden keine Gelder mehr hatten, ihre jungen Mönche in die Kollegien zu schicken. Die Mönche wiederum mußten sich intensiv um die Bewirtschaftung der Klostergüter und um ihren Unterhalt kümmern, deshalb vernachlässigten sie geistliches und geistiges Leben. Viele Klöster suchten um Inkorporationen von Pfarreien nach, um ihrem Mangel abzuhelfen. Die Häufung der Benefizien in einer Hand wurde zu etwas Selbstverständlichem, weil das einzelne Benefizium seinen Inhaber nicht mehr ernähren konnte.

Die Armut zwang die Landpfarrer, sich noch auf andere Weise um ihr tägliches Brot zu kümmern. Die Unsicherheit auf den Straßen durch die vielen Kriege war für die Bischöfe Grund, ihre Visitations- oder Residenzpflicht zu vernachlässigen. Die wirtschaftliche Misere veranlaßte die Kurie, immer neue Mittel, neue Praktiken zu gebrauchen zur Sicherung und zum Erhalt ihrer Einkünfte. Wir sahen schon, daß das Abgabewesen von den Päpsten systematisch ausgebaut wurde, die Bischöfe suchten es ihnen nachzumachen. Dazu kommen die entsprechenden Steuern an den Landesherrn. Das Kathedralpriorat von Canterbury in England mußte 46 Prozent seiner Einkünfte an Papst und König abgeben. Dem Menschen der damaligen Zeit fehlte eine Übersicht über das wirtschaftliche Geschehen. So war es ihm nicht möglich, die Ursachen des Unglücks zu erkennen. Der einzelne sah nur die päpstlichen Steuersammler, die bei Nichtbezahlung mit kirchlichen Strafen nicht sparten, und sie erblickten im Papst den Schuldigen. Die päpstliche Finanzpolitik, ihre leidenschaftlichen Klagen und Anklagen gegen sie wurden geradezu zum Schlagwort des Jahrhunderts, das auch von denen nachgesprochen wurde, die davon unbetroffen blieben.

Das Zinsverbot, das immer noch für die Kirche galt, versagte ihr den Anschluß an die neue Wirtschaftsform. Zwar nahmen seit dem 14. Jahrhundert auch die Päpste Bankgeschäfte in Anspruch. Die Kirche sah, wie die Mediceer und andere Familien in Florenz und Siena durch diese Geschäfte zu einem ungeheuren Reichtum gekommen waren. Zu Beginn des 16. Jahrhunderts waren die Augsburger Handelsherren Meister dieser neuen Wirtschaftsordnung geworden. Sie machte Jakob Fugger den Reichen zu einem Mittelpunkt des politischen Geschehens zwischen Papst und Karl V. Ohne die Fugger lief auf dem politischen Felde zu dieser Zeit kaum etwas. Das wirtschaftliche Geschehen in Florenz, Siena und Augsburg wurde von den strengen Auffassungen des späten Mittelalters als eine Art sündhaften Wuchers angesehen. In Italien lernte man zwar mit einer gewissen Eleganz, über die moraltheologischen Schwierigkeiten hinwegzukommen. Schließlich hatte der aus Siena stammende Pius II. im Kirchenstaat ein Monopol für Alaun eingeführt. Die Forderung eines Zinses von sieben bis acht Prozent war in Florenz bald an der Tagesordnung. Um sein Gewissen zu entlasten, spendete man einen Teil seines Vermögens für fromme und caritative Stiftungen. Außerdem verschafften solche Spenden dem Geber einen guten Namen. Die deutschen Vertreter dieser frühkapitalistischen Wirtschaftsform setzten sich ernster mit diesen Problemen auseinander. So begannen die Augsburger Kaufherren oder die Angehörigen der Ravensburger Handelsgesellschaft in ihren Büchern in einem eigenen Konto „Unseres Herrgotts Hauptgut" zu führen. Die Fugger ließen den heiligen Ulrich, den Heiligen ihrer Stadt, mit 15 000 Gulden in der Bilanz erscheinen. Jakob Fugger gründete die größte soziale Stiftung des Jahrhunderts, die „Fuggerei", eine Wohnsiedlung mit ihren 142 Wohnungen. Er errichtete sie Gott zum Lob und aus Dankbarkeit. Sicherlich war dies nicht eine leere Formel, sondern ein Zeichen jener Verquickung von Frömmigkeit und Erwerbssinn, vom weltlichen Auftrag und Glauben, in der diese frühen Kapitalisten lebten.

Berühmte Prediger der Zeit, wie etwa Geiler von Kaisersberg und Sebastian Brant, griffen in ihren Predigten Monopol und Zins an. Ein Eichstätter Domherr Adelmann von Adelmannsfelden, ein Humanist, benutzte den Plutarchkommentar „De usura vitanda", um damit den Wucherer Jakob Fugger zu treffen. Der junge Ingolstädter Professor Johannes Eck wurde von den Fuggern bewogen, in Ingolstadt seine ersten Vorlesungen über wirtschaftliche Fragen zu halten. In diesen Vorlesungen schloß Johannes Eck den Zins vom Wucher aus. Im Karmelitenkloster zu Augsburg disputierte Eck dann über die Erlaubtheit des Zinses. Der Eichstätter Bischof verbot eine von Eck vorbereitete Disputation in Ingolstadt über dieses Thema. Daraufhin reiste Eck, der in seinem Traktat einen fünfprozentigen Zins verteidigt hatte, 1515 mit Unterstützung des Hauses Fugger nach Bologna, wo er abermals über die Erlaubtheit des

Zinses disputierte. Die Dominikaner wurden für seine Auffassung gewonnen, auch in der Hochburg der mittelalterlichen Theologie, der Pariser Universität, erwärmte man sich für diese These des Ingolstädter Professors. Die Autorität eines Gelehrten gab also die moraltheologische Rechtfertigung für die neue Wirtschaftsform. Die ganze Reformationszeit hindurch aber hielt die Kirche in ihren offiziellen Aussagen am absoluten Verbot des Zinses fest.

Die Wiege der neuen Wirtschaftsform stand in den Städten. Im 14. und 15. Jahrhundert blühten in Deutschland vor allem die Städte auf. Die deutschen Städte zeichneten sich gegenüber denen in Frankreich und England durch ihre Freiheit und Unabhängigkeit des städtischen Wesens aus. 1521 bezeichnet die Reichsmatrikel 85 Städte, davon werden 65 als reichsunmittelbar ausgewiesen. Auffallend ist, daß trotz der großen Zahl die Städte keine politische Macht darstellten. Es fehlte ihnen an Einigkeit untereinander und an einer politischen Führung. Man gründete Städtebünde, die zur Wahrung des Landfriedens geschlossen wurden. Diese Bünde aber standen unter der Führung der fürstlichen Landesherren. Die Fürsten kämpften auf dem Reichstag gegen die Bewilligung der Gleichberechtigung der Städte.

Die Kraft der Städte lag in ihrer Wirtschaft. So wurden sie führend an jener Umwälzung beteiligt, die der rasche Übergang von der Agrarwirtschaft zur Geldwirtschaft für die Deutschen bedeutete. Die Städte verwalteten sich selbst. An dieser Selbstverwaltung nahmen aber nun nicht nur die Patrizier, sondern auch die Zünfte und Gilden teil. Dies alles stärkte das städtische Selbstbewußtsein. Dieses Selbstbewußtsein zeigte sich in dem Bau der großen Stadtkirchen der mittelalterlichen Städte, in den herrlichen Wohnhäusern, die ihre Straßen säumten, und vor allem in dem Bau ihrer prächtigen Rathäuser. Der bleibende Ausdruck dieser freien Bürger, die sich einer gesunden Harmonie zwischen städtischem Bewußtsein und Frömmigkeit bewahrten, zeigte sich in dem Bau der Riesenkirchen, der schon in früheren Generationen, vor allem in den Städten Süddeutschlands wie etwa in Ulm, Freiburg, Straßburg usw. begonnen hatte, an denen man bis zur Reformation weiterarbeitete. Aber auch die kleineren Städte standen in diesem Baueifer ihren größeren Schwestern nicht nach. Eine Fülle von Künstlern stand zur Verfügung, um diese herrlichen Gotteshäuser zu schmücken. Die ganze Bürgerschaft war mit ihrer Stadtkirche beschäftigt. Alle Schichten der Stadtbevölkerung spendeten. Die Schenkungsbücher weisen dieses aus. Man muß einmal die Testamente der Bürger dieser Städte anschauen, um festzustellen, mit welchen Spenden sie den Kirchenbau ihrer Stadt förderten. Trotzdem überstieg häufig der Bau die finanzielle Leistungskraft einer Stadt. So bemühte man sich von auswärts um finanzielle Hilfe. Ein besonders beliebtes Mittel für eine solche Bauhilfe war der Ablaß. Um größere Projekte durchführen zu können, wandte sich der Rat der Stadt an

Rom. Es gibt eine Fülle solcher Beispiele für päpstliche Ablaßbewilligungen, bei denen ein Geldopfer für den Kirchbau als Bußwerk mit dem Nachlaß zeitlicher Sündenstrafen verbunden war. Aber erst die Häufung solcher Ablässe und dazu die Forderung eines Anteils am Ertrag durch die Kurie für allgemeine kirchliche Zwecke hat die heftige Kritik gegen die Bauablässe und den Ablaß überhaupt ausgelöst.

Die Stadtkirche wurde von den Bürgern als ihr eigenes Gotteshaus betrachtet. Sie ließen sich gern in ihr beerdigen, deshalb sorgten reiche Familien oft für den Anbau von Grabkapellen an die Stadtkirche. Sie sorgten auch dafür, daß das Vermögen der Kirche der Aufsicht der Bürger unterstellt wurde. Eigene Pfleger wurden von den Bürgern zur Verwaltung des kirchlichen Vermögens eingesetzt. Man versuchte schließlich auch, auf dem Gebiet der Personalpolitik ein Wort mitzureden. Die Stadtkirche mit ihren zahlreichen von den Bürgern gestifteten Altären, Vikarien und Pfründen sollte möglichst nur den Söhnen der Stadt zugute kommen. Der Rat einer Stadt bewarb sich also um das Patronat über die Kirchen und Kapellen seines Gemeinwesens. Oft zog man es auch vor, eine stadteigene Kirche zu bauen oder über eine Stiftung Einfluß auf die Pfarrkirche zu bekommen. So konnte es dahin kommen, daß es in vielen Reichsstädten kein einziges Benefizium mehr gab, über das der Bischof hätte frei verfügen können. Auch die innerhalb ihrer Stadtmauern gelegenen Klöster suchten die Städte unter ihre Herrschaft zu bringen. Viele Städte bestellten über die im Stadtinneren gelegenen Klöster Pfleger, die jedes Jahr über die Verwaltung von Gütern und Vermögen Rechenschaft vor der Stadt ablegen mußten. Die Pfleger legten Inventare des klösterlichen Besitzes an, um so die Klöster besteuern zu können. So kam es zu Konfrontationen zwischen den Städten und einem alten, durch das Kirchenrecht gewährte Privileg der Steuerfreiheit des geistlichen Standes. Auf der anderen Seite mußten die vielen Schenkungen und Stiftungen von Grund und Boden an Kirchen und Klöster die Steuerkraft der Städte beeinträchtigen. Den schlichten Geistlichen wäre dieses Privileg der Steuerfreiheit zu gönnen gewesen, aber die Abgabefreiheit kam oft über die Patronate auswärtiger Klöster und Stifte diesen oder dem feudalen Klerus zugute. Außerdem unterhielten die Klöster Trinkstuben in geistlicher Hand, oder sie führten auf ihre Kosten Waren ein und machten so den Bürgern Konkurrenz. Darum verlangte man auch von den geistlichen Einrichtungen Steuer, Um- und Schirmgeld oder verbot die Stiftung von liegenden Gütern an die sogenannte „Tote Hand". Auch die Spitäler, die ohne Unterbrechung reiche Zuwendungen und Stiftungen erhielten, wurden in die Botmäßigkeit der Stadt einbezogen. Die städtischen Pfleger wurden weithin die alleinigen Vertreter des Spitals. Die Leistungen eines solchen Krankenhauses sollte nur den Bürgern der eigenen Stadt zukommen, und die Rechte des

Spitals wurden in die eigene städtische Territorialpolitik einbezogen. So bildete sich zu Beginn des Reformationszeitalters zum spätmittelalterlichen landesherrlichen Kirchenregimentes auch eine Form des städtischen Kirchenregimentes aus, das für Einführung und Fortgang der Reformation in den Reichsstädten entscheidend werden sollte.

Es ist einsichtig, daß die vielen Stiftungen in Kirchen und Kapellen der Städte einen zahlreichen Klerus zur Ausführung der mit ihnen verbundenen Verpflichtungen erforderte. So wuchs in den beiden Jahrhunderten vor der Reformation die Zahl der Kleriker in den Städten außerordentlich an. In allen Ländern Europas ist diese Erscheinung festzustellen. Genaue Zahlen sind nicht immer leicht zu ermitteln. Am Straßburger Münster gab es 1521 24 Domherren, dazu das Kollegium der nicht adeligen Priester mit 63 Präbendaren, denen noch 36 Kapläne beim Gottesdienst halfen; 1536 an der Kathedrale von York in England 55 Kapläne. Als Teresa von Avila in Medina del Campo ihre erste Neugründung errichtete, gab es in dieser Stadt nach der Angabe ihres Biographen neben den zwei Pfarreien das Kollegiatsstift mit zwei Kapiteln von 80 Priestern, 18 Klöster und neun Spitäler. In England werden für diese Zeit bei rund drei Millionen Einwohnern 10 000 bis 12 000 Weltpriester angegeben.

Im Gegensatz zu den Städten gehörten die Ritter und Bauern in dieser Zeit zu den absteigenden Ständen der Gesellschaft. Die Entwicklung der Bewaffnung und des Kriegswesens, Feuerwaffen und Landknechtsheere, machten die Ritter eigentlich überflüssig. Die wirtschaftliche Lage der Ritter war ungleich. Im Ostseegebiet von Holstein bis nach Polen, ja bis tief nach Niedersachsen hinein, machte der reiche Ertrag von Landesprodukten die Junker zu Kapitalisten, die Geld verleihen konnten. In Ober- und Mitteldeutschland aber lagen die Dinge für die Ritterschaft anders. Die nicht großen ererbten Lehen ernährten eine ritterliche Familie um so weniger, als der Besitz durch Erbteilung immer kleiner wurde. Wollte man auf seinen Burgen und in den Häusern auf dem Lande sich den verfeinerten Lebensbedürfnissen der Städter angleichen, so empfand man schmerzlich den Mangel an Geld. Man geriet bei den Bürgern in Schulden. Das steigerte nur Hochmut und Ärger. Das reichgewordene städtische Patriziat kaufte Dörfer und Güter. Die Ritter stöhnten, daß ein adeliges Fräulein sich schlechter verheiratete als eine bürgerliche Jungfer. Zwar hatte man für die ritterbürtigen Damen Stifte, aber diese Hilfe war so dürftig wie das elterliche Haus, und die adeligen Stifte verloren auch immer mehr an Ansehen. Die Junker schämten sich ihrer Armut. Als man um 1520 die Ritter in Bayern aufbot, stellte man fest, daß dem einen ein Roß, dem anderen der Harnisch fehlte.

Die Hilfe für den Ritterstand lag entweder in der Rückkehr zur produktiven Arbeit, zur Gutsverwaltung oder zum Fürstendienst – der Ritter wurde

Gutsherr, Rat oder Hofmann; oder ein Drittes, der Ritter nahm Reiterdienst, trat ins Glied oder brachte selbst ein Fähnlein von Landsknechten auf. Indessen, das Handwerk des Kriegers hatte auch seine Verluste. Die schlechte wirtschaftliche Lage aber brachte viele Ritter dazu, Raubritter und Strauchdiebe zu werden. Die Ausbeutung der eigenen Bauern gab meist wenig her, außerdem zerstörte man das Letzte, was man besaß. Aber dem reichen Pfeffersack, dem fahrenden Kaufmann, dem das Geld so leicht zufiel, dem glaubte man ungestraft zusetzen zu können. Es war ein Hohn, wenn man sich noch lange der ritterlichen Formen bediente. Man sandte Fehdebriefe und trieb es dann im Schein des Anstandes nur um so ärger. Man geriet in Streit mit den städtischen Soldrittern, den Bürgern oder Bauern über Zölle und Geleite, über Schulden und Güter, man machte den einzelnen haftbar für seine Mitbürger; die wahnwitzige Ausdehnung einer Fehde auf eine ganze Stadt führte zu Gewalttaten. Die Ritter nannten das frech ihre Jagd auf edles und unedles Wild, auf Bauern und Kaufleute. Wenn sich die Opfer ihnen nicht willig ergaben, wurden sie verstümmelt, man ließ sie mit abgehackten Gliedern auf der Straße liegen. Die Gegenwirkung ließ nicht lange auf sich warten. Bauern, Bürger und Fürsten haßten die Ritter, die sich des Raubes schuldig machten. Sie wurden verfolgt, ihre Häuser mit Feuerwaffen bis auf die Grundmauern zerstört. Für die Fürsten, die Landesherren war das alles eine willkommene Gelegenheit, die Freiheit der Ritter zu bekämpfen und sie in ihr sich bildendes Gemeinwesen fest einzuordnen.

Auch unter den Rittern gab es natürlich Ausnahmen. Nicht nur die Studien, auch der Staat erfuhren gerade von ihnen eine Erneuerung. Hans von Schwarzenberg suchte die fränkische Ritterschaft zu einen und zugleich das „Mordslaster des Raubes“ mit grausamster Strafjustiz auszurotten. Er ist derselbe, der auf dem letzten Reichstag hervortrat, derselbe, der mit Luther über Freiheit und Dreieinigkeit, über Bilder, Kirchenwesen und Kirchenrecht im Briefwechsel stand und dessen Bamberger Strafrecht später die Grundlage der „Carolina“ bildete (K. Brandi).

Von den Wogen der Zeit ließen sich andere Ritter von dem Kampf gegen die alte Kirche emportreiben zu den verwegensten Ideen. Da war Franz von Sickingen, um 1519 der gefeiertste Soldritter, bald im Dienst des Königs von Frankreich, bald im Dienste des deutschen Kaisers. Ehrlich ergriffen von den lutherischen Ideen, eine Persönlichkeit der Zeit, aber mit all der Unbändigkeit und der Unvernunft seines Standes. Sickingen durchzog mit seinen Fehden brandschatzend das Land. So wurde der Landgraf von Hessen auf die Seite des Schwäbischen Bundes und zur Preisgabe Ulrichs von Württemberg gedrängt. Sickingen sah an seiner Seite Hutten. Beide erwogen kühn und verwegen die gesamte Einziehung des geistlichen Gutes. Mit dem Erzbistum Trier wollte man beginnen. Die neue, größte Fehde seines Lebens begann. Man stützte sich auf das Wort des Evangeliums. Die Ritterschaft am Mittel- und Oberrhein schloß sich zu einer brüderlichen Vereinigung zusammen; sie wollten dem Evangelium ein Tor auftun, eine Öffnung machen. Am 27. August 1522 erklärten sie dem Erzbischof von Trier, Richard von Greiffenklau, die Fehde; im September zog man vom Leder. Die Ritter schlugen die Bischöflichen, Trier wurde belagert. Aber der Trierer Erzbischof wußte sich seiner Haut zu wehren. Er hatte gute Freunde, Hessen und Pfalz unterstützten ihn. Die Stadt wurde befreit, Sickingen mußte die Belagerung aufgeben. Am 1. Oktober 1522 wurde über Franz von Sickingen als Landfriedensbrecher die Acht verhängt, und man begann, ihn ernstlich zu verfolgen. Seine Anhänger wurden zu Paaren getrieben, ihre festen Häuser zerstört. Im April des Jahres 1523 wurde Sickingen auf dem Landstuhl westlich Kaiserslautern eingeschlossen. Er versuchte, sich verzweifelt zu wehren, aber das erzbischöfliche Geschütz zerstörte die mächtigen Mauern, die Feste wurde in Schutt und Asche gelegt, Sickingen selbst von einem stürzenden Balken zu Tode verwundet.

Am 7. Mai betraten die Fürsten die Ruine und besuchten den Sterbenden, der so gern wieder wie einer von ihnen goldene Ketten und den Fürstenhut getragen hätte. Er war der letzte glänzende Vertreter eines Standes, dessen Lebensformen und Lebenshaltungen sich überlebt hatten. Auch Sickingens Freund, Ulrich von Hutten, endete sein Leben in demselben Herbst. Nach Sickingens Tod hatte er keine Zuflucht mehr. Nach Frankreich wollte er nicht, Basel litt ihn nicht um des Erasmus' willen, auch Mühlhausen nicht. Heimatlos irrte er durch die deutschen Lande, bis ihm Zwingli eine Heimstatt für den Tod bot. Ende August oder Anfang September 1523 starb Ulrich von Hutten auf der Insel Ufenau im Züricher See, von Zwingli beschützt. Für Sickingen hatte Hutten die Städte aufbieten wollen in seiner „Vermahnung an die freien und Reichsstädte deutscher Nation". Diese Verbindung aber war noch viel weniger natürlich, als diejenige zwischen Fürsten und Rittern gegen die Städte. Statt dessen haben sich Fürsten und Städte die Hand gereicht gegen das Raubrittertum. Der Schwäbische Bund beschloß im Juli 1523 einen Zug mit 13 000 Mann gegen die Raubritter in seinem Lande. Am 17. Juli zogen die Angehörigen dieses Regimentes in Nürnberg ein, 23 Burgen hatten sie dem Boden gleichgemacht.

Städte und Fürsten waren in der Beseitigung der Raubritter sich einig gewesen, aber das durfte nicht darüber hinwegtäuschen, daß das Fürstentum sich im ähnlichen Gegensatz zu den Städten befand wie vorher die Ritter. An den Höfen ärgerte man sich über die Macht und die Mittel der Städte. Man wünschte, sie gleich den Rittern landständisch zu machen.

Auf den Reichstagen, der wichtigsten politischen Einrichtung dieser Zeit, behandelte man die Städte noch immer nicht als gleichberechtigt. Im Winter 1522/23 kam es in Nürnberg zu einer offenen Aussprache, als Kurfürsten- und Fürstenrat des Reichstages von den Städten verlangten, daß sie sich an dem „besättigen“ ließen, was die Fürsten in Sachen der ungarischen Türkenhilfe beschlossen hatten. Die Städte arbeiteten eine Beschwerde aus, die am zweiten Weihnachtstag 1522 übergeben, aber von den fürstlichen Räten am 23. Januar scharf abgelehnt wurde. Im Hintergrund dieses Streites um die Verfassung des Reichstages aber drohten wichtige Dinge. Das Reichsregiment hatte ein Finanzprojekt ausgearbeitet; nach diesen Überlegungen sollte ein Reichszoll erhoben werden zur Deckung der Reichsausgaben. Die kaiserliche Regierung hatte dem Ausfuhrzoll noch den Eingangszoll hinzugefügt, beide dem Ursprung nach reine Finanzzölle. Doch spielte in diese Überlegung ein moralisch-wirtschaftliches Moment mit hinein, insofern die notwendigen Lebensmittel frei seien und in erster Linie der Luxus besteuert werden sollte. Solche Reichszollstätten plante man in Antwerpen, Utrecht, Hamburg, Königsberg für den Norden, Wien, Trient und Straßburg für den Süden. Man wollte so eine Verklammerung des Reiches zu einer Wirtschaftseinheit errichten. Mußte der städtische Handel nicht mit beiden Händen zugreifen, selbst wenn er zunächst den Zoll vorzustrecken hatte?

Neben der großen Idee der Reichsfinanz und der Reichswirtschaft stand der sehr viel beschränktere Kampf gegen das Großkapital überhaupt. Ein zweiter Gesetzentwurf richtete sich nämlich gegen die großen Handelsgesellschaften und gegen die Monopole.

Die Handelsgesellschaft entsprach entweder dem noch heute geläufigen Begriff der offenen Gesellschaft mit beliebig vielen Teilhabern, die alle mit ihrem ganzen Vermögen hafteten, oder der stillen Gesellschaft mit fremdem Kapital. Es gehört zu dieser Zeit, daß gerade die größten und leistungsfähigsten Handelsgesellschaften durch die Angehörigen einer einzigen Familie gebildet wurden; diesen Charakter hatte z. B. in seiner Blütezeit das Fuggersche Geschäft. Es liegt auf der Hand, welche Geschlossenheit und Kapitalmacht ein solches Geschäft darstellte. Nachdem vorher die Gossembrots, dann die Höchstetter im Vordergrunde standen, beide Häuser machten bankrott, so herrschten jetzt die Welser und Fugger. Fragt man nach der Größe dieser Vermögen, so fällt allerdings eine bedeutende Steigerung gegen das 15. Jahrhundert ins Auge. Nur zum Teil kommt das auf die Rechnung der Zunahme des Edelmetalls und des Sinkens seines Kaufwertes. Das Vermögen der Medici in Florenz schätzt man um die Mitte des 15. Jahrhunderts auf 500 000 Gulden, nach vager Schätzung etwa 30 Millionen Mark der deutschen Währung zur Zeit der Weimarer Republik entsprechend; die Fugger verfügten zur Zeit ihres größten Vermögens hundert Jahre später über viereinhalb Millionen Gulden, umgerechnet etwa 160 Millionen Mark. Die Höhe erklärt sich aus steigendem Gewinn bei schwindendem Risiko. Die Haug, die Langenauer & Co. zu Augsburg besaßen 1532 ein Vermögen von 90 000 Gulden, das sich in dreißig Jahren verzehnfachte.

Der inneren Struktur nach waren diese Geschäfte sehr verschieden. Man ging auch in Deutschland zunehmend vom Warenhandel zum Geldhandel, zum reinen Unternehmertum über. Der Anteil an den Bergwerken Tirols, Kärntens und Sachsens begünstigte das. Mit dem Geldgeschäft steigerten sich die Gewinne zeitweilig zu enormen Höhen. Die Fugger sollen 1511 bis 1517 einen jährlichen Gewinn von über 54%, die Haug und Genossen einige Jahre später 47% gehabt haben.

Liest man von solchen Gewinnen, so begreift man die durch weitere Übertreibung und den Mangel an volkswirtschaftlicher Einsicht bedingte Stimmung der öffentlichen Meinung. Diese Stimmung wurde natürlich stark von den armen Schreibern, Räten, Literaten und Theologen gespeist, und sie erregte die Fürsten. Sie konnten schon längst in ihrer Staatsverwaltung ohne das flüssige Vermögen der Banken nicht mehr arbeiten. Man neidete den Banken und den Monopolen die große Macht, und man erging sich in Gedanken wie etwa, die großen Vermögen über 50 000 Gulden zu verbieten. Mit diesen Stimmungen mischten sich die Klagen über die Monopole. Dahinter stand die Tatsache, daß es Ansätze zu wahren Monopolen und zu bedenklichen Trustbildungen in der Tat kam. Große Geschäfte beherrschten den Markt in gewissen Artikeln durch massenhaften Ankauf und willkürliches Preisemachen. Wenn freilich in Tirol 1518 geklagt wurde, daß Silber, Kupfer, Eisen, Leinen, Zucker, Spezerei, Getreide, Ochsen, Wein, Schmalz und Leder monopolisiert würden, so kann es sich nur um sehr verschiedene Grade dieser Gefahr gehandelt haben. Aber es gab wirklich Monopole im ganz reinen Sinne, so das Pfeffermonopol, das zunächst Venedig hatte, dann der König von Portugal besaß, das Bernsteinmonopol in Preußen, das zeitweilige Kupfersyndikat der Fugger, der Gossembrots und Baumgartners von 1498. Die befreundeten Häuser beauftragten die Fugger, zu Venedig auf gemeinsame Kosten eine bestimmte Quantität Kupfer zu verkaufen und während dieser Zeit selbst kein Kupfer auf den Markt zu bringen. Man sieht daraus, daß jene Zeit in der Tat halb an reine Monopole, halb an das Übergewicht des Großkapitals überhaupt dachte, wenn sie über das Aufkaufen und die Beherrschung des Marktes klagte. Als der Reichstagsabschied mit dem großen Reichszoll am 9. Februar 1523 verlesen wurde, weigerten sich die Städte, ihm zuzustimmen. Beide Parteien wandten sich an den Kaiser Karl V. Die Entsandten der Städte, die im August zu Valladolid empfangen wurden, hatten nicht wegen Überarbeitung ihrer Instruktion oder besserer Schmiergelder an die Räte, sondern einfach deshalb einen vollen Erfolg, weil die kaiserliche Regierung nicht auf die Kapitalkraft der Städte verzichten konnte. Es gab keine Staatsbanken, die ein Gegengewicht gegen das Privatkapital der Städte hätten darstellen können.

Das Jahrhundert vor der Reformation bringt nicht nur durch das Aufkommen der Geldwirtschaft eine völlige Neugestaltung der wirtschaftlichen Formen, sondern durch die Wiederbelebung des römischen Rechts auch eine völlige Wandlung der rechtlichen Verhältnisse in deutschen Landen. Den hauptsächlichsten Anteil an der Wiedergeburt des römischen Rechts und der römischen Rechtswissenschaft in Europa gewann Bologna. Seit der Wiederentdeckung des „Codex Justinianus" wirkte an der dortigen Universität an der Wende vom 11. zum 12. Jahrhundert der erste der Glossatoren, Irnerius. Aus dem anfänglichen Bemühen um das rein sprachliche Verständnis des Codex erwuchs rasch eine eigene Methode der Sacherklärung durch Glossen und Summen, deren Ergebnis in der „Glossa ordinaria" des Accursius († 1260) zusammengefaßt wurden. Durch ihr Wirken als Ratgeber der Kaiser, Fürsten und Städte, mehr noch durch den Zustrom von Schülern aus allen europäischen Ländern erlangte das von den Glossatoren behandelte Recht gesamteuropäischen Charakter. Die Vorstellung eines „Jus commune", eines gemeinen Rechts, griff um sich. Gefördert wurde dieser Durchsetzungsprozeß des römischen Rechts durch die Lehre von der „Translatio imperii", die im Kaiser des Heiligen Römischen Reiches den Nachfolger der römischen Kaiser sah. Mit der nächsten Richtung, den Kommentatoren oder Postglossatoren, vollzog sich eine stärkere Hinwendung zur Praxis. Den Erläuterungen des justinianischen Rechts tritt eine aus umfassender Gutachterpraxis entstehende Literatur zur Seite. Bedeutend wurde der Postglossator Bartolo (1313–1357). Er legte wichtige Bausteine für eine Völkerrechtslehre.

Deutschland blieb von diesem gemein-europäischen Prozeß der Romanisierung und Verwissenschaftlichung des Rechts nicht ausgeschlossen. Er vollzog sich jedoch hier, angesichts des Fehlens eines anderen Ländern entsprechenden Juristenstandes erheblich später und – wie es nicht verwunderlich ist – daher um so gewaltsamer und stürmischer. Zur Überwindung des Rechtspartikularismus verstärkte man die Intensität der Übernahme des römischen Rechts, die in der Reichskammergerichtsordnung von 1495 den deutlichsten Ausdruck fand. Das römische Recht half zur Ausbildung des Verwaltungssystems der sich bildenden modernen Staaten und stärkte die Macht der Landesherren.

Die mittelalterliche Gesellschaftsstruktur ruhte im wesentlichen auf den Privilegien der Adelsherrschaft. Der Herr besaß den Boden und damit auch die Gewalt über den Bauern. Seit dem 13. Jahrhundert wölbte sich darüber der monarchische Staat, der den einzelnen Grundherren Rechte abnahm. Aber zu dieser Zeit der mittelalterlichen Grundherrschaft bestand immer das Dorf, die Marktgenossenschaft, die „Allmende". Die Abgaben der Bauern an den Grundherrn waren festgesetzt in den „Weistümern" und „Urbaren". Die Abgaben waren historisch begründet, und sie unterschieden sich, ob sie an den Leibherrn, den Grundherrn oder den Gerichtsherrn abgegeben wurden. Auf den mittelalterlichen Bauern kam zunächst der Zehnt zu, er diente zur Besoldung des Pfarrers. Er mußte die sogenannte Fronde leisten, die Gespann- und Ackerfronde. Beim Tode des Bauern mußte die beste Kuh abgegeben werden (das Besthaupt). Der Leibherr konnte die Leibsteuer fordern, etwa ein Huhn zur Fastnacht. Zur Anwerbung von Kriegern mußte das Reisgeld gezahlt werden, und wenn einmal einer wegzog, mußte er die Abzugssteuer zahlen. Die Begründung dieser Abgaben ruhte zum Teil auf Gewohnheitsrecht. Darin bestanden Gefahren. Der moderne Staat, der sich immer mehr auf das römische Recht stützte – das römische Recht ist ein Sachenrecht –, führte die direkte Steuer ein. Nun kamen zwei Arten von Steuern auf den Bauern zu, die direkten Steuern, die neu vom Herrn verfügt wurden, und die indirekten Steuern.

Der erste Anlaß zu den Bauernunruhen des späten Mittelalters ruht darauf, daß die Bauern ihr altes Recht fordern, so wie es in den Urbaren und Weistümern festgelegt war. Die Bauernunruhen beginnen als eine „Altrechtsbewegung". Wenn auch bei den beginnenden Unruhen das römische Recht gewisse Hilfe leistete, so liefern doch unzählige Quellen Zeugnisse von hervortretender Brutalität der Vögte, Amtsleute und Herren. Dieses Vorgehen machte aus den ungleich drückenden Zuständen erst die bitter und lange genug ohnmächtig empfundene Not. Selbst große Bauern wurden durch gehäufte Abgaben bei Todesfall und Besitzübergang schwer getroffen und alle, auch die Wohlhabendsten, litten wie die Ritter unter den Verschiebungen zugunsten der städtischen Geldwirtschaft.

Auch in der Schweiz gab es so gut wie nirgends politische Freiheit für die Bauern. So erlitt ihre soziale Lage ähnliche Schwankungen wie die wirtschaftliche. Radikale Literatur wirkte verschärfend auf weite Kreise. Die sogenannte „Reformation des Kaisers Sigismund", bald nach dessen Tod um 1439 in einer oberdeutschen Reichsstadt entstanden, nahm sich der Kleinen in Stadt und Land besonders an. Seit 1476 lag sie gedruckt vor. Man riß sich darum. Es gab immer neue Auflagen, gerade in den zwanziger Jahren des 16. Jahrhunderts wurde sie weit verbreitet. Soziale Erregungen hatten sich schon das ganze 15. Jahrhundert hindurch in einzelnen, oft starken Zusammenrottungen Luft gemacht. Das Religiöse spielte dabei eine Rolle. Hans Böheim von Niklashausen an der Tauber predigte 1476 die soziale Befreiung. Er predigte in seiner

Heimat, einem Wallfahrtsort der Muttergottes. Knechte und Mägde strömten von weither herzu, wie nur je zu Gnadenbildern. Aber Böheim predigte, daß aller Zins, Pacht, Besthaupt, Bede und Zehnt abgetan und die Wälder, Wässer und Weiden frei sein sollten. Als die Bauern sich erhoben, ließ der Würzburger Bischof Böheim gefangensetzen und weigerte sich, den Forderungen der zu Tausenden nach Würzburg gekommenen Bauern nachzugeben und Böheim freizulassen. Er ließ ihn verbrennen, einige Gefährten wurden enthauptet.

Diese Art von Bewegungen waren 1535 zu Ende. Der Abt von Trittenheim († 1516) erzählt selbst anschaulich davon, wie die Bauern sich eine weiß-blaue Fahne gemacht hätten, darauf man das Bild des Gekreuzigten sah und auf der einen Seite den Bundschuh, d. h. den Bauernschuh mit langen Riemen zum Festbinden, den Schuh des gemeinen Mannes, auf der anderen einen knienden Bauern und darüber der Spruch: „Nichts, denn die Gerechtigkeit Gottes". Als sie später peinlich verhört wurden, sagten sie aus, sie wollten frei sein wie die Schweizer. „Alle Landesobrigkeit und Herrschaft wollen wir abtun und austilgen. Zuerst wollen wir die Stadt Bruchsal erobern, weil hier schon die Hälfte der Bürger zu unserem Bund geschworen hat – dann ziehen wir gegen den Markgrafen Christoph von Baden. Wenn wir genug Volks zusammenhaben, dann wollen wir nie länger als 24 Stunden nach dem Kampf auf der Walstatt weilen, sondern weiterziehen, bis alle Land zum Bundschuh geschworen hat." Daß dergleichen Bewegungen vertieft und gestärkt wurden durch die religiöse Propaganda, bedarf nicht des besonderen Hinweises. Vor allem, wenn man bei Luther las oder hörte, wie „das größte Unglück deutscher Nation gewißlich der Zinskauf" sei, den „der Teufel erdacht". Wie er auch den „Fuggern und dergleichen Gesellschaft ein Zaum ins Maul legen möcht' und, daß viel göttlicher wäre, Ackerwerk mehren und Kaufmannschaft mindern".

Noch etwas Neues kam hinzu. Die mittelalterlichen Zustände hatten die Bauern nach und nach entwaffnet. Seit der Zeit Maximilians war der bewaffnete Knecht als Soldat wieder emporgekommen. Er war hochbegehrt; er trug Spieß und Schwert, und in den letzten Schlachten in Italien, eben noch bei Bicocca (1522), waren die deutschen Landsknechte ihren Meistern, den Schweizern, ebenbürtig, ja überlegen geworden. Kampfgesinnung und Hochgefühl zogen wieder auf die Dörfer, Weiler und Höfe und verbanden sich mit der Vorstellung der religiösen Bewegung „Als Adam grub und Eva spann, wo war da Bauer und Edelmann".

11

DAS NEUE WELTBILD

Nikolaus Kopernikus wurde im Jahre 1473 in Thorn als Sohn des Großkaufmanns Nikolaus Kopernick und der Barbara Watzenrode geboren. Früh verlor er seinen Vater. Die Gunst seines bischöflichen Oheims auf dem ermländischen Schloß zu Heilsberg, Lukas Watzenrode, verschaffte ihm schon 1495 und zwei Jahre später endgültig eine Domherrenpfründe in Frauenburg. So wurden dem früh vaterlos gewordenen Knaben die Mittel ermöglicht, die Gelehrtenlaufbahn zu beginnen.

Im Jahre 1491 wurde er an der Universität zu Krakau eingeschrieben. Er war Schüler des Erzhumanisten Konrad Celtis und hörte astronomische Vorlesungen des in Polen geborenen Albert Blarer und der aus Schlesien stammenden Michael von Breslau und Johann von Glogau. Er verließ 1494 Krakau, als die Pest Lehrer und Schüler in die Flucht jagte. Zu dieser Zeit besaß er noch nicht einmal den niedrigsten Grad der akademischen Stufenleiter. Im Herbst 1496 war der junge Kopernikus in Bologna und trat hier als Mitglied in die deutsche Landsmannschaft ein, studierte als Priester das kirchliche und bald auch das weltliche Recht, erlangte die Würde des Magisters der freien Künste, und vor allem arbeitete er als Assistent auf der Sternwarte des angesehenen Professors Dominik Maria Novara. Magister Nikolaus zieht mit einer großen Pilgerschar 1500 zum Heiligen Jahr nach Rom. Der Ruf seines Wissens sammelte hier Gelehrte und Künstler um ihn, die seinen Vorträgen zuhörten, wohl in Spannung auf die fachkundige Erklärung der alle Menschheit soeben erregenden Entdeckung neuer Erdteile; denn astronomische Berechnungen, die Tafeln des deutschen Astronomen Johann Müller aus Königsberg in Franken, genannt Regiomontanis, haben dem Genuesen Kolumbus den Weg übers Wasser gezeigt. Noch lebt der junge Priester Kopernikus im Banne der alten, der von Ptolemäus begründeten, von Regiomontanis, von allen für heilig und wahr gehaltenen Anschauungen von Himmel und Erde. Auch für ihn bleibt die Erdkugel fest gegründet inmitten der auf- und niedergehenden Sonne und der Wandelsterne, aber er hat seine Lebensaufgabe bereits gefunden. Auch in Rom setzt er die Beobachtung des Sternenhimmels fort.

Die Satzungen des Domkapitels von Ermland gestatteten nur eine dreijährige Abwesenheit. Im Sommer des nächsten Jahres (1501) tritt er in Frauenburg vor das versammelte Kapitel und bittet um einen längeren Studienurlaub. Er will in Padua Heilkunde studieren. Das Kollegium gewährt diesen Urlaub in der Hoffnung auf den so überaus seltenen Beistand eines wissenschaftlichen Arztes. Nur zwei Jahre sind ihm zum Studium in Padua vergönnt. Sie reichen nicht aus, um den Doktorgrad in der Medizin zu erwerben. Im benachbarten Ferrara vollendet er sein Rechtsstudium. 1503 wird er zum Doktor juris promoviert.

1503 ist Dr. Kopernikus wieder in Frauenburg. Er folgt der Einladung seines Oheims, auf das Schloß Heilsberg überzusiedeln, um ihm zur ärztlichen Hilfe bereitzustehen. Nun hat er auch die ersehnte Muße, die in ihm gärenden Gedanken zur Reife zu bringen. Zwischen den Jahren 1503 und 1515 entstand nun der erste Entwurf zu einem neuen Weltbild, in dem nicht mehr die Erde, sondern die Sonne das Zentrum des Alls bildete. Im ermländischen Bischofsschloß vollendete er auch den Hauptteil seines Büchleins, das er als „Commentariolus" bezeichnet. 1510 verläßt er Heilsberg, um endgültig nach Frauenburg überzusiedeln. Der nordwestliche Turm der Dombefestigung und der in ihn mündende Wehrgang wurden seine Sternwarte. Es ist eine Warte ohne Fernrohr, ohne Räder, ohne Meridianspalt. Ein selbstgefertigter hölzerner Dreistab mit Einteilung durch Tintenstriche, kreisteilige Scheiben und ähnliche einfache Geräte dienten zur Messung der Höhe und Abstände der Gestirne. Sehr bald erscheint in Nürnberg die Darlegung des neuen Weltbildes. Sie trägt den Titel: „De revolutionibus orbium coelestium libri sex", sechs Bücher von den Umdrehungen der Himmelskugeln. Daß Kopernikus seine Überlegungen und Forschungen zu Druck gab, war vor allem dem aus einem Danziger Patriziergeschlecht stammenden Domherrn Tiedemann Giese und dem in Wittenberg tätigen Mathematikprofessor Georg Joachim Rhaeticus zu danken. Rhaeticus war bei dem Astronomen in Frauenburg zwei Jahre zu Gast und verbreitete dessen Ruhm in einer eigenen Schrift. Kopernikus selbst sträubte sich bis aufs letzte, immer noch lebte der Drang nach einer größeren geometrischen Vereinfachung seines Weltbildes in seiner Seele, und der vorauszusehende Streit der philosophischen und mathematischen Gelehrten schreckte ihn. Als Mitglied einer geistlichen Körperschaft, die in den unruhigen Zeiten landesherrliche Aufgaben in Verwaltung und Politik zu erfüllen und in einem erbitterten Krieg zwischen dem Deutschen Orden und Polen Gegenwehr zu leisten hatte, mußte der Domherr Kopernikus oft wider eigene Neigung seine wissenschaftliche Arbeit unterbrechen und sich in die vorderste Reihe stellen. So residierte er als Statthalter des Kapitels 1516–1521 in Mehlsack und Allenstein und war 1523 Bistumsverweser von Ermland. Als Deputierter vertrat er das Domkapitel 1522–1529 auf den preußischen Landtagen und setzte sich dort besonders für eine Münzreform ein.

Die väterliche Familie von Kopernikus stammte aus dem Neißer Bistumsland in Schlesien. Kopernikus galt auch als bedeutender Arzt, worauf das

Maiglöckchen in dem Holzschnitt, der im 16. Jahrhundert von ihm angefertigt wurde, hindeutet. Er starb am 24. Mai 1543 und fand sein Grab in der Nähe des ihm vom Domkapitel zugewiesenen südwestlichen Pfeileraltars im Dom zu Frauenburg, nahe beim Denkmal des Bischofs Szembek. Vier Jahrzehnte nach seinem Tode erstand an seinem Grabmal ein Ehrenmal, aber schon immer hatte er einen Ehrenplatz in den Herzen der dankbaren Kranken gefunden. Er liebte diese für Humanisten und Astronomen jener Zeit nicht außergewöhnliche Berufstätigkeit.

Als Astronom vollendete Kopernikus das, was Regiomontanis vorgeschwebt hatte, eine Revision von der Lehre der Planetenbewegung unter Anlehnung an eine Reihe kritisch gesichteter Beobachtungen. Erst auf einer solchen Grundlage konnte an eine Kalenderreform gedacht werden, deren Dringlichkeit zu Beginn des 16. Jahrhunderts allgemein erkannt wurde. Auch bei Kopernikus dürften solche Erwägungen eine Rolle gespielt haben. Im Laufe seiner Arbeit entschied er sich dann, angeregt durch vage antike Überlieferungen, zur Annahme eines heliozentrischen Weltsystems.

Das neue naturwissenschaftliche Weltbild tritt in seinen Grundzügen am klarsten durch Wort und Zeichnung vor uns in dem 10. Kapitel des ersten Buches des kopernikanischen Hauptwerkes, dessen vollständige Druckausgabe 1873 in Thorn besorgt wurde. Eingeschlossen von der unbeweglichen Sphäre der Fixsterne, bewegen sich die Wandelsterne um die Sonne, vollziehen ihre „revolutiones" oder Umdrehungen in verschiedenen Zeiträumen, je nach ihren Entfernungen von der Sonne, in der Reihenfolge Merkur, Venus, Erde, Mars, Jupiter und als letzter Saturn. Die zeichnerische Darstellung bietet den Anblick einer Art Schießscheibe mit konzentrischen Ringen, eine stark vereinfachte und von dem wirklichen Aufbau des kopernikanischen Weltalls stark abweichende Veranschaulichung. Denn das Himmelssystem des Kopernikus stellt die Sonne gar nicht in den geometrischen Mittelpunkt dieser Umdrehungen, sondern nimmt als deren Mittelpunkt eine außerhalb der Sonne gedachte Stelle im Raum an, und die genannten Wandelsterne ziehen ihre Bahn nicht in den dargestellten Kreislinien, sondern auf diesen bewegt sich nur der Mittelpunkt desjenigen kleineren Kreises, in welchem die Wandelsterne selbst laufen. Mit anderen Worten: Das kopernikanische Weltgebäude ist kein konzentrisches, sondern ein exzentrisches. Es hat zwei Arten von Kreisbewegungen, indem ein großer Kreis den Mittelpunkt eines kleinen Aufkreises oder Epizykels herumträgt; es ist somit weithin ein epizyklisches. Jeder Wandelstern hat einen, der Mond zwei derartige Aufkreise. Unsere Erde bewegt sich nicht nur im Jahreslauf um die Sonne und im Tages- und Nachtlauf um ihre Achse, sondern ändert ihre Lage in gewissen, die Verschiebung des Frühlingspunktes im Himmelsäquator begleitenden Zeiträumen.

Mit Verwunderung sieht man dies im Jahre 1543 verkündete Weltbild. Es ist nicht das gewohnte, das klassische Bild des Weltalls. Durch die 1609 und 1619 von Kepler aufgestellten Gesetze der Planetenbewegung wurde das kopernikanische System entwickelt, durch Newtons Gravitationsgesetz 1687 gefestigt, 1930 um einen neuen dritten Planeten Pluto gemehrt, durch die Erfassung der Sonne als Stern gleich anderen Sternen verkleinert und in einen unendlichen und doch begrenzten Raum erweitert, durch die Atomphysik mit einem neuartigen Unterbau ausgestattet. Schon seit Kepler ist das exzentrische und epizyklische Weltbild einem anderen gewichen, die kreisförmigen Bahnen sind elliptisch geworden, die Sonne hat ihre wirkliche, die bewegenden Kräfte aussendende Mitte im Ring der Planeten erhalten. So bedeutend hat sich das von Kopernikus entworfene Weltbild verschoben.

Die von Kopernikus grundgelegte, berechnete und erprobte Umordnung der Planetenfamilie unserer Sonne ist erst von seinen Nachfolgern bewiesen worden. Diese Umordnung war weder eine Entdeckung noch ein genialer Einfall, der Erde und Sonne im Weltraum vertauschte, sondern ein mit humanistischem Rüstzeug bis zum letzten erstrebte Anwendung des uralten metaphysischen Begriffs vom kosmischen, in Form und Einheitlichkeit aufs Schönste gestalteten Seins. Ermöglicht wurde diese metaphysisch-ästhetische Zielsetzung, die im „Commentariolus" in aller Deutlichkeit ausgesprochen wird, durch eine erstmals von Kopernikus vollzogene Änderung einer altgriechischen Fragestellung. Kopernikus löste sich von der im Altertum geprägten kosmologischen Aufgabe, die Phänomene zu retten, die in Erscheinung tretenden Vorgänge am Sternenhimmel mit ihren Berechnungen in Übereinstimmung zu bringen.

Nicht die Frage: „Wie lassen sich diese Phänomene retten?", sondern: „Wie läßt sich die Gleichförmigkeit der Bewegung retten?" Das war das Ziel, das den Schöpfer unseres modernen Weltbildes von Anfang bis zum Ende seiner Lebensarbeit erfüllte und die Verbesserung, d. h. eine Vereinfachung des von Ptolomäus festgelegten Himmelsmechanismus, erreichte. Schon dem ersten Entwurf des Sonnensystems gelang die Vereinfachung des ptolomäischen Erdsystems, eine Verminderung der mathematisch erdachten, ineinander geschachtelten Kugelschalen, dieser Träger der Planeten. Von den vielen Kreisen waren nur noch 34 tragende Kreise mit doppelten Aufkreisen übriggeblieben. Diese genügen, wie es Kopernikus am Schluß seines „Commentariolus" verkündete, um das ganze Weltgebäude und den Reigen der Gestirne zu erklären. Im heißen Streben nach größerer Vereinfachung verwarf Kopernikus sein konzentrisches doppelepizyklisches System und errang eine viel weitergehende Vereinfachung durch eine geometrische Verschiebung der Sonne. Sie thronte auch jetzt zwar inmitten des von den Fixsternen umschlossenen Weltalls als herrschende Leuchte, aber nicht mehr im geometrischen Mittelpunkt der kreisenden Planeten, und diese bedurften zu ihrer kreisförmigen Bewegung nur noch eines Epizykels. Das Gewicht dieser Errungenschaft liegt in der Entscheidung, ob diese so geänderte ptolomäische Astronomie den wahren Bau des Weltalls aufdeckte oder nur ein neues mathematisches Verfahren für die Vorausberechnung der Planetenstellung darbot. Wurden die Kalender auf diese Weise genauer, so waren der Arzt, der Landmann und alle, die immer zuerst das Eintreffen eines günstigen Gestirns für ihre Verrichtung abwarteten, zufrieden, und zufrieden waren selbst die Gelehrten. Der wahre Bau des Weltalls? Nein, es war für sie eine Rechenhypothese. War es doch in der Vorrede des kopernikanischen Werkes vom Jahre 1543 klipp und klar zu lesen, daß der ganze von Kopernikus entworfene Himmelsmechanismus nur eine Annahme, eine Mutmaßung, eine Möglichkeit, eben eine Hypothese darstelle.

Das Werk war Papst Paul III. gewidmet, wurde aber statt durch das originale Vorwort des Kopernikus durch eine den Sinn des Ganzen verkehrende Vorrede des protestantischen Theologen A. Osiander eingeleitet.

Die Lehren des Kopernikus blieben bis zum Erlaß der Indexkongregation 1616 von der Kirche unbeanstandet. Die Unvollkommenheiten, die die kopernikanische Planetentheorie aufwiesen, wurden durch J. Kepler beseitigt.

Des Kopernikus Werk über die Sternenwelt verschwand aus dem Index der verbotenen Bücher erst kurz bevor die winzige Verschiebung der Fixsterne im Blickpunkt des die Sonne umlaufenden Erdbewohners gemessen, und damit dieser Umlauf unzweifelhaft bewiesen wurde. Der Königsberger Astronom Bessel leistete 1838 diesen Fortschritt; er errechnete die erste Fixsternparallaxe.

Die Selbstgewißheit des Kopernikus von der Wahrheit seines Weltgebäudes beruht im wesentlichen auf Überlegungen und praktischer Erfahrung, nicht auf der Sicherheit impulsiver Begabung und dem Vertrauen auf die eigenen und fremden Messungen. Konnte er die Fixsternparallaxe mit seinen Linealen und Winkeln auch nicht ermitteln, so muß sie doch wenigstens – dieser Hauptbeweis für die Drehung der Erde um die Sonne – in seiner Überlegung aufgetaucht sein. Kopernikus hat um diese große Beziehung des Radius der Fixsternsphäre zum Radius der Erdbahn sehr wohl gewußt, er spricht davon. Vor allem aber, er hat die Probe aufs Exempel gemacht. Als er im Jahre 1535 einem ihn besuchenden Freund aus Krakau ein Jahrbuch zur Verbreitung mitgab, begleitete er diese erste für die Allgemeinheit bestimmte Botschaft seiner Lehre vom Weltall mit der Aufforderung an die europäischen Astronomen, die Ursache für ihre fehlerhaften Berechnungen in ihrer falschen Lehre von den Planetenbewegungen zu suchen; Jahrbücher könnten nie richtig werden ohne die wahren Bewegungen und Stellungen der Planeten. Wer so sprechen durfte, mußte für diese Behauptung die Sicherheit der eigenen Kontrolle durch Beobachtungen erworben haben. Gewaltiger als die naturwissenschaftliche Betrachtung des kopernikanischen Weltbildes erhebt sich die geistesgeschichtliche. Welche Überlegung ist der Anstoß zu der geschilderten Umordnung im räumlichen Weltbild geworden? War es wirklich ein zufälliger Fund alter heliozentrischer Vorstellungen im Schrifttum der Antike, wie es Kopernikus selbst zu bekennen scheint? War es eine einfache Wiederaufnahme der heliozentrischen Anschauungen jenes Aristarch von Samos (310–230 v. Chr.), den die heutige Geschichte der Astronomie als ersten Vertreter des nach Kopernikus benannten Sonnensystems kennt?

Ein glücklicher Zufall, wie es Kant, der Verfasser der auf Newton begründeten Naturgeschichte des Himmels, in der Vorrede der „Kritik der reinen Vernunft" vermutet, hat in der heutigen erkenntnistheoretischen Einsicht in die fortlaufende Entwicklung der Geistesgeschichte keinen Platz. Der heliozentrische Gedanke ist tatsächlich bereits unter dem Himmel der Antike erblüht. Kopernikus ist zwar der selbständige Schöpfer eines heliozentrischen Systems, aber nicht der Entdecker des heliozentrischen Gedankens. Dort unter den Mathematikern, die im Geiste des Pythagoras arbeiteten, war die Kugelform der Erde Begriff, die Bewegung der Erde um ihre Achse und sogar ihre Bewegung im Kreise um einen ideellen Mittelpunkt schon im 4. Jahrhundert vor Christus bekannt, wo mit der Erdbewegungslehre des Philolaos Wesentliches der kopernikanischen Auffassung gefunden war. Es blieb auch der letzte Schritt in den Weltraum, der Einblick in die zentrale Stellung der Sonne, den Denkern nicht verborgen. Jener Aristarch von Samos, über dessen Weltbild am ausführlichsten Archimedes in einer als Sandrechnung bezeichneten Schrift uns Kunde gibt, und später Seleukos von Seleukaia gelten als Vertreter einer heliozentrischen Weltsicht. Aber nirgendwo ist aus dem Altertum ein mathematisch-astronomischer Aufbau des Sonnensystems überliefert, nirgendwo ist ein anderes als das geozentrische Weltbild gelehrt worden, weder in der Auffassung des Ptolomäus mit exzentrischen Kreisen und Epizykeln noch des Aristoteles mit konzentrischen Planetensphären. Kopernikus kannte das astronomische Schrifttum des Pythagoreer. Er kannte die heliozentrischen Äußerungen wie auch das halbheliozentrische System, in welchem wenigstens die beiden Planeten Venus und Mars die Sonne umkreisen, kannte alles genauso gut und schlecht wie seine humanistisch gebildeten Zeitgenossen. Mit ihnen hat er in den Kommentaren für oder gegen das aristotelische wie ptolomäische geozentrische System deren Schwächen, die Ungleichmäßigkeit der Bewegungen, wahrgenommen. Dem aristotelischen Schulbuch „Vom Himmel" hatte er die pythagoreische Meinung über die Drehung der Erde entnommen und den von jedermann studierten Timaios des Platon, der zu den Anhängern der Erdbewegung gerechnet wurde, durchgearbeitet.

Mit den Humanisten hat er auch die irrtümliche Hochschätzung des Philolaos als Erfinder der heliozentrischen Astronomie und die geringe Bewertung jenes Aristarch geteilt. Seine Anerkennung des vermeintlich philolaischen Heliozentrismus hätte er sicher dem wirklichen, dem aristarchischen zugesprochen, wenn er nicht bloß die oberflächliche Überlieferung anderer von der Anschauung Aristarchs, sondern die ausführliche des Archimedes gekannt hätte. Kopernikus knüpfte nicht an Aristarch an. Er hatte auch nicht die erste Anregung zur Änderung des Weltbildes von den Pythagoreern empfangen, obwohl er an einer Stelle der Widmung von ihnen berichtete. Anderswo bekannte er, daß ihn zu allererst die Unsicherheit der mathematischen Überlieferung über die zu berechnenden Kreisbewegungen und die Ungleichmäßigkeiten des dort von den besten und gesetzmäßigsten aller Meister gebauten Weltalls beunruhigten. Gerade die letzte Wahrnehmung, also seine kritische Einstellung, bezeichnete er im Hauptwerk als Anlaß seines Forschens: „Dieses und ähnliches hat uns darauf geführt, eine andere Bewegung der Erde und eine andere Ableitungsart anzunehmen, bei welcher die Gleichmäßigkeit und die Grundlage der Wissenschaft erhalten und die Ursache der Ungleichmäßigkeit in der Erscheinung zuverlässiger gestaltet wird.“ Da die pythagoreischen Auffassungen aller Humanisten vor Augen lagen, konnte sich Kopernikus nicht den Einfall zuschreiben, er sei bei den Alten auf heliozentrische Ansichten gestoßen. Echte Gelehrtenbescheidenheit gebot ihm andererseits zu verschweigen, daß er allein unter den vielen Lesern den Sinn und den Wert der alten astronomischen Texte erfaßt hatte, und die Sitte der Humanisten, mit dem Gewicht fremder Autoritäten sich zu schützen, war gerade hier vor einer starken Front kampflustiger Gegner ein Gebot der Klugheit. Die einfache Tatsache ist diese: Kopernikus hat als erster die im Staube liegende Perle des heliozentrischen Gedankens aufgehoben, sie gereinigt, abgeschätzt und versucht, sie ins Licht zu heben.

Noch schärfer als beim Blick in die Weisheit der Antike erscheint die überragende Eigenschöpfung des Kopernikus auf dem Hintergrund der mittelalterlichen Naturwissenschaft, der Philosophie und Astronomie. Die bedeutende Wandlung in der Stellung zur äußeren Natur, die bereits im 13. Jahrhundert einsetzte, hat Kopernikus nicht erreicht. Die induktive Methode, die Gewinnung allgemeiner Erkenntnisse durch Experiment und Beobachtung, begann erst mit Galilei. Er ist der Vater der modernen Naturwissenschaft. Die Impetuslehre, die an Stelle der aristotelischen Intelligenzen, der Geisteswesen der großen mittelalterlichen Theologen, als der Beweger der Gestirne den physikalischen Kraftbegriff setzte, blieb bei der Anwendung auf die Kosmologie in spekulativ theologischen Erwägungen stecken. So war es bei Nikolaus Oresme (1320/25–1382), dem Franzosen, der deshalb die Palme des ersten Begründers des kopernikanischen Weltbildes nicht verdient. So war es bei dem profunden Gelehrten des 15. Jahrhunderts Nikolaus von Cues, dem Deutschen, den die Welle der ockhamistischen Naturwissenschaft über Albert von Sachsen, dem ersten Rektor der Universität Wien (1365/66), in Italien ebenso berührte wie den großen Leonardo da Vinci und Galilei. Die theologische Gebundenheit der gesamten kosmologischen Anschauung des Nikolaus von Cues, der die Erde als Weltbild deshalb ablehnt, weil nur Gott dem Sinn aller Vollkommenheit nach Mittelpunkt und Anfang des Weltsystems sein kann, war dem Nikolaus von Frauenburg fremd. Kopernikus kennt und nennt den Cusaner, kennt wohl seine Lehre von der vollkommensten Figur des Kreises und des sphärischen Körpers, von der Kugelgestalt der Erde und ihrer kreisförmigen Bewegung, aber die philosophisch-theologische Umrankung versperrt ihm den Zutritt zu der cusanischen Erkenntnis. Bei aller Religiosität, die uns von der Haltung des Frauenburger Domherrn überliefert und in seiner Lektüre und seiner Mitwirkung zur literarischen Ablehnung der Reformation bezeugt ist, stand seine theologische Bildung auf der niederen Stufe der nichtgraduierten Priester, und seine merkwürdigen Unterschätzungen der zu erwartenden biblischen Einwände gegen sein System stimmen dazu. Mit dem Cusaner, der hierin mit Nikolaus Oresme verwandte Züge hat, versank die mittelalterliche theologische Vernebelung des Weltbildes endgültig; mit dem Frauenburger Domherrn Nikolaus Kopernikus begann das Weltbild der Naturwissenschaften heraufzusteigen.

Und doch schöpfte Kopernikus, der das mathematische Weltbild von jeder Verflechtung mit den Vorstellungen mittelalterlicher Theologen von ihrem feurigen zehnten Himmel oder Empyreum als Wohnstätte der Engel oder einem nächst unteren Kristallhimmel freihielt, aus dem Quell einer eigenen religiösen Geistigkeit genug Tiefe und reiche Antriebe für seine Aufgabe.

In seinem Lobpreis der Vollkommenheit und Schönheit des Weltalls, in der Einleitung zum ersten Buch der „revolutiones“, wo er mit Hermes Trismegistos den Himmel „wegen seiner übergroßen Herrlichkeit“ als den „sichtbaren Gott“ bezeichnete, strahlt das Denken der platonischen Akademie in Florenz auf. In diesem Kreis huldigte man der Schönheit im Universum, seiner künstlerischen Form und Gestalt. Hatte doch Platons und Plotinos' spiritualistische Theorie des Schönen durch die Übersetzung Marsilio Ficinos, eines auf Kopernikus stark einwirkenden Neuplatonikers, eine Auferstehung erfahren. Die Vermischung christlicher mit antiker Anschauung schimmert in dem kopernikanischen Preis der besten Ordnung im Kosmos, die bei den Pythagoreern ihren Anfang hatte, von Platon wie von Aristoteles, von Augustinus und den Neuplatonikern aufgenommen und durch Thomas von Aquin voll ausgebildet wurde. Wir würden, so redet Kopernikus, durch die eindringliche Betrachtung der sichtbaren Welt gleichsam auf einen Wagen geführt zur Betrachtung des höchsten Gutes. Das Gute der aristotelischen Metaphysik wird da vernehmbar, und wir hören weiter darin einen neuplatonischen Grundakkord, der von dem Pseudodionysios Areopagites ausgeht und von Proklus, insbesondere von einer pseudoaristotelischen Schrift über das reine Gute. Wenn wir bedenken, daß jener Dyonisius, daß Platon, daß jenes Buch über das reine Gute, daß Proklus unzählige Male in den Schriften des großen deutschen Mystikers Eckehart genannt werden, daß auch bei Tauler nicht selten von den großen Meistern Platon und Proklus die Rede ist, daß diese Beliebtheit des neuplatonischen Schrifttums sich sogar in den Predigten der Mystiker durch lange Ausführungen nachweisen läßt, dann gewinnt der von Kopernikus wiederholt gebrauchte Ausdruck „contemplatio“ den Sinn der innerlichen Schau des Göttlichen, wie er in der Mystik erlebt wurde. Die Brücke zur mystischen Geistigkeit ist stärker, als sie hier erscheint.

Man könnte die verbindenden Fäden bei dem Cusaner suchen, bis zu den von Albert dem Großen und seinem Lieblingsschüler Ulrich von Straßburg ausgegangenen neuplatonischen Gedanken. Man könnte auf Näherliegendes zurückgreifen, auf die Verpflanzung der ins deutsche Geistesleben neu eingedrungenen Mystik der Niederlande, an die höhere Schule in Kulm, die unter der Leitung der niederländischen Brüder vom gemeinsamen Leben, der Brüder jener neuen individuellen Frömmigkeit stand und sehr wahrscheinlich von Kopernikus besucht worden ist. Doch faßbarer ist die Ausstrahlung der niederländischen, mystisch-platonischen Geistesrichtung auf den Astronomen von dem Fürsten der Wissenschaft her, von Erasmus von Rotterdam. Nicht unmittelbar ist dieser in der Schule zu Deventer in die deutsche Mystik eingeführte und mit der ganzen Gelehrtenschaft Europas persönlich und brieflich verbundene Humanist mit Kopernikus in Verkehr getreten, aber mit dem Domherrn Tiedemann Giese, dem schon genannten vertrautesten Freunde unseres Astronomen. Was Giese zutiefst bewegte, wird auch bei Kopernikus Wurzel geschlagen haben. Erst auf diesem durchaus unmathematischen, von Naturwissenschaft unberührten Boden wird ein starker Impuls methaphysischer Art, der den antiken heliozentrischen Gedanken mit neuartigen Säulen stützte, wahrscheinlich. Die uralte Licht- und Sonnenphilosophie von einem den Weltraum durchstrahlenden Licht, die Kopernikus sowohl bei den Neuplatonikern Gemistos Plethon, Kardinal Bessarion und Marsilio Ficino wie bei Regiomontanis verherrlicht fand, die ihm auch in Bibel und Liturgie begegnete, konnte sehr wohl Macht über ihn gewinnen. Gerade eine solche ins Religiöse hineingreifende Macht konnte ihn bestimmen, die Sonne als Leuchte des Weltalls, dessen Mittelpunkt als den passendsten auszuwählen und trotz der endgültigen, der Vereinfachung halber vorgenommenen Verschiebung sie immerhin innerhalb der Planetenbahn zu belassen. Nur begleitend, nicht irreleitend greift diese religiöse Kraft in den geometrischen Bau des Weltalls ein.

Kopernikus steht jeder Phantastik ferner als alle anderen aus seiner geistigen Nähe. Die pythagoreische Zahlenspekulation, die das Weltall in bestimmten Zahlenverhältnissen begriff, die Kopernikus mindestens im Schrifttum des Macrobius und Pico della Mirandola entgegentrat, konnte einen Bessarion und Kepler in ihren Bann ziehen, ja sogar einen Nikolaus von Cues, an Kopernikus glitt sie ab. Dieser astronomische und zugleich mathematische Denker, mochte ihn auch Regiomontanis als Mathematiker übertreffen, wußte sehr wohl, daß sich mit Theologie, Platonismus und Mystik allein kein wahres Weltbild schaffen lasse. Daher begab er sich ernstlich in die astronomische Schulung durch die großen deutschen Astronomen Georg von Peurbach (1423–1461) und Regiomontanis (1436–1476). Nicht nur deren oft gedruckte neue Planetenlehre, sondern vor allem die Epitome zu Almagest, der Auszug aus dem himmelskundlichen Werk des Ptolomäus, waren seine einflußreichsten literarischen Lehrmeister. Die Astronomie der Universität Wien, deren erster Rektor Albert von Sachsen neue naturwissenschaftliche Erkenntnisse mitbrachte, wo der Hesse Heinrich von Langenstein († 1397) das Studium der Astronomie vorantrug und der Oberösterreicher Johann von Gmünden († 1422) den Grund zu einer deutschen astronomischen Schule legte, wo Peurbach und Regiomontanis Weltruhm gewannen, hat dem Frauenburger Domherrn das feste Fundament zu einem Umbau des ptolomäischen Weltbildes geliefert.

12

DIE ENTDECKUNG DER WELT

Im 7. Jahrhundert n. Chr. brachen aus dem Inneren Arabiens die Heere des Islams auf, um die Welt dem Willen Gottes zu unterwerfen. Dem Auftrag Mohammeds getreu, der den Seinen befohlen hatte, durch den „Heiligen Krieg“ seine Lehre durchzusetzen, veränderten die Heere des Propheten das Antlitz Asiens, Afrikas und Europas.

Am Anfang des 8. Jahrhunderts wurde das Westgotenreich auf der Iberischen Halbinsel von den muselmanischen Reitern erobert. Sie überquerten die Pyrenäen und standen 732 im Herzen des fränkischen Reiches, vor den Toren von Poitiers und Tours. Karl Martell rettete in einer entscheidenden Schlacht das Reich der Franken, die Mohammedaner zogen sich hinter die

Pyrenäen zurück. Nur ein schmaler Küstenstreifen, vom Baskenland bis zum Kap Finisterre reichend, etwa 150 km tief, Asturien genannt, blieb freies Land. Von diesem schmalen Küstenstreifen begannen die Christen ihren Befreiungskampf, die „Reconquista". Sie stützten sich in diesem Ringen um Freiheit auf die Fürbitte des hl. Jakobus des Älteren. Nach der Überlieferung verkündigte er den Bewohnern der Halbinsel das Evangelium. Am Anfang des 9. Jahrhunderts entdeckte man sein Grab und begann mit der Verehrung seiner Reliquien. An der Stätte seines Grabes errichtete man nach und nach eine große Kirche, Santiago de Compostela. Dieser Ort wurde neben Jerusalem und Rom der bedeutendste Wallfahrtsort des Mittelalters. San Diego, Sankt Jakob, dargestellt mit Pilgerhut und Pilgerstab, mit der Muschel am Hut und der Kürbisflasche wurde der Patron der Wallfahrer. Dieser Apostel war aber nicht nur Schirmherr der Pilger auf den Straßen des mittelalterlichen Europas, er wurde auch von den um die Freiheit kämpfenden Christen Asturiens angerufen. „San Diego", lautete der Schlachtruf. „Mit San Diego gegen die Mauren!" San Diego wurde der „matamoros", der „Maurentöter". Die Kämpfe der Reconquista wurden bald „cruisades" (Kreuzzüge) genannt. Seit dieser Zeit atmete das Christentum der iberischen Völker kämpferischen Geist, wehte neben dem Kreuz das Banner des Kampfes.

Mohammed befahl den Seinen, die ganze Welt durch die Mission mit dem Schwert dem Willen Gottes zu unterwerfen. Die Angehörigen der „Religion des Buches" jedoch nahm er davon aus. Zur „Religion des Buches" zählten die Juden, die Christen und die Anhänger des Zoroaster. Hier übte Mohammed Toleranz. In den von ihnen eroberten Gebieten zerstörten die Mohammedaner das Leben und die Organisation der Kirche nicht. In ihrem Herrschaftsgebiet durften die Christen keine Mission treiben, keine Schwerter tragen und mußten jährlich eine Schutzsteuer zahlen.

In dem vom Islam besetzten Gebiet, das dem Kalifat von Córdoba unterstand, konnten die drei großen monotheistischen und geschichtlichen Religionen, die alle eine Wurzel im Glauben Abrahams haben, das Judentum, das Christentum und der Islam, nebeneinander und miteinander leben. Für das geistig-kulturelle Leben des mittelalterlichen Europas war diese Symbiose fruchtbringend. Neben zivilisatorischen Gütern, die über die iberische Brücke aus dem Morgenland nach Europa wanderten, kamen Schätze des Geistes aus dem Orient ins Abendland; so astronomische, mathematische und philosophische Kenntnisse und Texte. Der Text der Metaphysik des Aristoteles kam auf diesem Wege nach Paris. Durch diese Übermittlung waren Albert der Große und Thomas von Aquin in den Stand gesetzt, das Denken des Aristoteles zur philosophischen Grundlage ihrer Theologie zu machen. Dieser Vorgang prägte und beeinflußte die katholische Theologie entscheidend. In Europa entfaltete sich das Judentum bis zur Französischen Revolution nur in zwei Landschaften in kultureller Freiheit: unter dem Schutz des Islams auf der Iberischen Halbinsel und in Galizien und Teilen der Ukraine. In Spanien wirkte Jehuda Halevi (um 1075–1141), der die „Zionslieder" schrieb. In ihnen sang er die Sehnsucht nach dem alten Zion aus, träumte er von der Heimkehr der Juden aus der Zerstreuung in das Land der Väter. In Spanien entstand die jüdische Mystik, die Kabbala. Neue Forschungen zeigen den Einfluß der jüdischen Mystik auf die große christliche Mystik Spaniens, einer Teresa von Avila und eines Johannes vom Kreuz, auf.

Im Laufe des siebenhundertjährigen Freiheitskampfes der Reconquista löste Alfons Heinrich aus dem Hause Kastilien-León das Gebiet Portugal durch eine Revolte aus der Herrschaft Kastilien-León. Als Alfons I. nahm er 1139 nach dem Sieg von Ourique (Aulic) den Königstitel an. Einem seiner Nachfolger gab man den Beinamen „Seefahrer", es ist Heinrich (Dom Henrique o Navagador), 1394–1460, der Begründer der portugiesischen Seeherrschaft. Noch als Gouverneur gründete er in Sagres bei Kap São Vicente im Königreich Algarve eine Sternwarte und eine Akademie für Nautik, eine Hochschule für Seefahrt. Von hier aus führten ihn seine Entdeckungsfahrten zur nord- und westafrikanischen Küste. 1432 erreichten seine Schiffe die Azoren. Gleichzeitig erfolgten die Entdeckung und Besiedlung der Insel San Miguel und die Kolonisation der Madeira-Gruppe. Portugiesische Schiffe stießen bis zum Kap Verde, zum Gebiet des Senegal 1444 und bis Sambia vor und erreichten Guinea (1471–1472). Der Hof Heinrichs wurde ein Zentrum erdkundlicher Studien; fast alle portugiesischen Entdeckungsfahrten jener Zeit liefen unter seiner Flagge. Dieser König legte den Grund für die Entwicklung Portugals zur Kolonialherrschaft und zu seiner weltgeschichtlichen Bedeutung im 16. Jahrhundert.

Mit dem Anlanden der Portugiesen an der afrikanischen Küste verband sich seit 1440 ein Sklavenhandel mit Afrikanern, der bis ins 17. Jahrhundert vorwiegend in ihren Händen blieb.

Als die Türken 1453 Konstantinopel eroberten, sperrten sie Europa den Weg nach Indien. Indien war wegen seiner Gewürze begehrt.

Auf der Iberischen Halbinsel bildete sich neben dem Königreich Portugal, durch Heirat Isabellas von Kastilien mit Ferdinand von Aragon, ein neuer Staat, Spanien (1469). Isabella und Ferdinand, die katholischen Majestäten, beendeten das Zeitalter der Reconquista. Am 2. Januar 1492 fiel nach längerer Belagerung die letzte Stadt, die noch von Mohammedanern besetzt war, Granada. Ein Augenzeuge dieses weltgeschichtlichen Vorgangs war der Genuese Christoph Kolumbus (1451–1506).

In seinem Schiffstagebuch, das er für König Ferdinand und dessen Gemahlin Isabella schrieb, liest man: „In diesem gegenwärtigen Jahr 1492, als Eure Hoheit den Krieg gegen die Mauren, die bisher in Europa geherrscht hatten, in der großen Stadt Granada beendeten, wo ich am zweiten des Januar dieses Jahres sah, wie die Fahnen Eurer Hoheit auf den Türmen der von den königlichen Waffen bezwungenen Alhambra wehten, der Festung jener Stadt, und wie aus ihren Toren der maurische König heraustrat und die Hände Eurer Hoheiten küßte und des Fürsten, meines Herrn ..."

Wenig weiter fährt er in seinem Tagebuch fort: „Im gleichen Monat, aufgrund der Berichte, die ich Euren Hoheiten über die indischen Länder und über den Fürsten erstattet, der der große Chan genannt wird, was in unserer Sprache König der Könige bedeutet ..., haben sich sofort Eure Hoheiten entschlossen, mich, Christóbal Colon, in die oben erwähnten Länder zu entsenden, damit ich jene Fürsten, Völker und Orte besuche und erkenne, wie beschaffen sie sind und vor allem die Art, die anzuwenden wäre, damit sie zu unserem heiligen Glauben bekehrt werden. Eure Hoheiten haben angeordnet, mich nicht gegen Osten zu wenden, sondern den Weg gen Westen zu wählen, den – wie wir sicherlich wissen – vordem niemand begangen hatte. Und so habe ich am 12. Mai dieses Jahres 1492, am Samstag, die Stadt Granada verlassen und mich in das Dorf Palos begeben, das ein Hafen ist ..., und bin von dem erwähnten Hafen aus ... am 3. August dieses Jahres, am Freitag, eine halbe Stunde vor Sonnenaufgang in See gegangen in Richtung auf die Kanarischen Inseln ..., um meine Reise zu beginnen und so lange das Meer zu durchfahren, bis ich nach den indischen Ländern gelangen werde, um jenen Fürsten die mir von Euren Hoheiten aufgetragenen Botschaften auszurichten und alles so, wie es mir auferlegt wurde, zu vollbringen."

Seitdem das Silberkreuz des Ferdinand von Aragon auf der Kuppel der Alhambra von Granada glänzte und dort die Fahnen von Aragon und Kastilien wehten, war die Zeit der Reconquista zu Ende, und nun glaubten die Spanier, daß ihre große Zeit gekommen sei, die Zeit der „Conquistatores", der Eroberer. Diese Zeit endete mit der Niederlage der spanischen Flotte, der „Armada" Philipps II., im Ärmelkanal 1588. Die Armada, unter Befehl von Medina Sidonia, wird von den Schiffen Englands unter Howard und Drake, die den Spaniern nautisch und artilleristisch überlegen waren, in der Zeit vom 31. Juli bis 8. August 1588 geschlagen. Es war die erste durch den Kampf der Geschütze entschiedene Seeschlacht. Die Spanier mußten die Heimfahrt um Schottland und Irland antreten, wo die Hälfte der Flotte in den Septemberstürmen verlorenging. Die protestantische Welt sah im Untergang der Armada ein Gottesurteil und prägte Denkmünzen darauf. Die „goldene Zeit" der spanischen Geschichte starb dahin. Nun beherrschte England die Weltmeere.

Das Jahr 1492 war ein Schicksalsjahr der spanischen Geschichte und der Geschichte der Christenheit. Siebenhundert Jahre lang kämpften die Spanier um die Freiheit ihres Landes. Sie errangen aus eigener Kraft den Sieg und bewahrten den Glauben. Darauf beruhte ihr Stolz. Durch die Tat des Kolumbus entdeckten sie einen neuen Erdteil. Im Glauben, es sei Indien, nannten sie die Bewohner Indianer. Nun lag vor diesen beiden katholischen Mächten, den Seemächten ihrer Zeit, die Welt offen.

Als Kolumbus im Frühjahr 1493 von seiner Entdeckungsfahrt zurückkehrte, drohte es zu einem kriegerischen Konflikt zwischen Spanien und Portugal zu kommen. Portugal, dessen König die von Kolumbus nachgesuchte Forderung seines Unternehmens abgelehnt hatte, beanspruchte die neuentdeckten Gebiete aufgrund des Vertrages von Alcaçovas (1479), in dem eine Einigung zwischen Portugal und Kastilien über die Verteilung der Kolonialgebiete erfolgt war. Um diese Vereinbarung zu sichern, baten die vertragschließenden Parteien um eine päpstliche Bestätigung, die durch die Bulle „Aeterni regis" Sixtus' IV. erfolgte. In diesem ersten großen kolonial-politischen Vertrag war Spanien der Besitz der Kanarischen Inseln zuerkannt worden. Dagegen waren Portugal, Madeira und die Inseln der Azoren und von Kap Verde verblieben und das Königreich Fez in Marokko sowie die Gebiete in Westafrika jenseits vom Kap Bojador „bis nach Indien" zugesprochen worden.

Da nun aber Portugal infolge der politischen Lage eine kriegerische Auseinandersetzung mit Spanien nicht ratsam erschien, kam es zu diplomatischen Verhandlungen über die Frage des Besitzes der Entdeckungen des Kolumbus. Das spanische Königspaar beeilte sich, noch ehe diese Verhandlungen in Gang gekommen waren, durch den Papst sich die gleiche Beteiligung seiner Besitzansprüche zu sichern. Portugal hatte seine kolonialen Erwerbungen in Westafrika schon durch Nikolaus V. und Calixtus III. sichern lassen. Die Bemühungen der Katholischen Majestäten bei dem spanischen Papst führten auch zu dem erwünschten Erfolg. Durch mehrere sich ergänzende Edikte Alexanders VI., die vom 3. und 4. Mai und 25. September 1493 datiert sind, wurde ihnen entsprechend ihren Vorschlägen und Anträgen die Landeshoheit über die von Kolumbus entdeckten und noch zu entdeckenden Ländern und Inseln zugesprochen und bestätigt.

Zur Sicherung der spanischen Rechte wurde schließlich gemäß der spanischen Forderung eine Grenzlinie vom Nordpol zum Südpol, 100 spanische Meilen westlich der portugiesischen Inseln festgelegt; alle westlich dieser Demarkationslinie gelegenen Gebiete sollten Spanien vorbehalten sein. Aufgrund weiterer Verhandlungen zwischen Spanien und Portugal wurde dann im Vertrag von Tordesillas (Juni 1494), den man mit Recht als die wichtigste Abmachung der kolonialen Frühzeit bezeichnet hat, diese Teilungslinie weiter nach Westen vorgeschoben und auf 370 Meilen westlich der Kapverdischen Inseln festgelegt. So kam man der Forderung Portugals nach. Durch diese Maßnahmen wurde die Grundlage geschaffen für die künftige Aufteilung der großen Kolonialreiche der beiden pyrenäischen Staaten.

Wann die Welt des Neuen Indiens Kaiser Karl V. zunächst näher getreten ist, ist nicht auszumachen, vermutlich haben seine Lehrer schon davon dem Knaben erzählt. Die Expedition zur Umseglung der Welt, die des Portugiesen Magellan, ist ohne die Zustimmung Karls V. nicht denkbar. Magellan hatte sich unter den Schutz Kastiliens gestellt. Er war in Sabrosa 1480 geboren und stand seit 1517 in spanischen Diensten. Er hatte den Plan, die Molukken, die Gewürzinseln, auf dem Westweg zu erreichen. Um diesen Plan zu verwirklichen, führte er eine Erdumseglung durch.

Karl stimmte am 22. März 1518 dem Plan des Magellan zu. Man mag dabei an den materiellen Wert der duftenden Gewürze gedacht haben, und auch finanzielle Interessen werden mit entschieden haben. Aber im Grunde war die Idee, über den Westen zu den geheimnisvollen Gewürzinseln zu gelangen, auch von dem Interesse der Kosmographen bestimmt. Es spricht sich auch eine tiefe geographische Wißbegier darin aus. Zumal die Gefahr eines politischen Zusammenstoßes mit den Portugiesen bestand, die sich, wie man sicher erwarten durfte, ihr junges überaus ertragreiches Gewürzmonopol nicht ohne weiteres aus der Hand nehmen lassen würden.

Magellan verließ am 10. August 1519 Sevilla und am 20. September Sanlúcar de Barrameda mit fünf Schiffen, und er erreichte am 10. Januar 1520 die Mündung des Rio de la Plata. Er fand am 21. Oktober 1520 den Eingang in die nach ihm benannte Straße, die Magellanstraße. Mit drei der noch verbliebenen Schiffe durchfuhr er sie und segelte am 28. November in den Stillen Ozean nach Nordwesten. Die Fahrt war kühn, voller Entbehrungen, reich an inneren Konflikten, spannend und bunt und zugleich furchtbar in ihrem Ablauf. Magellan hatte bei der Durchfahrt durch die Straße eine gefährliche Meuterei an Bord zu bekämpfen, seine bunt zusammengewürfelte Mannschaft stand gegen ihn auf, aber er wurde des Aufstandes Herr.

Grimmige Stürme waren zu erleiden, eines der Schiffe versagte endgültig und kehrte um. Nur vier Schiffe überquerten auch den Pazifischen Ozean und landeten am südlichen Gestade der Philippinen. Nach einer Fahrt von drei Monaten und zwanzig Tagen erreichten sie am 6. März 1521 die Ladronen (Marianen) und am 16. März die Lazarusinseln (Philippinen). Kämpfe, Verzweiflung, Hunger und Krankheit lagen nach dieser aufregenden Fahrt hinter ihnen. Nun waren sie dem Ziele nahe. Zunächst schien es, als ob die Eingeborenen den neuen Ankömmlingen bereitwillige Freundschaft entgegenbrachten. Magellan wurde vom König von Cebu und seiner Frau empfangen, und er erlebte die Freude, daß sie beide sich zum Christentum bekehrten: Sie wurden auf den Namen Don Carlos und Dõna Juana getauft. Die Spanier errichteten ein Kreuz, feierten einen Dankgottesdienst. Von ihren neuen Freunden erbaten sie Hilfe gegen feindselige Nachbarn. Aber diese mit so viel Erfolg gekrönte Unternehmung endete mit dem Tod ihres Führers vor den Augen seiner Männer. Er wollte sie noch bis zum letzten Mann in Sicherheit bringen. Alle Abmachungen brachen nun zusammen.

Nun trat die Entrüstung der Portugiesen durch das Eindringen der Spanier in ihre Interessensphäre mit aller Schärfe hervor. Die Rückfahrt wurde eine Katastrophe. Schließlich und endlich blieb nach all den entsetzlichen Mühseligkeiten und vielfältigen feindlichen Auseinandersetzungen um Afrika herum nur noch ein einziges Schiff übrig, das unter Juan Sebastian Elçano nach Spanien zurückkehrte, begleitet von Pigafetta, dem Chronisten der Fahrt. Der Rest der Mannschaft mit der Ausbeute der Weltumseglung landete am 8. September 1522 in Sevilla. Das übriggebliebene Schiff – und der Name ist wie ein Zeichen – hieß Viktoria. Elçano erhielt von Karl die Auszeichnungen für die Verdienste des Magellan.

An seine Tante Margarete schrieb Karl unter dem 31. Oktober 1522 begeistert von der Erdumseglung. Er zählte die mitgebrachten Schätze von den Molukken auf: Gewürznelken, Pfeffer, Kaneel, Ingwer, Muskat und Sandelholz. Er berichtete seiner Tante, daß er nun öfter diese Route einschlagen lassen werde. Das geschah in Zukunft auch, wie auch schon von portugiesischer Seite, unter starker Beteiligung deutscher Reeder und Kaufleute. Die Lübecker Reeder wurden von Karl am 14. Februar 1523 ausdrücklich zur Teilnahme eingeladen.

Diese triumphale Erdumseglung brachte im Gefolge eine jahrelange ärgerliche Auseinandersetzung mit den Portugiesen über die Demarkationslinie. In Batajoz trat eine gemischte spanisch-portugiesische Kommission aus Kosmographen und Navigationsleuten zusammen. Sie hatten zu untersuchen, ob die Gewürzinseln westlich oder östlich jener 1493 durch Alexander VI. auf 180 Grad von den Kapverdischen Inseln festgesetzten Demarkationslinie lägen.

Das spanische Indien bestand bis zu diesem Zeitpunkt nur aus den Inseln, die von Santo Domingo aus verwaltet wurden, soweit in dieser Zeit von einer Verwaltung die Rede sein kann. Nun aber begann sich immer klarer die riesige Ausdehnung des amerikanischen Festlandes mit seinen alten Reichen, aus dem Ozean zu erheben. Nach der Entdeckung dieser Neuen Welt hatten sich nicht gerade die besten Bewohner Europas mit der Überlegenheit europäischer Waffen und der Stoßkraft des Angriffs in wachsender Habgier auf diese Gebiete gestürzt und begonnen, sie auszubeuten und auszurotten. Die Behandlung dieser erst allmählich in die Hoheitsrechte Spaniens hineinwachsenden Verhältnisse lag wirtschaftlich bei dem Handelshof in Sevilla, politisch mit der Zeit beim sogenannten Indienrat.

Die Entdeckungen des Christoph Kolumbus und seiner Nachfahren ermöglichten die Eroberung riesiger Gebiete. Wenn die spanischen Truppen die Gebiete eroberten, erließen sie eine Proklamation (requierimiento). Die Bewohner wurden aufgefordert – unter der Androhung schwerster Strafen –, sich taufen zu lassen und die Herrschaft des spanischen Königs anzuerkennen. Wer sich weigerte, verlor Freiheit und Leben. Die Eroberer erhielten das Land als königliches Lehen und hatten das Recht, die Indianer zur Arbeit auf ihm zu zwingen. Kolumbus brachte Indianer als Sklaven mit nach Europa. Die einheimische Bevölkerung wurde dezimiert (Zwangsarbeit, Zivilisationskrankheiten, Gewalttätigkeiten, Selbstmord, Epidemien).

Seit 1501 führte man Negersklaven aus Afrika ein, um dem Mangel an Arbeitskräften zu begegnen. Nach zwanzigjähriger Kolonisation schrumpfte zum Beispiel die Millionenbevölkerung der Antillen auf etwa 14 000 zusammen, bald waren zwei Drittel der Einwohner Negersklaven.

Der spanische König erhielt von Papst Julius II. spezifische Rechte, weil er für die Errichtung der Diözesen und Pfarreien, für die Anstellung der Priester und die Ernennung der Bischöfe sorgte.

Kolumbus war auf seiner ersten Reise von keinem Priester begleitet worden. Erst auf der zweiten Unternehmung von Kolumbus fuhr eine Gruppe von zwölf oder dreizehn Welt- und Ordenspriestern mit in die Neue Welt. Sie blieb erfolglos. Ihr Führer, Fray Bernal-Boyl, kehrte bereits 1494 wieder nach Spanien zurück.

Um 1500 beginnt die Ausreise einer Gruppe von Franziskanern zur Missionierung Amerikas. Sie konnte in einem ersten Bericht die Taufe von 3000 Indianern melden.

Für die Antillen dekretierte Papst Julius II. die Errichtung einer Erzdiözese mit zwei Suffraganbistümern. Sie scheiterten an dem Einspruch Ferdinands. Erst als dessen Rechte garantiert wurden, konnten 1511 die Bistümer Santo Domingo und Concepción de la Verga auf Haïti und San Juan auf Puerto Rico gegründet werden. Das erste Bistum auf dem amerikanischen Festland war Santa Maria Antigna des Darien (Panama).

In den Jahren 1509/10 kamen Dominikaner nach Amerika. Sie begannen, für die Freiheit der Indianer zu kämpfen und nach einer geeigneten Missionsmethode zu suchen. Welche Methode der Glaubensverbreitung wurde angewandt? Der Taufbefehl wurde schon genannt. Dann kam die Methode der Tabula rasa: die alte Kultur müsse ausgerottet werden, damit Glaube wachsen könne. Die Missionare gingen zunächst von dem aus, was sie als „Ausbreitung des Glaubens“ im eigenen Land gegen den Islam kannten.

Nach der Vertreibung der letzten Mohammedaner in Spanien (2. Januar 1492) hatte die Zwangsmission bei den Juden begonnen. Diese war ein Mißerfolg. Im Sommer 1492 erreichte der Großinquisitor Torquemada bei König Ferdinand die Ausweisung der Juden aus Spanien. Die Vertreibung der spanischen Juden stellt ein düsteres Kapitel in der Geschichte des christlichen Antisemitismus dar.

Pater Bartolomé de Las Casas (1474–1566) ist einer der bedeutendsten Dominikanermissionare dieser Zeit. Er wurde zu einem glühenden Verfechter der Anrechte der kolonialen Bevölkerung. Siebenmal überquerte er den Ozean, um den König (Philipp II.) um Schutz für die entrechteten Indianer zu bitten. Er erreichte die Abstellung der gröbsten Mißstände und gewann Einfluß auf die spanische Gesetzgebung zugunsten der Indianer. Auch zwang er die Theologen und Juristen seiner Zeit, sich mit den brennenden Fragen auseinanderzusetzen. So wurden Menschenrechte für die Indianer gefordert, die Erlaubtheit des Krieges gegen Ungläubige und der Rechtstitel für die Besitznahme Amerikas in Frage gestellt. Am Ende seines Lebens schrieb er seinen „Kürzesten Bericht über die Verwüstung und Entvölkerung der indischen Länder“.

Die Gestalt des Las Casas schwankt im Urteil der Geschichte. Die einen sehen in ihm einen unbeirrbaren Kämpfer für Freiheit und Recht, einen gottgesandten Führer. Andere sehen in ihm einen Fanatiker oder sogar einen bewußten Verleumder der Geschichte. Man kann Las Casas von Verallgemeinerungen und Übertreibungen in seinen Darstellungen nicht freisprechen, aber es ging ihm um Anprangerung von Verbrechen, und er war – und das muß man ihm zugestehen – der Vertreter des christlichen Gewissens Spaniens in der Neuen Welt.

Bald lockten die neuentdeckten Gebiete des mittelamerikanischen Festlandes. Hier konnte man glücklicher beginnen und versuchen, die alten Fehler zu vermeiden. Nachdem man die Küste von Honduras erobert hatte, eröffnete sich das angrenzende Mexiko dem kühnen Zugriff der Conquistadores. Hernando Cortés wurde der Eroberer dieses Gebietes, eines Gebietes alter und hoher Kultur, dem er den Namen Neuspanien gab.

Hernando Cortés war 1485 als Sohn eines Offiziers geboren und wurde eine der glänzendsten Gestalten der Hidalgos, die von Natur die Waffen und die Eroberung über alles liebten. Zunächst war Cortés für das Studium der Rechte bestimmt und an die Universität von Salamanca geschickt worden. Hier studierte er die Rechte, und er wird in seiner späteren Tätigkeit nicht nur ein

Mann des Schwertes, sondern auch ein Mann der Feder sein. Aber das Hocken im Hörsaal gefiel dem jungen Cortés nicht. Die Nachrichten aus der Neuen Welt bewegten sein Herz, und es hielt ihn nicht mehr hinter den Pandekten. Sein Wesen sträubte sich gegen die Einfügung in ein bürgerliches Leben. Als Neunzehnjähriger machte sich der Student auf einem Schiff nach Westindien davon. Als ihm bei seiner Anlandung in Neuspanien (Nueva-España) der Schreiber des Statthalters Land zuweisen wollte, erklärte er: „Ich bin gekommen, um mir Gold zu schaffen, nicht um wie ein Bauer den Acker zu pflügen."

In 24 Jahren nahm er unter Velázquez an der Eroberung Kubas teil. Bei dieser Eroberung zeichnete er sich durch Tapferkeit aus, ergriff dann doch die Partei des Gegners des neuen Statthalters und wurde ins Gefängnis geworfen. Er floh, wurde wieder ergriffen, floh wieder; endlich versöhnte er sich mit dem Statthalter. Er arbeitete auf einem Landgut, führte als erster in Kuba europäisches Hornvieh ein und beutete Goldgruben aus. So schaffte er sich ein bedeutendes Vermögen. Für den weiteren Lebensweg des Cortés war die Vermögensbildung entscheidend. Nun konnte er sich, da er finanziell unabhängig war, an jeder Art von Rüstung beteiligen. So erlangte er den Oberbefehl über eine Kriegsflotte, die er zusammen mit dem Statthalter Velázquez ausrüstete, um endlich jene Küste des sagenumwobenen Landes anzusteuern, von dessen Reichtum die Eingeborenen in bunten Farben zu schildern wußten. Im Augenblick, als die Flotte auslaufen sollte, kam es zu Streitereien mit dem Statthalter. Als Cortés mit der Flotte, in die er sein ganzes Vermögen und das seiner Freunde gesteckt hatte, bereits in Trinidad auf Kuba war, unternahm Velázquez den Versuch, ihn festsetzen zu lassen. Cortés aber war der Mann, auf den seine Soldaten schworen, er besaß eine Sprache, die den Männern ans Herz ging. Die Ausführung des Befehls hätte zum Aufstand aller Soldaten geführt. So fuhr Cortés mit elf Schiffen, von denen das größte über hundert Tonnen Wasser verdrängte, in sein großes Abenteuer. Seine Streitmacht, mit der er auszog, um ein Land zu erobern, von dem er nicht die geringste Vorstellung besaß, bestand aus 110 Seeleuten, 553 Soldaten (dabei 32 Armbrustschützen, 13 Büchsenschützen), 10 schweren Geschützen, vier leichten Feldschlangen und 16 Pferden. Er führte seine kleine Truppe unter einer Fahne, die aus schwarzem Samt geschneidert war. Sie trug goldbestickt die lateinische Inschrift: „Freunde, laßt uns dem Kreuze folgen, und unter diesem Zeichen, wenn wir gläubig sind, werden wir siegen." Auf dem Grund des schwarzen Samtes leuchtete ein rotes Kreuz.

Von einem Küstenplatz in der Nähe des späteren Veracruz trat er am 16. August 1519 die Eroberung Mexikos an. Zunächst glaubte Cortés, Stämme niederwerfen zu müssen, jetzt sah er bald ein, daß er ein Reich erobern mußte.

Er nahm an, es mit barbarischen Wilden zu tun zu haben, nun wurde er belehrt, daß er es mit einem hochkultivierten Volk zu tun hatte. Er erwartete Steppe, Dörfer und Siedlungen, nun begegnete er großen Städten mit Tempeln und Palästen.

Der dreimonatige Zug durch Mexiko zeigt, aus welchem Holz Cortés geschnitzt war. Er überwindet die Hindernisse der Landschaft, des Klimas, fremder Krankheiten. Er schlägt Schlachten gegen 30 000 bis 50 000 Indianer und siegt. Seinem kleinen Häuflein fliegt der Ruf seiner Unbezwingbarkeit voraus. Cortés ist ein soldatischer Führer, der Feldherrnkunst mit brutaler Metzelei verbindet. Er weiß sich auch auf dem diplomatischen Felde zu bewegen, wenn er die ständig neuen Gesandtschaften Montezumas, des Kaisers dieses gewaltigen Aztekenreiches mit Geschenken entläßt und inzwischen die einzelnen Vasallenvölker des Aztekenkaisers, gegeneinander ausspielt. Zielsicher marschiert er auf die Hauptstadt des Reiches zu, begleitet von einem Dominikanerpater, der auch während dieses strapaziösen Feldzuges täglich die heilige Messe mit den Eroberern feiert. Wir wissen aus den Aufzeichnungen des Paters, wann der Wein alle ist und die Messe nicht mehr gefeiert werden kann. Es ist überhaupt ein Kennzeichen der Männer dieser Epoche, dieses Zusammenwohnen von Frömmigkeit und Grausamkeit im gleichen Herzen. Cortés betete täglich aus einem Stundenbuch, das er mit sich führte.

W. H. Prescott, ein Historiker des vorigen Jahrhunderts, beschreibt jenen weltgeschichtlichen Augenblick, als Hernando Cortés mit seiner Schar den ersten Blick auf die Hauptstadt Mexikos tun durfte, die Hauptstadt des Reiches der Azteken:

„Es war der 8. November 1519. Mit dem ersten schwachen Dämmerschein brach der spanische Befehlshaber auf, um seine Schar aufzustellen. Sie sammelten sich mit klopfenden Herzen unter ihren Fahnen, als die Trompete ihre aufregenden Töne über Wasser und Wald hinweg erschallen ließ, bis sie im fernen Widerhall der Berge erstarb, die heiligen Feuer auf den Altären der unzähligen Teocallis, der Pyramidentempel, die man nur schwach durch den grauen Morgennebel sah, zeigten die Lage der Hauptstadt an, bis Tempel, Türme und Paläste in der prachtvollen Beleuchtung, welche die über die östliche Bergkette emporsteigende Sonne auf das schöne Tal ergoß, vollständig hervortraten."

Cortés begann mit seiner kleinen Gruppe, begleitet von etwa 6000 Mann Hilfstruppen, den Einmarsch in die großartige, im Morgenlicht sich darbietende Stadt, und sie umschritten eine große Hubbrücke, die das feste Land mit der Inselstadt verband. Keiner der Spanier war sich darüber im Unklaren, daß sie sich jetzt in die Hand eines Fürsten begaben, von dessen Macht nicht nur die Schar der Krieger, sondern auch die herrlichen Bauten der großartigen

Stadt zeugten. Als die Eroberer auf der großen breiten Prachtstraße in der Mitte der Stadt ankamen, bewegte sich ihnen ein schimmernder Zug geschmückter Menschen entgegen. Staatsbeamte mit goldenen Stäben in der Hand führten einen Zug an, in deren Mitte eine goldene Sänfte schwankte, die auf den Schultern von Edelleuten ruhte. Über der Sänfte war ein Thronhimmel gespannt, der aus Federn bunter Vögel gearbeitet war, mit Juwelen übersät und in Silber gefaßt. Die Edelleute, die dieses kostbare Gestühl trugen, gingen barfuß mit gesenktem Blick. In gehöriger Entfernung von den spanischen Eroberern hielt der Zug. Ein schlanker, hochgewachsener Mann, Montezuma, dessen Gesichtsfarbe sich durch ihre Blässe von den Gesichtern der Männer seiner Umgebung unterschied, entstieg der Sänfte. Sein schwarzes Haar war kurz gehalten und glatt, sein Bart dünn. Er trug einen mit Perlen und Gewebe bestickten Mantel, dessen Zipfel an seinem Hals zusammengeknotet waren, goldene Sandalen an den Füßen. Und er bewegte sich auf die Arme zweier seiner Edelleute gestützt dem Cortés entgegen. Diener breiteten baumwollene Decken vor ihm aus, damit seine Füße nicht durch den Straßenkot beschmutzt wurden. Cortés stieg von seinem Pferd, breitete die Arme aus und ging dem Herrscher entgegen.

Pertal Dias, einer der Begleiter von Cortés, schreibt fünfzig Jahre später: „Ich werde dieses Schauspiel nie vergessen; es ist mir jetzt, nach so vielen Jahren, noch so gegenwärtig, als hätte ich es gestern erlebt."

Eine solche Szene, wie sie sich am 8. November 1519 auf der breiten Straße der mexikanischen Hauptstadt ereignete, ist einmalig in der Geschichte der Welt. Zwei Männer treten sich gegenüber mit völlig unterschiedlichem Horizont des Verstehens. Man kann diese Szene nur vergleichen, wie es gewesen wäre, wenn die Ausgräber im Tale der Könige in Ägypten dem Tutench-Amun persönlich begegnet wären, oder es hätte sich ereignet, daß dem Deutschen Koldewey, als er daran ging, Babylon auszugraben, dort der spazierengehende Nebukadnecar begegnet wäre.

Cortés war ein Eroberer. Ihm ging es um Gewinn für sich und für die spanische Majestät und um die Errichtung des christlichen Kreuzes. Ein knappes Jahr, nachdem er Montezuma das erstemal getroffen hatte, war Montezuma tot. Und wiederum ein Jahr später war die berühmte Kultur Mexikos zerstört.

Spengler, der Verfasser des „Untergangs des Abendlandes", schreibt: „Diese Kultur ist das einzige Beispiel für einen gewaltsamen Tod. Sie verkümmerte nicht, sie wurde nicht unterdrückt oder gehemmt, sondern in der vollen Pracht ihrer Entfaltung gemordet, zerstört wie eine Sonnenblume, der ein Vorübergehender den Kopf abschlägt."

Cortés und Montezuma tauschten Geschenke. Cortés wurde fürstlich untergebracht. Die bei jedem Zusammenstoß mit den Eingeborenen ausgesprochene Forderung auf Annahme des Christentums und Zerstörung der angestammten Heiligtümer, stieß hier auf unüberwindliche Schwierigkeiten.

Am dritten Tag nach dem Einzug in die Hauptstadt, am 10. November 1519, bat Cortés den Montezuma um die Erlaubnis, in einem der Paläste, die ihm und seinen Männern als Quartiere zugewiesen waren, eine Kapelle einrichten zu dürfen. Montezuma erlaubte es und schickte ihm aztekische Handwerker zur Hilfeleistung, aber die Spanier sahen sich inzwischen selbst in diesem Gebäude um. Und da entdeckten sie plötzlich in dem alten Mauerwerk noch Spuren frischen Mörtels und vermuteten aus Erfahrung dahinter eine Tür. Obwohl vorläufig immer noch Gäste im kaiserlichen Palast, brachen sie die Mauer auf. Als sie in der Tat eine Tür hinter der Mauer entdeckten, holten sie Cortés. Man erbrach den Raum, und Cortés war geblendet von dem Glanz, der ihm aus dem Raum entgegenleuchtete. In dieser Halle lagen so viele Kostbarkeiten, daß Pertal Dias schreibt: „Ich war ein junger Mensch, und es schien mir, als wenn alle Reichtümer der Welt sich in jenem Raum befänden!" Sie hatten den Schatz des Montezuma, genauer gesagt den seines Vaters, vermehrt um die Erwerbungen seines Sohnes, entdeckt!

In diesem Augenblick bewies Cortés seine Klugheit. Sofort ließ er die Tür wieder zumauern, er gab sich keinen Illusionen hin. Wie sollte das Abenteuer weitergehen? Und welche Chance hatten sie wirklich, diesen endlich greifbaren großen Schatz unter den Augen des Kaisers und seiner zahllosen Kriegsscharen sicher abzutransportieren?

Cortés dünkte es am sichersten, sich der Person des Herrschers zu bemächtigen. Er machte ihn durch seine Dolmetscher fügsam und führte ihn in allen Ehren, aber offenbar schon unter unheimlicher Stimmung des Volkes, in das spanische Hauptquartier ab. Er bediente sich des Kaisers, dem das Volk göttliche Verehrung entgegenbrachte, als Geisel.

Eine viel größere Gefahr erscheint plötzlich im eigenen Rücken. Von der Küste her kam die Nachricht von der Landung einer anderen spanischen Flotte. Sie steht unter dem Befehl des Pánfilo Navárez, der im Auftrag des Diego Velázquez, dem Cortés mit der Flotte davongefahren war, mit Schiffen und einer überlegenen Mannschaft Rechenschaft forderte. Cortés ließ den Schatz, den er entdeckt hatte, nach Montezumas Gefangensetzung in eine der großen Hallen bringen, um ihn zu taxieren. Der Gesamtwert belief sich auf etwa 162 000 Goldpesos, was nach einer Rechnung des vorigen Jahrhunderts einer Summe von 6,3 Millionen Dollar gleichkam. Für das 16. Jahrhundert war das eine solche gewaltige Geldmenge, daß man vermuten darf, kein europäischer Herrscher habe über sie zu jener Zeit verfügt. Cortés ordnete an, ein Fünftel des Schatzes gehe an den König von Spanien, ein zweites an ihn selbst, ein drittes zum Teil an Velázquez, den er mit diesem Teil beschwichtigen wollte, weil er ihm mit all seinen Schiffen einfach davongefahren war, ein viertes wird als Prämie an die Edelleute, an die Artilleristen, Büchsen- und Bogenschützen und an die zurückgebliebene Küstenbesatzung von Veracruz ausgezahlt. Bleibt ein Fünftel, das verteilt werden soll. Auf jeden Soldaten kamen 100 Goldpesos, ein Trinkgeld für das, was sie geleistet hatten.

Cortés läßt eine Besatzungstruppe für Mexiko zurück, gab den Befehl einem seiner Hauptleute, Pedro de Alvarado, und begab sich an die Küste, der Besatzung der 18 Schiffe des Navárez mit seinen 900 Mann entgegen. Er schlägt ihn in der Pfingstnacht des Jahres 1520 mit dem Kriegsgeschrei „Espiritu santo“ . In einem kurzen, aber furchtbaren Nachtgefecht werden die Truppen des Navárez geschlagen.

Inzwischen aber war in der Hauptstadt Mexikos der Aufstand ausgebrochen. Alvarado, den Cortés als Führer zurückließ, war der Aufgabe nicht gewachsen. Eine Priesterabordnung bat ihn um die Erlaubnis, im großen Teocalli (in dessen einem Turm sich bereits eine spanische Kapelle befand) das alljährliche, mit religiösen Sängen und Tänzen begangene Fest der Weihrauchspende an den Kriegsgott Huitzilopochtli feiern zu dürfen. Zwei Bedingungen stellte Alvarado: Es durften keine Menschenopfer dargebracht werden, wie sie bei den Azteken üblich waren, und alle Krieger mußten ohne Waffen erscheinen. 600 Azteken erschienen am Abend des Festtages, meist waren es Angehörige des höchsten Adels, auf dem Turm. Eine Anzahl von Spaniern in voller Rüstung hatte sich bald unter sie gemischt, und als das Fest seinen Höhepunkt erreicht hatte, zogen die Spanier auf ein verabredetes Zeichen ihre Schwerter, stürzten sich auf die wehrlosen Azteken und metzelten sie samt und sonders nieder. Die Tat ist nicht zu begreifen. Ein Augenzeuge bemerkte: „Das Blut floß in Strömen, wie Wasser bei einem kräftigen Regenguß.“

Cortés fand, als er nach seinem Siege wieder zurückkehrte, eine völlig veränderte Stadt vor. Wie ein Mann war das aztekische Volk nach dem hinterhältigen Gemetzel aufgestanden. Man wählte einen Bruder des gefangenen Montezuma zum Stellvertreter des Gefangenen. Sie berannten seit diesem Aufstand den Palast, hinter dem sich Alvarado und seine Männer verschanzt hatten. Es war höchste Zeit, Alvarado zu entsetzen, als Cortés einzog. Jeder Ausfall, den Cortés jetzt unternahm, wurde noch zu einem Sieg. Er zerstörte dreihundert Häuser, die Azteken zerstörten alle seine Rückzugsbrücken. Er brannte den großen Teocalli ab, die Azteken stürmten mit neuer Wut auf eine Schanze ein. So mußte Montezuma herhalten. Er sprach zu seinem Volke. Man hörte aber kaum auf ihn. Man bewarf ihn mit Steinen. Vielleicht starb er an den Folgen der Steinigung, vielleicht auch von der Hand eines Spaniers, da er zu nichts mehr nutze war. Cortés mußte der Not gehorchend die Stadt räumen. Er mußte mit allen Mitteln die Lücken in einem der Dämme zu schließen versuchen, um mit seinen Schätzen und Mannschaften in der Nacht abzuziehen. Allein die Feinde waren empört. Der Plan mußte mißlingen.

Auch in der Nacht wurden die abziehenden Spanier von allen Seiten bedrängt, es gab ein unbeschreibliches Blutbad. Diese Nacht des 1. Juli 1520 blieb den Spaniern als „noche triste" unvergeßlich. Cortés erreichte die Küste. Im Laufe der nächsten Monate rüstete er neu auf und kehrte zurück, um noch mehr zurückzugewinnen. Mitten aus diesen Ereignissen schrieb Cortés seinen Bericht vom 20. Oktober 1520, dem die Schätze des Montezuma als eindrucksvoller Ausweis seiner Taten und als Unterpfand seiner Zukunft vorausgeschickt waren.

Das alles wirkte auf den jungen Karl V. Am Hofe machten die Schätze einen starken Eindruck. Teile schenkte Karl seinem Bruder Ferdinand, von denen noch heute das Museum für Völkerkunde in Wien ein paar Prachtstücke aus Gold, Edelsteinen und kunstvoller Federarbeit bewahrt.

13

KAISER UND REICH

Auch auf der Höhe mittelalterlicher Kaisermacht bildete das „Sacrum Romanum Imperium" nicht die überstaatliche Einheit des christlichen Abendlandes. Das deutsche Königtum war dieser Aufgabe, eine christliche Welt, ihre Kirche und Staaten zu lenken, nie wirklich gewachsen gewesen. Aus dem Verbande des Reiches wuchsen allmählich Monarchien hervor, die selbständig wie Frankreich und England wurden, obwohl man im 15. Jahrhundert die staatliche Geschlossenheit der großen Monarchien nicht überschätzen darf. Aber sie wurden im 15. Jahrhundert zu Rivalen der Reichsgewalt, sie waren im Gebrauch ihrer Machtmittel dieser sogar überlegen. Das Reich beginnt, zu einer Macht unter Mächten zu werden, und den Zeitgenossen erscheint es als eine besonders auf Deutschland beschränkte Herrschaftsform. So wird aus dem „Römischen Reich" ein „Reich der deutschen Nation". In der Landfriedensordnung von 1486 wird es zum ersten Mal so genannt. Seine Grenzen sind weiter gesteckt als der Bereich der deutschen Sprache und des deutschen Volkstums, und es versteht sich immer noch als ein heiliges Reich, dem Wesen nach wird es nicht von der Nation, sondern vom Glauben her bestimmt.

Der Anspruch des Kaisers, das weltliche Oberhaupt der Christen zu sein, wird neu verkündet trotz der Schwäche des Reiches. Aber dieses Bild vom

Kaiser paßt nicht mehr in die politische Landschaft. In ihr stellt sich die Gleichordnung der christlichen Herrscher dar. Der deutsche König ist zum ersten deutschen Fürsten geworden. Die Macht des Kaisers ruhte im wesentlichen auf der Macht seines Hauses, der Hausmacht. Und so ist es das selbstverständliche Ziel der Kaiser dieser Zeit, an eine Befestigung und Vergrößerung des Hauses zu denken.

Im Jahre 1508 unternahm der ehemalige Stadtschreiber von Florenz, einer der klarsten politischen Köpfe seiner Zeit, Niccolò Machiavelli, eine Reise durch Deutschland. Er legte einen Bericht über die Erfahrungen seiner Deutschlandreise vor, die ihn vor allen Dingen in den Südwesten des Reiches führte. „An der Macht Deutschlands darf niemand zweifeln; denn es hat Überfluß an Menschen, Reichtümern und Waffen.“ Der Verfasser des „Il Principe“, der zuerst die Idee der Staatssouveränität vertrat, erkannte mit klarem Blick, daß dieses reiche Deutschland an einer politischen Schwäche erkrankt war, die es hinderte, seine materiellen und militärischen Kräfte voll auszuspielen. Die Aufsplitterung des Reiches in eine Fülle fürstlicher, ständischer und städtischer Sondergewalten ist der Grund dafür, daß der Kaiser nicht in den Stand gesetzt ist, Großes auszuführen. Und so kommt Machiavelli zu dem Schluß: „Wer da eher der Meinung ist, die Unternehmungen Deutschlands seien kräftig und könnten leicht gelingen, bedenkt zwar, daß es in Deutschland jetzt keinen Fürsten gibt, der sich den Plänen des Kaisers zu widersetzen vermöchte oder wagte, wie sie es früher zu tun pflegten; aber er bedenkt nicht, daß es für einen Kaiser Hindernis genug ist, wenn ihm die Fürsten in der Ausführung seiner Pläne nicht beistehen.“

Machiavelli erkennt die Wirklichkeit der Verfassung des Reiches genau. Zu Beginn des Zeitalters der Reformation besteht ein Ringen zwischen „monarchischem“ und „ständischem“ Prinzip. Beide, Kaiser und Fürsten, halten sich noch die Waage, sie heben sich gegenseitig auf, keiner der beiden Partner ist stark genug, sich durchzusetzen, d. h. die Reichsverfassung nach der einen oder anderen Richtung hin umzugestalten. Die Formel „Kaiser und Reich“ gibt den eigentümlichen Schwebezustand dieser Verhältnisse wieder. Man versteht am Ausgang des 15. Jahrhunderts unter dem Begriff „Reich“ nur noch die Gesamtheit der Reichsstände, die dem „Kaiser“ als selbständige Größe, gleichsam als vertragschließende Macht gegenübertritt. Das immer härter werdende Ringen zwischen dem Kaiser und den Ständen des Reiches verursachte seinen Machtverfall.

In der 53 Jahre währenden Regierung Friedrichs III. (1440–1493) vollzog sich dieser Verfall unaufhaltsam. Er ist der letzte Kaiser, der in Rom gekrönt wurde. Das geschah 1452. So glücklos er in der Reichspolitik war, so sehr verfolgte er das Ziel, die zukünftige Größe des Hauses Habsburg zu begründen. Bei aller Trägheit, die ihm eigen war, lebte in ihm der Glaube an die habsburgische Mission zur Weltherrschaft. Während rings um ihn das Reich zerfiel, bereitete er mit erstaunlicher Zähigkeit in immer neuen Ehe- und Erbverträgen diese Größe seines Hauses vor. Durch den Vertrag mit dem König Matthias Corvinus von Ungarn eröffnete er schon 1463 im Südosten des Reiches dem Haus Habsburg eine Anwartschaft, die sich allerdings erst unter seinem Urenkel erfüllen sollte. Sein größter Erfolg war die Verheiratung seines Sohnes Maximilian mit Karls des Kühnen Erbtochter Maria. Damit sicherte er den Gewinn Burgunds für das Haus Habsburg ab. Aus dieser Heirat mit der reichsten Erbin der Christenheit, der einzigen Tochter Karls des Kühnen, sollte im Wechsel der dynastischen Geschicke die Weltmonarchie Karls V. hervorgehen. Friedrich war ein Gegner der Reichsreform und blieb seit 1445 allen Reichstagen fern. Er behauptete sich jedoch gegen die Versuche, ihn abzusetzen oder einen Gegenkönig zu wählen.

In der Schlacht von Nancy 1477 fiel Karl der Kühne. Die Heirat zwischen dem Hause Habsburg und Burgund war noch nicht zustande gekommen, aber sofort nach dem Tode ihres Vaters reichte Maria ihre Hand dem Sohn Friedrichs III., Maximilian.

Der französische König Ludwig XI. wünschte die Vermählung dieser Burgundertochter mit dem Dauphin, aber das hätte die Auslieferung des burgundischen Erbes an Frankreich bedeutet, jedes Hinauszögern der Ehe aber den Zerfall des burgundischen Staates. Dieser war wie kein anderer Staat in Europa ein dynastisches Gebilde. Die habsburgische Heirat blieb das einzige Mittel, seine Einheit zu retten. Durch diese Heirat verbindet sich Burgund mit dem Schicksal des Heiligen Reiches. Gleichzeitig übernehmen die Habsburger mit dem reichen Länderbesitz den Gegensatz zu Frankreich, der wie eine Last auf dem burgundischen Erbe lag.

Ludwig XV. soll am Grabe der Maria von Burgund das berühmte Wort gesprochen haben: „Hier ist die Wiege all unserer Kriege.“ In ähnlicher Weise haben manche in dieser habsburgisch-burgundischen Heirat einen Fluch der deutschen Geschichte sehen wollen, den Samen der deutsch-französischen Erbfeindschaft. Aber man kann sicherlich nicht die Entwicklungslinie von 400 Jahren deutscher Geschichte aus einem einzelnen dynastischen Ereignis herleiten.

Maximilian, der junge Gatte Marias, fühlte sich zunächst ganz als Herzog von Burgund. Er ergriff die neue Herrschaft und ließ sich von dem Zauber des reichen, ritterlichen, lebensfrohen und farbenprächtigen Burgund einfangen, aber von Anfang an mußte er im harten Ringen um den Besitz seines Erbes kämpfen. Von allen Seiten erwuchsen ihm Widerstände, vor allem vom französischen Nachbarn, den er 1479 in Guinegate im Bunde mit den Engländern schlug. Aber er hatte ebensolche Widerstände von den ständischen Gegenkräften, der durch die Dynastie nur notdürftig verklammerten Gebiete zu bestehen. 1482 verlor er seine Gemahlin, die an den Folgen eines Jagdunfalles starb. Seine Herrschaft geriet ins Wanken.

Ein demütiger Friede, den er mit Frankreich abschließen mußte, forderte von ihm die Gebiete von Arras, Artois und die Freigabe von Burgund, zudem mußte er noch der Verlobung seines Töchterchens Margarete mit dem Dauphin, dem späteren Karl VIII., zustimmen. Die Vormundschaft über seinen eigenen Sohn, Philipp, der 1478 geboren war, übernahm ein ständischer Ausschuß. Maximilian konnte sich in dieser schwierigen Lage in seiner fürstlichen Stellung nur behaupten, wenn er sich auf den inneren Gegensatz zwischen den auf ihre Privilegien pochenden Städte Gent, Brügge und Ypern und dem flachen Lande stützte. Die Städte waren an einem staatlichen Zusammenhalt stärker interessiert. 1486 wurde Maximilian von den Kurfürsten in Frankfurt einstimmig zum römischen König gewählt. Zu diesem Zeitpunkt war Maximilian der Herr der Niederlande.

Maximilian war ein reichbegabter, vielseitig gebildeter Fürst, in dessen Denken und politischen Handeln sich aber die Übergangsepoche spiegelt, die der viel zu weit gespannte Begriff Spätmittelalter nur ungenügend charakterisiert. Er beherrschte die ritterlichen Künste. Man nennt ihn gerne den letzten Ritter, gleichzeitig vervollkommnete er das Geschützwesen und bildete die Landsknechte aus. So wurde er der Vater der Landsknechte. Auch den geistigen und sozialen Kräften seiner Zeit gegenüber zeigte Maximilian sein zwiespältiges Wesen. Dem deutschen Humanismus war er sehr zugetan. Er hat dann auch das Bild des Kaisers mit dem Schimmer einer nationalen Romantik überzogen. Maximilian fühlte sich als großer Mäzen dieser geistigen Bewegung, aber es fehlte ihm an Geld und auch wohl an Geschmack, diese Rolle wirklich spielen zu können. Das Bankhaus der Fugger, die große deutsche Kapitalmacht des Jahrhunderts, half dem Kaiser in seinen ständigen Geldnöten. Im Grunde aber stand der Kaiser der bürgerlichen Stadtkultur, ihren wirtschaftlichen Kräften innerlich fremd gegenüber. Die Bürger sahen in ihm einen Vertreter der alten Zeit. Er war auch in seiner Treue zu den Lehren und Bräuchen der Kirche, in seiner Auffassung von den Rechten und Pflichten des Kaisertums noch ganz ein Mann der alten Zeit.

Maximilian hatte mit den vielen Kriegen, die er führte, wenig oder gar kein Glück, aber um so mehr erreichte er durch seine Ehepolitik. In einem Vertrag, den er im Jahre 1495 mit dem katholischen König von Spanien schloß, verabredete er die Hochzeit seines Sohnes Philipp mit Johanna. So eröffnete er dem Hause Habsburg die spanische Erbfolge. Die große Hoffnung, die er durch die Erbverbrüderung und die Doppelhochzeit mit dem Jagellonenhaus und

Ungarn verband, erfüllte sich erst nach dem Tode des Kaisers. Die künftige Ausdehnung der habsburgischen Macht nach Osten kostete Reichsrechte. Die Selbständigkeit des Ordenslandes Preußen ging verloren. Der Hofmeister des Deutschen Ordens huldigte von nun ab dem polnischen König. Seit dem zweiten Thorner Frieden (1466) wurde von reichswegen die polnische Lehenshoheit immer wieder angefochten. Jetzt wurde sie zum ersten Mal anerkannt. Sein unglücklicher Krieg gegen die Schweizer Eidgenossen 1499 hatte die Loslösung der Schweiz vom Reich zur Folge. Vergeblich bemühte sich der Kaiser, in den Auseinandersetzungen mit Frankreich die gesamte Ländermasse des burgundischen Zwischenreiches an sich zu bringen. Er ist über das Ergebnis des Friedens von Senlis (1493) nicht hinausgekommen. Als ungelöste Aufgabe hinterließ er seinem Enkel die Anwartschaft auf das ganze Burgund.

Seinem Enkel Karl überließ er auch die Entscheidung auf dem zweiten großen Schauplatz seiner politischen und kriegerischen Unternehmungen, Italien. Seine italienische Politik war zum Teil eine Folge seiner Vermählung (1494) mit Bianca Maria Sforza von Mailand, die er nach dem Tode seines Vaters schloß. So wurde er förmlich in den Kampf um das Herzogtum Mailand hereingezogen, das nun als Streitobjekt und Siegespreis in den Mittelpunkt aller europäischen Machtkämpfe rückte. Die Auseinandersetzungen in der italienischen Staatenwelt waren durch den Kriegszug Karls VIII. (1494) in Bewegung gebracht worden. Die deutschen Stände waren diesem Unternehmen des Maximilian nicht hold, sie sahen in ihm einen Versuch, die längst verjährten Reichsrechte in Italien wieder neu zur Geltung zu bringen. Sie betrachteten es als ein gefährliches Ausgreifen der kaiserlichen Macht. Der Blick der Fürsten war nach innen gerichtet, auf die Verhältnisse im Reich und nicht auf die europäische Geltung und Stellung des Kaisers. Als nun der Kaiser zu einem großen italienischen Feldzug gegen Frankreich rüstete, nutzten die 1495 in Worms versammelten Stände ihr Bewilligungsrecht, um den Kaiser zu einem Zugeständnis einer Reichsreform zu zwingen. Das Wort „Reichsreform“ gab dem zerfallenden Reich noch einmal neue Richtung und Lebenskraft. Mit den Konstanzer und Baseler Konzilien erscholl nicht nur der Ruf nach der Reform der Kirche, sondern auch nach der Reform des Reiches. Der große Disput der Schismazeit, das Verhältnis der einzelnen Glieder der Kirche zu ihrem Oberhaupt, dem Papst, übertrug sich im Denken der Zeitgenossen auch auf den weltlichen Bereich, der so ganz anders geordnet war. So wächst aus dem Verlangen nach der Reform der Kirche auch die Sehnsucht nach der Reform des Reiches. Eine Fülle von Reformvorschlägen, ähnlich wie es diese für die Kirche gab, gab es auch für das Reich. Die bedeutendste ist die „Concordantia catholica“ des Nikolaus von Cues (1433), der den inneren Zusammenhang zwischen der konziliaren Idee und dem Programm einer „ständischen“ Reichsreform besonders aufzeigt. In die Reihe dieser Schriften gehört auch die von einem anonymen Verfasser während des Baseler Konzils entstandene „Reformatio Sigismundi". In ihr wird die Hoffnung auf eine dauernde Friedensordnung im Reich an das Wirken eines kommenden Priesterkönigs geknüpft. Es zeigt sich noch das Ungeschiedene vom „Geistlichen" und „Weltlichen" in dieser Schrift deutlich.

In der Regierungszeit des Maximilian sind die Pläne zu einer grundlegenden Reform der Reichsregierung zu einem Gegenstand der Tagespolitik geworden. Aus dem Widerstand der Stände gegen die Anforderungen der kaiserlichen Außenpolitik erwuchsen sie und richteten sich von Anfang an gegen den Kaiser. Sie erstrebten eine Friedens- und Rechtsordnung im Reich, die von Dauer sein sollte. Sie sollte nicht nur die monarchischen Befugnisse des Kaisers einengen, sondern auch über den territorialen Sondergewalten stehen.

Im Mainzer Kurfürsten Berthold von Henneberg (1441–1504), einem Erzbischof von politischem Format und staatsmännischer Klugheit, erhalten die Reichsreformen einen starken Antrieb. Durch das Erzkanzleramt, das als Reichsamt mit dem Mainzer Stuhl verflochten war, war Berthold in alle großen politischen Geschehnisse der Zeit hineingezogen. So wurde der bedächtige Mann an die Spitze der ständischen Reformpartei geführt. Das Ziel der Reform war, die geschwächte königliche Macht durch ein wirksameres Ordnungsgefüge zu ersetzen und die Erben ihrer herrscherlichen Befugnisse, die deutschen Landesfürsten, an der Reichsgewalt zu beteiligen. Als Vorbild bot sich die überlieferte Form der genossenschaftlichen Zusammenschlüsse einzelner Reichsstände wie von selbst an. Ein Vorbild hatte ein solcher Zusammenschluß in dem 1488 geschlossenen „Schwäbischen Bund", der einen Zusammenschluß der Schwaben gegen die Expansionsbestrebungen der bayrischen Herzöge darstellte. Dieser Bund war nicht einseitig auf die Interessen eines Standes ausgerichtet, sondern er umfaßte, trotz des natürlichen Übergewichtes seiner fürstlichen Mitglieder, auch Prälaten, Grafen, Herren und Reichsstädte. So sprengt er den Rahmen eines regional begrenzten Verbandes.

Berthold von Henneberg hat sich vermutlich von dem Gedanken leiten lassen, ob das im „Schwäbischen Bund" verwirklichte Bundesverhältnis sich nicht auf das Reich als Ganzes übertragen ließe. Reichsreform und Schwäbischer Bund, ursprünglich unabhängig voneinander entstanden, stehen doch in einer inneren, sich immer mehr verdichtenden Beziehung. Maximilian ließ sich 1490 als Herr der österreichischen Erblande in den Bund aufnehmen. Er hoffte so, den Bund für die großen Ziele seiner auswärtigen Politik nutzen zu können. Aber sehr bald zeigte sich der Gegensatz zwischen Maximilian und Berthold von Henneberg, zwischen Kaiser und Kurfürst, denn auch Henneberg wollte die Unterordnung Maximilians als König unter die von ihm erstrebte Reichseinheit erzwingen. Er widersetzte sich allen Versuchen des Habsburgers, den Bund zu einem Instrument seiner landesherrlichen Interessen zu machen. Im Grunde begegnen sich hier wieder die gleichen politischen Kräfte wie auch vorher schon, und auch hier blieb der Kampf unentschieden. Weder im Reich noch im Bund gelang es dem Mainzer Erzbischof, den Gedanken der Einigung voll durchzusetzen. Das Reichsregiment, ein ständiger Ausschuß zur Überwachung und Beschränkung des Kaisers, wurde 1500 Maximilian abgetrotzt. Es übertrug die oberste Reichsgewalt einem Ausschuß von zwanzig Abgeordneten, in dem der König nur Präsidialfunktionen auszuüben hatte, aber den erstarkten Territorialgewalten, den Landesherren, gegenüber, vermochte sich diese oberste Reichsgewalt nicht durchzusetzen. So wurde die eigentliche Schwäche der Reichsreformen offenbar, es war der Drang nach Selbständigkeit ihrer eigenen Träger. Sie wollten sich weder einem Monarchen noch einer ständischen Reichsexekutive unterordnen. 1502 wurde das Reichsregiment wieder aufgelöst. Siebzehn Jahre später entstand es neu unter völlig anderen Voraussetzungen.

Sowohl in den ständischen wie auch in den königlichen Reformplänen tauchte immer wieder die Forderung einer festen Reichssteuer auf. Das alte Reich verfügte über keine eigenständigen Einkünfte.

Die Stände verstanden es, die ursprünglichen Absichten Maximilians in ihre Richtung umzuändern. Der König konnte bisher „Hilfe mit Leib und Gut" fordern, d. h. Truppen und Geld aufgrund der von den Ständen zu leistenden Beiträgen. Nun versuchten die Stände, Kurfürsten und Fürsten, die zu leistenden Dienste auf das gesamte Volk abzuwälzen. Sie forderten den „gemeinen Pfennig" – eine in deutschen Landen ungekannte Kopf- und Vermögenssteuer. Sie sollte von jedem Bürger des Reiches entrichtet werden. Für ihren eigenen Beitrag forderten die ständischen Obrigkeiten ihre freie Selbsteinschätzung. Pfarrer und Kirchengeschworene sollten diese Steuer einziehen, sie waren sozusagen territoriale Organisationen zur Finanzverwaltung. Der Kaiser nahm diese Anordnung nur der Not gehorchend hin, um nicht das gesamte Reformwerk zu gefährden. Sicherlich war das von ihm vorgeschlagene System besser und zuverlässiger als die von den Ständen durchgesetzte Forderung. Von Anfang an war der „gemeine Pfennig" ein Fehlschlag, aber dieser Fehlschlag bedeutete nicht den Sieg der anderen Seite. Alle Versuche des Kaisers, die Reformgedanken der Stände umzuändern im Sinne einer monarchischen Reform blieben ohne Erfolg. Ebenso blieb er mit all seinen Anstrengungen, sich zum Herrn über den Schwäbischen Bund und seine Machtmittel zu machen, auf der Strecke. Die Reichsreform scheiterte als Ganzes. Sie scheiterte, weil sie weder der ständischen noch der monarchischen Seite den Sieg beschieden hat.

Auf dem Wormser Reichstag kamen aber ein vom Kaiser unabhängiges Reichskammergericht und der „Ewige Landfriede" zustande, das Reich wurde in sechs, später in zehn Kreise eingeteilt. Der „Ewige Landfriede“ darf nicht an seiner praktischen Auswirkung gemessen werden, sondern daran, daß er eine neue Rechtsforderung für die Sicherung des Friedens setzte. Er verbot jegliche Selbsthilfe, auch für die Reichsstände. Er konnte zwar das Fehdewesen nicht endgültig beseitigen, aber er führte doch einen wesentlichen Grundzug des Rechtsdenkens in die Verfassung ein.

Das 1495 eingerichtete Reichskammergericht war eine notwendige Ergänzung zur Landesfriedensordnung und eine der Stützen der Reform. Es trennte endgültig die höchste Gerichtsbarkeit im Reich von der kaiserlichen Hofhaltung, und das Gericht wird zu einem dauernden Gericht, das an einen festen Standort gebunden ist, zunächst wird als Tagungsort Frankfurt genannt. Sechzehn Beisitzer dieses Gerichtes wurden auf Vorschlag der Stände gestellt. Der Präsident des Gerichtes wurde vom Kaiser ernannt, so kam die kaiserliche Gerichtsherrlichkeit zum Ausdruck. Der Kaiser gründete einen Reichshofrat, der nun als ausschließlich kaiserliche Behörde für das Reich und sämtliche habsburgischen Erblande tätig wurde und somit in Konkurrenz zum Kammergericht trat. Im Laufe der Zeit änderten sich Organisation und auch Zuständigkeit des Kammergerichtes, aber bis zum Untergang des Reiches ist es eine feste Einrichtung geblieben. Wegen seiner Mängel erhielt im Laufe der Geschichte das Kammergericht oft kräftige Schelte, aber es hat durch sein bloßes Dasein als eine starke Klammer des Reiches gewirkt und selbst seinen Zerfall, den Zerfall des Reiches in die beiden konfessionellen Lager, überdauert. Bei allem hat es die Rechtsentwicklung des Reiches in ungebrochener Kontinuität getragen und auch in den Ländern die Rechtsprechung und Gesetzgebung beeinflußt. Auch die Bildung von Reichskreisen ist oft unterschätzt worden. Sie galten nur als eine Art Nebenfrucht des Reformwerkes. Ursprünglich waren sie die Wahlbezirke für das Reichsregiment, dann wurden sie 1507 Wahlbezirke für das Kammergericht. Schließlich werden sie allmählich zu einer genossenschaftlichen Einrichtung, der die Sorge um die Wahrung und Durchführung des „Landfriedens“ obliegen sollte. Um 1500 wurden sechs Reichskreise gebildet (Franken, Bayern, Schwaben, Oberrhein, Westfalen, Niedersachsen). Im Jahre 1512 traten die ursprünglich nicht in diese Verfassung einbezogenen Gebiete der Kurfürsten und der Habsburger als österreichischer, burgundischer, kurrheinischer und obersächsischer Kreis hinzu. Ein Menschenalter später trat dann die Kreisverfassung als solche in Erscheinung. Der Kaiser versuchte, die Kreise zu Trägern der ausführenden Reichsgewalt zu machen, aber auch hier scheiterte er an dem Mißtrauen der Stände gegen die kaiserliche Gesamtpolitik.

Von besonderer Bedeutung wurde die Reichsreform für eine der wichtigsten schon bestehenden Einrichtungen des Reiches, nämlich den Reichstag. Er wurde in der maximilianischen Zeit zu einer Kampfstätte, auf der sich Kaiser und Reformbewegung begegneten. Der Kaiser mußte sich 1495 gegenüber den Ständen verpflichten, jährlich einen Reichstag einzuberufen. Zwar ließ sich diese Forderung in der Folgezeit nicht immer verwirklichen. Aber der Reichstag wurde doch zu einer geschlossenen Körperschaft, deren Zusammensetzung dem Belieben des Königs entzogen war. Und ohne Mitwirkung des Reichstages wurde er in allen wichtigen Angelegenheiten des Reiches handlungsunfähig. Die Geschäftsführung des Reichstages erhält immer festere Formen, grundsätzlich wird in Zukunft der Reichstag durch Verlesung der kaiserlichen „Proposition" eröffnet, dann erfolgt die Beratung der Kurfürsten, Fürsten und Städte in drei getrennten Räten. Die Vermittlung zwischen diesen drei Räten obliegt dem Kurfürsten von Mainz, er hat dafür Sorge zu tragen, daß ein eindeutiger Beschluß herbeigeführt wird. Seit 1497 erfolgte die Zusammenfassung aller einzelnen Vereinbarungen in einem Reichsabschied. So zeigt sich also deutlich, welche Entwicklung der Reichstag nahm, nämlich den zu einer ständischen Vertretungskörperschaft. Der Reichstagsabschluß ist die Form des Vertrages, in dem sich Kaiser und Stände als Partner gegenübertreten.

Die Verfassung der Reichstage der Reformation ist also so ein Spiegel des Verhältnisses der Kräfte. So ist es zu verstehen, daß sich all die großen Auseinandersetzungen der Reformationszeit zu Reichstagsverhandlungen verdichten.

„Und erst von hier aus gesehen eröffnet sich ein echtes historisches Verständnis für das Mißlingen der Reichsreform. Es läßt sich nicht auf das schuldhafte Versagen der einen oder anderen Seite zurückführen, auch nicht auf die Ohnmacht des Reiches, die Schwäche seiner monarchischen Spitze oder die politische Rückständigkeit des Einigungsgedankens. Sie ist letzthin gescheitert, weil das Reich des 16. Jahrhunderts eine starke Exekutive überhaupt nicht mehr vertrug. Eine wirksame Reichsgewalt ließ sich aus den verblichenen Herrschaftsrechten des deutschen Königtums nicht mehr entwickeln, sie ließ sich aber auch nicht als ständisch-genossenschaftliches Gebilde neben und über den Territorien errichten. In jedem Fall mußte sie auf den Widerstand der stärksten geschichtlichen Macht des Jahrhunderts stoßen: den deutschen Fürstenstaat und seine selbstbewußten und eigenwilligen Träger" (S. Skalweit).

Martin Luther

14

KINDHEIT UND JUGEND

Die Vorfahren Martin Luthers waren thüringische Bauern. Das Dorf Möhra, zwischen Salzungen und Eisenach, am Westhang des Thüringer Waldes gelegen, war ihre Heimat. Der Name, abgeleitet vom Vornamen Lothar, wurde Luder oder Lüder geschrieben, er kommt auch als Loder oder Lotter vor.

Martin Luther wählte die Form Luther, als er zu publizieren begann. Die Familie ist seit dem 12. Jahrhundert nachzuweisen. Im Erfurter Kollegiatstift St. Marien wirkte vom 11. November 1192 bis vor September 1212 ein Dekan Luther, dessen Siegel erhalten ist. Im Bild des Siegels sind Gläser und Ähren dargestellt.

Die Luder bezahlten für ihr Bauerngut nur einen bescheidenen Erbzins an den sächsischen Kurfürsten. Als „Erbzinser" waren sie verhältnismäßig gutgestellt. Die Dorfgemeinden, denen sie angehörten, verfügten über eigene Ortsgesetze, verhängten Strafen und führten ihre Gemeindekassen. Sie verwalteten sich also selbst. Durch Ortsgesetz war auch der Erbgang geregelt. Es herrschte das Minorat, immer erbte der jüngste Sohn den Hof.

Luthers Vater war der älteste von vier Söhnen, die Groß-Hans, Klein-Hans, Veit und Heinz genannt wurden. Luthers Vater, Groß-Hans, wanderte nach seiner Heirat mit Margarete geb. Lindemann ins Mansfeldische. „Margarete ist keine Bauersfrau, wie bislang angenommen wurde. Hans Luders Karriere begann mit einer guten Partie, die manches vom Aufstieg des Erbzinsersohns zum angesehenen Bürger erklärt und die das Interesse an einer Ausbildung des jungen Martin verständlich macht. Aufgrund neuerer Rekonstruktionen ist anzunehmen, daß Hans Luder eine Lindemann geheiratet hat, die nicht wie ihr Mann von einem Bauernhof stammte, sondern die Tochter einer etablierten Bürgerfamilie in Eisenach war. Ein Hans Lindemann ist dort als Bürger im Jahre 1406 aktenkundig, und ein Heinrich Lindemann wurde im Jahre 1444/45 an der Universität Erfurt immatrikuliert. Ein anderer Lindemann, ebenfalls Heinrich genannt und Erfurter Student, war dreiundzwanzig Jahre lang Stadtrat in Eisenach und wurde 1497 sogar zum Bürgermeister gewählt. Zur Zeit Luthers begegneten uns zwei Vettern, die Söhne des namentlich nicht bekannten, ältesten Bruders der Mutter, ein Johann Lindemann aus Eisleben († 1519), Doktor beider Rechte und kurfürstlicher Rat in Sachsen, und sein jüngerer Bruder Kaspar († 1536), der nach Studien in Leipzig, Frankfurt an der Oder und Bologna den Doktorgrad der Medizin erlangt hatte. Er wurde Leibarzt des Kurfürsten Friedrich der Weise und dessen Nachfolgers Johann und hat auch Luther gelegentlich behandelt. In den letzten vier Jahren seines Lebens war Kaspar Lindemann Professor der Medizin in Wittenberg.

Eine Reihe von Ereignissen werden jetzt verständlich oder erscheinen wenigstens in einem neuen Licht. Daß Hans Luder sich in Eisleben niederließ, war kein Zufall, denn dort lebte Margaretes ältester Bruder. Der Entschluß, dem Sohn Martin eine Ausbildung angedeihen zu lassen, entspringt Lindemannscher Familientradition. Auch der schnelle Wechsel von Magdeburg, wo Luther ein Jahr lang die Domschule besuchte, nach Eisenach dürfte familiäre Gründe gehabt haben. Martin war eben nicht der einsame, arme Junge, der von der einen in die andere fremde Stadt gestoßen wurde, sondern der Sohn von Margarete, der in Eisenach von Onkel und Tanten aufgenommen werden konnte und bei dem Familienfreund Heinrich Schalbe auch tatsächlich Unterkunft fand. Durch Schalbe, Ratsherr in Eisenach und später Bürgermeister, hat Martin mannigfache Förderung empfangen, später sprach er mit Wärme vom ‚Kollegium Schalbe', das sich so außergewöhnlich um ihn verdient gemacht hatte. Als man Luther zu Anfang des Jahres 1520 verdächtigte, böhmischer, also hussitischer Herkunft zu sein, wies er auf seine Familie in Eisenach hin; es ist die Familie der Lindemanns, nicht der Luders: ‚In Eisenach wohnt nahezu meine ganze Familie, die können für mich zeugen, die kennen mich auch persönlich, da ich dort drei Jahre in die Schule ging ...'

Der Schritt von der Lateinschule zur Universität Erfurt und der Entschluß, Martin das Studium der Rechte aufnehmen zu lassen, fügt sich in die Familientradition der Lindemanns ein, denn der Eislebener Vetter Johann hatte als Jurist Karriere gemacht und es zum kurfürstlichen Rat gebracht. Die Bildungswelt war Luther also nicht fremd, durch seine Mutter und deren Familie ist er ihr früh begegnet.

Auch der steile Aufstieg des Vaters vom Bergmann zum Hüttenbesitzer ließe sich durch diese Einheirat erklären. Margaretes Familie wird für die – im riskanten Kupfergeschäft erstaunliche – Kreditwürdigkeit des Schwiegersohns und Schwagers gebürgt haben. Die Lindemanns waren im Leben des Vaters wie des Sohnes deutlich gegenwärtig; eine reine Männerangelegenheit, wie man meinte, ist Luthers Jugend nicht gewesen" (H. A. Oberman). Das Mansfeld war eine Grafschaft am Südrand des Harzes, eine Miniaturherrschaft, wie sie damals im Heiligen Römischen Reich üblich war und so die Landkarte bunt und scheckig machte wie das „Flickgewand eines Narrenkostüms" (R. Friedenthal). Das Ländlein wurde nicht von einem Herrscher regiert, bitter und verfeindet stritten sich zwei „Linien" des Grafenhauses um den Besitz. Beide hausten auf der Stammesburg. Nach den beiden Teilen des Schlosses nannten sie sich die „vorderortische“ und die „hinterortische“ Linie. Eine dritte „mittelortische“ Linie kam hinzu. Einige Jahrzehnte nach Luthers Tod zerfiel das Ganze durch den Bruderzwist im Hause Mansfeld. Der Besitz fiel an Magdeburg, Halberstadt und kursächsische Landesherren. Die letzte Reise des 62jährigen Luthers galt der Versöhnung der streitenden Mansfelder Grafen. Während dieser Verhandlungen starb Luther in seiner Geburtsstadt Eisleben.

Die Grafschaft war reich an Bodenschätzen. Bis ins 19. Jahrhundert hinein blühte der Mansfelder Kupferbergbau. Die „Mansfelder Kupferschiefer bauende Gesellschaft“ war das älteste und größte deutsche Bergbauunternehmen. Seit dem 12. Jahrhundert baute man das weitgestreckte Flöz von sehr geringer Mächtigkeit ab. Etwa einen halben Meter stark, war nur die unterste Schicht von etwa zehn Zentimeter Länge abbauwürdig. Der Kupfergehalt betrug ungefähr zwei bis drei Prozent, wozu noch einiges Silber kam. Das Metall besaß damals einen hohen Marktwert, aber eine mühevolle Aufbereitung und Hüttentechnik belasteten den Gewinn des Metalls. Durch den Streit der Mansfelder Grafen waren die ergiebigen Betriebe heruntergewirtschaftet, so bot sich eine gute Gelegenheit für kleinere Gruppen und Bergleute, die sich zusammenschlossen und auf eigene Rechnung schürften oder Schächte übernahmen. Die erforderlichen Gelder kamen von den Kupferhändlern aus Mansfeld und Eisleben. Ein solcher Bergmann war Luthers Vater. Er kam zu einigem Wohlstand, baute ein Haus, wurde Viertelsherr, ernährte eine große Familie, ließ seinen Sohn Martin studieren und hinterließ bei seinem Tod 1534 einen Nachlaß von 1250 Gulden.

Der vermutlich am 10. November 1483 zu Eisleben geborene Martin Luther sprach selten vom Beruf seines Vaters. „Ich bin eines Bauern Sohn. Vater, Großvater und Ahne sind rechte Bauern gewesen“, so berichtete er in seinen Tischgesprächen.

Lukas Cranach malte Luthers Eltern als alte Leute: Das Gesicht des Vaters ist von der harten Arbeit des Bergmanns geprägt; das Bildnis der Mutter zeigt verwandte Züge mit dem Bild, das Albrecht Dürer von seiner Mutter zeichnete. Auch hier das Gesicht eines von zahlreichen Geburten erschöpften und von unermüdlicher Arbeit geprägten Lebens.

Strenge Sparsamkeit herrschte im Elternhaus. Der Vater wollte es zu etwas bringen, der soziale Aufstieg mußte erreicht werden. Das Erziehungsprinzip lautete: „Wer seinen Sohn liebt, der züchtigt ihn“. Wegen der geringsten Vergehen, dem Stehlen einer Nuß, stäupte die Mutter ihn blutig. Bei einem ähnlichen Vergehen wurde er vom Vater so geschlagen, daß er ihn „floh und gram wurde“. Die Erziehungsmethode, vor allem des Vaters, hinterließ sicher ihre Spuren in der Seele des Kindes. Der Trotz war eine der charakteristischen

Eigenschaften Luthers, eine Eigenschaft, die ihm oft zum Verhängnis wurde. Dieser Trotz wurde durch ungerechte Bestrafungen besonders gefördert.

Auch der Vater im Himmel nahm durch solche Erfahrungen für das Kind Martin wohl Züge eines zürnenden Richters an, dem man aus „Gnade und Ungnade" ausgeliefert ist.

Wie war das Familienleben im Hause Luders? Die Quellen schweigen. Man ist also auf Vermutungen angewiesen. In der Familie wird nicht nur patriarchalische Strenge geherrscht haben, weithin blieben die Kinder, während der Vater im Schiefer werkte und die Mutter im Hause arbeitete, sich selbst überlassen.

Auch über das religiöse Leben der Luders ist nichts zu erfahren. Die heilige Anna, seit dem 13. Jahrhundert als Schutzpatronin der Bergleute verehrt, wird in der Frömmigkeit der Familie einen festen Platz gehabt haben, sonst hätte der Student Martin, als im Sommer 1503 bei Stotternheim ein Blitz in seiner Nähe einschlug, nicht die heilige Anna angerufen.

Der kleine Martin wurde als Fünfjähriger auf die Mansfelder Lateinschule geschickt. Als „Eselsstall und Teufelsschule", als eine „Hölle und ein Fegefeuer", so bezeichnete Luther später diese Schule. Ein freundliches Wort fand er für sie nicht. In seiner Schrift an die Ratsherrn geht er mit dem spätmittelalterlichen Unterricht ins Gericht. Die Schulmeister seien „ungeschickte Tyrannen und Stockmeister" gewesen, und man habe ihn an einem Tage 15mal mit der Rute „wacker gestrichen".

Von dem Lehrbetrieb der Privatschulen entwarf Luther in der Rückschau ein trübes Bild. Auch hier neigte er zu Übertreibungen. Sicher war die mittelalterliche Lateinschule mit Mängeln behaftet, sonst wären die Reformen des 15. Jahrhunderts nicht erforderlich gewesen.

Die Trivialschüler gliederten sich in drei Haufen, in der Reihenfolge von unten nach oben: die „Fibulisten" oder „Tabulisten", die „Donatisten" und schließlich die „Alexandristen".

Tabulisten wurden sie genannt, weil die Fibel aus Tafeln zusammengesetzt war. Zuerst mußte der Lateinschüler lesen lernen, Lese- und Schreibunterricht gingen noch nicht Hand in Hand. Der Lese- und Lernstoff wurde in lateinischer Sprache geboten, der Inhalt war religiös: Gebete, Gebote, Glaube, Sakramente, kurzum eine Art Katechismusunterricht.

Die „Donatisten" wurden an Hand des „Donat", eines antiken Grammatikers des 4. Jahrhunderts, dessen Lehrbuch bis ins 18. Jahrhundert benutzt wurde, in die lateinische Formenlehre eingeführt.

Die lateinische Satzlehre erlernte man nach dem Lehrbuch, das Alexander de Ville Dieu im 12. Jahrhundert verfaßte. Dieser Lateinunterricht des späten Mittelalters ist vom Humanismus verurteilt worden. Man rügte das geistlose

Auswendiglernen. Es wird nicht danach gefragt, ob eine andere Methode möglich war, und es wird nicht bedacht, daß die mittelalterlichen Schüler über keine gedruckten Bücher verfügten.

In dieser Schule gab es keinen Unterricht der Geschichte, kein Wort über Staat oder „Bürgerkunde", das hatte für Luther Konsequenzen, als er sich mit dem politischen Leben seiner Zeit auseinandersetzte. Auch über Geographie wurde im Unterricht nicht gesprochen, kein Wort über Naturkunde verloren. Die Erde war eine Scheibe, und das Herz der Welt schlug in Rom oder Jerusalem.

Luther hat nie mit Zahlen umzugehen gewußt und selbst sein Geburtsjahr falsch angegeben, denn er hat nicht einmal rechnen gelernt. Die Rechenbücher des Adam Riese erschienen Jahrzehnte später.

Der „fahrende Schüler" gehört zum Bild des späten Mittelalters. So konnten damals „Schütz" und „Bacchant" von Schule zu Schule ziehen. Es war nichts besonderes, wenn einer zwei oder drei Schulen besuchte. Luther verlebte ein Schuljahr (1496/97) in Magdeburg. In einem Brief an den Magdeburger Claus Storm vom 15. Juni 1522 schreibt er, daß er „zu den Nullbrüdern in die Schule" gegangen sei.

„Nullbrüder" ist eine der mannigfaltigen Bezeichnungen wie „Brüder vom gemeinsamen Leben" (fratres vitae communis, modernae devotionis, bonae voluntatis), Fraterherren, Kugel-, Kogel-, Gugelherren (fratres cucunati), Kollatienbrüder, Schul-, Sollbrüder und ähnliche, die man zur Kennzeichnung der Gemeinschaften verwandte, die aus der geistlichen Bewegung, der „devotio moderna", hervorgingen. Der Begründer dieser neuen Frömmigkeit ist der Mystiker und Bußprediger Gert Groote († 1384). Das erste Brüderhaus entstand nach 1380 in Deventer unter Leitung von F. Radewijus († 1400), einem Freund Grootes. Die Brüder waren eine Gemeinschaft von Weltpriestern und Klerikern. Sie legten keine Gelübde ab. Sie versuchten, ihre vertiefte innerliche Frömmigkeit in das Weltleben hineinzutragen. Thomas a Kempis hat in seiner „Nachfolge Christi" den Geist der „devotio moderna" lebendig gehalten, die Windisheimer Kongregation, ausgehend vom Augustiner-Chorherrenstift Windisheim (1387), ist die „klösterliche Form" der „devotio moderna". Von Deventer aus gründeten die Brüder Häuser in den Niederlanden.

Heinrich von Ahaus errichtete 1401 ein Haus in Münster, von hier breiteten sich die Gemeinschaften im nordwestlichen Deutschland aus. Das Magdeburger Haus wurde von Hildesheim aus gestiftet (1482).

Die Brüder förderten den Humanismus, pflegten aber auch die deutsche Sprache. Schulen unterhielten sie nur wenige, umso mehr aber Konvikte, in denen sie starken erzieherischen Einfluß ausübten.

Das Magdeburger Jahr wirkte auf Luthers Entwicklung nicht entscheidend ein. Die Brüder versuchten, ihre Zöglinge zu bekehren (conversio). Sollten die

Brüder diesen Versuch auch bei Martin Luther gemacht haben, so war er erfolglos. Von der Frömmigkeit der „devotio moderna" hat Luther – wenn überhaupt – nur flüchtige Eindrücke gewonnen.

Aus der Magdeburger Zeit ist nur die Gestalt des in einer Franziskanerkutte bettelnden Fürsten von Anhalt in seiner Erinnerung geblieben. „In Magdeburg sah ich, wie ein Fürst zu Anhalt, der Barfüßer-Bettelmönch geworden war, in der Stadt herumging und Brot bettelte, auch selbst den Sack trug, obschon ein langer, großer Mensch vor ihm herging, der den Sack zehnmal besser hätte tragen können, also demütig wollte er sein." So erzählte Luther später in seinen Tischreden.

In Eisenach, wo Luthers Familie Verwandte hatte, verbrachte Luther die nächsten vier Jahre seines Lebens. Er besuchte die Pfarrschule St. Georg. Diese erfreute sich eines guten Rufes. Im Hause der Familien Cotta-Schalbe fand er Geborgenheit in freundlicher Umgebung. Die Familie Schalbe war mit den Franziskanern befreundet, die am Fuße der Wartburg ein Kloster besaßen. Ein Erlebnis aus dieser Zeit blieb ihm in Erinnerung: „Ein Franziskaner, Johannes Hilten, war von seinen Mitbrüdern lebenslänglich eingemauert worden. Er verkündete gefährliche Prophezeiungen in der Weise des Propheten Daniel. Das Jahr 1516 sah er als das Datum für die große Wende der Zeit an.

Luther machte in der Schule gute Fortschritte, überflügelte seine Mitschüler in der Oberklasse und beherrschte die lateinische Sprache. Die Zeit der Prügel war überstanden. Der Siebzehnjährige war ein fröhlicher Geselle, klein, fest gebaut, mit hartem Schädel und braunem Schopf. Seine Altersgefährten zogen mit ihm als Kurrende singend durch die Stadt, um sich als „Partekenhengste" kleinere Partikelchen als milde Gaben einzusammeln. Luther unterrichtete jüngere Schüler, überwachte ihre Hausaufgaben und nahm sie mit zur Schule, so auch den kleinen Heinrich Schalbe.

In späteren Jahren sieht Luther die Eisenacher Jahre als glückliche „goldene Zeit" seiner Jugend an. So spricht er von „seinem lieben Eisenach", ein Ausdruck, den er für keinen anderen Ort seines Lebensweges – auch nicht für Erfurt oder Wittenberg – gebrauchte. Der Familien Cotta und Schalbe, vor allem Frau Cottas, wird er sich dankbar erinnern, seinen Lehrer, den Rektor Trebonius, wird er nicht vergessen, und der Vikar Johannes Braun von St. Marien ist Gast bei seiner Primiz am 2. Mai 1507 in Erfurt.

15

STUDENT IN ERFURT

Im Sommersemester 1501 wurde Martin Luther als „Martinus Ludher Mansfeldt“ in die Matrikel der Erfurter Universität eingetragen, als 41. in der Gruppe derer, die totum, das heißt den vollen Betrag der Immatrikulationsgebühren 23 gr (Groschen) zahlten. Die Namen trug man erst am Ende des Semesters ein, nachdem die Rechnungsführer die Namen nach der Höhe der bezahlten Gebühr geordnet hatten. Innerhalb der Gruppen wurde die Reihenfolge der Immatrikulation beachtet, nach dieser richtete sich die Zulassung zum Examen.

Dieser Eintrag in die Matrikel der Erfurter Universität, der Luther als einen „vermögenden“ Studenten ausweist, ist das erste urkundlich verbürgte Datum seines Lebens.

Erfurt zählte am Ende des 14. Jahrhunderts zu den größten Städten Deutschlands. Im späten Mittelalter gebot die Stadt über ein Territorium von 900 km^2 mit 2 Städten, 82 Dörfern und 5 Burgen.

Die Stadt selbst entstand an einer Furt durch die ursprünglich Erph genannte Gera. Im Zuge der fränkischen Mission wurde um 724 das Kloster auf dem Petersberg gegründet, eine königliche Pfalz bestand außerdem. Bonifatius gründete 742 das Bistum Erfurt für das nördliche Thüringen, das Papst Zacharias 743 bestätigte.

Das Bistum wurde wegen Bedenken Roms und Bedrohung durch die heidnischen Nachbarn entweder von Bonifatius aufgelassen oder von Bischof Lullus mit dem Bistum Mainz vereinigt. Die Mainzer Erzbischöfe waren seit Otto I. Stadtherren von Erfurt und seinem Gebiet. Ihr Anspruch wurde umkämpft und war vielen Schwankungen unterworfen, erhielt sich aber bis 1802. Der Rat Erfurts strebte im Mittelalter, zeitweise nicht ohne Erfolg, Reichsunmittelbarkeit an.

Am Schnittpunkt bedeutender Handelswege gelegen, war Erfurt schon im Jahre 805 das Stapelrecht verliehen worden. Der Handel mit den norddeutschen und skandinavischen Ländern, mit dem Osten und dem Süden Europas, mit dem Orient durchlief Erfurt. Über Thüringen hinaus, in Sachsen zum Beispiel, war die Thüringer Mark – 8 Unzen und 16 Lot wiegend – als Währung anerkannt.

Neben Wein und Bier, das Erfurt ausführte, galt der Waid, der „deutsche“ Indigo, als das „goldene Vlies“ der Erfurter Wirtschaft. Das Färberblau wurde aus Waid gewonnen. Der Waid (Isatis tinctoria) ist eine bis zu einem Meter hohe Staude. Ihre Blätter werden gemahlen, mit Wasser zu einem Brei versetzt, durch Gärung und Oxidation mit dem Sauerstoff der Luft zu jener Farbe bereitet, für die im Mittelalter größter Bedarf herrschte. Erfurt verlor im „tollen Jahr" 1509/10, die unbedingte Überlegenheit, die es bis dahin auf dem Waidmarkt besessen hatte. Die Erfurter Waidhändler und Fabrikanten verließen Erfurt und siedelten sich in den Nachbarstädten an.

Welche Bedeutung der Erfurter Rat dem Waidhandel zumaß, ist aus den Akten zu ersehen, die den Streit des Erzbischofs Dieter von Mainz (1480) mit dem Rat von Erfurt widerspiegeln. Der „Waidmarkt" währte von Trinitatis bis Michaelis (29. 9.). Das Geläut der Waidglocken eröffnete ihn, der geschworene Waidknecht läutete sie. Bis zu diesem Zeitpunkt durfte kein in die Stadt eingeführter Waid verkauft werden.

Nur Erfurter Bürger durften Waidballen kaufen. Kaufen konnte aber nur derjenige, der vom Rat den Waidzettel gelöst hatte. Luther hat in seinen späteren Jahren von der Waidkultur, die Erfurt reich gemacht hatte, nichts wissen wollen.

In dem fruchtbaren Thüringen „haben sie die schalkait gelernt. Wo früher Getreide wuchs, da muß nun waidt wachsen, welche die Erde also verbrent und die Erden aussagkt". Diese Aussage stimmt nicht. Nicht die Ermüdung des Bodens, sondern der Indigo verdrängte den Waid.

In Erfurts Mauern herrschte im späten Mittelalter ein blühendes kirchliches und geistiges Leben. 3 Kollegiatkapitel, 7 Männer- und 4 Frauenklöster beherbergte Erfurt im 15. Jahrhundert. In den 28 Pfarreien Erfurts entfaltete sich Pfarrleben, und etwa 60 Kirchen und Kapellen boten den Gläubigen Raum für Kult und Geborgenheit für die persönliche Andacht. Unter den Kirchen der Stadt ragten die Stiftskirchen St. Marien und St. Severi hervor. Beide Kirchen, nachbarlich vereint auf dem Domhügel, dem „altus mons", im Herzen der Stadt gelegen, gelten als Kleinodien der mittelalterlichen Baukunst. Dehio bezeichnet beide Kirchen als „eine der schönsten Baugruppen Mitteldeutschlands". Ihre Türme sind die charakteristischen Zeichen der Silhouette der Stadt bis heute geblieben.

Das Kollegiatstift St. Marien versah für den fast 200 km entfernten Bischofssitz in Mainz eine wichtige kirchliche Funktion. Es übte eine Art Wächteramt für den Mainzer Erzstuhl in Thüringen aus.

Der Reichtum Erfurts stärkte das Bürgertum in seinem Ringen um Freiheit und Unabhängigkeit und förderte auch das geistige Leben der Stadt. Der Mainzer Erzbischof Adolf von Nassau bat 1379 den in Avignon residierenden Gegenpapst Clemens VII. um Gründung einer Hochschule in Erfurt.

Am 16. September und am 1. Oktober 1379 gab ihm jener Papst das Privileg zur Gründung einer neuen Hochschule, um sich im Mainzer Erzbischof und der Stadt Erfurt Freunde zu verschaffen.

Die Stiftungsbulle gewährt den Erfurtern ein Generalstudium in Grammatik, Logik, Philosophie, kanonischem und bürgerlichem Recht, Medizin und jedweder erlaubten Fakultät und stattet die Lehrer und Studierenden mit allen Privilegien, Freiheiten und Immunitäten bestehender Generalstudien aus. Das Schisma verzögert die Eröffnung der Universität. Auch als Urban VI. die Stiftung einer Universität zu Erfurt bekräftigt hat, dauert es noch drei Jahre, bis sie in der Woche nach Misericordias Domini 1392, also nach dem 28. April, eröffnet wurde.

Für das erste Semester der neuen Universität wurden vermutlich am Mittwoch, dem 1. Mai, dem Tag der Rektorwahl, 523 Studenten in Erfurt immatrikuliert.

Um die Mitte des 15. Jahrhunderts war Erfurt die erste Universität Deutschlands geworden, mehr als ein Drittel aller deutschen Studenten studierten in Erfurt. Ihre Professoren hatten einen vorzüglichen Ruf im Reich.

Die Erfurter Universität war nicht nach Nationen gegliedert wie die Universitäten von Prag, Wien und später auch Leipzig (1409).

Nach dem Willen des Vaters sollte Luther die Rechte studieren. Die Erfurter juristische Fakultät erfreute sich eines ausgezeichneten Rufes. So ist es nicht verwunderlich, daß Luther sich in Erfurt einschreiben ließ. Bevor Luther mit dem Studium seines erwählten Faches beginnen konnte, mußte er das Eingangstor durchschreiten, das in der mittelalterlichen Universität vor dem des Fachstudiums lag: das sogenannte „studium generale" in der Artistenfakultät; „artes liberales" hießen sie, weil sie eines freien Mannes würdig sind.

Deswegen bleiben Malerei, Bildhauerei und andere Handwerkskünste (artes mechanicus) ausgeschlossen. Es umfaßte die sieben freien Künste und gliederte sich in das „Trivium" (Grammatik, Rethorik, Dialektik) seit dem 9. Jahrhundert und das „Quadrivium" (Arithmetik, Geometrie, Musik und Astronomie), so von Boethius genannt. Das Baccalaureatsexamen schloß das Trivium ab. Luther machte dieses Examen um Michaelis 1502, er bestand als 30. von 57 Kandidaten sein Examen als „Martinus luder de Mansfelt". Es ist das zweite urkundlich verbürgte Datum seines Lebens.

Am Ende des Quadriviums stand die Promotion zum „Magister Artium", die Luther zu Epiphanie 1505 zuteil wurde. „Martin luder ex Mansfelt" bestand als 2. von 17 Kandidaten dieses Examen. Dieses Datum ist das dritte urkundlich gesicherte Datum seines Lebens.

Luther erzählte später: „Wie war es eine so große Majestät und Herrlichkeit, wenn man magistros promovierte und ihnen Fackeln vortrug und sie verehrte! Ich halte, daß keine zeitliche, weltliche Freude desgleichen gewesen sei."

Einheit und Geschlossenheit der Korporation und des Unterrichts forderten und verbürgten die Verordnungen, die an der Spitze der Universitätsstatuten standen. Aber wie jede mittelalterliche Universität gliederte sich auch die Erfurter in Internate mit einem ihnen besonders zustehenden, wenn auch in eigener Verantwortlichkeit erteilten Unterricht. Ohne „Bursen" gab es auch in Erfurt kein Generalstudium. Es herrschte in Erfurt Bursenzwang. Jeder Magister verfügte über das Recht, Bursen zu eröffnen. In den Bursen herrschte eine strenge Lebens- und Studienordnung. Vor Verleihung eines akademischen Grades wollte das Prüfungskollegium genau wissen, ob die Lebensführung des Kandidaten die Verleihung eines akademischen Grades rechtfertigte. So war dauernde Aufsicht geboten. Der Student erwählte sich zu Beginn des Studiums einen Magister, mit dem er in regem Austausch stand. Vor der Prüfung gab der Magister dann die geforderten Zeugnisse. Hatte er einem Unwürdigen zur Promotion verholfen, wurde er bestraft.

Martin Luther wohnte vermutlich in der Georgenburse. Sie lag auf der Lemansbrücke, die Studenten nannten sie „Biertasche". Zur Zeit Luthers genoß sie Ansehen. Der Rückgang der Universität machte sie überflüssig. Ihr letzter Rektor, von dem man etwas erfährt, war Magister Liborius Mangold (1547). Auf dem Erfurter Stadtplan von 1629 ist sie nicht mehr eingetragen. 1465 war sie gegründet worden. Der Erfurter Rat hatte ein Haus von Hartung Kammermeister für 440 Schock gekauft und eine Burse eingerichtet, um die wachsende Zahl der Studenten unterzubringen.

Unter dem Rektorat von Jodocus Trutfetter, Professor der Artistenfakultät, Lizentiaten der Theologie und Kollegiaten der am Dom gelegenen Juristenburse, wurde Luther akademischer Bürger. Vor ihm schwur er, dem Rektor zu gehorchen, die Statuten zu befolgen, das Ansehen der Universität zu fördern und in Streitfällen sein Recht nur bei einem akademischen Richter zu suchen. Auch in der Burse mußte er einen Eid ablegen. Nach der Immatrikulation erfolgte in der Burse der alte rauhe Brauch der „Deposition": die Absetzung des „tierischen" Nichtstudenten, symbolisiert durch eine Kappe mit Eselsohren, die ihm abgerissen wurde, und eine kalte Wasserdusche als Taufe für den neugeborenen Akademiker.

Das Collegium majus bildete in Erfurt den Kern der philosophischen Fakultät. Das Gebäude des Collegiums majus war das Domus universitatis, das Universitätshaus. Hier war die Bibliothek untergebracht, deren Verwaltung allein der philosophischen Fakultät oblag. Alljährlich fanden hier die großen

Disputationen (Quodlibet), Höhepunkte mittelalterlichen Universitätslebens, statt. Die Stadt Erfurt verfügte über das Recht, die acht Kollegiaturen des Collegiums zu besetzen. Man achtete streng darauf, daß dieses ihr Recht gewahrt wurde. Die acht Kollegiaten des Großen Kollegs bildeten den Kern des Fakultätsrates. In den ersten Jahrzehnten der Erfurter Universität erlebte die philosophische Fakultät eine Blütezeit. Der Tod oder der Weggang berühmter Lehrer, der große Brand von 1472, das Ermatten der scholastischen Methode und der Stillstand der literarischen Produktion zeigen im achten Jahrzehnt des 15. Jahrhunderts den Rückgang der Fakultät an.

Erich Kleineidam, dem die Geschichte der Universität Erfurt zu danken ist, schreibt über die Lage der philosophischen Fakultät am Ende des 15. Jahrhunderts:

„Im letzten Jahrzehnt des 15. Jahrhunderts machte sich der Zerfall der alten Formen deutlich bemerkbar. Die Matrikel und die Register der Baccalare und Magister zeigen nicht mehr das saubere, gut geordnete Schriftbild wie bisher, gar mancher Rektor verabsäumt seine Rechnungslegung im liber rationum, dafür wird aber großer Wert auf bildlichen Schmuck und eigenerfundene Einleitungen gelegt. Der Zerfall vollzog sich von selbst, ohne große Angriffe oder Auseinandersetzungen; sowohl die Denkformen als auch die pädagogischen Traditionen und bisher unangetastete Überzeugungsinhalte verloren ihre Inhalte. Die neue Denkwelt, die heraufzog, hatte aber noch nicht die nötige Ausprägung gefunden, um die alte Universitätstradition ersetzen zu können.

In Erfurt ergab sich zusätzlich die große Schwierigkeit, daß die Stadt ständig am Bankrott stand und die Spannungen innerhalb der Stadtgemeinde größer wurden. Alle spürten, daß nur mit großer Kraftanstrengung, nicht aber mit idyllischem Genuß einer gesicherten Kollegiatur die Krise der Universität gemeistert werden könnte.

Das Ende des Jahrzehnts bringt eine offensichtliche Neubelebung der Universität. Sie besteht einmal in einer organisatorischen Erneuerung, indem zu alte Doktoren, die gegen die Studenten immer noch im Fakultätsrat saßen, zum Rücktritt veranlaßt wurden, um jüngeren Magistern Platz zu machen.

Viel wichtiger ist aber das geistige Neuerwachen; es vollzieht sich nach doppelter Richtung. Einmal können wir nach dem großen Quodlibet von 1497 den Durchbruch eines entscheidenden Nominalismus in Erfurt feststellen, der viel energischer als die bisherige traditionelle Via moderna einen klaren Standpunkt vertritt. Diese Wendung, die parallel zu der Erneuerung des Nominalismus in Tübingen verläuft, die dort dem aus der Erfurter Schule stammenden Gabriel Biel zu verdanken ist, drückt vor allem den Jahren 1497 bis 1505 den Stempel auf. Sie findet ihren Niederschlag in einer nicht abreißenden Kette von Lehrbüchern und Schulschriften, die alle von den zwei führenden Magistern Jodocus Trutfetter und Bartholomäus von Usingen herstammen. Zugleich mit dem Neuaufblühen der systematischen Wissenschaften findet in Erfurt auch der Humanismus, der schon seit Jahrzehnten stimmungsmäßig einfloß, klaren und überzeugenden Ausdruck in Schriften des Nikolaus Marschalk, die der begabte Buchdrucker Wolfgang Schenk ebenso wie die Lehrbücher der Scholastiker herausgibt. Es bildet sich wie in anderen Städten auch in Erfurt eine humanistische Sodalitas, die unter der Leitung des Nikolaus Marschalk und des Maternus Pistoris aus Inguiler stand. Die führenden Männer der Stadt, ebenso die führenden Männer der drei höheren Fakultäten schätzten und befürworteten diese neue Form des Denkens, Fühlens und Lebens, wenn sie persönlich ihr auch fernstehen mochten ...

Dieses Mit- und Nebeneinanderleben beider Richtungen wirkte sich auf die Universität günstig aus. Es gab keine Verachtung der scholastischen Lehrform, aber es gab umgekehrt keinen Argwohn gegen die neue Vorliebe für eine gepflegte dichterische Sprache und gegen die Verehrung der Antike. Jeder bevorzugte, was ihm persönlich lag, ein Martin Luther die scholastische Lehrform, ein Eobanus Hessus die poetisch-klassische. Das Ansehen der akademischen Grade war noch unbestritten; die Erfurter Humanisten waren so gut wie alle graduierten Magister, die also den ganzen scholastischen Lehrgang mit Erfolg absolviert hatten.

Das Jahr 1505 bildet einen tiefen Einschnitt in der Geschichte der Universität. Zudem vertrieb wieder einmal die Pest Lehrer und Studenten und machte so einen Neuanfang unter neuen Bedingungen nötig. Dabei zeigte sich, wie brüchig die bisherige Universitätstradition geworden war, wie schwer es war, in den alten Formen wieder zu beginnen.“

Luther verarbeitete später in seiner Theologie die Keime, die seine Lehrer Jodocus Trutfetter und Bartholomäus von Usingen in sein Denken während der Erfurter Studienjahre einpflanzten. Trutfetter lehrte ihn, daß nur der Heiligen Schrift Glaube gebühre, alle anderen Schriften aber einer kritischen Überprüfung zu unterziehen seien. Trutfetter wies den Studenten auch auf Gregor von Rimini hin, den er für einen bedeutenden Lehrer in der Philosophie und Theologie ansah.

Bartholomäus von Usingen ging mit Aristoteles streng ins Gericht. Für ihn war die Philosophie des Stagiriten unvereinbar mit dem Glauben. Usingen schätzte Gregor von Rimini höher ein, als es Trutfetter tat. In seinen frühen Jahren war Gregor von Rimini die entscheidende Stütze seiner Unterweisung. Der Augustinereremit Gregor von Rimini, Doctor authenticus genannt, starb 1358 zu Wien. In der Erkenntnislehre ein Nominalist, gründete er als Theologe sein Denken auf Augustinus. In der Gnadenlehre war er ein Rigorist. Gregors Einfluß war groß und wirkte auch auf Luther ein.

Jodocus Trutfetter wurde im Wintersemester 1507 Rektor der Universität Wittenberg und war von 1508/10 Dekan der theologischen Fakultät in Wittenberg. 1510 kehrte er nach Erfurt zurück, um das Kanonikat mit der Lektoralpräbende an der Marienkirche zu Erfurt zu übernehmen. Wohnung nimmt er in der Kurie „Zum Heidenthor“. Am 9. Mai 1518 besuchte Martin Luther, von seiner Disputation in Heidelberg kommend, Trutfetter in Erfurt. Trutfetter starb am 9. Mai 1519.

Bartholomäus von Usingen trat 1512 in den Augustinereremitenorden ein und wurde so ein Mitbruder des 1505 in den gleichen Orden eintretenden Martin Luther.

Im Sommer 1519 wird Usingen Prior der Augustinereremiten in Erfurt. Im April 1518 begleitete er Martin Luther zur Heidelberger Disputation, 1525 ging er nach Würzburg. Er nahm 1530 am Augsburger Reichstag teil. Zwei Jahre danach, am 9. September 1532, starb er zu Würzburg.

Seit der Gründung der Erfurter Universität waren in der juristischen Fakultät zwei Ordinariate für Kirchenrecht vorgesehen, zwei Kanonikate mit Präbenden waren seit 1395 zu ihrer Dotation bestimmt. Seit 1432 war auch ein Kanonikat mit Präbende an der Marienkirche für einen Juristen vorbehalten. Man legte großen Wert darauf, daß auch bald weltliches Recht vorgetragen wurde. Wann für weltliches Recht eigene Lehrstühle eingerichtet worden sind, ist nicht feststellbar. Johannes Biermost aus Erfurt ist der erste nachweisliche Inhaber des Lehrstuhls für weltliches Recht (1494). Er vermittelte 1508 Spalatin als Erzieher bei Friedrich dem Weisen.

Luther begann im Sommersemester 1505 seine juristischen Studien. Das Semester wurde am Tage des heiligen Ivo (19. Mai), des Patrons der Juristen, eröffnet. Der Dekan wurde gewählt. Am Tage darauf begannen die Vorlesungen. In der Nähe des Domes war die „schola juris“ mit ihren Hörsälen gelegen. Der Jurist Luther ist vermutlich in eine Juristenburse übergesiedelt, denn auch die Juristen standen unter Bursenzwang.

In welche Burse Luther sich aufnehmen ließ, weiß man nicht. Eine Bemerkung von Justus Jonas weist daraufhin, daß Luther in der Burse „Porta coeli“ (Himmelspforte) eingezogen sei. Diese nahm auch Juristen auf. Die Bursenstatuten, von Amplonius Ratingk verfaßt, enthalten Anordnungen zum Studium der Rechte. Aber man muß diese Bemerkung ebenso vorsichtig aufnehmen wie alle Mitteilungen anderer, selbst befreundeter Männer über Luther.

Vermutlich hat Luther mit dem Studium des Zivilrechtes begonnen. Luther war keinesfalls genötigt, sich mit beiden Rechten zu beschäftigen. Nach den Erfurter Statuten stand es jedem frei, ob er im Zivilrecht oder im kanonischen Recht promovieren wollte. Der Vater Luthers kaufte seinem Sohn ein „corpus juris". Darunter ist wohl eine Sammlung zivilrechtlicher, also wohl weltlicher Gesetze zu verstehen.

Luther las den „Accursius". Dieser Rechtsgelehrte († um 1260) hatte die „Glossen" oder Kommentare zum Zivilrecht exzerpiert und so eine neue, die „glossa ordinaria" geschaffen. Sie war hochgerühmt und weitverbreitet.

Luther war auf dem besten Wege, Wunsch und Weisung seines Vaters folgend, ein gelehrter Jurist zu werden, da trat ein Ereignis ein, das ihn aus der Bahn warf und seinem Leben einen anderen Weg wies. Im Sommer 1505 war er zum Besuch der Eltern nach Mansfeld gereist. Auf dem Rückmarsch, es war wohl der 2. Juli, überraschte ihn beim Dorfe Stotternheim ein Gewitter. In höchster Angst – ein Blitz schlug neben ihm ein – entfährt ihm das Gelübde: „Hilf, liebe St. Anna, ich will ein Mönch werden".

16

AUGUSTINERMÖNCH UND DOKTOR DER HEILIGEN SCHRIFT

Am Fest des hl. Alexius, dem 17. Juli 1505, bat der Jurastudent Martin Luther an der Pforte der Augustinereremiten in Erfurt um Aufnahme.

Die Augustinereremiten (Ordo ermitarum S. Augustini, OESA) sind ein Orden, der aufgrund der Augustinerregel durch Papst Alexander IV. mit der Bulle „Licet ecclesiae catholicae" vom 4. Mai 1256 aus mehreren Eremitenverbänden gestaltet wurde. Alexander IV. befreite den Orden von der Jurisdiktion der Bischöfe, Pius V. zählte ihn 1567 den Bettelorden bei. Der Orden umschließt Priester und Laienbrüder. Die Ordenstracht ist ein schwarzer Habit (im Haus, und wo am gleichen Ort keine Dominikaner wohnen, auch ein weißer Habit) mit rückwärts unten spitz zulaufender Kapuze und ledernem Gürtel.

Die 1256 gegründete deutsche Provinz zählte 1299 schon ca. 80 Klöster und wurde deshalb in die rheinisch-schwäbische, bayrische, sächsische und kölnische Provinz geteilt.

1492 umfaßte der Orden 26 Provinzen und 7 Kongregationen; auf dem Generalkapitel 1497 in Rom waren 350 Doktoren der Theologie aus dem Orden vertreten.

Außer der persönlichen Heiligung widmeten sich die Augustiner der Pfarrseelsorge, der Mission und der Forschung und Lehre.

Das 1256 gegründete Erfurter Kloster der Augustinereremiten erfreute sich eines ausgezeichneten Rufes. Es gehörte der strengen Observanz an, fast die Hälfte der 70 Brüder waren Priester.

Andreas Proles, der Reformator der deutschen Augustiner, hatte die Erneuerung auch des Erfurter Konvents erreicht. Er löste sich von der thüringisch-sächsischen Provinz der „Konventualen“ und schloß sich der Kongregation der Augustiner Observanten an. Sein Nachfolger Johannes von Staupitz (um 1465–1524) setzte das Werk der Reformation fort. Er unterzog die Ordenssatzungen der Observanz einer Prüfung und übergab mit einem Anschreiben vom 25. Mai 1504 die revidierten Konstitutionen den „Magistern, Lektoren und allen Brüdern“ zur genauen Beobachtung.

Die Georgenburse, in der der Student Luther Jahre hindurch gewohnt hatte, lag in der unmittelbaren Nähe des Augustinereremitenklosters. Hohe Mauern umschlossen das jenseits der Lemanbrücke gelegene etwa 7500 Quadratmeter umfassende Klosterareal. Das Erfurter Kloster besaß ein berühmtes Generalstudium, das an Ansehen die Studienhäuser der Erfurter Dominikaner und Franziskaner übertraf.

Als Luther in das Kloster eintrat, erlebte er noch den gefeierten Professor des Generalstudiums und der Erfurter theologischen Fakultät, Johannes Jeusser aus Paltz, der kurzweg Dr. Paltz genannt wurde. Er war 1462 in Erfurt intituliert, 1467 wurde er zum Magister artium promoviert, dann trat er in den Orden der Augustinereremiten ein. Er war Prior in Orla, kurze Zeit an der Universität Heidelberg und wurde am 13. Oktober 1483 an der Erfurter Universität zum Doktor der Theologie promoviert. 1488 wurde er Inquisitor in Thüringen, predigte in den Jahren 1488–1500 gegen die Türken und von 1490–1493 gegen die Hussiten in Böhmen. 1505 ist er das letzte Mal in Erfurt erwähnt. Dr. Paltz war Schüler und glühender Verehrer eines anderen Erfurter Augustinereremiten und Universitätslehrers, berühmten theologischen Schriftstellers und gesuchten Predigers, des scharfsinnigen Dr. Johannes Bauer de Dorsten († 3. Januar 1484). Von ihm sagte ein ihm befreundeter Doktor, daß Deutschland seit hundert Jahren niemals einen solchen Doktor gehabt habe und auch noch haben werde wie Johannes Dorsten. „Zu allen akuten Fragen des religiösen und theologischen Lebens nahm Dorsten Stellung, so zu der Frage der Ablässe, der Wallfahrten, der schwärmerischen-apokalyptischen Erwartungen, der Simonie, der Fragen der Unbefleckten Empfängnis Mariens. Leider ist von seinen vielen Schriften sehr wenig gedruckt worden. Erfurt war in der Buchdruckerkunst zurückgeblieben; nur eine kleine und wenig bedeutende Abhandlung über die hl. Messe wurde gedruckt“ (E. Kleineidam).

Dr. Paltz ist es zu danken, daß ein Teil der Dorstenschen Arbeiten auf uns kam, er nahm diesen in sein Buch „Celifodina“, erstmalig 1502 in Erfurt erschienen, auf. Sie war unter dem deutschen Titel „Die hymelisch Fundtgruob" schon 1490 in Leipzig und Nürnberg erschienen.

Johannes Paltz war ein mitreißender Prediger. Seine „Celifodina" erhebt sich über die in hergebrachten Formeln sich bewegende Predigtliteratur der Zeit. Paltz kennt die Fragen, die damals viele Menschen bis ins Innerste bewegten: „Wie finde ich einen gnädigen Gott, quomodo inveniam ipum placatum?" Der Doktor gibt die Antwort: „Es antwortet darauf Augustinus: Du wirst ihn versöhnen, wenn du auf seine Barmherzigkeit hoffst . . . Denn das ist die Ursache, warum wir so oft in der Heiligen Schrift gemahnt werden, auf den Herrn zu hoffen, weil die Hoffnung nicht zuschanden wird." Luther erwähnte die Schriften Paltz' kaum jemals. Sicher kannte er seine Schriften, vermutlich verfehlten sie auf den empfänglichen Studenten ihren Eindruck nicht.

„Wenn jemand Aufnahme in unseren Orden begehrt, soll ihm nicht sogleich gewillfahrtet werden, wer er auch immer sei, sondern es soll sein Geist geprüft werden, ob er aus Gott ist", sagten die von Staupitz revidierten Statuten.

Luther wurde ins Kloster aufgenommen, wurde aber nicht sofort Mönch, auch nicht sofort Novize, sondern zunächst „Gast", der in den für Fremde bestimmten Räumen Unterkunft fand. Vermutlich nutzte Luther die Zeit vor Beginn seines Noviziates, um mit seinem Vater ins reine zu kommen. Vater Hans hat wohl unter dem Eindruck der Pest, die zwei seiner jüngeren Söhne hinwegraffte, sich dem Starrsinn des älteren gebeugt. Luther ist mit Einwilligung seines Vaters Novize geworden.

Die Entscheidung seines Sohnes Martin, Mönch zu werden, hat der Vater nur schwer verwunden, sie zerstörte seine Hoffnungen.

Nach etwa zwei Monaten wurde er durch einen feierlichen liturgischen Akt als Novize aufgenommen, er erhielt Tonsur und Mönchstracht. Zur Einweisung in die mönchischen Pflichten – Kenntnis der Statuten, des Chordienstes, der Sitten und Observanz – wurde für den Neuling ein Novizenmeister bestellt. Den Namen des Novizenmeisters kennen wir nicht. Luther nennt ihn später „einen trefflichen Mann, der ohne Zweifel unter der verdammten Kutte ein wahrer Christ gewesen ist".

Luther nahm seine Pflichten sehr genau. Gewissenhaft wie er alles tat, lebte er getreu der Regel. Von Auflehnung und Ungehorsam ist nie etwas berichtet worden.

In seiner kargen Novizenzelle, die als Lagerstätte nur einen Strohsack hatte, studierte er eifrig die Heilige Schrift. In seinem Noviziatsjahr begann er so, den Grund seiner stupenden Schriftkenntnis zu legen. Teile der Heiligen Schrift lernte er auswendig. Das Noviziat dauerte ein Jahr. Zum Abschluß des Noviziatsjahres legte Luther feierliche Profeß ab, er verpflichtete sich zu einem

Leben der Armut, der Keuschheit und des Gehorsams. Wann Luther, zum Kleriker bestimmt, die Weihen (Subdiakonat, Diakonat, Priesterweihe) erhalten hat, wissen wir nicht. Zu vermuten ist, daß Luther die Weihen durch den damals in Erfurt wirkenden Weihbischof Johannes Bonemilch de Lasphe (1485 Rektor der Universität, 1487 Doktor der Theologie, 1489 Kanoniker an St. Marien, 17. Januar 1498 zum Bischof von Sidon geweiht, † 17. Oktober 1510, sein Grabmal in St. Marien in Erfurt) im Frühjahr 1507 erhielt. Luther feierte seine Primiz am 2. Mai 1507, dem Sonntag Cantate. Wir kennen dieses Datum von dem Einladungsschreiben, das der Neupriester an seinen Eisenacher Freund, den Vikar Johannes Braun, sandte. Luther lud ein: „da der ruhmreiche und heilige Gott ihn, den in allen seinen Werken unglücklichen, ja in jeder Weise unwürdigen Sünder, so zu erheben und in sein erhabenes Amt aus lauter Barmherzigkeit zu berufen gewürdigt hat".

Auch Luthers Vater war zum Festtag seines Sohnes erschienen. Der arrivierte Bergmann ritt hoch zu Roß, begleitet von 20 Reitern, wohl Verwandten und Freunden, in Erfurt ein. Für das Herrichten des Festes brachte Hans Luther 20 Gulden mit, eine Summe, die in damaliger Zeit genügt hätte, ein kleines Haus zu erwerben.

Luther wurde sehr schnell zum dritten Rektor des Generalstudiums der Augustinereremiten ernannt (R. Weijenborg).

In einem Ablaßbrief vom 18. April 1508 wird Luther als Martinus „Luder" an 6. Stelle genannt, nach dem Prior, den beiden Doktoren der Theologie und den zwei anderen Lektoren.

Die Matrikel der Universität Wittenberg weisen nach, daß im Herbst 1508 Martin Luther dort intituliert wurde. Er las die Nikomachische Ethik des Aristoteles an der Wittenberger Universität.

Wie kam Martin Luther nach Wittenberg?

Die Universität Wittenberg war im Jahre 1502 von Friedrich dem Weisen als „Landesuniversität des kurfürstlichen Sachsen" gegründet worden. Nachdem nach mannigfachen Teilungen der gesamte Wettiner Besitz wieder vereinigt war, wurde zu einer neuen Teilung von dauerndem Bestand geschritten. Kurfürst Ernst führte die „Leipziger Teilung" durch. Aus ihr gehen keine scharf geschiedenen Länderkomplexe hervor, sondern vielfach verzahnte Länderkomplexe, und gewisse Gebiete, Einkünfte und Rechte bleiben gemeinsam. Von nun an gibt es die ernestinische Linie (Sitz in Wittenberg) und die albertinische Linie (Sitz in Dresden). Die neue Universität hatte 22 Professoren und noch nicht einmal 200 Studenten in dem winzigen Wittenberg, das mehr einem Dorf als einer Stadt ähnelte. Der Kurfürst errichtete die Wittenberger Universität als Gegengründung. Sein Vetter und Gegner, Herzog Georg der Bärtige, besaß in Leipzig eine „Landesuniversität". Sie war eine der ältesten deutschen

Universitäten, 1409 von Prag aus gegründet, wo die deutschen Studenten und Lehrer im Streit mit den Böhmen ausgewandert waren. Hus war der Anlaß. Die Deutschen als Rechtgläubige beschuldigten die Tschechen der Irrlehren Wiclifs, die Hus vertrat.

In Leipzig blieb der Name des Hus, der auf dem Konstanzer Konzil (1414–1418) zum Tode verurteilt und verbrannt wurde, lebendig, noch mehr blieben die verheerenden Kriege, die sich daran angeschlossen hatten, in Erinnerung. So zeigte sich Leipzig besonders kirchentreu, zumal Herzog Georg streng konservativ war. Als Feind aller Neuerungen blieb er ein Leben lang der entschiedene Gegner Luthers.

Sein kurfürstlicher Vetter, Friedrich der Weise, wie er später genannt wurde, war ein anderer Typos. Er war kein Haudegen und Streithahn, er wirkte eher bedächtig und bisweilen auch verschlagen, für kriegerische Unternehmungen war er nicht zu haben, eine Veranlagung, die man bei seinen Standesgenossen vergeblich sucht. Er war friedfertig, manche hielten ihn für verschlafen. Nuntius Aleander nannte ihn in Worms ein „fettes Murmeltier". Jedenfalls nahm dieser Fürst seine Interessen mit Geschick und Umsicht wahr. Sein Hofmaler Lukas Cranach fertigte eine Reihe von Porträts von ihm an. Bei manchen der Cranachschen Bilder glaubt man, das Porträt eines Bauern vor sich zu haben. Nur Albrecht Dürer malte ihn herrscherlich und in majestätischer Pose. Er war nie verheiratet. Verschlossen und menschenscheu, ließ er seine Räte warten, bis sie verzweifelten.

Als frommer Mann unternahm er in jungen Jahren eine Wallfahrt ins Heilige Land und brachte sich von dort Reliquien mit, um die schon bestehende Reliquiensammlung in Wittenberg zu erweitern. In der Wittenberger Schloßkirche wurden sie alljährlich zum Allerheiligenfest zur Verehrung ausgestellt. 5005 Reliquien umfaßte die Sammlung des frommen Wettiners, und 1443 Jahre Ablaß vom Fegfeuer waren bei frommer Betrachtung der Sammlung zu gewinnen. Da waren u. a. zu sehen: ein Halm vom Stroh der Krippe Christi, ein Haar der Muttergottes, ein Tropfen ihrer Milch, ein Zweig des Strauches, unter dem die Heilige Familie auf der Flucht nach Ägypten ruhte und ein vollständiger Leichnam eines von Herodes ermordeten Kindes zu Betlehem.

Lukas Cranach d. Ä. (1472–1553) verfaßte für die „Heiltümer" Wittenbergs einen Führer mit Holzschnitten. Die Anfänge Lukas Cranachs, der 1472 in Kronach (Oberfranken) geboren wurde, sind nicht bekannt. Erst 1500–1504 ist er in Wien nachweisbar, wo er durch die starke Ausdruckskraft und Lieblichkeit seiner Landschaften neben Albrecht Altdorfer zum Begründer der „Donauschule" wurde. Friedrich der Weise berief ihn 1505 an den kursächsischen Hof nach Wittenberg. 1508 reiste Cranach in die Niederlande, danach wandelte sich sein Stil. Neben wenigen kraftvollen eigenen Bildern hinterließ er eine Menge mittelmäßiger Bilder, die in Massenherstellung erzeugt wurden. Mit Luther und Melanchthon befreundet, wurde Cranach der Maler der Reformation (zahlreiche Bildnisse, viele Holzschnitte zur Bibel und den Reformationsschriften). Bei Luthers Trauung wirkte er als Trauzeuge mit. Cranach betrieb auch in Wittenberg eine Druckerei, in der er Luthers Werke herstellte. Er starb in Weimar 1553.

Friedrich beschäftigte Albrecht Dürer, auch Niederländer, ja sogar Italiener zog er heran. Neunzehn Altäre von Dürer, Cranach, von Niederländern, Italienern und Franzosen befanden sich in der Schloßkirche, als Luther dort eintraf.

Die Gründung der Wittenberger Universität wurde durch ein Stiftungsprivilegium des Kaisers Maximilian I. erwirkt, das am 6. Juli 1502 ausgestellt worden war. Sicherlich war dem Kaiser nicht bewußt, einen ungewöhnlichen Schritt getan zu haben, als er die Stiftungsurkunde ausfertigen ließ. Der Kaiser erklärte „aus der Fülle der kaiserlichen Gewalt" Generalstudien errichten zu können; damit bezeugte er ein allgemein anerkanntes Recht. Am 3. Mai 1503 hielt der Wittenberger Rechtslehrer Petrus Ravennas eine Vorlesung vor dem Fürsten von Sachsen über die Gewalt des römischen Papstes und des Kaisers. Darin stellte er dar, daß der Kaiser ohne Zustimmung des Papstes Universitäten selbst für Theologie und kanonisches Recht privilegieren konnte. Unbedenklich machte der Kaiser in seinem Stiftungsbrief davon Gebrauch.

Kaiser und Kurfürst waren sich nicht bewußt, daß sie damit den Anfang einer neuen Epoche in der Geschichte der Generalstudien einleiteten.

Zwei Gründe bewegten den Kurfürsten, sich auch um die Zustimmung des Papstes zur Gründung der Universität Wittenberg zu bemühen: Die junge Universität mußte einen ernsten Wettbewerb mit den großen und berühmten Nachbar-Universitäten Leipzig, Erfurt und Rostock bestehen. Da konnte es nur förderlich sein, sich des Patronats der beiden höchsten Gewalten der Christenheit zu versichern. Der Mangel an Tradition, der der jungen Universität anhaftete, sollte durch die Fülle der Bestätigungen ersetzt werden.

Universitäten kosten zu allen Zeiten Geld. Auch die leidige Frage der Beschaffung des Geldes verwies den Kurfürsten auf den Papst. Wenn Wittenberg, wie fast alle anderen Universitäten Europas, die Last der Besoldung und des Unterhalts geistlichen Stiftungen auferlegen wollte, so brauchte der Kurfürst die Mitarbeit der römischen Kurie.

Am 2. Februar 1503 versicherte der Kardinallegat Raymund Peraudi, die Universität Wittenberg sei „durch königliche Autorität nach hergebrachter Ordnung" errichtet worden, nun solle aber „das Licht des apostolischen Glanzes hinzukommen". In einem Schreiben, das am gleichen Tag ausgestellt wurde, bestätigte der Legat für eine begrenzte Zeit die bereits durch den Kaiser den Theologen und Kanonisten verliehenen Privilegien.

Am 20. Juni 1507 erklärte Julius II. in einer Bestätigungsurkunde ausdrücklich, daß er alle etwa im kaiserlichen Gründungsbrief enthaltenen Mängel beseitige.

Den Unterhalt der Universitäten mußten im wesentlichen kirchliche Stiftungen verbürgen, vor allem durch die dauernde, lückenlose Vereinigung von Allerheiligenstift und Universität wurde dies erreicht (Bestätigung 20. Juni 1507).

Am Augustinereremitenkloster zu Wittenberg waren zwei Lekturen gestiftet, eine biblische und eine moralphilosophische. Der Lektionskatalog der Universität zu Beginn 1508 nennt als Inhaber der moralphilosophischen Professur den Augustinereremiten Wolfgang Ostermayr aus München, der in Wittenberg zum Bakkalaureus und Magister der freien Künste promoviert worden war. Vermutlich gab er im Herbst 1508 seine philosophische Lektur auf, um höhere theologische Grade zu erwerben. Das Erfurter Kloster mußte helfen und schickte seinen Magister Luther nach Wittenberg.

Luther legte den Weg nach Wittenberg zu Fuß zurück. Es ist seine erste größere Reise, die erste von vielen, die er in seinem Leben unternahm. Man hat berechnet, daß er etwa 20 000 Kilometer zu Fuß, zu Pferd oder im Wagen in seinem Leben zurücklegte. So lernte er große Teile Deutschlands, der Schweiz und Italiens kennen.

Bei dieser ersten großen Reise erhielt Luther einen lebendigen Unterricht über die Zerrissenheit der deutschen Lande. Von Erfurt kam er nach Weimar, einer der damaligen winzigen Residenzen der sächsischen Kurfürsten. Über Naumburg, einem Bischofssitz, erreichte er Halle, die Residenz des Erzbischofs von Mainz, das „herzogliche Sachsen", dem Wettiner der albertinischen Linie Georg untertänig – Georg wird Luthers Gegner werden –, und kam so ins kursächsische Gebiet, über das der Wettiner der ernestinischen Linie, Friedrich, Luthers künftiger Herr und Beschützer, gebot. In dieses schmutzige Nest, der Stadt an der Elbe, mit ihren etwa 2000 Einwohnern (nach dem Erbbuch von 1513 zählte die Stadt 172 Brauerben und 184 Buddelinge und 356 „schonpflichtige" Häuser), einem Schloß und der Stiftskirche (Schloßkirche) zog Luther nun ein.

Die ersten Briefe Luthers zeigen einen bedrückten Magister. Die neue Umwelt behagte ihm nicht. Er fühlte sich an die „Grenzen der Zivilisation" versetzt und lebte in einer „nahen Barbarei". Scheurl beschreibt die Wittenberger als „versoffen und roh", und der feinsinnige Humanist Pollich, Rektor der Universität und ehemaliger Leibarzt des Kurfürsten, meint, man sitze in Wittenberg „wie auf einem Schindanger". Wenn man in dem Prospekt der Universität blättert, den der Jurist Scheurl verfaßte, so wird man auf die ausgezeichnete Luft der Stadt hingewiesen, und man erfährt, daß 8 Gulden für den jährlichen Lebensunterhalt ausreichen, im übrigen brauche man sich vor der Pest nicht zu fürchten (Erfurt wurde 1505, 1507 und 1521 von der Pest heimgesucht). Auch Wittenberg wurde häufig von dieser Geißel getroffen. Die sanitären Verhältnisse waren haarsträubend (Später wird Melanchthon als besondere Auszeichnung eine eigene Wasserleitung von der Stadt geschenkt bekommen).

Luther übernahm als Nachfolger Ostermayrs die Vorlesungen in der Nikomachischen Ethik des Aristoteles. Täglich las er eine Stunde, und zwar um 14 Uhr, so sahen es die neuen Statuten der Universität vor. Ebenso leitete Magister Luther die geforderten Disputationen.

Aber der Lehrer des Aristoteles saß gleichzeitig als Hörer in den theologischen Vorlesungen. Er war von seinen Oberen für die Theologie vorgesehen, dieser Weg war ihm vorgezeichnet und wurde von ihm auch konsequent weitergegangen. Am 9. März 1509 wird er von der theologischen Fakultät für würdig befunden, „zur Bibel zugelassen" zu werden, so bekundet es das Dekanatsbuch der theologischen Fakultät der Universität. Im Herbst 1509 legte er in Wittenberg die vorgeschriebenen Disputationen für den Grad eines baccalaurius sententiarius ab.

Unerwartet wurde er noch im gleichen Jahr nach Erfurt versetzt. Die Fakultätsbücher der Erfurter theologischen Fakultät sind nicht erhalten, daher kennen wir nicht das genaue Datum, wann er sein Principium zum ersten und zum dritten Buch der Sentenzen des Petrus Lombardus, des wichtigsten dogmatischen Lehrbuches des Mittelalters, gehalten hat. Der liber receptorum der Erfurter Rektoren, der die Promotionsgebühren, die der Universitätskasse gezahlt wurden, aufzeichnet, zählt seinen Namen unter den Promoventen nicht auf. Für das Wintersemester 1509 und für das Sommersemester 1510 ist sein Name nicht verzeichnet.

Während dieser Erfurter Zeit erlebte Luther den Aufruhr in Erfurt, das „tolle Jahr". Das Stadtregiment hatte große Schulden gemacht (600 000 fl) und sich wohl damit auch die eigenen Taschen gefüllt. Die Bürger verlangten Rechenschaft, und als sie vom Oberviermeister Kellner den Nachweis verlangten, antwortete dieser mit einer unflätigen Bemerkung. Da wurden die Waffen gezogen, die Bürger rotteten sich zusammen. Es gab Straßenkämpfe mit den Landsknechten des Erzbischofs, Studenten beteiligten sich an den Krawallen. Das Hauptgebäude der Universität wurde gestürmt, ein neuer Rat wurde eingesetzt, der Oberviermeister Kellner wurde gehenkt. Die Bürger zogen auch „auswärtige" Mächte in den Streit, wandten sich an den Kurfürsten von Sachsen, andere Bischöfe und Fürsten mischten sich ein. Der Streit endete mit einem Kompromiß. Der Erzbischof von Mainz behielt Erfurt, die Bürger erhielten das Wahlrecht für den Rat und konnten Rechenschaft über die Ausgaben fordern.

Genau verbürgte Daten fehlen auch für Luthers Romreise. Vermutlich zog er im November 1510 mit einem Ordensbruder aus Nürnberg nach Rom und kehrte im Februar 1511 nach Erfurt zurück. Die Reise, die zu Fuß unternommen wurde, bedeutete beträchtliche Strapazen. Der Anlaß der Reise waren Streitigkeiten im Orden der Augustinereremiten. Der Ordensvikar Staupitz plante eine Erweiterung des Reformverbandes. Er versuchte, alle deutschen Klöster seinem ihm unterstellten Verband einzufügen. Er erlangte eine Päpstliche Bulle, die ihn ermächtigte, diese Vereinigung zu vollziehen. Gegen diese Verfassungsänderung protestierten sieben Konvente, darunter auch Erfurt. Das sind die Ordensgeschäfte, um derentwillen Luther nach Rom geschickt wurde.

Nach Erfurt zurückgekehrt, las Luther wohl den Rest seiner Sentenzenvorlesung. Im Spätsommer des Jahres 1511 kehrte er nach Wittenberg zurück. Am 4. Oktober 1512 erwarb er an der Wittenberger Universität den Grad eines Licentiaten der Theologie. Am 9. Oktober des gleichen Jahres quittierte Luther 50 Gulden, die der Kurfürst ihm für die Bezahlung der Promotionsgebühren zum Doktorat gab. Seine feierliche Promotion zum Doktor der Theologie erfolgte am 18. Oktober 1512 in Wittenberg.

„Fast wäre noch ein Streit zwischen der theologischen Fakultät in Erfurt und Martin Luther entstanden. Martin Luther war 1509 in Wittenberg baccalaurius biblicus geworden. Dann wurde er nach Erfurt zurückgerufen und wurde hier baccalaurius sententiarius. Als solcher hatte er einen Eid abzulegen, daß er an keiner anderen Universität die weiteren Promotionsgrade erlangen wollte außer in Erfurt. Nun wurde er aber 1511 nach Wittenberg versetzt und wurde dort Licentiat und Doktor der Theologie. Er hatte seinen Erfurter Heimatkonvent eingeladen, aber niemand erschien. Erst später hörte er, daß sein Lehrer Nathin ihm Vorwürfe machte, daß er gegen seinen Eid an einer anderen Universität promoviert hatte. Dieser Vorwurf erregte ihn außerordentlich. Er schrieb zu seiner Verteidigung sowohl an den Konvent – hier sogar in allzu heftiger Weise, wie er später bedauerte – wie offiziell an die theologische Fakultät Erfurt, der er den ganzen Vorgang eingehend darlegte. Danach konnte er sich in keiner Weise besinnen, daß er als baccalaurius sententiarius in Erfurt einen Eid mit dieser Bestimmung abgelegt habe. Er konnte sich aber gut erinnern, daß sein Lehrer Johannes Nathin den amtierenden Dekan beim Verlesen der Vorschriften der Statuten unterbrochen habe, weil er auf einem Zettel alles Nötige zusammengestellt hatte, was die Bibliker und Sententiarier zu lesen und zu befolgen hätten" (E. Kleineidam).

Doktor Luther konnte nach der Promotion auf einen erfolgreichen Studiengang zurückblicken. In sieben Jahren schaffte er den Weg vom Novizen zum Professor der Theologie, eine außerordentliche Leistung. Aber in diesen Jahren ringt Luther um einen gnädigen Gott, und in seinem Inneren tobt ein Kampf von furchtbarer Schwere.

17

LUTHERS RINGEN UM EINEN GNÄDIGEN GOTT

Martin Luther ist die Reformation, seine Person und sein Werk prägten sie. Der Wittenberger Professor wurde nicht zum Reformator, weil ihn die Mißstände der Kirche des Spätmittelalters ärgerten. Die Reformation in Deutschland entzündete sich durch das religiöse Ringen eines Mönches und Hochschullehrers, der auf die ihn bedrängenden religiösen Fragen eine theologische Antwort suchte. Luther fand die Antwort in einer neuen Theologie, die sich auf die Schrift und die Väter gründete. Der Funke fiel in den Zündstoff, der sich im geschichtlichen Umfeld angesammelt hatte, so setzte das religiöse Ringen eine Welt in Brand. In der Geschichte der Christenheit ist dieses Ereignis ohne Beispiel. Luthers Person und sein Werk sind schwer zu erfassen und wahrheitsgetreu darzustellen. Die Gründe dafür liegen vor allem in seiner Person. Eine Fülle von Schriften Luthers und zahlreiche Selbstzeugnisse sind auf uns gekommen. In einer kritischen Edition, der Weimarer Ausgabe, an der seit 1883 ununterbrochen gearbeitet wird, liegen die Schriften, Briefe und andere Selbstzeugnisse des Reformators in bisher über hundert Bänden vor. Luther hinterließ aber nicht eine umfassende Darstellung seiner theologischen Lehre, eine Systematik seiner Theologie verfaßte er nicht.

Wichtige, für Luthers theologisches Denken entscheidende Schriften sind erst in unserem Jahrhundert entdeckt und ediert worden, so Luthers „Römerbriefvorlesung“, sein Galaterkommentar und seine Vorlesungen über den Hebräerbrief. Luthers Gedankenwelt und Theologie ist oft für die Nachwelt in einem melanchthonischen Gewande bekannt geworden, seine Grundgedanken sind dadurch einer Veränderung nicht entgangen.

In den letzten Jahrzehnten bemühte sich die Lutherforschung darum, das lutherische Original unter der melanchthonischen Übermalung freizulegen. Sie ist davon überzeugt, daß Luther die theologischen Probleme weiter vorangetrieben hat als Melanchthon und Luthers Epigonen. Wer Luthers Begriffe zu Ende denken will, muß sie vom richtigen Anfang her denken. 450 Jahre, die uns von dem Ereignis der Reformation und dem Leben und Werk Martin Luthers trennen, haben Luthers wahres Antlitz mit vielen Übermalungen bedeckt. Auch auf evangelischer Seite hat jede Geistesströmung ein neues Lutherbild entworfen, und es ist schon ein weiter Weg von den Darstellungen des Cyriakus Spangenberg bis hin zu Adolf von Harnack, Carl Holl oder Heinrich Bornkamm.

Die katholische Lutherforschung ist fast 400 Jahre durch das Werk eines einzigen Mannes, des Johannes Cochläus, bestimmt worden. Johannes Dobeneck, so hieß der Verfasser der „Lutherkommentare" (De actis et scriptis Martini Lutheri). Er wurde 1479 zu Wendelstein bei Schwabach geboren und starb am 11. Januar 1552 zu Breslau. Er war ein Zeitgenosse Martin Luthers, ein Mann rastloser Schaffenskraft, der alten Kirche seit dem Reichstag zu Worms treu ergeben, doch entsprachen die Erfolge nicht seinen Anstrengungen. Äußere Umstände hatten den stillen Schulmeister zum theologischen Kämpfer gemacht. Er fühlte sich im Gewissen verpflichtet, in dieser Zeit der Bedrohung der alten Kirche tätig zu sein, sein Wissen war mehr ausgebreitet als tief, seine Darstellungen oft mehr rhetorisch als sachlich. Das Vordringen der Reformation, eigene Mißerfolge und mangelnde Unterstützung verbitterten ihn mit der Zeit, aber er erlahmte in seinem pflichtbewußten Eifer nicht. Bei der Kurie im katholischen In- und Ausland genoß er hohes Ansehen. Er war ein glaubenswarmer, ernster, wahrheitsliebender und stets opferbereiter Priester, der sein Leben der Verteidigung der Kirche schenkte.

1532 begann Cochläus mit der Niederschrift seines Werkes. Dieses Buch sollte seine Hauptwaffe im Kampf gegen Luther werden. In den Kommentaren findet sich ein einziger positiver Satz über Luther. Cochläus bemerkt, daß Luther während seiner Zeit des Noviziates im Augustinereremitenkloster zu Erfurt, „als rüstiger Dienstmann Gottes" lebte. In den Schlagzeilen, die Cochläus zur raschen Orientierung seiner Leser an den Rand der Kommentare setzte, machte er seinem Ingrimm gegen Luthers Werke meist in sehr leidenschaftlichen Ausdrücken Luft. In einer dieser Bemerkungen leuchtet das Lutherbild auf, das er seinem ganzen Werk zugrunde legt: „Luther schmäht die Heiligen Gottes, er beschimpft den Papst Hadrian VI. und verunglimpft den heiligen Thomas. Er lästert den Kaiser und schreibt aufrührerisch gegen die Fürsten, macht sich über sie lustig, schmäht sie und vergleicht sie spöttisch mit Schweinen. Listig schmeichelt er den Fürsten, er preist betrügerisch den Erasmus, den er bald lobhudelt, bald aber mehr als verächtlich macht und mit leichtfertigen Schmähungen bedenkt. Er schikaniert die Universitäten, er droht den Bischöfen und Klerikern, er erhebt schwere Anklage gegen die Papisten. Er ist herzlos und zeigt sich grausam gegen die elendig verführten und getöteten

Bauern, er lügt offenkundig. Er ist ein falscher Prophet und rühmt sich trügerisch seines Evangeliums. Hätte er doch auf die untrügliche Stimme seines Gewissens gehört und sich nicht Worte Christi angemaßt, die zu ihm niemals gesprochen wurden."

Es ist das Verdienst des Paderborner Kirchenhistorikers Adolf Herte, auf die Tatsache aufmerksam gemacht zu haben, daß die katholische Lutherforschung bis in die ersten Jahrzehnte unseres Jahrhunderts im Banne der Lutherkommentare des Cochläus gestanden hat. In seinem 1943 erschienenen dreibändigen Werk „Das katholische Lutherbild im Banne der Lutherkommentare des Cochläus" bei Aschendorff in Münster, untersucht Herte 500 Werke katholischer Autoren, die sich mit Luther beschäftigt haben. Er analysiert das Lutherbild der katholischen Papstgeschichte, der kirchengeschichtlichen Handbücher, der Enzyklopädien und der katholischen Werke für die kirchengeschichtliche Unterweisung und kommt zusammenfassend zu folgender Feststellung: „Als Endergebnis unserer eingehenden Untersuchung stellen wir für alle von uns behandelten Lutherdarstellungen aus der Zeit von 1500 bis 1800 fest – und zwar mit einer an Gewißheit grenzenden Wahrscheinlichkeit –, daß sie ihre im Anschluß an Cochläus über Luther abgegebenen Verdikte von einer Ausgabe zur anderen unverändert weitergegeben haben; nur ein paar französische Enzyklopädien machen hier eine Ausnahme . . . Erst im 19. und 20. Jahrhundert begegnen wir einer großen Anzahl von Lutherschilderungen, die in den späteren Auflagen eine Änderung hinsichtlich ihrer Beeinflussung durch Cochläus erfuhren. Die Zahl dieser Werke ist aber nicht sehr groß, so daß das Ganze des katholischen Lutherbildes dadurch nicht wesentlich berührt wird. Auch handelt es sich bei solchen nachträglichen Änderungen nur höchst selten um eine tiefgreifende Wandlung. Fast alle diese Werke verbleiben also auch weiterhin im Bereich der Kommentare . . . So haben die Kommentare auf das katholische Lutherbild einen Einfluß ausgeübt, der ohne Beispiel ist, der auch alles hinter sich läßt, was irgend eine protestantische Lutherdarstellung, selbst die von Melanchthon oder Mathesius, an durchschlagender Wirkung erzielt hat. Wie ein Komet zogen sie fast die gesamte Lutherliteratur im riesigen Schweif hinter sich her und bestimmten selbst letztlich deren Gesicht und Gepräge."

Freilich unterläßt Herte auch nicht den Hinweis: „Auf protestantischer Seite müßte dann aber auch zur Erweiterung des Gesichtskreises und zur Herstellung des Gleichgewichtes auf diesem Forschungsfelde ein Gegenstück zu unserer Arbeit entstehen. Darin wäre ein umfassender Durchblick zu geben durch die verheerenden Wirkungen, die die erste protestantische Kirchengeschichte, die vom Haß gegen das Papsttum verzerrten ‚Magdeburger Zenturien', mit ihren so ungemein häufig wiederkehrenden Verdikten gegen die katholische Kirche hervorgerufen hat. Erst dadurch würden wir ein vollständiges Bild gewinnen von der so maßlosen Leidenschaftlichkeit und gegenseitigen Verbitterung, mit der jahrhundertelang hüben und drüben im Konfessionskampf gestritten wurde. Das Schuldbekenntnis auf unserer Seite über Versündigung am Rufe des Reformators würde unzulänglich sein, wenn es nicht sein Echo fände in einem der Gegenseite über Ungerechtigkeit und Unbilligkeit der katholischen Kirche gegenüber, wie sie seit der Mitte des 16. Jahrhunderts aufgrund landläufig gewordener Verdammungssprüche fast immer wieder in die Erscheinung getreten ist" (A. Herte).

In den ersten Jahrzehnten unseres Jahrhunderts ist in der katholischen Forschung durch die Arbeit von Männern wie Sebastian Merkle, Joseph Lortz, Hubert Jedin der Durchbruch nicht nur in der kirchengeschichtlichen Forschung, sondern auch in der katholischen Theologie gelungen, die sich nun intensiv der Beschäftigung mit der Theologie Martin Luthers zugewendet hat.

Luther war kein Systematiker, er war ein Mann des Herzens, des Erlebnisses und der religiösen Erfahrung – und nicht zu vergessen der Polemik. Er war ein Mann des Augenblicks. So sind seine Schriften, Vorlesungen, Predigten, Briefe, Katechismen, Kirchen-, Schul- und Kastenordnungen, Flugschriften aus dem gegebenen Anlaß entstanden.

„Weiter ist alles, was Luther geschrieben hat, Bekenntnis, d. h. Erkenntnis, die, durch eigenes Erleben und Erleiden bezahlt, er anderen unmittelbar mitzuteilen sich gedrängt fühlt – dies aber wieder in einer bedrängenden Art, wobei er starke Akzente und ungeschützte Superlativismen nicht scheut. Ja, das Paradox wird bei ihm zur gemäßen Ausdrucksweise. Kein Wunder, daß er den Gefahren eines zornmütigen Temperaments und seiner polemischen Kraft allzuoft erlegen ist" (E. Iserloh).

Eine weitere Schwierigkeit zeigt sich: Luther wandelt sich im Laufe der Zeit laufend, vom Mönch in Erfurt bis zum alten Professor in Wittenberg, vom Novizen bei den Augustinereremiten bis zum Verfasser der Schmalkaldischen Artikel – welch ein Weg, welche Veränderung!

Der evangelische Theologe Althaus spricht von Luther als einem Ozean, um den unergründlichen Reichtum Lutherscher Gedanken zu beschreiben. Dieser Reichtum und die Vielfalt seines Wesens lassen ihn häufig widersprüchlich erscheinen.

„Ich wurde von Kindheit auf so gewöhnt, daß ich erblassen und erschrecken mußte, wenn ich den Namen Christi auch nur nennen hörte; denn ich war nicht anders unterrichtet, als daß ich ihn für einen strengen und zornigen Richter hielt." Trägt also Luthers Christusbild dunkle, furchterregende Züge, so ist das Bild von Gott als einem gestrengen Herrn nicht minder dunkel gemalt.

Bei Luthers Primiz wird die Härte und Strenge seines Gottesbildes deutlich. Der Primiziant stand so sehr unter dem Eindruck der fordernden Größe Gottes, daß er drauf und dran war, vom Altar fortzulaufen. Der assistierende Priester hinderte ihn daran.

Vermutlich sah Luther in seinem Stotternheimer Erlebnis ein Zeichen dieses fordernden Gottes, das ihm den Weg in den Orden wies.

Sein Leben im Orden nahm Luther ernst. Er unterwarf sich strenger Abtötung, die er selbst so beschreibt: „Wahr ist es, ein frommer Mönch bin ich gewesen und habe so streng meinen Orden gehalten, daß ich es sagen darf: ist je ein Mönch in den Himmel gekommen durch Möncherei, so wollte ich auch hinzugekommen sein, denn ich hätte mich, wenn es länger gedauert hätte, zu Tode gemartert mit Wachen, Beten und Lesen."

Luther suchte einen gnädigen Gott. Er wollte Gewißheit, daß Gott ihm Gnade, Gerechtigkeit, Heil schenkte. Er suchte verzweifelt, in moderner Sprache würde man sagen „existentiell", mit seiner ganzen Existenz. Luther wollte diese Gerechtigkeit Gottes, seine Erwählung erleben, an sich erfahren. Die häufigen Beichten und Kommunionen vermochten ihm nicht diese Gewißheit zu geben. Sie befreiten ihn nicht von dem Gefühl der Sündenlast und stürzten ihn nur tiefer in den dunklen Schacht seiner Verzweiflung. Warum fand er in den Sakramenten der Kirche nicht Trost und Geborgenheit? War er ein Psychopath, ein Skrupulant, ein zerrütteter, kranker, labiler Mensch? Diese Vermutungen sind oft angesprochen worden (vgl. W. Lange-Eichbaum, Genie, Irrsinn und Ruhm, München 1956, 375–378, und P. J. Reiter, Martin Luthers Umwelt, Charakter und Psychose, Kopenhagen 1937/41), aber sie reichen nicht aus, um Luthers Innenleben im Kloster zu deuten.

Luthers Ringen könnte man mit dem Wort des Paulus beschreiben: „Wer rettet mich von Tod und Sünde?"

Alle Anstrengungen Luthers scheinen vergeblich, es blieb die Erfahrung der Sünde und damit die Furcht vor Gottes Strafgericht. Luther geht es bei der Sünde nicht so sehr um die einzelne Tat, die gegen den Willen Gottes gerichtet ist, die man aufzählen und beim Empfang des Bußsakramentes nennen kann, sondern um die der Tatsünde vorausgehende Grundhaltung, den Wurzelgrund der Sünde, um die „böse Begierlichkeit". In der theologischen Überlieferung heißt die böse Begierlichkeit die „Konkupiscentia". Damit ist allgemein jene Selbstsucht gemeint, die uns zur Sünde treibt. Nach katholischer Lehre ist die Konkupiszenz eine Frucht der Erbsünde. Die Konkupiszenz bleibt auch, wenn in der Taufe die Erbsünde genommen wird. Die Konkupiszenz ist nicht selber Sünde, aber „Zunder" (fomes peccati), sie treibt uns zur Sünde. Luther war von der bösen Begierde sehr beeindruckt, er hielt die Konkupiszenz selbst für Sünde.

In dieser Not wandte sich der Novize an seinen Beichtvater Johannes von Staupitz. Dieser sächsische Adlige, er stammte aus Motterwitz bei Leisnig, war seit 1503 Generalvikar der deutschen Observanten-Kongregation der Augustinereremiten und blieb es bis 1520, von 1502–1512 lehrte er als Professor und war erster Dekan der theologischen Fakultät zu Wittenberg, nahm sich Luthers verständnisvoll an. Dankbar vermerkte Luther später: „Ich hab all mein Ding von Dr. Staupitz, der hat mir einen Ansatzpunkt – occasionem – gegeben."

Worin diese Hilfe im einzelnen bestand, wissen wir nicht, aber vermutlich war der gelehrte Staupitz in der Lage, die Nöte seines Beichtkindes theologisch zu verstehen. Staupitz wies Luther vor allem darauf hin, daß der bloße Wille zum frommen Leben nicht der rechte Weg zu Gott sei. Die Erkenntnis, den menschlichen Willen in der Frömmigkeit so stark zu betonen, empfing Luther aus der Theologie seiner Zeit.

„Luthers Durchbruch steigt anscheinend unmittelbar aus irrationalen Tiefen auf. Letzte Ur-Regungen des Menschlichen gegenüber der Gottheit sind im Spiel, weder erklärbar noch wesentlich gebunden an zeitgeschichtliche Einzelheiten des theologischen Denkens. Der Vorgang bleibt Geheimnis, geheimnisvolle Zeugung, geheimnisvolle Geburt. Und doch ist diese Entstehung dieses selben Vorgangs nachweisbar an eben diese theologischen Elemente der Zeit gebunden; so sehr und tief, daß er ohne sie gar nicht hätte kommen können. Luther außerhalb des Klosters, außerhalb der Theologie; Luther erfüllt von der Theologie des hl. Thomas oder des römischen Meßbuches statt von der Theologie ockhamistischer Prägung –: seine reformatorische Wendung hätte sich nie vollziehen können; jene innere Reibung, die zur Entzündung und dann zur durchreißenden Krisis führte, bliebe vollkommen unerklärlich; nicht einmal Luthers innerliche Belastung durch Sünden und Gerichtsangst hätte jene schroffe Zuspitzung erfahren können, die allein den Hebel zu seinen neuen Erkenntnissen bietet, und nun doch, sie wäre nie aus Dumpfheit persönlicher Qual zur gestalteten Form und zur geschichtsmäßigen Kraft erwacht" (J. Lortz).

18

DAS REFORMATORISCHE EREIGNIS

Aus dem Jahre 1518 haben wir eine in der Einkleidung an den 2. Korintherbrief, 12. Kapitel, anklingende Schilderung von Luthers Anfechtungen, seelischen Kämpfen: „Auch ich kenne einen Menschen, der, wie er versichert hat, solche Strafen öfter erlitten hat, zwar während nur ganz kurzer Zeitdauer, aber so ungeheure und höllische, wie keine Zunge zu sagen, keine Feder zu schreiben und niemand zu glauben vermag, der es nicht selber erfahren hat; so daß, wenn diese Qualen bis zu Ende durchlitten würden, oder auch nur eine halbe Stunde, ja nur den zehnten Teil einer Stunde dauerten, er völlig zugrunde ginge und alle Gebeine zu Asche würden. Da erscheint Gott furchtbar in seinem Zorn und samt ihm gleicher Weise die gesamte Kreatur. Da gibt's keine Flucht, keinen Trost, weder innerlich noch äußerlich, sondern alles klagt an. Da heult er dann diesen Vers: ‚Verworfen bin ich von deinen Augen' (Ps 31,23). Und er wagt nicht einmal zu sagen: ‚Herr, strafe mich in deinem Grimm' (Ps 6,2). In solchem Augenblick – sonderbar zu sagen – vermag die Seele nicht zu glauben, sie könne je erlöst werden, sie fühlt bloß, daß die Strafe noch nicht aus ist. Diese ist in der Tat ewig, und sie kann sie nicht für bloß zeitlich halten. Es bleibt nur nacktes Verlangen nach Hilfe und grauenhaftes Seufzen, aber sie weiß nicht, woher Hilfe erflehen. Da ist die Seele ausgespannt mit (dem gekreuzigten) Christus, so daß man all ihre Gebeine zählen kann, und es ist kein einziger Winkel in ihr, der nicht voll wäre von bitterster Bitterkeit, von Schrecken, Angst und Traurigkeit, doch so, als ob das alles ausschließlich ewig wäre. Und um einen ungefähren Vergleich zu geben: Rollt eine Kugel über eine gerade Linie, so trägt der jeweils berührte Punkt die ganze Kugel und umfaßt sie doch nicht. So, wenn die Seele in ihrem augenblicklichen Sein berührt wird von der darüber hingehenden ewigen Flut, fühlt sie und trinkt sie nur ewige Strafe. Aber es bleibt nicht, denn es geht wieder vorüber. Wenn also schon Lebende jene Höllenstrafe überkommt, das heißt jene unerträgliche, trostlose Angst, erscheint um so mehr die Strafe im Fegefeuer so, aber anhaltend. Und hier ist jenes innere Feuer viel fürchterlicher als das äußere."

Luther selbst hat ein Jahr vor seinem Tode, 1545, ein Selbstzeugnis vorgestellt, in dem er jenes Ereignis schildert, das die entscheidende Wende zur reformatorisch-theologischen Grunderkenntnis war: „Ein ganz ungewöhnlich brennendes Verlangen hatte mich gepackt, Paulus im Römerbrief zu verstehen; aber nicht Kaltherzigkeit hatte mir bis dahin im Wege gestanden, sondern eine einzige Vokabel, die im Kapitel 1 steht: ‚Gottes Gerechtigkeit wird darin offenbart' (Röm 1,17). Denn ich haßte diese Vokabel ‚Gerechtigkeit Gottes', die ich durch die übliche Verwendung bei allen Lehrern gelehrt war, philosophisch zu verstehen von der sogenannten formalen oder aktiven Gerechtigkeit, mittels derer Gott gerecht ist und die Sünder und Ungerechten straft. Ich aber, der ich mich, so untadelig ich auch als Mönch lebte, vor Gott als Sünder von unruhigstem Gewissen fühlte und mich nicht darauf verlassen konnte, daß ich durch meine Genugtuung versöhnt sei, liebte nicht, nein, haßte den gerechten und die Sünder strafenden Gott und war im stillen, wenn nicht mit Lästerung, so doch allerdings mit ungeheurem Murren empört über Gott: als ob es wahrhaftig damit nicht genug sei, daß die elenden, infolge der Erbsünde ewig verlorenen Sünder mit lauter Unheil zu Boden geworfen sind durch das Gesetz des Dekalogs, vielmehr Gott durch das Evangelium zum Schmerz noch Schmerz hinzufügt und auch durch das Evangelium uns mit seiner Gerechtigkeit und seinem Zorn bedroht. So raste ich wilden und wirren Gewissens; dennoch klopfte ich beharrlich an eben dieser Stelle bei Paulus an, mit glühend heißem Durst, zu erfahren, was St. Paulus wolle. Bis ich, dank Gottes Erbarmen, unablässig Tag und Nacht darüber nachdenkend, auf den Zusammenhang der Worte achtete, nämlich: ‚Gottes Gerechtigkeit wird in ihm offenbart, wie geschrieben ist: der Gerechte lebt aus Glauben'. Da begann ich, die Gerechtigkeit Gottes zu verstehen als die, durch die als durch Gottes Geschenk der Gerechte lebt, nämlich aus Glauben, und daß dies der Sinn sei: durch das Evangelium werde die Gerechtigkeit Gottes offenbart, nämlich die passive Gerechtigkeit, durch die uns der barmherzige Gott gerecht macht durch den Glauben, wie geschrieben ist: ‚Der Gerechte lebt aus Glauben'. Da hatte ich das Empfinden, ich sei geradezu von neuem geboren und durch geöffnete Tore in das Paradies selbst eingetreten. Da zeigte mir sofort die ganze Schrift ein anderes Gesicht. Ich durchlief dann die Schrift nach dem Gedächtnis und stellte die Analogie dazu auch in anderen Vokabeln zusammen: z. B. Werk Gottes, das heißt, was Gott in uns wirkt; Kraft Gottes, durch die er uns kräftig macht, Weisheit Gottes, durch die er uns weise macht, Stärke Gottes, Heil Gottes, Herrlichkeit Gottes. Wie sehr ich die Vokabel ‚Gerechtigkeit Gottes' vorher haßte, so pries ich sie nun mit entsprechend großer Liebe als das mir süßeste Wort. So ist mir diese Paulus-Stelle wahrhaftig das Tor zum Paradies gewesen ..."

Dieser Bericht Luthers, ergreifend in seiner Schlichtheit, rührt ans Herz. Doch gerade an ihn knüpfen sich so schwierige Probleme, um deren Lösung die Lutherforschung seit Jahrzehnten sich müht. Folgende Fragen stellen sich dem Forscher:

1. Erst seit Beginn der dreißiger Jahre erfährt man durch Luther von diesem Durchbruchserlebnis, das seine reformatorische Grunderkenntnis darstellt, also aus weitem Abstand. Und das späteste Zeugnis, eben das gerade zitierte, ist das gründlichste und eingehendste. Schaut man in die Quellen aus Luthers Frühzeit, so ist von einem solchen Erlebnis, einer solchen Erfahrung nichts zu spüren. Damit ist die Zuverlässigkeit der späteren Erinnerung nicht in Frage gestellt, sie läßt sich sogar in sachlicher Hinsicht, abgesehen von einer terminologischen Verschiebung, durchaus mit den theologischen Befunden der Zeugnisse aus Luthers Frühzeit in Einklang bringen. Aber in der Forschung streitet man um die Datierung jenes Erlebnisses. Die Zeitangaben im Kontext

jenes Rückblicks von 1545 sind mehrdeutig. Die Datierungsversuche schwanken zwischen 1512 und 1519. Nachdem sich die Mehrzahl der Forscher zunächst auf 1514 einigte, wird neuerdings wieder das Jahr 1518 genannt (O. H. Pesch).

Aber muß man die Bedeutung dieser ganzen Suche nach einer Datierung des biographischen Zeitpunktes des sogenannten reformatorischen Durchbruchs nicht als fraglich ansehen? Wenn sich auch eine solche Erleuchtung ereignet haben mag, so entsteht daraus, wenn man sich daran hält, ein schiefes Bild von der reformatorischen Theologie. Diese beruht nicht auf einem Ereignis, sondern hat sich, wie die frühesten vorhandenen theologischen Zeugnisse Luthers ausweisen, bei sorgsamem Vergleich mit der Tradition auf breiter Front angebahnt.

2. Neben dieser Frage nach dem Zeitpunkt des reformatorischen Erlebnisses hat sich die Lutherforschung, soweit sie den jungen Luther betrifft, auch noch intensiv mit der Frage beschäftigt, welches Verhältnis Luther zur mittelalterlichen Tradition hatte. Eine große Anzahl von Arbeiten gehören in den Zusammenhang dieser Fragestellung, Arbeiten, die alle auf die eine oder andere Weise mit der Absicht verbunden sind, Luthers Theologie genetisch zu erklären oder jedenfalls von den Impulsen her zu beleuchten, die er von der einen oder anderen Seite in der vorliegenden Überlieferungsmasse erhalten haben möchte: Mystik, Ockhamismus, Staupitz oder Augustinus. Auch der Humanismus könnte hier genannt werden. Dieser Frage werden wir uns zuwenden, nachdem wir den Kern, das Herzstück der Lutherschen reformatorischen Theologie, die Rechtfertigungslehre, vorgestellt haben.

19

ELEMENTE DER RECHTFERTIGUNGSLEHRE LUTHERS

Um Luthers Rechtfertigungslehre zu verstehen, ist ein sprachliches Hindernis zu überwinden. Man unterschätzt sprachliche Hindernisse häufig, denn die Sprache, das eigentliche Wunder des Menschseins, ist auf der einen Seite gewiß das Mittel und Werkzeug alles geistigen Austausches und jedes Versuchs gemeinsamen Verstehens. Aber die Sprache steht uns nicht einfach als Werkzeug, als Instrument zur Verfügung. Dazu ist sie zu sehr mit unserem Sein verbunden. Die Sprache ist nämlich nicht ein Instrument, ein Handwerkszeug, sondern die Sprache ist geschaffen gleichzeitig damit, daß wir geschaffen sind (Hamanns Sprachtheologie).

Die Sprache ist dem Menschen nicht schlechthin verfügbar, so wenig er sich selbst schlechthin verfügbar ist.

Die Sprache hat ihr eigenes Leben, und sie liefert sich nicht einfach unseren bewußten Zwecken aus. Die Sprache dient auch einfach nicht mit Selbstverständlichkeit der Wahrheit, sie kann in ihrer Selbständigkeit uns überlisten, betrügen und falsche Wege führen, sofern wir nicht gewissenhaft auf die Sprache achten. So vollziehen sich in der Geschichte der Sprache Dinge, die kein Mensch gewollt oder beabsichtigt hat. Plötzlich brechen sie mit der Kraft eines Vulkans hervor und verursachen schwerste geschichtliche Konflikte. Die Sprache ist Gottes erste Tat mit den Menschen und deshalb wie alles Göttliche voll unergründlicher Tiefe. Aber im Zusammenhang mit der Sünde kann sie zu einer dämonischen, unheimlichen Sache führen, die uns ständig in die Irre führt. In der deutschen Sprache ist das Wort, das die Hauptunterscheidungslehre zwischen reformatorischer und römisch-katholischer Lehre bezeichnet, „Rechtfertigung", so gut wie abhanden gekommen. Wir gebrauchen es noch als einen Ausdruck der Gerichtssprache, der es ursprünglich angehört. So sagen wir etwa, es habe jemand vermocht, sich gegenüber einer gegen ihn erhobenen Anklage zu rechtfertigen. Hier ist also das Wort gebraucht im Sinne von Selbstrechtfertigung. Selbstrechtfertigung ist aber genau das Gegenteil von dem, was Rechtfertigung als theologischer Terminus meint. Vor allem sind uns bei dem deutschen Ausdruck „rechtfertigen" und „Rechtfertigung" wichtige Beziehungsmomente nicht gegenwärtig. Ursprünglich sind diese Beziehungsmomente in den lateinischen und griechischen Tätigkeitsworten „iustificare" und „dikaioun" enthalten. Im Grunde ist „dikaioun" ein Terminus des Strafvollzugsrechtes und meint: ein Todesurteil fällen oder vollstrecken. Paulus gebraucht im Römer- und Galaterbrief den Ausdruck in diesem Sinn, ohne die Grundbedeutung des Wortes ist Paulus nicht zu verstehen.

Nach diesem kleinen Exkurs kommen wir zu den Grundzügen von Luthers Rechtfertigungslehre: Vom Menschen aus gesehen ist der Ausgang des Rechtfertigungsvorgangs die Erkenntnis der Sündhaftigkeit . Wenn ich mich in meiner radikalen Sündhaftigkeit erkenne, drücke ich damit aus, daß es keine Möglichkeit für die Anknüpfung für das Heilshandeln Gottes gibt. Aus Eigenem kann der Mensch, nach Luthers Auffassung, nichts für die Rechtfertigung in Gang bringen. Aber die Sünde wird nicht selbst zu einer Voraussetzung der Rechtfertigung im Sinne von einer Art Qualität, die der Mensch mitbringen muß, um gerechtfertigt zu werden. Solches würde das Wesen der Sünde total verkennen. Sünde heißt, dem Verderben total anheimgegeben zu sein, in der absoluten Gottesferne leben und in seiner Ichhaftigkeit gefangen sein.

Daß der Mensch seine Sündhaftigkeit erkennt, ist Wirkung der Gnade. Sofern die Rechtfertigung beim Menschen Selbsterkenntnis bewirkt, erkennt sich der Mensch als Sünder. Würde in diesem Zustand der Sünde der Mensch sich selbst überlassen, dann wäre er der Sinnlosigkeit preisgegeben und dem Nichts ausgeliefert. Die Erkenntnis des eigenen Zustands des Menschen in seiner Verworfenheit und Verlorenheit ist bereits eine Folge der Gnade und eine Folge der damit durch Gott geschehenen Rechtfertigung, die dem Menschen gleichzeitig Vergebung der Sünde zusagt.

Aber der Mensch bleibt bei diesem Vorgang in seinem Ich der alte. Er kann sich aus der Eigenmächtigkeit des Ich nicht selbst befreien, das bedeutet nach Luthers Auffassung, solange der Mensch lebt, bleibt er ein Sünder. Somit gilt die Formel „Gerechter und Sünder zugleich" (simul iustus et peccator). Aber diese Formel ist nicht so zu verstehen, als sei der Mensch selbst teils Sünder, teils gerecht. Beides ist er total: In seiner Ichhaftigkeit ist er ganz Sünder, in seinem Leben aus dem Zuspruch des vergebenden und rechtfertigenden Gottes ist er ein Gerechter. Diese beiden Wesen des Menschen stehen in einem Kampf miteinander. Das Ende dieses Kampfes ist der endgültige Sieg der Gerechtigkeit über die Sünde. Das ist der Gegenstand der Hoffnung. Aber schon jetzt kann die Gerechtigkeit beim Menschen wachsen, so daß er doch teils gerecht, teils Sünder scheint. Aber diese neue Gerechtigkeit steht nicht in der Verfügbarkeit des Menschen, ist also für den Menschen auch nicht im Blick auf sich selbst konstatierbar, sondern auch sie bleibt Gegenstand des glaubenden Bekenntnisses zu Gott. Er ist der Urheber und Grund dieser Rechtfertigung.

Gerechtigkeit Gottes bedeutet Rechtfertigung: Der Mensch gibt Gott das Recht, er bestätigt das Urteil Gottes über ihn, das Urteil Gottes aber klagt ihn an als Sünder und verurteilt ihn. Der Mensch muß sein eigenes Todesurteil bestätigen, ohne etwas zu seiner eigenen Rechtfertigung vorbringen zu können. Das Wort Gottes entlarvt den Menschen, klagt ihn als Sünder an und stellt ihn bloß (Gesetz). Aber dieses gleiche Wort Gottes, das ihn bloßstellt und entlarvt, rettet ihn auch (Evangelium). Denn dort, wo für den Sünder keine Hoffnung zu sein scheint, schafft Gott Rettung, wo das Gesetz verdammen mußte, rettet das Evangelium. Wenn der Mensch am Ende ist, macht Gott einen neuen Anfang. Gerechtigkeit Gottes heißt deshalb für den Menschen im Blick auf sich selbst: höchste Verzweiflung, im Blick auf Gott aber bedeutet es: unverdiente Hoffnung (Gesetz und Evangelium). Das Wort Gottes, das uns in Christus verkündigt wird, schafft uns neu, durch das Wort Gottes erlangen wir die Rechtfertigung und werden wir gerecht. Damit bekommt der Mensch keinen neuen Zustand oder Eigenstand, über den er verfügen kann und den er sein eigen nennen könnte, aber er wird in einen neuen Stand eingefügt, er wird des göttlichen Standes gewürdigt. Der Gerechtfertigte verbucht seine Werke nicht mehr auf sein eigenes Konto (Verdienst), sondern er rechnet sie allein dem Wirken Gottes zu, der die Sünde austilgt und das Gute belohnt. Hier geht es nicht um einen Anspruch, den der Mensch vor Gott erheben kann, sondern umgekehrt: Gott nimmt den Menschen für sich in Anspruch. Die Heilsgewißheit ist nicht das Ergebnis eines Rechnens und Abwägens des durch die Gnade erneuert gedachten eigenen Wesens und Seins des Menschen und der daraus fließenden Werke, sondern sie entspringt jener geschenkten Gerechtigkeit, die Sache Gottes ist und bleibt. Seines Heils gewiß werden bedeutet: nicht der Mensch muß sich rechtfertigen, wozu er überhaupt nicht fähig ist, sondern Gott allein ist der Rechtfertigende. Das zu erkennen und zu wissen ist nicht Sache einer psychologischen Bewußtheit, sondern Sache des scheinbar ins Ungewisse vertrauenden Glaubens.

Die Hoffnung verwirklicht sich beim Menschen neu im Glauben. Auch der Glaube ist eine Gabe Gottes und nicht Fähigkeit oder Werk des Menschen. Gott schenkt mit seinem Evangelium zugleich den Glauben, der dem Menschen dieses Evangelium als Frohe Botschaft zueignet. Auch der Glaube wird nicht zu einer Sache des Menschen, vielmehr ist und bleibt der Glaube auf das Wort des Evangeliums angewiesen, aus dem er lebt, das heißt, der Glaube ist nicht und wird nicht Werk des Menschen, sondern er ist und bleibt eine im Wort Gottes gegebene Gabe Gottes. Die Unterscheidung zwischen Glaube und Werk ist für den Vorgang der Rechtfertigung wesentlich. Nur der Glaube allein rechtfertigt den Menschen, nicht eigene Leistung, nicht eigenes Tun, nicht eigenes Werk. Glaube und Werke, die sich in dem Vorgang der Rechtfertigung selbst ausschließen, werden dann bei Luther als Folge davon neu zusammengeordnet, und zwar nicht so, daß der Mensch ein Werk des Glaubens zu seinem Heile geltend machen müßte, das hat er gar nicht mehr nötig, weil der Glaube die Rechtfertigung bereits empfangen hat und der Mensch als Glaubender dadurch von einem Nachsinnen auf das Heil befreit ist.

Für Luther besteht die Zusammenordnung von Glaube und Werke darin, daß die Werke des Glaubens aufgrund des Glaubens bereits gerechtfertigt sind und nicht erst die Rechtfertigung erlangen müssen. In diesem Sinne gehören Glaube und Werke zusammen, aber unumkehrbar so, daß die Werke aus dem Glauben folgen. Es heißt nicht mehr: du mußt und du sollst (Gesetz), sondern du darfst und du wirst (Evangelium). Das ist das entscheidende Wort des Glaubens im Blick auf die Werke. Der Inhalt der beiden Worte Gesetz und Evangelium kann der gleiche sein, nämlich Liebe. Um so notwendiger wird die Unterscheidung von Gesetz und Evangelium, wodurch das Besondere der christlichen Botschaft erst zum Ausdruck kommt. Der Mensch weiß sich immer schon unter dem Gesetz stehend, aber das Evangelium schafft unerwartet eine neue Lage für den Menschen. Das Gesetz drängt den Menschen letztlich auf die Erfüllung der Frage des Heils hin und verweist ihn dabei an seine Werke. Nun aber verkündet das Evangelium die Lösung der Heilsfrage, indem es den Menschen von sich weg an die Tat Gottes in Christus verweist. Im Gesetz bleibt der Mensch heillos sich selbst überlassen, im Evangelium wird er in die heilsame Macht Gottes aufgenommen. Wenn auch das Gesetz dem Evangelium untergeordnet ist, so kann wegen der bleibenden Sünde nicht auf das Gesetz verzichtet werden. Das Gesetz ist notwendig, um den Menschen in seiner Ichhaftigkeit, in seinem Hochmut, in seiner Sünde zu entlarven. Der Mensch muß seine Unfähigkeit durch das Gesetz vor Gott erkennen. Hierbei hat das Evangelium dann seinen Raum und ruft den an sich selbst verzweifelnden Menschen in die Gemeinschaft mit Gott. Das Wort Gottes trifft den Menschen immer als Gesetz und Evangelium.

Durch das Wort wirkt Gott das Heil beim Menschen. Hierbei handelt es sich nicht um das Wort Gottes, das identisch wäre mit dem Buchstaben der Heiligen Schrift, sondern um das verkündigte, lebendige Wort Gottes, das je neu gesagt und gehört wird. Wort Gottes ist nicht mit einem beliebigen Sprechen zu verwechseln, sondern es geschieht dort, wo ein Mensch in seinem Gewissen unausweichlich getroffen ist. Die volle Identifizierung menschlichen Redens mit dem Worte Gottes hätte eine Gesetzlichkeit zur Folge und hieße auf das Evangelium verzichten.

Auch das Sakrament vermittelt Heil. Aber es tritt nicht zum Wort hinzu, um es sozusagen zu überragen, sondern es ist eine andere Form der Verkündigung des im Wort bereits Gesagten. Somit bleibt für Luther das Wort der Oberbegriff. Man könnte die Bedeutung der Zusammenordnung von Wort und Sakrament auch darin sehen, daß das Sakrament als ein reales Zeichen das Wort vor dem bloßen unverbindlichen Gerede bewahrt, während das Wort gegenüber dem Sakrament ein naturhaft-magisches Mißverständnis verhindert. Wort im eigentlichen Sinne bedeutet nicht nur Reden, sondern Mittel, und zwar einziges Mittel der personalen Verbindung zwischen Gott und Mensch.

Wort und Sakrament haben versammelnde Kraft. Wo Wort und Sakrament verkündigt, gehört und geglaubt werden, da wächst Kirche. Zwar überliefert die Kirche das Wort des Evangeliums, und diese Überlieferung ist notwendig. Doch garantiert solche Überlieferung nicht schlechthin das Geschehen des Glaubens und damit der Rechtfertigung. Die Kirche ist nach Luther nicht selbst Grund und Ursache der Rechtfertigung. Gerechtfertigt wird der das Wort hörende Mensch – in letzter Einsamkeit vor Gott –, wann und wo es Gott gefällt, was wiederum Versammlung der Gläubigen und somit Kirche zur Folge hat. Auch die Kirche lebt aus der Rechtfertigung und ist ein Gegenstand des Glaubens und der Hoffnung. Mit dem Artikel von der Rechtfertigung steht und fällt die Kirche. Soli Deo gloria – das ist das zentrale Bekenntnis aller Gerechtfertigten. Gott allein die Ehre, denn er allein wirkt die Rechtfertigung. Gott zwingt keinem Menschen seine Gnade auf. Das ist schon durch das worthaft-personale Geschehen von Verkündigung, Hören und Glauben ausgeschlossen. In der Rechtfertigung ist Gott allein der Gebende und der alles Gebende.

Man kann den Menschen nicht von seinem Selbstand her definieren. Der Mensch ist nur von der Tat Gottes, also von dem Geschehen der Rechtfertigung her zu verstehen. So entscheidet sich das Menschsein am Gottsein Gottes. Nach Luthers Auffassung ist der Mensch nur insofern rechter Mensch, als Gott ihn dazu macht, d. h. mit anderen Worten, indem er seine Gerechtigkeit ihm schenkt, über ihn walten läßt. Das geschieht in der Rechtfertigung. Das Bekenntnis der Alleinwirksamkeit Gottes bedeutet angesichts der für das Menschsein vor Gott notwendigen Rechtfertigung durch Gott keine Mißachtung der Würde des Menschen. Die Rechtfertigung verleiht dem Menschen erst seine eigentliche Würde vor Gott, von sich aus hat er diese Würde nicht. Es geht im Entscheidenden um das Sein des Menschen vor Gott und damit um die radikale Frage nach Heil und Unheil, Leben und Tod. Würde man diese Frage ausklammern, so könnte man zwar über den Selbstand und Eigenart des Menschen sprechen. Damit wäre aber die Wirklichkeit des durch die Sünde verdienten Unheils und Todes des Menschen noch nicht gesehen, geschweige denn aufgehoben.

Christus ist die Person, in der Gott und Mensch zusammenkommen. In ihm wird das Heilswirken Gottes am Menschen sichtbar. Somit ist Christus das Herz der Rechtfertigung. Von Christus her ist das Wort Gottes als Evangelium zu vernehmen und zu verstehen. Christus wird als der bekannt, in dem Gott die Existenz des Menschen übernimmt. Evangelium heißt von daher Selbstzuspruch Gottes als des dies Tuenden. In Christus wird dem Menschen der „fröhliche Wechsel" verkündet: Christus nimmt unsere Sünden auf sich und schenkt uns seine Gerechtigkeit. Aber die Repräsentation Gottes in der Welt durch Christus geschieht nicht in Macht und Herrlichkeit, sondern in Ohnmacht, Verborgenheit, am Kreuz. Nur durch das Kreuz und das Menschsein Jesu hindurch wird daher von Gott zutreffend geredet (theologia crucis = Kreuzestheologie). In Jesus aber zeigt sich der Anbruch einer neuen Gerechtigkeit und eines neuen Gehorsams, er ist die Ursache unserer Hoffnung.

20

LUTHER UND DIE THEOLOGIE DES MITTELALTERS

Sollen Luthers Theologie nicht fertige Begriffe unterschoben werden, so muß man zunächst ihn selbst reden lassen mit seinen Gesprächspartnern; und das sind nicht die modernen Existenztheologen und Exegeten, sondern Augustinus, Petrus Lombardus, Duns Scotus, Ockham, Biel, Thomas von Aquin.

Luthers Bewußtsein ist, wie das bei jedermann der Fall ist, durch das, was er gelernt, gelesen und erfahren hatte, geformt worden. Die Untersuchungen auf diesem Feld erweitern unsere Kenntnis von Luthers Welt im großen Umfang, und sie ermöglichen es, ihn besser zu verstehen als zuvor. So sind also derartige Untersuchungen, soweit sie dazu beitragen, die Kenntnis von der Welt, in der Luther lebte und wirkte, auszuweiten, wertvoll und notwendig.

Was war es für eine Theologie, mit der Luther bekannt wurde? Welches war die beherrschende theologische Schule seiner Zeit? Eine der herrschenden Schulen seiner Zeit war der Nominalismus. Er war begründet von dem englischen Franziskaner Wilhelm von Ockham. Einer der Gründe, warum die spätmittelalterliche Theologiegeschichte so wenig bekannt wurde, ist darin zu suchen, daß spätmittelalterliches Denken weithin als ein Teil der Philosophiegeschichte angesehen wurde. Theologische Aspekte waren weitgehend unbeachtet geblieben. Nun bildet dieser Zeitabschnitt in der Theologie die Grenze zwischen dem hohen Mittelalter und der Reformation. Diese Grenzsituation hat es den Forschern erschwert, Ort und Bedeutung in der Theologiegeschichte unvoreingenommen einzuschätzen. Unter den Anhängern dieser Schule herrscht die Tendenz, den Gegensatz zwischen Luther und den spätmittelalterlichen Theologen hervorzuheben. Im allgemeinen wird Luther eher in die Tradition von Paulus und Augustinus hineingestellt als in die von Wilhelm von Ockham und Gabriel Biel. Die thomistische Schule, so könnte man die zweite Schule nennen, vertritt die Ansicht, daß in Thomas von Aquin das mittelalterliche Denken seinen Höhepunkt erreichte. Die thomistische Schule behauptet, daß die auf Thomas folgende Epoche der Geistesgeschichte, die mit Duns Scotus († 1308) begann und im Nominalismus, dem Werk Ockhams, Biels und ihrer Schüler gipfelte, durch den Verfall und den völligen Zusammenbruch der thomistischen Einheit gekennzeichnet ist. Diese Auffassung ist häufig mit der Meinung verbunden, daß der Nominalismus, den man als wesentlich anti- oder zumindest als unkatholisch ansieht, der Reformation den Boden bereitete. Die Vertreter dieser Schule sind der Meinung, da

Luther nur den Katholizismus in der Form des Nominalismus kennengelernt habe, sei er sozusagen unbeabsichtigt zum Häretiker geworden. Endlich gibt es eine dritte Gruppe, die man die Schule der Franziskaner nennen könnte. Diese Schule ist geneigt, die Rechtgläubigkeit und die theologischen Beiträge der neuen Franziskaner wie Duns Scotus und Ockham zu betonen. Es handelt sich hier um eine relativ junge und bis vor einiger Zeit noch sehr zurückhaltende Schule. So ist verständlich, daß ihre Ansichten noch nicht in eine endgültige Form gebracht worden sind. Wenn nicht alles täuscht, weist aber manches darauf hin, daß man hier bereit ist, die Orthodoxie, das heißt die Rechtgläubigkeit des Nominalismus zu verteidigen. Diese Schule deutet Luthers Theologie als falsche Auslegung eines Nominalisten wie Gabriel Biel, die darauf beruht, daß noch andere, dem Nominalismus fremde Elemente in Luthers Denken vorhanden waren. Die thomistische Schule setzt den Bruch in der mittelalterlichen katholischen Überlieferung zwischen Thomas und Scotus an, die franziskanische Schule sieht den entscheidenden Bruch irgendwo zwischen Gabriel Biel und Martin Luther.

Schon Heinrich Denifle macht in seinem 1904 erschienenen Werk „Luther und Luthertum“ darauf aufmerksam, daß dem Nominalismus das Charakteristikum einer gesunden Theologie fehlte. Joseph Lortz, dem wir den entscheidenden Durchbruch von katholischer Seite in der reformationsgeschichtlichen Forschung verdanken, sagt ausdrücklich: „Dieses System des Ockhamismus ist wurzelhaft unkatholisch.“ Lortz ist der Meinung, daß Luther einen Katholizismus in sich niedergerungen habe, der gar nicht katholisch gewesen sei. Die Forschung hat sich intensiv der theologischen Welt des Ockhamismus und des Nominalismus zugewandt. Heute unterscheidet man mindestens vier Schulen innerhalb des spätmittelalterlichen Nominalismus: die von Ockham und Biel, der wir Pierre d'Ailly und Johannes Gerson zurechnen, den von Robert Holcot und Adam Woodham vertretenen englischen linken Flügel der Schule, den sich um Gregor von Rimini bildenden rechten Flügel und eine besonders in Paris stark vertretene synkretistische Schule, in der Scotus' und Ockhams Einfluß konvergierte (H. Oberman). An der Erfurter Universität kommt die Hinwendung zu Wilhelm von Ockham erst durch Gabriel Biel auf. Die enge Anlehnung an ein Vorbild entsprach Biels Veranlagung und kam zugleich einem Zug der Zeit entgegen, die nicht selbständig die Theologie weiterdachte, sondern in immer stärkerem Maße auf die Schulhäupter zurückgriff (E. Kleineidam).

Gabriel Biel (1410–1495) studierte 1432 in Heidelberg und erwarb dort 1441 den Magister artium. 1442 und 1451 ist er in Erfurt nachweisbar. Im Jahre 1453 zum Sommersemester ging er mit Eggeling Becker aus Braunschweig, den er in Erfurt kennengelernt hatte und mit dem er sich befreundete, zusammen nach Köln. Dort wurden sie am 23. Mai 1453 intituliert. Im Sommer 1455 waren sie offensichtlich noch nicht in Erfurt, da sie beim Quodlibet nicht verzeichnet sind. Sicher ist wieder, daß sie beide im November 1457 im kurzen Vizerektorat des Johannes von Wesel zu Licentiaten der Theologie promoviert wurden. Eggeling wurde theologischer Lektor an der Domkirche zu Mainz, und Gabriel Biel wurde dort Domprediger. Eggeling hat der Mainzer Geistlichkeit den Kanon der Messe erklärt. Vermutlich hat er seine expositio in der Fastenzeit des Jahres 1458 begonnen. Eggelings Werk ist nach Auffassung der Kenner ohne Zweifel eine bedeutende theologische Leistung. Es ist eine Summe des katholischen Glaubens geworden, nicht vom theologischen System her aufgebaut wie ein Sentenzenkommentar, sondern in Anlehnung an das Herzstück der katholischen Frömmigkeit, dem Kanon der Messe. Eggeling war auf diese Weise freier in der Gestaltung und befreit vom großen Ballast vieler theoretischer Fragen, die eine theologische Systematik beschwert. Unvorbereitet für diese Aufgabe war Eggeling nicht, denn es gab in Erfurt eine alte Tradition in den Vorlesungen über den Kanon der Messe. Eggelings Erklärung ist für die Zukunft wichtig geworden, denn sie bildet den Kern der berühmten Kanonerklärung des Gabriel Biel. Die Meinungen der Gelehrten gehen auseinander, wie groß die Abhängigkeit Biels von Eggelings Werk ist. Ohne Zweifel hat Gabriel Biel in seiner expositio ein neues Werk geschaffen; das hinderte ihn aber nicht, den größeren Teil des Werkes seines Freundes fast wörtlich in sein Werk aufzunehmen, wie er gewissenhaft angibt. Wir müssen beachten, daß die Zielsetzung beider in ihrer Vorlesung verschieden ist; Eggeling spricht vor der Mainzer Geistlichkeit, Gabriel Biel hingegen hält eine akademische Vorlesung an der Universität von Tübingen vor Theologiestudenten, deren Aufgabe die theoretische Durchdringung der Glaubenslehre ist (E. Kleineidam).

Gabriel Biel hatte nämlich am 22. November 1484 eine theologische Professur der via moderna an der 1477 gegründeten Universität in Tübingen übernommen. Er legte in seinem Collectorium eine Zusammenfassung und Ergänzung von Ockhams Sentenzenkommentar vor. Das Bielsche Collectorium wurde das klassische Werk des theologischen Nominalismus. Biels Nachwirkungen gehen bis zum Tridentinum nach Spanien und Portugal, wo in Salamanca und Coimbra eigene Lehrstühle zu seiner Kommentierung errichtet wurden. Gabriel Biel ist vor allem durch seine „Expositio canonis missae" für die theologische Formung Luthers von Bedeutung geworden. Neuere Untersuchungen haben gezeigt, daß Gabriel Biel und Wilhelm Ockham in allen wesentlichen Fragen der Philosophie und Theologie übereinstimmen. Das Ergebnis dieser Forschung zeigt aber auch, daß Biels Betonung ganz deutlich mehr auf dem Theologischen liegt, als es bei Ockham der Fall ist. Ihre grundsätzliche Übereinstimmung zeigt sich am deutlichsten in den akademischen Werken, die für den Gebrauch „in den Schulen" bestimmt waren (H. Oberman). Biels seelsorgerische Arbeiten zeigen, daß Ockhams System, in voller Integrität bewahrt, dogmatisch und pastoraltheologisch sehr gut ausgewertet werden kann.

Im Blick auf diese Überlegungen haben wir zu schließen, daß es für die Behauptung von Joseph Lortz, die er in seiner Erörterung der nominalistischen Rechtfertigungslehre aufstellte: „Diese katholischen Ockhamisten (solche Schüler Biels wie Trutfetter und von Usingen) genießen lediglich die Früchte einer glücklichen Inkonsequenz." ... „Gabriel Biel († 1495) hatte ihn (Ockham) kirchlich korrekt zurechtgerückt", keine Grundlage gibt.

Dies führt uns wieder zu der Katholizität Ockhams, Biels und der spätmittelalterlichen Theologie im allgemeinen zurück. Wenn man der Meinung ist, daß Biel und Ockham unmöglich zu trennen sind und daß es nicht möglich ist, die Orthodoxie Biels auf Kosten Ockhams zu behaupten, sieht man sich einer Reihe von recht ausgeprägten Ansichten in der modernen Forschung gegenüber.

Oberman kommt aufgrund seiner Forschungen zu folgender Beurteilung des theologischen Nominalismus:

„Die spätmittelalterliche Kirche war besonders zur Zeit von Papst Johannes XXII. an Fragen der Lehre keineswegs uninteressiert und scheute sich auch nicht, wenn nötig, mit solch scharfen Maßnahmen wie einer offiziellen Verdammung vorzugehen, wofür Meister Eckehart und die Fraticellibewegung als Beispiele dienen können. Dem von dem päpstlichen Ausschuß über Ockhams Werke gefällten Urteil folgte aber keine offizielle Verdammung. Die nominalistischen Theologen Nikolaus von Autrecourt und Johannes von Mirecourt wurden zwar gezwungen, ihre Ansichten zu widerrufen (1347), aber die Beziehung der verworfenen Thesen zu dem wichtigsten Inhalt der Ockhamschen Theologie wurde von den spätmittelalterlichen nominalistischen Lehrern nicht als solch enge Verbindung betrachtet, um die einflußreiche Stellung und Orthodoxie des Inceptor Venerabilis wesentlich zu beeinträchtigen. Der Nominalismus blieb an all den in dieser Zeit in verschiedenen Städten schnell aufblühenden Universitäten eine gültige und wie immer schon anziehende Schule.

Das über Ockham gefällte Urteil hatte genauso wenig Einfluß auf die Stellung der Kirche Ockham gegenüber, wie die 1277 ausgesprochene Verdammung einiger Thesen des Thomas von Aquin die Autorität dieses Theologen in Frage stellte. Obwohl von solchen Theologen wie Thomas Bradwardine, Gregor von Rimini und Johannes Capreolus Proteste laut wurden, spürte die mittelalterliche Kirche nicht, daß Ockhams Position so ‚radikal unkatholisch' war, daß eine offizielle Verdammung nötig gewesen wäre ...

Im späten Mittelalter wurde die Rechtfertigungslehre im Zusammenhang mit der Interpretation der Werke des Augustinus über das Verhältnis von Natur und Gnade lebhaft und zuzeiten heftig debattiert. Wir haben zu zeigen versucht, daß die äußere Struktur der nominalistischen Rechtfertigungslehre zum Ziel hat, das augustinische Erbe zu sichern, um die pelagianische Gefahr der Betonung der moralischen Verantwortungen des viator zu neutralisieren. Unser Ergebnis, daß der Nominalismus den Pelagianismus nicht genügend gemieden hat, bedeutet aber nicht, daß sich die Nominalisten nicht völlig an der mittelalterlichen Suche nach der rechten Interpretation des Augustinus beteiligt hätten.

Für Ockham und Biel ist eine solche Interpretation nur dann unkatholisch, wenn man sie hartnäckig gegen eine von der Kirche offiziell anerkannten Lehre verteidigt. Oder positiv gesagt, eine Auslegung ist dann katholisch, wenn sie mit der Tradition der Kirche übereinstimmt, die dann als fortlaufende Formulierung der katholischen Wahrheiten durch die Kirche verstanden wird. Dies und die Suche nach einer gültigen Auslegung des Augustinus könnte an sich natürlich nicht mehr sein als ein Beispiel für ein wohl öfter zu beobachtendes Zusammentreffen einer subjektiven Orthodoxie und einer objektiven Häresie. Es handelt sich hier aber um mehr.

Man darf die nominalistische Rechtfertigungslehre, so wichtig sie auch sein mag, nicht mit dem nominalistischen System als solchem identifizieren. Ein zweiter und unserer Meinung nach wichtigerer Teil dieses Systems ist, wie wir in der Untersuchung des Verhältnisses von Schrift und Kirche sahen, die Lehre von der Tradition und das Verständnis der Autorität der Kirche. Obwohl der spätmittelalterlichen Diskussion der Rechtfertigungslehre gewöhnlich mehr Aufmerksamkeit geschenkt worden ist, zeigt sich immer deutlicher, daß das Verhältnis von Schrift und Kirche ein zweiter Brennpunkt des spätmittelalterlichen theologischen Interesses war. Die Traditionsfrage muß als ein für den Nominalismus weit wichtigerer Problemkreis gesehen werden als die Frage nach der Rechtfertigungslehre, da nun einmal diese Lehre nur ein Aspekt der ganzen Wahrheit ist, die in dem ständig wachsenden Strom einer lebendigen Tradition eingebettet ist.

In diesem entscheidenden Punkt und in den von ihm abgeleiteten Lehren wie der Mariologie kann man den spätmittelalterlichen Nominalismus als einen Vorläufer der tridentinischen Lehre von dem Verhältnis von Schrift und Tradition ansehen. Deshalb ist der Nominalismus in wesentlicher Übereinstimmung mit jenen Wahrheiten, die kennzeichnende und grundlegende Glaubenswahrheiten wurden für das, was wir heute römischen Katholizismus nennen. Wenn man also Katholizität als römische Katholizität versteht, dann sind wir völlig bereit, die These zu verteidigen, daß der spätmittelalterliche

Nominalismus letzten Endes als eine grundsätzliche katholische Bewegung angesehen werden sollte."

Otto H. Pesch meint zur Frage von Luthers Ockhamismus: „Sicher geht es nicht an, alle historischen Unerklärlichkeiten in Luthers Theologie bis auf weiteres in den großen Topf des Nominalismus im allgemeinen und des Ockhamismus im besonderen zu werfen." Pesch stellt dazu fest: „Unter diesem Aspekt scheint der Rückgriff auf die spätscholastische Theologie bei manchen Lutherforschern viel zu schlagwortartig und schematisch. Angesichts der Tatsache, daß ... die kritische Ockham-Edition in den Anfängen steckenblieb ... und damit die Ockham-Forschung schon in sich, geschweige denn in Verbindung zu Luther, immer noch auf tönernen Füßen steht, sollten alle Aufstellungen zum Thema Luther und Ockham mit großer Vorsicht gemacht werden."

Lange Zeit hat man sich von der Tatsache leiten lassen, daß Thomas für Luther ein Unbekannter war. Außer gelegentlichen Einzeluntersuchungen beschränkt sich das Thema „Thomas und Luther" auf einzelne direkte oder indirekte Gegenüberstellungen. Stephanus Pfürtner hat dieses Thema in neuerer Zeit in zwei Arbeiten aufgenommen, und Otto H. Pesch hat durch Arbeiten und Stellungnahmen das gleiche Thema ausführlich behandelt. Ausgangspunkt des Gespräches zwischen Thomas und Luther ist zunächst die Feststellung eines auf den ersten Blick bestehenden und in der Vergangenheit immer wieder betonten Gegensatzes schon im Denkansatz beider Theologen. Michael Schmaus hat diesen Gegensatz auf die Formel gebracht: Luther gehe von einem aktualistisch-personalen und Thomas von einem metaphysischen Ansatzpunkt aus. Yves J. Congar stellt gegenüber: personenhaft – ontisch, Otto H. Pesch referiert als Gegensatz zwischen den beiden die Pole: existentiell – objektivierend. Pesch sieht als Folge dieser Art des Theologietreibens: „Mitten im Konsens von materialen Aussagen sind Thomas und Luther immer noch weltenweit voneinander entfernt." Es erhebt sich also deshalb die Frage, „ob unter diesen Voraussetzungen zwischen Thomas und Luther ein Gespräch noch sinnvoll ist". Stephanus Pfürtner deutet eine Lösung an, indem er die Art des theologischen Redens hinter die kerygmatische Substanz stellt und dann feststellen kann: „Es scheint sich jedoch abzuzeichnen, daß die Verschiedenheit nicht die kerygmatische Substanz betrifft, sondern in der Art des theologischen Redens und einer spezifischen, geschichtlich bedingten Akzentsetzung zu suchen ist." Pesch bemüht sich, die verschiedenen Denkansätze bei Thomas und Luther durchzuhalten und trotzdem die beiden Theologen ins Gespräch zu bringen und dieses Gespräch auch zu begründen. Pesch ist angetrieben durch den dringenden Verdacht, daß wir es hier mit den „zwei Grundweisen christlichen Existierens, personalen Gegenübers zu Gott zu tun haben, für deren In-eins-Vollzug sich zwar keine handliche Formel mehr angeben läßt, und die doch immer in eins vollzogen werden wollen, bei Gefahr, sonst die Spannungsfülle des Christlichen zu verlieren". Für die Beurteilung von Thomas und Luther ergibt sich daraus: „Keiner von beiden darf blindlings gleichsam als die Inkarnation christlicher Existenz schlechthin angesehen werden." Das gelte schon deshalb, weil weder die Theologie des Thomas nur „objektivierend" noch die Theologie Luthers nur „existentiell" sind, obgleich „beide Theologen besonders ‚reine' Vertreter je ihres Ansatzes" sind. Pesch kommt zu dem Schluß: „Es darf nicht nur, es muß sogar neben und Hand in Hand mit der bleibend notwendigen existentiellen Theologie jene Art von Theologie geben, die die Gottesbewegung auch im ‚objektivierenden' Überdenken erfährt und wagt." Gerade deswegen muß nach Pesch das Gespräch zwischen Thomas und Luther weitergehen.

Albert Brandenburg hat für dieses Gespräch sechs Grundsätze aufgestellt: 1. Es müssen Einzelvergleiche zwischen Thomas und Luther gemacht werden. 2. Das dürfen keine isolierten Vergleiche sein, sondern der Gesamtbezug der Lehren muß beachtet werden. 3. Es handelt sich um zwei grundverschiedene theologische Strukturen. Thomas geht aus von Gott und seinem Heilsplan, Luther von der Tatsache der Sünde und des Zornes Gottes über die Sünde. 4. Hinter den verschiedenen Denkansätzen steht dennoch ein großes Gemeinsames: Beiden geht es um die Gottheit Gottes. 5. Beide sind zu fragen nach der Schriftgemäßheit ihrer Theologie. 6. Nicht das System des hl. Thomas hat als absolut zu gelten für das Gespräch mit Luther, sondern die Schrift, die für den katholischen Theologen katholisch-kirchlich zu deuten ist.

Pfürtner und Pesch haben in ihren Einzeluntersuchungen bereits solche oder ähnliche Grundsätze befolgt, und sie haben damit in der Frage der Heilsgewißheit und der Freiheit erstaunliche Übereinstimmungen zwischen Thomas und Luther feststellen können.

Als Augustinermönch war Luther mit Augustinus, dem Patron seines Ordens, vertraut. Er verehrte ihn.

Unter den ältesten erhaltenen Äußerungen Luthers befinden sich Randbemerkungen zu den Werken des hl. Augustinus. Sie gehören in das Erfurter Jahr 1509 und zeugen von einem Studium, das mit Anteil und Verständnis den Gedankengängen des Meisters folgt. Daran läßt sich abnehmen, welche Schriften Augustins Luther zu jener Zeit vertraut gewesen sind und zugleich, wie er sie verstanden hat. In der Ordenstradition stand er ganz, wenn er mit Leidenschaft die Echtheit der Augustinerregel gegen die Kritik des Humanisten Wimpfeling in Schutz nahm. Vielseitiger sind die Randnotizen zu Augustins „Confessiones", und sie bezeugen, wie sehr Luther mit den Bekenntnissen des Bischofs aus Hippo vertraut war. Theologischen Ertrag bieten die Bemerkungen zu den großen Werken „De trinitate“ und „De civitate Dei“. Luther greift etwa aus „De trinitate“ die Erörterung über die „Vita beata“ heraus. Die drei genannten Werke des hl. Augustinus, die „Confessiones“, „De trinitate“ und „De civitate Dei“ behalten für Luther weiterhin ihr Gewicht. Gerade die Nachhaltigkeit der früheren Eindrücke bezeugt ihre Stärke. Beinahe von selbst versteht sich das bei dem Buch der „Confessiones“. Das Lebensbild des frommen Sünders stand Luther vor Augen, als er am 28. August 1516, dem Tage des hl. Augustinus, eine Rede auf ihn hielt.

Schon gegen Ende der ersten Psalmenvorlesung (1514), vornehmlich aber in der Römerbriefvorlesung (1515/16) zeigt Luther eine Kenntnis der Schriften Augustins aus dem Pelagianischen Streit. Vor allem ist es die Schrift „De spiritu et littera“, die er heranzieht. Sie gewann für ihn eine besondere Bedeutung. Ihm war über das Studium des Paulus eine Erkenntnis aufgegangen und hatte ihm die Befreiung gebracht. So brachte ihm diese Augustinus-Schrift eine unerwartete Bestätigung für sein Verständnis der schenkenden, nicht richtenden Gerechtigkeit Gottes. Noch am Ende seines Lebens schreibt Luther: „Da las ich Augustin ‚De spiritu et littera‘, wo ich wider mein Erwarten darauf stieß, daß auch er die Gerechtigkeit Gottes auf solche Weise versteht, daß Gott uns mit ihr bekleidet, wenn er uns rechtfertigt.“ In seiner Auslegung des Römerbriefes hat Luther diese Schrift des Augustinus in sonderbarer Weise benutzt. Gerade die Auseinandersetzung des Bischofs Augustinus mit Pelagius im sogenannten „Gnadenstreit“ ist für Luther interessant. Pelagius vertrat die Auffassung, daß der Mensch, auch ohne begnadet zu sein, gute Werke aus eigener Kraft vollbringen könne.

Die Tiefe des Eindrucks, den Luther vom Augustin der Gnadenlehre empfing, erklärt sich nicht zuletzt aus dem Zeitpunkt, an dem er auf die antipelagianischen Schriften stieß.

Jetzt, nach seiner Entdeckung des paulinischen Evangeliums, verstand er Augustins Kampf für die Gnade und war erschlossen für dessen Lehre: Er las sie mit neuen Augen. Von nun an ist die Schrift „De spiritu et littera“ Luther teuer geblieben. 1533 wurde sie in Wittenberg unter die Grundbücher des theologischen Unterrichtes aufgenommen. Luthers Begegnung mit Augustin gab einen Anstoß, dessen Wirken weit über ihn selbst hinausreichte. Schon vor der Thesenveröffentlichung begann die Wittenberger „augustinische Theologie“ ihren Kampf gegen Aristoteles und die durch ihn bestimmte mittelalterliche Scholastik. Die Universitätsreform, die weit höhere Ziele anstrebte, als es sonst die Gründung einer neuen Schule tat, wie etwa die des Thomismus oder des Ockhamismus, stellte sich unter das Zeichen des hl. Augustins. Er und die übrigen alten Kirchenlehrer erschienen als Bundesgenossen der Reformation. An seinen Erfurter Ordensgenossen Johannes Lang schrieb Luther am 18. Mai

1517: „Unsere Theologie und Sankt Augustinus schreiten kräftig fort und regieren durch Gottes Wirken in unserer Universität. Mit Aristoteles geht es bergab und wohl bald zum ewigen Untergrund. Die Vorlesungen über die Sentenzen ist man leid, und niemand kann mehr auf Hörer hoffen, wenn er nicht diese Theologie vortragen will, nämlich die Bibel, Augustin oder andere anerkannten Lehrer." Natürlich verschärfte dieses Vorgehen bei den Vertretern des Alten eine Gegnerschaft: „Daß ich die Kirchenväter und die Bibel den scholastischen Autoren vorziehe, macht sie rasend vor Zorn", schrieb er an Staupitz. Bei der Heidelberger Disputation gab die Überschrift zu seinen Thesen gleich an, worauf sie sich gründeten: „Theologische Paradoxa, gewonnen aus dem hl. Paulus, Christi erwähltem Gefäß und Werkzeug, und aus Sankt Augustinus, seinem treuesten Ausleger." Wenn Luther bereits in den Erfurter Randbemerkungen des Jahres 1509 auf den Gegensatz hingewiesen hatte, in dem Augustin zu Aristoteles, dem Lehrmeister der Scholastik, stehe, so sagt er diesem jetzt öffentlich den Krieg an.

Der katholischen Theologie bereitet das Verhältnis Luthers zu Augustinus, das von Luthers eigenem Zeugnis aus gesehen so einfach und direkt zu sein scheint, einige Schwierigkeiten, denn das Tridentinum beruft sich mit Recht auf den hl. Augustinus, so kann das Luther nicht gleichzeitig auch tun, wenn man davon ausgeht, daß die Aussagen des Tridentinums denen Luthers wirklich widersprechen. Aber nun hat Luther sich in der Tat oft und ausdrücklich auf Augustinus berufen, wie wir gesehen haben, gerade in seiner Rechtfertigungserkenntnis. Wenn man annimmt, daß das zu Unrecht geschehen ist, dann gibt es vier Möglichkeiten der Erklärung: 1. Luther nahm nur das von Augustin auf, „was in sein subjektives System paßte". 2. Es gibt zwei „Interpretationen der anti-pelagianischen Theorien des hl. Augustinus, die entweder gemäßigt oder übertrieben sind". Das Konzil von Trient hat demnach Augustinus gemäßigt interpretiert, Luther dagegen hat es übertrieben und radikal getan. 3. Man kann von Luther sagen, daß „er Augustinus verstand, ihn meinte und ihn wollte, ihn aber nicht bis zu Ende mitvollzog". 4. Man kann in der „personalistisch-aktualen Dimension" von Luthers Ansatz in der Rechtfertigungslehre „eine Nachwirkung Augustinus' sehen", dessen Ansicht „auch in der katholischen Lehre" lebendig ist. Das heißt: „Sie wird eben durch die metaphysische Erklärung des Thomas von Aquin zum Ganzen integriert." Das heißt: Die legitim-katholische Auslegung Augustins geschieht durch Thomas. Damit wäre der Kreis geschlossen: Augustinus – Thomas – Katholische Lehre (Tridentinum) (M. Bogdahn).

Über diese pauschalen, mehr abwehrenden Bemerkungen hinaus wird auf katholischer Seite auch der Versuch gemacht, den Einfluß der augustinischen Theologie auf Luther in Einzelfragen sichtbar zu machen.

21

DER PROFESSOR MARTIN LUTHER

Das gewaltige innere Ringen Luthers, das ihm durch die Begegnung mit der Paulusstelle die Befreiung brachte, vollzog sich unter der Last von außen her auferlegter Aufgaben und Geschäfte. Nach wie vor hatte Luther neben der Dozententätigkeit, Ordensgeschäfte zu verwalten. 1512 wurde er Subprior, 1515 erster Leiter der klösterlichen Studienanstalt in Wittenberg, in dem selben Jahre Distriktsvikar über die zehn Konvente der Augustinereremiten in Meißen und Thüringen. Predigten, Visitationen, organisatorische Anweisungen, Beantwortung seelsorglicher Fragen, Kirchenzucht und andere sind seine Aufgaben. Genug und übergenug. „Ich brauche beinahe zwei Schreiber oder Kanzler und tue fast nichts den Tag über als Briefe schreiben; bin Klosterprediger, Prediger bei Tisch, man begehrt mich täglich zum Predigen in der Pfarrkirche, ich bin Leiter des Studiums der Mönche, ich bin Ordensvikar ... selten habe ich die Zeit, meine Gebetsstunden ordentlich zu feiern, neben den mir eigenen Anfechtungen mit Fleisch, Welt und Teufel, sieh, was für ein müßiger Mensch ich bin!" So sagt Luther von sich selbst und teilt mit, was er damals leistete und über welch eine gesunde Arbeitskraft er verfügte. Luther war ein Mann strengster Gewissenhaftigkeit; wenn er in der Woche seine Breviergebete nicht beten konnte, schloß er sich am Sonnabend fastend in seine Zelle ein und holte das Versäumte nach, bis ihm „im Kopfe dämisch" wurde.

Akademische Vorlesungen hielt Luther über den Psalter, den Römer-, Galater-, Hebräerbrief; dazu kamen Disputationen und Prüfungen, endlich für die weitere Öffentlichkeit bestimmte Schriften oder Traktate, die aus seiner Arbeit als Seelsorger und Prediger hervorwuchsen. Er legte im Sommer 1516 die Zehn Gebote aus, weiterhin die sieben Bußpsalmen und das Vaterunser, schlicht, zu Herzen gehend, eine gesunde und fromme Kost für das Volk. Straffe Gedankenkonzentration, scharfe Heraushebung religiöser Grundgedanken, aus der Bibel gewonnen, beherrschten diese praktischen Schriften. Das Glanzstück der damaligen Tätigkeit Luthers ist eine Auslegung des Römerbriefes gewesen. Hier fühlt man, hier schlägt sein Herz. Dieser Paulusbrief faßt seine ganze Persönlichkeit, hier stand das grundlegende Wort von der Glaubensgerechtigkeit; zugleich legte er es in seine für die Studenten bestimmten Auslegungen hinein. Auch hier arbeitet Luther gewissenhaft: Er liest die alten Kommentatoren und Glossatoren, ebenso die Kirchenväter, pflichtschuldigst registriert er die verschiedenen Ansichten, dann kommen die neuen humanistischen Autoren, der Franzose Jacob Stapulensis, der Deutsche Reuchlin, vor allem aber der Niederländer Erasmus, dessen neue Textausgabe während der Vorlesung erschien (1516 bei Froben in Basel aufgelegt) und sofort eifrig von ihm benutzt wurde. Die erasmische Ausgabe des Neuen Testamentes war die erste griechische Ausgabe, die gedruckt wurde. Luther selbst hatte schon vorher den Studenten einen guten Text in die Hand zu geben sich bemüht, er hatte bei dem Drucker Johann Grunnenberg eine Textausgabe drucken lassen mit einer Zeile Zwischenraum, um des Glossierens willen, d. h. damit die Studenten die Worterklärung, die er der Entwicklung des theologischen Gehaltes vorausschickte, zwischen den Zeilen eintragen konnten. Humanistisch geschult ist sein Stil, frisch, aber keine angelernte Methode, alles persönliche Empfindung. Sein Angriff richtet sich vor allem gegen die Philosophie des Aristoteles und gegen die Sentenzen des Lombardus. Am 8. Februar 1517 stellt er Streitfragen gegen die Logik und Philosophie des Aristoteles und gegen die Sentenzen auf. Sie sind für Luther „verlorene Studien" geworden.

Im September 1517 verfaßt er scharfe Thesen gegen diese gesamte Scholastik und läßt sie öffentlich vor aller Welt verteidigen. Eigenartig ist dabei die Gemeinsamkeit mit dem Humanismus, die gleiche Gegnerschaft führt sie zusammen, weite Strecken gehen sie gemeinsam, Luther wird in den Kreisen der „jungen Humanisten" geschätzt und steht auf ihrer Liste, gilt selbst als Humanist, steht mitten in dieser Geistesbewegung und rückt doch wieder von ihr ab. Es ist ein biblischer Humanismus, dem Luther anhängt. Ihm kommt es auf gute Texte und sachgemäße Interpretation an, das Eintreten für Lektionen in lateinischer, griechischer, hebräischer Sprache in den Klassikern und nicht mehr den Scholastikern, den Wegfall von Physik, Logik und Dialektik, die Änderung der gesamten Wittenberger Studien- und Promotionsordnung. Luther wird über den religiösen Reformator zum Reorganisator der Wittenberger Universität.

An die Stelle der verdrängten Scholastik setzt er nachdrücklich die Kirchenväter, vorab Augustinus und vor allem die Heilige Schrift, denn in ihr liegt seine stärkste positive Kraft. Seine Grundgedanken sind religiös, und der Humanismus ist ihm nur ein Hilfsmittel für die religiöse Reform. Luther unterscheidet sich vom Humanismus. Dieser sieht in ästhetischen und philologischen Interessen Selbstzwecke, die für Luther bestenfalls Nebenzwecke sein konnten. Zwar tritt Luther für den großen Hebraisten Johannes Reuchlin ein. Er ärgert sich aber über den derben Witz der „Dunkelmännerbriefe". Er macht dem Gothaer Humanisten Mutianus seine briefliche Aufwartung, er schätzt Erasmus hoch. Luther freut sich auf seine Hieronymus-Ausgabe, er benützt seine griechische Textausgabe des Neuen Testamentes, aber schon jetzt, in einem Brief vom 9. Oktober 1516, scheidet er sich sehr deutlich von ihm. Erasmus versteht nach Luthers Auffassung den Begriff der Gerechtigkeit falsch. Die ganze Geistesbewegung des Humanismus ist Luther zu human. Damals, als sich Luther seines Gegensatzes zu Erasmus und den Humanismus bewußt wurde, wurde ihm eine neue Stärkung zuteil. Er begegnete der deutschen Mystik. Sein Erfurter Freund Johann Lang hat ihn vermutlich 1515/16 mit des Straßburger Johannes Taulers Predigten bekanntgemacht. Kurze Zeit danach, schon am 14. Dezember 1516, schreibt Luther an Spalatin, seinen Freund, der inzwischen Hofprediger Friedrichs des Weisen geworden war: „Wenn dich gelüstet nach einer reinen, festen, der alten ähnlichen Theologie deutscher Sprache, so magst du dir die Predigten des Dominikaners Johannes Tauler verschaffen; einen Auszug schicke ich dir anbei. Ich habe weder im Lateinischen noch in unserer Sprache eine gesundere und christlichere Theologie gesehen." Der Auszug war ein kleines Buch. Luther hat es ohne Titel und Namen gefunden. Er hielt es für ein Werk Taulers und gab es heraus. 1518 gab er ihm den Titel „Ein deutsch Theologia". Luther hat dieses Buch geliebt. „Mir ist, ich lüge nicht, etwas ähnliches, im höchsten Grade Theologisches noch nicht in die Hände gefallen." Luther glaubt, Erasmus und Hieronymus brächten wohl ein solches Buch nicht zustande.

Luther war ein begeisterter Hochschullehrer, aber seine Liebe zum Studium hinderte ihn nicht daran, in der Seelsorge tätig zu sein. Luther war ein begabter Prediger, Sonntag für Sonntag betrat er die Wittenberger Kanzel, und er war ein gesuchter Beichtvater. Gerade seine seelsorgliche Tätigkeit ließ ihn aus der Stille der Gelehrtenstube und aus der Abgeschiedenheit des Hörsaales heraustreten an die Öffentlichkeit. Wie kam es dazu?

22

DER STREIT UM DEN ABLASS

Papst Julius II. begann 1505 mit dem Neubau der Peterskirche. Der neue Bau sollte als seine Grablege dienen. Zur Finanzierung des großen Bauwerkes wurde 1507 ein vollkommener Ablaß ausgeschrieben. Leo X. (1513–1521) erneuerte diesen Ablaß durch seine Bulle „Sacrosanctis salvatoris et redemptoris" vom 31. März 1515. Zu dieser Zeit sicherte die Ausschreibung eines Ablasses noch nicht zu, daß er auch wirklich gepredigt wurde. Je mehr im Laufe des Spätmittelalters der Ablaß durch die Kurie finanziell ausgebeutet wurde, um so stärker wollten die Landesherren an dem finanziellen Ertrag direkt beteiligt werden. Sonst verboten sie die Predigt des Ablasses. Im Jahre 1515 bot sich der Kurie eine besondere Gelegenheit, die Predigt des Ablasses zugunsten der Peterskirche in den Landen der Erzbischöfe von Mainz und Magdeburg, des Bischofs von Halberstadt und des Markgrafen von Brandenburg zu erreichen. Albrecht von Brandenburg (1490–1545) war mit 23 Jahren Erzbischof von Magdeburg (seit dem 30. August 1513) und Administrator von Halberstadt (seit 9. September 1513). Nachdem ihn das Mainzer Erz-Domkapitel im Jahr 1514 auch zum Erzbischof von Mainz postulierte, wurde er durch Papst Leo X. am 18. August 1515 als Mainzer Erzbischof bestätigt.

Das Mainzer Domkapitel stand vor der Lösung einer schwierigen Frage. Innerhalb eines Jahrzehntes mußte es zum dritten Mal den Bischofsstuhl neubesetzen. Das bedeutete, daß für jede Bischofsbesetzung 14 000 Dukaten Servitien- und Palliengelder an die Kurie abzuführen waren. Albrecht sicherte dem Kapitel zu, die notwendigen Servitien- und Palliengelder selbst aufzubringen. Neben den 14 000 Dukaten mußten von ihm aber auch noch zusätzlich 10 000 Dukaten entrichtet werden, weil er zu dem mächtigen Mainzer Erzstift seine bisherigen Bistümer Magdeburg und Halberstadt behalten wollte. Das war eine nicht statthafte Häufung von Seelsorgspfründen, eine sogenannte Kumulation, dafür mußte eine Dispensgebühr von 10 000 Dukaten an die Kurie entrichtet werden. Eine solche Summe von 24 000 Golddukaten, für die damalige Zeit ein Riesenbetrag, stand Albrecht nicht zur Verfügung. Er lieh sich beim Bankhaus Fugger 29 000 rheinische Gulden. Von der Kurie wurde ihm der Weg gewiesen, wie diese Schuld zu tilgen sei. Für acht Jahre sollte der Erzbischof die Predigt des Ablasses zugunsten der Peterskirche in seinen Landen übernehmen. Vom Ertrag der Ablaßeinkünfte durfte er die Hälfte behalten. Einschließlich der Abgabe von 2143 Dukaten, die sich der Kaiser ausbedungen hatte, mußte Albrecht also 26 143 Dukaten aufbringen. Wenn er seinen Zweck erreichen sollte, mußte der Ablaß demnach 52 286 Dukaten einbringen.

Damit wurde der Ablaß zu einem, wie Joseph Lortz es genannt hat, „Tauschobjekt in einem Großhandelsgeschäft". Es ist müßig festzustellen, ob hier formal Simonie vorlag oder nicht. „Das Ganze war", wie wir beschämt zugeben müssen, „ein ausgemachter Skandal" (K. A. Meissinger).

Päpstliche Kommissare für diesen Ablaß waren Erzbischof Albrecht und der Mainzer Franziskanerguardian. Zu einem der beiden Generalsubkommissare für die Magdeburger Kirchenprovinz wurde wohl am 22. Januar 1517 in Halle der bereits seit 1504 mehrfach – unter anderem im Jahre 1516 in der exemten Meißner Diözese – als Ablaßprediger tätig gewesene Leipziger Dominikanermönch Johann Tetzel (1465–1519) unter Bewilligung einer überaus hohen Entschädigung bestellt. Über die von Albrechts Räten in Halle Tetzel bewilligte Vergütung berichtete am 22. Januar 1519 nach einem mit ihm angestellten Verhör der päpstliche Abgesandte Karl von Miltitz: „Tetzel hat jeden Monat 80 rheinische Gulden für seine Mühe bekommen und alle Kost frei mit einem Wagen und drei berittenen Begleitern und alle Monate für seinen Diener 10 Gulden." Albrecht erließ als päpstlicher Kommissar für diesen Ablaß eine „Instructio summaria" als Anweisung für seine Unterkommissare und die Ablaßprediger.

Die in der „Instructio summaria" vorgetragene Ablaßlehre ist im Rahmen der damals gängigen Auffassung korrekt (E. Iserloh). Eine lehramtliche Definierung der Ablaßlehre lag noch nicht vor. Bis heute beschränkt sie sich auf die sehr allgemein gehaltenen Sätze, daß es Ablässe gibt und daß sie den Gläubigen nützlich sind. Die „Instructio summaria" drängte aber bei Verwendung von frommen Sprüchen und Superlativismen zu einer Anpreisung des Ablasses, um einen möglichst hohen Gelderlös zu erzielen. Der Nachlaß zukünftiger Sünden wird nicht in Aussicht gestellt, wie Luther 1541 behauptet hat. Man kann einen Beichtbrief kaufen, mit dessen Hilfe man zu einem späteren Zeitpunkt dem Papst reservierte Sünden bei jedem Priester beichten kann. Die Prediger des Ablasses sollen darauf hingewiesen werden, daß man im Moment des Kaufes eines solchen Beichtbriefes, der einem unter anderem jetzt und für alle Zeit Anteil an den geistlichen Gütern der streitenden Kirche verschaffe, seine Sünden nicht zu bereuen brauche. Ähnlich kann man einen vollkommenen Ablaß gewinnen, ohne Reue und Beichte für die Toten, allein durch Hinterlegung des Geldes.

Unmittelbar nach seiner Ernennung nahm Tetzel seine Tätigkeit als Ablaßprediger auf. Am 24. Januar 1516 hielt er sich in Eisleben (Diözese Halberstadt) auf, und in der ersten Februarhälfte ist er als Ablaßprediger in Leipzig (Diözese Merseburg) nachweisbar. Im dortigen Dominikanerkloster, dem Tetzel angehörte, haben damals – sehr zum Unwillen ihres Landesherrn, des Herzogs Georg von Sachsen – zunächst Tetzel selbst und dann auch einige seiner Ordensbrüder in Predigten die herzöglichen Untertanen ermahnt, sich der Gnade teilhaftig zu machen, ohne daß man jedoch solche Gnadenbriefe (wie man die Ablaßbriefe damals nannte) ausgeteilt hat. Herzog Georg war aus finanzpolitischen Gründen entschlossen, in seinem Gebiete „keine gnad zuzulassen". So findet man Tetzel sehr bald in den westlich von Leipzig gelegenen und zum Territorium des Merseburger Bischofs gehörenden Städten Schkeuditz, Zwenkau und Lützen, wo er den St.-Peter-Ablaß verkündet. Im März ist er wohl in Halle, d. h. im Erzstift Magdeburg, predigend tätig, und am 10. April des Jahres 1517 wird er in Jüterbog gewesen sein. Dorthin liefen auch nach Luthers Bericht aus Wittenberg die Leute „wie toll" und „besessen" Tetzel zu.

Luthers Landesherr, Friedrich der Weise, hat die Predigt des Tetzel nicht gestattet, weil er die Gelder seines Landes nicht dem Rivalen seines Hauses, Albrecht von Brandenburg, zukommen lassen wollte. Zum anderen aber sollte auch die Wallfahrt zu seiner, des Landesherrn, mit Reliquien und Ablässen so reich ausgestatteten Allerheiligenkirche in Wittenberg keinen Mangel erleiden.

Tetzel gehörte nicht zu den Ablaßpredigern, von denen selbst Johannes Eck in seinen Reformgutachten für den Papst sagt, daß sie ihre Dirnen mit Ablaßzetteln bezahlt hätten, sondern sein persönliches Leben gibt nicht Anlaß zu Klagen. Doch Johannes Cochläus, Herzog Georg von Sachsen und sein Hofkaplan Hieronymus Emser beklagen, daß er zu jenen Predigern gehörte, die den Ablaß verteilten, daß Reue und Leid hinter dem Geld zurücktreten. Nun kamen Luthers Beichtkinder, die in Jüterbog oder in Zerbst die Ablaßpredigten gehört hatten, in den Beichtstuhl. In ihren Köpfen und in ihren Herzen wirkten die Hoffnungen und Vorstellungen, die Tetzel mit seiner Predigt in ihnen geweckt hatte, weiter. Luther mußte sich nun mit diesen Vorstellungen auseinandersetzen.

Er befaßte sich schon in seinen Vorlesungen über die Psalmen und den Römerbrief und in einer wohl auf den 31. Oktober 1516 datierten Predigt mit dem Ablaß. Nun nahm er am Matthiastag 1517 in einer besonderen Predigt speziell gegen die Tetzelsche Weise, den Ablaß zu verkünden, Stellung. Luther vertrat die Auffassung, daß es eine Folge der Ablässe sei, daß das Volk die Sündenstrafen zu fliehen und zu verabscheuen lerne, nicht aber die Sünde selbst. Besser wäre es, so meint Luther, das Volk zu ermahnen, die Strafe zu lieben und das Kreuz zu umarmen. Luther las auch die „Instructio summaria“ des Mainzer Erzbischofs, und er mußte sich belehren lassen, daß Tetzel nicht nur seine Privatmeinung in den Predigten vortrug, sondern daß er sich in seinen Ausführungen auf offizielle Anweisungen des Mainzer Erzbischofs stützte. Diese neuen Erkenntnisse führten Luther dazu, sich an die verantwortlichen Bischöfe, den Bischof von Brandenburg, Hieronymus Schultz, als den zuständigen Ortsordinarius und den Erzbischof von Magdeburg–Mainz als den verantwortlichen päpstlichen Ablaßkommissar zu wenden.

An den Erzbischof von Mainz, Kardinal Albrecht, schreibt Luther am 31. Oktober 1517 folgenden Brief:

„Gottes Gnade und Barmherzigkeit zuvor! Hochwürdigster Vater in Christo, durchlauchtigster Kurfürst! Eure Kurfürstlichen Gnaden halten mir gnädiglich zugute, daß ich, der geringste und unwerteste unter allen Menschen, vermessen daran zu denken wage, einen Brief an Ew. Hochwürden zu schreiben. Der Herr Jesu ist mein Zeuge, daß ich, meiner Armseligkeit und Jämmerlichkeit mir wohl bewußt, lange aufgeschoben habe, was ich jetzt mit unverschämter Stirn tue; denn es zwang und verpflichtete mich dazu mit aller Gewalt meine treue Ergebenheit, die ich, hochwürdigster Vater in Christo, Ew. Kurfürstlicher Gnaden zu leisten mich schuldig erkenne. Darum haltet Euch nicht zu gut, ein gnädig Auge auf mich zu haben, der ich Erde und Asche bin, und mein Begehr nach Eurer bischöflichen Gnade zu deuten.

Es wird im Lande umhergeführt der päpstliche Ablaß unter Ew. Kurfürstlichen Gnaden Namen zum Bau von Sankt Peter. Ich will dabei gar nicht über der Ablaßprediger großes Geschrei Klage führen, das ich nicht gehört habe. Aber ich beklage die falsche Auffassung, die das arme, einfältige, grobe Volk daraus entnimmt und die jene Prediger allenthalben marktschreierisch rühmen. Denn die unglücklichen Seelen glauben infolgedessen, wenn sie nur Ablaßbriefe lösen, seien sie ihrer Seligkeit sicher; weiter glauben sie, daß die Seelen ohne Verzug aus dem Fegefeuer fahren, sobald man für sie in den Kasten einlege; diese Ablaßgnade sei so kräftig, daß keine Sünde so groß sein könne, daß sie nicht erlassen und vergeben werden könnte, und hätte einer selbst (das sind ihre Worte) die Mutter Gottes geschändet; endlich soll der Mensch durch diesen Ablaß frei und los werden von aller Pein und Schuld.

Ach, lieber Gott, so werden die Eurer Sorge anvertrauten Seelen, teurer Vater, zum Tode unterwiesen, und so wächst immer die schwere Verantwortung, die Ihr über sie alle werdet ablegen müssen. Darum habe ich nicht länger davon schweigen können ... Ja noch mehr, hochwürdigster Vater in dem Herrn. In der Instruktion der Kommissare, die unter Eurem Namen ausgegangen ist, heißt es – ohne Zweifel, hochwürdiger Vater, ohne Euer Wissen und Euren Willen –, eine der vornehmsten Gnaden sei dieses unschätzbare Geschenk Gottes, dadurch die Menschen mit Gott versöhnt und alle Strafen des Fegefeuers ausgetilgt werden; auch Reue hätten die nicht nötig, die Ablaß oder Beichtprivilegien erwürben.

Hochwürdigster Bischof und durchlauchtigster Kurfürst! So bitte ich denn Euer Hochwürden durch den Herrn Jesum Christum, doch die Sache Eurer väterlichen Sorge und Aufmerksamkeit zu würdigen, das genannte Büchlein völlig zu beseitigen und den Ablaßpredigern eine andere Predigtweise zu befehlen. Sonst könnte schließlich jemand aufstehen und etwas veröffentlichen, was jene Leute und jenes Büchlein widerlegte, zur höchsten Schmach Eurer durchlauchtigsten Hoheit. Davor aber bange ich gar sehr, und doch muß ich es besorgen, wo der Sache nicht eilend Rat wird.

Diesen treuen Dienst meiner Armseligkeit wollen Ew. durchlauchtigste Gnaden würdigen, ebenso fürstlich und bischöflich, das heißt huldvoll, anzunehmen, wie ich ihn in Treue und ganzer Ergebenheit gegen Ew. Hochwürden erzeige. Denn auch ich bin ein Schäflein Eurer Herde. Der Herr behüte und bewahre Ew. Hochwürden in Ewigkeit. Amen. Wittenberg an der Vigil von Allerheiligen im Jahre 1517.

So es Ew. Hochwürden gefällig ist, könnt Ihr meine beiliegenden Streitsätze ansehen und daraus ersehen, wie ungewiß die Auffassung des Ablasses ist, obwohl die Ablaßprediger sich einbilden, sie wäre ganz ausgemacht.

Euer unwürdiger Sohn

Martinus Luther, Augustiner, berufener Doktor der hl. Theologie."

Luthers Brief an den Erzbischof ist im Original erhalten. Von den Räten Albrechts wurde er laut Kanzleivermerk am 17. November in Calbe an der Saale geöffnet. Der Erzbischof wohnte damals auf seiner Residenz in Aschaffenburg, er hat Luthers Brief vor dem 13. Dezember 1517 erhalten. Luther ersuchte den Erzbischof, die „Instructio summaria" zurückzuziehen und eine neue Weisung an die Prediger zu geben. Er bittet, die beiliegenden Thesen (disputationes) zur Kenntnis zu nehmen und daraus zu ersehen, wie zweifelhaft und unsicher die Meinungen über den Ablaß, die die Prediger als ganz sicher angeben, sind. So ist der 31. Oktober 1517 ein gesichertes Datum als der Tag, an dem die Übersendung der Ablaßthesen an den Erzbischof stattfand.

Später hat Luther auf seine Schreiben an die zuständigen oder unmittelbar beteiligten Bischöfe und die Übersendung der Ablaßthemen an sie wiederholt hingewiesen, so:

1. An Papst Leo X. (Mai 1518):

„Mich verzehrte, wie ich gestehe, Eifer für Christus – so erschien es mir jedenfalls – oder, wenn man das lieber will, jugendliches Feuer; doch erkannte ich, daß es mir nicht zustand, in diesen Dingen irgend eine Entscheidung zu treffen oder etwas zu unternehmen. Daher wandte ich mich in Privatschreiben an einige Kirchenfürsten mit einer entsprechenden Aufforderung. Die einen ließen sich dies von mir gefallen, andere nahmen mich nicht ernst, und wieder andere sahen in mir noch etwas anderes; denn in erster Linie wollten sie mich mit Deinem Namen einschüchtern und drohten mir mit Kirchenstrafen. Als mir schließlich nichts anderes übrigblieb, hielt ich es für das Beste, jenen wenigstens in ganz gemäßigter Form entgegenzutreten, das heißt, ihre Lehren in Zweifel zu ziehen und zur Diskussion zu stellen. Infolgedessen gab ich Disputationsthesen auf einem Plakat bekannt und lud damit nur Gelehrte für den Fall ein, daß irgend jemand mit mir darüber debattieren wollte."

2. An Kurfürst Friedrich den Weisen (21. November 1518):

„Von meiner Disputationsabsicht wußte keiner auch meiner besten Freunde, sondern nur der hochwürdigste Herr Erzbischof von Magdeburg und der (hochwürdigste) Herr Bischof Hieronymus von Brandenburg; denn weil ihnen ja daran gelegen sein mußte, derartige Ungereimtheiten zu unterbinden, habe ich sie in Privatschreiben – und zwar bevor ich die Disputationsthesen veröffentlichte – in demütiger und ehrerbietiger Weise dazu aufgefordert, die Schafe Christi gegen jene Wölfe zu schützen ... Mein Brief, der inzwischen in vieler Menschen Hände gelangte, ist vorhanden und bestätigt alle diese Tatsachen."

3. Wider Hans Worst (1541):

„Da schreib ich einen brieff mit den Propositionibus an den Bisschoff zu Magdeburg, vermanet und bat, Er wolte dem Detzel einhalt thun und solch ungeschickt ding zu predigen wehren, Es möchte ein unlust draus entstehen, Solchs gebürte jm als einem Ertzbisschoffe. Den selben brieff kan ich noch auff legen. Aber mir ward kein antwort. Des gleichen schrieb ich auch dem Bisschoff zu Brandenburg, als Ordinario. An dem ich seer einen gnädigen Bisschoff hatte, Darauff er mir antwortet, Ich griffe der Kirchen gewalt an und würde mir selbs mühe machen, Er riete mit, ich ließe davon ... Also giengen meine Propositiones aus wider Detzels Artickel."

4. Vorrede zum 1. Band der Wittenberger lateinischen Gesamtausgabe (1545):

„Alsbald schrieb ich zwei Briefe, den einen an den Mainzer Erzbischof Albrecht ..., den andern an den sogenannten Ordinarius loci (= zuständigen Bischof), nämlich den Brandenburger Bischof Hieronymus, mit der Bitte, das schamlose Treiben und die lästerlichen Reden der Ablaßprediger zu unterbinden; aber man schenkte dem armseligen Mönch überhaupt keine Beachtung. Also mißachtet, gab ich meine Disputationsthesen auf einem Plakat bekannt."

5. Tischrede (1539):

„Im Anfang der Reformation ging ich kaum merklich gegen Tetzels überaus schamloses Treiben vor, und der Bischof Hieronymus von Brandenburg schätzte mich; ich forderte auch ihn als den zuständigen Bischof auf, daß er auf diese Sache achten wolle."

6. Tischrede (o. J.):

„Zunächst schrieb ich in demütigem Ton an die Bischöfe von Brandenburg und Mainz, wenn nicht sie diesen Mißstand beseitigten, würde ich dagegen schreiben. Die Bischöfe sandten meinen Brief an Tetzel."

7. Tischrede (o. J. [Aurifaber]):

„Als er erst angefangen hätte, wider den Ablaß (An[no] 1517) zu schreiben, hätte er einen Brief an den Bischof zu Brandenburg geschickt und gebeten, daß er dem Tetzel wehren wollte. Da antwortete er: Ich sollt mir den Dingen nicht anfahen, würde ich aber anheben, so würde ich zu schaffen gewinnen, denn ich griffe der Kirchen Sache an."

Dazu kommt als sekundäre Quelle der Bericht des Gothaer Superintendenten Friedrich Myconius (1541):

Dr. Martinus schrieb erstlich vier Bischöfen, als dem von Meißen, von Frankfurt, von Zeitz und Merseburg, darnach auch dem Bischof von Mainz

Alberto und erinnerte sie, daß sie ihres bischöflichen Amts halb schuldig wären, Einsehens zu haben, daß Gottes Nam nicht also mißbrauchet und gelästert, das arme Volk nicht so jämmerlich verführet würde. Aber der Bischof von Mainz verachtet es, so gaben die andern etliche Antwort, sie kunnten noch dürften wider solche des papstes Geschäft nichts vornehmen. Da Dr. Martinus Luther sah, daß die Bischöfe auch nichts darzu tun wollten, da schrieb er etliche propositiones vom Ablaß."

In den hier genannten Zeugnissen aus den Jahren 1518–1545 behauptet Luther also, er habe sich an die unmittelbar beteiligten Bischöfe gewandt mit der Bitte um Abstellung der Mißbräuche. Er habe jedoch keine oder nur ungenügende Antworten erhalten und daraufhin seine Ablaßthesen herausgegeben. Auch das Schreiben des Gothaer Superintendenten Friedrich Myconius, der darüber direkte Mitteilung von Luther haben konnte, weist auf diesen Umstand hin.

Nach Inhalt und Umständen kann nun kaum ein Zweifel sein, daß der Brief an den Mainzer Erzbischof das uns erhaltene Begleitschreiben zu den Thesen vom 31. Oktober 1517 ist. Wenn Luther seine Thesen am 31. Oktober 1517 an die Tür der Schloßkirche zu Wittenberg angeschlagen hätte, wie es noch heute in den meisten Reformationsgeschichten zu lesen ist, dann hätte er den Bischöfen keine Zeit gelassen zu antworten, wie er so oft behauptete. Er hätte unmittelbar nach dem Ereignis, wo noch keine Gedächtnistäuschung möglich war, den Papst wie seinen Landesherrn Friedrich den Weisen belogen und hätte bis zum Ende seines Lebens dieses gefälschte Bild von den Ereignissen aufrechterhalten.

In seinem Vortrag „Luthers Thesenanschlag Tatsache oder Legende" am 8. November 1961 machte Iserloh auf diesen Vorgang aufmerksam und vertrat die Meinung, daß der Thesenanschlag an der Schloßkirche niemals stattfand. Iserloh stützt sich auf die sehr gründlichen Untersuchungen von Hans Volz „Martin Luthers Thesenanschlag und dessen Vorgeschichte", Weimar 1959, der mit dieser Arbeit die Veröffentlichung der Thesen am 31. Oktober auf den 1. November datiert.

Iserloh führt zur Begründung seiner These folgendes an: „Die Lutherforschung scheint mit einer solchen Unwahrhaftigkeit Luthers zu rechnen, wenn sie an diesem Problem nicht überhaupt vorbeigeht ... Woher nehmen wir das Recht, das anzunehmen, oder andersherum gefragt: Was zwingt uns anzunehmen, daß Luther am 31. Oktober seine Thesen angeschlagen und er den Bischöfen damit keine Zeit zur Rückäußerung gelassen hat? Sie werden vielleicht entgegnen: Haben wir denn keine Zeugnisse von Luther und seinen Zeitgenossen über den Thesenanschlag, wird nicht Luthers Famulus Johannes Agricola, alias Schneider, allgemein als Augenzeuge des Thesenanschlags hingestellt? Ja, es ist sehr eindrucksvoll, in dem an sich soliden Buch von Heinrich Boehmer ‚Der junge Luther‘ zu lesen: ‚Niemand in Wittenberg ahnte daher, was Luther im Schilde führte, als er am 31. Oktober 1517, Sonnabend vor Allerheiligen, mittags kurz vor 12 Uhr, nur von seinem Famulus Johannes Schneider, genannt Agricola, aus Eisleben begleitet, vom Schwarzen Kloster nach der etwa eine Viertelstunde entfernten Schloßkirche ging und dort an der nördlichen Eingangstür . . . das Plakat mit den 95 Thesen anschlug‘.

Hier wird seit langem eine Agricola zugeschriebene autobiographische Notiz falsch übersetzt. Dort heißt es:

‚Im Jahre 1517 legte Luther in Wittenberg an der Elbe nach altem Scholarenbrauch gewisse Sätze zur Disputation vor, ohne damit, wie ich bezeugen kann, jemand Schimpf und Unrecht antun zu wollen.‘

Hier ist kein Tag angegeben, auch nicht von einem Anschlag der Thesen an der Schloßkirche ist die Rede, und das im lateinischen Text stehende ‚me teste‘ wird nicht auf den Vorgang selbst, sondern auf die Luther dabei bewegenden Motive bezogen. Ja, das ‚me teste‘ ist nicht nur mißverstanden worden, sondern wahrscheinlich nur aufgrund eines Lesefehlers existent.“

In seinem späteren Leben spricht Luther nur vom Schreiben gegen den Ablaß und von der Herausgabe oder Vorlage von Thesen, niemals aber von einem Anschlag der Thesen an der Schloßkirche.

Der Reformator sagt in einem Brief aus dem Jahre 1527 an den ehemaligen Kanoniker des Wittenberger Allerheiligenstiftes Nikolaus von Amsdorf: „Wittenberg, am Allerheiligentag 1527, zehn Jahre, nachdem die Ablässe vernichtet wurden; in der Erinnerung daran trinken wir beide getröstet in dieser Stunde.“ Damit stimmt überein, wenn Luther in einer Tischrede aus der Zeit zwischen Januar und März 1532 sagt: „Im Jahre 1517 begann ich am Fest der Allerheiligen zuerst gegen den Papst und die Ablässe zu schreiben.“

Auch die zahlreichen Quellen, die bis zum Tode Luthers über seine Ablaßthesen und über sein Auftreten gegen Tetzel und die ‚Instructio‘ Albrechts von Mainz berichten, wissen nichts von einem Anschlag der Thesen, erst recht nichts von einem Ereignis am 31. Oktober oder 1. November. Es handelt sich um die Chronisten Christoph Scheurl, Johann Carion, Friedrich Myconius, Georg Spalatin und Johannes Sleidanus auf protestantischer und Kilian Leib, Johannes Cochläus und Hieronymus Emser auf altkirchlicher Seite.

Wenn aber nicht Luther und die zahlreichen Zeugen seiner eigenen Lebenszeit von diesem Thesenanschlag sprechen, wer ist dann der erste, der von einem Anschlag der Thesen an die Türen der Schloßkirche zu Wittenberg redet?

Im 2. Band der „Gesammelten Werke“ Martin Luthers schreibt Melanchthon in der Vorrede – die Werke wurden nach Luthers Tod ediert – folgendes:

„Luther, brennend vor Eifer für die rechte Frömmigkeit, gab Ablaßthesen heraus, die im 1. Band dieser Ausgabe gedruckt sind. Diese hat er öffentlich an der Kirche in der Nähe des Wittenberger Schlosses am Vortage des Festes Allerheiligen 1517 angeschlagen.“ Auf dieser Vorrede Melanchthons fußen offensichtlich die späteren Berichte vom Thesenanschlag. Keiner wird bezweifeln, daß dem Zeugnis eines Mannes, der Luther und der Wittenberger Reformation so nahestand wie Melanchthon, ein bedeutendes Gewicht zukommt. Allerdings muß festgehalten werden, daß Melanchthon 1517 noch in Tübingen war, also die Ereignisse dieses Jahres nur vom Hörensagen wußte und kannte.

Von einem Thesenanschlag scheint aber Melanchthon auch bis zum Jahre 1546 kein Wissen gehabt zu haben, denn bis dahin nimmt er in Datierungen von am 31. Oktober geschriebenen Briefen auf den Thesenanschlag nie Bezug, während er es, wie Hans Volz gezeigt hat, nach 1546 stets tut.

Auch in anderer Weise zeigt sich Melanchthon über die Geschehnisse von 1517 in Wittenberg schlecht unterrichtet. So behauptet er in der Vorrede zur „Confessio Augustana“ vom Mai 1530 z. B., in den sächsischen Landen sei der Ablaß gepredigt worden, wo doch alle, die sich mit der Sache beschäftigen, wissen, daß sowohl Kurfürst Friedrich der Weise wie auch Herzog Georg von Sachsen in ihren Landen die tetzelsche Ablaßverkündigung nicht zugelassen hatten. Dazu hatte Melanchthon in der Vorrede zum 2. Band der Lutherausgabe die Legende aufgebracht.

Das ließ den schon zitierten Lutherforscher Heinrich Boehmer vor Jahrzehnten zu dem Urteil kommen: „Die berühmte Vorrede ist eben nur eine Vorrede, das ist ein rasch ohne jedes Hilfsmittel . . . aufs Papier geworfenes Skriptum, das keinerlei urkundlichen Wert besitzt und nur soweit Glauben verdient, als seine Angaben durch andere Zeitgenossen bestätigt werden.“

Hans Volz sieht sich gezwungen, Melanchthons Bericht als eine haltlose Legende zu betrachten. Weshalb verweisen wir aber dann nicht Melanchthons Erzählung vom Thesenanschlag, von dem sonst niemand etwas weiß und gegen den so klare und häufige Aussagen von Luther selbst stehen, in das Reich der Legende?

Iserloh begründet in fünf Punkten seine Auffassung, daß der Thesenanschlag Luthers nicht stattgefunden hat und kommt zu folgendem Schluß: „Der Thesenanschlag fand nicht statt. Der 31. Oktober 1517 ist die Geburtsstunde der Reformation, nicht weil Luther damals seine 95 Thesen an den Türen der Schloßkirche zu Wittenberg angeschlagen hat, sondern weil er sie an diesem Tag den zuständigen Kirchenfürsten zugestellt hat, was u. a. seinen römischen Prozeß ins Rollen brachte, und weil diese Thesen, die zunächst privat verbreitet wurden, die ungeheure, von dem Reformator nicht beabsichtigte und nicht vorauszusehende Resonanz in Deutschland und in der Welt fanden.

Vielleicht wird nun mancher von Ihnen sagen: Ist das denn nicht unerheblich, ob der Thesenanschlag stattgefunden hat oder nicht?

Mir scheint: Nein. Denn wenn Luther am 31. Oktober 1517 den Thesenanschlag in Szene gesetzt hätte, an dem gleichen Tag, an dem er dem Erzbischof von Mainz die Thesen zusandte, dann würden die überaus weitgehenden Ergebenheits- und Demutsbezeugungen des Geleitschreibens nicht nur, wie Karl August Meissinger meint, an Geschmacklosigkeit grenzen, sondern sie wären verlogen; dann hätte Luther aber auch sein ganzes Leben hindurch den Verlauf der Ereignisse gegen besseres Wissen falsch dargestellt.

Hat der Thesenanschlag stattgefunden, dann wird noch deutlicher, daß Luther nicht in Verwegenheit auf einen Bruch mit der Kirche hingesteuert ist, sondern, wie Joseph Lortz mit Nachdruck betont, absichtslos zum Reformator wurde.

Allerdings trifft dann die zuständigen Bischöfe noch größere Verantwortung. Denn dann hat Luther den Bischöfen ja Zeit gelassen, religiös-seelsorgerlich zu reagieren. Dann kann es ihm Ernst gewesen sein mit der Bitte an den Erzbischof, das Ärgernis abzustellen, bevor über ihn und die Kirche große Schmach käme.

Weiter hat dann eine noch größere Chance bestanden, die Herausforderung Luthers, die zum Bruch mit der Kirche führte, zu ihrer Reform zu wenden. Aber bestand diese Chance wirklich? Sind die Thesen nicht schon der Bruch, stellen sie nicht das Grundgefüge der Kirche in Frage? Auch wenn Luther sich dessen nicht bewußt war?“

Iserloh kommt zu der Überzeugung, daß man all diese Thesen als rechtgläubig, als berechtigte Kritik an Mißbräuchen der Ablaßpraxis und als einen Beitrag zur Diskussion noch nicht entschiedener Fragen der Theologie verstehen kann.

23

JAHRE DER KRISE

Von der Wirkung der 95 Thesen war Luther nicht nur überrascht, sondern bestürzt. „Sie durchliefen“, schreibt Friedrich Myconius in seiner Reformationschronik, „in 14 Tagen schier die ganze Christenheit, als wären Engel selbst Botenläufer gewesen.“

Die Thesen erschienen sehr bald im Druck. Außer zwei Plakatdrucken (Wittenberg und Nürnberg) ist ein Nachdruck in Buchform (Basel) bekannt. Eine deutsche Übersetzung erschien bald in Nürnberg. Luther war überzeugt, daß seine Thesen die rechte Lehre der Kirche enthielten.

Tetzel ging zu seinem Lehrer Konrad Koch aus Wimpfen (Wimpina) nach Frankfurt an der Oder. Er entwarf Promotionsthesen, damit Tetzel die theologischen Grade erlangen und Martin Luther entgegentreten konnte. Der große Dominikanerkonvent, in Frankfurt an der Oder versammelt, stellte 106 Thesen gegen Luther auf. Man ließ es nicht nur bei diesem akademischen Vorhaben bewenden: Der Konvent beschloß, Luther in aller Form in Rom als Ketzer anzuzeigen, und das war ein viel gefährlicherer Schritt als der des Mainzer Erzbischofs. Dieser hatte nämlich Luthers Thesen, nachdem er sie in Aschaffenburg in Händen hielt, mit einem Bericht über Luther nach Rom gesandt. Der Papst – darin korrekt denkend – hielt es für gut und richtig, daß Luthers Ordensgeneral als Oberhaupt der Augustinereremiten sich mit Luthers Thesen beschäftigen sollte.

Die Frankfurter Dominikaner verkündeten von der Kanzel, Luther werde in wenigen Wochen den Scheiterhaufen besteigen. Woche um Woche ging nun die Angelegenheit weiter, Luther mußte sich mit ihr auseinandersetzen.

Anfang des Jahres 1518 schrieb Ulrich von Hutten, am Hofe des Erzbischofs von Mainz lebend, wo man die Bettelorden wenig schätzte, ob sie nun Dominikaner, Franziskaner oder Augustiner waren, einem Freund: „Vielleicht weißt Du noch nichts davon? In Wittenberg in Sachsen will sich eine Partei gegen die Autorität des Papstes auflehnen; eine andere verteidigt die päpstlichen Ablässe. Mönche führen die beiden Lager zum Kampf. Diese unerschütterlichen Generäle, hitzig, heftig, leichtsinnig, heulen, brüllen, vergießen Tränen, klagen zum Himmel, und dann sind da noch welche, die sich hinsetzen zum Schreiben und in die Bibliotheken laufen; man verkauft Thesen, Gegenthesen, Schlußfolgerungen, tödliche Artikel ... Ich hoffe, sie werden sich gegenseitig umbringen ...“

Als ein Mönchsgezänk wie Ulrich von Hutten sahen viele Zeitgenossen tatsächlich zu Beginn den Streit an. Die Kurie schien zunächst dem Mönchsstreit nicht viel Gewicht beizulegen. Kardinal Julius de Medici soll lediglich eine Verwarnung Luthers angeordnet und in diesem Sinne an den Augustinerorden geschrieben haben. Ob Staupitz Luther je verwarnt hat, ist fraglich. Zu dieser Zeit stand der Orden hinter Luther.

Im April 1518 tagte in Heidelberg das Kapitel des Ordens. Luther erhielt den Auftrag, dort vor seinen Ordensbrüdern mit Leonhard Beier aus München zu disputieren. Beier begleitete ihn bis Würzburg, dort schlossen sich andere Ordensbrüder an. Mit einem Geleitbrief des Kurfürsten ausgestattet, machte sich Luther auf die Reise. In dem Brief war deutlich zu lesen, wie sehr der Kurfürst Luther gewogen war. 28 Sätze hatte Luther für diese Disputation unter dem Titel „Theologica paradoxa“ aufgestellt. Vom Ablaß war in diesen Thesen keine Rede. Sie behandelten Fragen der Anthropologie und des Glaubens und richteten sich sehr scharf, wie schon Luthers 97 Thesen vom 4. September 1517, gegen scholastische Auffassungen. Bei den älteren Ordensbrüdern erregten sie Widerspruch, während die jugendlichen Mitglieder des Ordens ihnen zustimmten. Einer von seinen jugendlichen Zuhörern, Martin Bucer, der spätere Reformator von Straßburg, der damals als Insasse des Heidelberger Dominikanerkonvents Luther hörte, schilderte uns die begeisternde Wirkung von Luthers Auftreten. Luther selbst aber erkannte, daß sein theologischer Anhang von der Jugend kommen würde. Mit seinen alten Lehrern brach er damals. Auch sprach er schon aus, daß die Reform der Kirche, wie er sie jetzt deutlicher vor Augen sah, unmöglich sei, wenn nicht die ganz reinen Studien der Bibel und der Väter wieder zu ihrem Rechte kämen. Der Kern seiner Lehre kam in der These 25 zum Ausdruck: „Nicht der ist gerecht, der viele Werke tut, sondern wer ohne Werk viel an Christus glaubt. Denn die Gerechtigkeit Gottes wird nicht aufgrund von aneinandergereihten Werken erworben, wie Aristoteles lehrt, sondern durch den Glauben eingegossen. ‚Der Gerechte lebt seines Glaubens‘ (Röm 1,17 und Röm 10,10): ‚So man von Herzen glaubt, so wird man gerecht‘.“

Martin Bucer, der elsässische Dominikanermönch, schrieb in einem Brief an Beatus Rhenanus von seiner Begegnung mit Luther in Heidelberg: „Was ich auch fragen mochte, er wußte mir alles aufs klarste auseinanderzusetzen. Mit Erasmus stimmt er ganz überein. Er übertrifft ihn aber, weil er alles, was jener nur andeutet, frei und offen sagt. Er ist es gewesen, der in Wittenberg der Herrschaft der Scholastiker ein Ende gemacht und bewirkt hat, daß dort das Griechische, Hieronymus, Augustinus und Paulus öffentlich gelehrt werden.“

Hier kündigt sich das Bündnis an, das sich in diesen Tagen zwischen Luther und der humanistischen Bewegung schloß. Die Begegnung mit dem deutschen Humanismus vollzog sich in jenem Augenblick, als durch Luther in Wittenberg eine Studienreform bewirkt wurde, die der kleinen Universität einen Vorsprung vor allen anderen Universitäten sicherte. Man richtete einen Lehrstuhl des Griechischen in Wittenberg ein, auf den der Großneffe Reuchlins, der junge Philipp Melanchthon, berufen wurde.

Mit 21 Jahren hielt er im Spätsommer 1518 seine Antrittsvorlesung über die Verbesserung der Studien, in der er die Rückkehr zu den reinen Quellen forderte, um Christus besser zu verstehen. Wittenberg, diese Universität im Abseits, wird fast über Nacht zu einem Bildungszentrum von europäischem Rang.

Beflügelt von der Zustimmung, die er in Heidelberg fand, kehrte Luther ohne Verzug nach Wittenberg zurück. Auf dieser Reise besuchte er seinen alten Lehrer Usingen. Er disputierte mit ihm, und der alte Herr war verwundert über seinen Schüler. Er lehnte dessen Auffassung entschieden ab.

Nach Wittenberg zurückgekehrt, vollendete Luther seine Schrift: „Erklärung und Beweis seiner Disputation von der Kraft des Ablasses", versah sie mit einer Widmung an Papst Leo X. und ließ sie durch Staupitz nach Rom senden. In der Widmung an den Papst beteuerte Luther noch einmal, daß er keinen Bruch mit der römischen Kirche wünsche und sich ehrlich dem römischen Stuhl als der von Gott gesetzten Obrigkeit unterwerfe. Er erkannte nur die Heilige Schrift, die Kirchenväter und die Kanons der Konzilien als die oberste Norm für jede Glaubensentscheidung an. Thomas von Aquin und die übrigen scholastischen Theologen lehnte er als Autoritäten ab. Er schloß die Widmung mit den Worten: „Bei Eurer Heiligkeit steht es, meine Sache abzulehnen oder ihr zuzustimmen, mir recht oder unrecht zu geben, mir das Leben zu schenken oder zu nehmen. Es gerate nun, wie es wolle, so will ich nichts anderes wissen, denn daß Eurer Heiligkeit Stimme Christi Stimme sei, der durch sie handle und rede."

Schon vor seiner Reise nach Heidelberg im Februar 1518 hatte Luther Erläuterungen zu seinen 95 Thesen verfaßt und sie seinem Ortsordinarius, dem Bischof Hieronymus Schultz von Brandenburg, zugesandt. Dieser Bischof antwortete freundlich auf die ihm zugesandten Resolutiones und ersuchte den Augustinereremiten, vorläufig zu schweigen, nichts Neues mehr über die Ablaßfrage zu veröffentlichen, obschon in Luthers Schrift alles „gut katholisch" sei. Nun gehörte Hieronymus Schultz nicht gerade zu den „Erleuchteten seines Standes" (H. Boehmer), aber umso mehr ist die Antwort erstaunlich. Verblüffend wird hier deutlich, wie wenig die Zeitgenossen in der Lage waren, Luthers Anliegen im innersten Kern wirklich zu verstehen, es zu begreifen. Es ist ein Beweis dafür, wie recht Joseph Lortz mit seiner These von der theologischen Unklarheit, die damals über wesentliche Elemente der katholischen Glaubenslehre herrschte, hat. Noch hatte kein Tridentinum den katholischen Glauben unverrückbar festgelegt, und gerade in ihrer spät-scholastischen Form enthielt die katholische Glaubenslehre größte Gegensätze. Selbst Theologen fanden sich nicht immer in ihr zurecht. Wenn selbst ein Bischof nicht erkennen konnte, was in Luthers Resolutiones nicht oder nicht mehr katholisch war, wer kann es dem Hinz und Kunz, dem Mann auf der Straße verargen oder selbst dem einfachen Priester und Mönch übel anrechnen, wenn er sich nicht ganz auskannte.

In Rom hatte sich inzwischen folgendes ereignet. Leo X. hatte zwar im Frühjahr 1517 das 5. Laterankonzil abgeschlossen, jedoch ohne auf den wichtigsten Tagesordnungspunkt, die Reformation der Kirche, einzugehen. Wie erwähnt, hielt auch er den Ablaßstreit für Mönchsgezänk. Dem General des Augustinerordens Gabriel Ventus erteilte er im März 1518 den Auftrag, „den Menschen (Luther) zu besänftigen; die eben erst entzündete Flamme werde sich leicht ersticken lassen". Dann aber teilt ihm der Magister sacri palatii Silvester Mazzolini, Zensor in Glaubenssachen, der nach seinem Heimatort Prierias genannt wurde, in seinem „Dialogus" mit, welche Beanstandungen von der kirchlichen Lehre her an den einzelnen der 95 Thesen Luthers zu machen seien. Jetzt hielt es der Papst für richtig, ein Verfahren gegen Luther zu eröffnen. Prierias hatte behauptet: „Wer über die Ablässe sagt, die römische Kirche könne, was sie faktisch tut, nicht tun, der ist ein Ketzer." Der Auditor Ghinucci und Prierias wurden mit der Voruntersuchung für den Ketzerprozeß beauftragt. Luther erhielt am 7. August 1518 eine Vorladung, die ihn aufforderte, binnen 60 Tagen in Rom zu erscheinen.

Luther wandte sich nach dem Erhalt der Vorladung am 8. August im Namen seiner Universität über seinen Freund Spalatin an den Kurfürsten Friedrich den Weisen. Er bat ihn, ein Verhör in Deutschland zu erwirken. Gleichzeitig arbeitete Luther an einer Antwort. Die kirchliche Praxis zu berufen genüge nicht, so führte er darin aus. Er stellt jetzt die Autoritätsfrage und läßt eine Reihe von Zeugen aufmarschieren, die dafür gutsagen, daß man in Glaubensfragen sich letztlich nur auf die Heilige Schrift berufen dürfe. Die Freunde Luthers waren um ihn besorgt. Kurfürst Friedrich der Weise befand sich zu dieser Zeit schon auf dem Reichstag zu Augsburg.

Die Forderung nach einem deutschen Gericht wird von jetzt ab in der Sache Luthers immer wieder vorgetragen werden, sie wird nicht mehr verstummen. Sie wird geradezu zu einer Forderung der öffentlichen Meinung und zeigt, wie erschüttert das Vertrauen in die Gerechtigkeit der höchsten geistlichen Instanz bereits geworden ist. Friedrich der Weise hat Luthers Forderung bei dem Vertreter des Papstes auf dem Reichstag zu Augsburg unterstützt. Der Vertreter der Kurie beim Augsburger Reichstag war der Kardinallegat Cajetan, der den Befehl hatte, Luther zu verhören und ihn, falls er nicht widerriefe, zu verhaften und nach Rom auszuliefern. Auch Luthers Landesherr war aufgefordert worden, den „Sohn der Bosheit" an den päpstlichen Legaten auszuliefern. Auch die höchste weltliche Obrigkeit, Kaiser Maximilian, hatte bereits erklärt, gegen Luther reichsrechtlich vorzugehen.

So befand sich zu diesem Augenblick Luther in keiner beneidenswerten Lage. Sein Schicksal schien besiegelt.

Aber hier in Augsburg begegneten sich nun die Fürsorge des Landesherrn, der sich schützend vor seinen inzwischen berühmt gewordenen Professor stellte, und die weltpolitischen Sorgen der Kurie. Dieser Reichstag versuchte, die

Nachfolge für Kaiser Maximilian zu regeln. Maximilian wollte mit aller Gewalt die Wahl seines Enkels Karl zum Nachfolger im Kaisertum durchsetzen. Der Papst widersetzte sich dem kaiserlichen Wunsche. Karl schien ihm unannehmbar. Auch Friedrich der Weise, Luthers Landesherr, hatte sich gegen die Wahl des jungen Habsburgers erklärt. Er wird nun in dieser Frage der wichtigste Bundesgenosse der Kirche auf dem Reichstag. Deshalb sucht man ihm auch in der Luthersache entgegenzukommen. Cajetan erhält die Weisung, Luther in Augsburg zu verhören. Er wird ermächtigt, den Entscheid über Freispruch oder Verurteilung selbst zu fällen und auch, unter Umständen bei gegebener Situation, Luther nach Wittenberg zu entlassen. Festzuhalten ist also, daß die Kurie zu diesem Zeitpunkt durch ihre enge Verflechtung in die Machtgegensätze der Zeit gehindert wird, in der Luthersache das zu tun, was sie selbst aus kirchlich-rechtlichen Gründen für richtig hält. So liefert die Kirche hier ungewollt den Beweis, daß Luther und die Opposition recht hatten, wenn sie der Kirche Entartung zu einem Justiz- und Herrschaftsinstitut vorwarfen. Auf der anderen Seite wurde Luthers Sache in dem Augenblick, als er sich unter den Schutz seines Landesherrn begab, zu einer politischen Angelegenheit. Ja, seine Sache wurde mit dem gesamten staats- und kirchenpolitischen Zustand Deutschlands verknüpft. „Schon allein, daß Luther an die Hilfe der weltlichen Obrigkeit appellierte und von seinem Fürsten erhoffte, daß er die Überweisung seines Prozesses auf deutschem Boden erzwingen werde, setzt die gesamte landeskirchliche Entwicklung des 15. Jahrhunderts voraus, setzt im Grunde auch jene Staatsgesinnung voraus, die im Territorialherrn den Beschützer seiner Untertanen auch in geistlichen Angelegenheiten zu sehen gelernt hatte" (R. Stadelmann).

Friedrich der Weise erreichte bei Cajetan die Zusage, Luther in Augsburg zu verhören, so wurde der Professor der Heiligen Schrift nach Augsburg zitiert. Zwischen dem 12. und 15. Oktober 1518 fand im Augsburger Fuggerhaus die Begegnung zwischen dem Kardinallegaten der Heiligen Römischen Kirche und Luther statt. Der Dominikanergeneral Thomas de Vio, nach seinem Heimatort Gaeta, Cajetan genannt, war als Theologe bedeutend und der Verfasser eines berühmten Kommentars zur Summa Theologica des Thomas von Aquin. Es ist darauf hingewiesen worden, daß ihn, den überzeugten Thomisten, der gemeinsame Gegensatz zu Duns Scotus mit Luther verband. Cajetan war auch der Verfasser einer kritischen Abhandlung über den Ablaß, lange vor Luthers Thesen. Viele Autoren sind der Meinung, daß Cajetan unter den maßgebenden Männern der Kurie wohl der einzige gewesen sei, der überhaupt in den Stand gesetzt war, Luther theologisch zu verstehen. Auch in Augsburg arbeitete Cajetan an seinen Thomasstudien weiter, gerade hatte er „den zweiten Teil zum zweiten Bande" fertiggestellt. Der kleine, gelehrte Dominikaner fror in

Augsburg sehr und sehnte sich nach dem warmen Lande zurück. Luther reiste nicht sehr fröhlich nach Augsburg. Der Weg kreuzte sich mit dem seines Kurfürsten. Friedrich der Weise hielt es jedoch für klug, seinen Professor nie zu sehen. In Weimar ließ er ihm 220 Gulden als Wegzehrung zurück. Sein Freund Link, der jetzt Prior des Nürnberger Augustinerklosters war, war erschreckt, wie abgerissen Luthers Kleidung aussah. Er gab ihm eine bessere Kutte. So konnte er wenigstens vor dem Kardinal leidlich anständig auftreten. Link begleitete ihn nach Augsburg. Luther befand sich in einem körperlich schlechten Zustand. Er hatte Magenkrämpfe, einige Meilen vor der Stadt mußten sie ihn auf einen Wagen setzen. Er war in Gedanken versunken. Keine seiner Reisen legte er in so düsterer Stimmung zurück; kein Gang war ihm so schwer gefallen. Die Krankheit wies nur auf seinen seelischen Zustand hin. Er spürte wohl, daß er nun vor der Entscheidung stand, ob er sich von der Kirche lösen sollte oder in ihr bleiben könne. Noch wußte er nicht, daß seine Lage viel bedenklicher war, als sie ihm in Wittenberg geschildert worden war. Denn, so lautete die Weisung an Cajetan: Der Ketzer sei vorzuführen und habe zu widerrufen. Wenn er sich weigere, solle er festgenommen und nach Rom ausgeliefert werden. Beschützer, Förderer, Gönner von ihm seien mit Bann und Interdikt zu bedrohen. Cajetan dachte, den Fall diplomatisch anzugehen. Als gewissenhafter Gelehrter bereitete er sich vor. Cajetan entwarf einige kleine Studien zur Frage des Ablasses. Während der Verhandlungen wohnte Luther im Kloster der Karmeliten. Er erhielt viel Besuch. Auch mit den in Augsburg noch zurückgebliebenen Räten seines Kurfürsten, mit denen er sich auf der Straße nicht zeigen durfte, traf er sich in seiner Wohnung. Diese Räte erwirkten ihm schließlich auch die Zusicherung des Geleits.

Am 12. Oktober begab sich Luther in den Palazzo Fugger. Sein Freund Link und sein Gastgeber, der Prior des Karmelitenklosters, begleiteten ihn. Er war unterwiesen, wie er sich dem hohen Herrn Legaten gegenüber zu verhalten habe. Er warf sich der Länge nach vor ihm auf den Boden. Der Kardinal winkte, er solle aufstehen. Luther erhob sich bis zu den Knien und stand erst nach nochmaligem Wink auf. Cajetan war von einem Kreis seiner italienischen Hofleute umgeben und nannte Luther seinen „lieben Sohn". Fest entschlossen, die Sache zu einem guten Ende zu bringen, wollte sich der Legat als väterlicher Vorgesetzter zeigen. Er sagte Luther schöne Worte über sein gelehrtes Wissen, er lobte seinen Eifer als Dozent in Wittenberg. Dann kam er zur Sache. Drei Dinge müsse er fordern: 1. Seine Irrtümer zu widerrufen; 2. sie nicht mehr zu lehren und 3. müsse Luther sich verpflichten, den Frieden der Kirche nicht mehr zu stören. So sei das im Breve des Papstes befohlen, außerdem beanstandete Cajetan Luthers 58. These, der Schatz der Kirche sei nicht identisch mit den Verdiensten Christi und der Heiligen, und griff dann die 7. These aus den Resolutiones an: nicht das Sakrament, sondern der Glaube rechtfertige. Im Gespräch forderte der Kardinal immer wieder den Widerruf. Luther erbat sich Bedenkzeit.

Von Staupitz begleitet, kehrte er am nächsten Tage zurück und verlas seine Erklärung: Solange er nicht widerlegt sei, könne er nicht widerrufen. Er unterwerfe sich dem Urteil der Kirche und sei bereit, darüber zu disputieren oder eine schriftliche Antwort zu geben, er sei sich jedenfalls nicht bewußt, falsch gelehrt zu haben. Auf Staupitz' Bitte hin wurde ihm dies gewährt. Luther überreichte am folgenden Tag ein Schriftstück. Es kam wieder zu einer Diskussion über die päpstlichen Rechte. Luther fügte sich nicht. Da rief Cajetan: „Geh und komme mir nicht wieder unter die Augen, wenn du nicht widerrufen willst!" Danach versuchte der Legat, seinen Einfluß auf Staupitz und Link zu nehmen und sie zu bitten, Luther zu beeinflussen. Cajetan war an einer Fortsetzung des Gespräches nicht mehr interessiert: „Denn er hat", sagte er, „tiefliegende Augen und wunderliche Spekulationen in seinem Kopf." Am Tage darauf richtet Luther ein in der Form demütiges, in der Sache aber festes Schreiben an Cajetan. Es kommt keine Antwort. Die Gefährlichkeit seiner Lage wird Luther bewußt. Er flieht am 20. Oktober aus Augsburg, um sich dem Zugriff der kurialen Behörden zu entziehen. Durch die Weigerung Luthers, seine Ablaßthesen vor Cajetan zu widerrufen, war der Bruch mit der römischen Kurie unvermeidlich geworden. Luther wollte seine Bindung an die alte Kirche wahren, indem er auf den Rat der Wittenberger Juristen im November 1518 an ein Konzil appellierte. Das Konzil sollte über dem Papst, aber auch über ihm selbst stehen. Als letzte unfehlbare Instanz in Glaubenssachen war es für Luther die höchste Lehrautorität der Kirche. Luther befand sich in seinem Denken immer noch in den Strömungen der konziliaren Bewegung des 15. Jahrhunderts. Für ihn war die unbedingte Subprimatie des Papsttums noch nicht selbstverständlich. Cajetan erkannte, daß sich Luther damals im Banne der Konzilsidee befand. Er warf ihm vor, daß er in der Frage des Primates noch den Standpunkt der Gersonisten von Paris vertrat. Johannes Gerson (1363–1429) war ein einflußreicher Theologe und Kirchenpolitiker des Spätmittelalters. In Paris und Flandern lebend, vertrat er die Auffassung, das Konzil sei in der Kirche die höchste Instanz, der auch der Papst unterworfen sei. Gerson gehörte zu den führenden Köpfen. Die Appellation an ein Konzil hat auf den Fortgang des Prozesses für Luther keinen Einfluß mehr gehabt. Luther bleibt bis 1520 faktisch unbehelligt, die Wogen der Politik gehen hoch. Die Kaiserwahl macht Friedrich den Weisen zur Schlüsselfigur im politischen Kalkül des römischen Hofes. Man hat auch weiterhin versucht, Luthers Auslieferung durch den Kurfürsten zu erwirken.

Ende 1518 wird der päpstliche Kämmerer Karl von Miltitz, ein Landsmann Luthers, nach Sachsen geschickt. Aber dabei handelte es sich nur um einen Nebenzweck seiner Mission; das eigentliche Ziel war, den Kurfürsten Friedrich den Weisen durch besondere Gnadenauszeichnungen politisch zu gewinnen. Miltitz überbrachte ihm „die goldene Tugendrose". Die goldene Rose sollte aber erst ausgehändigt werden, wenn der Kurfürst Bereitschaft zeigte, Luther auszuliefern. Miltitz erfuhr erst, als er schon in Deutschland war, daß Luthers Sache anders stand, als man es sich im Vatikan dachte. Miltitz sah keine Möglichkeit, sich mit Cajetan zu verständigen, der sich zur damaligen Zeit in Wien aufhielt. So entschloß er sich, auf eigene Faust Politik zu machen. Er versuchte, in Altenburg Friedrich dem Weisen nahezulegen, Luther aus seinem Lande zu verweisen. Friedrich der Weise lehnte diese Forderung ab. Er ordnete an, daß Luther nach Altenburg käme, um persönlich mit Miltitz zu verhandeln. Miltitz wollte auch Tetzel zu diesem Gespräch nach Altenburg bitten. Tetzel kam nicht, denn er fürchtete sich, darauf wies er hin, sehr, die Leute würden ihn unterwegs totschlagen. Im Hause Spalatins zu Altenburg kam es am 4. Januar 1519 in Gegenwart eines kurfürstlichen Rates, Fabian von Feilitzsch, zu einem Gespräch mit Miltitz. Im Gespräch warf Miltitz Luther, nachdem er sich über den Ablaßhandel abfällig geäußert hatte, große Heftigkeit vor und verwies auch auf das Unheil, das er über die Kirche gebracht habe. Miltitz weinte und gab Luther einen Kuß. Später schreibt Luther von „Krokodilstränen" und „Judaskuß". Er wies die gebotene Hand nicht zurück. Das Ergebnis des Gespräches teilte er dem Kurfürsten schriftlich mit: 1. Wenn die Gegner schwiegen, würde er sich die Sache zu Tode bluten lassen; 2. er werde an den Papst einen Brief schreiben, sich für seine Heftigkeit entschuldigen, da er nicht der römischen Kirche habe schaden wollen, sondern lediglich die lästerliche Ablaßpredigt eingestellt wissen wollte; 3. dasselbe werde er in einem öffentlichen Schreiben mitteilen; 4. den Erzbischof Matthäus Lang in Salzburg werde er um ein Schiedsurteil bitten, andernfalls sich weiter an seine Appellation an ein allgemeines Konzil halten.

Am nächsten Tage legte Luther Miltitz einen an den Papst zu richtenden Brief vor. In diesem Entwurf lehnte Luther einen Widerruf ab. Miltitz verzichtete auf den Brief. Es blieben nur die Punkte 1 und 4 übrig. Miltitz glaubte, einen großen Erfolg errungen zu haben. Auf der Rückreise befahl er Tetzel zu sich, verhörte ihn und trieb ihn in höchste Ängste, als er ihm wegen Unterschlagung und unsittlichen Lebenswandels einen Prozeß androhte. Diesen Schlag hat Tetzel nicht verwunden. Inzwischen aber beherrschte, wie schon gesagt, die Politik, vor allem die Sache der Kaiserwahl, die öffentliche Szene. Luthers Sache trat immer mehr hinter diesem wichtigen Anliegen zurück. Der Papst wollte unter allen Umständen Friedrich den Weisen für die Kandidatur zum Kaiser gewinnen. Miltitz eröffnete ihm im Auftrag des Kardinals Orsini in Frankfurt am Main, der Papst werde, wenn der Kurfürst auf seine Pläne eingehe, einem seiner Freunde den Kardinalshut verleihen, ihn selbst aber als Kaiser anerkennen, wenn er nur zwei Kurstimmen auf sich vereine.

Luther hielt sich an die Altenburger Absprache. Der Kurfürst sprach den Wunsch aus, er möchte seinem Gegner den Wind aus den Segeln nehmen. So schrieb Luther seinen „Unterricht auf jegliche Artikel“ über Heiligenverehrung, Fegefeuer, Ablaß und Kirchengebote. An der kirchlichen Lehre vom Fegefeuer hielt er noch fest, in anderen Fragen ging er über die gebotene Lehre der Kirche hinaus. Den Heiligen erkannte er keine Macht zu; wenn man sie anrufe, sollte dadurch nur Gott geehrt werden. Den Ablaß lehnte er ganz ab. Von den Kirchengeboten wünsche er, daß das kommende Konzil die meisten von ihnen wieder aufhebe. Für das gute Handeln des Menschen gäbe es nur die eine Vorbedingung, daß der Mensch erst gut gemacht werde. Luther sagt allerdings deutlich, daß er sich um der Mißstände in der Kirche willen nicht von ihr trennen wolle. So schreibt er am 5. März 1519 an Spalatin: „Der Papst lasse nur mit seinen Dekreten das Evangelium unverworren, dann werde ich kein Härlein rühren, auch wenn er mir sonst alles wegnimmt. Gern lasse ich mir den Pakt (von Altenburg) gefallen.“

Als Luther dann einsehen mußte, daß seine Gegner die Altenburger Abmachungen nicht befolgten, begann er wieder zu schreiben. Luthers geistige Produktivität ist beträchtlich. In weniger als zwei Monaten legte er fünf Schriften vor, von denen einige umfangreich sind. Er schrieb den „Sermon von der Betrachtung des heiligen Leibes Christi“. Im „Sermon vom ehelichen Stand“ unterzog er die sogenannten guten Werke der Kritik, und er faßte seine Auffassung in die Formel: „Kindererziehen ist besser als wallfahrten und Messe stiften“.

24

DER BRUCH MIT DER ALTEN KIRCHE

Die Universität Wittenberg erwies sich in diesen Jahren für Luther als ein Halt. Man war in Wittenberg stolz auf den überraschenden Zuzug, den Luther ihr in den letzten Jahren gebracht hatte. Die Hörerzahl hatte sich verdoppelt. Studenten aus aller Herren Länder waren darunter. Das anfangs so unbekannte Wittenberg konnte bereits mit den alten Universitäten wetteifern. An der Universität Wittenberg wirkte Professor Andreas Bodenstein, nach seinem Geburtsort Karlstadt genannt. Luther hatte im Jahre 1512 unter seinem Vorsitz die Doktorwürde erhalten. Bis 1516 war er in Italien gewesen, dann widmete er sich dem Studium des heiligen Augustinus. Er schloß sich der lutherschen Richtung an. Luther nötigte ihn, neben ihm eine bescheidene Rolle zu spielen. Mit dieser bescheidenen Rolle konnte sich Karlstadt aber nicht abfinden. Er veröffentlichte 151 Thesen, die sehr wortreich waren.

Der Ingolstädter Professor Johannes Mayr, genannt Eck, nahm daran Anstoß und forderte ihn im August 1518 auf, mit ihm die Klingen zu kreuzen. Karlstadt ging auf die Herausforderung ein. Johannes Eck aus Ingolstadt (1486–1543), fast gleichaltrig mit Luther, war auch ein Bauernsohn und ebenso wie Luther Professor und ein erfolgreicher Prediger. Dieser Mann, der in seinem lebenslangen Kampf gegen Luther zum Anwalt der alten Kirche wurde, ist in seinen Anfängen als ein reformfreudiger, den Neuerungen durchaus aufgeschlossener Theologe bekannt. In den Auseinandersetzungen über das kanonische Zinsverbot stellte er sich an die Seite des Augsburger Kapitels und vertrat den für die Begriffe der Zeit fortschrittlichen Standpunkt. Willibald Pirkheimer zählte den philosophisch und philologisch außerordentlich gebildeten Eck in seiner Apologie Reuchlins zusammen mit Luther unter die humanistisch gesinnten Theologen. Ecks eigenes Feld war die scholastische Disputation. Von einer ungeheuren Belesenheit und unterstützt von einem fast nie versagenden Gedächtnis und mit dem Instinkt des geborenen Polemikers begabt, erkannte er, was den Zeitgenossen – vielleicht Luther selbst – noch verborgen war. Er ahnte, daß Luthers Kritik am Ablaßwesen die Kirche in ihrem Wesen bedrohte. So suchte Eck die öffentliche Auseinandersetzung mit Luther, um dieses vor aller Welt offen kundzutun. Gelegenheit dazu bot ihm eine Kontroverse, in die er mit Luthers Wittenberger Kollegen Andreas Karlstadt geraten war.

Im Oktober 1518 war Luther mit Johannes Eck in Augsburg zusammengetroffen. Sie verhandelten über die Disputation. Diese sollte entweder in Erfurt oder in Leipzig stattfinden. Karlstadt überließ die Entscheidung Eck, dieser wählte Leipzig aus und beantragte die Genehmigung einer Disputation bei der Universität und bei Herzog Georg. Die Universität lehnte ab, der Landesherr aber befürwortete die Disputation. Eck stellte 12 Thesen bereits im Dezember 1518 auf, die er später an die Wittenberger Theologen schickte und veröffentlichte. Diese Thesen waren aber nicht gegen Karlstadt, sondern gegen Luther gerichtet. Luther, die Streitsätze Ecks lesend, mußte erkennen, daß die Gegner keineswegs schweigen wollten. So fühlte sich Luther nicht mehr an das Altenburger Versprechen gebunden. In einem offenen Brief an Karlstadt teilte Luther seine Thesen mit und erklärte, daß auch er in Leipzig mitdisputieren müsse. Während Eck derselben Meinung war und auch Kurfürst Friedrich der Weise sich umstimmen ließ, wollte Herzog Georg für Luther keine Zustimmung geben. Drei Wochen vor dem angesetzten Termin war man immer noch nicht einig, ob Luther nach Leipzig gehen könnte. So bereitete er für alle Fälle seine Antwort auf Ecks These über den päpstlichen Primat schriftlich vor. Eingehende historische Studien über den Primat des Papstes waren vorausgegangen. Luther studierte eifrig kirchenrechtliche Werke. Die griechische Kirche sei der römischen nie unterstellt gewesen, so meinte Luther, und der mittelalterliche Kirchenbegriff sei mit dem Evangelium nicht zu vereinbaren. Luther entwickelte auch eine eigenständige Lehre von der Kirche. Für ihn ist die Kirche da, wo das Wort Gottes gepredigt und geglaubt wird. Haupt der Kirche ist Christus allein. Ein sichtbares Reich mit einem sichtbaren Oberhaupt als Beherrscher ist für ihn keine Kirche. Nach der Leipziger Disputation wird es Luther endgültig klar, daß er nun mit dem Papsttum gebrochen hatte. Die Lösung von den überlieferten Anschauungen und Einrichtungen fielen ihm nicht leicht.

Herzog Georg hatte lange Bedenken, den im Geruch der Ketzerei stehenden Mönch in seinem Leipzig aufzunehmen, schließlich jedoch gab er seine Zustimmung. Freute es ihn doch, daß seine Leipziger Universität Gelegenheit bekommen solle, zur Überwindung Luthers beizutragen.

Am 22. Juni 1519 kam Eck in Leipzig an. Die Wittenberger erschienen zwei Tage später. Sie kamen in zwei Wagen, begleitet von 200 Studenten, alle stark bewaffnet; auch die Leipziger Studenten trugen Dolch und Schwert am Gürtel. Herzog Georg hatte den Festsaal, die große Hofstube seiner Pleißenburg für die Disputation herrichten lassen. Wandteppiche wurden aufgehängt, die Kanzel für Eck wurde mit dem Bild des Drachentöters St. Georg geschmückt, die Kanzel für die Wittenberger erhielt Luthers Namensheiligen St. Martin. Mit einem Festgottesdienst begannen die Verhandlungen, der Thomanerchor sang eine eigens für den Zweck komponierte kunstvolle Messe mit zwölf Stimmen, vom Kantor Georg Rauh gesetzt. Rauh ging später nach Wittenberg und hat sich dort um die Schulmusik Verdienste erworben. Der Professor der Poetik hielt eine zweistündige Rede über die rechte Methode des Disputierens.

In der ersten Woche traten Eck und Karlstadt gegeneinander auf (27. Juni bis 3. Juli). Man stritt über göttliche Gnade und menschlichen Willen. Die Gegner waren ungleich: Eck war unbestritten der begabtere, gewandtere und stärkere, während Karlstadt, ein kleiner, unansehnlicher Mann, mit schlechtem Gedächtnis und schwacher Stimme, keinen guten Eindruck auf die Zuhörer machte. Gewandt und sicher auftretend, eine stattliche Erscheinung und mit einer starken Stimme ausgestattet, glänzte Eck bei diesem Vorgang. Er war ein Meister der Diskussion. Trotzdem verlief das Gespräch matt. Luther, aufgebracht von der Unachtsamkeit Karlstadts, die ihm und seiner Sache nur schadete, übersah die Lage. Er versuchte auszugleichen, was Karlstadt verdorben hatte. Doch vorläufig kam er noch nicht zum Zuge. Am 29. Juni predigte er auf Wunsch des Herzogs Barnim im Disputationssaal über Matthäus 16,13 ff und behandelte in der Predigt die ganze Materie der Disputation. Er schrieb in diesen Tagen auch einen freundlichen Brief an Tetzel, der todkrank im benachbarten Paulinerkloster lag und sechs Wochen später starb. Am 4. Juli betrat Luther den Kampfplatz. Sofort änderte sich die Lage. Dichtgedrängt standen die Zuhörer in der Hofstube der Pleißenburg. Schriftführer waren der Universitätsschreiber Richter und der Rektor der Thomasschule, Johannes Graumann, genannt Poliander. Luther, dessen Stimme hell und klar klang, stand ruhig seinem berühmten Gegner gegenüber. Der hagere Mönch hielt in seiner Hand einen Blumenstrauß, von dem er von Zeit zu Zeit eine Prise nahm. Luther hatte die Gabe, mit Beginn seiner Rede seine Zuhörer sofort zu fesseln. Es ging ja auch um ein erregendes Thema: den Primat des Papstes.

Schon am zweiten Tag prallten Luther und Eck aufeinander. Luther hatte die These aufgestellt, die Kirche bedürfe keines irdischen Hauptes, da ihr Haupt Christus sei. Der Fels, auf dem die Kirche stehe, sei nicht das Papsttum, sondern der Glaube an Christus. Eck erinnerte sofort daran, daß schon Wiclif und Hus ähnliche Sätze aufgestellt und daß diese in Konstanz als ketzerisch verurteilt worden seien. Eck zog nun die letzte Konsequenz aus Luthers Stellung, wenn er ihn in eine Linie mit Johann Hus und Wiclif stellte. Aufs tiefste betroffen ließ sich Luther am 5. Juli 1519 zu der Entgegnung hinreißen, daß „unter den Artikeln des Johann Hus und der Hussiten viele echte christliche und evangelische sind, welche die allgemeine Kirche nicht verdammen kann".

„Das Wort fiel wie ein Stich in den Saal", und Herzog Georg, der die Disputation auf der Pleißenburg persönlich leitete, rief aus: „Das walt die Sucht." Damit hatte Luther, wenn auch nicht wörtlich, das Konstanzer Konzil, das Hus verurteilt hatte, ein so heiliges und allgemein anerkanntes Konzil, des Irrtums geziehen. Luther merkte, daß er seinem Gegner eine Waffe in die Hand gegeben hatte, mit der er ihn schwer treffen konnte. Für Eck stand es fest: Luther bekannte sich als Ketzer. Noch eine Woche schleppte sich das Gespräch weiter, aber der Höhepunkt war überschritten. Die Zuhörer verloren das Interesse. Der bevorstehende Besuch Kurfürst Joachims I. von Brandenburg gab Herzog Georg den Vorwand, das Gespräch abzubrechen.

Luther hatte in der Hitze des Streitgesprächs den entscheidenden Schritt getan. Dieser Schritt lag wohl schon in der Richtung seiner Gedanken, aber er hatte innerlich vor ihm noch zurückgescheut: der Vorstoß gegen die zweite Hauptstütze des überlieferten Kirchenbegriffs. Nach der Lehrautorität des Papstes waren von ihm jetzt auch die der Konzilien in Frage gestellt, dieselben, an die er eben noch so feierlich appelliert hatte. Leipzig ist „das erste Signal zu einer Scheidung der Geister“ (P. Joachimsen). Luther kehrte, verstimmt von der Disputation in Leipzig, nach Wittenberg zurück. Er befaßte sich mit den Schriften von Hus und mußte feststellen, daß dieser sich auch schon auf Augustinus und Paulus berief. Luther schrieb daraufhin an Spalatin: „Wir sind alle Hussiten, Paulus und Augustin sind Hussiten. Schon vor hundert Jahren war die Wahrheit bekannt und verdammt.“ Die Leipziger Disputation war Deutschlands Tagesgespräch. Eck kostete seinen Sieg aus. Er verstand es, Kurfürst Joachim I. und den Bischof von Brandenburg gegen Luther einzunehmen. Er ritt selbst zu Friedrich dem Weisen nach Altenburg, um ihn zu veranlassen, Luthers Schrift gegen seine 12. These verbrennen zu lassen. Auch andere Theologen unternahmen mit Eck zusammen die Auseinandersetzung mit Luther, so Hieronymus Emser. Herzog Georgs Sekretär verfaßte eine Schrift, die Luther nicht unbeantwortet lassen konnte, denn sie vergriff sich in ihrem Ton. Selbst in dieser Zeit, wo man nicht gerade sehr zart miteinander umging und die Theologen in ihren Streitgesprächen oft in eine rüde Tonart verfielen, fällt die Emsersche Schrift durch ihren frechen Ton auf. Aber auch die Kölner und Löwener Theologen beteiligten sich an der Auseinandersetzung mit dem neuen Ketzer und forderten seine Verurteilung.

25

LUTHER WIRD GEBANNT

Nach der Leipziger Disputation reiste Eck nach Rom. Er unternahm dort alle Anstrengungen, um über Luther den Bann verhängen zu lassen. Sein Ziel erreichte er ohne Schwierigkeiten. Am 15. Juni 1520 wurde die Bannandrohungsbulle „Exsurge, domine“ (Ps 73,22) ausgefertigt. Sie begann mit diesem Psalmwort und endete mit den Worten des 79. Psalmes: „Füchse wollen den Weinberg des Herrn verwüsten, und ein wilder Eber ist bemüht, ihn zu zerstören.“ Einundvierzig Sätze aus verschiedenen Schriften Luthers wurden als ketzerisch gebrandmarkt. In einer Frist von 60 Tagen hatte Luther den Widerruf zu leisten. Wenn er nicht auf die Stimme der Kirche hörte, sollte er „wie ein dürrer Zweig abgebrochen“ werden. Eck brachte die Bulle als päpstlicher Nuntius nach Deutschland. Anfang Juli reiste er aus Rom ab, 700 Dukaten als klingenden Lohn in der Tasche. Am 27. Juli folgte ein zweiter römischer Bote als beglaubigter Nuntius: Hieronymus Aleander (1480–1542), ein Humanist von Haus aus. Er hatte in Venedig an der Akademie des Aldus Manutius, des berühmten Druckers, gewirkt, Erasmus war sein Zuhörer gewesen, dann hatte er in Paris das Studium des Griechischen eingeführt, war – eine seltene Ehre für einen Ausländer – zum Rektor der altberühmten Hochschule gewählt worden, um dann schließlich in den diplomatischen Dienst der Kurie zu gehen. Er hatte ein gelehrtes archivaristisches Interesse. Er brachte in das vatikanische Archiv Ordnung, und in seinen selbstregistrierten Gesandtschaftsdepeschen hinterließ er eine unschätzbare Quelle für die Reformationsgeschichte. Jetzt reiste er dem jungen Kaiser Karl V., der in den Niederlanden war, entgegen.

Ecks Berechnungen gingen nicht auf. Zwar war Ende September die Bannandrohungsbulle in Deutschland bekannt. Er hatte sich aber verrechnet, als er meinte, seinen Gegner nun mit einem Streich erledigt zu haben. Die Zeiten hatten sich grundsätzlich gewandelt. In Deutschland zitterte man nicht mehr vor päpstlichen Strafandrohungen. In Erfurt lehnte die Universität die Veröffentlichung der Bannbulle ab. Die Studenten nahmen sie den Verkäufern und den Buchhändlern fort und warfen sie in die Gera. In Leipzig konnte Eck nur mit Mühe den Angriffen auf seine Person ausweichen. Der Nuntius Aleander berichtete damals, daß der Papst in Deutschland nur noch sehr wenige Freunde hatte, „Neun Zehntel rufen: Luther! Und wer sich um seine Schriften nicht kümmert, ruft doch: Tod der römischen Kurie!“

In diesen Wochen blieb Luther ruhig. Er war seit der Leipziger Disputation viel freier geworden. Luther setzte seine Hoffnung noch auf den jungen Kaiser. Kurfürst Friedrich der Weise suchte aber auszuweichen. Er forderte eine Untersuchung beim bevorstehenden Reichstag durch unabhängige Richter. Luther selbst appellierte an ein Konzil. Am 17. November erneuerte er seine feierliche Appellation an ein Konzil: das war sein Rechtsmittel. Auf kurfürstlichen Wunsch arbeitete er an einer Erläuterung „Grund und Ursach aller Artikel, so durch die römische Bulle unrechtlich verdammt sind“ (sie erschien erst im Januar 1521).

Am 10. Dezember stand aus der Feder Melanchthons ein lateinischer Anschlag an der Stadtkirche zu Wittenberg: „Wer du nur immer von Eifer um die evangelische Wahrheit gepackt bist, komme zur neunten Stunde zur heiligen Kreuzkirch außerhalb der Stadtmauern; dort werden nach alter und apostolischer Sitte die gottlosen Bücher der päpstlichen Konstitutionen und der scholastischen Theologie verbrannt werden, da ja die Verwegenheit der Feinde des Evangeliums so weit fortgeschritten ist, daß sie die frommen und evangelischen

Bücher Luthers verbrannt haben. Wohlan, du fromme und lerneifrige Jugend, komme zu diesem frommen und religiösen Schauspiel, denn vielleicht ist jetzt die Zeit der Offenbarung des Antichrists."

Pünktlich um 9 Uhr fand sich eine kleine Schar auf dem Platz vor dem Elstertor ein. Ein Magister zündete den Scheiterhaufen an, der vor der Stadt am Schindanger aufgehäuft war. Luthers Schüler Johannes Agricola legte das Kanonische Recht, die „Kasuistische Ethik" des Angelo de Clavasio, Ecks und Emsers Schriften hinzu. Er war vorher durch die Stadt gelaufen und hatte gefragt, wer seinen „Thomas" opfern würde, aber er fand niemanden, der dazu bereit war. Luther trat, als das Feuer aufflammte, hinzu und warf mit den Worten des 22. Psalms: „Weil du die Wahrheit Gottes zerstört hast, vernichte ich dich im Feuer" die päpstliche Bulle hinein.

Dieser Vorgang weckte in Deutschland ein tausendfaches Echo. Man empfand sie als Lösung eines alten Bannes. Man erreichte mit der Bulle genau das Gegenteil von dem, was sie eigentlich bezweckte. Wenn man damals in Deutschland öffentlich aufforderte, die Schriften Luthers zu verbrennen, warfen in Köln die Studenten Makulatur, in Mainz sogar die Schriften der Luthergegner in die Flammen. „Es wird hier gar nichts anderes verkauft als Lutherschriften", so berichtete Aleander nach Rom. Die Abneigung gegen die römische Kurie wurde immer stärker und das Rufen nach einem Konzil immer lauter.

In Rom nahm der Lutherprozeß in dieser Zeit sein Ende. Am 3. Januar 1521 wurde die Bannbulle „Decet Romanum pontificem" erlassen. Auch sie fand nur wenig Beachtung. Der Gegensatz war deutlich geworden, die Fronten klar, eine entscheidende Auseinandersetzung stand bevor.

Durch die Schriften Ulrich von Huttens, der in seinen satirischen Dialogen den direkten Kampf gegen die verhaßten Romanisten führte, war dieser Affekt sehr verstärkt worden. Es ist die gleiche Zeit, in der Hutten glaubte, daß er in Franz von Sickingen den neuen Arminius gefunden hätte, der Deutschland von Rom befreien würde. Luther hat in dieser Zeit, von Hutten angeregt, die Neuausgabe der Schrift des Laurentius Valla über die „Konstantinische Schenkung" kennengelernt. Schon bei der Begegnung mit Cajetan hatte er vermutet, daß der Papst der „Antichrist" sei, jetzt wurde ihm diese Vermutung zur Gewißheit.

Für Luther manifestierte sich der Antichrist nicht in einer bestimmten Person, schon gar nicht in der des gegenwärtig regierenden Papstes, auch nicht im Streben nach Macht, der Unzahl von äußeren Mißständen, an denen sich der populäre Romhaß des Zeitalters entzündet. Seine dämonische Gewalt, das nun bekannt gewordene „Geheimnis der Bosheit" beruhte letztlich auf dem Anspruch der Päpste, Herren über die Schrift und damit über das Gewissen zu sein. Luther sah in den päpstlichen Dekretalen, in der daraus abgeleiteten errichteten Rechtsanstalt willkürliche Menschensatzung. Diese Menschensatzung widerstreitet dem Sinn der Heiligen Schrift, so sagt Luther, sie scheut sich nicht, den Geist der Schrift zu verfälschen. Vor allem, meint Luther, die Kurialen glaubten nicht, was sie lehrten und schrieben. Luther entfaltete im Jahre 1520 eine außerordentliche literarische Produktivität. Über 40 Schriften hat er in diesem Jahr ins Land gehen lassen, darunter die drei entscheidenden Werke „An den christlichen Adel deutscher Nation von des christlichen Standes Besserung“, die Mitte August 1520 die Wittenberger Druckerei verließen. Wenige Monate später schrieb er für die Theologen den lateinischen Traktat „De captivitate babylonica ecclesiae praeludium“, mit dem er den entscheidenden Angriff gegen das katholische Sakramentsverständnis und vor allem gegen die katholische Messe führte. Und wiederum nach kurzer Zeit lag das kleine schlichte Büchlein, wie Luther es nannte, „Von der Freiheit eines Christenmenschen“ vor. Es ist eine Art kurzgefaßte evangelische Glaubenslehre.

„An den christlichen Adel“ war eine Programmschrift. Luther widmete diese Schrift dem christlichen Adel deutscher Nation, d. h. Kaiser und Ständen, nicht etwa dem Adel im engeren Sinne, wenn auch diesem ganz besonders. Er beginnt seine Schrift mit einem Sturmlauf gegen die drei Mauern der „Romanisten“, er möchte seine Stimme zur Posaune Jerichows machen, auf daß die Mauern umfallen. Die erste Mauer ist die Überlegenheit der geistlichen über die weltliche Gewalt, die zweite das alleinige Recht des Papstes, die Heilige Schrift auszulegen, und die dritte Mauer, die fallen muß, das alleinige Recht des Papstes, Konzilien einzuberufen. Luther fordert das Zusammentreten eines freien Konzils, nicht ein päpstlich gebundenes wie das jüngste Laterankonzil; die Weltmacht muß darauf vertreten sein, sie soll es auch zusammenrufen. Luther entwickelt in 27 Punkten ein Programm für das kommende Konzil: Alle Schäden in Welt, Reich und Kirche sollen hier zur Sprache kommen. Der Papst soll über den Kaiser keine Gewalt haben, nur den Benediktionsakt der Salbung und der Krönung darf er vollziehen, die „Konstantinische Schenkung“ ist eine Lüge, die Wallfahrten nach Rom sollen unterbleiben, die Mönchsorden reformiert werden, den Priestern muß man die Ehe freigeben. Die vielen Feiertage müssen reduziert, die Kirchenstrafen gemildert werden. Die Fasten gebe man frei, denn in Rom selbst spottet man ihrer, die Wunder- und Gnadenorte soll man schließen, die Wallfahrt zu ihnen hält das Volk von der Arbeit ab, und jeder kann in seiner Pfarre genau dasselbe haben. Sehr eingehend behandelt Luther die böhmische Frage. Hus und sein Freund Hieronymus von Prag sind zu Unrecht verdammt worden, Kaiser Sigismund hat schmählich das zugesagte Geleit gebrochen. Davon geht er aus. Die Leipziger Disputation hatte sein Interesse an diesem Problem geweckt, die Böhmen haben es erwidert. Unter den Zuhörern bei der Disputation waren einige Böhmen gewesen, sie hatten ins Heimatland berichtet, der Volksmund hatte das seine hinzugetan, zwei Prager Geistliche sandten Briefe nach Wittenberg und mit ihnen die Hauptschrift des böhmischen Reformators „Von der Kirche". „Was einst Hus in Böhmen war, bist du, Luther, in Sachsen!" Luther forderte die Reorganisation der Universitäten nach Wittenbergs Muster, die Schulen als Unterstufen dazu sollen vor allem die Bibel bekanntmachen, bei den Knaben so gut wie bei den Mädchen. Jede Stadt sollte eine Mädchenschule haben. Man soll aber nicht zu hoch hinaus wollen, vielmehr nur die Begabten auf die Universität schicken, im übrigen hat auch Handwerk einen goldenen Boden.

In wenigen Wochen waren 4000 Exemplare dieser Schrift verkauft, eine Neuauflage wurde herausgegeben. Luther erweiterte sie um eine eingehende Erörterung der Frage nach dem politischen Anspruch des Papsttums auf das Deutsche Reich. Luthers Freund Lang nannte das Schriftchen einen Trompetenstoß.

Luther schloß die Schrift an den Adel: „Wohlan, ich weiß noch ein Liedlein von Rom und ihnen. Juckt sie das Ohr, so will ich's ihnen auch singen und die Noten aufs höchste stimmen. Verstehst du auch wohl, liebes Rom, was ich meine?"

Ende August 1520 erschien dieses „Liedlein": „Von der babylonischen Gefangenschaft der Kirche". Der Text war schwer, nicht für die Menge berechnet. Luther schrieb lateinisch. Theologisch ist diese Schrift die radikalste Luthers, eine scharfe Kritik an der katholischen Sakramentenlehre. Luther streicht alle Sakramente bis auf drei: Taufe, Abendmahl und Buße. Alle übrigen können seiner Kritik nicht standhalten, denn ein Sakrament muß von Christus eingesetzt sein und unter sichtbarer Form die göttliche Gnade verkünden, meint Luther. Keine Schrift Luthers ist für ihn und den Fortgang seines Werkes so verhängnisvoll geworden wie diese. An diesem Buch schieden sich die Geister. Klarer, schärfer und schneidender als je enthielt sie Luthers theologisches Programm. Luther mit seinen energischen Streichungen griff unmittelbar in die Praxis des kirchlichen Lebens und der kirchlichen Frömmigkeit ein. Liest man die Berichte der Männer durch, die nach anfänglicher Sympathie für Luther sich zurückzogen, der Wendepunkt ist fast durchweg diese Schrift gewesen. Teils instinktiv, teils bewußt fühlte man: hier ist der Boden der katholischen Lehre verlassen. Diese Schrift ist das Urdokument der neuen Kirche der Reformation gewesen (W. Köhler). Sie brachte Klarheit, weil sie zu einem Entweder-Oder zwang. Auch der Humanismus hat sich hier geschieden. Die Wirkung ist zwar nicht sofort eingetreten, ein gelehrtes Buch wirkt nicht wie eine Flugschrift, auch schoben sich neue politische Ereignisse in den Vordergrund, aber in diese Ereignisse warf die Schrift „Von der babylonischen Gefangenschaft der Kirche" schon ihre Schatten voraus.

Die dritte bedeutende Schrift des Jahres 1520 „Von der Freiheit eines Christenmenschen“, die im Herbst des Jahres erschien, ist der Versuch Luthers, eine Art Modus vivendi mit der katholischen Kirche zu finden. Sie ist im Grundzug milder und sanfter als die vorigen Schriften. Hier meldet sich ein ruhiger, inniger Geist zu Wort. Zwei Thesen stehen im Vordergrund: 1. Der Christenmensch ist der Herr aller Dinge und niemandem untertan; 2. der Christenmensch ist ein dienstbarer Knecht und allen untertan. Im Glauben ist der Christ über alle menschlichen Satzungen erhaben, in der Liebe aber ist er allen Menschen zu dienen verpflichtet, wie mir Christus viel größere Dinge zu Willen getan und gelitten hat, das ihm viel weniger not tat. Das Leben des Christen wird als ein völliges Verbundensein mit Christus angesehen. Aus der totalen Bindung an Christus stammt die vollkommene Freiheit. Diese Schrift erschien auch in lateinischer Sprache. Luther benutzte das Büchlein zu einer Sendung an Papst Leo X., wie es ihm von Miltitz nahegelegt worden war. Obwohl inzwischen die Bannandrohungsbulle bekannt geworden war, sollte die Schrift nach Ansicht der kursächsischen Regierung dem Papst doch deutlich machen, daß Luther ihn nie hatte persönlich angreifen wollen. Das Werk enthält für den Papst so viel Anstößiges trotz des verbindlichen Tones, daß man eine Verständigung nicht mehr erhoffen konnte. Die päpstliche Verurteilung Luthers blieb in Deutschland fast ohne Wirkung. Eck konnte die Veröffentlichung der Bulle nur unter großen Schwierigkeiten durchsetzen. Oft war nicht einmal ein Drucker zu finden. Und selbst wo es gelang, die Bulle zu veröffentlichen, blieb doch ihr Vollzug – Ablieferung und Verbrennung der Schriften Luthers – durch die entsprechenden bischöflichen Gebote aus. Kirchliche Behörden leisteten passiven Widerstand. Studenten rotteten sich in Leipzig und in Erfurt zusammen. Der nationale Humanismus versah die Bulle mit spöttischen Glossen. Ulrich von Hutten war der Wortführer dieser Gruppe. Sicherlich war es ein taktischer Fehler, daß man in Rom den deutschen Episkopat bei der Verurteilung Luthers überging und einen Mann mit der Verkündigung der Bulle betraute, der als schärfster Gegner Luthers im Ablaßstreit von vornherein Partei sein mußte (S. Skalweit).

Vielleicht gab man auch der professoralen Streitsucht zu weiten Raum. Der römische Spruch wurde mit an Sabotage grenzender Gleichgültigkeit aufgenommen. Ein Beweis dafür, wie weit das Ansehen päpstlicher Entscheidungen in Deutschland erschüttert war. Die Bulle war nicht nur ein Urteilsspruch über die Irrlehre eines Ketzers, sie war auch Ausdruck des päpstlichen Primates und widersprach als solche dem Selbstgefühl der Fürsten und dem noch stark vom Konziliarismus beeinflußten Denken ihrer Räte. Aber der antirömische Affekt hatte die geistig führenden Gruppen in der Nation bereits zu besetzt, daß der Durchführung der Bulle schwerster Widerstand entgegengesetzt wurde. Sicherlich gab es zu diesem Zeitpunkt noch nicht eine Partei, die klare Frontstellung gegen die alte Kirche bezog und sich lutherisch nannte. Die Anhänger Luthers kamen aus den unterschiedlichsten Lagern. Sie wurden auch nicht zusammengeführt von dem Grundgedanken seiner Theologie, die verstanden sicherlich die wenigsten seiner Anhänger. Auch nicht die von ihm eingeleitete kirchliche Revolution, deren Ausmaß damals noch nicht klar erkennbar war und die Luther auch nicht bewußt war, hat ihm die Anhänger zugeführt. Viele, die ihm damals zuliefen, haben sich später wieder enttäuscht von ihm abgewandt, als sie die ungeheure Sprengkraft seiner Lehre erkannten. Man sah in Luther den Vorkämpfer gegen die Mißstände bei dem römischen Hof und im Klerus. Das machte ihn in diesen Monaten und Jahren zum Helden der Nation und zum Führer der ihn umbrandenden Meinung. Die Masse seiner Anhänger dachte gut katholisch. Den Streit um die Inhalte seiner Theologie und seiner Lehre empfanden sie als Theologengezänk. Gerade aber diese Masse hat der von Luther entfachten Bewegung ihre einmalige Stoßkraft verliehen. Der römische Urteilsspruch wurde auch von den Kirchentreuen als unrecht empfunden. Man sah in ihm einen Akt päpstlicher Willkür, eine Machenschaft der römischen Räte. Das Nationalgefühl von Luthers Zeitgenossen bäumte sich dagegen auf. Der antirömische Affekt, der tief im Herzen der Deutschen saß, die Volkstümlichkeit Luthers, die Gewalt seiner Sprache, die den Menschen ans Herz ging, die Glut seiner Schriften und die humanistische Überzeugung, daß Wahrheiten sich nicht durch Flammenstöße unterdrücken lassen, die Bedenken gegen seinen an der Kurie geführten Prozeß – alle diese Kräfte vereinigten sich auch in dem Wunsche, Luther noch einmal Gehör vor einem weltlichen Forum zu verschaffen. So ist es zu verstehen, daß der gebannte Bettelmönch auf dem Reichstag von Worms vor dem Kaiser erscheinen kann.

26

DIE REFORMATORISCHE BEWEGUNG IM REICH – DIE KAISERWAHL – DER REICHSTAG ZU WORMS

Kaiser Maximilian I. starb am 12. Januar 1519. Er starb, ohne daß es ihm gelungen war, seinen letzten Wunsch durchzusetzen, seinen Enkel, Karl I. von Spanien, auf den deutschen Kaiserthron zu bringen. Diese Wahl seines Enkels zum römischen König war noch eine offene Frage. Die Widerstände, die von Anfang an dagegen aufgetreten waren, regten sich nach dem Tode des Kaisers in stärkerem Maße. Während der ersten sechs Monate des Jahres 1519 sind die deutschen Lande der Schauplatz eines Wahlkampfes, wie er heftiger, dramatischer nie früher oder später stattgefunden hat. Drei Ausländer bewarben sich um die deutsche Krone. Einer war Heinrich VIII. von England. Fremde waren zweifellos auch Franz I. von Frankreich und Karl von Spanien. Die Boten Karls betonten wohl mit Beflissenheit seine österreichische Herkunft, sein deutsches Blut, aber dieser Deutsche – das konnten sie auch nicht leugnen – war in Mecheln burgundisch-französisch erzogen. Niemals hatte er Deutschland betreten und verstand kein einziges Wort der deutschen Sprache. Und dennoch, die öffentliche Meinung des Reiches hielt diesen spanisch-burgundischen Prinzen für einen der Ihren. Das war der große Vorsprung, den er von Anfang an hatte. England trat bald zurück. Es war vor allem der Ehrgeiz des jungen Königs, der ihn zur Kandidatur gedrängt hatte. Kardinal Wolsey wußte dieses Streben rechtzeitig zu zügeln. Frankreich dagegen nahm die Sache ernst und bot alles auf, die Wahl seines Königs zum Kaiser durchzusetzen. Das Wahlgeschäft wurde zu einem Zweikampf zwischen Franz und Karl. Was die Franzosen lockte, war nicht die Herrschaft über Deutschland, sondern die römische Kaiserkrone. Sie ist für den Franzosen deshalb wertvoll, weil in ihr das Herrschaftsrecht über Italien steckt. Seit Jahrhunderten schon war diese Herrschaft eine Redensart, eine juristische Theorie. Und nun streiten sich die beiden mächtigsten Herrscher Europas um ihren Besitz. Wenn es Franz I. gelang, sich in Deutschland zum König wählen und in Rom zum Kaiser krönen zu lassen, so war er nicht nur wie bisher schon tatsächlicher, sondern auch rechtmäßiger Herr in Oberitalien. Den Besitz von Mailand konnte ihm dann keine Macht der Welt mehr streitig machen. Von dieser rechtlich gesicherten Position aus ließ sich auch die Eroberung Neapels, die der König sich zum Ziel gesetzt hatte, mit viel besseren Aussichten als früher unternehmen. Die Herrschaft über Italien, damit war die Vorherrschaft in Europa sichergestellt, das Reich Karls des Großen erneuert. Das Verlangen Franz' I. nach der Kaiserkrone ist nicht nur seinem Ehrgeiz zuzuschreiben, sondern es ist die alte traditionelle Politik der französischen Könige, die sich schon seit Jahrhunderten für die rechtmäßigen Erben Karls des Großen hielten. Schon Karl von Anjou hatte ihnen (1272) die Wege zur römischen Kaiserkrone gewiesen, Philipp der Schöne († 1314) und seine Söhne sie wiederholt zu wandeln versucht. Auch im Jahre 1519 stand der Erfolg einen Augenblick lang vor der Tür.

Aber aus den Gründen, die für die Franzosen wichtig waren, war auch Karl von Spanien gezwungen, sich um die Kaiserkrone zu bewerben und den Franzosen in den Weg zu treten. Karl mußte nach der Kaiserkrone streben, ob er wollte oder nicht. Selbst wenn ihm aller persönlicher Ehrgeiz fremd gewesen wäre, selbst wenn er blind gewesen wäre gegen das Bedürfnis, für seine weitverstreuten Königreiche und Länder eine geographische Verbindung herzustellen, wie sie einzig und allein Deutschland und das Kaisertum bieten konnten, er hätte immer noch nicht anders gekonnt als die deutsch-römische Krone für sich zu fordern, damit sie nicht den Franzosen zufiele. Für den Erben Karls des Kühnen von Burgund, dem Herrn der Niederlande und der Franche-Comté, vollends für den König von Neapel war das eine Frage auf Leben und Tod, daß Frankreich nicht noch mächtiger wurde und seinen Besitz in Italien nicht durch den Kaisertitel legitimierte. Dies zu hindern gab es kein besseres Mittel, als selbst Kaiser zu werden.

Die beiden Gegner waren ungleich, die sich da im Kampf um die Stimmen der Kurfürsten maßen. Franz in der Blüte seiner Jahre, ein eleganter Kavalier, vortrefflicher Soldat; seit seinem Sieg bei Marignano über die Schweizer der berühmteste Feldherr seiner Zeit. Karl dagegen noch nicht ganz 19 Jahre alt, ein unbeschriebenes Blatt, ein stiller schwermütiger Jüngling, von dem man sagte, daß er beständig kränkelte, blaß und schmächtig aussah. Schweigsam und steif wie eine Statuette war seine äußere Erscheinung. Waren auch die Kämpfer ungleich, so waren doch die Waffen gleich: die diplomatische Kunst und vor allem Geld. In Deutschland waren die Königswahlen seit langer Zeit Märkte. Ohne Mühe waren die Stimmen der Kurfürsten zu kaufen. Vor 250 Jahren hatte schon Karl von Anjou das Kaufen der Stimmen der Kurfürsten als selbstverständlich betrachtet. Doch der Handel des Jahres 1519 ist durch Schamlosigkeit nicht mehr zu überbieten. Nur zwei Kurfürsten benahmen sich anständig, der von Trier; er war von Anfang an für Frankreich und allem Anerbieten der habsburgischen Partei ablehnend gegenüber; und Friedrich von Sachsen, der sich die volle Unabhängigkeit wahrte. Die anderen pokerten schamlos bei diesem Spiel. Ein paar Tausend Gulden mehr und man war heute für Karl, wo man erst gestern hoch und heilig zu Franz geschworen hatte. Karl war gleichzeitig Herzog von Burgund, König in Spanien, König von Sizilien und Erbe der habsburgischen Kernlande, so bedeutete seine Nachfolge im Reich nichts weniger als den Anbruch einer neuen Weltmonarchie. Von daher ist es verständlich, daß neben dem König von Frankreich sich auch Papst Leo X. aus dem Hause Medici, der seit 1516 Bundesgenosse Frankreichs durch förmlichen Vertrag war, sich durch die Kandidatur Karls herausgefordert und bedroht fühlen mußte. Der Papst und der französische König fanden sich zu einer Interessengemeinschaft zusammen, und so nimmt es nicht wunder, daß Franz I. bei seinem Streben nach der Kaiserkrone unterstützt wurde. Im geheimen arbeitete der Papst aber auch in eine andere Richtung. Auch die französische Übermacht war ihm unheimlich. Er „wolle nicht Hauskaplan des allerchristlichen Königs werden", äußerte er im Vertrauen. Er ließ in aller Stille dringende Vorstellungen an die Kurfürsten ergehen, sie sollten doch einen

Deutschen wählen, etwa den Kurfürsten von Brandenburg oder den von Sachsen. Der Brandenburger war nun allerdings kein brauchbarer Kandidat. Kurfürst Friedrich der Weise hingegen war nicht nur der älteste im Kollegium der Kurfürsten, sondern auch der klügste und angesehenste. In den letzten Jahren hatte er die fürstliche Opposition gegenüber dem Kaiser erfolgreich geführt. Wenn man überhaupt einen deutschen Fürsten zum Kaiser krönen würde, dann war er der rechte Mann. So mußte der päpstliche Nuntius mit allem Nachdruck für die Wahl Friedrichs des Weisen arbeiten, und das hat er dann auch reichlich besorgt. Die Kurfürsten waren übrigens bereit, dem Papst zu Willen zu sein, bloß es fehlte die Hauptsache: die Zustimmung des Kandidaten selbst. Friedrich weigerte sich, die Krone anzunehmen. Die Krone schreckte ihn ab, er wolle lieber Kurfürst in Sachsen bleiben, als nur zum Schein Kaiser heißen.

Nach dem Tode Maximilians entbrannte der Wahlkampf erst recht. „Er wird auf beiden Seiten mit einem für die Begriffe der Zeit enormen Aufwand an Geldmitteln geführt. Und daß dabei den Habsburgern die beste Geldsicherheit der damaligen Welt zu Gebote stand, hat schließlich den Vorsprung Karls vor Franz I. gesichert. Im Wahlkampf haben Jakob Fugger und seine Firma wohl die größten ihrer weltumspannenden Finanzoperationen durchgeführt. Nicht weniger als 851 918 Gulden hat die Wahl das Haus Habsburg gekostet, und von dieser gewaltigen Summe wurden 543 585 Gulden von den Fuggern beigebracht. Durch die Wahl ist das Haus am Augsburger Weinmarkt zur finanziellen Zentrale aller habsburgischen Unternehmungen, ja fast zum Mittelpunkt der Reichspolitik geworden. Von hier aus wurden die Beträge gesteuert, die alle an der Wahl Beteiligten, ‚vom Kurerzkanzler bis zum letzten Lakaien' (G. v. Pölnitz), für die habsburgische Sache gewannen. Groß war die Zahl einflußreicher Persönlichkeiten aus allen Ständen, die direkt oder indirekt an Fuggerschen Geldern partizipierten. Sogar Friedrich der Weise von Sachsen, das Vorbild strenger Rechtlichkeit unter den deutschen Fürsten, der sich anfangs rühmen konnte, daß Jakob ihn ‚nicht in seinen Zetteln' habe, nahm doch schließlich Fuggersche Verschreibungen über 65 000 Gulden an, wenn auch diese Bezahlung nur als Begleichung einer ‚alten Schuld' ohne Zusammenhang mit der Wahlfrage verhandelt wurde. Die Geldgier der fürstlichen Wähler, die den Preis ihrer Stimme in die Höhe zu treiben suchten, hat das Bankhaus vor immer neue Anforderungen gestellt. Am schamlosesten zeigte sich dabei Kurfürst Joachim von Brandenburg, der bis zuletzt im französischen Lager blieb. Obwohl der Kurprinz bereits mit einer Schwester Karls, der Infantin Katharina, durch Prokuration vermählt war, forderte Joachim, durch französische Angebote kühn gemacht, eine Fuggersche Bürgschaft über 300 000 Gulden Heiratsgut, ganz gleich ob die spanische Heirat zustande kam oder nicht! Erschwerend trat hinzu, daß sich Karls Regierung in Spanien nur zögernd entschloß, das Wahlgeschäft den Fuggern ganz anzuvertrauen. Sie hätte es vorgezogen, die erforderlichen Kredite bei kleineren Genueser oder Augsburger Bankhäusern – etwa den Welsern – aufzunehmen. Erst im Februar 1519, nach dringenden Ermahnungen durch die Erzherzogin Margarete und unter dem Eindruck der immer deutlicheren Hinwendung der beiden hohenzollerschen Kurfürsten zu Frankreich, hat Karls Abgesandter im Augsburger Fugger-Kontor die fünf Wechsel hinterlegt, die seinen persönlichen Beitrag zu den Wahlkosten darstellten. Sie lauteten auf 275 000 Gulden und 25 Kronen" (S. Skalweit).

Seit der Finanzierung der Kaiserwahl gehört die enge Verkettung des Augsburger Bankhauses an die Sache Karls und das Einvernehmen mit der Firma zu den selbstverständlichen Grundlagen der habsburgischen Politik. Die Firma Jakob Fuggers wurde auf Gedeih und Verderb an das Herrscherhaus gebunden. Damit war der Keim zu einer Entwicklung gelegt, die im Laufe der Zeit „zu einer Abhängigkeit der Gesellschaft von der Gnade ihrer hohen Schuldner, schließlich aber im Gefolge spanischer Bankrotte zum Untergang des Fuggerhandels führte" (G. v. Pölnitz).

Auf den ersten Blick mag es scheinen, als habe die Fuggersche Finanzkraft die Wahl des jungen Karl durchgesetzt. Später hat Jakob Fugger das dem Kaiser auch einmal vorgehalten. Aber diese Behauptung läßt sich wohl nicht halten. In diesem Wahlkampf spielte nicht nur das Geld eine Rolle, sondern auch geistige Strömungen, wie etwa der wiedererwachte Nationalismus durch die Renaissance, eine Ablehnung, die sich aus einer seltsamen Mischung von Abscheu und Bewunderung gegenüber den Franzosen nährte und das die deutschen Vorstellungen über das große Nachbarreich während des ganzen Reformationszeitalters beherrschte. Karl wurde am 28. Juni 1519 einstimmig zum deutschen Kaiser gewählt. Er erklärte sogleich, die Wahl anzunehmen und legte sich als erster den Titel eines „erwählten römischen Kaisers" bei. Karl mußte eine Wahlkapitulation unterschreiben, mit der die Kurfürsten dem künftigen Kaiser die Hände zu binden suchten. Er mußte versprechen, alle vorhandenen Rechte zu achten, alle bestehenden Privilegien zu erneuern, nichts Wichtiges, auch keinen Vertrag mit einer fremden Macht, zu unternehmen ohne den Rat der Kurfürsten, ein „Reichsregiment", das heißt einen ständigen Beirat der Fürsten einzusetzen, seinen Wohnsitz in Deutschland aufzuschlagen, keinen Reichstag außerhalb Deutschlands abzuhalten, niemand außer Landes vor Gericht zu laden, amtlich nur die deutsche und lateinische Sprache zu gebrauchen, keine fremden Truppen ins Reich zu bringen ohne Einwilligung der Reichsstände, das Reich in keine fremden Kriege zu verwickeln. Es fragt sich, ob jemals ein Land seinem Herrscher mit stärkerem Mißtrauen begegnet ist.

Ein Jahr nach seiner Wahl, am 1. Juli 1520, betrat der neue Kaiser zum ersten Mal den Boden des Reiches, er landete in Vlissingen, und zog am 21. Oktober feierlich in Aachen ein. Zwei Tage darauf fand die Krönung zum König statt. Als Wahlspruch wählte er „Plus outre“ (Immer weiter). Er brachte die Männer aus seiner burgundischen Umgebung mit, Wilhelm von Croy, den Herrn von Chièvres; seinen Kanzler, den Piementesen Mercurino de Gattinara, der ein bedeutendes politisches Talent war. Auch sein Beichtvater, der Franziskaner Glapion, begleitete ihn. Ende Januar 1521 eröffnete Karl zu Worms seinen ersten Reichstag. So ruhig und abgemessen die Formen waren, in denen er auftrat, so war doch sehr bald kein Zweifel mehr möglich, daß dieser junge Kaiser ein Kaiser im vollsten Sinn des Wortes zu sein gedachte. Am 27. Januar legte er dem Reichstag seine kaiserliche Proposition, seine Thronrede vor. Der Kaiser führte darin aus, daß er, der mit Königreichen und Erblanden reichlich versehen ist, das Opfer auf sich genommen hat, die Kaiserkrone anzunehmen. Er hat dieses vor allem getan, um dem Kaisertum seinen alten Glanz zurückzugeben: „Ihr wisset ja, daß dem Heiligen Reich viele Fürstentümer und Landschaften abgerungen und entzogen sind. Weil nun jeden römischen König sein Krönungseid darauf hinweiset, Seine Majestät überdies von selbst dazu geeignet ist, alles zu unterstützen, was zu Wiederherstellung, Fortschritt und Wohlfahrt des Heiligen Reiches dient –: so wünscht Seine Majestät, daß ihr ihm euren Rat und Gutdünken anzeigen wollet, was in diesen Sachen zu handeln, zu tun und vorzunehmen sei.“ Endlich: „Seine Majestät sucht dabei keinen eigenen Nutzen, sondern will, daß Seine Majestät beim Reiche und das Reich bei Seiner Majestät bleibe. Denn zu all dem ist jetzt die rechte Zeit, da das Heilige Römische, das Spanische Reich und die anderen Erblande Seiner Majestät durch Gottes Ratschluß miteinander vereint sind.“

In die Sprache der Tatsachen übersetzt, bedeutet diese Thronrede nichts Geringeres, als daß Karl V. sogleich nach seiner Thronbesteigung die Eroberung Mailands und die Unterwerfung ganz Italiens unter seinen Willen vorbereitete und daß er zum Ende den Krieg gegen Frankreich mit der vereinigten Macht von Deutschland, Burgund, Spanien und Neapel beginnen wolle. Das entsprach den Forderungen, daß der Reichstag ihm „als Romzugshilfe“ eine Armee von 4000 Reitern und 20 000 Mann zu Fuß auf ein Jahr stellen solle. Diese Forderungen und Pläne übertrafen alles, was Maximilian sich vorgestellt hatte. Der junge Kaiser kam allen Wünschen der Deutschen auf halbem Wege entgegen, er bewilligte, was sie längst gefordert und was er selbst neuerdings in seiner Wahlkapitulation zugesagt hatte, Reichskammergericht, Reichsregiment, Reichslandfrieden. So tat man auch ihm seinen Willen und gewährte ihm ohne jeden Abstrich seine Romzugshilfe; vom 29. Mai 1521 datiert der Abschied, der alle kaiserlichen Forderungen erfüllte.

Als Friedrich der Weise im November 1520 auf seiner Rückreise von der Königskrönung Karls V. in Aachen die päpstliche Forderung erhielt, Luther auszuliefern, bat er Erasmus von Rotterdam, mit dem er in Köln zusammentraf, um seinen Rat. Man überlegte, ein Schiedsgericht zu beantragen. Der Kurfürst folgte dem Rat des Erasmus und beantragte ein solches Gericht. Kurz nach der Eröffnung des Reichstages kamen die Lutherschen Händel gleich zur Sprache. Trotz des Widerspruchs des päpstlichen Nuntius' Aleander beschloß der Reichstag nach stürmischen Auseinandersetzungen, Luther unter Zusicherung freien Geleits nach Worms kommen zu lassen. Das Berufungsschreiben wurde vom Kaiser unterschrieben, mit dem der Reichsherold Sturm am 15. März nach Wittenberg geschickt wurde. Luther sollte mit dem Reichsherold Kaspar Sturm, der am 26. März in Wittenberg eintraf, nach Worms reisen.

Am 2. April brach Luther von Wittenberg auf. Der Magistrat von Wittenberg schenkte Luther 20 Gulden zur Reise und stellte einen Wagen mit drei Pferden und einem Schutzdach ausgestattet, gegen Sonne und Regen, zur Verfügung. Luther wurde von Nikolaus von Amsdorf, seinem Kollegen, und nach der Vorschrift der Regel der Augustiner von einem Ordensbruder, Johann Petzensteiner, begleitet. Ein junger Student, Peter Suaven, schloß sich an. Die Reise führte zuerst nach Leipzig, wo ihm der Rat der Stadt Ehrenwein bei seinem Eintreffen kredenzte. Nach Naumburg kam er am folgenden Tag. Hier wurde ebenfalls Ehrenwein gespendet, ein Bürger schenkte ihm ein Bildnis Savonarolas. In Weimar erfuhr Luther von dem Beschlagnahmungsdekret seiner Bücher durch Karl V. Aber seine Reise ähnelte immer mehr einem Triumphzug. In Erfurt wohnte er im Augustinerkloster, eine Reiterschar mit 40 Pferden geleitete ihn in die Stadt; die Universität, zahlreiche Mitglieder des Rates und der Bürgerschaft kamen ihm entgegen. „Nun, frohlocke, erhabenes Erfurt, bekränze mit festlichem Laubwerk dein Haupt, denn siehe, es kommt, der dich vom Schmutze reinigt, unter dem du so lange geseufzet", jubelte Eobanus Hessus, der Poet. Am folgenden Tag predigte Luther in der Klosterkirche. Sie war gestopft voll, die Empore drohte einzustürzen. Zwei Tage lang weilte Luther in der Stadt seiner Studien und wurde durch Festmahl und mancherlei Pomp geehrt. Am 16. April morgens gegen 11 Uhr zog Luther, angeführt vom Reichsherold, auf dem Wagen von Justus Jonas mit seinem Diener, etwa 2000 Menschen umdrängten den Wagen, in Worms ein. Er nahm Herberge im Johanniterhof.

Am folgenden Morgen, dem 17. April, erschien der Reichsmarschall Ulrich von Pappenheim in Luthers Stube, nachmittags um 4 Uhr solle er vor Kaiser und Reich erscheinen. Am Nachmittag des 17. April wurde Luther von dem Herold Kaspar Sturm und dem Reichsmarschall von Pappenheim aus seiner Herberge vor die Reichsversammlung geleitet. Der Reichsmarschall bedeutete ihm, daß er nicht selbst das Wort ergreifen, sondern nur auf die gestellten Fragen antworten dürfe. Des Kaisers Orator, der kurtrierische Offizial Johann von der Ecken, eröffnet das Verhör. Luther wird gefragt, ob die unter seinem Namen veröffentlichten Bücher von ihm als die seinen anerkannt würden. Der Ton des Offizials erschreckt ihn, er will die erste Frage sogleich mit Ja beantworten. Der Wittenberger Jurist Hieronymus Schurff, der bei Luther stand, ruft in den Saal: „Man lese die Titel.“ Diese Verlesung gab Luther die nötige Gedankenpause. Luther antwortete dem Offizial in deutscher und lateinischer Rede. Er erkenne die vorgelegten Bücher als die seinen an. Auf die zweite Frage des Offizials, ob er etwas aus ihnen widerrufen wolle, antwortete Luther, er erbäte sich eine Frist. Diese wird ihm gewährt. Am nächsten Tag soll er wieder erscheinen, und es wird ihm bedeutet, daß er seine Rede frei vorzutragen habe.

Am Nachmittag des 18. April 1521, gegen 4 Uhr, drängen sich in der kleinen Hofstube des bischöflichen Palais zu Worms die Menschen. Der Reichstag, der sich schon seit Januar sehr langsam mit seinen Fragen dahingeschleppt, hat seinen Höhepunkt. Heute soll die zweite Verhandlung gegen Martin Luther sein. Die niedere Hofstube ist gefüllt, Bediente bringen den Sessel des Kaisers und stellen ihn auf ein Podium in eine Ecke. Die Fürsten sitzen auf Steinbänken, die rings an den Wänden entlanglaufen. Fackeln werden entzündet, und dann kommt der junge Kaiser die Treppe herab und nimmt auf seinem Sessel Platz. Er gibt einen Wink, und man führt Luther herein, der sein Barett in der Hand hält. Er beugt sein Knie vor der schmalen Gestalt des Kaisers, der im Sessel sitzt, leicht zurückgelehnt. Das Licht der Fackeln wirft seinen Schein auf das bleiche Gesicht, das trotz seiner Jugend Würde und Hoheit aussagt. Der trierische Offizial Johann von der Ecken fordert ihn wieder auf, Stellung zu seinen Büchern zu nehmen. Auf einem kleinen Tisch sind sie alle, die Luther geschrieben hat, ausgebreitet. Dann beginnt Luther jene Rede, die den weltgeschichtlichen Höhepunkt seines Lebens bedeutet.

Im lateinischen Text ist sie auf uns gekommen:

„Allergnädigster Herr und Kaiser! Durchlauchtigste Fürsten! Gnädigste Herrn! Ich erscheine gehorsam zu dem Zeitpunkt, der mir gestern abend bestimmt worden ist, und bitte die allergnädigste Majestät und die durchlauchtigsten Fürsten und Herren um Gottes Barmherzigkeit willen, sie möchten meine Sache, die, hoff ich, gerecht und wahrhaftig ist, in Gnaden anhören; und wenn ich aus Unkenntnis irgend jemand nicht in der richtigen Form anreden oder sonst in irgendeiner Weise gegen höfischen Brauch und Benehmen verstoßen sollte, so bitte ich, mir dies freundlich zu verzeihen; denn ich bin nicht bei

Hofe, sondern im engen mönchischen Winkel aufgewachsen und kann von mir nur dies sagen, daß ich bis auf diesen Tag mit meinen Lehren umd Schriften einzig Gottes Ruhm und die redliche Unterweisung der Christen einfältigen Herzens erstrebt habe.

Allergnädigster Kaiser, durchlauchtigste Fürsten! Mir waren gestern durch Eure allergnädigste Majestät zwei Fragen vorgelegt worden, nämlich ob ich die genannten, unter meinem Namen veröffentlichten Bücher als meine Bücher anerkennen wollte, und ob ich dabei bleiben wollte, sie zu verteidigen oder bereit sei, sie zu widerrufen. Zu dem ersten Punkt habe ich sofort eine unverhohlene Antwort gegeben, zu der ich noch stehe und in Ewigkeit stehen werde: Es sind meine Bücher, die ich selbst unter meinem Namen veröffentlicht habe, vorausgesetzt, daß die Tücke meiner Feinde oder eine unzeitige Klugheit darin nicht etwa nachträglich etwas geändert oder fälschlich gestrichen hat. Denn ich erkenne schlechterdings nur das an, was allein mein eigen und von mir allein geschrieben ist, aber keine weisen Auslegungen von anderer Seite.

Hinsichtlich der zweiten Frage bitte ich aber Eure allergnädigste Majestät und fürstliche Gnaden dies beachten zu wollen, daß meine Bücher nicht alle den gleichen Charakter tragen.

Die erste Gruppe umfaßt die Schriften, in denen ich über den rechten Glauben und rechtes Leben so schlicht und evangelisch gehandelt habe, daß sogar meine Gegner zugeben müssen, sie seien nützlich, ungefährlich und durchaus lesenswert für einen Christen. Ja, auch die Bulle erklärt, ihrer wilden Gegnerschaft zum Trotz, einige meiner Bücher für unschädlich, obschon sie sie dann in einem ganz abenteuerlichen Urteil dennoch verdammt. Wollte ich also anfangen, diese Bücher zu widerrufen – wohin, frag ich, soll das führen? Ich wäre dann der einzige Sterbliche, der eine Wahrheit verdammte, die Freund und Feind gleichermaßen bekennen, der einzige, der sich gegen das einmütige Bekenntnis aller Welt stellen würde!

Die zweite Gruppe greift das Papsttum und die Taten seiner Anhänger an, weil ihre Lehren und ihr schlechtes Beispiel die ganze Christenheit sowohl geistlich wie leiblich verstört hat. Das kann niemand leugnen oder übersehen wollen. Denn jedermann macht die Erfahrung, und die allgemeine Unzufriedenheit kann es bezeugen, daß päpstliche Gesetze und Menschenlehren die Gewissen der Gläubigen aufs Jämmerlichste verstrickt, beschwert und gequält haben, daß aber die unglaubliche Tyrannei auch Hab und Gut verschlungen hat und fort und fort auf empörende Weise weiter verschlingt, ganz besonders in unserer hochberühmten deutschen Nation. Und doch sehen sie in ihren Dekreten selbst vor, wie es in der Distinctio 9 und 25, quaestio 1 und 9, zu lesen steht: Päpstliche Gesetze, die der Lehre des Evangeliums und den Sätzen der Kirchenväter widersprächen, seien für irrig und ungültig anzusehen.

Wollte ich also diese Bücher widerrufen, so würde ich die Tyrannei damit geradezu kräftigen und stützen, ich würde dieser Gottlosigkeit für ihr Zerstörungswerk nicht mehr ein kleines Fenster, sondern Tür und Tor auftun, weiter und bequemer, als sie es bisher je vermocht hat. So würde mein Widerruf ihrer grenzenlosen, schamlosen Bosheit zugute kommen, und ihre Herrschaft würde das arme Volk noch unerträglicher bedrücken und nun erst recht gesichert und gegründet sein, und das um so mehr, als man prahlen wird, ich hätte das auf Wunsch Eurer allergnädigsten Majestät getan und des ganzen römischen Reiches. Guter Gott, wie würde ich da aller Bosheit und Tyrannei zur Deckung dienen!

Die dritte Gruppe sind die Bücher, die ich gegen einige sozusagen für sich stehende Einzelpersonen geschrieben habe, die den Versuch machten, die römische Tyrannei zu schützen und das Christentum, wie ich es lehrte, zu erschüttern. Ich bekenne, daß ich gegen diese Leute heftiger vorgegangen bin, als in Sachen des Glaubens und bei meinem Stande schicklich war. Denn ich mache mich nicht zu einem Heiligen und trete hier nicht für meinen Lebenswandel ein, sondern für die Lehre Christi. Trotzdem wäre mein Widerruf auch für diese Bücher nicht statthaft; denn er würde wieder die Folge haben, daß sich die gottlose Tyrannei auf mich berufen könnte und das Volk so grausamer beherrschen und mißhandeln würde denn je zuvor.

Aber ich bin ein Mensch und nicht Gott. So kann ich meinen Schriften auch nicht anders beistehen, als wie mein Herr Christus selbst seiner Lehre beigestanden hat. Als ihn Hannas nach seiner Lehre fragte und der Diener ihm einen Backenstreich gegeben hatte, sprach er (Joh 18,23): ‚Habe ich übel geredet, so beweise, daß es böse gewesen sei.' Der Herr selbst, der doch wußte, daß er nicht irren könne, hat also nicht verschmäht, einen Beweis wider seine Lehre anzuhören, dazu noch von einem elenden Knecht; wieviel mehr muß ich erbärmlicher Mensch, der nur irren kann, da bereit sein, jedes Zeugnis wider meine Lehre, das sich vorbringen läßt, zu erbitten und zu erwarten. Darum bitte ich um der göttlichen Barmherzigkeit willen, Eure allergnädigste Majestät, durchlauchtigste fürstliche Gnaden oder wer es sonst vermag, er sei höchsten oder niedersten Standes, möchten mir Beweise vorlegen, mich des Irrtums überführen und mich durch das Zeugnis der prophetischen oder evangelischen Schriften überwinden. Ich werde völlig bereit sein, jeden Irrtum, den man mir nachweisen wird, zu widerrufen, ja, werde der erste sein, der meine Schriften ins Feuer wirft.

Es wird hiernach klar sein, daß ich die Nöte und Gefahren, die Unruhe und Zwietracht, die sich um meiner Lehre willen in aller Welt erhoben haben und die man mir gestern hier mit Ernst und Nachdruck vorgehalten hat, sorgsam genug bedacht und erwogen habe. Für mich ist es ein denkbar erfreulicher

Anblick, zu sehen, wie um Gottes Wort Unruhe und Zwietracht entsteht. Denn das ist der Lauf, Weg und Erfolg, den Gottes Wort zu nehmen pflegt, wie Christus spricht (Mt 10,34 ff): ‚Ich bin nicht gekommen Frieden zu senden, sondern das Schwert; denn ich bin gekommen, den Menschen zu erregen wider seinen Vater usw.' Darum müssen wir bedenken, wie unser Gott wunderbar und schrecklich ist in seinen Ratschlüssen, daß nicht am Ende das, was wir ins Werk setzen, um der Unruhe zu steuern, damit anfängt, daß wir Gottes Wort verdammen, und soviel mehr einer neuen Sintflut ganz unerträglicher Leiden zustrebt. Wir müssen sorgen, daß die Regierung unseres jungen, vortrefflichen Kaisers Karl, auf dem nächst Gott die meisten Hoffnungen ruhen, nicht eine unselige, verhängnisvolle Wendung nehme. Ich könnte es hier mit vielen Beispielen aus der Schrift vom Pharao, vom König Babylons und den Königen Israels veranschaulichen, wie sie sich gerade dann am sichersten zugrunde richteten, wenn sie mit besonders klugen Plänen darauf ausgingen, Ruhe und Ordnung in ihren Reichen zu behaupten. Denn er, Gott, fängt die Schlauen in ihrer Schlauheit und kehret die Berge um, ehe sie es innewerden. Darum ist's die Furcht Gottes, deren wir bedürfen. Ich sage das nicht in der Meinung, so hohe Häupter hätten meine Belehrung oder Ermahnung nötig, sondern weil ich meinem lieben Deutschland den Dienst nicht versagen wollte, den ich ihm schuldig bin. Hiermit will ich mich Euer allergnädigsten kaiserlichen Majestät und fürstlichen Gnaden demütig befohlen und gebeten haben, sie wollten sich von meinen eifrigen Widersachern nicht ohne Grund gegen mich einnehmen lassen. Ich bin zu Ende."

Nach diesen Worten erwiderte der Redner des Kaisers in tadelndem Ton, Luther hätte seine Antwort nicht zur Sache gegeben, und was ehedem auf Konzilien verdammt und beschlossen sei, dürfe nicht erneut in Zweifel gezogen werden. Man wünsche von ihm daher eine einfache Antwort ohne Spitzfindigkeiten, ob er widerrufen wolle oder nicht. Darauf sagte Luther:

„Weil denn Eure allergnädigste Majestät und fürstlichen Gnaden eine einfache Antwort verlangen, will ich sie ohne Spitzfindigkeiten und unverfänglich erteilen, nämlich so: Wenn ich nicht mit Zeugnissen der Schrift oder mit offenbaren Vernunftgründen besiegt werde, so bleibe ich von den Schriftstellen besiegt, die ich angeführt habe, und mein Gewissen bleibt gefangen in Gottes Wort. Denn ich glaube weder dem Papst noch den Konzilien allein, weil es offenkundig ist, daß sie öfters geirrt und sich selbst widersprochen haben. Widerrufen kann und will ich nichts, weil es weder sicher noch geraten ist, etwas gegen sein Gewissen zu tun. Gott helfe mir, Amen!"

Auch der moderne Leser, selbst wenn er durch vier Jahrhunderte abendländischen Denkens von Luthers geistig-theologischer Ausgangsstellung geschieden sein mag, empfindet die menschliche Größe im Bekenntnis Martin

Luthers vor der Reichsversammlung. Aber ein Bekenntnis von hohem Rang und geschichtlichem Wert ist auch die Rede des jungen Kaisers, die er am nächsten Tag vor der Reichsversammlung verlesen läßt.

Am 19. April ließ der junge Kaiser vor dem Reichstag einen Text verlesen, den er eigenhändig und, wie wir zuverlässig wissen, im wesentlichen selbständig erarbeitet hatte. Der Text war französisch verfaßt. Er ließ ihn im französischen Original verlesen und dann übersetzen: „Ihr wißt, daß ich abstamme von den allerchristlichen Kaisern der edlen deutschen Nation, von den katholischen Königen von Spanien, den Erzherzögen von Österreich, den Herzögen von Burgund, die alle bis zum Tode getreue Söhne der römischen Kirche gewesen sind, Verteidiger des katholischen Glaubens, der geheiligten Bräuche, Dekrete und Gewohnheiten des Gottesdienstes, die das alles mir nach ihrem Tode als Vermächtnis hinterlassen haben und nach deren Beispiel ich bislang auch gelebt habe. So bin ich entschlossen, festzuhalten an allem, was seit dem Konstanzer Konzil geschehen ist. Denn es ist sicher, daß ein einzelner Bruder irrt, wenn er gegen die Meinung der ganzen Christenheit steht, da sonst die Christenheit tausend Jahre oder mehr geirrt haben müßte. Deshalb bin ich entschlossen, meine Königreiche und Herrschaften, Freunde, Leib und Blut, Leben und Seele einzusetzen. Denn das wäre eine Schande für uns und für euch, ihr Glieder der edlen deutschen Nation, wenn in unserer Zeit durch unsere Nachlässigkeit auch nur ein Schein der Häresie und Beeinträchtigung der christlichen Religion in die Herzen der Menschen einzöge. Nachdem wir gestern die Rede Luthers hier gehört haben, sage ich euch, daß ich bedauere, so lange gezögert zu haben, gegen ihn vorzugehen. Ich werde ihn nie wieder hören; er habe sein Geleit; aber ich werde ihn fortan als notorischen Ketzer betrachten und hoffe, daß ihr alle als gute Christen gleichfalls das Euere tut."

Die Erklärung wurde in alle Sprachen übersetzt und gedruckt. Der Papst legte sie in Rom dem Konsistorium der Kardinäle vor. Auch der kaiserliche Botschafter Don Juan Manuel zeigte sich befriedigt.

Am 8. Mai billigte das Kabinett das Edikt gegen Luther. Am 12. Mai verweigerte der Kaiser dem Nuntius die Unterschrift, erst am Schluß des Reichstages, am 25. Mai, wurde es von den sehr zusammengeschmolzenen Ständen durch den Mund des Kurfürsten von Braunschweig angenommen und am 26. Mai unterzeichnet und dann durch Druck verbreitet. Der Kaiser und Martin Luther verließen die deutsche Öffentlichkeit. Der Kaiser führte seine ersten Kriege gegen Franz I., Martin Luther aber wurde von Friedrich dem Weisen in Sicherheit gebracht.

27

KARL V. – HERKUNFT UND GESTALT

Am 25. Oktober 1555 versammelten sich im großen Saal des Schlosses die Generalstaaten der Niederlande und Abgeordnete aus allen Reichen, über die Karl V. geherrscht hatte. Vor vierzig Jahren war der Kaiser in demselben Saale großjährig erklärt worden, um die Regierung seiner burgundischen Lande zu übernehmen. „Seid gute Untertanen, ich werde euch ein guter Fürst sein", gelobte er damals. Jetzt kam der Kaiser, in dessen Reich die Sonne nicht unterging, um Abschied zu nehmen von seinen Würden. Es war eine erlauchte und ernst gestimmte Versammlung, vor der Karl, gestützt auf Wilhelm von Oranien, in Trauerkleidern erschien, um ihn die Ritter des Goldenen Vlieses, die Generale, Räte und Statthalter der Niederlande, Philibert Emanuel von Savoyen, die Herzogin Christine von Lothringen, Erzherzog Ferdinand von Österreich, König Philipp und die Königinnen Eleonore und Maria.

Rat Philibert von Brüssel leitete den Staatsakt mit einer förmlichen Verkündigung des kaiserlichen Willens ein. Der Kaiser erhob sich, und er gab wie oft früher, mit einem Zettel in der Hand, einen Rückblick auf sein Leben: „Vor vierzig Jahren, am selben Orte, am Vorabend des Dreikönigstages, hat mich der Kaiser, mein Großvater, für volljährig erklärt. Dann wurde ich König von Spanien, dann selbst Kaiser, nicht um persönliche Macht zu vergrößern, sondern im Ringen um das Wohl dieser Länder. Ich habe darum viele beschwerliche Reisen gemacht, viele beschwerliche Kriege führen müssen, neunmal war ich in Deutschland, sechsmal brach ich nach Spanien auf, viermal reiste ich nach Frankreich, zweimal nach Afrika und zweimal nach England, jetzt rüste ich zur letzten Fahrt nach Spanien. Ich habe niemals mutwillig, sondern stets gegen meinen Willen als Angegriffener Kriege führen müssen. Und auch heute ist leider noch immer nicht Frieden. So ist mir nicht einmal der Trost vergönnt, meine Länder in Friedenszeiten meinem Nachfolger zu übergeben . . . Große Hoffnungen hatte ich, nur wenige haben sich erfüllt, und wenige bleiben mir: Und um den Preis welcher Mühen! Das hat mich schließlich müde und krank gemacht. Ihr wißt alle, wie sehr . . . Der Thronfolger Philipp ist erwachsen, er kann jetzt besser als ich die Pflichten des Herrschers gegenüber den Völkern erfüllen. Ich habe alle Wirrnisse nach Menschenmöglichkeit bis heute ertragen, damit niemand sagen könne, ich sei fahnenflüchtig geworden. Aber jetzt wäre es unverantwortlich, die Niederlegung noch länger hinauszuzögern. Glaubet nicht, daß ich mich irgendwelchen Mühen und Gefahren entziehen will: Meine Kräfte reichen einfach nicht mehr hin. Vertraut meinem Sohn, wie er euch vertraut, seid einig, übt stets Gerechtigkeit und lasset den Unglauben nicht in eure Reihen ein. Was mich betrifft: Ich weiß, daß ich viele Fehler begangen habe, große Fehler, erst wegen meiner Jugend, dann wegen des menschlichen Irrens und wegen meiner Leidenschaften und schließlich aus Müdigkeit. Aber bewußt habe ich niemandem Unrecht getan, wer es auch sei. Sollte dennoch Unrecht entstanden sein, so geschah es ohne mein Wissen und nur aus Unvermögen. Ich bedaure es öffentlich und bitte jeden, den ich gekränkt haben könnte um sein Verzeihen."

Der Kaiser sprach sehr leise. Viele der Umstehenden weinten. Die Untertanen – so erklärte der Sprecher – würden die gleiche Liebe und Bewunderung wie gegen den Vater und Ergebenheit bis zum Letzten auch gegen den Sohn zeigen. Philipp kniete nieder. Karl zog ihn zu sich empor. „Mein Sohn, ich übertrage dir alle Länder, die ich besitze, mit allen Rechten und Pflichten. Sei ihnen ein guter Hirt, schütze die Kirche und übe Gerechtigkeit." Dann sprach der Kaiser zu den Umstehenden: „Beachtet es nicht weiter, wenn mir altem müdem Mann jetzt die Tränen kommen."

Karl ist wohl die größte Gestalt des Hauses Habsburg und eine der großen Gestalten der europäischen Geschichte. Er regierte ein Weltreich, das größer war als das Reich Karls des Großen, und er verfügte über einen unermeßlichen Reichtum. Als Verfechter einer verlorenen Sache gehört Karl V. zu den Unterlegenen der Weltgeschichte. Karl lebte in der Zeit eines Umbruchs, in der Wende vom Mittelalter zur Neuzeit, und ihm wurde die Aufgabe zuteil, die Einheit des Reiches und die Einheit der Kirche zu retten. Sechsunddreißig Jahre seiner Regentschaft stellte er sich dieser Verpflichtung, so wie er es auf dem Reichstag zu Worms in seiner Erklärung gesagt hatte: „. . . deshalb bin ich entschlossen, meine Königreiche und Herrschaften, Freunde, Leib und Blut, Leben und Seele einzusetzen".

Der Sieg wurde ihm nicht geschenkt. Man könnte auf sein Grab im Escorial jenen Spruch setzen, der auf dem Epitaph des letzten deutschen Papstes, Hadrians VI., in der deutschen Nationalkirche Santa Maria dell' Anima zu Rom zu lesen ist: „Wie sehr kommt es darauf an, in welche Zeit die Kraft eines Mannes fällt."

Karl bewegte in den sechsunddreißig Jahren seiner Regierung die Szenerie der Weltgeschichte. Er ist nicht nur eine große, sondern auch für die Forschung eine interessante Gestalt geworden. Wie jede große Persönlichkeit bietet Karl V. dem Betrachter verschiedene Aspekte, und so nimmt es nicht wunder, daß sein Bild in der Überlieferung, von der Parteien Gunst und Haß verzerrt, schwankt.

Alfred Morel-Fatio schrieb 1913 das feinsinnige Buch über die Historiographie Karls V., und Peter Rassow hielt 1958 seinen Vortrag auf dem Kölner Colloquium über „Das Bild Karls V. im Wandel der Jahrhunderte".

Karl Brandi verdanken wir eine gründliche Biographie Karls V. Die Arbeiten des Engländers Royall Tyler und des Ungarn Michael de Ferdinandy ergänzen das Bild des Kaisers.

Neben reichem archivarischem Material, das sich zur Geschichte Karls V. erhalten hat und das in den Archiven von Brüssel, Simancas, Barcelona und Wien aufbewahrt wird, sind uns in den von Tizian für den Kaiser geschaffenen Gemälden geschichtliche Bildnisse von einzigartigem Wert überliefert worden.

Der Kaiser scheint, nach seiner Krönung zum Kaiser am 24. Februar 1530 in Bologna, auf seiner Reise nach Deutschland in Mantua am Hof des Herzogs Federico Gonzaga auf Tizian aufmerksam geworden zu sein. Dort machte ein heute verschollenes Bildnis Federicos von Tizian starken Eindruck auf den Kaiser. Im Januar 1533 begegnete der Kaiser in Bologna dem italienischen Maler. Bei dieser Begegnung entstand das erste Bildnis des Kaisers, das Tizian malte, in ganzer Figur, reich gekleidet, die Linke lose am Halsband der Dogge (Madrid, Prado). Die Begegnung zwischen Tizian und dem Kaiser muß sehr herzlich gewesen sein, denn noch in demselben Jahr ernennt ihn der Kaiser zum Pfalzgrafen und zum Ritter vom Goldenen Sporn. Er gab damit dem berühmten Maler eine Stellung, wie sie später erst wieder Rubens innehaben sollte.

Tizian nannte sich seit dieser Zeit: „Titianus, Eques caesaris." Das kaiserliche Ernennungsdiplom zeichnet den Maler als „Huius saeculi Appelles". Weiter spricht das Schreiben davon, daß Karl dem Beispiel seines Vorgängers Alexander des Großen folge, der sich allein von Apelles habe malen lassen. Das erste Bildnis, das Tizian von Karl V. malte, ist freilich nur ein Praeludium seiner späteren Schöpfungen für den Kaiser. Dieses Bild ist eine Kopie des einige Monate vor Tizians Bild im Auftrag von Karls Bruder, König Ferdinand von Ungarn, während des zweiten Aufenthalts Karls in Bologna gemalten Bildnisses des österreichischen Hofmalers Jakob Seisenegger (Wien, Kunsthistorisches Museum). Von den Begegnungen Karls V. mit Tizian in den Jahren 1536 (in Asti), 1541 und 1543 (in Busseto und Bologna) sind Bildnisse des Kaisers nicht erhalten.

Im September 1547 befindet sich Tizian im kaiserlichen Hoflager zu Augsburg. Er ist der Einladung des Kaisers dorthin gefolgt. Dieser Augsburger Begegnung wird 1550/51 noch eine zweite folgen, sie ist die wichtigste zwischen den beiden Männern geworden. Tizian hielt sich von Anfang des Jahres 1548 bis zum Oktober 1549 in Augsburg auf. Hier traf er außer dem Kaiser dessen Bruder König Ferdinand, die Schwester des Kaisers, Königin Maria von Ungarn, Statthalterin der Niederlande (für die Tizian damals viel gearbeitet haben muß, das Inventar ihrer Gemälde ist noch erhalten), ferner deutsche und italienische Fürsten, Diplomaten, Soldaten, ein glänzendes Hoflager, das sich dort zum Reichstag versammelt hatte. Tizian wurde fürstlich aufgenommen. Melanchthon berichtet, daß Tizian beständig Zugang zum Kaiser hatte. Wenn wir einem Brief Cattanis an Granvelle vertrauen dürfen, so ist dem Kaiser in Augsburg kein Abschied so schwergefallen als der Abschied von Tizian. Man muß diese Quellenaussagen als wichtig ansehen, um die Augsburger Kaiserbildnisse als geschichtliche Dokumente zu verstehen. Durch den Sieg bei Mühlberg (1547) über die von dem Kurfürsten Johann Friedrich von Sachsen geführte Protestantische Union hatte der Kaiser einen entscheidenden Erfolg errungen. Er stand damals auf der Höhe seines Lebens und seiner Macht. Dieser Sieg bedeutete für den Kaiser auch eine Wende für seine Stellung im Reich und für sein Ringen mit dem Papst.

Tizian, der tiefer schaute, empfand sicher damals schon das Tragische dieser großen Kaisergestalt. Mochte der Kaiser auch noch so energisch und beharrlich etwas anpacken und durchzuführen versuchen, es entglitt seinen Händen. Die Überwindung der Spaltung des Glaubens durch eine echte Reform scheiterte. Der Mensch Karl, als Tizian ihm 1548 begegnete, war vom Leid gezeichnet. Seine Gattin Isabella von Portugal, seine Vertraute, war 1539 im Kindbett gestorben, ihn selbst plagte die Gicht. „Meine Schwachheit und die kaum überstandenen Lebensgefahren lassen es mir angezeigt erscheinen, euch Ratschläge zu geben für den Fall meines Todes", so schreibt er am 18. Januar 1548 in seinem politischen Testament für seinen Sohn Philipp.

In Augsburg hat Tizian den Kaiser mehrfach gemalt. Zwei Hauptwerke dieser Zeit sind es vor allem, die für die Betrachtung des Lebens des Kaisers wichtig sind, einmal das Reiterbildnis (Madrid, Prado) und das Bildnis des Kaisers im Lehnstuhl (München, Alte Pinakothek). Bernardo Navagerio, der venezianische Gesandte am Hofe König Ferdinands, sagte von Karl V. in Augsburg: „Er kann nicht verbergen, daß er den Krieg liebt, und wird ganz heiter, wenn er mit der Armee ist, aber sonst ist er tiefernst."

Tizian scheint ähnlich empfunden zu haben, als er dem offiziellen Bildnis des Kriegers das inoffizielle Bildnis des von Krankheit und Leiden Gezeichneten im Lehnstuhl zur Seite stellt.

Tizians Bildnisse des Kaisers sind monumentale Urkunden seines Lebens und Wirkens. Tizians „Gloria" (das letzte Bild) aber ist das Glaubensbekenntnis des Kaisers, seine Abkehr von der Welt und seine Hinwendung zu den Tröstungen der himmlischen Gnade. Es wird berichtet, daß der Kaiser das Bild oft mit Inbrunst betrachtet und daß sein Blick in der Todesstunde auf ihm geruht habe „bis daß die Ärzte in Angst gerieten".

28

KINDHEIT UND JUGEND KARLS V.

Am 24. Februar 1500 war Karl unter seltsamen Umständen in Gent, der reichen Hauptstadt Flanderns, geboren worden. Während eines glänzenden Empfanges der burgundischen Stände überkam seine Mutter, die spanische Johanna, ihre schwere Stunde. Der künftige Herr der Welt, in dessen Reich die Sonne nicht untergehen sollte, wurde in einem dunklen Nebengelaß geboren. Der erste Schrei des Knaben mischte sich mit den Klängen der festlichen Musik. Mit sechs Jahren verlor er seinen Vater, Philipp den Schönen, den Sohn Maximilians und der Maria von Burgund, Erbe Burgunds und der österreichisch-habsburgischen Länder. Seine Mutter, die Tochter der Isabella von Kastilien und des Ferdinand von Aragon, die durch eine Matrimonialunion Spanien begründeten, war durch den Tod ihres Bruders und ihres Neffen die Erbin Spaniens geworden; die geistige Umnachtung, in die sie nach dem Tode ihres leidenschaftlich geliebten Mannes verfiel, machte Karl 1516, nach ihrem Ableben, zum Herrn Spaniens. Seine Tante Margarete, die lebensfrohe und tüchtige Tochter Maximilians und Regentin der Niederlande nach Philipps Tode, übernahm die Erziehung des jungen Karl. In die ritterlichen Traditionen des burgundischen Hofes führten ihn die Edlen Burgunds ein. Sie unterrichteten ihn auch in der Politik, zugleich aber auch in jenen universalen Ideen, die in dem alten karolingischen Zwischenreich stärker als anderswo fortlebten. Der gelehrte Humanist Adrian von Utrecht, Professor an der Universität Löwen, war sein geistlicher Lehrer, später wird er als Hadrian VI. der letzte deutsche Papst (1522/23) sein. Er sorgte sich um eine tiefinnerliche religiöse Erziehung und führte ihn in den Geist der Brüder des gemeinsamen Lebens ein. Karl war Mitglied des Ordens vom Goldenen Vlies, der am 10. Januar 1430 durch Philipp den Guten gestiftet wurde. In Jason, dem antiken Ritter auf dem Meer und im fernen Land, erblickte sich der höfische Mann der burgundischen Renaissance wie in einem Spiegel. Früh wurde der Knabe von dem Gedanken der Größe seines Hauses durchdrungen, das dank der Ehepolitik seiner Vorfahren zur Herrschaft über so viele Länder der Christenheit gelangt war. Er wußte sich von der Vorsehung erwählt, denn in dieser Erhöhung erblickte er das Unterpfand dafür, seine Wirksamkeit auf einer Ebene über die einzelnen Staaten zum Wohle der gesamten Christenheit auszuüben. So versuchte er mit seiner dynastischen Macht die Idee des Kaisertums zu verwirklichen, das ihm als höchste Würde und Verpflichtung zuteil geworden war. Karl verdankte seine Staaten, sein gewaltiges Reich einer Reihe von Erbzufällen. Er wurde als der älteste Sohn seines Vaters, des Herzogs Philipp des Schönen von Burgund, geboren. Da dieser der einzige Sohn Kaiser Maximilians war, des Herrn der österreichisch-habsburgischen Erblande, so war Karl in die Anwartschaft auf das Herzogtum Burgund und die österreichischen Erblande hineingeboren. Daß er aber einmal König der spanischen Reiche werden würde, war zunächst noch gar nicht vorauszusehen, da noch andere männliche und weibliche Mitglieder des spanischen Königshauses lebten. Deren Thronfolgerecht ging dem seinigen voran. Erst durch den Tod dieser Verwandten kam es dahin, daß seine Mutter Johanna Erbin des Reiches Kastilien und Aragon wurde und in deren Nachfolge also Karl selbst.

Mit dem Tode seines Vaters rückte Karl in das hellste Licht der europäischen Politik, denn jetzt stand fest, daß in seiner Hand nicht nur Burgund und die österreichischen Erblande, sondern auch die spanischen Reiche liegen würden. Allerdings war das Thronfolgerecht in seinen Staaten ein verschiedenes. In Burgund sowie in den Reichen Kastilien und Aragon herrschte die Primogenitur-Erbfolge in männlicher und weiblicher Linie, mit dem Vorzug der männlichen vor den weiblichen Erben. In den österreichischen Erblanden herrschte die Erbfolge des habsburgischen Hauses zur gesamten Hand, mit Bevorzugung der Männer, diese aber zu gleichen Rechten. So kam es, daß seit dem Tod der Königin Isabella der Katholischen von Kastilien Karls Mutter Johanna dort Königin wurde. Von dem Streit um die Regentschaft für Johanna zwischen ihrem Gemahl Philipp und ihrem Vater Ferdinand von Aragon braucht nicht die Rede zu sein, denn seit dem Tode Philipps (1506) war die Regentschaft Ferdinands von Aragon für seine Tochter Johanna in Kastilien unbestritten.

Unbestritten war um diese Zeit auch schon, daß Johanna als seelisch Erkrankte regierungsunfähig sei. Als Karl im Jahre 1515 für Burgund großjährig erklärt wurde und dann sein Großvater Ferdinand von Aragon im Jahre 1516 starb, bestand sein Reich aus dem Herzogtum Burgund und der Regentschaft für seine Mutter Johanna in der Personalunion der beiden spanischen Reiche Aragon und Kastilien. Offen aber blieb noch die Frage, wie es mit der Nachfolge Karls und seines drei Jahre jüngeren Bruders Ferdinand in den österreichischen Erblanden werden würde. Kaiser Maximilian hat, wie so manche andere Probleme, vor die er gestellt wurde, auch dieses offengelassen: Als er 1519 starb, hinterließ er ein Testament, in dem seine beiden Enkel, Karl und Ferdinand, zu Erben eingesetzt waren und ihnen empfohlen wurde, sich brüderlich in die Erbschaft zu teilen. Hier in den Erblanden jedenfalls war Karl nicht allein der Herr, sondern sein Bruder Ferdinand stand ihm mit rechtskräftigen Ansprüchen zur Seite. Bruder Ferdinand trat ihm auch nicht mit rechtlichen, aber mit politisch begründeten Ansprüchen in Spanien entgegen, als Karl dort 1518 zum ersten Mal erschien. Ferdinand war am Hofe Ferdinands des Katholischen aufgewachsen, und dieser sein Großvater lebte sich in Kämpfen mit Philipp dem Schönen so sehr in den Gegensatz gegen die bevorstehende Personalunion Spaniens mit Burgund hinein, daß er allerhand unternahm, um diese Personalunion zu hintertreiben. Zunächst schloß er eine zweite Ehe, in der Hoffnung, aus ihr einen Erben zu erhalten, dem er sein Erbreich Aragon zuwenden konnte. Aber dieser Versuch blieb ohne Ergebnis. Nun setzte er alles daran, seinen zweiten Enkel Ferdinand die Nachfolge in den spanischen Reichen zu sichern. Karl sollte nur das Erbe Maximilians in Burgund und Österreich antreten. Eine keineswegs schwache Partei, vornehmlich in Aragon, machte sich zum politischen Verfechter dieses Wunsches, als Karl auf spanischem Boden erschien.

Mit fester Hand und unterstützt durch den alten Kardinal Cisneros, beseitigte Karl dieses Hindernis. Nach kühler Begrüßung der Brüder schickte Karl Ferdinand eiligst nach den Niederlanden. Hier vollendete die Statthalterin Margarete die Erziehung auch dieses habsburgischen Prinzen, wie sie auch die Erzieherin Karls gewesen war. Die beherrschende Idee Margaretes bei der Erziehung ihrer Neffen und Nichten war die Einheit des habsburgischen Hauses mit hilfevoller Loyalität aller Glieder gegenüber dem regierenden Herrn, mochte dieser nun der Großvater oder der Bruder sein.

Schwer genug hat es Karl gehabt, sein Königtum in den spanischen Reichen durchzusetzen. Im Januar 1519 durch den Tod des Kaisers Maximilian trat zunächst der österreichische Erbfall ein, damit war für Karl aber die Doppelfrage gestellt: Erbauseinandersetzung mit Ferdinand und die Kaiserwahl. Die Kaiserfrage und die Frage der österreichischen Erblande hingen nun so zusammen, daß Karl durch die Teilung der Erblande mit seinem Bruder sich und seinen Bruder Ferdinand zu je einem deutschen Reichsfürsten mittlerer Größe gemacht hätte. Legt man die Teilung, so wie sie dann später vorgesehen wurde, zugrunde, so erhält Ferdinand Ober- und Niederösterreich, die Steiermark, Kärnten und Krain, Karl dagegen erhält Tirol, Vorarlberg, Vorderösterreich und die Besitzungen im Elsaß.

Dann blieb immer noch die Frage offen, ob etwa Ferdinand sich als Kandidat für die Kaiserwahl aufstellte und ob die Kurfürsten ihn wirklich wählen wollten. Karl konnte sich dann sagen, daß Ferdinand ein Kaiser würde, der annähernd so mächtig war wie etwa Maximilian in seinen Anfängen. Er wäre sogar mächtiger als Maximilian gewesen, wenn ihm infolge seines festen Bündnisses zwischen beiden Brüdern in den europäischen Kämpfen, vornehmlich gegen Frankreich und die Türken, die volle Macht Karls von Spanien und Burgund zur Seite gestanden hätte. Vom Standpunkt der habsburgischen Dynastie wäre diese Lösung durchaus befriedigend gewesen. Die Erzherzogin-Regentin und Erzieherin von Karl und Ferdinand vertrat auch diese Lösung. Blickt man auf das Ende der Regierung Karls V., so ist zu ersehen, daß das Schwergewicht der politischen Kräfte im Laufe der nächsten Jahrzehnte gerade in dieser Richtung gewirkt hat, denn als Karl abdankte, überließ er seinem Bruder Ferdinand die österreichischen Erblande und das Kaisertum, seinem Sohn Philipp die spanischen Reiche und Burgund.

Dieser Entwicklung aber wirkte Karl gerade durch seinen Entschluß vom Jahre 1519, sich zum deutschen Kaiser wählen zu lassen, entgegen. Wie er damals über die Teilung der Erblande mit Ferdinand dachte, darüber liegt Dunkel, jedenfalls hatte der junge Karl diese Frage hinter die Kaiserfrage zurückgestellt und sie erst nach seiner Wahl zum Kaiser gelöst. Er stellte damals schon seinem Bruder die Nachfolge im Kaisertum in Aussicht. So unterblieb die Kandidatur Ferdinands für 1519, Karl wurde gewählt, und auf dem Reichstag zu Worms 1521 teilte er die Erblande zwischen sich und seinem Bruder und machte übrigens gleichzeitig Ferdinand zu seinem Statthalter in denjenigen österreichischen Landen, die er zunächst sich selbst vorbehielt. 1522 wurde dieser Teilungsvertrag zu Brüssel dahingehend abgeändert, daß die Teilung faktisch aufgehoben wurde und Ferdinand die gesamten österreichischen Erblande erhielt. Dafür gliederte sich Ferdinand ganz in das System seines kaiserlichen Bruders ein. Er verpflichtete sich, die Regierung nach den Weisungen Karls zu führen. Karl aber verzichtete im Rechtssystem des deutschen Reiches auf jede eigene Standschaft, war also deutscher König und römischer Kaiser ohne eigenes deutsches Fürstentum. Karl lebte in dem Bewußtsein, daß durch eine besondere Fügung Gottes ihm alle Herrschaften als ein Auftrag an seine Person übergeben seien. Wenn man den ganzen Bereich abschreitet, den Karl nach seiner Kaiserwahl beherrschte, dann ergeben sich aus diesem Rundblick auch seine politischen Aufgaben.

Das Herzogtum Burgund bestand aus einem Gemengsel von Allodial- und Feudalbesitz, innerhalb dessen die Lehen großenteils vom deutschen Königtum, einige aber, wie Flandern und Artois, vom französischen Königtum lehensrührig waren. Der Friede von Madrid von 1526 beendete erst die Lehensmannschaft Karls gegenüber dem französischen König. Als Herzog von Burgund war Karl V. zunächst Lehensmann des französischen Königs gewesen. Karl spielte sein Leben lang gern darauf an, daß er dem Ursprung nach ein Pair von Frankreich und seinem Blute nach auch ein Valois sei.

Bei Karls Regierungsbeginn war das, was allgemein das Königreich Spanien genannt wird, eine Personalunion der beiden Reiche Kastilien und Aragon, zweier Reiche, die seit Beginn der Reconquista im 11. Jahrhundert immer getrennt gewesen waren, immer selbständig und meist feindlich gegeneinander eingestellt waren. Kastilien hatte seine Ausdehnung zunächst in der Richtung nach Süden, an der Küste Afrikas, gesucht. Erst in den jüngsten Jahrzehnten war ihm durch die Entdeckung des Kolumbus in Westindien ein Kolonialreich zugewachsen. Aragon hatte sich im 13. Jahrhundert im westlichen Mittelmeer ausgebreitet, also über die Balearen und Sardinien nach Sizilien und Neapel. Diese beiden Reiche waren durch die Ehe Isabellas von Kastilien mit Ferdinand von Aragon zu einer äußerlichen Vereinigung geführt worden. Während also Karl in seiner Eigenschaft als König von Kastilien Herr von Neuindien war, war er als König von Aragon König von Sizilien und Neapel. Die Getrenntheit beider Reiche noch in Karls ersten Jahrzehnten kennzeichnet etwa die Bestimmung, daß zur Betätigung in den westindischen Kolonien ausschließlich Untertanen des Königreiches Kastilien zugelassen waren, nicht aber solche des Königreichs von Aragon, von Deutschen oder Burgundern ganz zu schweigen.

Griff die Herrschaft des Kaisers nach dem Süden Italiens von Aragon aus, so war in Oberitalien seine verwaltende Macht gesichert durch seine Herrschaft über das Herzogtum Mailand und einiger kleiner Fürstentümer. Das war der Rest des alten kaiserlichen Reichs-Italien aus dem Mittelalter. Diese zuletztgenannten Gebiete waren immer noch Lehen des Heiligen Römischen Reiches. Der Kaiser war hier nicht Herr als Herrscher in einem seiner weltlichen Staaten, im juristischen Sinne auch nicht als deutscher König, denn Bestandteil des deutschen Reiches war Mailand nicht. Nur insofern die deutschen Kurfürsten jeweils mit dem deutschen König zugleich den römischen Kaiser wählten, war der deutsche König in seiner Eigenschaft als römischer Kaiser der Beherrscher Mailands.

Sein Bruder Ferdinand regierte die österreichischen und oberdeutschen Erblande. 1526 trat hier eine wesentliche Veränderung durch den Tod des Königs Ludwig II. von Ungarn und Böhmen in der Schlacht bei Mohacz ein. Ferdinand erbte als Gatte der Anna, der Schwester des Königs Ludwig, Böhmen und Ungarn. Der habsburgische Bereich erweiterte sich hier also bereits nach Osten, aber in die Hand Ferdinands. Karl hatte an dieser Erweiterung keinen rechtlichen Anteil.

Dieser Rundblick ergibt Karls Gesamt-Machtbereich, er war schlechthin unermeßlich und überwältigend. Aber auf diesem unermeßlichen Besitz lagen große Lasten: 1. In Westeuropa bedeutete der Besitz Burgunds und Spaniens mit Mailand als Zwischenstück und der deutschen Macht im Hintergrund eine eiserne Umklammerung Frankreichs, damit war eine Bedrohung des französischen Königs Franz I. gegeben. Der versuchte durch die Wiedereroberung Mailands und durch sein Bestreben, selbst zum deutschen Kaiser gewählt zu werden, dieser Bedrohung entgegenzutreten. Machtpolitisch war nicht abzusehen, wie Frankreich sich jemals mit der Lage, die sich aus Karls Wahl zum Kaiser ergeben hatte, abfinden würde. 2. Der Türke rückte in immer neuen Angriffen vor. Ungarn bildete nur eine schwache Vormauer vor Österreich. Die österreichischen Erblande trugen also die Last der Türkenbedrohung zunächst allein für das Reich, ja für das ganze Abendland. 3. In Italien sahen die Renaissancepäpste ihre politische Aufgabe darin, Italien zu einigen. Von hier aus waren sie jeweils die Gegner derjenigen auswärtigen Macht, die die Vorherrschaft in Italien anstrebte. Also war ihnen die Politik vorgezeichnet, mit den Spaniern gegen die Franzosen oder mit den Franzosen gegen die Spanier zu gehen, je nachdem, welcher dieser beiden Mächte sie den Vorzug gaben.

Zu diesen drei außenpolitischen Belastungen des habsburgischen Machtbereiches kam eine innenpolitische Belastung innerhalb des deutschen Reiches hinzu. Die deutschen Kurfürsten und andere mächtige Fürsten des Reiches wie Bayern, Hessen und Württemberg, waren daran interessiert, einen mächtigen Fürsten als deutschen König und Kaiser zu haben. Aber die Macht des von ihnen gewünschten Königs und Kaisers durfte nicht zu stark sein und zu mächtig werden, damit sie – die deutschen Fürsten in ihrer Gesamtheit und jeder einzelne von ihnen in seiner fürstlichen Selbständigkeit – nicht bedroht werden konnten. Für diese Fürsten war die deutsche Freiheit gleichbedeutend mit der Erhaltung ihrer Selbständigkeit nach innen und nach außen.

Vergleicht man diese vier Belastungen in einer Gegenrechnung mit der Macht des habsburgischen Hauses, dann ergibt sich ein fragwürdiges Bild. Offenbar hat man am Hofe Karls V. 1519 diese Rechnung aufgemacht, als man den Entschluß faßte, unter allen Umständen die Wahl Karls zum Kaiser durchzusetzen. Karl schrieb damals an seine Tante, die Herzogin-Regentin Margarete der Niederlande, und setzte die Gründe für seinen Entschluß auseinander, sich doch zum Kaiser wählen zu lassen. Margareta hatte ihrem Neffen die Schwierigkeiten geschildert, die bei den Kurfürsten gegen die Wahl Karls bestanden. Als vorteilhafte Lösung im Interesse der Dynastie der Habsburger schlug sie die Wahl Ferdinands zum Kaiser vor.

Karl wies diesen Lösungsversuch seiner Tante entschieden ab. Vor allem führte er als Gegenargument an, Ferdinand sei als deutscher König und römischer Kaiser viel zu schwach, um auch bei loyalster Unterstützung durch ihn, Karl, selbst die Aufgabe des Kaisertums zu erfüllen. Darauf aber käme es in dieser Stunde an: Nur bei Vereinigung aller Macht in seiner, Karls, Hand und bei aller Unterstützung durch seinen Bruder würden die Feinde des Imperiums niedergehalten werden können. Karl zählt diese Feinde auf, es sind einmal die christlichen Fürsten, die in der Christenheit Unruhe stiften könnten, damit ist vor allem Frankreich gemeint, an zweiter Stelle nennt Karl die Feinde des heiligen katholischen Glaubens, das ist schon ein Hindernis auf die luthersche Bewegung. An dritter Stelle nennt er die Ungläubigen, die so gerne das christliche Reich zerstören möchten, das sind die Türken. Der Kampf gegen diese drei Feinde, so schreibt Karl, „würde uns beiden zum höchsten Lobe gereichen und zur Erhöhung unseres heiligen Glaubens. Danach müssen wir vernünftigerweise streben und allen persönlichen Ehrgeiz hintenanstellen".

Mit dieser Begründung des Entschlusses, das Kaisertum für sich zu erwerben, wird zum ersten Mal die Idee kund, die Karl seinem Reiche gibt. Es ist die Kaiseridee.

29

DIE LETZTEN JAHRE DES KAISERS: SAN YUSTE

Es wird erzählt: In seinen besten Mannesjahren wurde Karl auf der Jagd in der Vera von Plasencia durch das verfolgte Wild an die Abhänge der Sierra de Gredos geführt. Er stand vor Yuste, und ihn überkam das seltsame, aber gewisse Gefühl: hier, in der zaubervollen Ruhe dieser selbst im Hochsommer von einem milden Anflug des Frühherbstes angehauchten Gegend, hier wollte er seine Erdentage beschließen, hierher sollten die sterblichen Reste der Kaiserin gebracht, hier wollte auch er selbst beigesetzt werden.

Als Karl nach seiner Abdankung am 3. Februar 1557 in Yuste einzieht, kommt er wirklich nach Hause. Er gehört nunmehr auch dem Gefühl nach zu seinen Spaniern, wie diese zu ihm. Vergessen ist, daß er einst als fremder Jüngling an ihrer Küste erschien. Mit dem Einzug Karls in Yuste beginnt der letzte, auf das Jenseits gerichtete Abschnitt seines Lebens. Im Mittelpunkt steht die Vorbereitung auf den Tod. Was der heilige Franz von Borja bei der kranken Johanna, der Mutter Karls V., erreichte, versuchte Karl aus eigener Anstrengung, unterstützt durch Beichte, Kommunion und strenger Beobachtung der Vorschriften der katholischen Kirche. Karl nimmt an der Liturgie der Mönche teil. Wenn er nicht anders beschäftigt oder krank ist, kommt er hinüber in die Kirche des Klosters und singt gemeinsam mit den Mönchen im Chor. Der Kaiser verfügt über eine klare Stimme, er singt gern und gut, besitzt ein sehr feines Gespür. Verfehlt einer der Mönche den Takt oder Ton, dann schreit ihn der Kaiser mit heiterer Grobheit an. Er läßt Totenmessen feiern für die Angehörigen seines Hauses, für die zahlreichen Glieder seines Geschlechtes. In den ersten Zeiten in Yuste geht der alte Ritter noch gern auf die Jagd. Er holt Krähen mit seiner Flinte vom Himmel, etwas später kann er dieser Lust nicht mehr frönen, aber er hat ein anderes Feld, auf dem er sich noch betätigen kann, die Mechanik. Seine Zimmer sind angefüllt mit Uhren, und die geheimnisvollen Zeitmaschinen werden eifrigst untersucht, auch bewegliche Soldaten und anderes mechanisches Werkzeug wird hergestellt. Ein eigener Mechaniker, ein Mann aus Cremona, steht ihm bei diesen Spielen zur Seite. Die Mönche des Klosters haben dies alles nicht begreifen können. Sie scheinen überhaupt eine Gesinnung an den Tag gelegt zu haben, die der Privatsekretär des Kaisers, Martin de Gaztelu, so ausdrückt, kurz und knapp: „Sie sind nicht für Seine Majestät."

Nach seinem Tode werden die Mönche den armen Cremonesen, seinen Mitarbeiter bei den mechanischen Spielen, der Inquisition übergeben.

Eine kleine Bibliothek enthält neben der Heiligen Schrift, einigen Erbauungsbüchern und naturwissenschaftlichen Werken die Lieblingsschriftsteller des Kaisers, vor allem die Werke des hl. Augustinus, das Büchlein des Boethius „Vom Trost der Philosophie", den „Hofmann" des Castiglione – das Buch des Lebensideals der Renaissance – und Cäsars Werke.

Jagd, mechanische Spielereien und hin und wieder Lektüre, z. B. liest Karl das Werk des Kopernikus, das ihm sein Buchlieferant als „soeben erschienen" zugeschickt hatte, und daneben frönte er sogar zuweilen seiner alten Eßgier, wobei er mit gutmütigem Spott übertrieb, um sich an den entsetzten Gesichtern seiner Ärzte zu weiden. Er war glücklich, des ewigen Umherziehens in der halben Welt, der lästigen Repräsentation, des Aktenstaubes und Federkrieges und des täglichen Ärgers mit seinen Räten ledig zu sein. Er freute sich an dem stillen Frieden seiner behaglichen Klause, sogar seine beiden Lieblingsschwestern, die ihm gefolgt waren, hatten weiter unten zurückbleiben müssen.

Aber der sogenannte „Eremit von Yuste", der dort im Kloster wohnte, in einem Seitentrakt, den er nach seinen Plänen hatte bauen lassen, mit einem kleinen Hofstaat von fünfzig Menschen, dem sein Hofmeister Quijada vorsteht, hat sich nicht ganz von den Geschäften der Welt zurückgezogen, er hat nur nach einer Krise letzten Reifens seine Aktivität nach außen hin eingeschränkt und in den ihm verbliebenen Bereich seine Kräfte gesammelt und genutzt. Er läßt sich auch in Yuste ständig über das Weltgeschehen informieren und steht bis ans Ende in regem Briefwechsel mit seinen Kindern, die nun die Hälfte seiner einstigen Bürde unter sich teilen: Johanna und Philipp. Der wichtigste seiner Besucher ist zweifellos Franz von Borja, der General der Jesuiten. Es sind eben die wiederholten Besuche dieses Schicksalgenossen, die die Lebenstendenzen der letzten Zeit des Kaisers am tiefsten beleuchten. Sie besprechen, wie bei Sandoval zu lesen ist, das große Erlebnis, das ihnen beiden gemeinsam ist, den Verzicht auf die Herrlichkeit der Welt (M. de Ferdinandy).

1557 starb Karls Schwager und Vetter, Johann III. von Portugal. Obwohl noch mehrere männliche Mitglieder des Hauses Aviz am Leben waren und Karls Tochter eben den neuen König von Portugal geboren hatte, schickte Karl Franz von Borja zu seiner Schwester, der Großmutter und Königinwitwe Katharina. Der General der Jesuiten war auch ein großer Diplomat. Er schließt in Lissabon ein Abkommen, das für den Fall eines kinderlosen Ablebens des kleinen Dom Sebastiaño, das portugiesische Weltreich Karls anderem Enkel, Don Carlos, sichert. Da ist Karl wieder einmal ganz der Erde verhaftet, kalt, dunkel und schwer, wie sein Urgroßvater Friedrich III., der zu seiner Zeit 60 Jahre voraus mit Sicherheit auf den Besitz Ungarns spekuliert hatte.

Im Frühling seines letzten Lebensjahres entdeckte man in der Nähe von Sevilla und um Valladolid neue Ketzerherde. Der alte Kaiser schreibt erregt seiner Tochter, der Regentin, und auch an seinen Sohn, den König: „Mein Sohn, dieser schwarze Handel, der sich hier erhoben, hat mich empört und aufgebracht, wie du es dir wohl vorstellen kannst. Triff sofort Vorkehrungen, um ihn mitsamt seinen Wurzeln auszurotten, durch die größte Strenge und die härteste Bestrafung."

Ähnlich sind auch die beiden Briefe an Johanna vom 3. und 25. Mai 1558 gehalten. Er bittet die Tochter, man solle nicht Barmherzigkeit walten lassen, die eventuelle Reue der Angeklagten nicht gelten lassen, sondern sie lebendig verbrennen, ihr Hab und Gut konfiszieren, ohne Beachtung des Standes, der Würde und der Person der Angeklagten. Am 9. September, zwölf Tage vor dem Tod, wendet er sich im letzten Codicill seines letzten Testamentes an den Sohn Philipp und wiederholt das schon Gesagte mit großem Nachdruck. „Ich bitte ihn und bürde ihm auf, mit aller Inständigkeit und Dringlichkeit, wie ich es nur kann und wie es meine Pflicht ist, ich befehle es ihm, als sein liebender Vater und um des Gehorsams willen, den er mir schuldig ist, als Wichtigstes und Hauptsächlichstes, daß die Ketzer bestraft werden mit allem nur möglichen Nachdruck der Gewalt, ohne Ausnahme, ohne Barmherzigkeit und ohne Beachtung . . ., zu meiner größten Entlastung und Beruhigung."

Diese Worte sind Karls V. Abschied von seinem Sohn, seine letzte politische Tat, seine letzte Botschaft an die Welt – eine Aufforderung zur erbarmungslosen Ausrottung der Ketzer. Man mag über diese letzte Mahnung des Kaisers bestürzt sein oder diese oder jene persönliche Einstellung haben. Man muß festhalten, daß Karl hier noch ganz auf der geistigen Höhe seines eigenen Lebens und ganz im Sinne seiner eigenen Traditionen handelt. Der alternde Kaiser ist bis zuletzt zutiefst besetzt von seiner Verantwortung für die Zukunft. Seine Altersweisheit gipfelt hier. Hier drückt sich der Auftrag, den er der zukünftigen Generation zu geben hat, wenn auch auf seltsame, doch auf eigene Weise aus. Dieser Auftrag und diese Weisheit werden vom alten Kaiser auf eine eigenartige Weise kommentiert.

„Eines Tages sitzt er mit seinen Mönchen und ihrem Prior und seinem Beichtvater im Kloster zu Yuste zusammen. Man spricht über die neuerdings entdeckten Ketzer. Der Kaiser wiederholt in der aufgelockerten Form des Gesprächs seine schon zitierten Gedanken über das unbarmherzige Vorgehen gegen diese piojosos, wie er die Ketzer nennt, dann fährt er fort: ‚Es wäre ein Irrtum, sie nicht zu verbrennen, wie ich irrte, als ich den Luther nicht umbrachte (en no matar a Lutero); . . . ich irrte, denn ich wäre nicht verpflichtet gewesen, mein Wort zu halten, da ja der Ketzer gegen einen größeren Herrn sündigt, der Gott ist . . . Wäre sein Verbrechen bloß gegen mich gerichtet, dann hätte ich mein Wort zu halten gehabt; allein ich habe ihn nicht getötet, und so wuchs dieser Irrtum ins Ungeheuerliche. Und dem hätte ich vorbeugen können, wenn ich ihn getötet hätte.‘ Nachdem er so dreimal nacheinander das Bild eines durch ihn umgebrachten Luther heraufbeschworen hatte, spricht er weiter: ‚Es ist sehr gefährlich, mit diesen Ketzern umzugehen, denn sie besitzen so lebhafte und durchdachte Argumente, daß sie einen zu leicht verwirren. Deshalb wollte ich die Beweisführung ihrer Sekte niemals anhören.‘ Darauf erzählte er eine höchst interessante Episode aus seinem Leben. Vor Ausbruch seiner gefährlichsten Fehde mit den Deutschen und den Franzosen kamen die deutschen Fürsten zu ihm: ‚Herr‘, sagten sie, ‚wir wollen Euch nicht bekriegen, uns aber nicht gegen Euch empören, aber man nennt uns Ketzer. Das sind wir nicht. Hört nur unsere Bitte. Wir bringen unsere Gelehrten mit, schickt ihr die Eueren, die sollen zusammen in Gegenwart Eurer Majestät über unsere Meinungen einen Disput führen; und nachher wollen wir uns fügen und tun, was Euere Majestät beschließen will.‘ Damals lehnte er den Vorschlag ab. Nun verrät er seine Gründe. Er nennt sie mit überraschender Aufrichtigkeit. ‚Was dann‘, sagt er zu den Mönchen, ‚wenn durch Zufall ein falsches Argument jener Ketzer in meinem Denken haften bleibt? Wer ist denn stark genug, es mir wieder aus der Seele zu reißen? So wollte ich sie nicht anhören, obwohl sie mir für den Fall der Annahme des Vorschlages versprachen, mit all ihrer bewaffneten Kraft gegen den König von Frankreich, der mich angriff und schon den Rhein passierte, zu ziehen und ihn zu bekriegen, bis sie ihn auf seinem eigenen Boden unterworfen hätten‘“ (M. de Ferdinandy).

„Der soll mich nicht zum Ketzer machen“, hatte Karl schon in seinen jungen Jahren, als er der Gestalt Luthers begegnet war, in Worms ausgerufen. Und am folgenden Tag beschwor er die ganze Schar seiner Ahnen, erneut ihn abwehrend: „Ich werde ihn nie wieder hören.“

Am 31. August des Jahres 1558 saß der Kaiser in seinem Garten. Mild strahlte die Mittagssonne, plötzlich äußerte der Kaiser den Wunsch, drei Bilder seiner kleinen Galerie noch einmal zu betrachten. Man brachte ihm die gewünschten Bilder heraus und stellte unter dem großen Nußbaum, der noch heute seine dunklen Schatten auf die Wand des kleinen Palastes von Yuste wirft, einen „Christus im Garten", Tizians schönes Bild von der Kaiserin Isabella und die große „Gloria" auf. Für Stunden versank er in die Betrachtung der Bilder. Der Arzt berührte ihn in seiner Entrücktheit. Der Kaiser schrak auf. Der Arzt fühlte seinen Puls, er hatte Fieber. Es war der Anfang seiner letzten Krankheit.

Zeit seines Lebens wollte der Kaiser wach in den Tod gehen. Das wurde ihm geschenkt. Seine letzte Krankheit und sein Hinscheiden wurden vom Hofmeister Quijada, vom Arzt Dr. Mathys, von den Hofleuten, den Mönchen, vom Erzbischof Carranzá von Toledo und dem Grafen Oropesa beobachtet und beschrieben. Der Kaiser starb am 21. September 1558. Am Tage vorher hatte er die Sterbesakramente empfangen. Seine Schwestern, die herbeigeeilt waren, wollte er nicht mehr sehen: Er stand schon jenseits der Grenze dieses Lebens, in dem die Bande des Blutes gelten. Die Priester beteten mit ihm die Sterbegebete, dann lag der Kaiser längere Zeit mit gesenkten Lidern da. Kurz vor zwei Uhr morgens schlug er die Augen auf und sagte mit klarer Stimme: „Ya est tempo – Es ist Zeit". Er verlangte nach dem kleinen elfenbeinernen Kruzifix, auf das einst die Augen der sterbenden Isabella geschaut hatten. Während er mit der rechten Hand das Kreuz an die Brust gepreßt hielt, und der Hofmeister Quijada die Linke mit der Sterbekerze stützte, beteten die Priester das Proficisere. Als sie geendet hatten, sank der Kaiser zurück. „Ay, Jesús – O, Jesus!" waren seine letzten Worte.

Die Geburt des konfessionellen Zeitalters

30

LUTHER AUF DER WARTBURG

Am Nachmittag des 26. April verließ Luther Worms mit zwei Wagen. Er hatte den Bescheid erhalten, er habe noch 21 Tage freies Geleit. Bei dieser Fahrt begleitete ihn der Reichsherold Sturm nicht. Durch seine Räte hatte Kurfürst Friedrich der Weise Luther mitteilen lassen, er solle in aller Heimlichkeit in Sicherheit gebracht werden.

Als Luther bei seiner Rückreise in die Nähe Gothas gekommen war, wurde er von einem Trupp bewaffneter Reiter überfallen. Einer seiner beiden Begleiter, sein Mitbruder Petzensteiner, rannte im Wald davon, der Fuhrmann als anderer Zeuge dieses Überfalls, wurde mit gespannter Armbrust gefragt, ob er Luther bei sich habe. Nachdem die kleine Kavalkade Luther aus dem Wagen herausgezerrt hatte, setzte man ihn auf ein Pferd. Nach einigen Stunden ritt man zur Wartburg. Der Burghauptmann Hans von Berlepsch nahm ihn an der Zugbrücke in Empfang. Es ging alles ganz unfeierlich zu, denn von der Burgbesatzung sollte niemand wissen, wer der neue Gast war.

Luther wurden zwei kleine Räume als Wohn- und Schlafstube zugewiesen. Eine bewegliche Treppe, die nachts heraufgezogen werden konnte, bildete den Zugang zu Luthers Wohnräumen. Er wurde also von zwei Zugbrücken bewacht. Luther legte sein Ordenskleid ab, ließ seine Tonsur überwachsen, legte sich einen Bart zu und trug ritterliche Kleidung. Als Junker Jörg wurde er vom Burghauptmann vorgestellt. Lukas Cranach hat ihn als Junker Jörg gemalt und im Holzschnitt festgehalten. Unter seiner Kutte hatte Luther eine hebräische Bibel und ein griechisches Neues Testament mitgebracht.

Die Burgstube wurde zu einer Art Klosterzelle für Luther. Die sitzende Lebensweise und die drängenden Sorgen, wie es mit ihm weitergehen würde, bekamen seiner Gesundheit nicht. Die ersten Monate waren für ihn eine Zeit voller Bedrängnisse und Schwermut. Ab und zu ging er mit dem Schloßhauptmann auf die Jagd, oder er suchte Beeren auf den Abhängen des Thüringer Waldes. Aber dieses Leben reichte nicht aus. So machte sich Luther bald wieder an die Arbeit.

Zunächst setzte er seine Arbeit fort am Traktat „Von der Beichte, ob die der Papst habe zu gebieten“. Seinen geliebten Psalter erklärte er weiter, und nachdem er die Schrift „Über die Mönchsgelübde“ abschloß, begann er die

Sonntagsevangelien in der Form der Predigt auszulegen. Die Predigten, die Luther nie gehalten hat, wurden in den nächsten Jahren in Druck gegeben und zur „Kirchenpostille“ zusammengefaßt. Eine schöne Frucht des Wartburgaufenthaltes war Luthers „Das Magnificat verdeutscht und ausgelegt“.

Melanchthon wurde nicht müde, Luther anzuregen und ihn immer wieder darin zu bestärken, mit jenem Werk zu beginnen, das Luther so sehr am Herzen lag, mit der Übersetzung des Neuen Testamentes ins Deutsche.

Luther begann mit dieser großen und schwierigen Arbeit im Dezember 1521. Er war sich der ungeheuren Last, die er auf sich nahm und der gewaltigen Schwierigkeiten, denen er sich aussetzte, voll bewußt. Er schreibt, daß diese Arbeit nur ein „fromm, treu, fleißig, furchtsam, christlich, gelehrt, erfahren und geübt Herz“ leisten könne. Vom Beginn seiner Übersetzungsarbeit an war sich Luther klar, daß er in der Sprache des Volkes sprechen mußte. Mit großem Eifer ging er an die Arbeit. Es ist erstaunlich, in welch kurzer Zeit Luther diese Übersetzung anfertigte. Sein Sprachgefühl kam ihm dabei zu Hilfe.

Kaiser Karl IV. hatte Prag zur Hauptstadt des Heiligen Römischen Reiches gemacht und zu einer der schönsten Städte Europas. Er war der Gründer der Prager Universität. An seinem Hofe fand ein deutscher Humanistenkreis seine erste Wirkungsstätte. Hier in Prag zur Zeit Karls IV. machte man auch den ersten Versuch, unter der Leitung seines Kanzlers Johann von Neumarkt, eine neuhochdeutsche Sprache zu schaffen, zunächst für die kaiserliche Kanzlei, aber auch in Übersetzungen, Gebeten und Übertragungen von Texten der Kirchenväter, an denen sich der gelehrte Kanzler beteiligte.

Im benachbarten Sachsen wurde man von diesem Beispiel angeregt, und man bildete die neuhochdeutsche Sprache weiter. In dieser sächsischen Kanzleisprache schrieb Luther eine über alle Landesdialekte hinausgreifende Sprache und benutzte sie für seine Übersetzung. „Ich rede nach der sächsischen Kanzlei“, verteidigte er sich später, wenn er angegriffen wurde, „welcher nachfolgen alle Fürsten und Könige in Deutschland, alle Reichsstädte . . . Ich habe keine gewisse, sonderliche, eigene Sprache.“

Er wendet sich gegen die „Herren Kanzleien und Lumpen-Prediger und Puppen-Schreiber, die sich lassen dünken, sie haben Macht, deutsche Sprache zu ändern und richten uns täglich neue Wörter“. Luthers Rezept, das er in seinem „Sendbrief vom Dolmetschen“ mitteilt, lautet so: „Man muß nicht die Buchstaben in der lateinischen Sprache fragen, wie man soll deutsch reden, wie diese Esel tun, sondern man muß die Mutter im Hause, die Kinder auf den Gassen, den gemeinen Mann auf dem Markt drum fragen und denselbigen auf das Maul schauen, wie sie reden und danach dolmetschen. So verstehen sie es dann und merken, daß man deutsch mit ihnen redet.“

Luthers Bibelübersetzung in die deutsche Sprache ist bei weitem nicht die erste deutsche Bibelübersetzung. Die Behauptung, daß es vor Luther keine deutsche Bibelübersetzung gegeben hätte, ist unausrottbar. „Es ist die merkwürdigerweise immer noch hartnäckig vom Volke festgehaltene Meinung, daß Luther der erste deutsche Bibelübersetzer gewesen sei, durchaus unrichtig" (W. Hadorn).

Für das Mittelalter registriert H. Rost 817 erhaltene deutsche Handschriften, 43 Vollbibeln, 599 alttestamentliche und 165 neutestamentliche Texte. Eine besondere Form der Bibelverdeutschung bieten die Reim- und Historienbibeln, nach dem Vorbild der oft bearbeiteten „Historica scholastica" des Petrus Comestor (um 1170).

Verhältnismäßig früh und häufig erschienen deutsche Bibelübersetzungen in Druckausgaben. Man zählt von 1461 bis 1522 vierzehn hochdeutsche und vier niederdeutsche Druckausgaben, nicht gerechnet die 34 Ausgaben mit dem deutschen Psalter oder andere Bibelteile. Die ersten Drucke sind 1461 oder 1466 anzusetzen.

Im September 1523 erschien der Band „Das Newe Testament teutsch, Vuittemberg" bei Melchior Lotter, das sogenannte „Septembertestament". Der Text war sehr sorgfältig behandelt. Eine um so erstaunlichere Leistung, zumal auf drei Pressen gleichzeitig gearbeitet wurde. Meister Cranach hatte für die Apokalypse 21 große Holzschnitte beigesteuert, der übrige Text blieb ohne Bilder. Im Dezember war schon ein Neudruck nötig, Nachdrucke folgten wohl sogleich. Im Laufe von zwei Jahren sind in Wittenberg 44 Auflagen erschienen, in anderen Orten 66 Nachdrucke.

Im Septembertestament verfaßte Luther für jede einzelne Schrift eine Vorrede, natürlich ist für ihn der Römerbrief von besonderer Bedeutung. Als innere Norm der Schrift bezeichnete er: „Das, was Christum treibet." Luther unterscheidet die Schriften des Neuen Testamentes. Sie stehen bei ihm nicht auf gleicher Stufe: „St. Johannis Evangelium und seine ersten Epistel, St. Pauli Epistel, sonderlich die zu den Römern, Ephesern und St. Peters erste Epistel, das sind die Bücher, die dir Christum zeigen und alles lehren, das dir zu wissen not und selig ist, ob du schon kein anderes Buch noch Lehre siehst noch hörst. Darum ist St. Jacobs Epistel eine recht strohene Epistel gegen sie, denn die doch keine evangelische Art an sich hat." Der Vergleich ist wichtig. Daß Luther den Römerbrief besonders schätzt, geht aus seiner Entwicklung hervor. „Diese Epistel ist das rechte Hauptstück des Neuen Testaments und das allerlauterste Evangelium, welches wohl würdig und wert ist, daß sie ein Christenmensch nicht allein von Wort zu Wort auswendig wisse, sondern täglich damit umgehe als mit täglichem Brot der Seelen. Denn sie kann nimmer zu viel oder zu wohl gelesen und betrachtet werden. Und je mehr sie gehandelt wird, je köstlicher sie wird zu schmecken."

Wie stark Luther vom Römerbrief bewegt ist, zeigt sich daran, daß er aus seinem eigenen Gutdünken der Stelle Römer 3,28 einen Zusatz hinzufügt, der nicht im Text zu finden ist. Es handelt sich um das Wort „sola – allein". Luther sagt: „Diese vier Buchstaben sola stehen nicht drin ... es ist aber die Art unserer deutschen Sprache, wenn sie von zwei Dingen redet, von denen man eins bekennt und das andere verneint, so braucht man das Wort allein (solum)."

Luther schuf in diesen Jahren, auf der Höhe seiner Kraft stehend, ein großartiges Werk deutscher Sprachkunst. Seine Bibel erfaßt den deutschen Sprachbereich, sie wirkt noch darüber hinaus. Für die Deutschen schuf er mit dieser Übersetzung das Buch schlechthin, „das Buch, das für die nächsten zwei- bis dreihundert Jahre die deutsche Sprache formte. Selbst die Dichtung der deutschen Klassik ist ohne Luthers Deutsch nicht zu denken. Seine Bibel wirkte auf alle Schichten, die oberste Klasse vielleicht ausgenommen, die entweder überhaupt nicht las oder, wie es damals bereits begann und sich sehr bald zur völligen Fremdsprachigkeit steigerte, das Deutsche nur unvollkommen verstand. Sie ergriff auch die Ungebildeten, die nicht lesen und schreiben konnten, denn die Bibel wurde vorgelesen. In die Umgangssprache sind zahlreiche Wendungen aus seinem Text übergegangen und heute noch lebendig".

Luther war stolz auf seine Arbeit. 1534 erschien die vollständige Bibel in beiden Teilen, eine große Revision wurde im Jahre 1539 vorgenommen. Ein Stab von Mitarbeitern, unter Luther als dem Vorsitzenden, fertigte diese große Bibelübersetzung mit genauer Führung eines Protokolls an.

Ein Jahr vor seinem Tod erschien eine letzte Revision, ein Jahr nach seinem Tode noch eine allerletzte mit hinterlassenen Korrekturen. Für Luthers Hauptverleger Hans Lufft, der den Verleger Lotter ablöste, hat man berechnet, daß er eine Zahl von 100 000 Exemplaren von den verschiedenen Ausgaben geliefert hat. Es nimmt nicht Wunder, daß Lufft neben Lukas Cranach einer der drei reichsten Männer Wittenbergs wurde. Luther selbst hat nie einen Pfennig Honorar genommen. Man darf vermuten, daß die zahlreichen Nachdrucke, eingeschlossen die Gesamtauflage der Luther-Bibel, eine Million erreicht hatten.

31

LUTHER UND DIE „SCHWÄRMER“ – DIE BILDUNG DER LUTHERISCHEN GEMEINDEN – DER BAUERNKRIEG

Die Saat, die Luther in seinen Schriften ausgestreut hatte, ging auf. Prediger standen überall in Deutschland auf, die seine Lehre verkündeten, oder das, was sie darunter verstanden, das von den Verfälschungen gereinigte Evangelium. In den großen Städten mit ihren Predigtpfründen bildeten diese Prediger die Keimzellen lutherischer Gemeinden. So geschah es auch in Wittenberg. Aber hier ereigneten sich Dinge, die Luther in besonderer Weise angingen. Dinge, die ihn deshalb, weil sie ihn betrafen, auch besonders stark beunruhigten. Gerade in dem Augenblick, als es galt, in der Kritik an der bestehenden Kirche zu einem positiven Ansatz zu kommen, war Luther seiner Gemeinde entzogen. Radikale Bürger rissen in Wittenberg die Führung an sich. Der ehrgeizige Karlstadt sah seine Zeit gekommen. Er verwirrte mit seinen Predigten Studenten und Volk. Der Gottesdienst wurde umgestaltet, Studenten störten die Messe, wo sie noch in alter Weise gehalten wurde, verspotteten die Mönche und verhöhnten die Priester. Sollte der Umsturz des Bestehenden Luthers Werk ein Ende setzen?

Auch im Wittenberger Augustinereremitenkloster gärte es. Gabriel Zwilling hatte dort die Führung übernommen. 1522 tagte in Wittenberg ein Ordenskapitel. Die deutsche Augustinerkongregation löste sich auf. Man konnte austreten. Wer zurückblieb, sollte sich entweder der Predigt oder einem Handwerk zuwenden. In Wittenberg verließen dreizehn Ordensbrüder das Kloster.

Niklas Storch mit seinen Anhängern kam aus Zwickau. Sie predigten enthusiastisch den urchristlichen Geist und wandten sich entschieden gegen alle Ordnung in der Kirche.

Karlstadt verband diesen schwärmerischen Geist mit sozialen Ideen. Man wollte so das kirchliche und das soziale Leben reformieren. Zunächst legte man einer Forderung 1 Timotheus 3 folgend vor, daß jeder Geistliche heiraten müsse. Mönche und Nonnen wurden aufgefordert, ihre Klöster zu verlassen. Erst Luthers Schrift „Von den Mönchsgelübden“ sollte hier Klarheit schaffen.

Karlstadt gestaltete den Gottesdienst um. Die Gewährung des Laienkelches wurde zur Mitte des Gottesdienstes. Am Weihnachtsfest 1521 feierte Karlstadt in der Schloßkirche für die Gemeinde den Gottesdienst ohne vorherige Beichte, ohne Offertorium und Erhebung der Hostie, ohne kultische Gewänder. Andere ahmten diese Form nach, so der Augustinermönch Zwilling, und übertrafen ihn an radikalen Forderungen. In den Kirchen ereigneten sich stürmische Vorgänge. Die Bilder, die großen Kunstwerke des späten Mittelalters, sollten als Götzen verbrannt werden. Deshalb bezeichnet man den ganzen Vorgang auch als Bildersturm. Am 6. Februar 1522 erreichte der Tumult den Höhepunkt. Da das Reichsregiment bereits ein Mandat gegen Sachsen hatte ergehen lassen, wurde der Kurfürst unruhig und verlangte, daß die alten kirchlichen Ordnungen wiederhergestellt würden. Luther regte die Erstellung einer Beutelordnung an, die Karlstadt bzw. der Magistrat unabhängig von Luther erließen. Alle Einkünfte der kirchlichen Stiftungen sollten in einen „gemeinen Kasten" kommen. Das Universitätsleben verfiel. Die Studenten verließen in großen Scharen die Stadt.

Luther, unruhig geworden von den Nachrichten, die ihn aus Wittenberg erreichten, reiste im Dezember 1521 heimlich nach Wittenberg, um sich selbst ein Bild von der Lage zu machen. Sein Eindruck war derart, daß er sich hinsetzte und die Schrift „Treue Vermahnung zu allen Christen, sich zu hüten vor Aufruhr und Empörung" verfaßte. Das gewaltsame Vorgehen Karlstadts und seiner Anhänger stieß Luther entschieden ab. Luther hielt jede Revolution, jeden gewaltsamen Umsturz für eine Eingebung des Teufels. Jeder Aufruhr sei schädlich und selbst eine widerchristliche Regierung müsse man geduldig als Gottes Strafe ertragen. Wenn die Obrigkeit nicht das Ihre tue, so könnten auch tausend Aufruhre nichts gegen den Papst erreichen. Die Lüge könne nur durch die Wahrheit aufgedeckt werden. Schließlich wandte sich Luther gegen die oberflächlichen Polterer, die sich auf ihn beriefen und sich lutherisch nannten. Man sollte seinen Namen nicht für Parteizwecke mißbrauchen. „Was ist Luther? Ist doch die Lehre nicht mein, ich bin und will kein Meister sein."

Anfang 1522 kehrte dann Luther zurück, um den Unruhen endgültig Einhalt zu gebieten. Vielleicht war Luther nie größer als in diesem Augenblick, als er sich entschied, trotz drohender Reichsacht, die Wittenberger Verhältnisse zu ordnen. Er tat dies gegen den ausdrücklichen Wunsch des Kurfürsten. Luther hatte in seiner „treuen Vermahnung" die Fürsten daran erinnert, daß sie für die Ordnung zu sorgen hätten. Die Herrschaft Friedrichs des Weisen war in große Unordnung geraten. Der Kurfürst zögerte, in irgendeiner Weise ordnend einzugreifen. Er achtete die „alten Rechte", die noch in reicher Vielfalt in seinen zerstreuten Landen gültig waren. Er besaß keine Polizei und kein Heer, noch verfügte er über einen Stab von Beamten. Er verwaltete das Land mit wenigen Räten und einigen Amtsleuten hier und da im Land.

Der Kurfürst war in Glaubensfragen besonders vorsichtig und suchte so, überall alles noch genauer abzuwägen. Auch im Bauernkrieg sahen die Aufrührer in ihm einen Stern der Hoffnung. Er ließ Martin Luther gewähren, weil er nützlich für ihn war. Aber der Mann war viel zu kühn, er machte ihm Ärger. Aus dieser Haltung schrieb der Kurfürst an seinen Amtmann Oswald in Eisenach im März 1522: Er, der Amtmann, müsse dafür sorgen, daß Luther sich ruhig und brav auf der Wartburg hielte.

In einem übermütigen Brief antwortete Luther dem Kurfürsten. Er habe nun genug von dem unsinnigen Treiben in der Residenz. „Vor großer Eile hat die Feder müssen laufen; ich habe nicht mehr Zeit, will selbst, so Gott will, bald da sein. Eure fürstlichen Gnaden nehme sich meiner nur nicht an."

Unverzüglich machte sich Luther auf die Reise.

Das „seid untertan der Obrigkeit", das er erst vor kurzem predigte, galt nicht mehr für ihn und für diese Notzeit. Das Schreiben an den Amtmann las Luther erst auf seiner Reise, und er beantwortete es mit einem Brief. „Alles, was bisher mir zuleide getan in dieser Sache, ist Scherz und nichts gewesen. Ich wollt' auch, wenn es hätte können sein, mit meinem Leben abgewandt haben. Denn es ist also gehandelt, daß wir's weder vor Gott noch vor der Welt verantworten können."

Noch in der Gewandung eines Junkers zog Luther nach Wittenberg. Die Reise war riskant. Luther mußte durch Gebiete seines Erzfeindes, Herzog Georg des Bärtigen. Auf einer Rast im „Schwarzen Bären" in Jena erkannten ihn zwei Schweizer Studenten. Aber um seine Person war Luther nicht besorgt. Sein Gewissen trieb ihn an. „Diese Sache soll noch kann kein Schwert raten oder helfen; Gott muß hier schaffen ohne alles menschliche Sorgen und Zutun. Darum, wer am meisten glaubt, der wird hier am meisten schützen. Wenn Eure kurfürstlichen Gnaden glaubte, so würde sie Gottes Herrlichkeit sehen, weil sie aber noch nicht glaubt, hat sie auch noch nichts gesehen." Als Luther in Wittenberg angekommen war, legte er seine Ritterkleidung ab und zog die Kutte eines Augustinermönches an. Dann stand er acht Tage hindurch auf der Kanzel der Stadtkirche und hielt seine Invocavit-Predigten über die Hauptartikel des christlichen Standes: Sündenerkenntnis, Gnadenerfahrung und Nächstenliebe. Er behandelte die Aufrührer, die „Schwärmer", wie Luther sie immer wieder nannte, weil sie sich auf die Eingebungen des Heiligen Geistes beriefen, ruhig und gelassen, mit Nachsicht und Schonung. Nach wie vor vertraute Luther auf sein Wort, und es erwies sich in dieser Lage noch einmal als kräftig und mächtig. In diesen Tagen zeigte sich Luthers Einfluß und Wirkung auf die Menschen in seiner Größe in diesem kleinen Wittenberg mit seinen 3000 Menschen. Luther stellte sich auf die Seite der Schwachen. Er wollte nicht verletzen, es sollte kein unnützer Zwang herrschen, keine Neuerungen eingeführt werden. Vor allem sollten Haß und Ungeduld vermieden werden. Wer das Abendmahl in alter Form nehmen will, soll das tun, wer den Kelch haben muß, möge ihn bekommen. Luther predigte Toleranz, keine Verfolgung von Andersdenkenden. In dem unruhigen Wittenberg machte Luther die erste Probe aufs Exempel, und sie gelang. Großzügig denkend, wollte er jede Gewaltanwendung vermeiden. Luther wollte auch nichts von Gesetzen wissen, nicht einmal in der eigenen Sache der Verkündigung des Wortes. In einer der Predigten sagte Luther: Die Kirchenväter haben schon gestritten über die Abschaffung alter Gesetze, „danach kamen die Päpste, die wollten auch etwas dazu tun und machten auch Gesetze, da wuchsen aus des einen Gesetzes Abtuung tausenderlei Gesetze, daß sie uns ganz mit Gesetz überschüttet haben, also wird es auch hier zugehen, daß ein Gesetz macht bald zwei, zwei machen drei und so fort". In diesen Wochen ist Luther ein reiner Idealist. Er sieht nicht, daß die meisten Menschen keine Freiheit brauchen, sondern daß sie nach Führung und Geleit verlangen, nach Weisung und Gesetz. Er ahnt noch nicht, daß auch er noch zum Gesetz greifen muß. Nur noch zwei Jahre, so glaubte Luther, würde er brauchen, wie er es in seiner „treuen Vermahnung" gesagt hatte, so würde sich alles ganz von selbst regeln. Die Stadtväter von Wittenberg, erleichtert daß Luther wieder Ordnung geschaffen hatte, ließen ihm eine neue Kutte anfertigen, da die alte zu verschlissen und verbraucht war. In den Rechnungsbüchern liest man: „Zwei Schock, 39 Groschen, 6 Pfennige Doctor Martino verehrt, da er aus dem Gefängnis kam. An 8 dreiviertel Ellen zu einer Kappe, die Elle für 18 Groschen, bei Hans Moden genommen und Matthes Globig."

Mit dem Verdrängen der Zwickauer Propheten aus Wittenberg war der Kampf mit den „Schwärmern" noch nicht zu Ende. Die „Schwärmer" legten ihre Aufmerksamkeit auf die Dinge am Rande, „als läge die Seligkeit der Welt daran", dabei vergaßen sie das Herz der Sache.

In dieser Zeit versuchte Thomas Müntzer, 1490 in Stolberg (Harz) geboren, in Allstedt eine „Gemeinde der Heiligen" aufzubauen. Bei ihm verbanden sich Gedanken der mittelalterlichen deutschen Mystik mit sozialen Forderungen, und er wußte in seinen Predigten den Zuhörern das Strafgericht Gottes vorzustellen, das über die Herren kam. Sie, seine Zuhörer, aber sollten dieses Strafgericht im Auftrage Gottes vollziehen. Müntzer nimmt sicher wegen der Selbständigkeit seiner Gedanken unter den „Schwärmern" einen besonderen Platz ein. Er fühlt sich von Gott unmittelbar in den Dienst genommen, aber er wurde auch von starken Zweifeln geschüttelt. Von Luther auf Tauler verwiesen, wandte er sich der Mystik zu. Er erwartete mit Leuten in Zwickau, den „Tuchknappen", das Tausendjährige Reich, der Traum aller „Schwärmer", jenes Tausendjährige Reich, von dem am Ende der Offenbarung des heiligen Johannes geredet wird. Die Rede ist: Christus wird kommen, eine tausendjährige Herrschaft aufrichten und die Herrschaft dann, am Ende dieser Zeit dem Vater übergeben. Das innere Wort Gottes war für Müntzer entscheidend, nicht die Bibel. Thomas Müntzer warf Luther vor, nur den honigsüßen, nicht den bitteren Christus zu verkünden. Die Last des Kreuzes müsse jeder einzelne an sich selbst spüren, ja, unter der Last des Kreuzes würde der Mensch erst „empfindlich" für Gott, und die Welt würde ihm langweilig. Eine Reinigung des Seelengrundes erfolge so, und der Mensch trete Gott gegenüber. Mit seiner Kreuzesmystik sprach Müntzer die Bauern und Bergknappen in ihrer Not an. 1525, zum Osterfest, rief er zu den Waffen. Der Kurfürst zögerte noch, gegen den Rebellen vorzugehen, Müntzer war schon 1524 nach Weimar vor ein Gericht geladen, er aber hielt es für besser, Allstedt zu verlassen und in die nahe Reichsstadt Mühlhausen überzusiedeln. Müntzers Geist beeinflußte auch Karlstadt.

Karlstadt leugnete die Berechtigung des kirchlichen Amtes, er legte seine Ämter an der Universität nieder und zog sich auf seine Pfründe in Orlamünde zurück. Hier versuchte er, seine Ideen ins Volk zu tragen. Es gelang ihm, eine Gemeinde um sich zu sammeln, und er erreichte mit ihr, was er wollte.

Karlstadt gründete zu dieser Zeit in Jena eine Druckerei, in der er „schwärmerisches" Schrifttum verlegte. 1524 erschien sein Buch „Von dem Sabbat und gebotten Feyertagen". In ihm gibt er eine gesamte Darstellung seiner Lehre. Er fordert, die Schrift geistlich zu verstehen, die Schrift soll kein „bindender Buchstabe" sein, sondern zu einem geistlichen Erleben führen. Gottes Ziel ist es, den Menschen sich gleich zu machen, ihn zur „Gleichheit seines Wesens" zu führen. Die Würde des Menschen besteht darin, zu sein wie Gott. Wie vorher in Wittenberg, so suchte auch Karlstadt in Orlamünde den Gottesdienst zu reformieren. Er schaffte die Messe ab, Taufe und Abendmahl wurden nicht mehr als Sakramente angesehen, er begnügte sich mit dem täglichen Vortragen der Heiligen Schrift. Luther versuchte, Karlstadt in Jena bei einem Treffen von dieser Auffassung abzubringen, ebenso scheiterte ein solcher Versuch in Orlamünde. In Orlamünde mußte Luther unter Verwünschungen des Volkes wieder abziehen. Karlstadt wurde des Landes verwiesen, er zog nach Oberdeutschland, und überall beschwerte er sich über Luther, der ihn unverhört aus Kursachsen habe vertreiben lassen. Da Luther annahm, daß Karlstadt in Straßburg, wohin er gezogen war, gegen ihn arbeite, verfaßte er gegen die vermuteten Verleumdungen einen Brief „An die Christen zu Straßburg" und warnte darin vor den Folgen der „Schwarmgeisterei". Auch Karlstadts Anklagen beantwortete er in der Schrift „Wider die himmlischen Propheten von Bildern und Sakrament". Hier legte Luther seine Abendmahlslehre vor. Karlstadt hatte den Streit vom Zaun gebrochen, nun war er nicht mehr zu halten. Der Abendmahlsstreit kündigte sich an. Hier machte sich der Einfluß Zwinglis bemerkbar, von dem noch die Rede sein wird. Karlstadt wurde schließlich von Zwingli aufgenommen und 1534 als Professor nach Basel berufen. In jenen Wochen verfaßte

Luther eine große Anzahl von Traktaten, in denen es ihm darauf ankam, von den äußeren Veränderungen und Neuerungen auf das Innere, auf das Herz des Glaubens zu führen. Wichtig ist für ihn auch der Grundsatz des allgemeinen Priestertums. Wo es nun um die Neuordnung des Gottesdienstes geht, mußte Luther darüber nachdenken, wem das Recht, Gottesdienst zu halten, zustand. 1523 verfaßte er die Schrift „Daß eine christliche Versammlung oder Gemeinde Recht und Macht habe, alle Lehre zu urteilen und Lehrer zu berufen". Die Gemeinde sollte das Sagen haben, daß niemand sie mit Menschenlehre verführe. Auch sollte ihr, wie es in der alten Kirche üblich war, von außen her kein Prediger aufgezwungen werden, sondern die Gemeinde sollte den Prediger berufen. Und – so Luthers Meinung – jeder Christenmensch kann ein Prediger sein und könne die anderen lehren und ermahnen, nur solle dies alles in einer Ordnung geschehen. In dieser Zeit sorgte sich Luther auch um die Gestaltung des Gottesdienstes. In seiner Schrift „Von Ordnung des Gottesdienstes in der Gemeinde" und in der 1523 lateinisch geschriebenen „Form der Messe", die durch Paul Speratus verdeutscht wurde, machte er seine Vorschläge. Luther zeigte, wie ein Pfarrer den Hauptgottesdienst halten solle.

Für Luther hingen Lehrstuhl und Kanzel, Gottesdienst und Unterricht eng zusammen. Man muß die Jugend in den Grundwahrheiten des christlichen Glaubens unterrichten, das Schulwesen mußte erneuert werden. Bugenhagen, der spätere Stadtpfarrer von Wittenberg, richtete 1523 daselbst eine Schule ein. Luther schrieb eine Schrift: „An die Ratsherren aller Städte deutschen Landes, daß sie christliche Schulen aufrichten und halten sollen." In dieser Schrift ging es Luther nicht nur um den religiösen Unterricht, um die Katechese, sondern er forderte die Gemeinde auf, die Verantwortung für Bildung und Erziehung zu übernehmen.

Sehr selbstbewußt schrieb Luther in dieser Schrift, daß Gott den Deutschen ein goldenes Jahr geschenkt habe, denn sie hätten noch nie so viel von seinem Wort vernehmen dürfen wie in diesen vergangenen Monaten. Aber Luther weist auch darauf hin: „Gottes Wort ist ein fahrender Platzregen, der nicht wiederkommt, wo er einmal gewesen ist." So ermuntert er seine Leser: „Liebe Deutsche, kauft, weil der Markt vor der Tür ist, greift zu und haltet, wer greifen und halten kann. Faule Hände müssen ein böses Jahr haben."

Gottes Gebot verpflichtet, die Kinder zu unterweisen, die Stadt müsse die Sorge dafür übernehmen, weil die Eltern oft dazu nicht imstande seien. Luther forderte besonders das Erlernen von Fremdsprachen, und so ist es nur billig, darauf hinzuweisen, daß Volksschulen, Mädchenschulen, Lateinschulen und Bibliotheken eingerichtet werden müssen.

Es dauerte nicht lange, und viele Städte gestalteten ihren Gottesdienst nach dem Vorbild der lutherischen Schriften. Sie richteten Schulen ein und beriefen junge tüchtige Lehrer, die zumeist in Wittenberg studiert hatten.

Aber die sich bildenden evangelischen Gemeinden hatten auch andere Probleme zu lösen. Durch die Reformation waren die Stiftungen von Messen der alten Kirche weggefallen, es gab auch für kirchliche Handlungen keine Einnahmen mehr. So standen die evangelischen Gemeinden vor schweren wirtschaftlichen Problemen. Was machte man mit den Gütern der Kirche und den Klöstern? Sollten sie verschleudert werden?

Luther mußte auch zu diesen wirtschaftlichen Fragen Stellung beziehen. In seiner Schrift „Ordnung des Gemeinen Kastens“, die er 1523 veröffentlichte, nahm er zu diesen Fragen Stellung. Zwar wies er schon in der Wittenberger Beutelordnung von 1521 darauf hin, sämtliche Einnahmen in einen „Gemeinen Kasten“ fließen zu lassen. Die Stadt Leisnig an der Freiberger Mulde hatte den ersten Versuch dieser Art unternommen. 1523 nahm die Pfarrei dort Luthers Rat an. Alle Gemeindemitglieder verpflichteten sich auf Gottes Wort und wollten dafür Sorge tragen, daß die Gemeinde in guter Ordnung blieb. In Luthers Schrift „Ordnung des Gemeinen Kastens“ wurde nur festgestellt, daß alle kirchlichen Einnahmen von einer zentralen Kasse unter Aufsicht von zehn Vorstehern (zwei aus dem Adel, zwei vom Stadtrat, drei aus der Bürgerschaft und drei Bauern) verwaltet werden sollen. Von Zeit zu Zeit, nämlich dreimal im Jahr, sollten die Vorsteher Rechenschaft ablegen. Aus diesem „Gemeinen Kasten“ sollten die anfallenden Ausgaben, die Besoldung der Pfarrer, Küster und Lehrer, aber auch der Unterhalt der Gebäude bestritten und für die Versorgung der Armen die nötigen Mittel bereitgestellt werden. Luthers Sorge geht soweit, daß er anordnet, daß auch die Gemeinde für Notzeiten einen gewissen Kornvorrat anlegen soll mit Hilfe der Mittel aus dem „Gemeinen Kasten“.

Luther beschäftigte sich also in den finanziellen Fragen immer nur mit der örtlichen Gemeinde, nie mit der gesamten sich nun ausbildenden evangelischen Kirche.

Schon in der Leipziger Disputation 1519 hatte man Luther vorgeworfen, er sei ein Böhme, d. h. ein geheimer Anhänger der Lehren des Johannes Hus. Damals las Luther auch die Schrift von Hus „Über die Kirche“ und stellte fest, daß die böhmischen Hussiten noch tief von mittelalterlichen Anschauungen geprägt waren. Gemeinsam hatte Luther mit den Hussiten den Laienkelch. Als nun böhmische Geistliche zu ihm kamen, das war im Jahre 1522, verfaßte Luther seine Schrift „De instituendis ministris“, um der Gemeinde in Böhmen zu zeigen, daß die Einsetzung von Pfarrern nicht von Bischöfen abhängig sei. Ähnlich wie in seiner Schrift „An den christlichen Adel“ entwickelt er in dieser Schrift über die Einsetzung der Pfarrer seine Auffassung vom allgemeinen Priestertum aller Gläubigen. So meinte Luther, der Rat einer Stadt könne tüchtige Männer für den Dienst am Worte Gottes erwählen und sie durch Handauflegung für diesen Dienst verpflichten. Die Versammlung der Stände kann dann darüber beschließen, ob diese Ordnung für das ganze Land gelten solle.

Die Unruhen in Wittenberg zeigten Luther, daß man die Dinge der Neuordnung der Gemeinden nicht dem Selbstlauf überlassen durfte. So begann er durch diese Schriften mit dem Aufbau der evangelischen Gemeinden. Es waren zunächst nur Anfänge, aber schon bald reiften die Früchte. In diesen Jahren erfährt Luther auch, daß Staupitz, den er aus den Klosterjahren über alles schätzte und dem er so viel verdankte, seinen Weg nicht mitging. 1520 legte er sein Ordensvikariat nieder, um sich in das Benediktinerkloster St. Peter nach Salzburg zurückzuziehen. In seinen Briefen an Wenzel Link weist Staupitz darauf hin, daß Luthers neue Schriften, die so viel Unruhe erregten, ihm nicht gefielen. Luther schrieb am 23. September 1523 an Staupitz, es wäre ihm lieber gewesen, wenn er nicht Abt in St. Peter geworden wäre. Er schreibt: „Ich werde nicht aufhören zu wünschen und zu beten, daß du dem Papst um so fremd werden mögest, wie ich es bin, ja wie du es gewesen bist." Staupitz starb am Ende des Jahres 1524.

Schon lange vor der Reformation hatten in Deutschland, wie schon zu lesen war, die Unruhen unter den Bauern begonnen. Wirtschaftliche Nöte bestimmten diese Mißstimmung, vor allen Dingen aber die Einführung des römischen Rechtes hatte ihre Lage verschlechtert. Die Grundherren konnten aufgrund dieses Rechtes die Freizügigkeit einschränken, Erblehen wurden nicht mehr anerkannt, Allmende, Jagd- und Fischrecht wurden den Bauern genommen.

Die Reichsreform, auf die die Bauern gehofft hatten, wurde vertagt. Überall machte sich Enttäuschung breit, Aufruhr zeigte sich an. Mit dem Aufkommen der Reformation verbanden sich die Anliegen der Bauern mit den Forderungen des Evangeliums: „Wo Adam grub und Eva spann, wo war da Bauer und Edelmann." Einige Prediger, die die Not der Bauern besonders kannten und unter ihr litten, schlossen sich den Bauern an. Auch Luthers Flugschriften wirkten auf die Bauern ein.

Zunächst schlossen sich die Bauern im Jahr 1525 im Allgäu zu einem Bund zusammen und verkündeten das Evangelium als ihr Grundgesetz. Wie friedlich ihr Vorhaben war, zeigte sich daran, daß sie den Erzherzog Ferdinand um Hilfe und Protektion baten. Immer mehr Bauernbünde entstanden im Süden des Reiches. In den „Zwölf Artikel der Bauernschaft in Schwaben", deren Verfasser der Kürschner Sebastian Lotzer und der Prediger Schappeler aus Memmingen waren, machte sich die evangelische Tendenz bemerkbar. So forderten die Bauern das Recht, ihren Pfarrer zu wählen und die Predigt des Evangeliums. Der Unterhalt des Pfarrers und die Sorge für die Armen sollte aus dem immer noch zu zahlenden Zehnten bestritten werden. Auch die anderen Forderungen der Bauern nach der Jagd, der Allmende und der Aufhebung der Spann- und Frondienste sind religiös gefärbt. Man wandte sich an Luther und fragte ihn, ob diese Forderungen der Bauern der Heiligen Schrift gemäß seien. Nun sind die zwölf Artikel ein reines Reformprogramm. Manches erinnert an Luthers Gedanken in seiner Schrift „An den Adel". Die Grundherren gingen auf diese Verhandlungen nicht ein. Der „Schwäbische Bund" lehnte die Forderungen ab. Nach diesem Vorgang erhielten die radikalen Kräfte unter den Bauern die Oberhand. Von März 1525 an beginnen Akte der Gewalt. Die Bauern waren schlecht organisiert und für eine militärische Auseinandersetzung noch schlechter gerüstet. Sie erlitten eine Anzahl Niederlagen in Schwaben. In Franken war ihnen das Glück holder, Rothenburg ob der Tauber, Nördlingen und Windsheim wurden von ihnen erobert.

Thüringen war in wenigen Tagen von den aufständischen Bauern ergriffen, als am 26. April 1525 Heinrich Pfeiffer und Thomas Müntzer aus Mühlhausen auftraten. Nun bekam Luther die „Zwölf Artikel" in die Hand, und er schrieb eine Ermahnung zum Frieden für die Bauernschaft in Schwaben. Luthers Rat, beide Parteien sollten zur gütlichen Verhandlung kommen und Schiedsrichter wählen, kam zu spät. Luther wurde zornig, als er hörte, daß die Bauern den Landfrieden brachen. Er versuchte, von Wittenberg in den Harz und nach Thüringen zu reisen, aber er konnte nichts ausrichten.

Friedrich der Weise, Luthers Landesherr, der in dem Aufstand der Bauern Gottes Strafgericht sah, starb in diesen Tagen. Luther kam zu der Überzeugung, daß der Teufel die Saat seines Evangeliums vernichten wolle. Er verfaßte seine Schrift: „Wider die mörderischen und räuberischen Rotten der Bauern". Luther appellierte an die Obrigkeit, sich der räuberischen Rotten zu erwehren. Zwar sollten Fürsten und Herren erkennen, daß sie diesen Angriff verschuldet hätten und sollten den Bauern entgegenkommen; wenn das nicht nütze, sollten die Herren das Schwert ziehen. Gewalt sei bisweilen die rechte Barmherzigkeit.

Auch in Erfurt erreichten die Bauern, daß die Stadt ihnen ihre Tore öffnete, da es unter ihren Bürgern ebenfalls gärte. Die Scharen, die von Mühlhausen ausgezogen waren, zerstörten und plünderten über vierzig Klöster und viele Ritterburgen. Graf Albrecht von Mansfeld war der erste, der gegen die Bauern zu Felde zog und sie auseinanderjagte. Landgraf Philipp, Herzog Heinrich von Braunschweig und Georg von Sachsen folgten. Die Bauern waren zu Verhandlungen bereit, sie kamen nicht zustande. Am 15. Mai, die Bauern hatten sich hinter einer Wagenburg verschanzt, fiel die Entscheidung. Als die ersten Kugeln in das Wagenholz einschlugen, stimmten sie gemeinsam das Lied an „Komm, Heiliger Geist". Sie wagten aber keinen Angriff. Unter dem Ansturm der fürstlichen Reiterei lösten sich die Bauernheere auf. Die Hälfte blieb erschlagen auf dem Feld zurück, Müntzer wurde gefangengenommen. Am 25. Mai wurde er in Mühlhausen mit Pfeiffer zusammen enthauptet. Bei Meiningen schlug Kurfürst Johann die Bauern und nötigte die Stadt zur Übergabe.

Auch der „Schwäbische Bund“ hatte bei Böblingen einen Sieg errungen. Georg von Frundsberg griff in Schwaben mit ein. Aber dem Aufstand folgte die Rache, im Brennen und Totschlagen überboten sich die Kriegsknechte der Herren.

Einer der Vorwürfe Luthers gegen die Bauern war: Sie tarnten sich nur mit dem Evangelium. Aber man muß wohl auch daran erinnern, daß die Bauern Reformen forderten, unter anderem die Säkularisation des Kirchengutes. Manche von ihnen faßten auch die Bibel als Buch des Gesetzes auf, mit dem sie ihr öffentliches Leben regeln wollten. Luther hat in seiner „Ermahnung zum Frieden“ erkannt, daß es auch viele fromme Bauern unter den Aufständischen gab, nur konnte er nicht zulassen, daß sie ihren Aufstand als christliches Beginnen bezeichneten. Er hat in seinem Buch die Obrigkeit aufgerufen, ohne Barmherzigkeit gegen die Bauern vorzugehen. „Mit Blutvergießen kann ein Fürst jetzt besser den Himmel verdienen denn mit Beten.“

Der Bauernkrieg bedeutete für die Reformation die größte Erschütterung. In diesem Krieg waren die Würfel gefallen, nicht nur über die Mitwirkung des Mannes aus dem Volke am politischen Leben, die reformatorische Verkündigung hatte ihre Feuerprobe zu bestehen. Nach dem Bauernkrieg war Luther nicht mehr der Mann des Volkes. Er hatte sein Ansehen bei den Bauern verloren. Viele Bauern wandten sich von ihm ab und schlossen sich den schwärmerischen Bewegungen an. Auch Luthers Verhältnis zum Volk war erschüttert. So stand Luther allein. Auf der anderen Seite rückten die Autoritäten näher zueinander. Luther hatte das sicher nicht gewollt und nicht befürchtet. Er hat auch der Obrigkeit ins Gewissen geredet. Man darf auch nicht vergessen, daß Luther es mit seinem letzten Sendschreiben „Ermahnung zum Frieden“, in dem er ihnen die Unbarmherzigkeit gegenüber den besiegten Bauern vorhielt, auch mit vielen der Fürsten verdorben hat.

War bisher aus Furcht vor Aufständen des Volkes die strenge Durchführung des Wormser Ediktes zurückgestellt worden, so sahen die katholischen Fürsten es jetzt durchaus für möglich an, die Reformation mit Gewalt zu unterdrücken.

Unter dem Eindruck des Bauernkrieges sah Luther das Ende der Zeiten nahe. Er bat seinen Freund, Nikolaus von Amsdorf, der damals Pfarrer in Magdeburg war, um einen Besuch. Es verlange ihn nach seelsorglichem Rat und Trost, denn er, Luther, sei von schweren Anfechtungen heimgesucht.

Ob es Amsdorf gewesen ist, der ihm den Rat zur Heirat gegeben hat, ist nicht sicher bekannt. Luther lebte zu dieser Zeit im Augustinerkloster nur noch mit dem Prior gemeinsam, sonst war das Klostergebäude leer. Um die äußere Ordnung und Versorgung kümmerte sich niemand. Das Leben im Kloster war kümmerlich, denn die Einnahmen waren spärlich.

Am Abend des 13. Juni 1525 vermählte sich Luther mit Katharina von Bora. Die Trauung vollzog Pfarrer Bugenhagen. Katharina stammte aus der Mark Meißen, 1499 war sie als Sproß eines verarmten ritterlichen Geschlechtes geboren, mit 10 Jahren war sie in das Kloster Nimbschen gebracht worden. Ostern 1523 war sie dort heimlich mit neun anderen Nonnen geflohen.

Erasmus spricht von einem wunderhübschen Mädchen, aber dies ist sicher falsch, denn Katharina von Bora war alles andere als eine Schönheit. Ein Blick auf das Bildnis, das Cranach von ihr gemalt hat, beweist es. Lucas Cranach, dessen Frau und die Professoren Apel und Justus Jonas waren die Trauzeugen. Vierzehn Tage später ging Luther öffentlich mit seiner Frau zur Kirche und hielt auch ein Hochzeitsmahl. Seine Eltern waren aus dem Mansfeldschen gekommen, um an dieser Feier teilzunehmen.

32

LUTHER UND ERASMUS

Vielseitig und eng sind die Beziehungen zwischen den Humanisten und der reformatorischen Bewegung. Zu Beginn hatten die Humanisten Luthers Kampf unterstützt und ihm freudig zugejubelt. In ihm erblickten sie den Mann, der einen Kampf um die Freiheit des Geistes und gegen die Unterdrückung des Gewissens führte. Das Morgenrot eines neuen Tages der Freiheit leuchtete für sie auf. Allerdings seit der Leipziger Disputation vermochten ihm die älteren Humanisten nicht mehr zu folgen. Zwar waren viele von Luthers Freunden und Gefährten, wie Melanchthon, Spalatin, Justus Jonas, Humanisten. Luther selbst war als ein Liebhaber der alten Sprachen, als Pädagoge und Schulmann vom Humanismus geprägt und ihm zugetan. Auch Huldrych Zwingli war Schüler des Erasmus und Humanist. In den humanistischen Kreisen fand Luther den ersten Widerhall auf seine Predigt und gewann begeisterte Anhänger. Andere Humanisten, wie Johannes Reuchlin, versagten ihm die Gefolgschaft, wieder andere wie Willibald Pirkheimer, Konrad Peutinger, Ulrich Zasius, Mutianus Rufus, Christoph Scheurl und Crotus Rubianus begegneten ihm zunächst mit Sympathie. Sie erhofften von ihm die schon so lang ersehnte Reform der Kirche. Aber sie distanzierten sich auch nach der schon genannten Leipziger Disputation, als sie erkennen mußten, daß die lutherische Bewegung Folgerungen mit sich brachte, Erschütterungen hervorrief und Neuerungen ankündigte, an der die Einheit der Kirche zerbrechen mußte. Der Humanismus hatte durch seine Bemühungen um einen sauberen Bibeltext und durch seine Kirchenkritik mit der Reformation viel gemeinsam. Allerdings der Ruf Luthers nach dem „sola fide", bzw. nach der „sola gratia", wurde von den Humanisten mit ihrem ethischen Optimismus nicht verstanden. Hier tat sich ein unüberbrückbarer Graben zwischen Humanismus und Reformation auf.

Je stärker Luther in die Auseinandersetzung der Öffentlichkeit und des geistigen Lebens hineingezogen wurde, um so stärker begegnete er der geistigen Kraft des Mannes, der die jüngere Generation zunächst – so schien es – allein beherrschte: des Erasmus. Er war das Haupt der humanistischen Bewegung. 15 Jahre älter als Luther, hatte er dank seiner sprachlich glanzvollen Schriften einen raschen Aufstieg gehabt und so in Europa Berühmtheit erlangt. Seit 1515 konnte er es sich leisten, in Abständen seine gesamten Briefe herauszugeben. Zwischen diesen beiden Großen der Epoche, Luther und Erasmus, mußte es, wenn sie sich nicht schon zu einem gemeinsamen Tun verbinden konnten, zu einer Scheidung der Geister kommen. Das war vorauszusehen.

Schon im Oktober 1516 bat Luther seinen Freund Spalatin, Erasmus in aller Ehrerbietung darauf aufmerksam zu machen, daß des Erasmus Verständnis des alttestamentlichen Gesetzes falsch sei und daß das von seiner Überschätzung des Hieronymus gegenüber Augustinus herkomme. März 1517 schreibt Luther über Erasmus folgendes: „An Erasmus verliere ich täglich mehr die Freude ... Das Menschliche hat bei ihm größeres Gewicht als das Göttliche ... Man urteilt anders, wenn man so manches dem Vermögen des Menschen zutraut, als wenn man außer der Gnade von nichts weiß."

Luther verstand die Theologie, soweit man bei Erasmus von ihr reden kann, nicht, aber auch die Art seiner Kritik an der Kirche gefiel ihm nicht. Luther vermißte den notwendigen Ernst bei Erasmus. Über die erasmische Kirchenpolitik urteilt Luther so: „Er ist amüsant, elegant und geistreich, daß er zum Lachen und Schwatzen über die Mängel und das Elend der Kirche Christi veranlaßt, das doch jeder Christ mit tiefem Seufzen vor Gott beklagen sollte." Zwar hörte Melanchthon nicht auf, Luther zu bedrängen, dem Erasmus einen Huldigungsbrief zu schreiben. Melanchthon wollte gern, daß die beiden Männer näher zusammenkamen. Luther schrieb diesen Brief und streute ihm darin zwar nach Humanistenart den damals geforderten Weihrauch, gab darin aber eine Probe seines Glaubenshumors: An der Menge seiner Feinde könne Erasmus erkennen, daß Gott ihm gnädig gesinnt sei.

Erasmus war auch zunächst daran gelegen, einen Konflikt mit Luther zu vermeiden, zumal er mit ihm doch gemeinsam den Kampf gegen die Verderbnisse der Kirche führen konnte. So trat Erasmus auch gegenüber hohen Männern der Kirche, bei aller Kritik an Luthers Schärfe, für die Lauterkeit von Luthers Gesinnung und Absichten ein. Auch er dachte noch nicht an einen sichtbaren Bruch. Er antwortete am 30. Mai 1519 auffallend freundlich und zurückhaltend auf Luthers Brief: Er wolle neutral bleiben, um den aufblühenden Wissenschaften nützen zu können. Im übrigen aber rate er zur Mäßigung: So habe Christus die Welt gewonnen, und Paulus habe das jüdische Gesetz abgeschafft, indem er alles darin allegorisch deutete. „Wo Luther den tiefen Unterschied der Heilswege nach dem Gesetz oder nach dem Evangelium aufbrechen sah, glaubte Erasmus mit seiner exegetischen Kunstregel durchzukommen, die es erlaubte, den Wortlaut unberührt zu lassen, ihn aber nach Einsicht und Bildung in eine höhere, spirituelle Wahrheit zu transponieren“ (H. Bornkamm).

Luther hätte zwar gern gesehen, daß Erasmus der Auseinandersetzung ferngeblieben wäre, wohl wissend, daß es zwischen ihm und Erasmus ein Zusammengehen nicht geben würde. Gegenüber Melanchthon hat Luther dieses wiederholt offen ausgesprochen. Aber er lehnte doch im November 1520 die bei den Nürnberger Humanisten erörterte Vermutung ab, daß er, Luther, „Verdruß oder Unlust wider Erasmus“ habe. „Erasmus und ich wills Gott wollen wohl eins bleiben.“ Luther wußte allerdings auch wohl, was es für seine Sache bedeutete, wenn Erasmus gegen sie Stellung bezog. Trotz mannigfacher Anforderungen von kirchlicher Seite vermied es zunächst Erasmus, sich öffentlich gegen Luther zu erklären. Viele, vor allem Kaiser und Papst, warteten auf ein entscheidendes Wort von ihm gegen Luther. Die Zeitgenossen wußten, daß er der einzige war, der Luther gewachsen war. Nun hatte Erasmus auf beiden Seiten Freunde, die Entscheidung fiel ihm nicht leicht. Die tumultuarischen Ereignisse am Beginn der Reformation, vor allem in Wittenberg, haben den gelehrten Erasmus abgestoßen. Schließlich fand er sich zu einem Angriff auf Luther bereit. Er sah jetzt im Luthertum den Untergang der Wissenschaft und der Kunst. Die äußere Lage Erasmus' hatte sich verändert. 1521 war er vor dem Nuntius Aleander nach Basel geflüchtet. Er versagte dem kranken Ulrich von Hutten die Freundschaft. Dieser warf ihm Charakterschwäche vor. Erasmus versuchte, seine Entscheidung und Stellung literarisch zu rechtfertigen. Er vertrat die Ansicht, Übertreibungen hinderten die Verständigung, mit Mäßigung und Ruhe könne man die Erregungen der Zeit heilen. Papst Hadrian VI., sah in Erasmus das auserwählte Werkzeug, gegen Luther zu streiten. Er forderte den Humanisten auf, durch die Bekämpfung der lutherischen Häresie seine eigene Lebensarbeit zu krönen. Doch Erasmus lag es nicht, in die Kampfbahn hinabzusteigen. Er wehrte sich mit der ganzen Kraft seines Herzens gegen die Zumutung, Polemik treiben zu müssen. Seine stupende Kenntnis der Heiligen Schrift und der Kirchenväter ließ ihn zögern, die gestellte Aufgabe zu übernehmen. Zwar lehnte er es ab, nach Rom zu kommen, aber er erklärte sich bereit, den Papst zu beraten. Erasmus träumte von einem unparteiischen Schiedsgericht von Gelehrten, die das Urteil über Luther sprechen sollten. Aber diese Pläne fanden in Rom taube Ohren. Unter Clemens VII. stärker unter Druck gesetzt, entschloß sich Erasmus endlich, gegen Luther zu schreiben. Zu Beginn des Jahres 1524 entschuldigte sich Erasmus beim Papst für den frechen Ton früherer Schriften und kündigte eine Streitschrift gegen Luther an. Luther ahnte, daß der Kampf zwischen ihnen beginnen mußte. Im Herbst des Jahres 1524 erschien Erasmus' Buch „Über den freien Willen" (De libero arbitrio). Dieses Buch richtete sich gegen Luthers These: Der freie Wille nach der Sünde ist ein bloßes Wort, und wenn der Mensch tut, was in ihm ist, sündigt er schwer.

Bei dieser Auseinandersetzung zwischen Luther und Erasmus geht es nicht um die moralische Freiheit allgemein, sondern um die Rolle des menschlichen Willens bei der Verwirklichung des Heiles. Hinter allem steht die entscheidende Frage: Kann der Mensch aus sich heraus das Heil erlangen, bzw. kann er die angebotene Gnade in Freiheit annehmen oder ablehnen? Für Erasmus bezeugen die Aussagen der Heiligen Schrift und der Philosophen und auch der gesunde Menschenverstand, daß der Wille frei sei. Ohne einen Rest von Wahlfreiheit auf seiten des Menschen haben die Gerechtigkeit und die Barmherzigkeit Gottes keinen Sinn. Erasmus beruft sich auf Augustinus, der auch die Rolle des freien Willens nicht allzu hoch anschlägt: „Mir sagt die Meinung derer zu, die einiges dem freien Willen, doch das meiste der Gnade zuschreiben." Der Mensch ist auf die zuvorkommende und die mitwirkende Gnade verwiesen. Diese ist die Urheberin und nicht bloße Begleiterin des Werkes, das sie mit dem freien Willen wirkt. Erasmus vertritt eine Auffassung, die eindeutig daran festhält, daß alles schließlich auf die Gnade Gottes ankommt, wobei er auf der einen Seite gegen den Pelagianismus und auf der anderen Seite gegen Luther streitet. Die Schriftstellen, die von einer Vorherbestimmung (Prädestination) und einer absichtlichen Verstockung des Menschen durch Gott reden, sind nach Erasmus sehr behutsam auszulegen. „Ich habe keine Freude an festen Behauptungen und schlage mich lieber auf die Seite der Skeptiker, wo es die unverletzliche Autorität der Heiligen Schrift und die Entscheidungen der Kirche erlauben, denen ich mein Urteil in allen Stücken gern unterordne, einerlei ob ich ihre Anordnungen verstehe oder nicht." Erasmus ist erschrocken, mit welcher Selbstsicherheit die Reformatoren die Schriftdeutungen der Väter der Kirche ad acta legen. Dieses steht für ihn in einem schroffen Gegensatz zu den

Unstimmigkeiten im Lager der Reformatoren. Erasmus meint, danach könne doch der Sinn der Schrift nicht so klar sein wie man behauptet. „Erasmus sieht zu klar das Falsche im Wahren und das Wahre im Falschen, um allzu bestimmt aufzutreten“ (E. Iserloh).

Ohne die Freiheit, sich für das Gute zu entscheiden oder das Böse zu verwerfen, kann sich Erasmus keine christliche Ethik denken. Der Mensch wird durch die Gnade mindestens zu dieser Freiheit entlassen. Erasmus ist der Meinung, wenn man den Beweis dafür nicht eindeutig führen kann, dann sei man aus pastoral-theologischer Sorge gezwungen, diese Wahrheit zu postulieren. Der Bauernkrieg, Regierungswechsel in Kursachsen und die Heirat – alle Ereignisse fallen in das Jahr 1525 – hinderten Luther, auf die erasmische Schrift sofort zu antworten. Im Dezember 1525 erschien dann seine Gegenschrift „Vom geknechteten Willen“ (De servo arbitrio). Justus Jonas, einst ein begeisterter Erasmianer, übersetzte sie ins Deutsche.

Wenn die mittelalterliche Theologie den Glauben eine Tat des Menschen nennt, so stellt Luther hier deutlich heraus, daß der Glaube eine Gabe Gottes sei. Der Glaube muß als Erlebnis der Gnade Gottes angesehen werden. Den praktischen Kern dieses Gedankens sucht er dialektisch zu rechtfertigen. Und Luther lehrt in dieser Schrift eine Prädestinationslehre, die deterministisch ist. Natürlich hat Luther an der Schrift des Erasmus sehr viel auszusetzen. Die Gewißheit, für Luther das Entscheidende, fehlt ihm in dem Werk des Erasmus. Für ihn gibt es keinen Glauben ohne sichere Wahrheit. So ruft Luther dem Erasmus zu: „Der Heilige Geist ist kein Skeptiker“. Für Luther gilt allein die Heilige Schrift, die für ihn eindeutig ist. Für ihn ist der Mittelpunkt der Heiligen Schrift Christus. Nimmt man ihn nicht wahr, so bleibt von der Schrift nichts übrig. Ohne Christus ist eine Gotteserkenntnis nicht möglich.

Luther beruft sich auf die Aussagen der Schrift, daß alle Menschen unter Gottes Zorn stehen und nur aus der Fülle Christi die Gnade erhalten. Es kommt zur Erlösung, die Christus allein erbracht hat. Der Mensch kann gegenüber Gott nichts leisten. Es geht Luther um „die Demütigung unserer Hoffart und die Erkenntnis der Gnade Gottes“. „Völlig sich zu demütigen aber vermag der Mensch nicht, bis er weiß, daß sein Heil ganz und gar außerhalb seiner Kräfte, Entschlüsse, Bemühungen, außerhalb seines Willens und seiner Werke gänzlich von dem freien Ermessen, dem Entschluß, Willen und Werk eines anderen, nämlich Gottes allein, abhänge ... Wer aber in keiner Weise daran zweifelt, daß das Ganze am Willen Gottes hänge, der verzweifelt völlig an sich, wählt nichts aus, sondern wartet auf den wirkenden Gott, der ist am nächsten der Gnade, daß er gerettet werde.“ Nur Menschen, die so denken, können gerettet werden. „Glauben können, daß Gott gerecht ist, der absichtlich, und ohne daß sie es ändern können, Menschen verdammenswert macht – das ist die höchste Stufe des Glaubens."

Für Luther ist der sich offenbarende Gott der verborgene Gott, ja, er verhüllt sich unter dem Gegenteil. Es gibt auch einen unerforschlichen, heimlichen Gotteswillen. Dem Menschen steht es nicht an, diesem heimlichen Gotteswillen nachzugehen, er soll sich an das Wort halten, denn „wer bist du, daß du mit Gott rechten willst?" (Röm 9,20)

Luther will Gott gegenüberstehen ohne jeden Anspruch, nackt und bloß, ohne jede Einrede. „Der Anstoß, daß Gott so grausam scheint, hat mich mehr als einmal an den Abgrund der Verzweiflung gebracht, so daß ich nie geschaffen zu sein wünschte, bis ich wußte, wie heilsam solche Verzweiflung sei und wie nahe schon der Teilnahme an der Gnade Gottes."

Vor dem Hintergrund dieses Geheimnisses des verborgenen Gottes „deus absconditus" will Luther die Lehre vom geknechteten Willen verstanden wissen. Der Mensch ist entweder besessen vom Bösen oder vom Geist Gottes. Immer handelt er notwendig, was nicht heißt gezwungen. Denn es bedarf nicht des äußeren Zwanges, seine Lust oder seine Neigung, die er aus eigener Kraft nicht zu ändern vermag, sie bestimmen sein Handeln. Auch wenn der Wille durch den Heiligen Geist geändert wird, so meint Luther, „ist er auch dann keineswegs frei. Er kann nicht anders, solange ihn Gottes Geist und Gnade beseelt . . . So ist der menschliche Wille in die Mitte gestellt wie ein Lasttier. Wenn Gott daraufsitzt, will er und geht er, wohin Gott will . . . Wenn der Satan daraufsitzt, will er und geht er, wohin der Satan will."

Wenn Erasmus gegen diese Auffassung, die der Tradition der Kirche und dem Zeugnis der Heiligen total widerspricht, angeht, dann entgegnet Luther: „Die Kirche ist verborgen, die Heiligen sind unbekannt. Wem sollen wir glauben?" Allein die Heilige Schrift entscheidet, wer recht hat. Um so mehr gilt: „Wer leugnet, daß die Heilige Schrift klare Einsicht gewährt, der nimmt den Menschen jedes Licht, jede Möglichkeit einer Erleuchtung."

Später warnte Luther vor der Beschäftigung mit diesen Geheimnissen, aber er widerrief diese Weise der Darstellung niemals. Nur den Folgen wollte er aus dem Wege gehen, indem er den offenbaren Gott vor den verborgenen Gott stellte.

Melanchthon und Luthers Freunde teilten die Auffassung nicht, daß – wie Luther behauptete – die Schrift „Vom geknechteten Willen" zu seinen besten gehörte.

33

DIE REFORMATION IN DER DEUTSCHEN SCHWEIZ: HULDRYCH ZWINGLI

Zahlreiche reformatorische Bewegungen, wie sie unabhängig von Luther in Südwestdeutschland und der Schweiz entstanden, bildeten die Ursache, daß die Reformation in der Lehre und in der Kirchenordnung keine einheitliche Gestalt fand. Huldrych Zwingli (1484–1531), Martin Bucer (1491–1551), Johannes Oekolampad (1482–1531), Berchtold Haller (1492–1536) und zuletzt, aber am wirksamsten Johannes Calvin (1509–1564) waren die Männer, die diese Bewegungen anführten. Hier waren es nicht die großen Territorien mit ihren Landesherren, sondern die Städte, die zum Schauplatz und zum Träger der Bewegung wurden. So ist es verständlich, daß die Ortsgemeinde ein starkes Gewicht erhielt. Jeder Kanton der Schweiz hat seine eigene Reformationsgeschichte geschrieben, von besonderer Bedeutung aber war Zürich wegen seiner politischen Führung und wegen der Gestalt des Reformators Zwingli. Später ging die Bedeutung von Zwingli und Zürich auf Calvin und Genf über. Zu bemerken ist noch, daß die süddeutschen und schweizer reformatorischen Bewegungen stärker im Geistig-Theologischen vom Humanismus geprägt waren als das Luthertum.

Die Bewegung, die Huldrych Zwingli in Zürich verursachte und die die nördlichen Kantone erfaßte, hatte ihre eigenen Ziele. Auch wenn die zwinglianische Bewegung in vielen Stücken mit der Luthers verwandt war, so hat sie doch etwas charakteristisch Schweizerisches von Anfang an mit geprägt. Zwingli kann sich mit Luther an Bedeutung nicht messen, und er darf auch wohl nicht zu den Großen der Reformation gerechnet werden. Seine Wirkung jedoch blieb nicht nur auf die Schweiz beschränkt, sondern griff auch auf Deutschland über.

Am 1. Januar 1484 war Huldrych Zwingli in Wildhaus, im Toggenburgischen gelegen, geboren. Zwingli war also fast gleichaltrig mit Luther. Sein Vater war Amtmann. In seiner Familie gab es viele Geistliche, die auf die Erziehung und den Lebensweg des jungen Huldrych Einfluß nahmen. Im Alter von zehn Jahren kam er nach Basel, bald darauf findet man ihn in Bern. Hier gerät er in den Bann des Humanismus. Er ging nach Wien. Dort wollte er den berühmten Humanisten Konrad Celtis hören. 1506 erwarb er die Magisterwürde in Basel und beendete sein Studium. In Glarus erhielt Zwingli seine erste Pfarrstelle. Hier lebte er die nächsten zehn Jahre mit einigen Unterbrechungen.

In dieser Zeit hatte er als Feldprediger Schweizer Reisläufer, wie man damals die Schweizer Landsknechte gerne nannte, nach Italien begleitet. So erlebte er die Schlacht bei Novarra 1513 und die bei Marignano 1515. Aus eigenem Erleben den Krieg kennend, wetterte er in seinen Predigten gegen den Krieg, den Vater alles Entsetzlichen, ebenso kämpfte er gegen Bestechlichkeit, die wie eine Pest umlief. Zwingli sah die Eintracht der Schweizer Eidgenossen gefährdet. Einen Sturm des Unwillens mußte er über sich ergehen lassen wegen seiner scharfen Kritik. 1516 gab er das Pfarramt in Glarus auf, seine Stellung war unhaltbar geworden, und er wurde Leutpriester in dem berühmten schweizer Wallfahrtsort Mariä Einsiedeln. In Scharen erschienen dort Wallfahrer, um Heilung und Ablaß zu finden. Über drei Jahre wirkte er dort als Seelsorger. Zwingli selbst bezeichnete das Jahr 1516 als den Anfang seiner evangelischen Predigt. In Einsiedeln begann er mit dem emsigen Studium des Neuen Testaments und der Kirchenväter. Er kam über den Standpunkt des Erasmus noch nicht hinaus, ein Jahr zuvor hatte er die persönliche Bekanntschaft des berühmten Humanisten gemacht. Um diese Zeit war er ein kirchentreuer Mann. Auf eigenes Gesuch hin wurde er zum päpstlichen Akoluthen ernannt und bezog sogar eine kleine päpstliche Pension.

Ein Züricher Chorherr, Hoffmann mit Namen, sorgte dafür, daß Zwingli zum Leutpriester am Großmünster in Zürich gewählt wurde. Am 1. Januar 1519, seinem 35. Geburtstag, begann er seine seelsorgliche Arbeit in Zürich. Vermutlich waren es sein Ruf als Prediger und seine Gelehrsamkeit, die ihm diese Berufung verschaffte. Zwingli ging mit Eifer an die neue Aufgabe. Um diese Zeit wurde er mit Luthers Tätigkeit bekannt. Diese bestärkte in Zwingli den Vorsatz, allein das Wort der Heiligen Schrift zu predigen. 1519 erkrankte er an der Pest. Diese Krankheit ließ ihn reifen und trug zu einem verstärkten religiösen Leben bei. Schon vorher hatte Zwingli durch die nüchterne Auslegung des Matthäus-Evangeliums, der Apostelgeschichte und der Paulusbriefe, die er in Reihenpredigten seinen Hörern vorstellte, zahlreiche Anhänger gewonnen. Sein Verhalten, seinen Platz trotz der Pest nicht zu verlassen, festigte seinen Ruf. Sein „Pestlied" ist ein Zeugnis seiner Haltung.

Großen Wert hat Zwingli immer darauf gelegt, daß er unabhängig von Luther „ans Evangelium" gekommen sei. Auf seine Selbständigkeit legte er großen Wert. Als die Reformation etwa nach vier Jahren in Zürich Raum gewann, erklärte er: „Ich habe das Evangelium Christi im Jahre 1516 zu predigen angefangen, ehe in unserer Gegend noch irgend jemand von Luthers Namen gewußt hat. Wer schalt mich damals lutherisch? Luthers Namen ist mir nach zwei Jahren bekannt gewesen, nachdem ich mich allein an die Bibel gehalten habe . . . Ich halte dafür, Luther sei ein trefflicher Streiter Gottes, der da mit so großem Ernst die Schrift durchforscht, als seit tausend Jahren irgendeiner auf

Erden gewesen ist. Mit männlichem, unbeweglichem Gemüt, womit er den Papst in Rom angegriffen hat, ist ihm keiner gleich geworden, so lange das Papsttum gewährt hat, alle andern ungescholten."

Luthers Schriften studierte Zwingli eifrig und sorgte sich um ihre Verbreitung. Tief drang der Züricher Prediger in die Texte des Paulus ein. Luther sah er mehr als einen Gefährten und Kampfgenossen denn als einen Lehrmeister an. Seine Haltung war zunächst abwartend. Er bekämpfte nicht die Mißstände in der Kirche, auch war er noch sehr weit davon entfernt, sich vom Papst zu trennen. Allerdings verzichtete er um diese Zeit auf die päpstlichen Zuwendungen. Die Humanisten betrachteten Zwingli als gelehrten Mann, die Pilger, die nach Einsiedeln kamen, sahen in ihm den strengen Prediger. Seiner Bewerbung als Leutpriester in Zürich wirkte zwar das Gerücht entgegen, daß er kein sittenreines Leben geführt habe, wie es von ihm erwartet wurde. Zwingli legte in einem Brief an den Chorherrn Uttinger ein Geständnis ab, daß er kein zölibatäres Leben geführt habe. Sollte man ihn deshalb, so meinte er, für des Amtes in Zürich nicht für würdig halten, so trete er zurück. Aber trotz des Bekenntnisses Zwinglis wurde er gewählt. In Zürich heiratete er 1522 heimlich Anna Reinhard, die Witwe des Ratsherrn Meyer von Knonau. Er hielt es für ratsam, um öffentlich keinen Anstoß zu erregen, seine Ehe geheim zu halten. 1524 hielt er dann mit seiner Frau den öffentlichen Kirchgang.

Zwinglis Weg zur Reformation war ein anderer als der Luthers. Aus nüchternem Schriftverständnis erwuchs seine Überzeugung. Kämpfe und Anfechtungen, wie sie Luther im Ringen um seinen Glauben durchlitten hatte, waren Zwingli fremd geblieben. Für Zwingli war das Evangelium eine verständliche Botschaft mit dem Charakter eines Gesetzes. Klar und nüchtern, ohne von der Kunst der Beredsamkeit geformt zu sein, trafen seine Predigten seine Hörer. Zwingli überzeugte durch Polemik und die Gewissen aufrüttelnde Ermahnungen.

Bis zum Jahre 1522 war Zwinglis Weg glatt und unangefochten verlaufen. Von dann aber lösten seine Predigten, in denen er sich gegen öffentliche Mißstände wandte, die ersten Zusammenstöße aus. Die Konflikte mit den Stiftsherren waren noch belanglos. Dann aber brachte eine harmlose Geschichte das Ganze in Bewegung. Ein Wurstessen in der Fastenzeit, das der Buchdrucker Froschauer veranstaltete, gab die Veranlassung. Zwingli war eingeladen, er hat dem Essen beigewohnt, ohne jedoch von den Speisen zu genießen. Als nun eine kleine kirchliche Kommission gegen diese Bürger, die das Fastengebot durchbrochen hatten, mit Strafen vorgehen wollte (April 1522), verfaßte Zwingli seine Schrift „Vom Erkiesen und Freyheit der Spiesen". Der Konstanzer Bischof beschwerte sich über ihn, doch der Züricher Rat beschirmte seinen Prediger. Statt ihn zur Rechenschaft zu ziehen, durfte Zwingli in einem Religionsgespräch seinen Standpunkt darlegen. Am 29. Januar 1523 fand dieses Gespräch mit der Geistlichkeit der Stadt und des Kantons statt, an dem als Vertreter des Bischofs von Konstanz der Generalvikar Johannes Faber teilnahm. Zwingli lieferte als Grundlage für dieses Gespräch 67 Thesen, die er später in einem umfassenden Buch „Auslegen und Gründe der Schlußreden" näher begründete. Dieses Werk stellt ein Programm seiner reformatorischen Überzeugungen dar. „Allein das Evangelium Christi" ist die Quelle des Glaubens, das sich selbst auslegt. Zwingli verwirft Papsttum, Meßopfer, Fürbitte der Heiligen, Mönchsorden, Zölibat und anderes als nicht schriftgemäß. Die geistliche Gewalt bezeichnet er als eine „angemaßte Pracht", „Dagegen hat die weltliche Gewalt Kraft und Grund aus der Lehre und Tat Christi".

Zwingli erklärte bei diesem Religionsgespräch: 1. das Evangelium erkläre sich selbst auch ohne die Kirchenlehre; 2. das Heil sei allein auf Christi Lehre und Erlösungstod gegründet; 3. Heil oder Verdammnis hingen allein vom Glauben oder Unglauben des Menschen ab.

Am selben Tag noch beschloß der Rat, Zwingli solle mit der Predigt des heiligen Evangeliums fortfahren und die Heilige Schrift nach dem Geiste Gottes auslegen. Ebenso sollten die anderen Prediger nur das verkünden, was sie mit der Heiligen Schrift begründen könnten. Der Auftakt zur Reformation von oben war damit in Zürich gegeben. Sie bedeutete zugleich Säkularisierung zugunsten der sozialen bzw. caritativen Arbeit und der Sorge der Stadt für die Schulen. Damit hatte Zwingli in Zürich gesiegt. Ein zweites Züricher Gespräch oder eine Disputation vom 26. bis 28. Oktober wurde für den Fortgang der Reformation in der Schweiz entscheidend. Am Maßstab der Heiligen Schrift prüfte man die kirchlichen Einrichtungen, beseitigte die Bilder in den Kirchen, hob die Klöster auf. Am 13. April 1525 wurde die lateinische Messe beseitigt. Die meisten Chorherren verzichteten auf ihre Einkünfte, die Überschüsse wurden dazu verwandt, eine theologische Schule zu errichten. In seinem um die Jahreswende 1524/25 abgefaßten „Kommentar über die wahre und falsche Religion" stellt Zwingli eine umfassende Darstellung seiner Theologie vor und spricht sich schärfstens gegen die Messe und den Sakramentenkult aus. „Wenn Christus jeden Tag neu geopfert wird, so folgt daraus, daß das Opfer, das er einmal am Kreuze dargebracht hat, nicht für alle Ewigkeit ausreicht. Gibt es eine größere Schmähung als diese? Alle Messen sind unverzüglich zu unterlassen, und das Abendmahl des Herrn ist gemäß der Einsetzung Christi zu gebrauchen." Am 13. April 1525, einem Gründonnerstag, feierte man das Abendmahl des Herrn zum erstenmal als „Danksagung und Wiedergedächtnis des Leidens Christi". Mit dieser Feier war der Durchbruch der Reformation in Zürich endgültig.

Luther versuchte immer, das Christliche von der Politik getrennt zu halten. Zwingli hatte für diese Auffassung Luthers kein Verständnis. Für ihn war seine reformatorische Arbeit wesentlich verbunden und getragen von einem starken Patriotismus für die Eidgenossenschaft. Zwingli verband seine religiöse Reformation mit dem Programm, alle Eidgenossen politisch frei und mächtig zu machen. Ähnlich wie Philipp von Hessen verfolgte Zwingli das Ziel, alle protestantischen Kräfte von Dänemark bis zur Schweiz zu einer Front gegen Habsburg-Österreich zusammenzufassen.

Ähnlich wie später Calvin in Genf wurde er Mitglied des großen und kleinen, dann des „heimlichen Rats", der die Innen- und Außenpolitik bestimmte. Das Ausschlaggebende war die politische Macht. Die kirchlichen Kräfte wurden für sie in den Dienst genommen.

Zürich war kein Einzelfall. In Bern wirkte zur gleichen Zeit der Schwabe Berchtold Haller. Zuerst schwankte der Rat noch und wollte es mit keiner Partei verderben. Man stellte zwar einige Mißbräuche ab, aber man ließ nicht zu, daß evangelisch gepredigt wurde. So mußte der ehemalige Franziskaner Sebastian Meyer die Stadt verlassen. Als dann der Bischof von Lausanne einschritt, beschloß der Rat, daß nur das Evangelium gepredigt werden dürfe. Es kam zu neuen Zusammenstößen. Nun mußte der Stadtarzt Valerius Anshelm die Stadt verlassen, weil seine Frau die Heiligkeit der Jungfrau Maria angezweifelt hatte. Nach Wirrnis und Kämpfen konnte Haller seine reformatorischen Ideen durchsetzen.

Am Münster zu Basel wirkte Johannes Oekolampad und in St. Gallen Joachim Vadian. Der Übertritt Berns gab der reformatorischen Bewegung in der Schweiz einen kräftigen Impuls, steigerte aber umgekehrt auch die Spannungen in der Eidgenossenschaft. Die zentralen Kantone hielten zähe am alten Glauben fest. Zürich erklärte den katholischen Orten Krieg. Dieser wurde jedoch auf das Drängen seiner Verbündeten vom 26. Juli 1529 im „Ersten Kappeler Landfrieden" beigelegt. Doch Zwingli gab seine politischen Bestrebungen nicht auf. Ihrer Verwirklichung standen jedoch die Kontroversen über das Abendmahl zwischen den Wittenbergern und den Schweizern im Wege. Für die Anhänger Luthers hatte das Verständnis und das Bekenntnis Vorrang vor dem Bündnis. Luther mochte Zwingli nicht. Er sei von Erasmus verführt; seine Worte seien ohnmächtig und gering. Wie Karlstadt werde er seine Gottlosigkeit büßen müssen. Luther hat später Zwinglis Lehre als Teufelswerk bezeichnet. Sehr deutlich wurde durch Luthers „Großes Bekenntnis vom Abendmahl Christi" (1528) die Kluft. Philipp von Hessen gelang es, um das Zerwürfnis in der Abendmahlfrage zu beenden, die beiden Reformatoren 1529 zu einem Religionsgespräch in Marburg zusammenzubringen.

34

DER ABENDMAHLSSTREIT

Beim Marburger Religionsgespräch vom 1. bis 3. Oktober 1529, auf dem Schloß des Landgrafen, vor einem ausgewählten Kreis von 50 bis 60 Personen, bestand Luther auf einem buchstäblichen Verständnis der Einsetzungsworte. Er betonte zwar zugleich, daß er „fleischliche Beweise, geometrische Argumente ganz und gar verwerfe". Luther und Zwingli waren bei der Frage nach dem Verständnis des Abendmahls von verschiedenen Voraussetzungen ausgegangen, daher konnten sie in ihren Anschauungen nicht übereinstimmen. Zwingli legte die Heilige Schrift nach Art des Humanisten aus. Luther legte einen anderen Maßstab an. Seine Einschätzung der menschlichen Vernunft hielt ihn davon zurück, die Schrift rational zu verstehen. Von Anfang an zog er schärfere Grenzen gegenüber dem Verstehenwollen, vor allem gegenüber jeglicher Spekulation. Luther schob die Wirren im kirchlichen Leben auf die Auswirkung des Schwärmertums, er war deshalb keineswegs zu irgendwelchem Nachgeben bereit. Manche Entscheidungen hatte er vorweggenommen. Seine thematische Beschäftigung mit dem Sakramentsgedanken und den einzelnen Sakramenten begann mit den deutschen Sermonen aus dem Jahre 1519. In Luthers frühen Vorlesungen spielte das Sakrament zunächst kaum eine Rolle. Es zeigt sich, daß hier noch keine wesentliche Differenz zur Kirche bestand. Luther hatte in der Frage der Realpräsenz Christi im Abendmahl sich weder damals noch später prinzipiell von der Kirche unterschieden, sondern nur in seiner Auffassung ihres Modus, nämlich in der Ablehnung der Transsubstantiation und ihres Zieles, in der Aneignung der im Sakrament dargebotenen Sündenvergebung allein durch den Glauben. Die von ihm in den Vorlesungen behandelten Texte – und nur solche, bis auf einige Predigten, haben wir aus Luthers Frühzeit – gaben zudem wenig Anlaß, die Sakramentsfragen ausdrücklich zu behandeln. Es ist bezeichnend, daß die für ihn später so wichtige Analogia zum Abendmahl vom Testament, Erblasser und Erben erst dort auftaucht, wo sie durch die Texte aus dem Galaterbrief, besonders dem Hebräerbrief, zur Sprache gebracht werden. Vor allem die im Hebräer 9 entfaltete, am Bundesblut illustrierte und auf die Reinigung des Gewissens bezogene Testamentsvorstellung veranlaßt Luther, den Zusammenhang zwischen den Testamentsworten (Mt 26,28; Lk 22,10) und der Sündenvergebung einzubringen. „Daraus folgt, daß das gute, reine, ruhige, fröhliche Gewissen nichts anderes ist, als der Glaube an die Vergebung der

Sünden, der sich nur auf das Wort Gottes gründen kann, das uns verkündigt, daß das Blut Christi zur Vergebung der Sünden vergossen sei." So ergibt sich, daß „im Neuen Testament nicht das Sakrament, sondern der Glaube an das Sakrament rechtfertigt". Nach Luthers Auffassung, an der er zeitlebens festhielt, enthält das Abendmahl die Verheißung Gottes, die unter sichtbaren Zeichen angeboten und im Glauben angenommen wird. 1521 schrieb der Holländer Cornelius Henriks Hoen einen Brief an Luther. In diesem empfahl er dem Reformator eine neue Deutung der Einsetzungsworte. Hoen meinte, „Das ist mein Leib" heißt soviel wie „Das bedeutet mein Leib". Luther widersprach dieser Deutung und lehnte sie in seiner Schrift „Vom Anbeten des Sakraments" (1523) ab. Der Überbringer des Briefes, Hinne Rhode, ging darauf mit dem Brief in die Schweiz. Oekolampad hielt sich noch zurück, aber Zwingli zeigte sich beeindruckt und nahm die Auffassung, die der Holländer im Brief vorstellte, an. Durch diesen Brief erst erhält die Abendmahlslehre Zwinglis ihren Abschluß. Für ihn ist fortan die symbolische Auffassung die einzig mögliche. In seinem großen Werk „Über die wahre und falsche Religion" wird sie von ihm neu begründet. Die Gemeinde, so lehrt er, gedenkt im Abendmahl des Todes Christi. Wer am Mahl teilnimmt, bekennt sich als Glied der Gemeinde Christi und verpflichtet sich zum christlichen Lebenswandel. Für den Tod Christi ist der Kelch das Sinnbild, wie man das Bild des Kaisers den Kaiser nennt.

Zwingli, stark vom humanistischen Spiritualismus beeindruckt, verstand „spiritualis" nicht als „geistlich", d. h. eine durch den Heiligen Geist gegebene Wirklichkeit, sondern als „geistig" im Gegensatz zu „leibhaftig, sinnlich". Die Messe als das Gedächtnis an Tod und Auferstehung des Herrn bedeutete für ihn nicht eine sakramentale geistliche Gegenwart des einmaligen Opfers am Kreuz, sondern eine Vergegenwärtigung in der Erinnerung, im Bewußtsein der Gemeinde. Für Zwingli schlossen sich Geistiges und Sinnliches aus. Gott ist Geist, und wer sich zu ihm erheben will, muß alles Sichtbare hinter sich lassen. Nur Geist kann zu Geist finden. Kult geschieht im Geist und in der Wahrheit (Joh 4,24). Zwingli verstand geistlich nur als geistig, so hat es nach ihm keinen Sinn zu sagen „Wir essen zwar das wahre und leibliche Fleisch Christi, aber auf geistliche Weise". Die so sprechen, sehen nicht, „daß ‚Leib sein' und ‚auf geistige Weise gegessen werden' nicht zusammen bestehen können."

Mit dem Einsetzungsbericht könne man die „abgeschmackte", „törichte" und „grausige", nur unter „Menschenfressern" angängige Meinung vom leiblichen Essen nicht stützen. Er müsse im Licht von Joh 6,63: „Das Fleisch ist nichts nütze" verstanden werden. Man muß die Abendmahlsworte deshalb so auslegen: „Was ich euch zum Essen darreiche, ist das Symbol meines für euch dahingegebenen Leibes" und „Was ich jetzt tue, sollt ihr künftig zu meinem Gedächtnis tun". Das Abendmahl ist das große Erinnerungsfest der Erlösung wie einst das jüdische Paschamahl.

Luther hielt am buchstäblichen Sinne fest. Er war der festen Überzeugung, daß jeder, der die Einsetzungsworte anders deute, sie ihres Sinnes beraube. Um die Weise der Auffassung entbrannte von beiden Seiten ein heftiger Streit. Auf jede Streitschrift Luthers antwortete Zwingli mit einer neuen.

Über den Verlauf des Marburger Gespräches sind wir nur unzureichend unterrichtet. Da kein Protokoll geführt worden ist, ist man auf nachträgliche, nach der Erinnerung niedergeschriebene Aufzeichnungen angewiesen. Erschienen waren von Luthers Seite: Luther selbst, Melanchthon, Justus Jonas, Caspar Cruciger, Myconius und Justus Menius, aus Nürnberg Andreas Osiander, aus Augsburg Stephan Agricola, aus Württemberg Johann Brenz. Auf der Seite der Schweizer standen: Zwingli und Oekolampad. Ihnen hatten sich die Straßburger angeschlossen. An ihrer Spitze stand der Stättmeister Jakob Sturm, mit ihm die Theologen Martin Bucer und Caspar Hedio. Sie waren mit dem Schiff den Rhein hinabgefahren bis St. Goar und von 40 hessischen Reitern das Lahntal hinauf geleitet worden. Zu den aufmerksamsten Zuhörern des Religionsgespräches gehörten der Landgraf und Herzog Ulrich von Württemberg. Man eröffnete die Hauptverhandlung mit der Ansprache des hessischen Kanzlers Johann Feige. Er begrüßte die Teilnehmer herzlich und ermahnte sie zur Einigkeit. Um gleich zu Beginn scharfe Konfrontationen zu vermeiden, ließ der Landgraf zuerst Luther mit Oekolampad und Melanchthon mit Zwingli verhandeln. In einigen Fragen kam man zwar zur Verständigung, in anderen wurden Vorurteile und Mißverständnisse beseitigt. Während Melanchthon der Meinung war: „Sie haben Unterricht von uns empfangen und sind in allen diesen Stücken (Lehre von der Erbsünde) gewichen", dachte Zwingli nicht daran nachzugeben, sondern hatte sich dem Sprachgebrauch der anderen angepaßt. Luther diskutierte am zweiten Tag mit Zwingli und Oekolampad über das Abendmahl. Luther legte das Schwergewicht auf die Einsetzungsworte. Den Einwänden gegen die buchstäbliche Auffassung stelle er Gottes Allmacht entgegen. Auf das 6. Kapitel des Johannesevangeliums stützten sich die Schweizer und auf die mathematische Unmöglichkeit, daß ein Gegenstand an mehr als einem Ort zur gleichen Zeit sein könne. Melanchthon nannte dies „geometrische Speculationes". Er sagte, Johannes 6 fordere die übertragene Bedeutung. Zwingli behauptete, Gott zwänge uns nicht, Unmögliches zu glauben. Dann schrieb Luther mit Kreide auf den Tisch: „Hoc est corpus meum." Luther blieb dabei, wenn Gott rede, habe der Mensch zu gehorchen. Jeder beharrte auf seinem Standpunkt. Eine Einigung kam nicht zustande. Man fand noch nicht einmal die Grundlage für einen Kompromiß. Am dritten Tag schleppte sich das Gespräch ergebnislos dahin. Nachdem schon auf beiden Seiten bittere Worte gefallen waren, wurde das Gespräch abgebrochen. Man bat sich gegenseitig um Verzeihung. Aber das Gespräch war vergeblich gewesen, weil niemand von seinen Grundsätzen abging. Luther sagte abschließend: „Weil ihr euch nicht durch unseren Text beugen laßt, so wir nicht durch eure Auslegung.“ In diesem Augenblick schalteten sich die Straßburger ein. Sie versuchten, Luthers Zustimmung zu ihrer mittleren Linie zu erhalten. Luther aber war mißtrauisch geworden: Ob sie daheim auch so lehrten, wie es Bucer ihm jetzt vortrüge? Schließlich meinte Luther, der Geist der Straßburger und sein eigener reimten sich doch nicht. Die Straßburger waren der Auffassung, daß Melanchthon ihr eigentlicher Gegner sei und nicht Luther.

Melanchthon aber wurde von der Sorge gepeinigt, eine Verbindung mit den Oberdeutschen werde die Verständigung mit dem Kaiser nicht nur erschweren, sondern unmöglich machen.

Der Landgraf Ulrich von Württemberg bemühte sich, die Versöhnung zu erreichen. Er ließ in kleinen Kreisen verhandeln, lud die einzelnen Disputanten zu einem Essen ein und zum persönlichen Gespräch. Der letzte Versuch ging von Luther aus. An Hand der Schwabacher Artikel stellte er die Sätze zusammen, in denen man einig war. Das waren 14 Artikel. Nur der Abendmahlsartikel (Art. 15) blieb strittig, d. h. einig war man auch hier in der Ablehnung des Meßopfers, in der Bezeichnung „Sakrament des wahren Leibes und Blutes Christi“, im Gebrauch unter beiderlei Gestalt, in der Notwendigkeit der „geistlichen Nießung“ und in der Auffassung, daß das Sakrament die schwachen Gewissen stärke. Nicht einig war man sich lediglich in der Frage, ob „Leib und Blut Christi wirklich in Brot und Wein“ seien. Beide Parteien unterschrieben die zwei Exemplare. Eines davon wird heute in Marburg, das andere in Zürich aufbewahrt.

Auch nach dem Scheitern des Marburger Gespräches führten Zwingli und Philipp von Hessen ihre Bündnispolitik gegen Habsburg fort. Beide gewannen Zürich, Basel und Straßburg für ein christliches Verständnis allein zur Gegenwehr und Rettungsweise bei einem Angriff um des Wortes Gottes willen. Zwingli suchte auch in Frankreich Bundesgenossen für seine politischen Pläne und für seinen Glauben. Für König Franz I. verfaßte er im frühen Sommer 1528 eine Bekenntnisschrift „Fidei Expositio“. Der konfessionelle Streit in der Schweiz ging weiter. Zürich rüstete zum Krieg gegen die Urkantone. Am 28. Mai 1531 wurde eine Proviantsperre über die fünf katholischen Orte verhängt. Diese waren auf die Getreideeinfuhren aus dem Elsaß und aus Süddeutschland angewiesen und suchten den drückenden Ring zu sprengen. Am 9. Oktober 1531 brach der Krieg aus.

In der Schlacht bei Kappel am 11. Oktober 1531 erlitt Zürich eine schwere Niederlage. Gerüstet wie ein Reichsläufer in einem Krieg, den er leidenschaftlich gewollt hatte, fiel Zwingli. Im zweiten Kappeler Landfrieden mußte Zürich auf seine Bündnispolitik verzichten.

35

LUTHER, DIE KIRCHE UND DIE WELTLICHE OBRIGKEIT

Im Verlauf des reformatorischen Geschehens traten viele deutsche Fürsten und Stadtobrigkeiten zur Lehre Luthers über. Es stellte sich nun unabwendbar die Frage, welche Stellung sie in dem neuen reformatorischen Kirchenwesen einnehmen sollten. Viele alte Institutionen waren zerschlagen, doch Luther zögerte, neue zu schaffen. Luther hielt alles Äußere, Riten und Institutionen der Kirche, für nicht heilsnotwendig und deshalb freigestellt. Außerdem war er der Meinung, man dürfe der persönlichen Glaubensentscheidung nicht durch äußere Reformen vorgreifen. So ist es zu erklären, daß er zögerte, eine neue Ordnung des Gottesdienstes wie einen Neubau der Organisation der Kirche zu schaffen.

Für Luther ist die Kirche Christi, weil sie geistlich ist, verborgen. So ist sie also keine hierarchische Organisation, sondern die Gemeinschaft aller wahrhaft an Christus Glaubenden und so die Gemeinde der Heiligen. Luther wählt statt den Begriff Kirche lieber das Wort und den Begriff Christenheit als geistliche Versammlung der Seelen in einem Glauben. Eine solche Versammlung ist darum nicht durch bestimmte leibliche oder lokale Faktoren konstituiert und rechtlich ausweisbar, sondern eine Sache des Glaubens. Die Unsichtbarkeit wird begründet, wenn auch auf die Frage „Was macht die Kirche zur Kirche?" geantwortet wird: Die Kirche ist ein „Geschöpf des Wortes". Die Verkündigung des Wortes wird als Erkennungszeichen der Kirche angegeben. Denn allein durch das Wort Gottes existiert, lebt die Kirche als eine Schöpfung des Wortes. Dieses Geschehen im Wort ist die Weise wie Christus selbst, ohne Stellvertreter, Haupt der Kirche ist, und kraft des darin sich vollziehenden Austausches zwischen ihm und den Seinen wird die geistliche Gemeinschaft, die „Communio sanctorum" existent und erfahrbar. Für Luther ist die Kirche wesenhaft *eine* Kirche. Ihr ist nur ein Amt gegeben, das Schlüsselamt, als der Dienst am Wort, dessen Macht kraft der Taufe jedem Christen als Priestertum der Gläubigen verliehen ist. Dessen öffentliche Ausübung erfordert jedoch eine

Berufung durch eine Gemeinde, ohne daß sich damit etwa die Vollmacht des geistlichen Amtes von unten herleitet.

Zur Verkündigung bedarf es also keines besonderen Amtes, „denn was aus der Taufe gekrochen ist, mag sich rühmen, schon zum Priester, Bischof und Papst geweiht zu sein". Jeder Getaufte hat das Recht und die Pflicht, das Wort Gottes „zu lehren und auszubreiten". Er darf das, „um schlimmes Durcheinander im Volke Gottes zu vermeiden", soll allerdings nicht jeder diesen Dienst versehen. „Weihe ist nichts anderes als ... einen aus dem Haufen nehmen – die alle gleiche Gewalt haben – und ihm befehlen, dieselbe Gewalt für die anderen auszurichten." Die Verheißung von Mt 16,18, also das Schlüsselamt, gilt „keiner Person, sondern allein der Kirche, die im Geiste gebaut ist auf dem Felsen, Christus, nicht auf den Papst und nicht auf der römischen Kirche". Denn der Felsengrund der Kirche muß ohne Sünde sein. Da man aber das von Petrus nicht wissen kann, „muß notwendig Christus allein der Fels sein, da er allein ohne Sünde ist und ganz sicher bleiben wird und mit ihm seine heilige Kirche im Geiste".

„Wie nun der Fels (Christus) ohne Sünde, unsichtbar und geistlich ist und allein im Glauben faßbar, so ist auch notwendig die Kirche ohne Sünde, unsichtbar und geistlich und allein im Glauben erfaßbar." Es ist bemerkenswert, daß Luther das „simul iustus et peccator", das er für den einzelnen Gerechtfertigten so stark herausstellt, für die Kirche nicht durchhält. Die wahre Kirche ist für ihn keine Kirche der Sünder, sondern der Heiligen. Deshalb ist die Kirche auch den wahrhaften Gliedern wie dem Haupte nach unsichtbar oder, wie der spätere Luther bevorzugt sagt, verborgen (E. Iserloh).

Für Luther gibt es viele getaufte Ungläubige, die äußerlich in der Kirche, aber nicht von der Kirche sind. Luther hält alle Institutionen und Zeremonien im Grunde für bedeutungslos und glaubt, daß mit der Predigt des Wortes Gottes die notwendig äußere Gestalt „von selbst" wächst.

Luthers Lehre über die Kirche war nicht eindeutig. So hat er in den verschiedenen Schriften eine unterschiedliche Anzahl von äußeren Kennzeichen der Kirche aufgezählt, von drei bis neun oder elf. Er hielt sie auch nicht gleichmäßig durch. Seine Lehre von der Kirche hat er im Kampf gegen die Kirche Roms entwickelt. Sie bot ihm auch Anlaß genug zur Kritik, aber einem Entwurf, der in einer Auseinandersetzung geboren wird, haftet natürlich Polemik an. Sehr problematisch blieb und bleibt vor allem, ob die Berufung einzelner zum Dienst am Wort nur einem praktischen Bedürfnis entspringt und die Gemeinden sozusagen ihre Rechte auf einen Sachwalter übertragen, wie Luther es in den zwanziger Jahren mehr oder weniger konsequent vertreten hat, oder ob die Ordination im Auftrag Christi erfolgen muß, sie also göttlichen Rechts ist.

Dies haben die „Confessio Augustana“, die Apologie und auch der späte Luther in den Vordergrund gerückt.

In dieser Zeit hat Luther Kirche nur als Gemeindechristentum gesehen. Diese Organisation von Kirche erwies sich als undurchführbar. Luther gestand bereits der Gemeinde Karlstadts in Orlamünde das Recht der freien Pfarrerwahl nicht zu. Vor allem die Erfahrungen des Jahres 1525, Bauernkrieg und die Auseinandersetzung mit den „Schwärmern“ in den Gemeinden, die Unruhe und Wirrnis, die vielfache Zerrüttung von Sitte und Zucht, unter anderem verursacht durch Geldentwertung, Hunger und Teuerung in Wittenberg, zeigten Luther, daß es ohne eine verfaßte Kirche, vor allem nicht ohne Autorität ging.

Schon in seiner Schrift „An den christlichen Adel“ handelte Luther von der Obrigkeit. Auf Drängen des Herzogs Johann verfaßte er 1523 seine Schrift „Von weltlicher Obrigkeit“, „wie weit man ihr Gehorsam schuldig sei“. Der Reformator stellte sich gegen den übertriebenen Machtwillen der Obrigkeit. Sie sollte sich nicht in Gottes Stuhl setzen und die Gewissen meistern. Scharf wendet er sich auch gegen die Fürsten, die den gemeinen Mann bedrücken. „Solche Leute heißt man vor Zeiten Buben, jetzt muß man sie christliche Fürsten heißen.“ Gott habe zwar dem weltlichen Amt das Schwert gegeben, die Bösen zu strafen und die Frommen zu schützen, aber dieses Amt habe die weltlichen Dinge zu regieren und die Menschen, die unter dem Gesetz stehen. Das andere Reich, das fromme Menschen macht, bleibt davon unberührt. Der Christ gehöre zu beiden Reichen, zum Reiche der Welt wie zum Reiche Gottes. Der müsse zuweilen das Amt der Obrigkeit führen und mit dem Schwerte regieren. Die weltliche Gewalt habe aber keine Macht über die Seelen, sie kann den Glauben nicht befehlen und ihn nicht meistern. Tut sie es doch, so mache sie sich zum Tyrannen. Es dürfe kein Fürst seinen Untertanen gebieten, Luthers deutsche Bibelübersetzung auszuliefern, wie es in Brandenburg, Sachsen und Bayern geschehe. Luther wandte sich auch gegen die Methode, Ketzerei mit Gewalt zu unterdrücken. Wie die Welt mit dem Schwert, so werde die Kirche mit dem Wort regiert. Um der Liebe willen müsse auch die Obrigkeit der Kirche dienen.

Im Laufe des 15. Jahrhunderts hatte sich schon ein Landeskirchentum herausgebildet. Immer stärker war das bischöfliche Visitationsrecht von den Fürsten in Notzeiten wahrgenommen worden. Diese Vollmacht wurde aus dem natürlichen Recht abgeleitet: Kirchliche Angelegenheiten hat der Landesherr zu regeln, um Aufruhr zu vermeiden. So legte es sich für Luther nahe, die äußere Leitung des Kirchenwesens den evangelisch gewordenen Obrigkeiten zu übertragen. Die Entwicklung dahin aber erschwerte Luther selbst durch seine Unterscheidung bzw. Trennung des weltlichen und geistlichen Regiments. Luther mußte sich nach zwei Seiten hin absichern, einerseits gegenüber der Theokratie der alten Kirche, wie sie im Mittelalter üblich war, die nach Luthers Auffassung das Evangelium zum Gesetz machte, und andererseits gegenüber allem Aufruhr der „Schwärmer“, die das weltliche Regiment im Namen des geistlichen leugneten, bzw. die evangelische Freiheit als die Freiheit von jeglicher Ordnung verstanden.

In der Lehre von den zwei Reichen knüpft Luther an die Terminologie des heilsgeschichtlich-apokalyptischen Schemas Augustins und an das mittelalterliche Schema der zwei Mächte innerhalb der Christenheit an. Die Zwei-Reiche-Lehre ruht im wesentlichen auf einem zentralen Begriff der lutherischen Theologie auf, nämlich auf Gesetz und Evangelium. So ist für das Reich der Welt das Gesetz und für das Reich Christi das Evangelium wesensgemäß, aber nicht so, daß dadurch Gesetz und Evangelium voneinander getrennt werden. Gerade die Rückführung auf die Unterscheidung von Gesetz und Evangelium bindet den Vollzug der Unterscheidung der zwei Reiche an das Wortgeschehen der Unterscheidung von Gesetz und Evangelium und richtet das Interesse auf das, was sich in der Begegnung Reich Christi und Reich der Welt ereignet. Die beiden Regimente sind aber nicht etwa als Reich Gottes und als Reich des Teufels zu verstehen. Sie kommen beide aus Gottes Liebe, sie sind die beiden Weisen, wie Gott die Welt regiert. Im weltlichen Regiment handelt Gott als der Verborgene, als der „deus absconditus“. Das weltliche Regiment führt das Schwert. Es steht im Zeichen der Macht und Erzwingbarkeit. Ihm fällt die Aufgabe zu, die Ordnung äußerlich zu schützen gegen die ständige Bedrohung der Ordnung in der Welt, gegen Tendenzen der Zerstörung und Auflösung von innen und von außen. Diese Tendenzen der Auflösung sind eine Frucht der Sünde. Die Folgen der Sünde hätten die Vernichtung der Schöpfung zur Folge, würde Gott die zerstörerischen Kräfte, die es in der Welt gibt, nicht durch den Staat und andere Obrigkeiten bändigen, denn „die Welt kann nicht durch das Evangelium regiert werden“, dazu ist das Wort zu gering geachtet. Kaiser und Könige haben Kriege, auch den Türkenkrieg, nicht als Christen zu führen. Der Christ streitet nicht mit Waffen, sondern mit Gottes Wort, Buße und Gebet wider die Türken. Er zieht in den Türkenkrieg, sofern er „mit Leib und Gut weltlicher Obrigkeit unterworfen ist“ und diese zum Streit wider die Türken aufruft. Kommt er unter des Türken Herrschaft, dann ist er ihm untertan als seiner Obrigkeit, wie auch dem päpstlichen Regiment. Denn von Gott stammt das weltliche Regiment, es hilft aber nicht zum Heile, es steht nicht in der Ordnung der Erlösung, sondern gehört der Erhaltung der Schöpfung an. Der Christ bedarf seiner an sich nicht. „Der Christ, soweit er wirklich Christ ist, ist frei von allen Gesetzen, ist keinem Gesetz unterworfen, weder innen noch außen.“ Ihn regiert Christus selbst „mit dem bloßen Wort“. „Wenn alle Welt rechte

Christen . . . wären, so wäre kein Fürst, König, Herr, Schwert noch Recht not oder nütze." Aber „die Welt und die Menge ist und bleibt Unchristen, ob sie gleich alle getauft und Christen heißen". Darum bedarf es, soll das Böse nicht triumphieren, des Rechts und der erzwingbaren Ordnung. Das weltliche Regiment ist nötig, um den Bereich zu sichern, in dem Verkündigung des Wortes und Spendung der Sakramente sich ereignet. Das geistliche Regiment aber soll helfen, daß „die Menschen sollen fromm und gerecht werden, also daß sie mit derselben Gerechtigkeit das ewige Leben erlangen". Bis heute ist umstritten und wird auch bei Luther nicht klar, ob das sichtbare Kirchentum die „ecclesia large dicta" oder „manifesta" zum weltlichen Regiment gehört oder nicht. Das weltliche Regiment heißt bei Luther auch das „Reich zur Linken", zu dem neben der „politia" auch die „oeconomia", das heißt Ehe, Elternschaft und Beruf, gehörten. Diesem untersteht der Christ, weil er auch als Gerechtfertigter noch Sünder ist. Doch er unterstellt sich ihm freiwillig, das heißt, aus Liebe bejaht er die hier geltenden Ordnungen und dient in ihnen dem Bruder. Somit kann er sogar „in der Gewalt Gott dienen", und er soll es tun, „wo es des Nächsten Notdurft fordert". „Denn das Schwert und die Gewalt, als ein sonderlicher Gottesdienst, gebührt den Christen zu eigen vor allen anderen auf Erden." Im Christen, der sich der Welt annimmt, ist Christi Reich in der Welt präsent, ohne daß deshalb seine Institutionen, der Staat etwa, christlich werden.

Nach Luther gibt es das Recht zum gewaltlosen aktiven Widerstand gegenüber ungerechter Obrigkeit durch Belehren oder Tadel, weiter zu passivem Widerstand und zur Flucht. Ein aktiver Widerstand wird von Luther abgelehnt. Der Christ muß dann lieber das Unrecht leiden um Gottes willen. Gegenüber seinesgleichen und Untertanen soll er auch für sich gemäß Mt 5,39 dem Übel nicht widerstehen und sich nicht der weltlichen Gewalt und des Rechts bedienen; für andere, z. B. als Fürst, Vater und Soldat, aber soll der Christ „Rache, Recht, Schutz und Hilfe suchen". „Hier ist keine Zeit, das Evangelium zu hören, sondern das Gesetz." „Zwei Personen und zweierlei Amt sind auf einen Menschen geraten"; er ist „zugleich ein Christ und ein Fürst, Richter, Herr, Knecht und Magd. Diese heißen eitel Weltpersonen, denn sie gehören zum weltlichen Regiment". Damit war die Bergpredigt in den Bereich des Herzens verwiesen und eine gefährliche Unterscheidung von „Christperson" und „Weltperson" bzw. von Personmoral und Amtsmoral aufgestellt (E. Iserloh).

Luther war der Meinung, daß der Landesherr einmal Pflichten hat, die aus seinem obrigkeitlichen Amt stammen, dann aber auch solche, die ihm als Glied der christlichen Gemeinde zufallen. Und deshalb sei er aus zweierlei Pflicht zu dienen schuldig: erstens des leiblichen Regiments, zweitens brüderlich-christlicher Liebe halber. Die Obrigkeit habe der Kirche zu helfen, nicht sie zu regieren. Die Obrigkeit solle ihre Autorität einsetzen, damit geistlich gehandelt werden könne. Zunächst solle die Kirche immer aus eigener Kraft handeln und das Gemeindeleben erneuern, nur im Notfall habe sie den Landesherrn anzurufen, aber auch um der Einheitlichkeit der Verwaltung willen sei die Obrigkeit heranzuziehen. Sie müsse darüber wachen, daß Unberechtigte sich nicht freigewordene Lehen und Güter aneigneten, das heißt, sie übernehme die Sorge für zweckentsprechende Verwendung des Kirchengutes. Aber schließlich sei auch die Einheitlichkeit des Gottesdienstes nur mit ihrer Autorität durchzusetzen. Anregungen, die der Pfarrer Nicolaus Hausmann in Zwickau schon vor dem Bauernkrieg gegeben hatte, machte sich Luther zu eigen. Ohne Mitwirkung der Obrigkeit wäre denn auch eine Durchführung der Visitationen nicht möglich gewesen. Wenn aber der Fürst sich dazu bereit fand, dann verstärkte sich sein Einfluß in der Kirche. Und die Situation im Kurfürstentum Sachsen forderte Taten. Nach dem Bauernkrieg aufgetretene Schäden im kirchlichen Leben mußten beseitigt, Unregelmäßigkeiten aufgehoben, Schwierigkeiten aller Art in einzelnen Gemeinden gemildert werden. Vor allem mußten zu diesem Zweck große Visitationen durchgeführt werden, um die Verhältnisse in den einzelnen Orten zu prüfen. Wie Luther in der Vorrede zu den Visitationsartikeln sagte, müsse der Landesherr die Personen kennen, die das Werk durchführen sollten. Nach Luthers Meinung erfüllte der Kurfürst diese Aufgabe nicht kraft seines obrigkeitlichen Amtes, sondern als christlicher Bruder. Im Jahre 1526 wurden die ersten Versuche einer Visitation in Kursachsen in zwei Ämtern angestellt. Nach den Feststellungen schrieb Melanchthon eine genaue Anweisung, worauf die Visitatoren im ganzen Lande zu achten hatten. Erschütternd war das Ergebnis der ersten Visitation. Luther schrieb an Spalatin: „Die Bauern lernen nichts, wissen nichts, beten nichts und mißbrauchen nur ihre Freiheit; sie beichten nicht, halten sich vom Abendmahl fern, als ob sie überhaupt keinen Glauben mehr hätten. Wie sie das Papsttum verachtet haben, so verachten sie jetzt uns.“ In der vorreformatorischen Zeit gab es in den Landgemeinden kaum religiöse Unterweisung, Religionsunterricht kannte man nicht, und die Predigt war dürftig und fiel weithin aus. Die bäuerliche Bevölkerung konnte weder lesen noch schreiben. Aus dem Brief Luthers an Spalatin spricht die Enttäuschung des Reformators. Um Kirche und Schule kümmerte sich auf dem flachen Lande kein Mensch. Aber auch bei den Pfarrern zeigten sich ungewöhnliche Mängel. Sie waren oft unwissend, dem Trunk ergeben, ohne jedes Pflichtgefühl. Manche waren bereit, jedem Brauch zu folgen, der von ihnen verlangt wurde, mochte er lutherisch oder päpstlich sein. Die Instruktion für die Visitatoren wurde umgearbeitet und ohne Kenntnis Melanchthons in Wittenberg gedruckt. Zu weiteren Beratungen wurden 14 Artikel aufgestellt, die auch Luther vorgelegt bekam. Auf Veranlassung des sächsischen Kanzlers Dr. Brück arbeitete Melanchthon an einem Entwurf des Unterrichtes, zu dem Luther die Vorrede schrieb und der bei der endgültigen Fassung 1528 als eine Ermahnung an die Pfarrer im Druck erschien. Der Pfarrer wurde darin angewiesen, wie er dem „gemeinen, groben Mann“ predigen, die Sakramente spenden und die kirchlichen Handlungen verrichten solle. Dabei griff Melanchthon nur die notwendigsten Artikel heraus: Buße, Glaube und gute Werke. Weiter spricht Melanchthon vom Gebet, vom Gehorsam und von der Trübsal. „Andere Sachen, davon der arme Pöbel nicht viel versteht“, sollten die Pfarrer fallenlassen.

36

SCHUTZ UND TRUTZ – BÜNDNISSE DER KONFESSIONEN

Kaiser und Papst, die beiden Repräsentanten von Reich und Kirche, und damit der alten Ordnung, verbrauchten ihre Kräfte im Kampf gegeneinander, statt ihre Aufmerksamkeit und ihre politischen Kräfte gegen die Entfaltung der Reformation zu richten. Die beiden Bullen „Exsurge Domine“ und die Bannbulle „Decet Romanum Pontificem“ (3. Januar 1522) blieben die einzigen Reaktionen des Papsttums gegen Luther.

Auf den Reichstag, den zweiten Reichstag Karls V. (1523), hatte der letzte deutsche Papst, Hadrian VI., seinen Legaten Franz Chieregati gesandt, um von den deutschen Fürsten Hilfe für Ungarn gegen die Türken und vor allem die Durchführung des Wormser Edikts zu erreichen. Der Papst ließ auf diesem Reichstag ein Sündenbekenntnis und ein Reformgebot der Kurie verlesen. Hadrian selbst hatte wohl diese Instruktion verfaßt. Man darf in ihr den ersten Schritt zur Erneuerung der Kirche sehen. So ließ er dem deutschen Volk auf dem Reichstag vortragen:

„Du sollst auch sagen, daß wir es frei bekennen, daß Gott in dieser Verfolgung seiner Kirche geschehen läßt vieles wegen der Menschen und sonderlich der Priester und Prälaten Sünden. Gewiß ist die Hand des Herrn nicht verkürzt, daß er uns nicht retten könnte, aber die Sünde scheidet uns von ihm, so daß er uns nicht erhört. Die Heilige Schrift verkündet laut, daß die Sünden des Volkes in den Sünden der Geistlichkeit ihren Ursprung haben . . . Wir wissen wohl, daß auch bei diesem Heiligen Stuhl schon seit manchem Jahr viel Verabscheuungswürdiges vorgekommen ist: Mißbräuche in geistlichen Sachen,

Übertretungen der Gebote, ja, daß alles sich zum Ärgern verkehrt hat. So ist es nicht zu verwundern, daß die Krankheit sich vom Haupt auf die Glieder, von den Päpsten auf die Prälaten verpflanzt hat. Wir alle, Prälaten und Geistliche, sind vom Weg des Rechtes abgewichen, und es gab schon lange keinen einzigen, der Gutes tat. Deshalb müssen wir alle Gott die Ehre geben und uns vor ihm demütigen. Ein jeder von uns sollte trachten, weshalb er gefallen und sich lieber selbst richten, als daß er von Gott am Tage seines Zornes gerichtet werde. Deshalb sollst du in unserem Namen versprechen, daß wir allen Fleiß anwenden wollen, damit zuerst der römische Hof, von welchem vielleicht alle diese Übel ihren Anfang genommen, gebessert werde. Dann werde, wie von hier die Krankheit ausgegangen, auch von hier die Gesundung beginnen. Solches zu vollziehen halten wir uns um so mehr verpflichtet, weil die ganze Welt eine solche Reform begehrt. Wir haben nicht nach der päpstlichen Würde getrachtet und hätten unsere Tage lieber in der Einsamkeit des Privatlebens beschlossen. Gern hätten wir die Tiara ausgeschlagen; nur die Furcht vor Gott, die Legitimität der Wahl und die Gefahr eines Schismas haben uns zur Übernahme des obersten Hirtenamtes bestimmt. Wir wollen dasselbe verwalten nicht aus Herrschsucht noch zur Bereicherung unserer Verwandten, sondern um der heiligen Kirche, der Braut Gottes, ihre frühere Schönheit wiederzugeben, den Bedrückten Beistand zu leisten, gelehrte und tugendhafte Männer emporzuheben, überhaupt alles zu tun, was einem guten Hirten und wahren Nachfolger des heiligen Petrus zu tun gebührt ... Doch soll sich niemand wundern, daß wir nicht mit einem Schlage alle Mißbräuche beseitigen; denn die Krankheit ist tief eingewurzelt und vielgestaltig. Es muß daher Schritt für Schritt vorangegangen und zuerst den schweren und gefährlicheren Übeln durch die rechten Arzneien begegnet werden, damit nicht durch eine eilige Reform alles noch mehr verwirrt werde ..."

Clemens VII. (1523–1534), ein unehelicher Sohn Julius Medicis, wurde der Nachfolger Hadrians. Er fürchtete als Fürst des Kirchenstaates die Umklammerung durch die habsburgische Macht von Norditalien und Neapel her, so unterstützte er Frankreich gegen Karl V. Der französische König verhandelte mit den Türken und ermunterte sie so, nach der Eroberung Belgrads (1521) in Ungarn einzufallen. Somit waren Karl V. die Hände gebunden, sich energisch um die Durchsetzung des Wormser Edikts zu kümmern und sich der innerdeutschen Verhältnisse anzunehmen, auch konnte er nicht gegen die Fürsten vorgehen. Weder Reichsregiment noch Reichstage waren in den Stand gesetzt oder überhaupt willens, das Wormser Edikt durchzuführen. Der dritte Reichstag, im Januar 1524 in Nürnberg eröffnet, setzte diese Hinhalte- und Verzögerungspolitik fort. Man beschloß, die Stände sollen soweit als möglich dem Edikt von Worms entsprechend handeln. Zugleich verlangte man wieder ein „frei, deutsch, christlich und allgemeines Konzil“ – frei –, das bedeutete nämlich papstfrei. Da der Papst in Luthers Sache Partei sei, dürfe das Konzil von ihm weder geleitet noch einberufen sein, der Kaiser muß es gemeinsam mit den christlichen Fürsten berufen. „Christlich“, das heißt, daß an diesem künftigen Konzil nicht nur Bischöfe und Kleriker, sondern auch Laien teilnehmen konnten und zu bestimmen hätten. „Christlich“, das bedeutete auch, daß man allein nach dem Maßstab der Schrift urteilt. Daß das Konzil in Deutschland abzuhalten sei, ergab sich daraus, daß der Streit, den es zu schlichten hatte, in Deutschland ausgebrochen war. Ein solcher Reichstagsabschied leistete der Neuerung weiteren Vorschub, denn an eine Einberufung eines Konzils war nicht zu denken. So verlangten die altkirchlich gesonnenen bayerischen Herzöge eine „Synode deutscher Nation“ zur Regelung der Religionsfrage und zur Abstellung der „Gravamina“ der deutschen Nation. Die Kurie aber fürchtete das Konzil, sie fürchtete überhaupt eine deutsche Nationalkirche. So kam es jedoch nicht zu einer Regelung für das ganze Reich, sondern 1524 versprachen sich in Regensburg geistliche und weltliche Fürsten gegenseitige Hilfe bei der Durchführung des Wormser Edikts. Man nennt diesen Beschluß die Regensburger Einigung. Sie wurde am 6. Juli 1524 festgelegt. Am 19. Juli 1525 kam es in Dessau zu einer Vereinigung katholischer Fürsten im norddeutschen Gebiet, dem Dessauer Bündnis.

Philipp von Hessen, der sich 1524 als erster deutscher Fürst zur Reformation bekannt hatte, ruhte nicht, bis er ein Gegenbündnis zustande brachte. Im Bündnis von Gotha–Torgau kam es zwischen ihm und Johann von Sachsen zu einer Vereinigung. Johann von Sachsen war der Bruder und Nachfolger Friedrichs des Weisen, der 1525 gestorben war. Diesem Bündnis zum Schutz und Trutz der Reformation schlossen sich die Fürsten Ernst und Franz von Braunschweig–Lüneburg, Philipp von Braunschweig–Grubenhagen, Heinrich von Mecklenburg, Wolfgang von Anhalt, Albrecht von Mansfeld und die Stadt Magdeburg an.

1525 verwandelte Albrecht von Preußen den Deutsch-Ordensstaat in ein weltliches Fürstentum um. Es wurde ein Lehensstaat Polens. Er verbündete sich mit Johann von Sachsen. Nun standen sich in Deutschland nicht nur verschiedene religiöse Auffassungen gegenüber, sondern diesen religiösen Auffassungen entsprachen politische Bündnisse. Damit wurde die Gefahr von kriegerischen Auseinandersetzungen unter religiöser Flagge signalisiert.

Kaiser und Papst führten Kriege gegeneinander (Liga von Cognac 1526; Sacco di Roma 1527), und Erzherzog Ferdinand war im Osten durch die Türken bedroht. Sein Schwager, der König von Ungarn, war in der Schlacht von Mohács 1526 gefallen, Ofen war eingenommen worden. So entschied am 27. August 1526 der Reichstag zu Speyer, man wolle es bis zum Konzil so halten, „wie ein jeder solches gegen Gott und kaiserliche Majestät hoffe und vertraue zu verantworten“.

Während der Kaiser noch immer Deutschland fernblieb, wuchsen die Spannungen im Reich zwischen den beiden konfessionellen Parteien. Fast wäre es schon im Jahre 1528 zu einem Religionskrieg gekommen, als Otto von Pack, hoher Beamter Herzog Georgs von Sachsen, dem Landgrafen Philipp von Hessen Andeutungen über ein angeblich in Breslau abgeschlossenes Offensivbündnis katholischer Fürsten machte. Der Landgraf ließ sich durch den Hochstapler irreführen; er verlangte zwar die Urkunde zu sehen, ließ sich aber durch eine Kopie täuschen, in der von Angriffen auf Kursachsen, Hessen und Magdeburg, von der Absetzung evangelischer Fürsten und der Exekution Luthers die Rede war.

Nun begann der Landgraf zu rüsten, um den Gegnern zuvorzukommen. Auch Luther und Melanchton hielten das „Breslauer Bündnis“ für möglich, aber Luther warnte vor einem Angriffskrieg.

Als Landgraf Philipp zur Rechtfertigung seiner kriegerischen Haltung die angebliche Urkunde veröffentlichte, kam die Fälschung heraus. Der Landgraf von Hessen trug keine Bedenken, im Interesse der evangelischen Stände mit Frankreich und mit Johannes Zápolya, dem Gegner Erzherzog Ferdinands in Ungarn, zu konspirieren.

Am 16. April 1528 sollte ein neuer Reichstag in Regensburg stattfinden. Er wurde aber wegen der gespannten Lage abgesagt. Inzwischen hatte sich der Kaiser mit dem Papst versöhnt. Die Tatsache mußte in Deutschland spürbar werden. Wirklich schrieb der Kaiser für das Jahr 1529 einen neuen Reichstag nach Speyer aus. Die Reichshilfe gegen die Türken, aber auch kirchliche Fragen sollten besprochen werden. Die Vorstellung des Kaisers trug insofern den neuen Verhältnissen Rechnung, als sie nicht einfach wieder die Durchführung des Wormser Edikts forderte, sondern bis zum Konzil die weitere Ausbreitung der Reformation untersagte. Der Speyerer Abschied von 1526 wurde aufgehoben. Der Reichstag stimmte der Vorlage des Kaisers insofern zu, als er die Durchführung des Wormser Edikts auf die kaiserlichen Gebiete beschränkte, von den Lutheranern aber verlangte, daß sie in ihren Ländern keine weiteren Neuerungen vornahmen und außerdem die Feier der heiligen Messe gestatteten.

Da die evangelischen Stände eine Änderung dieses Beschlusses nicht erreichen konnten, erhoben sie am 19. April 1529 Protest unter Berufung auf den Abschied des letzten Reichstages in Speyer 1526. Zu den Protestierenden gehörte der Kurfürst von Sachsen, Johann der Beständige, Landgraf Philipp von Hessen, Markgraf Georg von Brandenburg–Ansbach, Herzog Ernst von Braunschweig–Lüneburg und Fürst Wolfgang von Anhalt. 14 oberdeutsche Reichsstädte schlossen sich ihnen an: Straßburg, Nürnberg, Ulm, Konstanz, Lindau, Memmingen, Kempen, Nördlingen, Heilbronn, Reutlingen, Isny, St. Gallen, Weißenburg und Windsheim. Am 22. April wurde eine ausführliche Appellation übergeben. Die evangelischen Stände wollten nunmehr zu einer größeren Geschlossenheit kommen. Am selben Tag noch wurde zwischen Kursachsen und Hessen ein geheimes Schutzbündnis abgeschlossen, dem die bedeutendsten Reichsstädte beitraten. In der evangelischen Entgegnung hieß es: Die evangelischen Stände seien zwar bereit, dem Kaiser zu gehorchen, „so sind doch dieses solche Sachen, die Gottes Ehre und unser jedes Seelenheil und Seligkeit angehen und betreffen, darin wir auf Gottes Befehl, unser Gewissen halber, denselben unsern Herrn und Gott vor allem anzusehen verpflichtet und schuldig sind, der unzweifelhaften Zuversicht, Eurer Königlichen Durchlaucht und ihr anderen werdet uns darin freundlich entschuldigt halten, daß wir mit euch darin nicht einig sein noch in solchem gehorchen . . . da in Sachen Gottes Ehre und unser Seelenheil und Seligkeit belangen, ein jeglicher für sich selbst vor Gott stehen und Rechenschaft geben muß".

Die feierliche Protestation der evangelischen Stände auf dem Reichstag in Speyer brachte den Lutheranern den Namen „Protestanten" ein.

Unter dem Druck der in Speyer entstandenen Verhältnisse arbeiteten Luther und Melanchthon zum Zwecke der theologischen Annäherung der Standpunkte eine Reihe von Artikeln aus, die am Ende des Jahres 1529 in Schwabach vorgelegt wurden und deshalb den Namen „Schwabacher Artikel" erhalten haben. Der Kurfürst von Sachsen war nur bereit, mit anderen evangelischen Ständen sich zu verbinden, wenn sie in allen entscheidenden Glaubensfragen mit ihm übereinstimmten. Die Schwabacher Artikel, die Luther mit verfaßt hatte, enthielten in manchen Stücken, wie in der Christologie, in der Lehre von der Erbsünde und vom Abendmahl, recht scharfe Spitzen gegen die Schweizer reformatorische Bewegung. Das Sakrament, so heißt es hier, sei von Gott verordnet, der dadurch „den Glauben und seinen Geist anbietet". Am Schluß der „Schwabacher Artikel" liest man: Wer an Christus glaubt und diese Artikel hält, der gehört zur Kirche.

Im Juli 1529 kamen die evangelischen Vertreter in Schleiz zusammen und sechs Wochen später in Schmalkalden. Die Reichsstädte Straßburg und Ulm lehnten die Annahme dieser in Schwabach verfaßten Artikel ab. Die Bekenntnis-Urkunde unterschrieben nur Kursachsen, Hessen und Brandenburg-Ansbach. Aber auch diese stimmten schon in den Glaubensauffassungen nicht überein. In der Frage des Widerstandsrechts gegen den Kaiser waren die Meinungen noch geteilt. Die Franken lehnten es völlig ab, Kursachsen blieb unentschieden, nur Hessen bestritt eine Verpflichtung gegenüber dem Kaiser, der ja nicht mehr Obrigkeit sei, wenn er den „rechten Glauben" verfolgte. Luther sagte, um des Evangeliums willen dürfe kein Blut fließen. Er schrieb an den Kurfürsten Johann, das Kreuz sei vom Christenstand nicht zu trennen. Gefahr könne nicht schaden, denn Gott helfe immer heraus. Luther warnte in einem neuen Gutachten, das der Kurfürst von ihm erbeten hatte, vor verfrühten Rüstungen. Nur in allerhöchster Not dürfe man sich wehren. Präventivmaßnahmen sah er als einen Angriff an.

37

DER REICHSTAG ZU AUGSBURG 1530

Nach neunjähriger Abwesenheit kehrte Karl V. im Juni 1530 in das deutsche Reich zurück. Nach einem überzeugenden Sieg über Frankreich und nach seiner Versöhnung mit Papst Clemens VII., die in seiner Kaiserkrönung zu Bologna ihren glanzvollen Höhepunkt hatte, konnte und mußte er jetzt daran denken, die deutschen Verhältnisse zu ordnen. Am 6. Dezember 1529 zog er feierlich in Bologna ein. Die Renaissance entfaltete an diesem Tage all ihre Pracht zu seinen Ehren. Die Bilder der römischen Kaiser Cäsar, Augustus, Titus und Trajan begrüßten ihn, und die Nachricht vom Sieg über die Türken vor Wien vergoldete das Bild dieses Tages. Vier Monate (Dezember 1529 bis Ende März 1530) wohnten Papst Clemens VII. und Karl V. im Palazzo Publico. Ihre Gemächer waren durch geheime Türen miteinander verbunden. Nun sah man die anscheinend unversöhnlich verfeindeten Häupter der Christenheit im vertraulichen Gespräch. Am 22. Februar 1530 empfing Karl die eiserne Krone der Langobarden aus der Hand des Papstes und am 24. Februar, seinem Geburtstag (es war sein dreißigster), die Kaiserkrone. Zum letzten Mal sah die Welt die höchsten Ämter von Kaiser und Papst im vollen Ornat.

Nach seiner Kaiserkrönung konnte Karl daran denken, die zerrissene Glaubenseinheit wiederherzustellen, um dann alle Kräfte gegen den türkischen Feind aufbieten zu können. Durch die Protestation von Speyer (1529) war die religiöse Spaltung Deutschlands für alle Welt sichtbar geworden. Im Schutz des antihabsburgischen Territorialfürstentums konnte sich die lutherische Lehre nahezu ein Jahrzehnt lang ungehindert ausbreiten. Das kaiserliche Reichsregiment war schwach, Kaiser und Papst in die internationale Politik verstrickt. So bot sich den Lutheranern ein Schutzraum zur eigenen Entfaltung. Diese wichtigste Voraussetzung war 1530 nicht mehr gegeben.

Als oberster Vogt und Schirmherr der universalen Kirche fühlte sich Karl verpflichtet, für die Wiederherstellung des einen Glaubens der Christenheit wie auch für eine Erneuerung der einen Kirche durch innere Reformen Sorge zu tragen. Deshalb ist das Thema der Einheit der Cantus firmus des Reichstages, obwohl zunächst an erste Stelle des zu erledigenden Programms die Türkenfrage gesetzt worden war. Der Kaiser setzte große Hoffnungen auf seine persönliche Anwesenheit bei dem Reichstag, den er zum 8. April 1530 nach Augsburg ausschrieb. Karl hielt den Ausgleich zwischen den verfeindeten Ständen für durchaus möglich. Im Gegensatz zu seinem Bruder, Erzherzog Ferdinand, der zunächst eine beharrliche Hilfe gegen die Türken gerichtet wissen wollte, sah Karl in der Wiederherstellung der Einheit die wichtigste Sache des Reichstages. Darin traf sich Karl mit den Protestanten, die ihre Beteiligung an der Abwehr der Türken von einem vorteilhaften Religionsfrieden abhängig machten. So wurde die Sache des Glaubens, wenn auch nicht einziges, so aber doch beherrschendes Thema des Reichstages.

So bot der Augsburger Reichstag von 1530 den evangelischen Landesherren und Städten eine unerwartete Gelegenheit, ihren Glauben vor Kaiser und Reich zu vertreten. Hatten sie seit dem scharfen Wormser Edikt von 1521, dessen Aufforderung zur Unterdrückung der lutherischen Reformation noch immer drohend über ihnen schwebte, vergeblich um freie Behandlung der Glaubensfragen auf einem Konzil oder auf einer deutschen Nationalversammlung gebeten, so schien jetzt endlich das Ausschreiben Kaiser Karls V. vom 21. Januar 1530 die Erfüllung dieser Forderung anzukündigen. Es setzte drei Ziele: 1. „Eines jeglichen Gutdünken, Opinion und Meinung . . . in Lieb' und Gültigkeit zu hören", was 2. auf beiden Seiten „nicht recht ausgelegt oder gehandelt wäre, abzutun" und 3. „durch uns alle eine einige und wahre Religion anzunehmen". Inhalt und Gestalt des Bekenntnisses sind durch die hier sich bietenden Möglichkeiten bestimmt. Die evangelischen Reichsstände, die soeben erst auf dem Protestations-Reichstag von Speyer (1529) in einen bedrohlichen Konflikt mit den Katholiken und mit der Reichsführung geraten waren, mußten bestrebt sein, so weit als möglich die Glaubenseinheit mit der alten Kirche zu erweisen und die bei ihnen getroffene Änderung als Abstellung von Mißbräuchen zu begründen. Kurfürst Johann von Sachsen forderte daher die Wittenberger Theologen auf, die Fragen, an denen der Zwiespalt „in Glauben und auch in anderen äußerlichen Kirchenbräuchen und Zeremonien" entstanden war, zusammenzustellen. Er wollte für sich und die anderen Stände so über „die reine Lehre bei ihnen angenommen und zugelassen", Bescheid wissen, wie weit sie sich, ohne ihr Gewissen zu verletzen, auf Verhandlungen einlassen konnten.

Für die Glaubensfragen konnte man auf die „Schwabacher Artikel“ zurückgreifen, die im Sommer 1529 von den Wittenberger Reformatoren für die Bündnisverhandlungen zwischen den Protestanten von Speyer verfaßt worden waren. Auf ein im Sommer 1529 von den Wittenbergern verfaßtes Bekenntnis hatten sich Sachsen und Brandenburg vom 3. bis 7. Oktober 1529 in Schleiz geeinigt, jedoch am 16. Oktober 1529 in Schwabach und am 2./3. Dezember in Schmalkalden schieden sich Sachsen, Brandenburg und Nürnberg von Hessen, Ulm und Straßburg.

In den „Schwabacher Artikeln“ waren Anregungen aus dem Bekenntnis verarbeitet, mit dem Luther seine Schrift „Vom Abendmahl Christi“ 1528 abgeschlossen hatte. Dagegen mußten die Fragen der Kirchenordnung und -bräuche neu behandelt werden. Das geschah abschließend in einem von Melanchthon, wohl aufgrund von verschiedenen Vorarbeiten verfaßten Gutachten, das man nach einer Verhandlung in Torgau vom 27. März 1530 „Torgauer Artikel“ nennt.

Nach der Ankunft in Augsburg am 2. Mai erkannte Melanchthon, der theologische Führer der Evangelischen auf dem Reichstag, die Notwendigkeit, die mitgebrachten Lehr- und Zeremonienartikel zu einem einheitlichen, umfassenden Bekenntnis zu verarbeiten. Dabei bediente er sich hier und da auch einiger Formulierungen seines „Unterrichtes der Visitatoren“ (1528). Die so entstandene kursächsische Verteidigungsschrift wurde an Luther gesandt, der als Geächteter auf dem Reichstag nicht erscheinen konnte und auf der Veste Coburg zurückgeblieben war. Kurfürst Johann konnte es nicht wagen, Luther mitzubringen, wollte ihn aber auf der Coburg, seiner südlichsten Festung, in möglichster Nähe haben. Der Aufenthalt dort von Mai bis Oktober 1530 wurde zur zweiten Wartburgzeit und brachte reichen literarischen Ertrag: die Prophetenübersetzung, eine Auslegung des 118. Psalms, „Von den Schlüsseln“, „Sendbrief von den Dolmetschen“ und „Vermahnung an die Geistlichen, versammelt auf dem Reichstag zu Augsburg“.

Luther schrieb am 15. Mai, der melanchthonische Entwurf gefalle ihm sehr gut, er wisse nichts daran zu bessern, „würde sich auch nicht schicken, da ich so sanft und leise nicht treten kann“. Da der Kaiser erst am 15. Juni in Augsburg eintraf, hatte Melanchthon noch mehr als einen Monat Zeit, an dem Bekenntnis zu arbeiten, wovon die uns erhaltenen zahlreichen Zwischenformen Zeugnis ablegen. Das Auftreten Karls V. beschleunigte das Bemühen anderer Stände, das kursächsische Bekenntnis gemeinsam zu überreichen. Schließlich wurde vom widerstrebenden Kurfürsten auch Landgraf Philipp von Hessen zur Unterzeichnung zugelassen, der zwar keine Milderung des gegen Zwingli gerichteten Abendmahlsartikels (10), wohl aber eine bedeutsame Veränderung des Rechtscharakters des Bekenntnisses erreichte.

Am Mittwoch, dem 15. Juni, dem Vortag des Fronleichnamsfestes, traf Kaiser Karl V., unter einem kostbaren Baldachin und von einem prächtigen Gefolge begleitet, in Augsburg ein. Sehnlichst war er erwartet worden. Dieser große Reichstag sollte eigentlich schon am 8. April begonnen haben, später hatte man die Eröffnung auf den 1. Mai verschoben. Aber der Kaiser blieb noch wochenlang in Innsbruck und München. Viele der Fürsten und Abgeordneten waren darüber verärgert. Trotzdem war der Empfang großartig. Die Kurfürsten begrüßten den Kaiser an der Lechbrücke, Böllerschüsse wurden abgefeuert, in festlicher Kleidung erschien die ganze Stadt, alles, was Rang und Namen hatte, war auf den Beinen.

Karl V. erließ eine Polizeiordnung, um auf dem Reichstag Ordnung halten zu können und den Auswüchsen der Zeit wie „Gotteslästerung, Trinken, Übermäßigkeit an köstlicher Kleidung" und so weiter Einhalt zu gebieten. Die Prunksucht in der Kleidung sei so maßlos, daß jeweils zwischen Fürsten und Grafen, Grafen und Edelleuten, Edelleuten und Bürgern, Bürgern und Bauern kein Unterschied mehr zu erkennen sei. Diese Polizei- und Kleiderordnung wirft ein bezeichnendes Licht auf die Verhältnisse zur Zeit des Augsburger Reichstages von 1530.

Doch schon am Abend dieses Tages ereignete sich der erste Eklat: Der Kaiser ließ, obwohl es schon spät geworden war, die evangelischen Fürsten zu einer Besprechung rufen. Er verordnete ein auch für die Katholiken gültiges Predigtverbot und verlangte die Teilnahme der Protestanten an der Fronleichnamsprozession des nächsten Tages.

Die Protestanten weigerten sich. Sie beriefen sich auf ihr Gewissen. Der Kaiser wurde wütend. Da sagte Markgraf Georg von Brandenburg–Ansbach: „Bevor ich Gott und sein Evangelium verleugne, will ich lieber hier vor Eurer kaiserlichen Majestät niederknien und mir den Kopf abhacken lassen." Auf diesen Widerspruch ist der Kaiser nicht gefaßt gewesen. In seinem gebrochenen Deutsch antwortet er: „Lieber Fürst, nit Kopf abhauen, nit Kopf ab." Am Freitag, dem 24. Juni, versammelten sich im großen Saal des Augsburger Rathauses um 15 Uhr die Stände zur zweiten öffentlichen Sitzung des Reichstages. Schriftlich, in lateinischer und deutscher Sprache soll jede Seite ihre Auffassung zur Religionsfrage einreichen, so verlangte es der Kaiser, und die Evangelischen haben sich genau daran gehalten. Sie bereiteten das Bekenntnis vor.

Noch in der letzten Nacht legte Melanchthon mit den Fürsten und Beratern den endgültigen Wortlaut fest. Doch die öffentliche Verlesung des Bekenntnisses fand nicht statt. Der Kaiser wollte sie verhindern, zunächst verschleppte sich die Tagesordnung, als endlich die Protestanten zu Wort kommen wollten, war es zu spät geworden. Man schlägt die Überreichung der beiden Schriften dem Kaiser vor. Die Evangelischen verweigerten die Herausgabe mit der Begründung, es müsse alles noch einmal geschrieben werden. Sie bestehen auf eine Verlesung am nächsten Tag, und zwar in deutscher Sprache. Der Kaiser gab nach. Am Samstag, dem 25. Juni, um 14 Uhr sollte die nächste Sitzung beginnen. Sie fand nicht im großen Rathaussaal, sondern in der viel kleineren Kapitelstube des bischöflichen Palastes am Fronhof statt. Nur etwa zweihundert Personen fanden Platz. Die Öffentlichkeit war ausgeschlossen, doch es war so heiß im Saal, daß man die Fenster öffnen mußte. Viele Menschen standen im Hof und konnten zuhören. Um 15 Uhr erschien der Kaiser mit den Kurfürsten. Dann traten die beiden sächsischen Kanzler Brück und Beyer vor, Brück trug das lateinische, Beyer das deutsche Exemplar der „Confessio Augustana" in der Hand. Die protestantischen Fürsten wollten sich neben diese beiden Räte stellen, sie wurden an ihre Plätze zurückgeschickt. Dann endlich konnte Kanzler Christian Bayer mit der Verlesung beginnen. Laut und deutlich las er zwei Stunden lang das Bekenntnis vor. Zuletzt wurden die beiden Bände dem Kaiser überreicht. Die Protestanten haben ihr Bekenntnis gefunden.

Die beiden Ausfertigungen sind nicht mehr vorhanden, die Urtexte müssen aus den 54 bisher bekannt gewordenen Kopien rekonstruiert werden. Während das deutsche Original spurlos verschwunden ist, läßt sich der Weg des lateinischen bis in das Kaiserliche Archiv in Brüssel verfolgen; dort ist das lateinische Original mehrfach abgeschrieben worden. Das Urexemplar wurde 1569 von Philipp II. nach Spanien eingefordert, damit es vernichtet werde. Zwei mittelbar aus ihm geflossene Kopien, die sich heute im Vatikanischen Archiv und im Kloster Hünfeld bei Fulda befinden, geben uns neuerdings Sicherheit über den ursprünglichen Text. Die zahlreichen kleinen Differenzen der von evangelischer und katholischer Seite überlieferten Hauptgruppen des lateinischen Textes erklären sich aus den Änderungen letzter Hand, die nur im übergebenen Exemplar angebracht waren. Für den deutschen Text ist vor allem eine aus dem Mainzer Erzkanzler-Archiv stammende, im Staatsarchiv in Wien aufbewahrte Abschrift maßgebend. Sie wurde auch dem deutschen Konkordienbuch 1580 zugrunde gelegt.

Aus der Lage zu Beginn des Reichstages ergibt sich eine Zweiteilung des Augsburger Bekenntnisses.

I. Die Glaubensartikel. Sie umfassen, wenn auch nicht in strenger Reihenfolge, drei Problemkreise.

a) Die Artikel 1 bis 3 sollen die Übereinstimmung mit der altkirchlichen Gotteslehre (1), Erbsündenlehre (2) und Christologie (3) nachweisen.

b) In Artikel 4 bis 6 und 18 bis 20 wird das reformatorische Verständnis des Evangeliums entfaltet: Rechtfertigung (4), Predigtamt (5) genauer: Vermittlung des Heiligen Geistes durch das Wort und Sakrament, neuer Gehorsam (6), freier Wille und Sache der Sünde (18 bis 19), Glaube und gute Werke (20), ein durch Länge und Schärfe hervorragender, auf einer älteren Vorlage beruhender Artikel.

c) Artikel 9 bis 15 behandeln Probleme der Kirche: den Kirchenbegriff (7 bis 8), Sakramente (9 bis 13), Beichte und Buße (hier eingeschoben, ohne dadurch zum Sakrament erklärt zu werden), Kirchenregiment und Ordnungen (14 bis 15).

Zu den drei Kreisen kommen noch drei Einzelprobleme: Weltliches Regiment (16), Wiederkunft Christi (17), Heiligenverehrung (21).

II. Artikel, in denen Mißbräuche gerügt werden:

Von beider Gestalt des Sakraments (22), Priesterehe (23), Messe (24), Beichte (25), Vom Unterschied der Speisen (26), dabei Erörterung der Bedeutung kirchlicher Zeremonien überhaupt, Klostergelübde (27), Gewalt der Bischöfe (28), darin: Schlüsselgewalt, weltliches und geistliches Regiment, nochmals Zeremonien und andere. Andere Mißbräuche (Ablaß, Wallfahrten, Mißbrauch der Exkommunikation usw.) werden am Schluß summarisch erwähnt.

In der Hoffnung auf eine Verständigung auf dem Reichstag und aus Sorge vor der Gefahr eines Religionskrieges, suchte Melanchthon nach Möglichkeit, Übereinstimmung mit der Lehre der römischen Kirche auszusprechen. Er verschwieg einige besonders heikle Fragen (vor allem Papsttum und Fegefeuer) und ließ sich gar zu dem unwahren Satz hinreißen: „Tota dissensio est de paucis quibusdam abusibus" (Schluß des ersten Teiles), den er dann in Wittenberg bei der Editio princeps (1531) mitten im Druck abändern mußte.

Das Augsburger Bekenntnis allein kann also nicht als ausreichende Darstellung der reformatorischen Lehre angesehen werden. Zumindestens muß man Melanchthons in vielem kraftvollere „Apologia", seinen „Tractatus de potestate ac primatu papae" (1537) und Luthers Schmalkaldische Artikel (1537) hinzunehmen. Wenn dem Augsburger Bekenntnis also auch die Kraft und Entschiedenheit lutherischer Formulierungen fehlen, so ist es doch eine reife Frucht der ihm vorausgehenden Bemühungen um eine Bekenntnisbildung der Wittenberger Reformation. Freilich ist es Melanchthon nicht immer gelungen, die Fülle des reformatorischen Glaubensbekenntnisses in seine Formeln zu bannen. Gotteslehre und Christologie enthalten nur die Traditionselemente, Rechtfertigung und Heiligung sind nicht so lebensvoll verbunden wie bei Luther, in den unscharfen Aussagen über die Kirche kündet sich die Aufspaltung von Luthers Kirchenbegriff in der Orthodoxie an. Aber die Grundgedanken der evangelischen Lehre treten gleichwohl mit großer Klarheit hervor. Und gerade weil die „Confessio Augustana" nur das nötigste Mindestmaß aussprechen wollte, eignet ihren abgewogenen Definitionen eine ruhige Sicherheit. Sie bewährt sich bei Religionsgesprächen, denen sie um ihres unpolemischen Tones willen oft zugrunde gelegt worden ist. Melanchthon nahm als Grundlage für den ersten Teil der Definition der Glaubensartikel das bekannteste Dogmatik-Lehrbuch des Mittelalters, den Sentenzenkommentar des Petrus Lombardus. Trotz ihres amtlichen Charakters sah Melanchthon die „Augustana" so sehr als sein persönliches Werk an, daß er schon seit der deutschen Erstausgabe 1531 bei Neudrucken unbefangen an ihr änderte, zum Teil durch Einarbeitung von Ausführungen aus der „Apologia". Bedeutsam wurde von diesen Änderungen, an denen niemand von evangelischer Seite Anstoß nahm, nur die lateinische Ausgabe von 1540.

Die lutherischen Bekenntnisschriften sind fast alle aus bestimmten historisch-politischen Anlässen entstanden: Zuerst aus der Vorbereitung auf die vom Nürnberger Reichstag 1524 verheißene deutsche Nationalversammlung (Die fränkischen Bekenntnisse), dann aus den Bündnisverhandlungen und Plänen 1529 (Schwabacher und Marburger Artikel), aus der vom Kaiser veranlaßten Rechenschaft auf dem Augsburger Reichstag 1530 (Augustana und Apologia), aus Vorbereitungen auf das Konzil von Mantua 1537 (Schmalkaldische Artikel) und Trient 1551 (Confessio Saxonica Melanchthons) und die von Johann Brenz verfaßte Confessio Wirttembergica.

Diese Entstehung der lutherischen Bekenntnisse aus politischen Anlässen macht begreiflich, warum nicht Synoden oder theologische Konvente, sondern politische Instanzen als Unterzeichner, als „Confessores" auftreten, das hängt unter anderem auch mit dem sich ausbildenden Landeskirchentum zusammen. Die Obrigkeiten führten in diesen Bekenntnissen das Wort, sie bezeugten die in den Gemeinden ihrer Länder verkündigte Lehre. Wohl aber sagt der Gelegenheitscharakter der Bekenntnisschriften etwas über ihr Wesen nach lutherischer Auffassung aus. Die Reformatoren wollten keine neue Kirche auf ein neues Bekenntnis gründen, sondern die alte von ihren Mißständen in Lehre, Kultus und Leben reinigen. Ebensowenig wie auf die neuen Bekenntnisschriften war für Luther die Kirche auf die alten ökumenischen Bekenntnisse gegründet. Sie waren ihm zwar wichtige Zeugnisse dafür, daß die neuen Gemeinden mit der ursprünglichen Kirche übereinstimmten. Für Luther war die rechte Verkündigung des Wortes Gottes für die Kirche wesentlich, nicht aber die Verwendung bestimmter Bekenntnisse. In seiner Aufzählung der „Notae ecclesiae" in der Schrift „Von den Konzilien und Kirchen" (1539) fehlen sie ganz. 1521 sind es drei Notae „baptisma panem et omnium potissimum evangelium"; 1539 sind es sieben geworden; 1541 in „Wider Hans Worst" nennt Luther elf Notae.

Das Augsburger Bekenntnis versteht sich als gültige Schriftauslegung. Weil die Tradition die Kontinuität des Augsburger Bekenntnisses mit der alten

Kirche sichtbar machen konnte, deshalb beanspruchen die Gemeinden des Augsburger Bekenntnisses auch den Namen katholisch.

Das Augsburger Bekenntnis unterscheidet zwischen der „Ecclesia catholica" und der „Ecclesia romana". Die katholische Kirche ist nicht mit der römischen identisch. „Ecclesia catholica" ist also im Augsburger Bekenntnis nicht ein quantitativer, sondern ein qualitativer Begriff. Für Melanchthon ist die „Ecclesia catholica" die Kirche, die sich auf das Wort Gottes gründet und nicht menschlichen Leitbildern folgt, wie er es in seiner Schrift „De ecclesia et de autoritate verbi Dei" darlegt. Die wahre Kirche Christi wird von einer Minderheit gebildet. In der alten Kirche war die „Ecclesia catholica" verwirklicht.

Melanchthon war es gelungen, für die Lehre der Reformation eine Prägung zu finden, die klassisch genannt werden muß. Die normative Geltung der Heiligen Schrift ist stark herausgestellt. Melanchthon hatte nicht versucht, seine eigene Auffassung in dieses Bekenntnis hineinzutragen. Luther selbst sprach von ihm als einem treuen Zeugen Christi, der seine Aufgabe erfüllt habe.

Der Verkauf der Bekenntnisschrift wurde vom Kaiser in Augsburg verboten. Tatsächlich aber bahnten sich einige Verhandlungen an. Der kaiserliche Sekretär Alfonso de Valdés hatte Unterredungen mit Melanchthon. Man beriet sich darüber, ob bei Bewilligung von Kelch und Priesterehe und Abschaffung der Privatmessen eine Einigung erfolgen könne. Beinahe hätte Melanchthon wegen dieses Gespräches die Verlesung der Augsburger Bekenntnisschrift hintertrieben. Die Fürsten jedoch bestanden darauf, daß ihr Bekenntnis nicht nur überreicht, sondern auch verlesen wurde.

Brück hatte in seiner Vorrede zum Bekenntnis ausgesprochen, daß diese Schrift als Verhandlungsgrundlage gedacht sei. Die Evangelischen seien nach wie vor bereit, sollten die Gespräche und Verhandlungen ohne Ergebnis bleiben, ihre Sache auf einem „gemeinen und freien und christlichen Konzil" zu verantworten. Der Kaiser befragte die katholischen Stände, wie er weiter verfahren solle. Diese rieten ihm, eine Widerlegung der Augsburger Bekenntnisschrift den Protestanten vorlegen zu lassen. Diese Arbeit wurde vom Kaiser dem Legaten übertragen, der zwanzig katholische Theologen dazu berief. Die katholische Entgegnungsschrift, die „Confutatio catholica", war wesentlich von Eck entworfen worden, andere Mitarbeiter hatten nur einzelne Beiträge beigesteuert. Diese Schrift wurde eine Anklageschrift. Sie wollte den Nachweis führen, daß die Evangelischen, wie der Legat behauptete, mit der „Confessio" ihre wahre Auffassung verhüllten. Die Anklageschrift wurde am 12. Juli dem Kaiser übergeben. Der Kaiser konnte mit dieser Anklageschrift nichts anfangen, denn sie half ihm nicht, die Protestanten zur alten Kirche zurückzuführen, und zwar auf eine milde Weise. So forderte der Kaiser eine gründliche Überarbeitung, die als eine kurzgefaßte kaiserliche Antwort den Protestanten übergeben werden sollte. Der Kaiser wollte auf diesem Reichstag als Schirmherr der Kirche und Anwalt des katholischen Glaubens reden. Am 3. August wurde die neue „Confutatio" den Ständen durch den kaiserlichen Sekretär Alexander Schweiß vorgelesen. Die Verteidigung der römischen Auffassung war schwach ausgefallen. Der Kaiser erklärte die Protestanten für widerlegt und forderte sie auf, nunmehr zum Gehorsam gegenüber der Kirche zurückzukehren. Sollte das nicht geschehen, müsse er sich, der Kaiser, als „Vogt und Beschirmer der katholischen Kirche" verhalten. Die evangelischen Stände wiesen die Zumutung, zur römischen Kirche zurückzukehren, standhaft ab. Sie standen fest zu ihrer Überzeugung. Am 6. August verschwand plötzlich der Landgraf von Hessen aus Augsburg, nachdem er erklärt hatte, lieber Leib und Leben als seinen Glauben lassen zu wollen. Auch der Kurfürst Johann von Sachsen und Herzog Ernst von Braunschweig-Lüneburg standen ebenso fest. Kaiser Karl war von dieser Festigkeit überrascht, zumal sie zu der Nachgiebigkeit Melanchthons im Widerspruch stand. Melanchthon überreichte dem Legaten nämlich seine „Conditiones", in denen er die Reformation als „Zemerarii motus" bezeichnete. Die Nürnberger Gesandten waren in besonderer Weise darüber aufgebracht und beschwerten sich bei Luther. Dem Kaiser erschien es aber doch günstig, Melanchthons Nachgiebigkeit auszunutzen, um den Ausgleich zu erreichen. Am 30. Juni schrieb Luther von der Veste Coburg aus an Melanchthon: „Der Ausgang der Sache quält dich, weil du ihn nicht begreifen kannst. Wenn du ihn begreifen könntest, möchte ich keinen Teil an dieser Sache haben, noch weniger ihr Urheber sein. Gott hat sie unter einen Grundbegriff gestellt, den du in deiner Rhetorik und Philosophie nicht hast, der heißt Glaube . . . Fallen wir in diesem Streit, so fällt Christus, er, der Herrscher der Welt. Und sei es, daß er fiele, so will ich lieber mit Christus fallen, als mit dem Kaiser stehen." Luther sah zum Kaiser mit größtem Vertrauen auf. Er war für ihn „das frohe Herz, aller Ehren und Tugenden wert". Luther forderte auch die Seinen auf, für den Kaiser zu beten, den er für einen trefflichen Mann hielt. Luther war von der Hoffnung beseelt und erfüllt, daß Karl die politische Einigung Deutschlands erreichen würde.

Die Einigungsversuche der Evangelischen auf dem Reichstag blieben ohne Erfolg. Die Oberdeutschen waren vom Landgraf von Hessen bestürmt worden, sich dem Augsburger Bekenntnis anzuschließen. Aber vor allem der 10. Artikel, nämlich der vom Abendmahl, stand diesen Bemühungen im Weg. Die Bitte, die „Confessio" ohne diesen Artikel unterschreiben zu dürfen, wurde jedoch von den Kursachsen abgelehnt. In dieser Lage entschloß sich Straßburg, dem Kaiser ein eigenes Bekenntnis einzureichen, Bucer und Capito kamen unaufgefordert und ohne Geleit nach Augsburg und arbeiteten in Anlehnung an die „Confessio Augustana" ihre „Confessio Tetrapolitana" aus. Stärker in der

Betonung des Schriftprinzips, stärker in der Polemik, drückte dieses oberdeutsche Bekenntnis die Straßburger Abendmahlslehre in einer gewissen Annäherung an Luther aus. Die Abgrenzung von Zwingli, der am 3. Juli seine Glaubensbegründung eingereicht hatte, wurde merklicher. Konstanz, Memmingen und Lindau unterschrieben auch das Straßburger Bekenntnis. Es wurde am 9. Juli vom kaiserlichen Vizekanzler in Empfang genommen. Der Kaiser lehnte eine Vorlesung ab. Diese Schrift wurde ebenso wie das Augsburger Bekenntnis später für widerlegt erklärt. Bucer suchte in Augsburg unentwegt Anschluß an die Wittenberger. Er ritt am 25. September selbst nach Coburg und erreichte so viel, daß Luther eine Verständigung in der Abendmahlslehre für möglich erklärte. Im August wurde auf dem Reichstag ein Ausschuß von je sieben Vertretern ernannt, der über einen Ausgleich verhandeln sollte. Melanchthon und Eck waren die Wortführer. In einigen Artikeln kam es tatsächlich zu Kompromissen: Artikel 1, Artikel 3, 7, 9–11, 13, 16–19. Melanchthon machte Einschränkungen beim sola fide; die Altgläubigen wollten, vorbehaltlich der Zustimmung des Papstes, den Laienkelch zugestehen und das Meßopfer nur als Gedächtnisopfer an den Tod Christi feiern. Ebenso sollte die Priesterehe bis zum Konzil geduldet werden.

Im unklaren waren sich die evangelischen Mitglieder des Ausschusses, da nahm Luthers Gutachten vom 26. August ihnen alle Illusion. Kurfürst Johann von Sachsen erbat sich Urlaub vom Kaiser, den er auch am 22. September erhielt. Als man sich über das Scheitern des Vergleiches im klaren war, wollten die evangelischen Stände die „Confutatio" beantworten. Die Widerlegung, die „Apologia Confessionis", wurde von Melanchthon erarbeitet, Melanchthon stützte sich bei dieser Arbeit auf die Notizen, die sein Freund Camerarius beim Bekanntwerden der „Confutatio" gemacht hatte, denn es gab keinen Text der „Confutatio". Melanchthon hatte mit großem Eifer an seiner „Apologia" gearbeitet, denn der Entwurf war am 22. September fertig. Er hätte überreicht werden können. Später hat er den Entwurf noch einmal überarbeitet und zusammen mit der „Confessio Augustana" im Mai 1531 zum ersten Mal drucken lassen. Die „Apologia" ist ein Kommentar zum Augsburger Bekenntnis und erläutert viele Stücke, die in diesem nur stichwortartig gefaßt sind. Die in der „Confutatio" beanstandeten Artikel werden von Melanchthon besonders gründlich bearbeitet, während die wenigen Artikel, zu denen seine Gegner nichts zu bemerken hatten, überschlagen wurden. So umfaßt die „Apologia Confessionis" nur 14 Artikel. Der Ton der „Apologia" ist schärfer. Die Rücksichten, die Melanchthon bei der Abfassung der „Confessio Augustana" nehmen mußte, waren weggefallen. Auch bringt Melanchthon in seiner „Apologia" klarer seinen persönlichen Standpunkt zum Ausdruck. Während Melanchthon nur den lateinischen Text der „Apologia" schrieb, arbeitete Justus Jonas an der deutschen Übersetzung. Wie bei jeder zeitgenössischen Übersetzung, handelt es sich hier um eine sinngemäße Übertragung. In diesem Fall sind die Abweichungen der beiden Texte besonders groß. Am 19. November 1530 legte der Kaiser in Augsburg, wo alle Verhandlungen erfolglos geblieben waren, den Reichstagsabschied vor.

Den Protestanten gab er bis zum 15. April des Jahres 1531 eine Frist, sich zu entscheiden. Bis zu diesem Datum sollten alle Neuerungen verboten bleiben. Gegen Täufer und Sakramentierer sollten sie gemeinsam mit den katholischen Ständen vorgehen.

Die evangelischen Stände protestierten gegen den Abschied, sie überreichten dem Kaiser die „Apologia" des Melanchthon, doch der Kaiser wies die Schrift zurück. Nun forderten die evangelischen Stände eine Abschrift des Abschiedes und Bedenkzeit, ob sie ihn annehmen würden.

Luther betrachtete den Reichstag als einen Erfolg für seine Sache. „Ist doch jetzt zu Augsburg Papst und Kaiser nicht gelungen, wie sie gedacht, soll ihnen auch hinfort nicht gelingen."

38

DER SCHMALKALDISCHE BUND UND DER NÜRNBERGER ANSTAND

Als es bekannt wurde, daß Erzherzog Ferdinand zum römischen König gewählt werden sollte und als ständiger Vertreter seines Bruders an Stelle des Reichsregimentes des Amtes walten sollte, waren die evangelischen Stände sehr besorgt. Als österreichischer Landesfürst suchte Ferdinand, seiner eigenen Glaubensüberzeugung folgend, die alte Kirche zu halten und zu stützen. Nach seiner Wahl zum römischen König zeigte sich jedoch, daß er als Reichspolitiker zum Ausgleich mit den protestantischen Ständen bereit war. Der Kaiser gewann die Kurfürsten alle für seinen Plan mit Ausnahme Johanns von Sachsen. Der Gedanke, der Kaiser sollte ihn als Ketzer von der Wahl ausschließen, wurde von den Kurfürsten abgelehnt. Am 29. Dezember 1530 sollte die Wahl in Köln stattfinden, aber der sächsische Kurfürst erschien dort nicht, vielmehr legte er am 3. Januar 1531 Protest gegen die Wahl ein. In den Weihnachtstagen des Jahres 1531 waren die Vertreter der evangelischen Stände in Schmalkalden zusammengekommen. Es kam ein Bund zustande, um den sie sich bisher vergeblich mühten. Er wurde auf sechs Jahre geschlossen. Auch eine Bundesverfassung wurde bald geschaffen, deren Grundlage die „Confessio Augustana" bildete. Im April 1532 wurde die Organisation in Schweinfurt endgültig beschlossen, der „Schmalkaldische Bund" war geboren. Straßburg und andere oberdeutsche Städte anerkannten die „Confessio Augustana" und „Apologia Confessionis", und so blieb es ihnen erspart, die Lehre Zwinglis zu verwerfen. Sie wurden ebenfalls in den „Schmalkaldischen Bund" aufgenommen. Gerade die Vertreter Straßburgs gewannen im „Schmalkaldischen Bund" großen Einfluß. Mitglieder des Bundes waren Kursachsen, Hessen, Braunschweig, Lüneburg und Kopenhagen, Anhalt und Mansfeld, dazu kamen die Reichsstädte Straßburg, Nürnberg, Konstanz, Reutlingen, Memmingen, Lindau, Biberach, Isny, Lübeck und Magdeburg. Neue Mitglieder sollten nur mit Wissen aller bisherigen aufgenommen werden. Oberdeutsche und Niederdeutsche hielten fest zusammen, so war die Hoffnung der Kaiserlichen, daß durch den Zwist in den Reihen der Evangelischen es zu keinem Bündnisschluß kam, vergeblich. Als Zwingli gestorben war, bestürmte Ferdinand seinen Bruder, die günstige Gelegenheit nicht verstreichen zu lassen und die deutschen Ketzer zu vernichten.

Karl V. zögerte und verhielt sich vorsichtig. Er blickte bedenklich auf Frankreich und auf die deutschen Landesfürsten. Der „Schmalkaldische Bund" wurde zu einer Macht. An die Spitze traten die im Dezember 1531 gewählten Bundeshauptleute, der Kurfürst von Sachsen und der Landgraf von Hessen. Auch auswärtige Mächte suchten Kontakt mit dem Bündnis, vor allem Frankreich spielte hier eine große Rolle. So wurde die Koalition zu einer Bedrohung für Kaiser und Reich, und abgesehen davon stärkte diese Verbindung auch den Partikularismus. Eine Spaltung wurde sichtbar. Die Hoffnung, die die Reformatoren und mit ihnen viele evangelische Stände hegten, auf der Grundlage der Reformation der Kirche zu einer Lösung von Rom zu kommen, ging verloren.

Der Kaiser sah vor allem die Türkengefahr. Die Türkenhilfe war auch auf dem Reichstag zu Augsburg erörtert worden. Zwar hatten die Protestanten ihre Unterstützung in bescheidenem Maße zugesagt, diese reichte aber für ein großes Unternehmen nicht aus. Wollte der Kaiser ein starkes Bündnis und damit eine große Türkenhilfe bewilligt haben, mußte noch einmal eine Verständigung in der Frage der Religion gesucht werden. Nun war Ferdinand durch einen erneuten Türkeneinfall in große Bedrängnis geraten. Demütig bat er um Frieden. Der Sultan lehnte ab. So war der Kaiser gezwungen, seinem Bruder mit dem Reichsaufgebot zu Hilfe zu kommen. 1532 unternahm es der Kaiser, in Schweinfurt und Nürnberg mit den Schmalkaldenern zu verhandeln. Die Angehörigen des „Schmalkaldischen Bundes" forderten, daß alle Konfessionsverwandten, das heißt die Anhänger der „Confessio Augustana" und die,

die es künftig werden sollten, in den mit dem Kaiser abzuschließenden Religionsfrieden einbezogen werden sollten. Eine weitere Forderung lautete, ihre Glaubensgenossen in katholischen Territorien dürften nicht mehr verfolgt werden und alle gegen sie beim Reichskammergericht angestrengten Prozesse müßten niedergeschlagen werden. Schließlich und endlich forderten sie dringlich die Einberufung eines Konzils. Auf diesem Konzil sollte allein Gottes Wort die Entscheidung tragen.

Immerhin wurde am 23. Juli 1532 der Nürnberger Anstand geschlossen und am 3. August durch kaiserliches Mandat verkündet. Bis zu einem vom Papst auszuschreibenden Konzil sollte ein Waffenstillstand herrschen. Während des Zeitraums sollte der Religionsstand der Evangelischen gesichert bleiben.

39

DIE POLITISCHEN VERHÄLTNISSE UND DIE AUSBREITUNG DER REFORMATION

Noch immer war das Reich im Osten vom Ansturm des Islam bedroht, der unter Süleiman II., dem Prächtigen (1520–1566), die zweite Periode des türkischen Angriffs auf Europa unternahm. Süleiman eroberte Rhodos und Belgrad und vernichtete das Ungarnheer bei Mohacz (1526). Der Tod König Ludwigs von Ungarn machte Karls Bruder Ferdinand zum Erben des Landes. Gegen ihn ruft eine ungarische Nationalpartei die Türken ins Land, die Ofen erobern und 1529 zum ersten Mal vor Wien erscheinen. Die Belagerung mißlang infolge des Mangels an Artillerie, ein deutsches Heer befreite die Stadt. Nun ging Karl V. im Westen zum Angriff gegen das türkische Reich vor. Er mußte es wagen, obwohl die Haltung Frankreichs unsicher blieb. Während der Kaiser mit Papst Clemens VII. verhandelte, verband dieser sich bereits mit Franz I. von Frankreich, um das vom Kaiser geforderte Konzil vertagen zu können. Karl reiste ab, ohne Zusagen in dieser Hinsicht erhalten zu haben. Der Kaiser rüstete zum Seekrieg, um den vom Sultan unterstützten Korsaren Chaireddin Barbarossa, der das Mittelmeer unsicher machte, zu bekämpfen. Chaireddin eroberte Tunis und unternahm von dieser Seefeste aus seine Piratenfahrten. 1535 gelang es Karl V., bis Tunis vorzustoßen und Chaireddin zu überwinden.

Karl konnte, wenn er die französischen Ansprüche in Italien befriedigte, von Franz erwarten, daß er ihm half. Zum ersten durfte Karl hoffen, daß Franz seine Kirchenpolitik unterstützte und zum anderen ihm im Kampf gegen die Türken zur Seite stand. Franz sollte helfen, die katholische Einheit wieder zu festigen und sich bemühen, daß ein Konzil zustande kam. In politischer Hinsicht sollte Franz seine Kräfte zum Angriff gegen die Ungläubigen einsetzen. Zwar wollte Franz das Anerbieten des Kaisers nicht ablehnen. Er zögerte aber mit der Entscheidung und trat zur gleichen Zeit mit neuen Forderungen an den Kaiser heran. Im März 1536 fiel er in Savoyen ein. Zu dieser Zeit hielt sich Karl V. in Rom auf. Am 17. April 1536 hielt er in einem Konsistorium zu Rom eine Rede, in der er schilderte, daß er alles getan habe, um den Frieden zu erhalten und daß er auch jetzt noch zum Frieden bereit sei. Er wolle Mailand gegen das Herzogtum Burgund eintauschen, obwohl ihm beides gehöre. Wenn Franz mit diesem Vorschlag nicht übereinstimmte, sollten die Waffen sprechen und die Entscheidung herbeiführen. Karl schlug vor, die beiden Herrscher sollten den Zwist im Zweikampf austragen. Er schloß mit der pessimistischen Bemerkung die Rede: „Mögen dieweil Türken und Ungläubige Herren der Christenheit werden!"

Karl rückte mit seinem Heer von 50 000 Mann gegen den französischen König vor. Die Heere kämpften wochenlang gegeneinander. Aus Mangel an Nachschub war das kaiserliche Heer gezwungen, sich zurückzuziehen. So blieb Franz Sieger. Der siegreiche französische König erneuerte das Bündnis mit den Osmanen, und die französische Flotte vereinigte sich mit der türkischen. Im Frühjahr 1537 wollte man dann den Kaiser gemeinsam angreifen. Zum ersten Mal in der Geschichte machte ein christlicher Herrscher aus politischem Kalkül gemeinsame Sache mit den Ungläubigen. War das nicht ein Zeichen, daß es mit der Einheit des Mittelalters endgültig vorbei war? Frankreich fiel politisch vom Corpus christianum ab, so wie sich die Protestanten dogmatisch von ihm gelöst hatten. Leopold von Ranke bezeichnete die französische Politik dieser Zeit als „militärisch-politischen Protestantismus". Allerdings darf man bei der Betrachtung dieser Vorgänge nicht vergessen, daß auch Papst Clemens VII. schon früher immer wieder von der kaiserlichen zur französischen Politik hinüberwechselte, zumal aus Anlaß der Verbindung seiner Nichte Katharina de Medici mit Heinrich, dem Sohne und späteren Nachfolger Franz' I. Als sei er völlig blind gewesen gegen die deutschen Verhältnisse, begab er sich nach Marseille und trieb mit den Franzosen zusammen antihabsburgische Politik. Es konnte das Gerücht entstehen, Papst und Frankreich hätten sich zur Unterstützung der Protestanten vereinigt. So weit ging die Kühnheit des Papstes nicht; er blieb befangen in den Eitelkeiten italienischer Fürstenpolitik. Im Winter 1533/34 bestand ein tatsächliches Zusammenwirken zwischen dem Papst, Frankreich, den deutschen Protestanten und den Türken. Jetzt aber sah sich der Papst von den Türken bedroht und schloß die Heilige

Liga mit dem Kaiser in Venedig. Der Krieg wurde in den Niederlanden, Piemont und Neapel gleichzeitig geführt und endete im Mai 1538 mit dem Waffenstillstand von Nizza.

Um von den evangelischen Ständen Türkensteuer zu erlangen, machte Karl V. immer wieder Zugeständnisse in den Fragen der kirchlichen Neuordnung. Nicht nur, daß er den Konfessionsverwandten bis zum Konzil ihre Position ließ, auch die gegen sie angestrengten Prozesse beim Kammergericht sollten niedergeschlagen werden.

Die Reformation erfuhr im Reich einen Zuwachs an Kraft und dehnte sich weiter aus, besonders eindrucksstark war die Restitution des Herzogs Ulrich von Württemberg. 1519 vertrieb ihn der Schwäbische Bund aus seinem Lande. Seit dieser Zeit hielt er sich in Marburg bei seinem Vetter Philipp von Hessen auf. Nach dem Bauernkrieg waren die Versuche des Herzogs, sich seines Landes wieder zu bemächtigen, fehlgeschlagen. Württemberg wurde von Österreich verwaltet, aber die österreichisch-spanische Verwaltung machte sich in kurzer Zeit unbeliebt. So wuchsen dem früheren Landesherrn Ulrich neue Sympathien zu. Auch sprach es sich herum, daß Herzog Ulrich sich der Sache Luthers näherte. Der Schwäbische Bund hatte sich aufgelöst, und da niemand sonst für die österreichische Sache einzutreten gedachte, entschloß sich Philipp von Hessen trotz des Abraten Luthers zu schnellem Vorgehen. Mit Hilfe französischen Geldes konnte er ein starkes Heer zusammenstellen und in Württemberg einfallen.

In Frankreich fehlte es keineswegs an evangelischen Regungen. Die Schwester des Königs, Margarete d'Alençon, an Verstand und Herz reich begabt, war seit 1527 die zweite Gemahlin des Königs Henri d'Albret. Sie hatte vor allen Dingen von der von Calvin in Genf ausgehenden Reformation bedeutende Anregungen empfangen und diese literarisch verarbeitet. Sie vermochte es aber nicht, sich von der katholischen Kirche zu trennen. Noch 1534 sagte ihr Melanchthon ein entgegenkommendes Wort, aber weder sein Kurfürst war mit diesen Praktiken einverstanden noch der französische Hof, dessen Staatsräson an den bestehenden Zuständen nichts ändern wollte. Im übrigen war die gebildete Schicht Frankreichs in anderer Weise von den Strömungen der italienischen Renaissance erfaßt als in Deutschland. Seit den italienischen Feldzügen Karls VIII. und Ludwigs XII. ging ein Strom von Künstlern, Gelehrten, Büchern und Bildern nach Frankreich hinüber und erfüllte Städte und Schlösser. Die Franzosen übernahmen die schöne Lebenskultur, gewürzt mit einem kleinen Hauch des Aufklärerisch-Frivolen von den Italienern. Der Boden, auf dem die Werke eines Rabelais gediehen und die Literatur eines Herrn von Brantôme sproß, war kein Wurzelgrund für die Segnungen lutherischer Gewissensnöte. Mehr noch als der König haben der

Kanzler Duprat und der Connétable Anne de Montmorency, gestützt auf die Sorbonne und das Parlament von Paris, alle lutherischen Bewegungen unterdrückt. Aber der König trug nicht das geringste Bedenken, sich gegen das Haus Habsburg, wie mit dem Papst so auch mit den deutschen Protestanten zu verbinden. Schon früher hatte er den Herzog von Württemberg gegen den habsburgischen Schwäbischen Bund unterstützt; jetzt förderte er den vertriebenen Herzog als Schützling des Landgrafen. Dieser verpfändete eine kleine württembergische Herrschaft unweit von Belfort, Mömpelgard genannt. Landgraf Philipp erhielt dafür Zahlung von Subsidien zur Ausrüstung eines Heeres von 20000 Knechten und 4000 Reitern.

Der Landgraf wollte durch die Zurückführung Ulrichs nach Württemberg der Reformation weiterhelfen und zugleich das Haus Habsburg empfindlich treffen. Dieser Gedanke war ihm um so dringender, als nur durch Rückgewinnung des württembergischen Fürstentums den vereinzelten protestantischen Reichsstädten Rückhalt und Verbindung gegeben werden konnte. Die Erbfeindschaft zwischen den Städten und den Württembergern sollte durch das Evangelium geheilt werden. Das mit französischem Geld erworbene Heer rückte in Württemberg ein, und nach vergeblichem Widerstand bei Lauffen ergriffen die Österreicher die Flucht. Im Mai 1534 war das Land besetzt. Ferdinand wurde gezwungen, durch den Vertrag von Kaaden (Böhmen) am 29. Juni 1534 das Land seinem früheren Landesherrn, wenn auch als österreichisches Afterlehen, zurückzugeben. Die Mitglieder des Schmalkaldischen Bundes waren jetzt bereit, Ferdinand als römischen König anzuerkennen. Der Kaadener Vertrag enthielt auch die Bestimmung des Zugeständnisses des Reformationsrechtes für Herzog Ulrich. Die Bevölkerung Württembergs schloß sich nun der Reformation an. Da der reformatorische Einfluß im Lande bis dahin teils von Wittenberg, teils auch von Thüringen erfolgt war, berief Herzog Ulrich zur Durchführung der Reformation zwei Männer der gleichen Richtung. Aus Marburg holte er den lutherischen Theologieprofessor Erhard Schnepf, aus Konstanz dagegen den Zwinglianer Ambrosius Blarer. Die beiden einigten sich in der Abendmahlslehre auf die Formel, daß im Sakrament Leib und Blut Christi wesentlich, wenn auch nicht lokal gegenwärtig sei.

Am 2. August 1534 wurde die Württembergische Konkordie geschlossen, sie wurde zur Vorläuferin weiterer Bestrebungen zur Einheit zwischen der norddeutschen und süddeutschen Richtung der Reformation. In Württemberg ordnete man den Gottesdienst mehr nach dem Straßburger Vorbild. Blarer verließ 1538 Württemberg. So setzte sich in der württembergischen Kirche der lutherische Charakter durch. Selbst Herzog Ulrich trat nun dem Schmalkaldischen Bund bei, auch andere Fürsten schlossen sich nun dem Bund an. In Anhalt und in Pommern traten die regierenden Häuser der Bewegung Luthers bei. In Pommern beschloß der Landtag zu Treptow im Dezember 1534 die Reformation. Ihre Durchführung wurde Bugenhagen übertragen, er entwarf auch die Kirchenordnung für seine Heimat. Neben den Territorien traten auch eine Reihe von wichtigen Städten, so etwa die Reichsstädte Frankfurt am Main und Augsburg, Hannover und Hamburg 1536 dem Schmalkaldischen Bund bei.

Auch König Heinrich VIII. von England ließ seit 1535 mit dem Bunde verhandeln. Er suchte, auch wie andere auswärtige Staaten, mit dem Schmalkaldischen Bund Kontakt. England hatte seit den Tagen Wiclifs und noch vor Hus eine leidenschaftliche antirömische Bewegung erlebt. Aber von ihren starken Wirkungen ist schon im 15. Jahrhundert nichts mehr zu spüren gewesen. Die englischen Universitäten und Gelehrten öffneten sich dem Geist des Humanismus, Erasmus lebte jahrelang in Cambridge. Ein Schüler des Erasmus, William Tindale, brachte lutherische Schriften ins Land und druckte zuerst eine Übersetzung des Neuen Testamentes. Aber eine allgemeine Bewegung schloß sich nicht daran an. Man unterdrückte die Schriften und ließ die Personen unbehelligt. Die Forderung Heinrichs VIII., seine erste Ehe mit Katharina von Aragon scheiden zu lassen, um so seine Verbindung mit Anna Boleyn legitimieren zu können, brachte den Konflikt mit der Kirche im Lande und mit Rom. Seit die Legation Campeggios durch Verlegung des Prozesses nach Rom gescheitert war, vollzogen sich die Dinge in England fast mit der Notwendigkeit einer Naturgewalt. Wolseys Nachfolger wurde erst der Humanist Thomas Morus, dann Thomas Cromwell, ein Geschäftsmann mit vollendeter Skrupellosigkeit. Heinrich VIII. war zunächst für die geistliche Laufbahn bestimmt, er erwarb gründliche theologische Kenntnisse, neben der scholastischen Wissenschaft drang er auch in das Wesen des Humanismus ein. Am Anfang stellte er sich der reformatorischen Neuerung entschieden entgegen und bekämpfte vor allem Luthers Schrift „Von der babylonischen Gefangenschaft der Kirche“ literarisch. Der Papst ernannte ihn zum Defensor fidei. Heinrich VIII. war in erster Ehe mit Katharina von Aragon, einer Tante Karls V., verheiratet. Da sie vor der Ehe mit ihm mit seinem Bruder Arthur verlobt gewesen war, hätte es für diese Ehe einer päpstlichen Dispens bedurft. Gewissensbedenken gegen die Rechtmäßigkeit seiner Ehe sollen Heinrich schon 1526 gekommen sein. Papst Clemens VII. stellte dann auch eine Bulle aus, mit der die Dispens aufgehoben wurde. Der Kaiser intervenierte hierauf, weshalb der Streit nach Rom gezogen wurde. Nun wandte sich aber das englische Parlament an den Papst, womit der eigentliche Kampf Englands gegen die Kurie begann. König Heinrich unterwarf sich die Provinzialsynoden durch ähnliche Prozesse wie gegen Wolsey. Er erzwang die Anerkennung des Königs als „Haupt und Vogt und einzigen Herrn der Kirche von England“. Im Mai 1537 erfolgte die Auflösung der Synode von

Canterbury. Nach der Verbindung des Königs mit Anna Boleyn verbot der König Appellationen nach Rom und ließ durch den neuen Erzbischof Cranmer von Canterbury seine erste Ehe annullieren. Papst Clemens VII. hatte im Eheprozeß am 23. März 1534 die Ehe Heinrichs VIII. mit Katharina von Aragon als zu Recht bestehend erklärt.

Mit dem Suprematsgesetz vom 3. November 1534 begründete der König die englische Staatskirche. „Die europäische Lage, die Mutlosigkeit Clemens' VII., der Vorsprung und das ganz andere Gewicht der deutschen Bewegung erklären es, daß eine so große Umwälzung sich so leicht vollzog" (K. Brandi). Bei der Beseitigung der päpstlichen Jurisdiktion handelt es sich um dieselbe Sprengung des abendländischen Systems, die eben damals die führenden deutschen Fürsten unternahmen. Der Anlaß war voller Schmach und die Begründung ohne jede Tiefe. So ist die Ehre Englands gegen den gewissenlosen Tyrannen auf seinem Thron gerettet worden durch die Ehrenmänner, die als Märtyrer ihres Amtes und ihrer Sittlichkeit hingerichtet wurden, Bischof John Fisher und Thomas Morus, Großsiegelbewahrer des Königreiches. Im Dezember 1535 bemühte sich der König um ein Bündnis mit den deutschen Protestanten; bis 1536 konnte er sich nicht entschließen. Am 19. Mai 1536 wurde Anna Boleyn, die Mutter der Elisabeth, hingerichtet. Jane Seymour wurde des Königs dritte Frau.

Studenten und Kaufleute wurden zu Boten der reformatorischen Bewegung in ganz Europa. In den habsburgischen Erblanden, in Ungarn, Siebenbürgen, Polen fehlte es nicht an Männern, die die Reformation verbreiteten. Meist waren es Schüler Melanchthons, wie der Ungar Matthias Devay Biro oder der Siebenbürger Sachse Johannes Honterus, die zu Verkündigern der reformatorischen Lehre wurden.

Auch in Skandinavien breiteten sich die Gedanken Luthers aus. Der Kampf zwischen Königtum und Bischofsgewalt hat der Reformation in Dänemark wie in Schweden zum Durchbruch verholfen. Gustav Wasa behauptete sich als gewählter Volkskönig gegen König Christian II. und stützte sich dabei auf das schwedische Volk, das schon weithin von den Ideen Luthers erfaßt war. Olaf Petri, Prediger und Stadtschreiber in Stockholm, ist hier zu nennen, der die Bibel ins Schwedische übersetzte. Auf dem Reichstag in Westerås 1527 wurden den Bischöfen und dem Adel jene Bedingungen abgerungen, unter denen sich die Reformation entfalten konnte. Die bischöflichen Burgen mußten sich dem König ergeben. Die Gottesdienstordnung wurde nach dem Wittenberger Vorbild gestaltet.

Auch in Dänemark wurde die Reformation von oben eingeführt. Der Kanzler von Rantzau, der auf dem Wormser Reichstag für Luther gewonnen war, übte entscheidenden Einfluß aus. Auf dem Reichstag von Odense 1527 wurde die Macht der Bischöfe gebrochen und die Reformation durchgesetzt. Hans Tausen, ein ehemaliger Wittenberger Student, schuf die dänische Bibelübersetzung (1524 bzw. 1550). Nach dem Tode König Friedrichs I. versuchte die katholische Partei, im Bunde mit dem Hansebund Wullenwebers aus Lübeck, die Macht an sich zu reißen. Das Unternehmen scheiterte. Christian III. trat das Erbe an. Er berief Bugenhagen. Dieser stellte die evangelische Kirchenordnung auf und sorgte sich um das Schulwesen. In Norwegen und Island vollzog sich, wenn auch viel langsamer, dieselbe Entwicklung.

40

DER KAMPF UM DAS KONZIL

Karl V. wandte sich ständig an den Papst, um die Einberufung eines Konzils durchzusetzen. Zwar hatte Clemens VII. während des Zusammenseins mit dem Kaiser in Bologna 1529/30 dem Kaiser die Zusage gegeben, ein Konzil einzuberufen, obwohl der Papst selbst von diesem Konzil nicht besonders angetan war, vor allem weil er nichts Gutes für sich erwartete. Er ließ dem Bruder des Kaisers sagen, daß nach seiner Auffassung das Konzil sich entweder über den Papst stellen und dadurch eine Spaltung heraufführen würde, oder aber es würde den Primat des Papstes verfestigen, das bedeute aber die Abtrennung der Protestierenden.

Der päpstliche Nuntius bereiste 1533 Deutschland, um die Voraussetzungen für das beabsichtigte Konzil zu klären. Von französischer Seite erfolgte gegen diese Bemühungen ein Einspruch. Im März 1534 entschloß sich daher Clemens VII., die Einberufung des Konzils bis auf weiteres zu verschieben. Der Papst starb im Dezember desselben Jahres. Zu seinem Nachfolger wählte das Konklave Alessandro Farnese, der sich als Papst Paul III. (1534–1549) nannte. Der neue Papst betrieb eine andere Politik als sein Vorgänger. Er sagte dem Kaiser während seines Besuches in Rom nach der Rückkehr von Tunis im Jahre 1536 die Berufung eines Konzils endgültig zu. Paul III. meinte es ernst, er sprach von den drei großen Aufgaben seines Pontifikates: die Abwehr der Türken, die Kirchenreform und die Durchführung eines allgemeinen Konzils. Seine Nuntien wurden beauftragt, das Terrain zu sondieren. Nach Deutschland wurde der Bischof Pietro Paolo Vergerio geschickt. Er besuchte die Höfe und kündigte dort die Einberufung des bevorstehenden Konzils an. Den protestantischen Forderungen folgend, sollte das Konzil in einem Ort stattfinden, der im Reichsgebiet lag. Man hatte für dieses Konzil den Ort Mantua auserwählt, das als Lehen des Reiches den von den Deutschen gestellten Bedingungen entsprach. Die Ausschreibung des Konzils und seine Einberufung wurden ein Fehlschlag, nicht nur weil ein neuer Krieg zwischen Karl V. und Franz I. ausgebrochen war, sondern auch weil der Herzog von Mantua die Beherbergung des Konzils von einer starken Konzilswache von 5000 bis 6000 Mann abhängig machte. Die Kosten für diese Wache waren zu hoch. So dirigierte der Papst das Konzil nach einer Absprache mit den Venezianern am 8. Oktober 1537 nach Vicenza um. Die Beschickung aus Italien selbst blieb dürftig, einige Boten deutscher Bischöfe kamen, die Schmalkaldener lehnten die Einladung schroff ab. Die Eröffnung wurde von einem zum anderen Termin verschoben und schließlich am 21. Mai 1539 auf unbestimmte Zeit vertagt. Eine große Entmutigung ergriff die immer mehr zusammenschmelzenden Katholiken Deutschlands, und die Lutheraner unterstellten dem Papst, daß er im Ernst gar kein Konzil wolle, sondern nur „den Königen und aller Welt eine Nase drehen". Doch dies wollte der Papst nicht. Er hatte schon im Herbst 1536 eine Reformkommission von neun Prälaten, darunter die neuernannten Kardinäle Contarini und Carafa, nach Rom eingeladen, die am 9. März 1537 ein Gutachten über die Erneuerung der Kirche vorlegten, das an Deutlichkeit nichts zu wünschen übrig ließ.

Der von Paul III. nach Deutschland geschickte Bischof Vergerio besuchte auch Martin Luther in Wittenberg. Die Begegnung geschah in Unbefangenheit, und Luther erklärte sich zur Teilnahme am Konzil bereit. Angesichts des Konzils befanden sich die Lutheraner in einer schwierigen Lage. Schon lange forderten sie das Konzil als ein Mittel der Verständigung. So konnten sie es daher schwerlich ausschlagen. Zum anderen aber war es klar, daß die Protestanten sich nicht einem Majoritätsurteil beugen konnten, auch wollten sie ihren Grundsatz, daß in Glaubensfragen allein die Schrift Norm und Richterin sein könne, unter keinen Umständen aufgeben. Auf diese Forderung aber konnte wiederum der Papst nicht eingehen. Als die protestantischen Stände die Einladung zum Konzil nach Mantua erhielten, wollte Kurfürst Johann Friedrich von Sachsen zunächst ablehnen, aber dem Rat seiner Juristen und Theologen folgend, wollte er dann doch abwarten, um zu sehen, auf welche Weise sie zu dieser Kirchenversammlung eingeladen würden, ob als Gleichberechtigte oder als Angeklagte. Der Kurfürst erwog den Gedanken, ein Gegenkonzil einzuberufen, aber seine Theologen rieten ihm davon ab. Sie bestärkten ihn aber in der Meinung, daß entschiedene Maßnahmen ergriffen werden müßten, wenn das vom Papst geleitete Konzil unbillige Forderungen an die protestantischen Stände richten sollte.

Dem Verlangen des Kurfürsten folgend, mußte Luther im Dezember 1536 Artikel aufsetzen, die nach Schmalkalden zur Mitgliederversammlung des Schmalkaldischen Bundes mitgenommen werden sollten. Diese Artikel sollten helfen, so verlangte es der Kurfürst, „in welchen Stücken von Frieden und Einigkeit wegen zu weichen und nachzugeben sein mochte oder nicht". An die Spitze seiner Arbeit stellte Luther die „Artikel von der göttlichen Majestät", an denen nicht zu rütteln sei und die auch wohl von beiden Seiten anerkannt werden würden. An erste Stelle stellte er den Artikel von der Rechtfertigung. „Von diesem Artikel", so schrieb Luther, „kann man nicht weichen oder nachgeben, es falle Himmel und Erde und was nicht bleiben will." Mit Bestimmtheit erklärte er: „Auf diesem Artikel steht alles, das wir wider den Papst, Teufel und Welt lehren und leben." Im Galater-Kommentar von 1535 erklärte Luther, wenn der Papst den Artikel von der Rechtfertigung anerkennen würde, dann würde er ihm nicht nur die Füße küssen, sondern auch auf Händen tragen. In den nachfolgenden Artikeln von Schmalkalden begründete Luther, warum er die Messe, die Lehre vom Fegefeuer, die Wallfahrten, die Reliquienverehrung, die Heiligenanrufung und den Ablaß ablehne. Es wird erklärt, warum er die Aufhebung der Klöster und Stifte fordere und das Jus divinum, das göttliche Recht des Papstes, verwerfe. In den letzten Artikeln werden diejenigen Dinge vorgestellt, über die eine Verständigung mit der Kirche Roms erzielt werden könnte (Lehre von der Sünde, vom Gesetz, von der Buße, Priesterehe u. a.).

Den Artikel vom Abendmahl hatte Luther zunächst im Sinne der Wittenberger Konkordie gefaßt, wie sie in der Zeit vom 22. bis 29. Mai 1536 in Wittenberg bei den Verhandlungen mit den oberdeutschen Reichsstädten zustande gekommen war. Nach einem Vergleich zwischen Bucer und Melanchthon im Dezember 1534 in Kassel und manchen Verhandlungen zwischen einzelnen Theologen war es zu dieser Zusammenkunft gekommen, zu der die meisten oberdeutschen Städte Abordnungen geschickt hatten. Die Schweizer dagegen, die Zwinglianer also, um die es bei diesem Einigungswerk vor allem ging, hatten sich die Teilnahme versagt. Bucer bekannte, das Brot sei wahrhaftig der Leib Christi und werde durch den Austeilenden allen Empfangenden gegeben, wenn die Einsetzungsworte nicht verfälscht würden. Letzteres geschieht aber auch durch den Unglauben des Empfängers. So ergab sich das alte Problem der manducatio impiorum. Bucer gestand, daß auch Unwürdige das Sakrament empfangen durften, während er dies für die Ungläubigen ablehnte. „Demnach halten und lehren sie, daß mit dem Brot und Wein wahrhaftig und wesentlich zugegen sei, dargereicht und empfangen werde der Leib und das Blut Christi . . . sie halten, so das Brot dargereicht wird, das alsdann zugleich gegenwärtig sei und wahrhaftig dargereicht werde der Leib Christi etc.

Denn außer der Nießung . . . halten sie nicht, daß Christi Leib zugegen sei . . ." Ohne Erfolg war Bucer in der Schweiz für die Annahme dieses von Melanchthon redigierten Textes der Wittenberger Konkordie. Somit beschränkte sich die Bedeutung dieser Konkordie darauf, die Brücke zu den oberdeutschen Städten geschlagen und diesen so den Anschluß an den Schmalkaldischen Bund ermöglicht und den Einfluß des Luthertums in Süddeutschland gestärkt zu haben.

Luther brachte zunächst in dem Artikel „Vom Abendmahl" bei den Schmalkaldischen Artikeln eine Interpretation im Sinne der Wittenberger Konkordie. Bugenhagens Rat folgend, faßte er dann den Abendmahlsartikel schärfer als in der Wittenberger Konkordie.

Am 9. Februar 1537 fand man sich im Konvent zu Schmalkalden zusammen. Der kaiserliche Rat Dr. Held erschien und forderte die Evangelischen auf, das Konzil, das sie immer gefordert hätten, möglichst zahlreich zu besuchen. Er hatte eine geheime Instruktion dabei, die lautete dahin, daß die Protestanten einen Vertrag mit dem Kaiser schließen sollten. In diesem Falle wurde ihnen eine Nationalversammlung in Aussicht gestellt. Held erhielt von der Schmalkaldener Versammlung klipp und klar zur Antwort, daß bei der neuen politischen Lage ein Konzil undenkbar sei. Außerdem lehnten die versammelten protestantischen Stände einen Tagungsort in Italien ab und forderten, daß der Kaiser ein Konzil ohne Papst einberufen und der Nürnberger Religionsfrieden auch auf diejenigen evangelischen Stände auszudehnen sei, die nach 1532 dazugekommen seien.

Nach dem Mißerfolg in Schmalkalden versuchte Dr. Held, die katholischen Stände zu einem Bündnis gegen die Schmalkaldener zusammenzuschließen. So wurde im Jahre 1538 der Nürnberger Bund als „Defensivliga" gegründet, dem außer den Habsburgern, Bayern, Georg von Sachsen und Heinrich von Braunschweig der Kurfürst Albrecht von Mainz und der Fürstbischof Lang von Salzburg beitraten.

Von einem Steinleiden geplagt, reiste Luther aus Schmalkalden ab. Melanchthon riet, die lutherischen Artikel nicht zu besprechen. Man entschied, daß für eine Verhandlung auf einem Konzil nur die „Confessio Augustana" und die „Apologia" genügen sollten. Die Stände unterschrieben sie erneut, dazu den auf ihr Verlangen von Melanchthon verfaßten „Tractatus de potestate ac primatu papae". Dieser Traktat ist antipäpstlich verfaßt und in der Tonart schroff und entspricht gar nicht der Art, von der sonst Melanchthons Rede und Schrift geprägt waren.

Luther war über den Gang der Schmalkaldener Verhandlungen nicht informiert. Später vertrat er immer wieder die Ansicht, daß seine Artikel „von den Unseren angenommen und einträchtiglich bekannt und beschlossen" seien. So heißt es auch in der Vorrede zu den 1538 von Luther veröffentlichten Artikeln: „So da hätten sollen aufs Konzil zu Mantua überantwortet werden." Auf Bugenhagens Veranlassung hatten alle in Schmalkalden anwesenden Verbündeten die Artikel privat unterschrieben. Durch Luthers irrige Auffassung sind die Schmalkaldener Artikel in das Konkordienbuch von 1580 hineingekommen. Die lateinische Übersetzung ist später angefertigt worden.

41

DIE KAISERLICHEN RELIGIONSGESPRÄCHE

Jetzt versuchte der Kaiser noch einmal mit Duldung, aber nicht im Auftrag des Papstes eine Verständigung mit den Protestanten durch Religionsgespräche. Die Voraussetzungen dafür schienen günstig. Die irenischen Gedankengänge des Erasmus von Rotterdam verfehlten auch auf den Kaiser ihren Eindruck nicht. Seit dem Augsburger Reichstag 1530, auf dem die humanistisch gesinnten Räte, vor allem der kaiserliche Sekretär Alfonso de Valdés, für eine Beilegung des religiösen Streites auf dem Verhandlungsweg wirkten, war der Kaiser für diesen Weg gewonnen. Die Vorschläge, die die von erasmischem Geist erfüllten Verhandler unter Mitwirkung von Georg Witzel 1534 in Dresden gemacht hatten, waren zunächst nicht weiter beachtet worden. Die außenpolitischen Dinge hielten den Kaiser besetzt. Karl V. mußte einsehen, daß er nicht gleichzeitig Krieg gegen die Türken führen und die Kirchenfrage in Deutschland lösen konnte. Der Kampf mit Franz I. kostete ihm viel Kraft, so mußte er seine Mittel für den Kampf mit den Osmanen sparen. Auch diese Erkenntnisse bestärkten ihn, im Reich vorläufig weiter den Weg der Verhandlungen zu beschreiten. Im Brandenburger Kurfürst Joachim II. trat ein neuer Vermittler auf. Im Mai 1538 schlug er dem König Ferdinand und dem Nuntius Morone vor, die Kurie sollte unter dem Zugeständnis von Laienkelch und Priesterehe mit den Protestanten verhandeln. Die evangelischen Fürsten fanden sich im Juli 1538 durch die Vermittlung des Hohenzollern Joachim bereit, mit dem König zu einer Aussöhnung zu kommen. Als Grundlage wollte man den Nürnberger Religionsfrieden von 1532 nehmen. Die Rückkehr zur katholischen Kirche war nicht gefordert. Neben Joachim II. war auch der Pfalzgraf Ludwig in diesem Sinne tätig. Der kaiserliche Diplomat Johann Weeze, einst Erzbischof von Lund in Schweden und nun Vertrauter des Kaisers, erhielt große Vollmachten, um mit dem Schmalkaldischen Bund zu verhandeln.

Eine neue Vereinbarung wurde im April 1539 auf einer in Frankfurt stattfindenden Versammlung getroffen. Man erreichte zwar nicht den endgültigen Frieden, aber doch zumindest einen Anstand von sechs Monaten. Man beschloß, die schwebenden Kammergerichtsprozesse zu suspendieren, und außerdem wurde von kaiserlicher Seite versprochen, demnächst „zu christlicher, löblicher Vereinigung" zu einem Religionsgespräch zusammenzukommen. Karl V. ratifizierte den Frankfurter Anstand nicht, aber er widerrief ihn auch nicht. Sicherlich spielte es für den Kaiser in seiner Lage eine große Rolle, Zeit zu gewinnen. Das für Nürnberg vorgesehene Gespräch wurde nicht einberufen. Der Kaiser kam im Februar 1540 auf sein Versprechen zurück. Da am 1. Juli sein Waffenstillstand mit den Türken ablief, lud er zu einem Religionsgespräch nach Speyer ein. Die Kurie, die dieses Verfahren des Kaisers nicht billigte, versuchte das Treffen zu verhindern. Der Kaiser aber erklärte, daß er aus seiner politischen Lage heraus nicht umhin könne, sich mit den Protestanten zu verständigen. Er bestand auf die Einberufung. Obwohl die kaiserlichen Diplomaten die Unionsbestrebungen des Kaisers ins hellste Licht rückten, blieb das Mißtrauen in Rom bestehen. Man witterte ein deutsches Nationalkonzil, und das schmeckte der römischen Kurie nicht.

König Ferdinand, der Kaiserbruder, wollte zuerst mit den katholischen und vierzehn Tage danach mit den protestantischen Vertretern verhandeln. Die Hauptleute des „Schmalkaldischen Bundes" aber vertraten die Auffassung, sie könnnten nur auf der Grundlage des Frankfurter Anstandes verhandeln. Diese Bemerkung zögerte die Termine wieder hinaus. Ferdinand begann in Hagenau am 12. Juni 1540 ein Gespräch mit den katholischen Vertretern. Er erklärte, in der gegenwärtigen Lage gäbe es nur zwei Möglichkeiten, entweder zu den Waffen zu greifen oder die Auseinandersetzungen zu vertagen. Aber auch die Stände waren in ihrer Haltung geteilt. Auf diesem Gespräch versuchte Ferdinands Hofkaplan Friedrich Nausea, die Artikel des Augsburger Bekenntnisses im katholischen Sinne zu deuten. Von Ferdinand befragt, stellte dann Johannes Cochläus fest, daß es nur dann Sinn hätte, über einzelne Artikel zu verhandeln, wenn man sich mit den Protestanten über die Hauptartikel (Rechtfertigung und Kirche) einigen könne.

Anfang Juli begannen dann die Verhandlungen mit den Protestanten. Sie erklärten, sie könnten dem Vorschlag König Ferdinands nicht folgen. Sie schlügen vor, die Augsburger Sonderverhandlungen von 1530 zum Ausgangspunkt zu nehmen, auch seien sie nicht bereit, Kirchenväter oder Kanones von Konzilien über die Schrift zu stellen. Dasselbe hatten sie auch bei einem Religionsgespräch 1539 in Leipzig erklärt. Außerdem beanstandeten die Protestanten das in der Vorlage dem Papst gewährte Recht, die Ergebnisse der Verhandlungen zu bestätigen. Die Anhänger Luthers erklärten, daß sie nach wie vor auf dem Boden der alten Wahrheit der apostolischen Lehre und Kirche ständen. Man einigte sich nicht. Am 28. Juli 1540 verfaßte man einen Abschied, und der Versuch des Ausgleichs wurde vertagt.

In Worms traf man sich dann im Spätherbst 1540 zu einem weiteren Religionsgespräch. Man hatte in Hagenau ausgehandelt, daß von jeder Seite elf stimmberechtigte Teilnehmer mit ebenso vielen Schreibern und Notaren erscheinen sollten. Die Forderung bestand nach dem Hagenauer Abschied darin, daß dieses Gespräch in Worms zur Einigung und Vergleichung führen sollte. Von den Partnern dieses Gespräches wurde gefordert, daß sie „freundlich und christlich und der Heiligen Schrift gemäß" sich verständigen sollten, und sie waren aufgerufen, allen Fleiß darauf zu verwenden, um in allen strittigen Punkten zum rechten Verständnis zu kommen.

Die Protestanten fanden sich in Gotha zu einer Vorbesprechung zusammen und nahmen dabei auch zum Hagenauer Abschied Stellung. Man lehnte jetzt eine Anknüpfung an die Augsburger Verhandlungen von 1530 ab, ebenso die Bestimmung, an der Lehre und Ordnung der Kirche sei nichts zu ändern. Die Protestanten beschworen noch einmal, daß sie von der „Confessio Augustana" nicht weichen wollten. Andererseits waren sie bereit, über eine lehrmäßige Vergleichung zu verhandeln, wie sie ihnen in Frankfurt zugesagt war. Man beschloß, den Katholiken gegenüber auch nicht unversöhnlich zu erscheinen. Die in Hagenau angebotene Gesprächsweise gedachten sie anzunehmen. Der Kaiser aber erwartete ein Ergebnis in seinem Sinne. So schrieb er am 14. September 1540 einen Reichstag nach Regensburg aus. Wie sehr ihm an all dem gelegen war, wird daraus ersichtlich, daß des Kaisers Kanzler Granvelle, der ein Befürworter des Ausgleichs war, den Vorsitz in Worms selbst führen sollte. Der Kaiser bewies seinen guten Willen. Die Abneigung der Kurie gegenüber dem Reichstag trat aber ebenso deutlich hervor. Der Nuntius hatte die Anweisung, nichts zu unterlassen, die „vom Wege Abgewichenen" wieder zurückzuführen. Granvelle kam am 22. November nach Worms. Er leitete die Verhandlungen ein. Lange Erörterungen über die Verfahrensweise beim Gespräch standen am Anfang. Auf die Aufforderung, Artikel zu erstellen, über die diskutiert werden sollte, reichten die Protestanten die „Confessio Augustana" und die „Apologia confessionis" ein. Es gab einen Verhandlungsstop, als sich herausstellte, daß die altgläubige Majorität bei diesem Religionsgespräch nicht mehr vorhanden war. Der Nuntius berichtete sorgenvoll nach Rom, daß von den elf katholischen Stimmen drei „nach links tendierten, nämlich Kurbrandenburg, Jülich-Cleve und die Pfalz". Aber auf diese drei Stimmen konnten die Altgläubigen nicht verzichten. Blieben die Stimmen unsicher, so mußte die Absicht, durch Abstimmung eine Entscheidung herbeizuführen, aufgegeben werden.

Granvelle kam diese Verzögerung sehr ungelegen. Der Standpunkt der Parteien verhärtete sich sehr. Man mußte die Beteiligung der Öffentlichkeit ausschließen. Nach langen Vorverhandlungen und Klärung aller methodischen Fragen begann das eigentliche Religionsgespräch am 14. Januar 1541. Granvelle hatte es nur um des äußeren Scheines willen freigegeben. Im Grunde brauchte er es nicht mehr. Anfang Januar bat er den Kaiser, den Wormser Konvent auflösen zu dürfen. Nun wartete er auf die Zustimmung. Eine Überraschung gab es, als Eck feststellte, daß Melanchthon in der neuen Ausgabe der „Confessio Augustana" von 1540 sehr vieles geändert hatte (seitdem nennt man sie „Variata"). Für die Disputation galt jedoch der ursprüngliche Text. Nachdem man durch vier Tage hindurch über die Erbsündenlehre gestritten hatte, fand man eine Kompromißformel. Dann verkündete der Vorsitzende, auf kaiserliche Anordnung würde die Veranstaltung abgebrochen, um sie dann auf dem Reichstag von Regensburg, den der Kaiser selbst besuchen werde, in seiner Gegenwart wieder aufzunehmen.

Am 15. Dezember 1540 begannen in Worms geheime Verhandlungen. Landgraf Philipp schuf in Besprechungen mit Granvelle die Möglichkeit dazu. An den Verhandlungen nahmen von katholischer Seite der kurkölnische Kanonikus Johann Gropper und der kaiserliche Sekretär Gerhard Veltwyck teil, von evangelischer Seite Bucer und Capito. Gropper hatte bereits 1536 für die Reformen der kölnischen Kirchenprovinz ein Enchiridion ausgearbeitet, das dogmatisch den Strömungen der Zeit entgegenkam. Nun wurde in dieser Geheimverhandlung ein Auszug aus seinem Enchiridion besprochen und revidiert. Schwierigkeiten machte die Fassung der Lehre von der Rechtfertigung, bis sie beide Parteien befriedigte. Man schuf einen Kompromiß, der darin bestand, daß man eine doppelte Rechtfertigung lehrte, die die Glaubensgerechtigkeit mit der Werkgerechtigkeit verband. Auf seiten der Katholiken war man recht zuversichtlich. Sobald der neue Entwurf fertiggestellt war, brach man die öffentlichen Verhandlungen ab. Sie waren nicht mehr erforderlich.

Den nicht von den Verfassern gezeichneten Entwurf, die Urform des „Regensburger Buches", ließ Kurfürst Joachim II. Luther zusenden. Er bat ihn um seine Stellungnahme. Die Verfasser meinten es sicher gut, so antwortete Luther, aber die Vorschläge seien unannehmbar. Luther ließ das Buch zurückgehen, ohne auf die Sache selbst zu sprechen zu kommen. Im April 1541 wurde der Reichstag zu Regensburg eröffnet. Wiederum stand die Religionsfrage im Vordergrund. Pfalzgraf Friedrich und Granvelle führten im theologischen Ausschuß den Vorsitz. Zu Kollokutoren wurden ernannt: von katholischer Seite Eck, Julius Pflug, Gropper, von evangelischer Seite Melanchthon, Bucer und Pistorius. Als päpstlicher Legat war nach Regensburg Kardinal Gasparo Contarini entsandt worden. Einem vornehmen Geschlecht aus Venedig entstammend, galt Contarini als Vertreter der reformerischen Richtung an der Kurie. Seinen eigenen religiösen Erfahrungen folgend und gestützt auf Paulus und Augustinus, war er „der Überzeugung, daß der religiöse Quellpunkt der Heilslehre Luthers – nicht ihre theologische Formung und die aus ihr gezogenen Konsequenzen – urkatholisch war“ (H. Jedin). Er hatte schon 1536 an der Schrift „De mendanda ecclesia“ mitgearbeitet, war von augustinischen Gedanken durchdrungen und suchte die katholischen Vertreter in seinem Sinne zu bestimmen. Die Tatsache, daß man beim Religionsgespräch nicht mehr die „Confessio Augustana“ zur Grundlage genommen hatte, sondern den in Worms erarbeiteten Vergleichsentwurf, erregte Aufsehen. Eck war darüber sehr unwillig, aber der Kaiser bestand auf seinem Willen. Am 27. April begannen die Verhandlungen.

„Schon am zweiten Tage (28. April) wandte man sich dem 5. Artikel über die Rechtfertigung zu. Melanchthon und Eck verwarfen die vorliegende Fassung. Nach mehrtägigem Gespräch griff man doch wieder auf sie zurück, kürzte sie dann aber erheblich. Am 3. Mai erklärte man, man sei über diesen Artikel einig. Diese Nachricht erfüllte alle mit Freude und Hoffnung. Contarini sandte die Einigungsformel nach Rom, und der Kaiser war voll Zuversicht, daß man nun, ‚auch in den übrigen Fragen zu einer Verständigung gelange‘. An der Rechtfertigung hatte sich der Streit entzündet, und sie wurde als der „articulus stantis et cadentis ecclesiae‘ (Schmalkaldener Artikel), als die Lehre, mit der die Kirche stehe oder falle, empfunden. Nach der Einigungsformel wird der Sünder ‚durch den lebendigen und wirksamen Glauben gerechtfertigt‘. Dieser ist eine ‚Bewegung des Heiligen Geistes‘, durch die der Büßende auf Gott ausgerichtet wird und die in Christus verheißene Barmherzigkeit, Vergebung der Sünden und Versöhnung erlangt. Mit ihm wird ‚zugleich die Liebe eingegossen, die den Willen heilt‘, so daß er beginnen kann, das Gesetz zu erfüllen. ‚Der lebendige Glaube ist es also, der in Christus Barmherzigkeit erlangt und glaubt, daß ihm die Gerechtigkeit Christi aus Gnade angerechnet wird und er zugleich die Zusage des Heiligen Geistes und die Liebe empfängt. So ist der rechtfertigende Glaube der Glaube, der durch die Liebe wirksam ist.‘

Der Artikel sucht der Tatsache gerecht zu werden, daß wir einerseits gerechtfertigt sind um Christi willen, seine Gerechtigkeit uns zu eigen wurde und wir mit Gott versöhnt sind, andererseits die neue Gerechtigkeit noch nicht volle Gewalt über uns hat, die ‚Erneuerung noch unvollkommen ist und den Wiedergeborenen noch eine ungeheuere Schwachheit anhaftet‘ (CR 4,200). Von einer ‚doppelten Gerechtigkeit‘ ist nicht die Rede, sondern von der einen Gerechtigkeit Christi, des Mittlers, die in Richtung auf den Vater volle Gnade, Huld, Versöhnung bewirkt und die den Menschen erneuert und heiligt, hier aber noch nicht vollkommen zur Auswirkung gekommen ist“ (E. Iserloh).

Sehr bald zeigte sich im weiteren Verlauf des Gespräches, daß nicht die Rechtfertigung, sondern die Kirche und ihr Amt, d. h. ihre Vollmacht zur Auslegung der Schrift und zur Spendung der Sakramente die kirchentrennenden Glaubensartikel waren. Beim Artikel 14 über die Eucharistie gab es große Schwierigkeiten. Acht Tage lang stritt man sich um das Verständnis der Eucharistie, über die Transsubstantiation. Eine Verständigung erreichte man nicht. Auch über die Beichte konnte man sich nicht einigen (Artikel 15). Das Scheitern des Gespräches aber wurde allen Beteiligten sichtbar, als man um die Artikel über die hierarchische Ordnung der Kirche rang und über die Messe und die Heiligenverehrung sprach. Am 31. Mai legten die Protestanten eine Zusammenfassung über ihre abweichenden Meinungen über Kirche, Eucharistie und Beichte vor.

Die Unionspolitik des Kaisers scheiterte. Der Kaiser erreichte nicht einmal, daß die Artikel, über die man sich geeinigt hatte, als verglichen anerkannt wurden und man betreffs der anderen bis zum Konzil Duldung gewährte. Sehr bald wurde klar, daß auch die Einigung über die Rechtfertigung nur eine scheinbare Einigung gewesen war. Am 10. oder 11. Mai bezeichnete Luther die Einigungsformel als ein Flickwerk, „ein neu Tuch auf einen alten Rock gelappt, so daß der Riß ärger wird“. Eine „papistische Täuscherei“ nannte er am 29. Juni den Vergleich. Auch von katholischer Seite warf man der Formel Zwiespältigkeit vor. Die Kurie verwarf sie, wohl auch hauptsächlich deshalb, weil die Formel den Begriff „meritum“ (Verdienst) nicht enthielt.

Angesichts dieses Dilemmas des Scheiterns wurde die Forderung nach innerkirchlicher Reform immer dringlicher. An die versammelten Bischöfe erging daher von Contarini die dringende Aufforderung, ihren Pflichten als Hirten nachzukommen, besonders sich um die Predigt zu mühen und für den Unterricht der Jugend Sorge zu tragen. Vor allem sei Ärgernis bei sich und seiner Umgebung zu meiden. Die Bischöfe wiederum bedrängten den Legaten, unverzüglich für die Einberufung des Konzils zu sorgen. Sie machten darauf aufmerksam, wenn dies nicht geschähe, sei in kurzem ganz Deutschland der Sache Luthers verfallen. Das Konzil schien nun endlich Wirklichkeit zu werden. Der Papst hatte dem Kaiser mitteilen lassen, er wolle das Konzil unverzüglich einberufen. Doch zur Beseitigung der Spaltung kam es zu spät, das bewies die erneute Ablehnung von protestantischer Seite, ein päpstliches Konzil als verbindliche Instanz anzuerkennen.

Am 29. Juli 1541 wurde der Regensburger Reichstagsabschied erlassen, in dem wurde der Nürnberger Anstand von 1532 auf 18 Monate verlängert. Bis dahin sollte ein General- oder notfalls ein Nationalkonzil stattfinden. Um der Hilfe gegen die Türken willen mußte der Kaiser in einer geheimen Erklärung den Protestanten den Besitz der säkularisierten Kirchengüter zugestehen. Er versprach ihnen die Parität in der Besetzung der Richterstellen am Reichskammergericht und bestätigte, sich an die Erklärung ihrer Theologen in den verglichenen Artikeln zu halten.

42

DER SCHMALKALDISCHE KRIEG

Philipp von Hessen, der einzig politisch fähige Kopf unter den schmalkaldischen Fürsten, suchte aus persönlichen Gründen Anschluß an den Kaiser, da er durch eine Doppelehe dem Strafgesetz verfallen war. Zwischen dem ernestinischen und dem albertinischen Sachsen entstand ein Streit um das Bistum Naumburg und Wurzen (Meißen), der die beiden Linien dauernd verfeindete. Infolge dieser Vorgänge findet zum Beispiel der Herzog Wilhelm von Cleve keine Unterstützung beim Schmalkaldischen Bund. Er verliert Geldern an Karl V. und muß auf die Reformation seines Landes verzichten. Aus diesen Vorgängen erkannte Karl die politische Unfähigkeit und Zerrissenheit der Fürsten, denen ihre Privatinteressen wichtiger waren als die gemeinsame Sache. Die erfolgreiche Durchführung des geldernisch-clevischen Feldzuges 1543 bestärkte dann Karl V. in der Überzeugung, daß Gewalt, zur gegebenen Zeit und auf die rechte Art angewandt, durchaus ein geeignetes Mittel sei, den „Übermut" zu bändigen. Der Kaiser bereitete den Weg dazu in zähester diplomatischer Arbeit und scheute nicht Kompromisse, die zweideutig waren.

Man kann nicht verhehlen, daß der Kaiser, um die Zusage von Truppenhilfen gegen Frankreich und die Türken von den Lutheranern zu erhalten, in seinen Zugeständnissen und in seiner Nachgiebigkeit gefährlich weit ging. Um des augenblicklichen Erfolges willen gab der Kaiser hier zum ersten Mal wichtige Positionen auf, was in der Zukunft die Teilung der deutschen Kirche verhängnisvoll begünstigen mußte (E. Iserloh). In einem Breve beschuldigte ihn daraufhin die Kurie schwerer Eingriffe in kirchliche Rechte. Diese Beschuldigung war „eine prinzipielle Stellungnahme gegen die kaiserliche Religions- und Konzilspolitik" (H. Jedin).

Dieser Protest konnte aber den Kaiser auf seinem einmal eingeschlagenen Wege nicht mehr aufhalten, zumal ausgerechnet der Papst die Erreichung des an sich gemeinsamen Zieles des öfteren verhinderte durch seine Begünstigung Frankreichs, das dem Türken Bündnisanträge machte. Zum letzten Mal erhob Luther zu dieser Frage die Stimme und ließ sich zu einer seiner maßlosesten

Streitschriften hinreißen: „Wider das Papstum zu Rom, vom Teufel gestiftet".

In seinem vierten Feldzug gegen Franz I., den der Kaiser schnell und erfolgreich beendete, schuf er eine neue Lage. Diese neue Lage zwang auch den Papst, seine Haltung zum Kaiser zu ändern. Im Frieden von Crépy mußte der französische König Hilfe gegen die Türken zusagen und sich in einem Geheimvertrag vom 19. September 1544 dazu verpflichten, bei der Abstellung der Mißbräuche und der Rückführung der Abgefallenen mitzuwirken und das zu einem vom Kaiser zu bestimmenden Zeitpunkt in Trient, Cambrai oder Metz zusammentretende Konzil zu beschicken. Der französische König erklärte sich einverstanden, daß die von ihm zugesagte Türkenhilfe auch gegen die Häretiker eingesetzt würde, falls der Kaiser gezwungen sei, gegen diese mit Gewalt vorzugehen. Der Papst publizierte am 30. November 1544 die Bulle „Laetare Jerusalem", in der er für den 15. März 1545 das Konzil nach Trient einberief. Der Kaiser ging zwar darauf ein; von seinem Plan, zuvor den Schmalkaldischen Bund militärisch niederzuzwingen und dann die Protestanten zur Anerkennung und Beschickung des Konzils zu zwingen, ließ er aber nicht ab. Der Kaiser rechnete auch mit einer Verzögerung, wenn nicht mit einem erneuten Widerstand gegen die Konzileröffnung. Er beschritt weiter den Weg des Kompromisses, auch um seine Gegner in Sicherheit zu wiegen. So kam es zum Reichstag von Worms. Um die Protestanten zu täuschen, ließ er eine neue Vergleichsverhandlung in Regensburg für 1546 in Aussicht stellen. Kurfürst Johann Friedrich forderte seine Theologen auf, für dieses neue Religionsgespräch eine Grundlage für die Verhandlungen auszuarbeiten. Der Kaiser beruhigte den Papst damit, daß er erklärte, diese Verhandlung hätte nur den Zweck, die Protestanten hinzuhalten. Paul III. stellte Karl V. Truppen zur Verfügung, um ihn zu bestimmen, gleich loszuschlagen. Bis zum Konzil sollte die Lage klar sein. Der Kaiser zögerte noch und ließ zunächst das Religionsgespräch in Regensburg unter dem Vorsitz des Bischofs von Eichstätt eröffnen.

Von katholischer Seite standen außer Johannes Cochläus neue Vertreter bereit: der Spanier Malvenda, der Augustiner Hofmeister aus Colmar und der Karmeliter Eberhard Billik aus Köln. Auch die Protestanten boten eine neue Generation von Gesprächspartnern an. Außer Martin Bucer kamen statt Melanchthon Georg Major, Erhard Schnepf und Johann Brenz. Die Konzilseröffnung hemmte die katholischen Gesprächspartner. Sie wollten nicht einmal die Regensburger Vereinbarung von 1541 als Grundlage für das neue Gespräch annehmen. Bucer und Malvenda disputierten lange, aber vergeblich. Als die evangelische Seite merkte, daß die Zeit ohne Erfolg verstrich, berief man die evangelischen Stände ab. Der gleichzeitig in Regensburg zusammengekommene Reichstag verwies die Religionsfrage an das bereits angekündigte Konzil.

Während sich in der politischen Welt immer größere Verwirrungen zeigten, arbeitete Luther an der Bibel. Die Revision der deutschen Bibelübersetzung wurde von ihm und seinen Freunden zu Ende geführt. Luther widmete dieser Arbeit seine letzte Kraft. 1545 wurde die Ausgabe letzter Hand fertig. Luther lebte in der Bibel, die für ihn lebendiges Zeugnis von Gottes Wirken war. Für den Reformator waren die letzten Lebensjahre voller Enttäuschungen. Das Konzil, das eröffnet worden war, verhieß nichts Gutes, und es ist verständlich, daß Luther von ihm nichts mehr erwartete. Den Menschen gegenüber war Luther pessimistisch geworden. Seine letzten Äußerungen über die Verhältnisse in der Kirche sind daher auch besonders hart und schroff, seine Aussagen wurden immer leidenschaftlicher und maßloser.

Luthers Stellung zu den Juden war nicht gleichbleibend. In der Schrift „Das Jesus ein geborener Jude war" (1523) verurteilt er Gewaltmethoden und will, daß man „sie säuberlich unterweise, es sollten ihrer recht viele Christen werden". Die über 300 Bemerkungen Luthers über das Judentum, wie sie in den sechs Bänden der Tischreden in der Weimarer Ausgabe vorliegen, spiegeln die unterschiedliche Stellung des Reformators zum Judentum wider. Luther fühlte sich von den Juden immer mehr enttäuscht, vor allem wetterte er gegen sie wegen ihrer Geld- und Wuchergeschäfte. Von dem Grafen Schlick aus Böhmen erhielt Luther ein Buch zugesandt, in dem ein jüdischer Autor Christus sehr schmähte. Auch aus seiner Geburtsstadt Eisleben war ihm zu Ohren gekommen, daß die Juden sich beleidigend über Christus ausgelassen hatten. Aus drängender Sorge, die Christen könnten von den Juden „verkehrt" werden, schrieb er die Schrift „Von den Jüden und ihren Lügen" (1543). Die frommen Juden, die „Moses-Juden", wie Luther sie nennt, will er in Frieden gelassen wissen. Die anderen aber, die sich nicht bessern wollen, rät er zu vertreiben. In seiner letzten Predigt allerdings sagt er von den Juden, wenn sie aufhörten, vom Wucher zu leben und sich zu Christus bekehrten, „dann wollen wir sie gern als unsere Brüder halten".

Während die Welt voller dunkler Schatten war, neigte sich Luthers Leben seinem Ende. Er wurde in die Grafschaft Mansfeld gerufen, um einen Streit im Hause der Grafen von Mansfeld zu schlichten. Luther trat die Reise am 23. Januar an, er hatte schlechtes Wetter, und das Überschreiten der Flüsse bereitete große Schwierigkeiten. Sein Gesundheitszustand ließ zu wünschen übrig, sein altes Steinleiden, das ihn schon auf den Schmalkaldener Tagen so gequält hatte, setzte ihm sehr zu. Er war verärgert, voller Verdruß und überarbeitet. Er äußerte sich gallig und bitter über die Menschen, und er sehnte sich nach dem Frieden des Todes. Schleppend gingen die Verhandlungen in Eisleben weiter. Die Juristen, die mit formalen Gründen immer wieder die Verhandlungen verlängerten, machten Luther Ärger. Er hatte schon seinen Reisewagen für die Rückfahrt rüsten lassen, als es doch noch gelang, den Ausgleich zu erreichen. Luther hatte vorher erklärt, er wolle sich mit Freuden in den Sarg legen, „wo ich zuvor meinen lieben Landesherren vertragen und einmütigen Herzens gesehen habe".

Am Mittag des 16. Februar machte er auf einem Zettel seine letzten Aufzeichnungen.

Er schrieb: „Den Vergil kann niemand verstehen in seinen Bucolicis, er sei denn fünf Jahre Hirt gewesen.

Den Vergil kann niemand verstehen in seinen Georgicis, er sei denn fünf Jahre Ackermann gewesen.

Den Cicero in seinen Episteln niemand ganz verstehen kann, er habe denn fünfundzwanzig Jahre in einem großen Gemeinwesen sich bewegt.

Die Heilige Schrift meine niemand genugsam verschmeckt zu haben, er habe denn hundert Jahre lang mit Propheten und Aposteln die Gemeinde regiert.

Wir sind Bettler, das ist wahr."

Das waren Luthers letzte schriftlich hinterlassenen Worte. Am Abend des 17. Februar fühlte Luther sein Ende herannahen. Er rief Justus Jonas und den Ortspfarrer Coelius zu sich und bat sie, für ihn zu beten. „Ich fahre dahin, Herr Jesu Christe, laß dir mein Seelichen befohlen sein", sprach er selbst. Als der Tod an ihn herantrat, wurde er noch gefragt: „Wollt Ihr auf Christus und die Lehre, die Ihr gepredigt habt, beständig bleiben?" Luther antwortete: „Ja". Man schrieb den 18. Februar 1546, als er in der Frühe um 3 Uhr starb.

Der Tod bewahrte Luther davor, den Ausbruch des Schmalkaldischen Krieges, die Entzweiung im eigenen Lager, mitzuerleben.

Vier Tage nach seinem Tod erreichte der Leichenzug Wittenberg. Die Bekanntgabe von Luthers Tod an die Studenten schloß Melanchthon mit den Worten: „Ach, dahingefahren ist der Wagenlenker und Wagen Israels. Nicht menschlicher Scharfsinn hat die Lehre von der Vergebung entdeckt. Gott hat sie durch diesen Mann offenbart. So laßt uns dieses Mannes Gedächtnis lieben und achten auf die schwere Heimsuchung, die auf diesen Fall folgen wird." Unter der Kanzel der Schloßkirche wurde Luther begraben.

Des Kaisers Entschluß zum Führen des Krieges gegen die Schmalkaldener war wohl endgültig gefallen, als er am 5. Juni 1546 in Regensburg den Reichstag eröffnete. Mit Klugheit hatte inzwischen der Kaiser das Netz gespannt, in dem er die Protestanten zu fangen gedachte. Im März des Jahres war er zu Speyer noch einmal mit Philipp von Hessen zusammengekommen, um sich über die Gesinnung und Absichten des führenden Kopfes der deutschen Protestanten klar zu werden. Damals fiel das Wort aus des Kaisers Mund: „Reformieren heißt nicht, einen neuen Glauben annehmen." Diese Worte enthüllen den Gegensatz der Anschauungen. Der kaiserlichen Diplomatie gelang es, diesen Gegensatz in Verhandlungen mit einem anderen protestantischen Fürsten zu überbrücken. Granvelle verstand es, Moritz von Sachsen (1521–1553) die Furcht vor den kaiserlichen Kriegszielen zu nehmen. Moritz war seit 1541 Herzog in den albertinischen Landen und später Kurfürst (1547–1553). Er war ein kluger Kopf, mit einem starken Willen begabt und voller Ehrgeiz, seinen Besitz zu vergrößern und den Kurfürstentitel zu gewinnen. Den formalen Rechtsgrund für Moritz' Anschluß an die Sache des Kaisers lieferte die Auffassung, daß es in dem bevorstehenden Krieg um eine Unterwerfung von Reichsrebellen und nicht um Unterdrückung des neuen Glaubens gehen solle. Für Moritz blieb das Haupthindernis die vom Kaiser geforderte Unterwerfung unter das Konzil. Aber auch diese Schwierigkeiten wurden schließlich beseitigt. Man beruhigte den sächsischen Fürsten durch eine unverbindliche Erklärung über die Unabhängigkeit des Konzils, auf dem der Papst nicht Richter, sondern „Konzilsentscheidungen gleich sowohl als andere unterworfen sei". Man begnügte sich mit seinem Versprechen, das Konzil später zu beschicken. Das waren die Voraussetzungen, auf denen der am 19. Juni in Regensburg unterzeichnete Bündnisvertrag aufruhte. In ihm waren die kommenden Umgestaltungen der deutschen Verhältnisse beschlossen. Die Moritz von Sachsen versprochenen Gewinne waren nur auszuzahlen, wenn den kaiserlichen Waffen der Sieg verliehen wurde: als wichtigste die etwa eroberten ernestinischen Lande, dazu unter gewissen Bedingungen die Schutzherrschaft über Magdeburg und Halberstadt.

Der lockende Preis der Kurwürde wurde ihm jedoch nicht versprochen. Noch wichtiger als der sächsische Vertrag erschien dem Kaiser die Verständigung mit Bayern. Seit langer Zeit hatte sich der Ehrgeiz des Wittelsbachischen Hauses gegen jede Stärkung der kaiserlichen Macht im deutschen Reiche gewehrt. Zwar war Bayern längst der letzte Hort des alten Glaubens, die letzte Zitadelle geworden. Trotzdem pflegten seine Herzöge eifrige Beziehungen zu protestantischen Landesherren, besonders bevorzugten sie den hessischen Fürsten. Auch hier erwiesen sich die dynastisch-territorialen Interessen stärker als die gemeinsame Glaubensfront, in der sie mit den Habsburgern standen. Aber an diesem Vorabend größter Entscheidungen im Reich schwenkten die Wittelsbacher auch auf die Seite der Habsburger über. Als Gegenleistung winkte den Wittelsbachern die Aussicht auf die pfälzische Kur für den Fall des Anschlusses des Pfälzers an die Schmalkaldener und damit auch unter Umständen eine Anwartschaft auf die Nachfolge in Böhmen. Joseph Lortz sieht in diesem Vertrag bereits die bayrische Wendung zur „habsburgischen Reichspolitik der Gegenreformation". Um das behaupten zu können, war der Anschluß Bayerns an den Kaiser nicht vorbehaltlos genug. Er beschränkte sich zunächst auf eine Versicherung der Neutralität Bayerns in der bevorstehenden Auseinandersetzung, und er bedeutete auch noch nicht den Abbruch der zweideutigen Beziehungen zu Hessen, die gleichsam von den Bayern als Rückversicherung für den Fall der kaiserlichen Niederlage fortgeführt wurden. Sicher ist auch, daß dieser Vertrag dem Kaiser die notwendige Rückendeckung gab, ohne die er seinen großen Kriegsplan nicht hätte durchführen können. Noch während des Reichstages feierte man die politischen Hochzeiten, die das Bündnis besiegelten: zwischen Albrecht von Bayern und Anna, der älteren – zwischen Wilhelm von Cleve und Maria, der jüngeren Tochter König Ferdinands. „Der Schatten des heraufziehenden Krieges gibt den Verhandlungen des Regensburger Reichstages etwas Unwirklich-Gespenstisches" (S. Skalweit).

Es wirkt wie ein drohendes Zeichen, daß alle vom Kaiser abgewichenen Kurfürsten und Fürsten dem Reichstag fernblieben. Der Reichstag war von einem eigenartigen Kontrast bestimmt: auf der einen Seite ein höfisch-buntes Treiben und auf der anderen die Ahnung des heraufziehenden Krieges, die wie eine lastende Schwüle auf dem Reichstag lag. In diese Zeit fällt auch des Kaisers Abenteuer mit der Bürgertochter Barbara Blomberg, die ihm dann im nächsten Jahr einen Sohn gebar, der als Don Juan d'Austria in die Geschichte einging und der der Sieger der größten Seeschlacht des Jahrhunderts bei Lepanto wurde.

Alles gehörte zu dem trügerischen Schein, mit dem der Kaiser verstand, seine Vorbereitungen zu tarnen: Waffenkäufe wegen der Türken, Werbung, Beschaffung von Geldmitteln, Sicherung des päpstlichen Hilfeversprechens durch einen Vertrag, den Paul III. noch im Juni unterschrieb. Als dieser Reichstag zu Regensburg aufgehoben wurde, man schrieb den 24. Juli, hatte der Krieg bereits begonnen.

Für die Protestanten kam er nicht unerwartet. Seit dem Frieden von Crépy verdichteten sich die Gerüchte von einem bevorstehenden Angriff des Kaisers auf die Protestanten. Zunächst wurde das Gebiet südlich der Donau zum Kriegsschauplatz. Die noch zahlenmäßig überlegenen Schmalkaldener konnten sich nicht zu einem Angriff auf Regensburg entschließen. Die „größte militärische Auseinandersetzung, die Deutschland bis dahin erlebt hatte" (E. Hassinger), war zunächst ein endloses Paktieren und Manövrieren. Die Wendung des Feldzuges wurde durch Moritz von Sachsen eingeleitet. Auf die Zusage der sächsischen Kur brach er zusammen mit König Ferdinand in Kursachsen ein. Nun waren die Schmalkaldener gezwungen, sich nach Norden zurückzuwenden: mit der Folgerichtigkeit innerer Sinnhaftigkeit zog sich die politische Auseinandersetzung dorthin, von wo der ganze Streit, Luthers Reformation, ausgegangen war, nach Kursachsen (E. Iserloh).

So wurde der Kaiser Herr der Lage, Süddeutschland fiel ihm zu. Dem Kaiser ging es nicht einfach um Vernichtung des Gegners. Zwar verlangte er von den süddeutschen Städten hohe Kontributionen, um seine Truppen bezahlen zu können, er versuchte aber nicht, Württemberg etwa für Habsburg zurückzugewinnen und griff auch nicht in die religiösen Verhältnisse ein, bevor die Entscheidung gefallen war. Diese Entscheidung aber gefährdete nun ausgerechnet der Papst, der von einem vollen Erfolg des Kaisers dessen zu starkes Übergewicht befürchtete. Es begann ein Machtkampf zwischen dem Papst und dem Hause Habsburg. Wie hoch man auch des Papstes Furcht vor den Übergriffen Karls V. in die kirchliche Sphäre ansetzen mag, es ändert nichts daran, daß hier aus politischen Erwägungen die religiös-kirchliche Sache in schwere Gefahr gebracht wurde. Im Januar 1547 zog der Papst zur großen Erbitterung Karls V. seine Truppen zurück. Das war in diesem Augenblick um so gefährlicher, als der bisher abseits stehende norddeutsche Protestantismus dem sächsischen Kurfürsten zu Hilfe kam. Moritz von Sachsen wurde arg bedrängt. Von Blasenleiden und von Gicht gequält, eilte der Kaiser nach Sachsen und gewann hier unter persönlichem Einsatz auf der Heide bei Mühlberg an der Elbe am 24. April 1547 die einzig von ihm selbst geschlagene Schlacht seines Lebens. Kurfürst Johann Friedrich wurde gefangengenommen und wegen Majestätsbeleidigung und Ketzerei zum Tode verurteilt. In der Kapitulation zu Wittenberg vom 19. Mai 1547 mußte er auf einen Teil seines Landes und auf seine Kurwürde verzichten. Er verweigerte aber standhaft die Anerkennung der Konzilsbeschlüsse und blieb weiter in Haft. Dasselbe Schicksal traf Philipp von Hessen, als er in Halle an der Saale den Kaiser um Gnade bat.

Am 28. Januar 1547 war Heinrich VIII. von England und am 31. März Franz I. von Frankreich gestorben. Luther war schon seit einem Jahr tot. Karl V. schien als Sieger allein auf der Bühne der Geschichte zurückgeblieben.

Nach jahrzehntelangen Kämpfen war es Karl V. endlich gelungen, jenen Platz zu erhalten, der es ihm in der Geschichte ermöglichte, die Herrschaftsverhältnisse in Europa so zu gestalten, wie sie seinen Vorstellungen entsprachen. Nun konnte er auch die Einheit des Glaubens wiederherzustellen versuchen. Doch dazu versagte sich vor allem der, mit dessen Hilfe er hätte am ehesten rechnen dürfen: der Papst.

„Der Zwist zwischen Papst und Kaiser, der jetzt ausbrach, war die Rettung der deutschen Protestanten in höchster Not“ (H. Jedin).

43

DAS AUGSBURGER INTERIM

Der Sieg Karls V. über den Schmalkaldischen Bund war die Voraussetzung, um die Protestanten zur Teilnahme am Konzil in Trient zu bringen. Aber Kaiser Karl wurde um die Frucht seines Sieges gebracht, denn der Papst verlegte im März 1547 das Konzil von Trient vom Reichsboden nach Bologna, auf päpstliches Gebiet. Zum Besuch eines Konzils in einer Stadt des Kirchenstaates aber waren die deutschen Protestanten nicht bereit. Auch lehnten sie die Anerkennung der hier gefaßten Beschlüsse ab. Die Spannungen zwischen Kaiser und Papst verstärkten sich schon während des Feldzuges, als der Papst dem Kaiser seine Hilfstruppen entzog. Schließlich und endlich wurde das Verhältnis so schlecht, daß der Kaiser sich nicht zurückhielt, am 18. Januar 1548 in Bologna ein Sündenregister der Kurie verlesen zu lassen. Die Enttäuschung des Kaisers war so tief, daß er sich entschloß, die Religionsangelegenheiten in Deutschland ohne den Papst zu regeln. Nach dem Sieg bei Mühlberg schrieb der Kaiser einen Reichstag nach Augsburg aus. Dort wollte er den Ständen seinen Willen diktieren.

Auf diesem „geharnischten Reichstag" verlangte der Kaiser von den protestantischen Reichsständen, daß sie Gesandtschaften zum Konzil schicken und sich den Konzilsbeschlüssen unterwerfen sollten. Er sicherte ihnen freies Geleit zu und seine Sorge, daß das Konzil wieder in Trient tagen sollte. Vorläufig aber wollte der Kaiser die kirchlichen Verhältnisse durch eine einstweilige Verfügung (Interim) selbst regeln. Sehr gerne hätte Karl, früheren Vorbildern folgend, gewünscht, daß die Stände ihm einen Entwurf für das Religionsgespräch vorgelegt hätten, aus dem zu ersehen war, wie sie sich die kirchliche Regelung dachten.

Aus einem Reformvorschlag von Julius von Pflug wurde durch Verhandlungen katholischer Theologen mit Johannes Agricola, jetzt Hofprediger des Kurfürsten Joachims II., ein Text gewonnen und veröffentlicht (1548): „Der römisch-kaiserlichen Majestät Erklärung, wie es mit der Religion halben im Heiligen Reich bis zum Austrag des gemeinen Concilii gehalten werden soll." In der Kommission arbeiteten auch der Weihbischof in Mainz, Michael Helding, und die beiden Spanier Malvenda und Soto mit. In dem Reichstagsabschied, der am 30. Juni erging, wurden die Protestanten auf diese Erklärung verpflichtet. (Der kaiserliche Erlaß war eine katholische Glaubenslehre mit wenigen äußeren Zugeständnissen wie Laienkelch und Priesterehe.) Die Konzessionen, die bis zur Entscheidung des Konzils dauern sollten, galten nicht für die Katholiken. Deshalb kann man aber nicht das Augsburger Interim als ein Ausnahmegesetz für die Protestanten bezeichnen. Dies trifft den Sachverhalt nicht. In den 26 Artikeln werden die Grundwahrheiten des Glaubens dargestellt: Urstand, Fall und Erlösung der Menschen (1–3), seine Rechtfertigung (4–8), die Lehre von der Kirche (9–13), von den Sakramenten (14–21), und besonders ausführlich wird die Lehre vom Meßopfer (22–25) dargestellt. Der 26. Artikel behandelt die Zeremonien und die Bräuche.

Aufgrund der Verdienste des Leidens Christi erfolgt die Rechtfertigung. Sie bedeutet Vergebung der Sünden und Erneuerung im Heiligen Geiste. Gottes Liebe, die in unser Herz gezogen ist, bewirkt, daß der Mensch, „was gut und recht ist, begehrt und, was er begehrt, im Werke vollbringt". Doch auf dieser Erde kann der Mensch die Vollkommenheit dieser „eingegebenen Gerechtigkeit" nicht erlangen. Christus muß mit seiner Hilfe der Schwachheit der Gerechtfertigten zu Hilfe kommen. Sosehr damit die Rechtfertigung das Werk Gottes und nicht des Menschen ist, handelt doch „der barmherzige Gott nicht mit einem Menschen wie mit einem toten Block, sondern er zieht ihn mit seinem Willen" (Artikel 6, § 1). Die „vorhergehende Gnade ... bewegt das Herz zu Gott durch Jesum Christum, und diese Bewegung ist der Glaube" an die Heilige Schrift und die göttlichen Verheißungen. Der Glaube führt zum Vertrauen und zur Hoffnung, und die „Hoffnung auf die versprochene und zugesagte Barmherzigkeit gibt Gott die Ehre und wird also zur Liebe geführt" (Artikel 6, § 3). Diese Liebe ist fruchtbar in guten Werken (7). Die Kirche ist die „Gemeinschaft und Versammlung der Christgläubigen, in welchen der Heilige Geist die Neugeborenen ... also verbindet, daß sie seien ein Haus und ein Leib aus einer Taufe und einem Glauben" (9). Sie ist unsichtbar und doch auch sichtbar (9, § 5). Von ihr ist der Kanon der Schrift festgesetzt (11, § 1). Der Papst ist nach göttlichem Recht ihr Oberhaupt (13, § 1). Das Opfer Christi am Kreuz ist „allein genug ..., das ganze menschliche Geschlecht zu erlösen" (22, § 7). In der Messe geht es darum, daß „dieses so kräftigen Opfers, welches aller Menschen Heil vollkommen genügend und überreichlich erworben hat, alle Menschen teilhaftig würden und seinen Nutzen auf sich brächten" (§ 8). Das Opfer am Kreuz und das im Abendmahl sind „in der Substanz eins, aber in der Weise zu opfern ganz unterschiedlich" (§ 30). Bis zur Entscheidung des Konzils sollen Priesterehe (§ 20) und Laienkelch (§ 21) gestattet sein, wo sie bereits Brauch sind.

Der Kaiser suchte diesen Entwurf auf dem Wege der Verhandlung mit den einzelnen Ständen durchzusetzen. Kurfürst Joachim II. und Friedrich II. von der Pfalz ließen sich für die Annahme des „Interims" gewinnen. Kurfürst Moritz von Sachsen war vorsichtiger, er übergab den Entwurf seinen Theologen und forderte ihr Gutachten. Melanchthon, Georg Major und Pfeffinger lehnten nach eingehenden Beratungen die Lehre des Entwurfs von der Rechtfertigung, von den Heiligen und von der Privatmesse ab. In der Lehre von der Kirche und von den Sakramenten waren sie zum Nachgeben bereit. Melanchthon litt darunter, daß der Kaiser ihn aus persönlichem Groll nicht nach Augsburg kommen ließ. Er schrieb einen Brief an den Kanzler Christoph von Carlowitz, in dem er die Verantwortung für den Verlauf der Reformation Luther zuschob und über die Abhängigkeit klagte, in der er jahrelang habe leben müssen. Kurfürst Moritz von Sachsen zögerte mit seiner Entscheidung und gab keine Zusage zum „Interim". Bayern verlangte, daß das „Interim" nur den Protestanten auferlegt werden solle, die Katholiken dagegen angehalten würden, bei der alten Lehre zu bleiben. Die katholischen Stände erklärten dann, sie könnten ohne Zustimmung der Kurie den Entwurf nicht annehmen. Die Lehre der Kirche wird in dieser Bekenntnisformel ohne Abstriche vorgestellt, und von daher ist es um so bedauerlicher, daß sie nicht die Zustimmung der katholischen Stände fand. So konnten die Protestanten den Eindruck gewinnen, daß sie mit im Grunde nicht ernstgemeinten Konzessionen auf den Weg zu einem später ihnen doch wieder abverlangten integral vorreformatorischen Kirchentum geködert werden sollten (E. Iserloh). Die Unversöhnlichen – hierher gehört vor allem auch der sonst zur Vermittlung so geneigte Martin Bucer – hatten leichtes Spiel gegen diesen letzten Versuch, die Einheit zu retten. Es wurde Widerstand mobilisiert und jede Mitarbeit als Feigheit und Glaubensverrat hingestellt.

Am 30. Juni wurde das „Interim" zum Reichsgesetz erklärt und als Ausnahmegesetz über die Protestanten verhängt. Von den evangelisch gewordenen Fürsten wagten nur der Markgraf Hans von Küstrin und der Pfalzgraf Wolfgang von Zweibrücken öffentlich zu protestieren. Vor allem in den süddeutschen Reichsstädten, und hier wiederum in Württemberg, wurde das „Interim" angenommen.

Am 9. Juli 1548 erließ der Kaiser eine „Formula reformationis". Hierin wird die Reformation des Klerus gefordert. So handelt der I. Artikel dieser „Formula" über Ausbildung und Prüfung der Kandidaten für die Priester- und Bischofsweihe. Die Pflicht zur Seelsorge wird den Priestern und Bischöfen eingeschärft. Auch durch ihre Lebensführung sollen die Bischöfe zeigen, daß sie mehr Hirten als Fürsten sind (II). Das Studium der Heiligen Schrift wird als Vorbereitung zur Verkündigung des Wortes Gottes in der Predigt gefordert. Die Spendung der Sakramente soll immer wieder mit Ansprachen an die Gläubigen verbunden werden, um ihnen so das Verständnis der Sakramente nahezubringen (IX). Auch gestattet die „Formula" die Spendung von Taufe und Ehe in der Volkssprache (XVI). Die Häufung von Pfründen wird verboten

(XVIII). „Damit der fromme Reformationseifer durch langes Aufschieben nicht erkaltet", sollen die Diözesansynoden noch bis Martini (11. November 1548) und die Provinzialsynoden bis zur Fastenzeit des nächsten Jahres stattfinden. In den meisten deutschen Bistümern und für die Kirchenprovinzen Mainz, Trier, Köln und Salzburg haben solche Reformsynoden stattgefunden. Die dabei erlassenen Statuten gaben den bischöflichen Visitatoren Instrumente in die Hand bei ihren Bemühungen um die Festigung der Lehre und Disziplin. Ein neuer Geist wurde spürbar, und es zeigte sich ein Ansatz zur innerkirchlichen Erneuerung in Deutschland. Leider war auch ihr ein durchgreifender Erfolg nicht beschieden, aber der Boden war vorbereitet für die Aufnahme der Trienter Beschlüsse.

Am 18. August 1548 erhielten das „Interim" und die „Formula reformationis" durch eine päpstliche Indultbulle die ihnen noch fehlende kirchliche Lehrautorität. Allerdings zeigte sich doch immer wieder, wie schwer das „Interim" durchzusetzen war; als Diktat des siegreichen Kaisers war es belastend und reizte förmlich zum Widerstand. Außerdem fehlte es an überzeugendem Klerus, an Priestern und Ordensleuten, die die opponierenden evangelischen Prediger hätten ersetzen können. Wenn auch in Süddeutschland mit Hilfe der kaiserlichen Macht das „Interim" durchzusetzen war, war es in Sachsen nur in einer abgeschwächten Form möglich, dem sogenannten „Leipziger Interim". So wurden die Firmung und die heilige Ölung wieder eingeführt, die Ordination den Bischöfen übertragen und die Zeremonien und Gewänder bei der Feier der Messe wieder angeordnet. Auch die Feier des Fronleichnamsfestes wurde beschlossen. Dies alles rief unter den Wittenberger Theologen einen folgenschweren Streit über die Adiaphora, die Mitteldinge, hervor. Gegen diese Adiaphora trat Luthers Schüler Matthias Flacius auf, er verließ Wittenberg und führte von Magdeburg „unseres Herrgotts Kanzlei", zusammen mit Nikolaus von Amsdorf, einen scharfen Kampf gegen das „Interim".

44

DIE FÜRSTENREVOLUTION UND DER AUGSBURGER RELIGIONSFRIEDE

Im September 1549 fand sich Paul III. bereit, das Konzil in Bologna aufzulösen mit der Absicht, es nach Rom zu verlegen. Sein Nachfolger Julius III. kam den Wünschen des Kaisers entgegen und eröffnete es im Mai 1551 trotz des Protestes Frankreichs wieder zu Trient. Der Kaiser war jetzt daran interessiert, daß das Konzil beschickt wurde. Das Interesse an der Durchführung des „Interims" erlahmte.

Zur Beschickung des Konzils fand sich Joachim II. bereit. Melanchthon stellte als Grundlage die „Confessio Saxonica" auf, Brenz die „Confessio Wirttembergica". In Trient erschienen jetzt Gesandte aus Sachsen, Württemberg und Straßburg. Sie wurden dort aber nicht in der Vollsitzung, sondern nur in einer Kongregation angehört. Die Württemberger übergaben ihre Confessio; ihre Theologen seien noch unterwegs, man müsse ihre Ankunft abwarten. Im übrigen stellten sie die Forderung, die Bischöfe sollen für die Dauer des Konzils von ihrem dem Papst geleisteten Eid entbunden werden.

Die evangelischen Stände hatten sich auf dem Reichstag 1550/51 in Augsburg für die Entsendung von Abordnungen entschieden, die aber gleichzeitig dort die Verweigerung ihrer Hilfe bei der Durchsetzung des „Interims" und der kaiserlichen Reformation beschlossen. So griff eine wachsende Opposition gegen Karl V. um sich. Schon im Februar 1550 schlossen Hans von Küstrin, Albrecht von Preußen und Johann Albrecht von Mecklenburg in Königsberg ein Bündnis zur Erhaltung des Protestantismus. Es wurden Bemühungen des Kaisers bekannt, seinem Sohn Philipp die Nachfolge im Reich zu sichern. Dieses führte am 9. März 1551 zu einem habsburgischen Familienpakt. Danach sollte zwar Ferdinand Karl als Kaiser folgen, aber gleichzeitig Philipp, der Erbe Spaniens, römischer König werden und damit Ferdinands Nachfolger im Kaisertum. Ferdinands Sohn Maximilian sollte hinter dem Spanier Philipp zurücktreten. Diese Regelung entfremdete die Brüder Karl und Ferdinand voneinander, und sie beunruhigte die deutschen Fürsten, die meinten, sich unter „die viehische spanische Servitut" beugen zu müssen.

Moritz von Sachsen vollzog wiederum eine völlige Wendung seiner Politik und wandte sich vom Kaiser ab. Er machte sich zum Anwalt der fürstlichen Libertät und trieb ein raffiniertes Doppelspiel: Während er Verhandlungen mit Frankreich aufnahm, bewies er zugleich die Treue gegenüber dem Kaiser, indem er an Magdeburg die Reichsacht vollzog. Magdeburg kapitulierte am 4. November 1551. Mit den Königsberger Verbündeten, denen er noch im Januar 1551 die in Verden zum Entsatz Magdeburgs gesammelten Truppen weggenommen hatte, und mit Wilhelm von Hessen tat er sich zusammen. Sie schlossen am 15. Januar 1552 auf dem Schloß Chambord an der Loire einen Vertrag mit König Heinrich II. von Frankreich. Für den Angriff auf den Kaiser durch den Fürstenbund sagte der französische König finanzielle Hilfe zu. Er ließ sich aber gleichzeitig das Reichsvikariat über die Städte Metz, Toul und Verdun zusichern. So wurde den Franzosen das Tor ins Reich geöffnet und ein Keil zwischen die Niederlande und Burgund getrieben.

Heinrich II. bestärkte die Angriffsabsichten der Türken und ermunterte ebenso die Gegner Karls V. in Italien zu einem Aufstand gegen ihn. Karl V. schlug die Warnungen, die ihn erreichten, in den Wind. Ohne genügende Deckung war er gen Innsbruck gezogen. Hier in der Nähe von Trient glaubte er, stärker die Vorgänge auf dem Konzil beeinflussen zu können. Nun rückte im März 1552 Moritz von Sachsen gegen Tirol vor und erstürmte die Ehrenberger Klause. Von Gicht geplagt und in einer Sänfte getragen, mußte der Kaiser sich durch eine schnelle Flucht über den Brenner retten.

Am 28. April 1552 ging aufgrund der Kriegsnachrichten das Konzil auseinander. Albrecht Alcibiades von Brandenburg–Kulmbach brach verheerend in die fränkischen Bistümer ein, die Macht des Kaisers schien gebrochen. Die protestantischen Fürsten forderten 1552 auf in Passau geführten Verhandlungen die Aufhebung des „Interims". Sie verlangten die Einberufung eines Nationalkonzils zur Vergleichung der Religionsartikel und einen Religionsfrieden. Die Güter der Kirche sollten den augenblicklichen Besitzern überlassen bleiben. Der Kaiser ließ sich auf keinen Verzicht ein.

Am 15. August wurde in Passau ein Vertrag ratifiziert, in dem der Kaiser einen Stillstand in der Religionsfrage bis zum nächsten Reichstag bewilligte. Auf diesem Reichstag sollte dann die Religionsfrage geregelt werden. Moritz von Sachsen erreichte es, daß die gefangenen Fürsten frei wurden und Pfalzgraf Heinrich sein Land zurückerhielt. Nun zeigte es sich deutlich, wie sehr die politischen Interessen den religiösen vorgezogen wurden. Nicht nur bei Moritz von Sachsen lagen die Dinge so, auch bei vielen anderen Fürsten läßt sich das erkennen. Noch gab der Kaiser nicht auf, noch war er nicht damit zufrieden, daß sein Lebenswerk zerschlagen wurde. So zog er zunächst gegen Frankreich und belagerte vergeblich Metz. Die Wirren des Krieges zogen sich hin. Albrecht Alcibiades, der auf französischer Seite gegen den Kaiser kämpfte, ging zu ihm über. Der Kaiser wollte durch ihn an Moritz Rache nehmen. Die beiden einstigen Kampfgenossen stießen bei Sievershausen 1553 aufeinander, wo Moritz Albrecht Alcibiades zwar besiegte, aber den Sieg mit dem Leben bezahlte.

Karl V. hatte Deutschland für immer verlassen und überließ das Reich seinem Bruder Ferdinand. Er sah sich außerstande, die religiöse Einheit im Reich wiederherzustellen, und er lehnte ab, an einer anderen Lösung mitzuarbeiten.

Längst war ein neuer Reichstag überfällig geworden. Der müde gewordene Kaiser schrieb ihn zwar noch aus, aber er weigerte sich, auf diesem, der am 5. Februar 1555 in Augsburg eröffnet wurde, zu erscheinen.

Karl V. ließ von vornherein gegen alles protestieren, wodurch „unsere wahre, alte, christliche und katholische Religion auch nur im geringsten beleidigt, verletzt, geschwächt oder beschwert würde". Der protestantischen Seite fehlte nach dem Tode Moritz' von Sachsen der führende Kopf. Sie war aber entschlossen, sich für einen unbedingten und dauernden Religionsfrieden einzusetzen. Persönlich fand sich von den protestantischen Fürsten nur der Herzog von Württemberg in Augsburg ein. Diplomaten, Räte und Berufsjuristen führten die Verhandlungen. Man war überzeugt, daß man einen Kompromiß finden müsse, denn die Sehnsucht nach Frieden war groß. Allerdings war die Zeit für einen dauerhaften Religionsfrieden noch nicht reif. So forderten die Protestanten für sich die uneingeschränkte Religionsausübung. Sie waren aber nicht bereit, in ihren eigenen Territorien den Katholiken oder Schwärmern dasselbe zuzugestehen. Bei der Verhandlung am 14. September 1555 wehrten sich die Straßburger mit Berufung auf ihr Gewissen gegen die Duldung einer katholischen Minderheit in der Stadt: eine Duldung des katholischen Wesens sei eine Sünde gegen Gott. Von den altgläubigen Ständen vertrat nur noch der Bischof von Augsburg, Kardinal Otto von Waldburg, eine konsequent katholische Auffassung, die sich nicht mehr realisieren ließ.

Aufschlußreich ist, daß in Augsburg kaum theologische Argumente bei den Verhandlungen ins Feld geführt wurden. Das Schicksal der Konfessionen wurde von den Fürsten entschieden, genauer gesagt von ihren Juristen. Auf einen Vergleich in Lehre und Kult war man nicht mehr bedacht. Es ging nur noch darum, einen kirchenpolitischen Dauerfrieden zwischen konfessionsverschiedenen Reichsständen zu erhalten. Neben der Frage nach Eigentum und Nutzung des Kirchengutes bereitete die Forderung an die Bischöfe, die Jurisdiktion über die Untertanen protestantischer Fürsten aufzugeben, Schwierigkeiten. Um den „geistlichen Vorbehalt", wonach ein geistlicher Reichsfürst beim Übertritt zum Protestantismus Amt und Herrschaft verlieren sollte, rang man hart. Die Protestanten forderten, daß die geistlichen Reichsstände den evangelischen Rittern, Städten und Gemeinden die „Freistellung der Religion" zu gewähren hätten. In den Abschied wurde diese Bestimmung aber nicht aufgenommen, sondern als eine Nebenerklärung („Deklaratio Ferdinandea") zugelassen. Man nahm den „geistlichen Vorbehalt" auf mit dem Zusatz, daß die Protestanten nicht zugestimmt hätten.

Mit dem Abschied des Reichstages, den man am 25. September 1555 veröffentlichte, wurde auch gleichzeitig der Religionsfrieden von Augsburg bekanntgemacht. Um das Vaterland nach so vielen fruchtlosen Friedensversuchen vor Spaltung und Untergang zu bewahren, ist man übereingekommen, daß keiner der Reichsstände wegen seiner Zugehörigkeit zum Augsburgischen Bekenntnis vom Kaiser oder einem Fürsten bekriegt werden noch sonst einen Nachteil erleiden darf (§ 3). Ebenso dürfen die Fürsten des Augsburger Bekenntnisses den weltlichen oder geistlichen Ständen, die bei der alten

Religion bleiben, keinerlei Schaden zufügen (§ 4). Alle anderen, die den beiden Bekenntnissen nicht angehören, sollen von diesem Frieden ausgeschlossen bleiben (§ 5). Die freie Wahl des Glaubensbekenntnisses gilt nur für die Reichsstände, nicht für ihre Untertanen. Diese haben nach dem Grundsatz „Ubi unus dominus, ibi una sit religio" – zu Beginn des 17. Jahrhunderts formulierte man neu: „Cuius regio, eius et religio" – das Bekenntnis der Obrigkeit anzunehmen. Wenn ein Untertan sich nicht dazu entschließen konnte, soll er das Recht der Auswanderung nach Verkauf seiner Güter haben (§ 11). Die Religionsparteien konnten sich in der Frage des Übertritts eines Geistlichen zum Augsburger Bekenntnis nicht einigen. So bestimmte der König kraft kaiserlicher Vollmacht, daß Erzbischöfe, Bischöfe, Prälaten oder andere geistliche Stände, die sich von der alten Religion abwandten, ihre Ämter und Güter verlieren und die Kapitel einen Nachfolger wählen können, der nach dem alten Herkommen alle Güter erhält („geistlicher Vorbehalt", § 6). Für die Kirchengüter wird der Besitzstand zur Zeit des Passauer Vertrages als maßgebend angenommen (§ 7). Die geistliche Jurisdiktion soll gegenüber den Ständen der „Confessio Augustana" bis zur endgültigen Religionsvergleichung nicht ausgeübt werden (§ 8). Die reichsunmittelbare Ritterschaft soll in den Frieden einbezogen sein (§ 13). Wo beide Konfessionen in den Reichsstädten nebeneinander bestehen, soll es dabei bleiben. Jede soll die andere bei ihrem Glauben belassen, ihre Zeremonien und Güter sollen ihnen erhalten bleiben (§ 14). Dieser Friede soll bis zu einem friedlichen und endgültigen Vergleich der Religionen in Geltung bleiben. Kommt eine solche Einigung auf einem General- oder Nationalkonzil oder einem Reichstag nicht zustande, dann soll er als „ein beständiger, beharrlicher, unbedingter für und für währender Friede" weitergelten (§ 12).

Der Augsburger Religionsfriede war ein Provisorium. Als solcher verstand er sich auch bis zur Wiederherstellung der Glaubenseinheit durch ein Konzil oder sonst eine für die Religion kompetente Stelle. Aus diesem Provisorium ist ein Definitivum von großer weltgeschichtlicher Bedeutung geworden. Dieser Religionsfriede hat eine sonst in der deutschen Geschichte nicht gekannte lange Friedensperiode eingeleitet.

Nun war die religiöse Spaltung endgültig, das Nebeneinander von zwei Konfessionen rechtlich gesichert. Freilich kann dabei von Toleranz und Gewissensfreiheit nicht gesprochen werden. Im Gegenteil: der Landesherr bestimmte die Religion seines Landes und seiner Untertanen. Nur durch die Anerkennung des Auswanderungsrechtes unterschied sich diese Bestimmung von der vollen Durchführung des mittelalterlichen Ketzerrechtes mit seinen Folgen für Leib, Ehre und Besitz. Die Aufhebung der bischöflichen Jurisdiktion in protestantischen Gebieten vollendete die Entwicklung zur Landeskirche und forderte den Episkopat des Landesherren. Dieser vermochte zwar nicht, seine Kirche geistlich zu führen, deshalb ließ er sie durch Juristen verwalten.

Ein kurzer Rückblick auf die wichtigsten Ereignisse des Augsburger Religionsfriedens gibt keinen Begriff davon, welche Fülle schwieriger Einzelfragen diese, wie es scheint, so einfache Regelung offenließ. Man denke etwa an die Bestimmungen über den Schutz der geistlichen Güter in den Ländern der Augsburger Konfession, über die kirchlichen Einkünfte, die den geistlichen Reichsständen auch aus den weiterhin evangelischen Gebieten zufließen sollte.

Den katholischen Ständen kam es vor allem auf die rechtliche Festigung des gegenwärtigen Zustandes an. Die evangelischen Reichsstände aber wollten auch ihren zukünftigen Glaubensgenossen die Vorteile des Friedens sichern. „Dem Gegensatz zwischen einem Prinzip des ‚Status quo‘ und einem Prinzip der ‚Bewegung‘, der offen oder versteckt hinter den Glaubenszielen der beiden Parteien stand, ist auch die große Streitfrage erwachsen, die den Abschluß des Religionsfriedens beinahe vereitelt hat. Für die Evangelischen mußte er seinen Sinn verlieren, wenn ein Reichsstand, der zu ihrem Glauben übertrat, nicht im Vollbesitz seiner landesherrlichen Rechte blieb. Und sie handelten nur folgerichtig, wenn sie den Fortbestand der Rechte auch für geistliche Fürsten forderten, die sich dem Augsburger Bekenntnis anschlossen“ (S. Skalweit).

Um keinen Artikel ist in den letzten Wochen des Augsburger Reichstages so erbittert gerungen worden wie um die evangelische Forderung nach Freistellung des Übertritts geistlicher Fürsten samt Land und Leuten. Den sogenannten „Geistlichen Vorbehalt“ durch die katholische Partei des geistlichen Fürstentums gegen künftige Einbrüche der Reformation abzuschirmen, war für die katholischen Stände eine Lebensfrage. Der „Geistliche Vorbehalt“ besagte, daß der Übertritt eines Erzbischofs, Bischofs, Prälaten oder einer Person anderen geistlichen Standes zur Augsburgischen Konfession nur für seine Person zu gelten hat. Mit dem „Geistlichen Vorbehalt“ wurde die letzte noch weithin lebensfähige Bastion, die der alten Kirche in ihrem Reich verblieben war, das geistliche Fürstentum und die Bistumsorganisation, geschützt. Der Angriff gegen den „Geistlichen Vorbehalt“ rührte an die Wurzeln der Reichsverfassung und offenbarte theologische, rechtliche und politische Gegensätze von solcher Tiefe, daß auch die größte Verständigungsbereitschaft sie nicht zu überbrücken vermochte. Im Grunde ging es bei dieser Frage auch um das Bild der Kirche als geistliche Gestalt oder als Machtfaktor. Die Protestanten erblickten in diesem „Geistlichen Vorbehalt“ auch eine Diffamierung ihrer Religion, ein Hindernis, das ihnen den mühsam erkämpften Weg zur reichsrechtlichen Anerkennung versperrte. König Ferdinand hat schließlich in diesen heftigen Auseinandersetzungen dafür gesorgt, daß die Entscheidung im Sinne der Katholiken fiel. Er konnte dieses Ziel nur erreichen, indem er das ganze Gewicht seiner Stellung in die Waagschale warf und den Evangelischen nur die Wahl ließ zwischen Annahme des „Geistlichen Vorbehaltes“ und den Protest gegen den Religionsfrieden überhaupt. „Damit aber ‚ihrer Herren Gewissen geholfen wurde‘, räumte er ein, daß dieser Artikel nicht im Namen von König und Ständen, sondern nur kraft seiner königlichen Autorität in den Abschied aufgenommen wurde“ (S. Skalweit).

Der Augsburger Religionsfriede ist kein selbständiges Vertragswerk, sondern er ist nur ein Teil eines größeren Ganzen. Er stellt mit seinen knapp 25 Religionsparagraphen rund ein Sechstel des Reichstagsabschiedes dar, der am 25. September 1555 in Augsburg unterzeichnet wurde. Der Religionsfriede ist eingebettet in die Bestimmungen des Landfriedens, als dessen Ergänzung er in Erscheinung trat und dessen „Poen“ ihn vor Verletzung schützen sollte. Zur wirksameren Handhabung des Landfriedens gab sich das Reich eine verbesserte Reichsorganisation mit einem Oberst und zugeordneten Räten an der Spitze eines jeden der zehn Kreise. Die Exekutive wurde nicht mehr durch Amtsträger des Kaisers oder des Reiches wahrgenommen, sondern durch die vornehmsten Glieder des jeweiligen Reichsstandes selbst. So wurde eine antizentralistische Lösung gefunden und die neue Ordnung der seit hundert Jahren schwebenden Reichsreform praktisch im ständischen Sinne gelöst. Indem sie im Namen der Kreisverfassung die mächtigeren weltlichen Reichsstände besonders begünstigte, stellte sie einen Sieg derselben Gewalten dar, die auf dem Reichstag die Regelung der kirchlichen Fragen bestimmten. Ihrem Ursprung nach sind der Religionsfriede und die Exekutionsordnung die sich ergänzenden Ergebnisse der Fürstenrevolution gegen Karl V. So wird noch einmal die Wechselwirkung zwischen der Behauptung der deutschen Reformation und dem Kampf der Stände für ihre Libertät gegen die monarchischen Auffassungen der kaiserlichen Politik deutlich. Die Beschlüsse von 1555 weisen noch einmal auf den großen geschichtlichen Zusammenhang hin, der sie alle umgreift. Aber der Religionsfriede unterscheidet sich auch vom Hauptteil des Reichstagsabschiedes. Während dieser für einen zeitlich und räumlich unbegrenzten Landfrieden in Exekutions- und Kammergerichtsordnung die reichseinheitlichen Regelungen schuf, gingen die konfessionellen Bestimmungen des Religionsfriedens von der territorialen Sonderung und Selbstbestimmung der Reichsstände aus. Der Augsburger Religionsfriede verzichtete auf jede reichsrechtliche Beschränkung des ständischen Kirchenregimentes. Es kann in Zukunft weder durch kaiserliches Machtgebot noch durch Mehrheitsbeschluß des Reichstages beschnitten werden. Größte Freiheit in der Ausübung ihres Religionsbannes wird den weltlichen Reichsfürsten gewährt.

Das Konzil von Trient und kirchliche Reform

45

TRIENT, DER ORT UND SEIN KONZIL

Die Forderung, das Konzil am Sonntag Laetare, dem 15. März 1545, in Trient zu eröffnen, konnte nicht erfüllt, der Zeitplan nicht eingehalten werden. Am 13. Dezember 1545, es war nach unserer Zählung etwa 9.30 Uhr, zogen die Konzilsteilnehmer in die Kirche zur Heiligsten Dreifaltigkeit. Hier versammelten sie sich zur Eröffnungsprozession. Seit dem Konzil von Vienne war es üblich, ein Konzil nach einer bestimmten liturgischen Ordnung zu eröffnen. Der Domkaplan Domenico intonierte das „Veni creator spiritus". Nach der ersten Strophe fiel der übrige Klerus ein. Nun setzte sich die Prozession in Bewegung. An der Spitze ging der Welt- und Ordensklerus der Stadt mit dem Domkapitel, ihnen folgten die Prälaten des Konzils, die Gesandten König Ferdinands, der Zug wurde durch den Adel und eine Menge Volk beschlossen.

In der Kathedrale, die dem heiligen Vigilius geweiht ist, war die Aula des Konzils hergerichtet worden. Hier im Dom eröffnete man die Feier durch ein Amt zum Heiligen Geist, das der rangälteste Legat del Monte zelebrierte. Am Schluß des Hochamtes spendete man allen Teilnehmern den vollkommenen Ablaß. Der Minorit Cornelio Musso, Bischof von Bitonto, hielt die Festpredigt, die mit den Eingangsworten der Tagesmesse beginnt: „Gaudete in Domino". Musso war einer der gefeiertsten Kanzelredner in Italien, seine Konzilspredigt ließ niemanden und nichts unerwähnt, was billigerweise erwähnt werden mußte. Seine Vertrautheit mit den Worten der Heiligen Schrift, seine Kraft im Prägen von Wortspielen setzte in Erstaunen. Viele waren von der etwas pathetisch vorgetragenen Predigt ergriffen, viele der Hörer weinten. Nach der Predigt erfolgte der Aufruf des Zeremonienmeisters zum stillen Gebet, und der Legat del Monte rezitierte die Oration zum Heiligen Geist:„Adsumus, Domini, sancte spiritus". Dann wurde von der Kapelle mehrstimmig die Antiphon „Exaudi me Domine" vorgetragen. Es folgte eine kürzere Oration mit der Bitte um den Beistand des Heiligen Geistes. Nun folgte die Allerheiligenlitanei. Nach der Fürbitte für den Papst schaltete man eine dreimalige Fürbitte für das Konzil ein: „Ut hanc sanctam synodum et omnes gradus ecclesiasticos benedicere et regere digneris"; nach jeder Anrufung erteilte der Präsident der Versammlung den Segen. Zum eigentlichen Eröffnungsakt leitete der Gesang des Evangeliums von der Aussendung der Jünger und der Hymnus „Veni creator spiritus“ über. Mit Vespermantel und Mitra bestieg dann der Bischof von Feltre, Campeggio, die Kanzel und verlas die Berufungsbulle „Laetare Jerusalem“ und die Fakultätenbulle der Legaten. Eigentlich hätte jetzt die Erklärung des Präsidenten über die Eröffnung folgen müssen. Nun schaltete man aber einen Zwischenakt ein, der ins Gedächtnis ruft, wie stark noch die mittelalterliche Vorstellung vom Konzil als der Repräsentant des Corpus christianum war. Nach ihr waren Papst und Kaiser die Häupter der Christenheit. Nun hätte nach dem Verlesen der Fakultätenbulle der Legaten das Beglaubigungsschreiben des kaiserlichen Vertreters verlesen werden müssen. Aber Mendoza war abwesend. So trat an seiner Statt der spanische Theologe Alfons Zorilla zu den Sitzen der Legaten vor. Er entschuldigte das Fernbleiben des kaiserlichen Gesandten und überreichte schließlich dem Präsidenten das Beglaubigungsschreiben.

Erst jetzt erhob sich del Monte, würdigte in eindringlichen Worten die Bedeutung des Augenblicks und holte dann in der traditionellen Frageform den Konsens der Konzilsväter ein. Man faßte den Beschluß, zur ersten Sessio am 7. Januar 1546 zusammenzukommen. Der Präsident erteilte den Segen, der Promotor des Konzils, Severoli, forderte die anwesenden Notare Claudius della Casa und Nicolaus Griel auf, über den Eröffnungsakt ein Notariatsinstrument herzustellen. Dann stimmten die Sänger der Kapelle das Te Deum an. Der Bischof von Trient, Kardinal Madruzzo, umarmte, von Rührung übermannt, die drei Legaten del Monte, Cervini und den Engländer Reginald Pole. Unter Tränen der Freude folgten die Konzilsväter untereinander seinem Beispiel. Es war zwei Uhr mittags, als die Sitzung sich auflöste. Die Sehnsucht der Kirche und die Hoffnung aller war nun endlich in Erfüllung gegangen, das große Reformkonzil war eröffnet. So kann man die Freudentränen verstehen, die diese Männer der Kirche zu vergießen sich nicht schämten.

„Nun ist das Tor offen“, schrieb der berühmte Theologe Seripando in sein Tagebuch, „der Mund ist geöffnet, der nur die reine Wahrheit sprechen kann, das Gericht gebildet, wo allein alle Streitfragen behandelt und entschieden werden können, um derentwillen das Konzil gefordert und berufen wurde.“ Bis zum 12. Dezember hing alles an einem seidenen Faden, die drei Legaten warteten monatelang, del Monte fühlte sich krank, alles tat ihm weh, Cervini hatte sich in den Monaten gelehrten Studien hingegeben und die Pläne für seine Villa entworfen, während Pole sich streng zurückgezogen in Geduld übte.

Sicherlich ist es gut, bevor man sich den weltgeschichtlichen Entscheidungen des Konzils von Trient zuwendet, sich ein Bild vom Ort des Konzils, seiner Zusammensetzung und seiner Arbeitsweise zu machen. Neben dem Vaticanum sind wir über kein Konzil so gut unterrichtet wie über das Tridentinum. Das Konzil hat nur einen einzigen Sekretär besessen – Massarelli –, der es vom 1. April 1546 bis zum Schluß des Konzils am 3. Dezember 1573 war. Ein

Kleriker niederer Weihen, fleißig, nicht gerade überdurchschnittlich begabt, aber fromm, gewissenhaft und gehorsam. Er führte das Protokoll und schrieb dazu noch sieben Tagebücher voll. Sie stellen eine ausgezeichnete Quelle für den Verlauf des Konzils dar. Tagebücher besitzen wir auch von dem Promotor des Konzils, Severoli, dem berühmten Theologen Seripando und dem französischen Bischof de la Preé. Der Görres-Gesellschaft ist es zu danken, daß sie 1894 die Verhandlungsprotokolle, die amtliche und private Korrespondenz und die Diarien edierte. Es ist die größte Editionsleistung einer privaten gelehrten Gesellschaft der Gegenwart.

Jahrhundertelang bestimmte die tendenziöse Darstellung des Servitenmönches Sarpi (1552–1623): „Istoria del concilio tridentino" das Geschichtsbild des Konzils. Diese Darstellung fand durch eine Entgegnung des Jesuitenpaters Pallavicini (1607–1667) „Istoria del concilio di Trento" (2 Bände, 1650/57) eine Entgegnung. Unserem Jahrhundert wurde eine gültige Darstellung von Trient durch Hubert Jedin geschenkt „Die Geschichte des Konzils von Trient" (4 Bände, 1949 ff).

Dem späteren Kardinal Cles ist es zu danken, daß Trient als Tagungsort gewählt wurde. Er hatte bereits 1524 die Aufmerksamkeit des Kaisers auf seine Bischofsstadt gelenkt. Obwohl die anderen für das Konzil genannten Städte Mantua, Vincenza, Ferrara größeren Raum für die Unterbringung boten, behielt man doch Trient bei, weil es eine Stadt auf reichsdeutschem Boden war. So konnte man die protestantische Forderung erfüllen, die verlangte, daß das Konzil an einem Ort auf dem Boden des Reiches gehalten würde. Auch von Rom war es relativ leicht zu erreichen. Trient liegt an der für den Nord-Süd-Verkehr wichtigen Brennerstraße, und außerdem gab es günstige Verbindung nach Venedig. Seine Märkte waren berühmt, sein Klima war wegen der Nähe der Alpen herb, der Sommer im Etschtal sehr heiß und dunstig, aber dann konnte man sich immerhin in die Villen auf den Bergeshöhen zurückziehen. Über die Schwierigkeiten des Klimas haben vor allem die südländischen Teilnehmer des Konzils immer wieder geklagt, es war ihnen in Trient zu kalt. Kardinal Cervini behalf sich in seinem Arbeitszimmer mit einem eisernen Ofen, zwei portugiesischen Dominikanern setzte man auf Kosten des Konzils einen Ofen, die Prälaten kauften sich Pelze und der Konzilssekretär Massarelli begnügte sich mit einer auf einer Kirmes erstandenen Pelzkappe, ließ sich dann aber, als die Kälte immer schneidender wurde, einen pelzgefütterten Rock machen. Die eisigen Winde waren für die Süditaliener unerträglich. Die Klagen, daß sie das Trienter Klima nicht vertrügen, nahmen kein Ende. Im Herbst 1546 stellten die Legaten eine lange Liste derer auf, die frisch und gesund an das Ufer der Etsch gekommen waren und krank nach Hause gebracht werden mußten, an ihrer Spitze der Kardinal Pole.

An Nahrung fehlte es in der Stadt nicht. Die Stadt und ihre Umgebung verfügten über Fleisch, Fische, Butter, Obst, Käse und Wein in Mengen. Brotgetreide und Pferdehafer waren knapp, und schon 1546 mußten 9000 Traglasten insgesamt aus dem Kirchenstaat eingeführt werden und noch 1563 kauften italienische Kaufleute auf dem Markt von Burghausen 10 000 Stari Getreide, die nach Trient eingeführt wurden. Die Konzilsteilnehmer und ihr Gefolge waren während ihres Aufenthaltes in Trient steuerfrei, aber die Stadt und ihre Bewohner mußten sich auf andere Weise schadlos halten. Die Stadt hatte nur etwa 7000 bis 8000 Einwohner, und so bedeutete der Ansturm von etwa 3000 bis 4000 Fremden auf die Stadt zumindest eine Teuerung. Die Preise für Lebensmittel schnellten in die Höhe, vor allem als auch die Teilnehmer des Konzils anfingen zu hamstern. Ein französischer Prälat deckte sich mit einem großen Weinvorrat ein und verursachte damit eine Verteuerung von 20 bis 30%. Auch das Futter für die Pferde wurde knapp und teuer, und man versteht, daß in allen Briefen aus Trient neben den Klagen über die schlechte Witterung, wie ein Cantus firmus immer wieder zu hören ist: „Es sind alle Dinge über die Maßen teuer." Solches schreibt auch der Stadtschreiber von Straßburg, der Protestant Sleidanus, der auf der zweiten Sitzungsperiode in Trient weilte.

Trient umfaßte 1500 Häuser. So bot die Stadt für eine Konzilsversammlung nicht genügend Raum, auch wenn man bedenkt, daß ein Teil der Stadtbewohner sich in ihre Landhäuser zurückziehen konnte. Deshalb war die Beschaffung und Verteilung von Wohnungen das dringendste Problem. Ursprünglich plante man, die Nationen getrennt voneinander in geschlossenen Quartieren unterzubringen. Auf dieser Basis begann man 1542, eine Statistik des verfügbaren Wohnraums auszuarbeiten. Man hatte vier Pfarrkirchenquartiere: San Benedetto – San Maria maggiore – San Pietro – San Vigilio aufgeteilt und 984 Betten verfügbar und die Unterbringung von 2357 Pferden vorgesehen. Später ließ man den Plan von 1542 fallen. Man befürchtete nämlich, daß die getrennte Unterbringung der Nationen deren Absonderung und dem inzwischen verpönten Konstanzer Abstimmungsmodus Vorschub leisten würde. Bei dem Überwiegen der Italiener war er ohnehin undurchführbar. Aber bald zeigte sich Wohnungsnot, und man hatte schon Orte der Umgebung mit herangezogen. Eine Erhebung, die der Kardinal Madruzzo, Bischof von Trient, anstellte, ergab nämlich in 24 Orten auf dem rechten Etschufer Platz für 2699 Personen und 2746 Pferde. Trotz der Unbequemlichkeit, die die Verlegung der Dienerschaft und der Tiere in die Nachbarorte im Gefolge hatte, gelang es doch auf diese Weise, das immer drückender werdende Wohnungsproblem einigermaßen zu lösen. Eine Folge allerdings hatte die Wohnungsnot, die Mieten stiegen ins phantastische. Im Herbst 1546 waren sie bereits so hoch wie andernorts die gesamten Lebenshaltungskosten, so daß Mignanelli nach einem Jahr Aufenthalt mit sämtlichen Ersparnissen, die er für das Konzil beiseite gelegt hatte, zu Ende war. Der berühmte protestantische Geschichtsschreiber Sleidanus zahlte 1551 für ein Zimmer mit Beikammer im Gasthaus „Zur goldenen Rose" einschließlich zwei Mahlzeiten täglich 12 italienische Kronen die Woche.

Das Konzil hatte sich auch schon seine Form gegeben, die von der Verfassung der Konzilien des 15. Jahrhunderts erheblich abwich. Stimmberechtigt waren alle regierenden Bischöfe und die Titularbischöfe, dann die Vertreter der Mönchskongregationen (nicht ihre Prokuratoren und die Vertreter kirchlicher Körperschaften, wie die Domkapitulare und die der Universitäten). Man stimmte nicht nach Köpfen ab und nicht nach Nationen. Obwohl das Konzil auch nach Ansicht der Legaten kraft seiner Berufung die Vertretung der Universalkirche war, vermied man trotz dahingehender Anträge der Spanier und einiger Italiener, die in Konstanz und Basel übliche Formel „ecclesiam universalem repräsentans" an die Spitze der Dekrete zu setzen.

Der Geschäftsgang verlief in drei Stufen:

1. Die Theologenkongregationen, in denen geschulte Theologen nichtbischöflichen Ranges sich in Vorträgen über die jeweils vorgelegten Probleme verbreiteten. Diese dienten lediglich der Information der stimmberechtigten Prälaten. Zu Beginn des Konzils bestand sie aus 42 Theologen, mit Ausnahme von vier spanischen Weltpriestern sämtlich Mitglieder der Bettelorden, und acht Juristen. Neben den Italienern waren unter ihnen die Spanier am zahlreichsten (13) vertreten.

2. Die zweite Stufe bildete die Generalkongregation aller stimmberechtigten Prälaten, die anfangs im Saal der Legatenwohnung, im Palazzo Prato, später, als die Teilnehmerzahl stieg, in der Renaissancekirche Santa Maria Maggiore stattfand. In dieser Versammlung gab jeder sein Votum ab auf die dogmatischen bzw. Reformvorschläge. Hier entwickelten sich lebhafte Debatten. Die Formulierung besorgten gewöhnlich gewählte Deputationen, zuweilen auch die Legaten unter Heranziehung von Fachleuten.

3. In den feierlichen Sitzungen, die in der romanischen Kathedrale des heiligen Vigilius stattfanden, wurde lediglich über die fertiggestellten Dekrete abgestimmt. Das vollzog sich nach einem liturgischen Zeremoniell, es war im wesentlichen dem des Konzils von Vienne gleich. Das Propositionsrecht, das heißt die Bestimmung des Verhandlungsprogramms, lag bei den Legaten, es stand jedoch jedem Mitglied, aber auch den beim Konzil beglaubigten Gesandten der Mächte, frei, der Konzilsleitung Anträge zu unterbreiten. Der Gesamtkatalog aller während der drei Tagungsperioden auf dem Konzil Anwesenden weist 5 Kardinäle, 12 Erzbischöfe, 74 Bischöfe, 6 Generalobere und 3 Benediktiner-Äbte aus, so daß insgesamt 100 stimmberechtigte Teilnehmer

genannt sind. 104 beratende Theologen sind nachzuweisen. Zu bemerken ist, daß die in den Listen aufgeführten Prälaten und Theologen nicht alle von Anfang an und nicht alle bis zum Schluß anwesend waren.

Der Kaiser forderte durch seinen Botschafter Franz von Toledo die Zurückstellung der Dogmenberatungen. Die Legaten aber trieben, um eine Abbröckelung der Teilnehmer zu vermeiden, die Verhandlungen pausenlos voran. In der ersten Periode befaßte man sich im wesentlichen mit dogmatischen Fragen. Gerade als man dabei war, über den Hauptartikel von der Rechtfertigung zu disputieren, stellten die ersten Kampfhandlungen des Schmalkaldischen Krieges das weitere Verbleiben des Konzils in Trient in Frage. Man erfuhr in Trient, daß der protestantische Hauptmann Schertlin die Ehrenberger Klause erstürmt habe und die Alpenpässe bedrohe. Unter den Italienern, die ohnehin unwillig nach Trient gekommen waren, brach eine Panik aus. Mit Mühe nur hielten die Legaten das Konzil zusammen.

Hart prallten die Meinungen in den Julitagen aufeinander. Die Generalkongregation am 30. Juli ließ die Gegensätze besonders offenbar werden. Das festgesetzte Datum für die nächste Sitzung war bereits verfallen. Der Legat del Monte wollte die Terminfrage stillschweigend übergehen, obwohl sich zwei Tage vorher eine kleine Mehrheit (29/25) über die Festsetzung eines Beginns ausgesprochen hatte. Aber gegen das eigenmächtige Vorgehen des Legaten erhob der Führer der Spanier, der Kardinal Pacheco, heftig Protest. Der Legat berief sich auf den Grundsatz, die Stimmen seien zu wägen, nicht zu zählen. Da fragte ihn der Kardinal: „Also meine Stimme ist den anderen nicht gleichwertig?“ Der Bischof von Trient, Kardinal Madruzzo, ersuchte den Legaten, mit dem Konzil höflicher und christlicher umzugehen. Da flammte del Montes Zorn heftig auf: „Ich bin mir nicht bewußt, unchristlich gehandelt zu haben, man will mich, den Präsidenten, schulmeistern, ändert euren Ton, dann will ich den meinen ändern. Es geht hier nicht um Freiheit der Meinungsäußerung, sondern darum, ob wir uns verhüllten Drohungen (der kaiserlichen) beugen sollen oder nicht. Man kann gegen mich Gewalt gebrauchen, aber mir keine Furcht einjagen.“

Für den Präsidenten waren in diesem Augenblick der spanische und der Trienter Kardinal die Verkörperung der kaiserlichen Macht, die sein Verbleiben in Trient und seine Entschlußfreiheit hemmten. Aber Madruzzo bestand auf seinem Recht, seine Meinung frei zu äußern und auch dem Präsidenten Vorhaltungen zu machen. Der heißblütige Pacheco schleuderte im höchsten Zorn gegen ihn die Anklage: „Ihr behandelt uns wie Bediente.“ Der Streit wurde so heftig, daß der Erzbischof von Palermo kniend mit aufgehobenen Händen und unter Tränen die drei Kardinäle bat, dem schrecklichen Schauspiel ein Ende zu machen.

Der Präsident hielt daran fest, daß die Mehrheit für die Festsetzung eines bestimmten Datums deshalb keine echte Mehrheit sei, weil viele Voten an Bedingungen geknüpft seien, so daß man sie nicht ohne weiteres als Ja-Stimmen zählen dürfe, er verweigerte jedes Zugeständnis. Trotzdem baten der spanische und der Trienter Kardinal ihn am Schluß der Versammlung um Verzeihung, falls sie ihn beleidigt hätten. Del Monte nickte nur leicht mit dem Kopf, da ließ sich Madruzzo zu der Bemerkung hinreißen: „Ihr könnt meine Worte auffassen, wie ihr wollt, ich bin ein Edelmann.“ Del Monte, durch diese Anspielung auf seine niedrige Herkunft tödlich beleidigt, erwiderte: „Ja, ich bin nicht adlig, aber ich werde dahin gehen, wo niemand seinen Adel gegen mich ausspielen kann.“ Das war die Drohung mit der Translation, die man auf der kaiserlichen Seite unbedingt vermeiden wollte.

Dem Kaiser gelang es bald, die militärische Lage zu stabilisieren. So wurde die Verlegung des Konzils gegenstandslos. Ende September wurde die Debatte über die Rechtfertigung wieder aufgenommen, und in der 6. Sitzung vom 7. Januar 1547 erhielt das Dekret die einstimmige Billigung des Konzils. In den 16 Lehrkapiteln wurde die katholische Lehre von der Rechtfertigung in positiver Form dargelegt. 33 ihr zugeordnete Canones verurteilten die entgegengesetzten Irrtümer.

Verglichen mit der moralischen Einstimmigkeit, mit der man die katholische Rechtfertigungslehre gegen die protestantische abgrenzte, offenbarte die Beschäftigung mit der Reformfrage starke Meinungsverschiedenheiten zwischen der spanisch-kaiserlichen Gruppe und der italienischen Mehrheit. (Die Italiener und Spanier stellten den Hauptteil an stimmberechtigten Prälaten, wie auch unter den Theologen bedeutende Namen vertreten waren. Anträge kamen in der Frage der Rechtfertigung vor allem von seiten der Spanier.) Zu den Schäden des kirchlichen Lebens gehörte, daß Bischöfe und Pfarrer ihre Amtspflicht nicht persönlich, sondern durch Stellvertreter erfüllten. Schon im Mai 1546 hatten die Spanier eine Debatte über die Residenzpflicht verlangt. Anfang Juli reichten mehrere Prälaten, darunter einer der drei anwesenden Franzosen, Denkschriften über die Hindernisse der Residenz, d. h. den ganzen Komplex der Behinderung des bischöflichen Wirkens von oben und unten, seitens der Kirche und des Staates, den Legaten ein. Das in der 6. Sitzung zur Abstimmung gestellte Dekret über die Einhaltung der Residenzpflicht, das eine unentschuldigte Abwesenheit von sechs Monaten unter Strafe stellte, war nur eine unbefriedigende Lösung, es ignorierte die großenteils berechtigten Beschwerden der Bischöfe. Von den 60 abstimmenden Bischöfen stimmten nur 28 bejahend. Erst nach eingehender Prüfung der Stimmzettel konnte das Dekret am 25. Februar 1547 angenommen werden, nachdem der Opposition Zugeständnisse gemacht worden waren, eben jene Beschwerden zu behandeln. Ein weiteres Reformdekret wurde in der 7. Sitzung vom 3. März gegen die Stimmen von vier Spaniern angenommen. Es verbot unter anderem die Vereinigung mehrerer Bistümer in einer Hand. In derselben Sitzung wurde ein Dekret über die Sakramente im allgemeinen und über die Taufe und Firmung im besonderen einstimmig gebilligt. Der Kern dieses Dekretes ist die Lehre, daß die Sakramente ex opere operato wirken.

Am 6. März starb nach kurzer Krankheit der in den besten Jahren stehende Bischof von Capaccio im Königreich Neapel. Konzilsarzt war Fracastoro (der Verfasser eines 1546 erschienenen Buches über die Infektionskrankheiten). Er stellte als Todesursache des Bischofs Flecktyphus fest. Der Typhus war wahrscheinlich von den aus Deutschland zurückkehrenden Soldaten eingeschleppt worden. Die kaiserliche Partei bestritt das Vorliegen einer Gefahr, aber die Mehrheit des Konzils, vor allem die Legaten, hielten den Augenblick für gekommen, Trient zu verlassen und sich dem Arm des Kaisers zu entziehen. In der 8. Sitzung vom 11. März 1547 wurde die Verlegung des Konzils nach Bologna, der zweiten Stadt des Kirchenstaates, beschlossen. Nur eine Minderheit von 14 Bischöfen protestierte. Papst und Kaiser hatten einen großen Plan für ihr gemeinsames Vorgehen entworfen. Er beinhaltete: zuerst Krieg, dann Konzil. Das Konzil war schneller vorangeschritten als der Krieg, nun zeichnete sich seit der Jahreswende 1546/47 der bevorstehende Sieg des Kaisers ab. Das Heer der Schmalkaldener, das während des Spätherbstes dem kaiserlichen in Süddeutschland gegenübergestanden hatte, zog aus Geldmangel ab. Eine Stadt nach der anderen ergab sich dem Kaiser. Nach Ansicht des Papstes war der Krieg entschieden, der Kaiser aber wollte den Sieg. Während die Legaten in Trient ihre Zelte abbrachen, von Trient nach Bologna zogen, marschierten die Truppen des Kaisers nach Norden. Am 24. April 1547 besiegte Karl V. bei Mühlberg an der Elbe die Truppen des Schmalkaldischen Bundes, Johann Friedrich von Sachsen wurde gefangengenommen.

Drei Tage vorher, am 21. April, feierte man in Bologna in der gewaltigen Halle der gotischen Stadtkirche San Petronio mit nur 36 Bischöfen eine Sitzung. Den Sommer hindurch bis in den Herbst hinein beriet man über die Lehre von den Sakramenten: Eucharistie, Buße, Ölung, Ehe und Weihen. Man sammelte Material über die Reform der Sakramentenpraxis, aber man publizierte auf keiner der beiden Sitzungen die entsprechenden Dekrete. Der Kaiser sah durch die Verlegung des Konzils nach Bologna seinen großen Plan durchkreuzt. Er bestärkte die in Trient verbliebene Minderheit in ihrem Widerstand und verlangte von Paul III. die Rückkehr nach Trient. Der Papst verweigerte sie unter Berufung darauf, sie sei rechtmäßig geschehen und die Minderheit, meist Spanier, müßten der Verlegung nach Bologna Folge leisten. Vor einem vollständigen Bruch, ja einem Schisma, schreckten beide Parteien zurück. Als der Kaiser am 16. bzw. 23. Januar 1548 in Rom und Bologna feierlich Protest einlegte, suspendierte der Papst zwar die Verhandlungen in Bologna. Aber die Rückkehr nach Trient verfügte er nicht.

Karl V. sah sich auf dem „geharnischten Reichstag" von Augsburg gezwungen, den besiegten Protestanten eine Zwischenlösung, das sogenannte Augsburger Interim, aufzuerlegen. Der Lehrinhalt dieses Interims war katholisch, machte aber gewisse Zugeständnisse wie den Laienkelch und die Priesterehe. Für die Katholiken ging ein Reformstatut parallel, für dessen Durchführung der Papst nach einigem Zögern sogar zwei Nuntien nach Deutschland schickte. Das Interim erwies sich als ein Fehlschlag, nicht nur, weil ihm die kirchliche Autorisation fehlte, sondern weil die noch vorhandenen Kräfte (Priester, Prediger) für eine Rekatholisierung der nun schon seit einem Menschenalter protestantischen Gebiete nicht ausreichten. Die Protestanten versprachen in Augsburg, der Not gehorchend, die Beschickung des Trienter Konzils, nicht der Versammlung von Bologna. Sie machten jedoch Vorbehalte, die ihre Zusage wertlos machten:

1. Das Konzil dürfe nicht unter der Leitung des Papstes stehen.
2. Die früher in Trient angenommenen Dekrete müßten von neuem vorgenommen werden.

Als Papst Julius III. (1550–1555), der ehemalige Präsident der ersten Periode als Kardinallegat del Monte, sich bereit fand, die Rückkehr des Konzils nach Trient für den 1. Mai 1551 zu verfügen, bestanden diese Vorbehalte noch. Sie wurden vom Kaiser bewußt übersehen, dem Papst waren sie zu Anfang unbekannt. Diese Zweideutigkeit in der protestantischen Zusage wurde die Ursache des Mißerfolges dieses ersten und letzten Versuches, unter Mitwirkung der Deutschen die Kirchenspaltung durch das Konzil zu beseitigen.

Am 1. Mai 1551 wurde die 2. Sitzungspreriode des Konzils von Trient vom Kardinallegaten Crescenzio eröffnet (12. Sitzung). Die Verhandlungen begannen aber erst im September, nachdem die Vertreter des deutschen Episkopates, vor allem die Erzbischöfe von Mainz, Trier und Köln eingetroffen waren. Die Zahl der anwesenden deutschen Bischöfe betrug 13, die Franzosen hielten sich fern. Gestützt auf die Vorarbeiten von Bologna, konnte man schon am 11. Oktober in der 13. Sitzung die Lehre von der Eucharistie definieren: die reale Gegenwart Christi kraft der Wesensverwandlung, infolgedessen auch außerhalb des Empfangs. Auch die Debatte über die Buße und die Krankenölung kam verhältnismäßig schnell zum Abschluß. Nicht befriedigend verliefen die Reformdebatten. Die von Crescenzio eingebrachten Vorlagen kamen den Wünschen der Bischöfe nicht weit genug entgegen und schonten allzusehr die bisherige kuriale Praxis. Als der Bischof Pseaume, von Verdun, die Abschaffung der Klosterkommenden verlangte, wies ihn der Legat so scharf zurecht, daß die Erzbischöfe von Köln und Mainz sich bei ihren spanischen Kollegen beklagten. „Ist das noch ein freies Konzil?“ fragte der Kölner.

Die Spannung wuchs, als die Abordnung der deutschen Protestanten in Trient erschien. Nur die Brandenburger, die als erste gekommen waren, unterwarfen sich am 11. Oktober den Beschlüssen des Konzils. Die Württemberger hatten ein eigens verfaßtes Bekenntnis, die „Confessio Wirttembergica“ mitgebracht und der Gesandte Straßburgs, der Geschichtsschreiber Johannes Sleidanus, hielt seinen Standpunkt aufrecht und wies jedes Zugeständnis grundsätzlich zurück. Sie vermieden jeden direkten Kontakt mit dem Konzilslegaten und verkehrten mit ihm nur über die kaiserlichen Gesandten. Am 24. Januar 1552 forderten sie gemeinsam mit dem Gesandten des Kurfürsten Moritz von Sachsen ein besseres Freigeleit zu ihrem persönlichen Schutz. Die Behandlung des Johannes Hus in Konstanz warf ihre Schatten. Sie erhielten die gewünschte Form des Freigeleits, ihre Forderungen aber – Befreiung der Bischöfe vom Treueid gegen den Papst, Unterwerfung des Papstes unter das Konzil im Sinne der Konstanzer Dekrete, Wiederaufnahme der Verhandlungen über die früher angenommenen Glaubensdekrete – konnte das Konzil nicht erfüllen. Sie hätten seine Selbstaufgabe bedeutet. Die Verhandlungen, die hinter den Kulissen des Konzils geführt wurden, versickerten. Das Konzil war bereits rettungslos festgefahren, als Alarmnachrichten aus Deutschland die Heimkehr der deutschen Bischöfe erzwangen. Das Geheimbündnis des Kurfürsten Moritz von Sachsen mit Frankreich zeigte seine Wirkung. Ende März schlug er los und marschierte über Augsburg nach Süden. Der Kaiser, völlig ungerüstet, floh aus Innsbruck. Das Konzil, durch die tödliche Erkrankung des Legaten lahmgelegt, beschloß die Suspension am 28. April 1552. Das Unionskonzil war gescheitert. Die Väter des Konzils hinterließen in jeder Hinsicht einen Torso.

Die beiden ersten Tagungsperioden des Trienter Konzils waren nach Deutschland, dem Ursprungsland der Kirchenspaltung, ausgerichtet, sie waren Teile eines großen kirchenpolitischen Planes zur Wiederherstellung der Kircheneinheit. Kaiser und Papst hatten ihn gemeinsam entworfen. Sie entzweiten sich aber über dessen Durchführung. In den dogmatischen Gesprächen hatte man sich nur mit Luther, Zwingli und anderen Reformatoren auseinandergesetzt, aber fast gar nicht mit Calvin, dessen Hauptwerk bereits fertig vorlag. Die Fortschritte, die der Calvinismus in Europa machte, rückten bereits den Verlust der ersten Tochter der Kirche – Frankreich – in den Bereich des Möglichen.

Um den Abfall Frankreichs zu verhindern, erschien es Pius IV. (1559–1565), dem Nachfolger Pauls IV., als das gegebene Mittel, das suspendierte Konzil wieder zu berufen. Sollte es die Fortsetzung des alten Konzils oder ein neues Konzil sein, wie Frankreich und Kaiser Ferdinand I. befürworteten? Die Berufungsbulle vom 29. November 1560 begünstigte die erste Deutung, schloß aber die zweite nicht aus. Das Konzil selbst mußte entscheiden. Deutschland versagte sich. Die in Naumburg versammelten protestantischen Fürsten erteilten dem Nuntius Commendone am 5. Februar 1561 eine glatte Absage, dem Abt Martinengo, der die Einladung an Königin Elisabeth I. von England überbringen sollte, wurde sogar die Einreise verweigert. Die deutschen Bischöfe kamen nicht, weil sie sich fürchteten, der Störung des 1555 in Augsburg geschlossenen Religionsfriedens beschuldigt zu werden. Am 18. Januar 1562 wurde unter der Führung des Legaten Kardinal Seripando die erste Sitzung gehalten. Man zählte auf ihr 113 Träger einer Mitra, so daß man gezwungen war, die Generalkongregationen in einen größeren Raum, in die Kirche Santa Maria maggiore, zu verlegen. Als Präsident amtete Ercole Gonzaga, der Sohn der Isabella von Este, der mit 162 Gefolgsleuten wirklich wie ein Fürst auftrat. Außer Seripando waren ihm beigegeben der als Kontroverstheologe bekannte Hosius, der Kanonist Simonetta und der Papstneffe Hohenemps. Hohenemps, der nicht einmal des Lateinischen mächtig war, war dem Amt in keiner Weise gewachsen und verließ das Konzil nach kurzer Zeit wieder.

Diese 3. Sitzungsperiode hatte im Mittelpunkt jene Debatte über die Abgrenzung der päpstlichen Primitialgewalt zur bischöflichen Gewalt, die noch der lehramtlichen Präzisierung entbehrte, genauer die Frage: Wie läßt sich die Einsetzung der Bischöfe durch Christus mit der Primitialgewalt des Papstes vereinbaren? Diese Debatte führte zu einer großen Krise, die Wogen gingen hin und her. Die Franzosen prägten ein Bonmot: Der Heilige Geist komme im Felleisen des römischen Kuriers nach Trient. Was theologischer Scharfsinn und die Kunst der Formulierung aufbieten konnten, wurde aufgeboten, um eine sowohl für Rom und die Eiferer, die Zelanten, wie auch für die französisch-spanische Opposition annehmbare Kompromißlösung zu finden. In diesen Wochen der äußersten Anspannung griff der Tod in die Geschicke des Konzils ein. Von Arbeit und Kummer erdrückt, starben am 2. bzw. 17. März 1563 die beiden rangältesten Legaten Gonzaga und Seripando. An ihre Stelle setzte Pius IV. seinen besten Diplomaten und vertrautesten Berater, Morone, und Navagerio. Morone wurde der Retter des Konzils. Des vollen Vertrauens des Papstes gewiß, fuhr er nach Innsbruck zum Kaiser, um ihn zu beschwichtigen und gewann den französischen Kardinal Guise für einen Kompromiß in der Gewaltenfrage. Die 23. Sitzung am 14. Juli 1563 war der Wendepunkt des Konzils. Man beschränkte sich darauf, die protestantische Lehre über das Weihesakrament zurückzuweisen und dem Residenzdekret eine strengere Fassung zu geben, aber ohne das jus divinum zu erwähnen. Ein Dekret über die

Errichtung bischöflicher Priesterseminare schuf endlich jene Institution zur Heranbildung des Klerus, die bisher fehlte.

Unter Berücksichtigung der Denkschriften über die Reformwünsche, die dem Konzil eingereicht wurden, stellte Morone im Juli 1563 eine umfassende, 42 Artikel zählende Reformvorlage zusammen. Diese wurde während des Herbstes behandelt und in der 24. und 25. Sitzung nach starker Überarbeitung angenommen. Sie enthielt die Ernennung und die Amtspflichten der Kardinäle und Bischöfe, die Veranstaltung von Diözesansynoden alljährlich und Provinzialkonzilien alle drei Jahre, die Visitation der Diözese durch den Bischof, die Reform der Domkapitel, die Besetzung der Pfarreien und die Pfarrpredigt. Die Reform der Orden beschränkte sich auf gewisse allgemeine Regeln. Es ist keine Übertreibung, zu behaupten, daß die Moroneschen Reformdekrete den Kern dessen bildeten, was man gewöhnlich die Reform von Trient bezeichnet. Ihr innerstes Gesetz lautet: Das Heil der Seelen ist maßgebend! Salus animarum lex prima!

Die parallel laufenden dogmatischen Streitgespräche in der 24. Sitzung vom 11. November brachten ein Dekret über den sakramentalen Charakter der Ehe, der durch das Reformdekret „Tametsi“ ergänzt wurde. Geheime, ohne Zeugen geschlossene Ehen sind nicht nur unerlaubt, sondern ungültig. Die 25. Schlußsitzung am 3./4. Dezember fügte die Dekrete über den Reinigungsort, über den Ablaß, über die Verehrung der Heiligen, ihrer Reliquien und Bilder hinzu. Am 4. Dezember schloß das Konzil, alle früheren Dekrete wurden nochmals verlesen, 199 Bischöfe, 7 Äbte, 7 Ordensgenerale gaben ihre Unterschrift. Am Schluß der Sitzung brachte Kardinal Guise Akklamationen aus auf den gegenwärtigen Papst und seine Vorgänger, die das Konzil zustande gebracht hatten, auf Kaiser Karl V. und Ferdinand I. und auf alle am Gelingen Beteiligten. Mit dem Wunsch: „Gehet hin in Frieden“ entließ Morone das Konzil.

Das große Werk war getan, jetzt galt es, die Dekrete zu verwirklichen. Am 28. Januar 1564 bestätigte der Papst ohne Ausnahme alle Dekrete und verlieh ihnen Rechtskraft. Pius IV. setzte am 2. August 1564 eine Kardinalskongregation für die authentische Interpretation der Dekrete ein, die heute noch besteht. Pius IV. schickte die amtliche Ausgabe der Konzilsdekrete zur Beobachtung an alle Bischöfe.

46

DAS TRIENTER KONZIL: GEWINN UND VERLUST

Vorgeschichte und Durchführung des Konzils von Trient zogen wie ein erregendes Schauspiel vorbei. Für den aufmerksam schauenden Betrachter ist zu sehen, wie in diesem Bündel von Ereignissen, in dem Agieren der Figuren dieses Dramas, in diesem Hin und Her und Gegeneinander das Wirken des Heiligen Geistes spürbar ist. Und in diesem Gewoge ist am Ende doch das große Werk der Erneuerung der Kirche zu Beginn der Neuzeit in Gang gesetzt. Anläßlich des 400jährigen Jubiläums der Eröffnung des Konzils von Trient am 19. März 1945 (vgl. Aufsatz von Hubert Jedin in: Hist. Jahrbuch) sind so viele große, schöne und wahrhafte Worte gesagt worden über die weltgeschichtliche Bedeutung dieser Kirchenversammlung, daß man sie kaum zu wiederholen braucht. Was hat das Konzil von Trient der Kirche gegeben?

1. Luthers Herausforderung zwang die Kirche dazu, die weit verstreuten Elemente der Gebäude ihres Glaubens zu einem Bau zusammenzufügen. Adolf von Harnack hat 1888 in seiner Dogmengeschichte III, Seite 605, geschrieben: „Das Dekret über die Rechtfertigung ist in vieler Hinsicht vortrefflich gearbeitet, ja man kann zweifeln, ob die Reformation sich entwickelt hätte, wenn dieses Dekret zum Beispiel auf dem Laterankonzil erlassen und wirklich in Fleisch und Blut der Kirche übergegangen wäre."

Das Konzil befaßte sich mit der Frage nach den Glaubensquellen gegenüber dem von Luther formulierten Prinzip: sola scriptura, es erklärte, die Tradition sei mit gleicher frommer Zuwendung wie die Schrift anzunehmen, aber die letztere wurde sowohl an sich als auch in ihrer Bedeutung für den theologischen Studienbetrieb in einer Weise gewürdigt, die alle berechtigten Klagen über die Vernachlässigung des Wortes Gottes verstummen machte. Die Ausrichtung des Konzils und der Vollsinn seiner Dekrete sind erst aus den Wandlungen der vorausgehenden Entwürfe kenntlich. Oft und von verschiedenen Seiten wurde innerhalb der Perioden des Konzils die Übersetzung von Bibelausgaben in hebräischer, griechischer und lateinischer Sprache angeregt. Wenn man schließlich eine Übersetzung, und zwar die lateinische Vulgata, aber die gereinigte, als Normalbibel aufstellte, worüber der Kirche viele, fast durchweg auf Mißverständnissen beruhende Vorwürfe gemacht wurden, so geschah dies in der sehr richtigen Erwägung, daß es besser sei, eine bescheidene und erfüllbare, als eine hohe, aber unerfüllbare Forderung zu stellen. Bei wie wenigen war damals eine genügende Kenntnis des Griechischen oder gar des Hebräischen vorauszusetzen.

Zwar war die Erklärung der Heiligen Schrift nach dem Urtext wünschenswert, aber sie galt auch zugleich als das im allgemeinen Unerreichbare. So fordert die Vorschrift eines Entwurfs, es solle wenigstens eine lateinische Bibellesung in den Schulen stattfinden. Die Trienter Schriftdekrete können nicht gründlicher mißdeutet werden, als wenn man dem Konzil die Absicht unterstellt, die Exegese nach dem Urtext zu verbieten und nur die nach der Vulgata zu gestatten, während es sich bei letzterer mehr um eine Notlösung handelt. Interessant wäre die Verfolgung der Anregung, die von drei der gelehrtesten Konzilsbischöfe ausging, nämlich: das primäre Studium der Theologie solle die Exegese bilden. Die Bibel könne ohne scholastische Disziplinen verstanden werden, und diese haben die letzte Stelle einzunehmen, denn sie haben ihr zu dienen. Man könne die Magd nicht der Herrin vorziehen. Der Bischof von Pertinoro rügte es nämlich als Mißbrauch, daß nur junge Dozenten Schriftlesung halten und dann, wenn sie Magister geworden sind, zur Scholastik übergehen. Das sei eine Umkehr der natürlichen Ordnung, aber die erdrückende Mehrheit der Väter und Theologen ständen noch auf dem Boden der scholastischen Studien oder ihnen sei die Kommentierung des Petrus Lombardus wichtiger als die Heilige Schrift. Kein Geringerer als der gelehrte Domingo Soto warnte vor der Bevorzugung der Exegese, denn den Protestanten könne nichts willkommener sein. Derselbe Soto sprach das schon fast ans Absurde grenzende aus: es gäbe Orden, die nur der Meditation und dem Gebete lebten, sie noch mit Schriftlesung zu beschweren, hieße sie ihrer eigentlichen Ordensaufgaben abspenstig machen (Kartäuser).

2. Führten die Fragen über die Heilige Schrift zu scharfen Auseinandersetzungen, so prallten sie bei der Behandlung der Tradition noch härter aufeinander. Ein Teilnehmer des Konzils, Bertano Bischof von Fano, erklärte entschieden, es schiene ihm iniquum, daß man die Heilige Schrift und die kirchliche Überlieferung mit der gleichen Frömmigkeit annehmen solle. Die Schrift bleibe immer dieselbe, die Tradition wechsele. Am 5. April 1545 setzte es eine heftige Szene, als der Dominikanerbischof von Nacchianti Chioggia es rund heraussagte, es sei Sünde zu verlangen, daß man die apostolische Tradition, über die man zudem keine rechte Sicherheit habe, z. B. nach Osten zu beten, mit derselben Ehrfurcht annehmen solle wie das Evangelium Johannis. Die endgültige Fassung des Dekretes in der 4. Sessio bestimmte dann auch den Begriff der Tradition näher auf die Tradition der Glaubens- und Sittenlehre.

3. Neben dem Formalprinzip mußte sich auch das Konzil mit dessen Materialprinzip der Rechtfertigung vom Glauben allein (sola fide) beschäftigen. Hier zeigte sich ein weitgehendes Verständnis der römischen Theologen für die Gedankengänge des deutschen Reformators. Von manchem Votum der Konzilsväter, sagt der Berichterstatter mißbilligend, habe man dem Glauben so

viel zugeschrieben, daß für die Werke fast nichts mehr übrigbliebe. Vor allem ist der so gelehrte wie fromme Augustinergeneral Seripando zu nennen, der über ein halbes Jahr vor der Eröffnung des Konzils mit den Legaten auf das Eintreffen zahlreicher Prälaten warten mußte. Diese Zeit benutzte der Augustiner, um die Schriften der Reformatoren gründlich zu studieren. Er, wie manche andere Konzilsväter, glaubte mit der Unterscheidung der doppelten Gerechtigkeit, der inhärierenden und der imputierten eine Brücke zu Luthers Lehre des sola fide schlagen zu können. Die dogmatische Arbeit des Konzils von Trient ist grundlegend geblieben bis auf den heutigen Tag.

4. Die Lehre von den Sakramenten ex opere operato, von den Sakramenten im allgemeinen und im besonderen. Diese Formulierungen sind zum großen Teil mit einem starken Affront gegen die Lehre der Reformatoren entwickelt.

Wenn schon die dogmatische Seite des Tridentinums grundlegend für die Folgezeit und bis auf den heutigen Tag ist, so ist sein Einfluß auf die Entwicklung der kirchlichen Verfassung noch umfassender und gewaltiger. Von der von den Päpsten (Clemens VII., Paul III., Paul IV.) erhobenen Befürchtung ist man überrascht, da der Ertrag des Konzils nach dieser Seite hin ganz wesentlich dem Papsttum zugute kam. Dieses unerwartete Ergebnis verdankt Rom in erster Linie der Umsicht seiner Legaten.

1. Gleich auf der ersten Versammlung wurde dem laut gewordenen Verlangen, nach dem Vorgang von Konstanz und Basel die Versammlung am Kopfe ihrer Dekrete als Ecclesiam universalem repräsentans zu bezeichnen, nicht stattgegeben. Der Legat del Monte begegnete diesem Verlangen mit dem keineswegs überzeugenden Einwand, eine so schwach besuchte Versammlung (es waren knapp 40 Prälaten anwesend) dürfe sich keinen so anspruchsvollen Titel geben.

Die drei Tagungsperioden, die eine völlig veränderte politische Konstellation hatten, verliefen wider Erwarten zugunsten des Papsttums. Deutscher Kaiser war nicht mehr Karl V., sondern Ferdinand I. Die Rivalität zwischen Österreich und Frankreich war dahin. Die französische Regierung war durch den Kampf mit den Hugenotten in Anspruch genommen. Deutschland und Frankreich hatten jetzt gemeinsame Interessen. Auch die dritte Großmacht, Spanien, wollte die Reform der Kirche. Namentlich die Entrüstung über die kuriale Praxis der Benefizienvergebung, über ihr Dispensenwesen usw. war in diesen Kreisen allgemein. In Basel rief einmal ein Bischof aus: „Entweder wir müssen den päpstlichen Stuhl aus den Händen der Italiener reißen oder ihn so rupfen, daß nichts daran liegt, wo er bleibt."

Man kämpfte vor allem darum, die Pfründenhäufung, wie sie gerade im Papsttum der Renaissance gängig war, zu verhindern. Die Residenz sei jure divino geboten, kraft göttlichen Rechts also, damit war die Möglicheit einer Dispens für sie ausgeschlossen, auch der Papst hätte niemandem mehr als ein Seelsorgeamt verleihen können. Diese These wurde ergänzt und unterstützt durch die andere, die bischöfliche Jurisdiktionsgewalt stamme unmittelbar von Gott. – Das Göttliche der potestas ordinis, der Weihegewalt, war unbestritten – auch die potestas jurisdictionis sei also nicht Ausfluß der päpstlichen Macht. Gegen diese Lehre kämpfte das Gros der Italiener, die hauptsächlichsten Nutznießer des bestehenden Zustandes, mit Erbitterung. Aber alle diese Kämpfe machten auf die Vertreter des divinum keinen Eindruck, obwohl die Kuralisten nicht selten mit Fälschungen aus Pseudo-Isidor und anderen operierten. Es gelang Morone, diese gefährliche Klippe zu umschiffen. In der 23. Sitzung am 14. Juli 1563 wurde eine Formulierung gefunden, die diese peinliche Frage umging. Zwar war der Versuch der Kurialisten, das papale System durch das Konzil dogmatisieren zu lassen, gescheitert, aber auch die Schwächung des Papsttums durch die Dogmatisierung der konziliaren Theorie war vermieden worden.

2. Das Konzil erneuerte die Provinzialkonzilien, die vom Metropoliten alle drei Jahre (die Diözesansynoden vom Bischof alljährlich) zu halten seien. Leider ist diese Verordnung nur sehr vereinzelt durchgeführt worden und geriet schließlich ganz in Vergessenheit, und Rom selber hat nur selten, unter Hinweis auf das Tridentinum, daran erinnert (Das auf dem Vaticanum I seit dem 14. Januar 1870 erörterte Schema „Constitutionis episcopis de synodis“ weist nur auf eines unter Sixtus V., seine „Constitutiones immensa“ vom 28. Januar 1588, dann erst wieder auf eines unter Innozenz XIII. 1723 und zwei unter Benedikt XIV. hin.). Erst im 19. Jahrhundert hielt der Heilige Stuhl die französischen Bischöfe zur Abhaltung von Provinzialsynoden an, um den Plan eines Nationalkonzils zu verhindern. Wie gründlich man übrigens auch bezüglich der Provinzialsynoden die Forderung des Tridentinums vergessen hatte, beleuchtet hell die Tatsache, daß der Erzbischof Beißel von Köln am 6. Juni 1859 den Papst um die Erlaubnis zur Berufung eines Provinzialkonzils bat, zu der er durch Sessio 24, can. 2, unter Strafe der Suspension verpflichtet war.

3. Auch die Diözesansynoden vermochten sich nicht lange in der Praxis zu behaupten. Seit dem 17. Jahrhundert waren sie immer seltener und als sie 1848 vom niederen Klerus dringlich gefordert wurden, war Rom gegen sie, weil die Forderung in demokratischer Absicht erhoben wurde.

4. Von nachhaltiger und segensreicher Wirkung war das Seminardekret, das ein portugiesischer Bischof mit Recht eine Säule der Reform nannte, das aber mehr als irgend eines der Trienter Beschlüsse mißdeutet worden ist. Erst heute kann man seinen wirklichen Sinn erkennen, nachdem uns die Quellen der Konzilsgeschichte nahezu voll zugänglich sind. Vor allem muß der Stand

der damaligen Klerikerbildung vor Augen geführt werden. Diese ließ viel, um nicht zu sagen alles zu wünschen übrig. Ein Besuch der damals nicht sehr zahlreichen bestehenden Universitäten war natürlich den allerwenigsten möglich. Die Dom- und Stiftsschulen waren in Verfall geraten oder eingegangen. Für die Klosterschulen, die zunehmend für den Weltklerus kaum mehr in Betracht kamen, galt das gleiche. Angesichts solcher Notlage versteht man, warum das Tridentinum so entschieden auf Schaffung bischöflicher Schulen drängte. Es sollte dem Klerikernachwuchs, der nicht eine Universität besuchen konnte, eine leicht erreichbare Möglichkeit der Vorbildung geboten werden. Darauf sind die einzelnen Vorschriften des Dekretes zugeschnitten. An jeder bischöflichen Kirche soll ein Kollegium errichtet werden, in welchem eine entsprechende Anzahl Knaben von mindestens 12 Jahren aufgenommen werden sollten. Der Zweck dieses Dekretes ist klar: den Mangel an geistlichen Bildungsanstalten zu steuern und einen geschulten Klerus zu erziehen. Jeder Bischof hat deshalb dafür zu sorgen, daß den Kandidaten des geistlichen Standes eine gediegene Ausbildung für ihren künftigen Beruf gegeben wird. Mit keinem Wort ist erwähnt, daß die Seminare von nun ab nur die einzigen Ausbildungsstätten sein sollen. Im Gegenteil, Kapitel 6 derselben Session stellt neben die Seminare, als gleichberechtigten Weg zu den höheren Weihen, eine andere Schule oder eine Universität.

5. Nicht weniger segensreich war schließlich eine Entschließung hinsichtlich des Eherechtes.

6. Neben der dogmatischen Zusammenfassung und der Erneuerung der Verfassung der Kirche wirkte sich das Tridentinum vor allen Dingen auf die Seelsorge und das gottesdienstliche Leben entscheidend aus. Es ist hier nur zu erinnern, daß für die gesamte Kirche als Frucht des Tridentinums 1568 das Breviarium romanum, 1570 das Missale, 1596 das Pontificale, 1600 das Ceremoniale episcoporum und 1614 das Rituale romanum gültig wurden. Gottesdienst, Sakramentenspendung und Gebet wurden für die ganze Kirche geordnet, gegenüber der vielfältigen Unordnung des Mittelalters ein nicht zu unterschätzender Vorteil, wenn auch manche Eigenart der Liturgie der Diözesen dadurch verlorenging.

So hat das Tridentinum die Kirche für den Weg in eine neue Zeit gerüstet. Es war kein leichter Weg, die einheitliche Welt des Mittelalters war zerbrochen, das konfessionelle Zeitalter begann.

Auch die Kirche wurde, von außen her gesehen, eine Konfession neben anderen. Sie war in eine Verteidigung gedrängt, das bedeutet auch immer Verlust. So sehr man die positiven Seiten des Konzils von Trient nennen kann, muß man aber auch auf die negativen Folgen hinweisen. Friedrich Heer hat in seinem Werk „Die dritte Kraft. Der europäische Humanismus zwischen den

Fronten des konfessionellen Zeitalters" (1960) ein Kapitel überschrieben „Trient und die Folgen". Heer nennt hier als negative Folgen:

1. Das Konzil von Trient fixiert die Scheidung der Geister und Räume in Europa vom 16. Jahrhundert bis zur Gegenwart. Es schafft die geschlossene Welt des Katholizismus der Gegenreformation, der zunächst mit seinen Armeen, Schulen, Universitäten, Indizes, neuen Orden, Kulten, Frömmigkeitsstilen den Katholiken der Neuzeit prägt. Einen Menschen der Angst, der sich sorgfältig einhaust und abschirmt vor den bösen Winden der neuen Zeit. Der in seinen Pfarren, kirchlichen und politischen Organisationen, mit seiner Presse und Literatur eingehauste Katholik des 19. und noch 20. Jahrhunderts ist ein Kind von Trient. Mit ihm beginnt im katholischen Raum die größte Gleichschaltung des Menschen, undenkbar in der großen vielfarbigen Welt des großen „Und", der offenen Welt Alteuropas, seiner archaischen Gesellschaft und offenen Katholizität.

2. Die wichtigsten Mittel dieser Gleichschaltung sind: die römische Inquisition, der Index verbotener Bücher, furchtbare Waffen, bis zur Gegenwart gehandhabt zur Vernichtung freier und dem herrschenden Regime unpassend erscheinender Geister theologischer und philosophischer Richtung.

3. Die Seminare, in denen man einen Klerus erzogen hat, der den Primat des Gehorsams verengt verstand und der sich bedingungslos dem jeweiligen Kirchenfürsten oder Bischof ergab und der zu einer Keuschheit erzogen wurde, die weithin die Liebe verdrängt.

Das ist das eine Gesicht von Trient: die Perfektion und Fixierung der Spaltung, die mit dem Sieg der Lutheraner, dann der Calvinisten offenbar geworden war. Mit diesem Trient endet die innere und äußere Freiheit, die Unbefangenheit der offenen Katholizität Alteuropas, diese Freude an der Vielfarbigkeit, am Geltenlassen des ganz anderen, damit der Charme, der Zauber, der von wurzelhafter Katholizität als einer hohen Kunst gereifter Menschlichkeit ausgeht – und der noch in Goethes und Hegels Tagen den Menschen aus anderen Hemisphären ergreifend berührte.

Mit diesem Trient erhält der Katholizismus der Neuzeit Wesensmerkmale der Reaktion eingeprägt: Nicht Schöpfung, Schaffung aus den Ursprüngen, unmittelbar, rein, aus den Tiefenschichten der Person, der Zeit und der Völker ist nun das charakteristische Merkmal der Produktionen dieses Katholizismus, sondern eben Reaktion: ein Reagieren auf einen Stoß, einen Schock, einen Schrecken. Das Künstliche, Gewalttätige, Unrechte dieses Katholizismus kommt von eben daher: Immer ist der Feind, der Gegner der erste, immer ist man selbst der zweite oder gar dritte und vierte, der auf einen Impuls, auf eine Aktion, auf eine geistige Bewegung reagiert, die von draußen, vor der Tür der eigenen Festung herkommt: vom Protestantismus, von seinen theologischen

Fragestellungen, seinen politischen und militärischen Aktionen im 16. und 17. Jahrhundert, von der Aufklärung des 18. Jahrhunderts, von den geistigen, politischen, gesellschaftlichen Bewegungen des 19. und 20. Jahrhunderts. In diesem Sinne sind noch ein Großteil der kirchlichen Proklamationen, Erlässe, Hirtenbriefe der Zeit echte Kinder von Trient: im weitesten Bereich immer gegen etwas, einen Zeitgeist, einen Gegner und Feind gerichtet, gerichtet schon im Ansatz des Denkens und der Fragestellung, nicht aber wurzelhaft aus den Quellgründen eigener Kraft, in der Erschließung des Ursprünglichen, des ureigenen Potentials der spirituellen, religiösen, geistigen und gesellschaftlichen Erfahrungsschätze der Mutter Kirche."

Heer sieht durchaus die positiven Seiten des Tridentinums, er spricht auch davon, daß das Konzil von Trient ein zweites Gesicht habe, das weltoffen und auf Versöhnung angelegt gewesen wäre, aber gesiegt haben die anderen Kräfte. Toynbee hat in seinem Werk „Study of History" gezeigt, daß alles geschichtliche Leben eine Reaktion ist, eine Antwort auf Impulse, auf Herausforderungen, die von einer anderen, gegnerischen Seite herkommen. Sie sind im edelsten Sinne des Wortes Antwort auf einen Angriff, auf eine Situation, „Challenge and response". Der Angriff Luthers auf die Kirche weckte ihre Kräfte zu neuem Leben, wenn auch in einem verengten Rahmen, der Kultur des Barocks.

Die Heiligen dieser Zeit sind ein lebendiges Beispiel für die erweckten neuen Kräfte. Schließlich ist aus dem Katholizismus von Trient eine der großen Wenden in der Geschichte der Kirche entsprossen, die Hinwendung der Kirche zur Welt, die Öffnung auf die Fragen der Zeit, wie sie im Zweiten Vatikanischen Konzil sichtbar wurde.

47

AUSBLICK

Jahrhundertelang war die Geschichte der Reformation ein Feld, auf dem die Kämpfe der Konfessionen und ihrer Apologeten ausgetragen wurde. Noch in der zweiten Hälfte des vorigen Jahrhunderts ließ Johannes Janssen seine „Geschichte des deutschen Volkes seit dem Ausgang des Mittelalters" (6 Bde., 1876–1888) erscheinen, in der er die Auffassung vortrug, daß Luthers Auftreten eine hoffnungsvolle Blüte des religiösen Lebens in Deutschland geknickt und den Niedergang des Reiches verschuldet habe. Das Werk erreichte zwanzig

Auflagen und stand nahezu in jeder Pfarrbibliothek. Von protestantischer Seite her wurde die Auffassung des Johannes Janssen vor allem von H. Delbrück und M. Lenz bekämpft.

Die Ergebnisse der historischen Forschung, deren Untersuchungen noch lange nicht abgeschlossen sind, haben die Komplexität des Vorgangs der Spaltung gezeigt. Die Reformation war nötig. Die Kirche des späten Mittelalters war von schweren Schäden betroffen, obwohl auch gleichzeitig lebendiges religiöses Leben sich zeigte. Es darf an das Wort Papst Hadrians VI. erinnert werden, der 1523 auf dem Nürnberger Reichstag durch seinen Legaten das Schuldbekenntnis aussprechen ließ, daß Gott das Kreuz der Spaltung wegen unserer Sünden, der Sünden der ganzen Kirche aufgerichtet habe. Die Ergebnisse der historischen Forschung begegnen sich mit einer Stelle des Dekretes über den Ökumenismus des Zweiten Vatikanischen Konzils, daß die Spaltung „non sine hominum utriusque partis culpa" geschehen sei. Aber nicht nur das Ergebnis der Reformationsgeschichte zeigte, wie einseitig und oft apologetisch eingefärbt in früheren Zeiten katholische Darstellungen gewesen sind. Auch das Bild vom „Ketzer Luther" bestimmte jahrhundertelang Theologie und Glaubenspraxis des Katholizismus.

In den letzten Jahrzehnten vollzog sich dank vielfältiger Bemühungen eine Neuorientierung. Die katholische Lutherforschung beschäftigte sich intensiv mit dem Werk des Reformators. Dabei fand auch die Person Luthers eine sachgerechte Beurteilung. Manche fragen sogar: Ist nicht vieles an diesem Mann, der aus dem Augustinerorden kommt, eigentlich ganz katholisch?

Im Jahr 1917 erschien im „Hochland" aus der Feder des Domdekans in Regensburg und ehemaligen Professors in Würzburg, Franz Xaver Kiefl, ein Aufsatz „Martin Luthers religiöse Psyche". Er war als katholischer Beitrag zum Reformationsjubiläum 1917 gedacht. Walter Köhler bemerkte 1922 zu diesem Aufsatz: „Das ist wohl das Äußerste an Anerkennung Luthers, was katholischerseits möglich ist." Es ist ganz anders gekommen. Eine viel tiefere, damals nicht einmal zu ahnende Revision des katholischen Lutherbildes ist im Gange, und sie ist noch längst nicht abgeschlossen. Zunächst muß hier noch einmal der katholischen Forschung gedankt werden, die für sich das Verdienst in Anspruch nehmen darf, mit der Schwarzweißmalerei vergangener Zeiten ein Ende gemacht zu haben. Auf der Suche nach der Wahrheit stellte sie die schweren Schäden der Kirche des ausgehenden Mittelalters, aber auch die Vitalität des kirchlichen Lebens heraus. Somit sind die Unterlassungen der Urheber des einstigen Lutherbildes ausgeglichen, und es wurde ein Hintergrund erstellt, auf dem ein neues Lutherbild aufgetragen werden konnte. Auf dieser Ebene gibt es zwischen katholischen und evangelischen Kirchenhistorikern, die ernstgenommen sein wollen, keine tiefgehenden Differenzen.

Die katholische Forschung machte sich auf, Luthers Werden und Wirken und damit die Glaubensspaltung zu verstehen. Man erkannte Luthers Anliegen und Wollen. Freilich muß man diese echten Anliegen aus der Fülle oft ungerechter Angriffe, zu denen Luther sich hinreißen ließ, herausschälen. Die katholische Forschung erkannte, daß Luthers Anliegen tiefreligiös verwurzelt sind und daß Luther zu den großen Theologen der christlichen Geschichte gehört. Luther wollte keine neue Kirche gründen. Er wollte die katholische Kirche reformieren. Erst als ihm das nicht gelang, hat er sich zur Bildung einer neuen Kirche entschlossen. Unter Reform verstand Luther etwas Neues. Mit Hilfe der Territorialfürsten und des städtischen Kirchenregiments gab er seine Zustimmung zum Aufbau einer evangelischen Kirchengemeinschaft.

Der Prozeß dieser Konfessionsbildung ging langsam vor sich. Keine Frage ist auch, daß das Konzil von Trient durch die scharfe Abgrenzung der katholischen Lehre von der protestantischen dazu beigetragen hat. Aber es ist auch deutlich zu sagen, daß das Konzil die Spaltung nicht verursacht hat.

Aber auch auf einer anderen Ebene ist die katholische Theologie Luther begegnet. Man lese einmal den Vortrag „Die Grundanliegen der Theologie Luthers in der Sicht der katholischen Theologen der Gegenwart", den der Münchner Fundamentaltheologe Heinrich Fries auf der Tagung der Katholischen Akademie Bayerns „Wandlungen des Lutherbildes" 1966 gehalten hat. Man wird erstaunt sein, wie weit katholische Theologie die Grundanliegen Luthers aufnahm, etwa die Bedeutung des Wortes Gottes, die Frage der Rechtfertigung allein aus dem Glauben, die existentielle Theologie des „pro me" Luthers, die Frage von Gesetz und Evangelium, die Theologie des Kreuzes bis hin zu der Formel „simul peccator et iustus", die schon Robert Grosche vor fünfzig Jahren katholisch interpretierte.

Es ist nicht der Ort, auf alle diese Dinge weiter einzugehen. Es wird sichtbar, daß es uns aufgetragen ist, die theologischen Probleme, die Luther aufgeworfen hat, aus vertiefter Einsicht in Schrift und Tradition neu zu durchdenken; sie hindern auch das kirchliche Lehramt und dessen höchste Autorität, die Ökumenischen Konzilien, nicht, die Dekrete des Trienter Konzils in neue Zusammenhänge zu rücken und zu ergänzen.

„Ich glaube nicht, daß wir Luther katholisch machen und heiligsprechen können. Was wir aber können und müssen, das ist: ihm nicht nur volle Gerechtigkeit widerfahren zu lassen, sondern auch mit der Liebe zu umfassen, die das Kennzeichen der Jünger des Herrn ist" (H. Jedin).

LITERATURVERZEICHNIS

Die im Literaturverzeichnis verwandten Abkürzungen entsprechen denen im „Lexikon für Theologie und Kirche" (Bd I, S. 7*–48*, Freiburg 1957) und der in „Die Religion in Geschichte und Gegenwart" (Bd I, S. XIV–XXIX, Tübingen 1957) gebrauchten Bezeichnungen.

Die im Text des Buches verwandten Lutherzitate sind, soweit sie vom Verfasser ursprünglich gebraucht wurden, der Weimarer Ausgabe entnommen.

Um die Lesbarkeit des Textes zu erleichtern, ist auf Angabe von Fundstellen und auf Anmerkungen verzichtet worden.

Aland, K., Hilfsbuch zum Lutherstudium, Witten 1970.

Allen, P. S., und *H. M.* (Hrsg.), Opus Epistolarum Des. Erasmi Roterodami, 12 Bde, Oxford 1906–1938.

Althaus, P., Die christliche Wahrheit, 2 Bde, Gütersloh 1949.

– Gebot und Gesetz. Zum Thema „Gesetz und Evangelium", Gütersloh 1952.

– Paulus und Luther über den Menschen, in: Studien der Luther-Akademie 4, Gütersloh 1952.

– Die Theologie Martin Luthers, Gütersloh 1963.

– Die Ethik Martin Luthers, Gütersloh 1965.

Andreas, W., Deutschland vor der Reformation, Stuttgart 1948.

Archiv für Reformationsgeschichte (ARG), Gütersloh 1972–1978.

Arnold, F. X., Zur Frage des Naturrechts bei Martin Luther. Ein Beitrag zum Problem der natürlichen Theologie auf reformatorischer Grundlage, München 1937.

Asmussen, H., Warum noch lutherische Kirchen?, Stuttgart 1949.

Auer, A., Zum christlichen Verständnis der Berufsarbeit nach Thomas von Aquin und Martin Luther, in: Beiträge zur Begegnung von Kirche und Welt 8, Stuttgart 1953.

Backes, I., Die Christologie, Soteriologie und Mariologie des Ulrich von Straßburg. Ein Beitrag zur Geistesgeschichte des 13. Jahrhunderts, in TThS 29, 1975.

Baeumker, C., Beiträge zur Geschichte des Mittelalters 25, 1927.

Bandt, H., Luthers Lehre vom verborgenen Gott, Berlin 1958.

Bartholomäus von Usingen. Libellus contra Lutheranos, Erfurt 1524.

Bauer, C., Die Epochen der Papstfinanz. Finanzwesen und Bankbeziehungen der Kurie, in: HZ 138, 1928.

– Conrad Peutingers Gutachten zur Monopolfrage. Eine Untersuchung zur Wandlung der Wirtschaftsanschauungen im Zeitalter der Reformation, ARG 45, 1954.

– Die wirtschaftliche Machtgrundlage Karls V., in: Span. Forschung der Görres-Gesellschaft 15, Münster 1960.

Bäumer, R. (Hrsg.), Beiträge zur Geschichte der Kirche von den Reformkonzilien bis zum Tridentinum. Festgabe für August Franzen zum 60. Geburtstag, München/Paderborn/Wien 1972.

– (Hrsg.), Lehramt und Theologie im 16. Jahrhundert, in: Katholisches Leben und Kirchenreform im Zeitalter der Glaubensspaltung 36, Münster 1976.

Bayer, O., Promissio. Geschichte der reformatorischen Wende in Luthers Theologie, Göttingen 1971.

Beer, Th., Die Ausgangsposition der lutherischen und katholischen Lehre von der Rechtfertigung, in: Cath 21, 1967.

– Der fröhliche Wechsel und Streit. Grundzüge der Theologie Martin Luthers, Leipzig 1975 (Einsiedeln 1980).

Below, G. v., Die Ursachen der Rezeption des Römischen Rechts in Deutschland, München 1905.

– Der deutsche Staat des Mittelalters, Bd 1, Leipzig 1925.

Benz, E., Ecclesia spiritualis. Kirchenidee und Geschichtstheologie der franziskanischen Reformation, Stuttgart 1934.

– Das Lutherbild des französischen Katholizismus, in: ZRGG 4, 1952.

Benzing, J., Lutherbibliographie. Verzeichnis der gedruckten Schriften Martin Luthers bis zu dessen Tod, Baden-Baden 1966.

Bertrand, J. T., Historie de l'Amerique espagnole, 2 Bde, Paris 1929.

Beyna, W., Das moderne katholische Lutherbild, Essen 1969.

Bibliographie de la Réforme, 1450–1648, bisher 7 Faszikel, Leiden 1958–1967.

Biel, Gabriel, Collectorium in quattuor libros Sententiarum, Lyon 1514.

Boehmer, K., Luther im Lichte der neueren Forschung, Leipzig 1918.

– Der junge Luther, Stuttgart 1951.

Böhmer, P., OFM, Der Stand der Ockhamforschung, FzS 34, 1952, 12–31.

Bogdahn, M., Die Rechtfertigungslehre Luthers im Urteil der neueren katholischen Theologie, Göttingen 1971.

Bornkamm, H., Luther und das Alte Testament, Tübingen 1948.

– Beiträge zum katholischen Lutherbild, in ThLZ 75, 1950.

– Luthers geistige Welt, Gütersloh 1960.

– Das Jahrhundert der Reformation. Gestalten und Kräfte, Göttingen 1966.

– Thesen und Thesenanschlag Luthers, Berlin (West) 1967.

– Luthers Lehre von den zwei Reichen im Zusammenhang seiner Theologie, Gütersloh 1969.

– Luther im Spiegel der deutschen Geistesgeschichte, Göttingen 1970.

– Luther. Gestalt und Wirkungen, in: SVRG 188, Gütersloh 1975.

– (Hrsg.), Das Augsburger Bekenntnis, Gütersloh 1978.

– Martin Luther in der Mitte seines Lebens, hrsg. v. K. Bornkamm, Göttingen 1979.

Bouyer, L., Die Theologie Luthers und Calvins. Protestantische Religiösität in der zweiten Hälfte unseres Jahrhunderts, in: Getauft auf einen Namen, Christus und die Kirche, von R. Aubert u. a., Nürnberg 1963.

Brandenburg, A., Evangelische Dogmatik im neuen Evangelischen Kirchenlexikon, in: ThGl 46, 1956.

– Um Luthers Theologie heute, in: Rhein. Merkur 13, 1958.

– Der Protestantismus in katholischer Sicht, in: EKL, Bd 3, 1959.

– Gericht und Evangelium. Zur Worttheologie in Luthers ersten Psalmenvorlesungen, in: Konfessionskundliche und kontroverstheologische Studien Bd 4, Paderborn 1960.

– Thomas und Luther im Gespräch, in: Cath 16, 1962.

– Evangelische Lutherdeutung in der Gegenwart unter theologischem Aspekt. Möglichkeiten eines Dialogs mit der lutherischen Theologie, in: Wahrheit und Verkündigung. Festschrift für M. Schmaus zum 70. Geburtstag, hrsg. von L. Scheffczyk, Bd 2, München/Paderborn/Wien 1967.

Brandi, K., Deutsche Geschichte im Zeitalter der Reformation und Gegenreformation, Darmstadt 1960.

– Kaiser Karl V. Werden und Schicksal einer Persönlichkeit und eines Weltreiches, München 1961.

– Reformation und Gegenreformation, Frankfurt 1979.

Brieger, Th., Die Reformation. Ein Stück aus Deutschlands Weltgeschichte, Berlin 1914.

Brunner, O., Land und Herrschaft. Grundfragen der territorialen Verfassungsgeschichte Österreichs im Mittelalter, Wien 1959.

– Souveränitätsproblem und Sozialstruktur in den deutschen Reichsstädten der früheren Neuzeit, in: Vierteljahreshefte für Sozial- und Wirtschaftsgeschichte 50, 1963.

Brunner, P., Trennt die Rechtfertigungslehre die Konfessionen? Neue Wege der Kontroverstheologie, in: ZW 30, 1959.
– Die Rechtfertigungslehre des Konzils von Trient, in: Pro Veritate. Festgabe für L. Jaeger und W. Stählin, hrsg. von E. Schlink und H. Volk, Münster/Kassel 1963.
Brunstädt, F., Theologie der lutherischen Bekenntnisschriften, Gütersloh 1951.
Buchner, R., Maximilian I., Kaiser an der Zeitenwende, Göttingen 1959.

Calvin, J., Institutio christiane religionis, 1559, München 1957.
Clericus, J., Desiderii Erasmi Roterodami Opera omnia, Leiden 1703 ff, Neudruck Hildesheim 1961/62.
Congar, Y. M.-J., Luther vu par les catholiques, in: Revue des sciences philosophiques et théologiques 34, 1950; deutsch (im Auszug) in ELKZ 5, 1951.
– Regards et réflexions sur la christologie de Luther, in: H. Bacht / A. Grillmeier, Das Konzil von Chalkedon, Bd 3, Würzburg 1951.
Crombi, A. C., Von Augustin bis Gallilei. Die Emanzipation der Naturwissenschaft, deutsche Ausgabe Köln 1964.

Dempf, A., Die Hauptform der mittelalterlichen Weltanschauung, München 1925.
– Ethik des Mittelalters, München 1927.
– Sacrum Imperium, München 1929.
Denifle, H. S., Luther und Luthertum, 2 Bde und 2 Erg Bde, Mainz 1904–1909.
– Die abendländischen Schriftausleger bis Luther über Iustitia Dei (Röm 1,17) und Iustificatio, Mainz 1905.
Deutscher Evangelischer Kirchenausschuß (Hrsg.), Die Bekenntnisschrift der evangelisch-lutherischen Kirche, Göttingen 1963.
Deutsche Reichsakten, Jüngere Reihe, München 1893–1929.
Dierauer, J., Geschichte der Schweizer Eidgenossenschaft 1516–1648, Bern 1967.
Dörries, H., Wort und Stunde, 3. Bd, Beiträge zum Verständnis Luthers, Göttingen 1970.
Ducke, K.-H., Handeln zum Heil. Eine Untersuchung zur Morallehre Hadrians VI., in: Erfurter Theologische Studien 34, Leipzig 1976.

Ebeling, G., Evangelische Evangeliumsauslegung, München 1942.
– Die Anfänge von Luthers Hermeneutik, in: ZThK 48, 1951.
– Wort Gottes und Tradition. Studien zu einer Hermeneutik der Konfessionen, Göttingen 1964.
– Luther. Einführung in sein Denken, Tübingen 1965.
Eells, H., Martin Bucer, New Haven 1931.
Egli, E., Schweizerische Reformationsgeschichte I, Zürich 1910.
Ehrenberg, R., Das Zeitalter der Fugger, 2 Bde, Jena 1922.
Einem, H. v., Karl V. und Tizian, in: P. Rassow / F. Schalk, Karl V., Der Kaiser und seine Zeit, Kölner Kolloquium 26.–29. November 1958, Köln/Graz 1960.
Erasmus, Ausgewählte Schriften, Ausgabe in 8 Bdn, lat. und dt. hrsg. von W. Welzig, Darmstadt 1967 ff.
Ernst, F., Eberhard im Bart. Die Politik eines deutschen Landesherrn am Ende des Mittelalters, Stuttgart 1933.
Ernst, W., Gott und Mensch am Vorabend der Reformation. Eine Untersuchung zur Moralphilosophie und -theologie bei Gabriel Biel, in: Erfurter Theologische Studien 28, Leipzig.

Fagerberg, H., Die Theologie der lutherischen Bekenntnisschriften von 1528–1537, Göttingen 1965.
Farner, O., Huldrych Zwingli, 4 Bde, Zürich 1943–1960.
Fausel, H., Doktor Martin Luther, Leben und Werk, 2 Bde, Gütersloh 1977.
Feckes, C., Die Rechtfertigungslehre des Gabriel Biel und ihre Stellung innerhalb der nominalistischen Schule, in: Münsterische Beiträge zur Theologie Bd VII, Münster 1925.
Feine, H. E., Kirchliche Rechtsgeschichte. Die katholische Kirche. Weimar 1964.
Ferdinandy, M. de, Karl V., Tübingen 1966.
Finke, H., Forschung und Quellen zur Geschichte des Konstanzer Konzils, Paderborn 1889.
– Acta Concilii Constanciensis, 4 Bde, Münster 1896.
– Aus den Tagen Bonifaz' VIII., Münster 1902.

Flitner, A., Erasmus im Urteil der Nachwelt. Das literarische Erasmus-Bild von Beatus Rhenanus bis Jean Le Clerc, Tübingen 1952.

Förstemann, K. E., Urkundenbuch zur Geschichte des Reichstages zu Augsburg im Jahre 1530, 2 Bde, Halle 1833 ff, Neudruck Hildesheim 1966.

– Neues Urkundenbuch zur Geschichte der evangelischen Kirchen-Reformation, Bd 1, Hamburg 1842.

Forster, K., Wandlungen des Lutherbildes, Studien und Bericht der katholischen Akademie in Bayern 36, Würzburg 1966.

Franz, A., Die deutsche Messe im Mittelalter, Darmstadt 1963.

Franzen, A. (Hrsg.), Um Reform und Reformation. Zur Frage nach dem Wesen des „Reformatorischen" bei Martin Luther, in: KLK 27/28, 1968.

Freudenberg, Th., Der Würzburger Domprediger Dr. Johann Reyss. Ein Beitrag zur Geschichte der Seelsorge im Bistum Würzburg am Vorabend der Reformation, in: Katholisches Leben und Kämpfen im Zeitalter der Glaubensspaltung 11, 1954.

Friedell, E., Kulturgeschichte der Neuzeit, München 1930.

Friedensburg, W., Urkundenbuch der Universität Wittenberg, 2 Bde, Magdeburg 1926 f.

– Geschichte der Universität Wittenberg, 2 Bde, Magdeburg 1926 ff.

Friedenthal, R., Luther. Sein Leben und seine Zeit, München 1967.

Fries, H., Die Grundanliegen der Theologie Luthers in der Sicht der katholischen Theologie der Gegenwart, in: Wandlungen des Lutherbildes, hrsg. von K. Forster, Würzburg 1966.

Fuchs, W. P., Das Zeitalter der Reformation, in: Gebhardts Handbuch der deutschen Geschichte, Bd 2, Stuttgart 1965.

Gäbler, U., Huldrych Zwingli im 20. Jahrhundert, Forschungsbericht, Zürich 1975.

Gagliardi, E., Geschichte der Schweiz, 2 Bde, Zürich 1934–1937.

Gebhardt, B., Die Gravamina der deutschen Nation gegen den römischen Hof. Ein Beitrag zur Vorgeschichte dre Reformation, Breslau 1895.

Geß, F., Akten und Briefe zur Kirchenpolitik Herzog Georgs von Sachsen, 2 Bde, Leipzig 1905 ff.

Gestrich, Ch., Zwingli als Theologe, Zürich 1967.

Grabmann, M., Die Geschichte der katholischen Theologie seit dem Ausgang der Väterzeit, Frankfurt 1933.

– Das Konzil von Trient als Fortschrittsprinzip der katholischen Dogmatik, in: Das Weltkonzil von Trient, hrsg. von G. Schreiber, Bd 1, Freiburg 1951.

– Geschichte der scholastischen Methode, 2 Bde, Frankfurt 1909–1911, Nachdruck Graz 1955.

– Mittelalterliches Geistesleben, Bd I und II, München 1926–1936, Nachdruck München 1956.

Grane, L., Contra Gabrielem, Luthers Auseinandersetzung mit Gabriel Biel in der disputatio contra scholasticam theologiam 1517, Gyldendal 1962.

– Modus Loquendi theologicus, Luthers Kampf um die Erneuerung der Theologie (1515–1518), in: Acta Theologica Danica, Vol XII, Leiden 1975.

Grisar, H., Lutherstudien, 6 Hefte, 1920 bis 1923

– Luther, 3 Bde, Freiburg 1924–1925.

– Martin Luthers Leben und Werk, Freiburg 1927.

Grosche, R., Simul peccator et iustus. Bemerkungen zu einer theologischen Formel, in Cath 4, 1935; auch in: Pilgernde Kirche, Freiburg 1938.

– Sola gratia. Zu E. Wolf, Sola gratia? Erwägungen zu einer kontroverstheologischen Formel, in: Cath 11, 1958.

Günter, H., Gerwig Blarer, Abt von Weingarten 1520–1567, 2 Bde, Stuttgart 1914–1921.

Haas, M., Huldrych Zwingli und seine Zeit, Zürich 1976.

Hacker, P., Das Ich im Glauben bei Martin Luther, Graz 1966.

Hadorn, W., Die Reformation in der deutschen Schweiz, Frauenfeld/Leipzig 1928.

Halbauer, F., Mucianus Rufus und seine geistesgeschichtliche Stellung, Leipzig/Berlin 1929.

Haller, J., Papsttum und Kirchenreform, Berlin 1903.
– Die Anfänge der Universität Tübingen, 2 Bde, Stuttgart 1927–1929.
Hamann, J. G., Sämtliche Schriften, hrsg. von J. Nadler, 6 Bde, Wien 1949–1957.
Hartung, F., Deutsche Verfassungsgeschichte vom 15. Jahrhundert bis zur Gegenwart, Stuttgart 1964.
Hashagen, J., Zur Charakteristik der geistlichen Gerichtsbarkeit vornehmlich im späten Mittelalter, in: ZSavRGkan 6, 1916.
– Staat und Kirche vor der Reformation, Essen 1931.
Hasler, A., Luther in der katholischen Dogmatik. Die Darstellung der Rechtfertigungslehre in den katholischen Dogmatikbüchern, in: Beiträge zur ökumenischen Theologie, hrsg. von H. Fries, München 1967.
Hassinger, E., Das Werden des neuzeitlichen Europa 1300–1600, Braunschweig 1964.
Heer, F., Einleitung zu: Meister Eckhart, Predigten und Schriften, Frankfurt 1956.
– Die dritte Kraft. Der europäische Humanismus zwischen den Fronten des konfessionellen Zeitalters, Frankfurt 1959.
– Europäische Geistesgeschichte, Stuttgart 1965.
– Martin Luther, in: Die Wahrheit der Ketzer, hrsg. von H. J. Schultz, Stuttgart/Berlin 1968.
Heimpel, H., Das Wesen des deutschen Spätmittelalters, in: AKG 23, 1953.
Helbig, H., Der Wettinische Ständestaat. Untersuchungen zur Geschichte des Ständewesens und der landständischen Verfassung in Mitteldeutschland bis 1485, Köln 1955.
Held, P., Ulrich von Hutten. Seine religiös-geistige Auseinandersetzung mit Katholizismus, Humanismus, Reformation, in SVRG 144, Leipzig 1928.
Herding, O., Probleme des frühen Humanismus in Deutschland, in: AKG 38, 1956.
Hermann, R., Luthers These „Gerecht und Sünder zugleich", Göttingen, 1960.
– Gesammelte Studien zur Theologie Luthers und der Reformation, Göttingen 1960.
Hermelink, H., Reformation und Gegenreformation, HKG Bd III, Tübingen 1931.
Herte, A., Die Lutherbiographie des Joh. Cochläus. Eine quellenkritische Untersuchung, Münster 1915.
– Die Lutherkommentare des Joh. Cochläus. Kritische Studien zur Geschichtsschreibung im Zeitalter der Glaubensspaltung, in: Reformationsgeschichtliche Studien und Texte 33, 1935.
– Das katholische Lutherbild im Bann der Lutherkommentare des Cochläus, 3 Bde, Münster 1943.
Hessen, J., Der deutsche Genius und sein Ringen um Gott, München 1937.
– Luther in katholischer Sicht. Grundlagen eines ökumenischen Gesprächs, Bonn 1949.
Hägglund, B., Theologie und Philosophie bei Luther und in der ockhamistischen Tradition, Lund 1955.
Hinrichs, K., Luther und Müntzer. Ihre Auseinandersetzung über Obrigkeit und Widerstandsrecht, Berlin 1952.
Hoffmann, B. R., Luther and the Mystics. A reexamination of Luther's spiritual experience and his relationship to the mystics, Minneapolis 1976.
Hoffmann, F., Die erste Kritik des Ockhamismus durch den Oxforder Kanzler Johannes Lutterell, in: Breslauer Studien zur historischen Theologie, Neue Folge 9, Breslau 1941.
– Die Schriften des Oxforder Kanzlers Johannes Luterell, in: Erfurter Theologische Studien 6, Leipzig 1959.
Höffner, J., Wirtschaftsethik und Monopole im 15. und 16. Jahrhundert, Jena 1941.
Holborn, H., Deutsche Geschichte in der Neuzeit I: Das Zeitalter der Reformation und des Absolutismus, Stuttgart 1960.
Holl, K., Gesammelte Aufsätze zur Kirchengeschichte I, Tübingen 1948.
Honselmann, K. L., Die Veröffentlichung der Ablaßthesen Martin Luthers 1517, in: ThGl 55, 1965.
– Urfassung und Urdrucke der Ablaßthesen, Paderborn 1966.
Höss, I., Georg Spalatin (1484–1545), Weimar 1956.
– Die Problematik des spätmittelalterlichen Landeskirchentums am Beispiel Sachsens, in: Geschichte in Wissenschaft und Unterricht 10, 1959.

Hubatsch, W., Albrecht von Brandenburg-Ansbach, Deutschordensmeister und Herzog in Preußen 1490–1568, Heidelberg 1960.

Huizinga, J., Erasmus. Deutsche Übersetzung von Werner Kaegi, Basel 1951.

– Herbst des Mittelalters, Stuttgart 1953.

Hyma, A., The Brethren of the Common Life, Michigan 1950.

Immenkötter, H., Um die Einheit im Glauben. Die Unionsverhandlungen des Augsburger Reichstages im August und September 1530, Münster 1974.

– Der Reichstag zu Augsburg und die Confutatio. Historische Einführung und neuhochdeutsche Übertragung, Münster 1979.

– (Hrsg.), Die Cofutatio der Confessio Augustana vom 3. August 1530, Münster 1979.

Iserloh, E., Die Eucharistie in der Darstellung des Joh. Eck. Ein Beitrag zur vortridentinischen Kontroverstheologie über das Meßopfer, in: RGST 73/74, 1950.

– Der Kampf um die Messe in den ersten Jahren der Auseinandersetzung mit Luther, in: Katholisches Leben und Kämpfen im Zeitalter der Glaubensspaltung 10, 1952.

– Gnade und Eucharistie in der philosophischen Theologie des Wilhelm von Ockham. Ihre Bedeutung für die Ursachen der Reformation, Wiesbaden 1956.

– Luther-Kritik oder Luther-Polemik? Zu einer neuen Deutung und Entwicklung Luthers zum Reformator, in: Festgabe für J. Lortz, hrsg. von E. Iserloh und P. Manns, Bd 1 Reformation. Schicksal und Auftrag, Baden-Baden 1958.

– Martin Luther, in: Staatslexikon, hrsg. von der Görres-Gesellschaft, Bd 5, Freiburg 1960.

– Der Wert der Messe in den Diskussionen der Theologen vom Mittelalter bis zum 16. Jahrhundert, in: ZThK 83, 1961.

– „Existentiale Interpretation" in Luthers erster Psalmenvorlesung?, in: ThRv 59, 1963.

– Wie es zur Reformation kam, in: Lebendiges Zeugnis 2/3, 1964.

– Sacramentum et exemplum. Ein augustinisches Thema lutherischer Theologie, in: Reformata Reformanda, Festgabe für Hubert Jedin, hrsg. von E. Iserloh und K. Repgen, Bd 1, Münster 1965.

– Luthers Thesenanschlag, Tatsache oder Legende?, in: TThZ 70, 1961; auch als Sonderdruck erschienen Wiesbaden 1962 (Institut für Europäische Geschichte, Mainz, Vorträge Nr. 31); vgl. jetzt: Luther zwischen Reform und Reformation. Der Thesenanschlag fand nicht statt, Münster 1966.

– Luther in katholischer Sicht heute, in: Concilium 2, 1966.

– Luthers Stellung in der theologischen Tradition, in: Wandlung des Lutherbildes, hrsg. von K. Forster, Würzburg 1966.

– Luther zwischen Reform und Reformation. Der Thesenanschlag fand nicht statt, Münster 1968.

– Luther und die Reformation, Aschaffenburg 1974.

– Geschichte und Theologie der Reformation im Grundriß, Paderborn 1980.

– (Hrsg.), Confessio Augustana und Confutatio. Der Augsburger Reichstag 1530 und die Einheit der Kirche, in: RGST 118, 1980.

Jappe Alberts, W., Zur Devotio moderna. Literaturbericht, in: Westfälische Forschungen 11, 1958.

Jedin, H., Des Johann Cochlaeus Streitschrift De libero arbitrio hominis (1525), in: Breslauer Studien zur historischen Theologie 9, Breslau 1927.

– Die Erforschung der kirchlichen Reformationsgeschichte seit 1876. Leistungen und Aufgaben der deutschen Katholiken, in: Katholisches Leben und Kämpfen im Zeitalter der Glaubensspaltung 5, 1931.

– Girolamo Seripando. Sein Leben und Denken im Geisteskampf des 16. Jahrhunderts, I und II, in: Cassiciacum 2.3, Würzburg 1937.

– Concilium Tridentinum. Diariorum, Actorum, Epistularum, Tractatuum Nova Collectio. Edidit Societas Goerresiana ..., tomus XIII/1: Tractatuum partis alterius volumen prius, complectens tractatus concilii usque ad sessionem XIII conscriptos. Ex collationibus Vincentii Schweitzer auxit, edidit, illustravit Hubertus Jedin, Freiberg 1938.

– Der Quellenapparat der Konzilsgeschichte Pallavicinios. Das Papsttum und die Widerlegung Sarpis im Lichte neuerschlossener Archivalien, in: Miscallanea historiae pontificiae 6, Rom 1940.
– Das Konzil von Trient. Ein Überblick über die Erforschung seiner Geschichte, in: Storia e letteratura 19, Rom 1948.
– Luthers Turmerlebnis in neuer Sicht. Ein Bericht über E. Bizer, Fides ex auditu, in: Cath 12, 1958.
– Ist das Konzil von Trient ein Hindernis zur Wiedervereinigung?, in: EThL 38, 1962.
– Wandlungen des Lutherbildes in der katholischen Kirchengeschichtsschreibung, in: Wandlungen des Lutherbildes, hrsg. von K. Forster, Würzburg 1966.
– Wo sah die tridentinische Kirche die Lehrdifferenzen mit Luther?, in: Cath 21, 1967.
– Geschichte des Konzils von Trient. I–IV, Freiburg 1949–1975.
– und *R. Bäumer*, Die Erforschung der kirchlichen Reformationsgeschichte, Darmstadt 1975.
– (Hrsg.) Handbuch der Kirchengeschichte, Bd III/2: Die mittelalterliche Kirche. Vom kirchlichen Hochmittelalter bis zum Vorabend der Reformation, Freiburg/Basel/Wien 1968.
– (Hrsg.) Handbuch der Kirchengeschichte, Bd IV: Reformation, Katholische Reform und Gegenreformation, Freiburg 1975.

Joachimsen, P., Der Humanismus und die Entwicklung des deutschen Geistes, in: DVfLG 8, 1930.

Junghans, H., Ockham im Lichte der neueren Forschung, in: Arbeiten zur Geschichte und Theologie des Luthertums, Bd XXI, Berlin (West) und Hamburg 1968.

Kallen, G., Die politische Theorie im philosophischen System des Nicolaus von Cues, in HZ 165, 1942.

Kantzenbach, F. W., Lutherforschung als kontroverstheologisches Problem, in LR 16, 1966; auch in: Wandlungen des Lutherbildes, hrsg. von K. Forster, Würzburg 1966.

Kiefl, F. X., Martin Luthers religiöse Psyche als Wurzel eines neuen philosophischen Weltbildes. Zum 400jährigen Reformationsjubiläum, in: Hochland 15, 1917; auch (erweitert) in: F. X. Kiefl, Katholische Weltanschauung und modernes Denken, Regensburg 1923.

Kirchgässner, A., Luthers Meßreform, in Liturgisches Jahrbuch 12, 1962.

Kirn, P., Friedrich der Weise und die Kirche, Leipzig 1926.
– Der mittelalterliche Staat und das geistliche Gericht, in: ZSavRGkan 15, 1926.

Kisch, G., Erasmus und die Jurisprudenz seiner Zeit. Studien zum humanistischen Rechtsdenken, Berlin (West) 1960.

Klapper, J., Johann von Neumark, Bischof und Hofkanzler, in: Erfurter Theologische Studien 17, Leipzig 1964.

Kleineidam, E., Universitas Studii Erffordensis I–III. Überblick über die Geschichte der Universität Erfurt, in: Erfurter Theologische Studien 14, 22, 42, Leipzig 1964–1980.

Koch, E. / L. Ullrich / U. Kühn, Der wissenschaftliche Ertrag des Confessio-Augustana-Gedenkjahres 1980, in: ThLZ 10, 1981.

Köhler, O., Das Bild der geistlichen Fürsten in den Viten des 10.–12. Jahrhunderts, Diss. 1935.
– Der Wandel im Lutherbild des deutschen Katholizismus, in: LR 2, 1952.

Kohls, E. W., Die Theologie des Erasmus, 2 Bde, Basel 1966.

Koller, H., Staatsschriften des späten Mittelalters, Bd 2, Stuttgart 1964.

König, E. (Hrsg.), Conrad Peutinger. Briefwechsel, München 1923.

Kösters, R., Luthers These „Gerecht und Sünder zugleich“ in der Interpretation Rudolf Hermanns, in: Cath 18, 1964; 19, 1965.
– Zur Theorie der Kontroverstheologie. Wissenschaftstheoretische Reflexionen über Begriff, Gegenstand und Methode der Kontroverstheologie, in: ZKTh 88, 1966.
– Die Lehre von der Rechtfertigung unter besonderer Berücksichtigung der Formel Simul. Zum Stand des kontroverstheologischen Gesprächs, in: ZKTh 90, 1968.

Köstlin, J., Luthers Theologie in ihrer geschichtlichen Entwicklung und ihrem inneren Zusammenhang, 2 Bde, Stuttgart 1901.
– Martin Luther. Sein Leben und seine Schriften. 5. Aufl. bearb. von G. Kawerau, 2 Bde, Berlin 1903.

Kottje, R. / B. Moeller, Ökumenische Kirchengeschichte, Bd 2: Mittelalter und Reformation, Mainz 1978.

Krause, G., Studien zu Luthers Auslegung der kleinen Propheten, Tübingen 1962.

Kühn, U. / O. H. Pesch, Rechtfertigung im Gespräch zwischen Thomas und Luther, Berlin 1967.

Küng, H., Rechtfertigung. Die Lehre Karl Barths und eine katholische Besinnung, Einsiedeln 1957.
– Katholische Besinnung auf Luthers Rechtfertigungslehre heute, in: Theologie im Wandel. Festschrift zum 150jährigen Bestehen der kath. u. evang. Universität Tübingen 1817–1967, München/Freiburg 1967.

Kurze, D., Johannes Lichtenberger. Eine Studie zur Geschichte der Prophetie und Astrologie, Lübeck/Hamburg 1960.

Lange-Eichbaum, W., Genie, Irrsinn und Ruhm, München 1956.

Las Casas, B., Historia general de las Indias, 5 Bde, Madrid 1878.

Lau, F., Luthers Worttheologie in katholischer Sicht, in: LuJ 1961.
– und *E. Bizer*, Reformationsgeschichte Deutschlands bis 1555, in: Die Kirche in ihrer Geschichte, Bd 3, Göttingen 1964.
– Luther, Berlin 1966.
– Der Bauernkrieg und das angebliche Ende der lutherischen Reformation als spontaner Volksbewegung, in: W. Hubatsch (Hrsg.), Wirkungen der deutschen Reformation bis 1555, Darmstadt 1967.

Leclerc, J., Opera omnia Des. Erasmi, 10 Bde, Leiden 1703–1706, Anastatischer Neudruck Hildesheim 1961–1962.

Lecler, J., Geschichte der Religionsfreiheit im Zeitalter der Reformation, 2 Bde, Stuttgart 1965.

Léonhard, Histoire générale du Protestantisme, 2 Bde, Paris 1961.

Locher, G. W., Die Theologie Huldrych Zwinglis im Lichte seiner Christologie, Bd I, Zürich 1952.
– Im Geist und in der Wahrheit. Die reformatorische Wende im Gottesdienst zu Zürich, Neukirchen 1957.
– Die Zwinglische Reformation im Rahmen der europäischen Kirchengeschichte, Göttingen 1979.

Loewenich, W. v., Luthers Theologie crucis, München 1954.
– Der Katholizismus und wir, München 1954.
– Die Lutherforschung in Deutschland seit dem 2. Weltkrieg, in ThLZ 81, 1956; siehe auch in: Lutherforschung heute, hrsg. von V. Vajta, Berlin (West) 1968.
– Das Problem des „katholischen Luther“, in: Dank an Paul Althaus, Festgabe zum 70. Geburtstag, hrsg. von W. Künneth und W. Joest, Gütersloh 1958.
– Von Augustin zu Luther, Witten 1959.
– Zehn Jahre Lutherforschung in Deutschland, in: Theologie und Liturgie, hrsg. von L. Hennig, Kassel 1952; auch in: Von Augustin zu Luther, Witten 1959.
– Der moderne Katholizismus. Erscheinung und Probleme, Witten 1959.
– Überkonfessionelle Kirchengeschichtsschreibung?, in: ThLZ 90, 1965.
– Wandlungen des evangelischen Lutherbildes im 19. und 20. Jahrhundert, in: Wandlungen des Lutherbildes, hrsg. von K. Forster, Würzburg 1966.
– Evangelische und katholische Lutherdeutung der Gegenwart im Dialog, in: LuJ 34, 1967.

Lohse, B., Der Durchbruch der Reformatorischen Erkenntnis bei Luther, Darmstadt 1968.

Lortz, J., Die Leipziger Disputation 1519, in BZThS 3, 1926.
– Um Luther (Zum 450. Geburtstag am 10. November 1933), in: Zeitschrift für den kath. Religionsunterricht an höheren Lehranstalten 10, 1933.
– Zur Lutherforschung. Bemerkungen zu „Otto Scheel, Martin Luther. Vom Katholizismus zur Reformation, Bd 2: Im Kloster. 3. u. 4. Aufl., Tübingen 1930“, in: HJ 53, 1933.

– Zum Menschenbild Luthers, in: Das Bild vom Menschen. F. Tillmann zum 60. Geburtstag, hrsg. von Th. Steinbüchel und Th. Müncker, Düsseldorf 1934.
– Die Kirche im Zeitalter des Humanismus, der Reformation und der Gegenreformation, in: Akademische Bonifatius-Korrespondenz 4, 1934.
– Die Reformation. Thesen als Handreichung bei ökumenischen Gesprächen, Meitingen 1940.
– Die Reformation als religiöses Anliegen heute, Trier 1948.
– Zur Problematik der kirchlichen Mißstände im Spätmittelalter, in TThZ 58, 1949.
– „Die Reformation im ökumenischen Gewissen". Eine Erwiderung auf Adam Fechter, in: Wort und Wahrheit 7, 1952.
– Wie kam es zur Reformation? Ein Vortrag, Einsiedeln 1955.
– Die Reformation und Luther in katholischer Sicht, in: Una Sancta 10, 1955.
– Einheit der Christenheit. Unfehlbarkeit und lebendige Aussage, Trier 1959.
– Von den Ursachen der christlichen Spaltung und von der rechten Art davon zu reden, Recklinghausen 1961.
– Die Reformation in Deutschland, 2 Bde, Freiburg 1962.
– Luthers Römerbriefvorlesung. Grundanliegen, in: TThZ 71, 1962.
– Reformation, in: LThK 1963.
– Geschichte der Kirche in ideengeschichtlicher Betrachtung, Bd 2: Die Neuzeit, Münster 1964.
– Martin Luther, Grundzüge seiner geistigen Struktur, in: Reformata Reformanda. Festgabe für H. Jedin, hrsg. von E. Iserloh und K. Repgen, Bd 1, München 1965.
– Kirchendenken beim jungen Luther, in: Wahrheit und Verkündigung. Festschrift für M. Schmaus zum 70. Geburtstag, hrsg. von L. Scheffczyk, Bd 2, Paderborn 1967.
– Luthers Bedeutung für die katholische Kirche, in: Wirkungen der deutschen Reformation bis 1555, hrsg. von W. Hubatsch, Darmstadt 1967.
– Reformatorisch und katholisch beim jungen Luther (1518–1519), in: Humanitas – Christianitas. W. v. Loewenich zum 65. Geburtstag, Witten 1968.

Ludolphy, I., Die Voraussetzungen der Religionspolitik Karls V., in: Aufsätze und Vorträge zur Theologie und Religionswissenschaft 32, Evangelische Verlagsanstalt, Berlin 1965.

Luthers Werke, D. Martin, Kritische Gesamtausgabe, Bd 1–60. Die drei Nebenreihen dieser „Weimarer Ausgabe" umfassen die Tischreden 6 Bde, den Briefwechsel 13 Bde, und die Deutsche Bibel, bisher 12 Bde, Weimar 1883–1980.

Lutz, H., Conrad Peutinger, Augsburg 1958.
– Karl V. und Bayern, in ZBLG 22, 1959.
– Christianitas afflicta, Untersuchung zur europäischen Politik und zur Stellung des Papsttums während der letzten Regierungsjahre Kaiser Karls V. (1552–1556), München 1960.

Manns, P., Fides absoluta – Fides incarnata. Zur Rechtfertigungslehre Luthers im Großen Galater-Kommentar, in Reformata Reformanda, Festgabe für Hubert Jedin, hrsg. von E. Iserloh und K. Repgen, Bd 1, Münster 1965.
– Lutherforschung heute. Krise und Aufbruch, in: Veröffentl. des Instituts für europ. Geschichte Mainz 46, Wiesbaden 1967.

Martensen, H. L., Luthers ökumenische Bedeutung heute, in: Luth. Monatshefte 6, 1967.
– Reform, Reformation und ökumenische Bewegung, in: LR 17, 1967.

Maurer, W., Historischer Kommentar zur Confessio Augustana, 2 Bde, Gütersloh 1976–1978.

May, G., Die geistliche Gerichtsbarkeit der Erzbischöfe von Mainz im Thüringen des späteren Mittelalters. Das Generalgericht zu Erfurt, Leipzig 1956.

McNeill, J. T., The history and character of Calinism, New York 1954.

McSorley, H. J., Luthers Lehre vom unfreien Willen, München 1967.

Meinhold, P., Steht Luther im Wege? Ekklesiologie und Konzil bei Luther, in: Der evangelische Christ und das Konzil, mit einem Geleitwort von A. Brandenburg, Freiburg/Basel/Wien 1961.

Meissinger, K. A., Erasmus von Rotterdam, Berlin 1948.
– Der katholische Luther, München 1952.

Merkle, S., Reformationsgeschichtliche Streitfragen. Ein Wort zur Verständigung aus Anlaß des Prozesses Beyl–Berchlingen, München 1904.
– Das Lutherbild in der Gegenwart, in: Hochland 20, 1922–1923.
– Gutes an Luther und Übles an seinen Tadlern, in: Luther in ökumenischer Sicht, hrsg. von A. v. Martin, Stuttgart 1929.
– Ausgewählte Reden und Aufsätze anläßlich seines 100. Geburtstages in Verbindung mit dem S.-Merkle-Institut der Universität Würzburg, hrsg. von Th. Freudenberger, Quellen und Forschungen zur Geschichte des Bistums und Hochstifts Würzburg Bd 17, Würzburg 1965.
Merzbacher, F., Wandlungen des Kirchenbegriffs im Spätmittelalter, in: ZSavRGkan 39, 1935.
Merx, O. (Hrsg.), Akten zur Geschichte des Bauernkrieges in Mitteldeutschland, Bd 1/1, Leipzig 1923, Neudruck Aalen 1964.
Moeller, B., Reichsstadt und Reformation, Gütersloh 1962.
– Frömmigkeit in Deutschland um 1500, in: ARG 56, 1965.
Molitor, E., Die Reichsreformbestrebungen des 15. Jahrhunderts bis zum Tode Kaiser Friedrichs III., Breslau 1921.
Morel-Fatio, A., Historiographie de Charles Quint, Paris 1913.
Mühlen, K.-H. zur, Nos extra nos. Luthers Theologie zwischen Mystik und Scholastik, Tübingen 1972.
Müller, K., Kirche, Gemeinde und Obrigkeit nach Luther, Tübingen 1910.
– Kirchengeschichte. Bd 2/1–2, Tübingen 1919.

Naujoks, E., Obrigkeitsgedanke, Zunftverfassung und Reformation. Studien zur Verfassungsgeschichte von Ulm, Eßlingen und Schwäbisch-Gmünd, Stuttgart 1958.
Nipperdey, Th., Theologie und Revolutionen bei Thomas Müntzer, in: Wirkungen der deutschen Reformation bis 1555, hrsg. von W. Hubatsch, Darmstadt 1967.
Nuntiaturberichte aus Deutschland nebst ergänzenden Aktenstücken, 1. Abt.: 1553 bis 1559, 12 Bde, hrsg. durch das Preußische Historische Institut in Rom, Gotha 1892–1912.
Nyssen, W. / F. P. Sonntag, Der Gott der wandernden Völker, Leipzig 1970.

Oberman, H. A., Spätscholastik und Reformation I: Der Herbst der mittelalterlichen Theologie, Zürich 1965.
Ockham, W. v., Super quattuor libros Sententiorum subtilissimae quaestiones carumdemque decisiones, Lyon 1495.
Oediger, F. W., Über die Bildung der Geistlichen im späten Mittelalter, Leiden/Köln 1953.
Oelrich, K. H., Der späte Erasmus und die Reformation, in: RGST 86, 1961.
Osten, G. v. d., Deutsche und niederländische Kunst der Reformationszeit, Köln 1973.

Pannenberg, W., Neue Wege katholischer Christologie, in: ThLZ 82, 1957.
Pastor, L. v., Geschichte der Päpste seit dem Ausgang des Mittelalters (1305–1799), Bd IV–XIV, Freiburg 1906–1929, Neudruck 1958 ff.
Persson, P. E., Evangelisch und Römisch-katholisch. Kernfragen der heutigen Diskussion, Göttingen 1961.
Pesch, O. H., Instinkt und Glaubenswille, in: Cath 16, 1962.
– Ein katholisches Anliegen in evangelischer Darstellung der Theologie Luthers, in: Cath 16, 1962.
– Freiheitsbegriff und Freiheitslehre bei Thomas von Aquin und Luther, in: Cath 17, 1963.
– Zum Gespräch zwischen Luther und Thomas, in: Cath 18, 1964.
– Thomas von Aquin im Lichte evangelischer Fragen. Zu drei neuen Thomasmonographien, in: Cath 20, 1966.
– Zwanzig Jahre katholische Lutherforschung, in: LR 16, 1966.
– Der hermeneutische Ort der Theologie bei Thomas von Aquin und Martin Luther und die Frage nach dem Verhältnis von Philosophie und Theologie, ThQu 146, 1966.
– Zur Frage nach Luthers reformatorischer Wende. Ergebnisse und Probleme der Diskussion um Ernst Bizer, Fides ex auditu, in: Cath 20, 1966.

– Theologische Erwägungen zum gemeinsamen Beten im Glauben getrennter Christen, in: ThQ 146, 1966.
– Abenteuer Lutherforschung. Wandlungen des Lutherbildes in katholischer Theologie, in: Die neue Ordnung 6, 1966.
– Theologie der Rechtfertigung bei Martin Luther und Thomas von Aquin, Walberger Studien Bd 4, Mainz 1967.
– Existentielle und sapientiale Theologie. Hermeneutische Erwägung zur systematisch-theologischen Konfrontation zwischen Luther und Thomas von Aquin, in: ThLZ 92, 1967.
– zus. mit *U. Kühn*, Rechtfertigung im Gespräch zwischen Thomas und Luther, Berlin 1967.
Petrus Lombardus, Sentenzen. Basel 1489.
Peuckert, W.-E., Die große Wende, Hamburg 1948.
Pfeiffer, R., Humanitas Erasmiana, Leipzig 1931.
Pfister, R., Kirchengeschichte der Schweiz, 2 Bde, Zürich 1974.
Pfnür, V., Einig in der Rechtfertigungslehre? Die Rechtfertigungslehre der Confessio Augustana (1530) . . ., Wiesbaden 1970.
Pfürtner, St., Die Heilsgewißheit nach Luther und die Hoffnungsgewißheit nach Thomas von Aquin, in: Cath 13, 1959.
– Luther und Thomas im Gespräch. Unser Heil zwischen Gewißheit und Gefährdung, Heidelberg 1961.
– Reform und Reformation, in LR 17, 1967.
Pinomaa, L., Sieg des Glaubens, Grundlinien der Theologie Luthers, Göttingen 1964.
Planitz, H., Die deutsche Stadt im Mittelalter, Graz/Köln 1954.
Pöhlmann, H.-G. (Hrsg.), Philipp Melanchthon. Apologia Confessionis Augustanae, Gütersloh 1967.
Pollet, J. v., Huldrych Zwingli et la Réform en Suisse, Paris 1963.
Pölnitz, G. v., Jakob Fugger. Kaiser, Kirche und Kapital in der oberdeutschen Renaissance, 2 Bde, Tübingen 1949–1951.
Post, R., De moderne devotie, Amsterdam 1950.
– Kerkelijke verhoudingen voor de Reformatie, Utrecht 1955.
Prenter, R., Spiritus Creator, Studien zu Luthers Theologie, München 1954.
Przywara, E., Alte und neue Reformation, Geleitwort von H. Urs von Balthasar, in: Christ heute, 1. Folge 3, Nürnberg 1948.
– Mysterium Luther. Ein Interview, in: Die Besinnung 8, 1953.

Rahner, K., Gerecht und Sünder zugleich, in: Geist und Leben 36, 1963; auch in: Schriften zur Theologie Bd 6, 1965.
Ranke, L. v., Deutsche Geschichte im Zeitalter der Reformation, 1839–1847, Histor.-krit. Ausgabe von P. Joachimsen, 6 Bde, München 1925–1926.
Rassow, P., Die Kaiseridee Karls V., Berlin 1932.
– Die politische Welt Karls V., München 1947.
– Das Zeitalter Luthers und Karls V., Köln 1953.
– / *F. Schalk* (Hrsg.), Karl V. Der Kaiser und seine Zeit. Kölner Colloquium 26. bis 29. November 1958, Köln/Graz 1960.
Ratzinger, J., Protestantismus, Beurteilung vom Standpunkt des Katholizismus, in: RRG Bd 5, 1961.
– Die Kirche und die Kirchen, in: Reformatio 13, 1964.
Reiter, P. J., Martin Luthers Umwelt, Charakter und Psychose, Kopenhagen 1937–1941.
Rich, A., Die Anfänge der Theologie H. Zwinglis, Zürich 1949.
Ritter, G., Studien zur Spätscholastik, 3 Bde, Heidelberg 1921–1927.
– Die geschichtliche Bedeutung des deutschen Humanismus, in HZ 127, 1923.
– Geschichte der Universität Heidelberg I: Das Mittelalter 1386–1508, Heidelberg 1936.
– Die Neugestaltung Europas im 16. Jahrhundert, Berlin 1950.
– Die Weltwirkung der Reformation, München 1959.
Rörig, F., Die europäische Stadt und die Kultur des Bürgertums im Mittelalter, Göttingen 1955.
Rosenfeld, H., Der mittelalterliche Totentanz, in: Beihefte zum AKG 3, 1954.
Rössler, H., Europa im Zeitalter von Renaissance, Reformation und Gegenreformation (1450–1650), München 1956.

Rost, H., Die Bibel im Mittelalter, Augsburg 1939.

Routh, E. B. G., Thomas More und his friends, London 1934.

Rückert, H., Die geistesgeschichtliche Einordnung der Reformation, in: ZThK 52, 1955.

Rudolf, R., Ars moriendi. Von der Kunst des heilsamen Lebens und Sterbens, Köln 1957.

Scheel, O., Martin Luther. Vom Katholizismus zur Reformation, 2 Bde, Tübingen 1921–1930.

– Dokumente zu Luthers Entwicklung, Tübingen, 1929.

– Die weltgeschichtliche Bedeutung der Wittenberger Reformation, in: Wirkungen der deutschen Reformation bis 1555, hrsg. von W. Hubatsch, Darmstadt 1967.

Scheible, H. (Hrsg.), Melanchthons Briefwechsel. Kritische und kommentierte Gesamtausgabe, Bd 1: Regesten 1–1169 (1514–1530), Stuttgart 1977.

Schierse, F. J., Das Trienter Konzil und die Frage nach der christlichen Gewißheit, in: Das Weltkonzil von Trient, hrsg. von G. Schreiber, Bd 1, Freiburg 1951.

Schlink, E., Theologie der lutherischen Bekenntnisschriften, München 1948.

Schmauss, J. / H. C. Senckenberg (Hrsg.), Neue vollständige Sammlung der Reichsabschiede, Bd II: 1495–1551, III: 1552–1634, Frankfurt 1747.

Schmid, R., Ulrich Zasius und seine Stellung in der Rechtswissenschaft, Leipzig 1904.

Schmidt-Clausing, F., Zwingli, Berlin (West) 1965.

Schnabel, F., Deutschlands geschichtliche Quellen und Darstellungen in der Neuzeit. 1. Teil: Das Zeitalter der Reformation, Leipzig 1931.

Schnitzer, J., Quellen und Forschungen zur Geschichte Savonarolas, 4 Bde, München 1902–1910.

Scholz, R., Wilhelm von Ockham als politischer Denker, Stuttgart 1952.

Schottenloher, K., Bibliographie zur deutschen Geschichte im Zeitalter der Glaubensspaltung 1517–1585, 6 Bde, Stuttgart 1956–1958, 7. Bd: Das Schrifttum von 1938 bis 1960, Stuttgart 1966.

Schubert, H. v., Der Reichstag von Augsburg im Zusammenhang der Reformationsgeschichte, Leipzig 1930.

Schwaiger, G., Die Reformation in den nordischen Ländern, München 1962.

– Reformation, in: Handbuch theologischer Grundbegriffe, hrsg. von H. Fries, Bd 2, München 1963.

Seeberg, E., Luthers Theologie in ihren Grundzügen, Stuttgart 1950.

Seeberg, R., Die kirchengeschichtliche Bedeutung der Reformation Luthers, in: ZKG 37, 1917.

– Dogmengeschichte IV,1, Leipzig 1933.

Sehling, E., Die evangelischen Kirchenordnungen des 16. Jahrhunderts, Bd 1–5, Leipzig 1902–1913, Bd 6 ff, Tübingen 1955 ff.

Seidlmayer, M., Nikolaus von Cues und der Humanismus, in: Wege und Wandlungen des Humanismus, Göttingen 1965.

– „Una religio in rituum varietate". Zur Religionsauffassung des Nikolaus von Cues, in: Wege und Wandlungen des Humanismus, Göttingen 1965.

Seppelt, F. X., Geschichte der Päpste von den Anfängen bis zur Mitte des 20. Jahrhunderts, neu bearb. von G. Schwaiger, Bd IV und V, München 1957–1959.

Sigrist, H., Reichsreform und Schwabenkrieg. Ein Beitrag zur Entwicklung des Gegensatzes zwischen Eidgenossenschaft und dem Reich, in: Schweizer Beiträge zur allgemeinen Geschichte V, Aarau 1947.

Skalweit, S., Reich und Reformation, in: Propyläen Bibliothek der Geschichte, Berlin (West) 1967.

Smend, R., Zur Geschichte der Formel Kaiser und Reich in den letzten Jahrhunderten des alten Reiches, in: Historische Aufsätze für Zeumer, Weimar 1910; jetzt in R. Smend, Staatsrechtliche Abhandlungen und andere Aufsätze, Berlin 1955.

Söhngen, G., Die Einheit in der Theologie. Gesammelte Abhandlungen, Aufsätze und Vorträge, München 1952.

– Gesetz und Evangelium. Ihre analoge Einheit, theologisch, philosophisch, staatsbürgerlich, München 1957.

– Gesetz und Evangelium, in: LThK, Bd 4, 1960.

Sonntag, F. P., Das Kollegiatstift St. Marien zu Erfurt von 1117–1400, in: Erfurter Theologische Studien 13, Leipzig 1962.
– (Hrsg.), Hieronymus Savonarola, Leipzig 1964.
– (Hrsg.), Katharina von Siena, Leipzig 1967.
– Luther in katholischer Sicht, in: Akzente, Leipzig 1971.
– (Hrsg.), Die Briefe des Francisco de Xavier, Leipzig 1977.
Spengler, O., Der Untergang des Abendlandes, 2 Bde, München 1969.
Spitz, L. W., The religous Renaissance of the German Humanists, Cambridge 1963.
Staber, J., Volksfrömmigkeit und Wallfahrtswesen des Spätmittelalters im Bistum Freising, München 1955.
Stadelmann, R., Vom Geist des ausgehenden Mittelalters, Halle 1929.
Staedtke, J., Die Theologie des jungen Bullinger, Zürich 1962.
Stähelin, E., Das theologische Lebenswerk Oekolampads, Leipzig 1939.
Stasiewski, B., Warum so spät? Zur Vorgeschichte des Trienter Konzils, in: Cath 10, 1954.
Staufer, R., Luther vu pur les Catholiques. L'évolution du début du siècle à nos jours, Paris 1962.
– Die Entdeckung Luthers im Katholizismus. Die Entwicklung der katholischen Lutherforschung seit 1904 bis zu Vatikan II, in: ThSt(B) 96, 1968.
Steinmetz, M., Lehrbuch der deutschen Geschichte, Bd III: Deutschland von 1476–1648 von der frühbürgerlichen Revolution bis zum Westfälischen Frieden, Berlin 1965.
Stephan, H., Luther in den Wandlungen seiner Kirche, Berlin (West) 1951.
Stephany, E., Der Dom zu Aachen, Mönchengladbach 1958.

Troeltsch, E., Die Bedeutung des Protestantismus für die Entstehung der modernen Welt, München 1928.
Trüdinger, K. (Hrsg.), Luthers Briefe und Gutachten an weltliche Obrigkeiten zur Durchführung der Reformation, in: RGStG 111, 1975.
Trusen, W., Die Anfänge des gelehrten Rechts in Deutschland. Ein Beitrag zur Geschichte der Frührezeption, Wiesbaden 1962.
Tüchle, H., Reformation und Gegenreformation, in: Geschichte der Kirche Bd 3, Einsiedeln/Zürich/Köln 1965.
Tyler, R., The Emperor Charles the Fifth, London 1956.

Ulmann, H., Kaiser Maximilian I., 2 Bde, Stuttgart 1884–1891.

Vasalla, O., Reform und Reformation in der Schweiz. Zur Würdigung der Anfänge der Glaubenskrise, in: Katholisches Leben und Kämpfen im Zeitalter der Glaubensspaltung 16, Münster 1958.
Volk, H., Verbreiterte Basis reformatorischer Theologie?, in: ThRv 47, 1951.
– Die Lehre von der Rechtfertigung nach den Bekenntnisschriften der Evangelisch-Lutherischen Kirche, in: Pro Veritate. Festgabe für L. Jaeger und W. Stählin, hrsg. von E. Schlink und H. Volk, Münster/Kassel 1963.
Volz, H., M. Luthers Thesenanschlag und dessen Vorgeschichte, Weimar 1959.

Wacker, P., Ecclesia semper reformanda. Theologische Grundlagen der kirchlichen Erneuerung, in: ThGl 54, 1964.
– Luthers Reformation in ökumenischer Sicht. Nachkonziliare Perspektiven aus der Sicht der katholischen Theologie, in: Reformation heute, hrsg. von H. Förster, Berlin (West) / Hamburg 1967.
Watson, Ph. S., Um Gottes Gottheit, Einführung in Luthers Theologie, Berlin (West) 1952.
Weber, M., Die protestantische Ethik und der Geist des Kapitalismus, in: Gesammelte Aufsätze I, Tübingen 1922.
Weier, R., Das Theologieverständnis Martin Luthers, in: Konfessionskundliche und kontroverstheologische Studien Bd 36, Paderborn 1976.
Weijenborg, R., La charité dans la première Théologie de Luther (1509–1515), in: RHE 45, Löwen 1950.

– Miraculum a Martino Luthero confictum explicatne eius reformationem?, in: Antonianum 31, 1956.
– Neuentdeckte Dokumente in Zusammenhang mit Luthers Romreise, in: Antonianum 32, 1957.
– Doctrina de immaculata conceptione apud Johannem Paltz OESA magistrum Lutheri novitii, in: Virgo Immaculata. Acta Congressus Mariologici Mariani Romae, Vol 14, Rom 1957.
– Un caso tipico di esegesi esistentialista presso Lutero, in: Protestantesimo de ieri e di oggi, Rom 1957–1958.
– Luther et les cinquante et un augustins d'Erfurt. D'après une lettre d'indulgences inédits du 18 avril 1508, in: RHE 55, 1960.

Wicks, J., Luther, Paris 1978.

Wieacker, F., Privatrechtsgeschichte der Neuzeit, Göttingen 1952.

Wiesflecker, H., Maximilian I. und die habsburgisch-spanischen Heirats- und Bündnisverträge von 1495/96, in: Mitteilungen des Österreich. Instituts für Geschichtsforschung 67, 1959.

Wolf, E., Martin Luther und die Prinzipien des Protestantismus in katholischer Sicht, in: ThLZ 76, 1951.
– Lutherforschung, in: EKL Bd 2, 1958.
– Sola gratia? Erwägungen zu einer kontroverstheologischen Formel, in: Festschrift für R. Bultmann, 1949; auch in: Peregrinatio Bd 1, Studien zur reformatorischen Theologie und zum Kirchenproblem, München 1962.
– Die Rechtfertigungslehre als Mitte und Grenze reformatorischer Theologie, in: EvTh 9, 1949–1950; auch in: Peregrinatio Bd 2, Studien zur reformatorischen Theologie, zum Kirchenrecht und zur Sozialethik, München 1965.
– Was wollte Luther eigentlich? in: Concilium 2, 1966.

Wolff, O., Die Haupttypen der neueren Lutherforschung, Stuttgart 1958.

Zeeden, E. W., Über die innere Entwicklungsgeschichte des Protestantismus seit der Reformation, in: ThGl 41, 1951.
– Martin Luther und die Reformation im Urteil des deutschen Luthertums, 2 Bde, Freiburg 1950–1952.
– Das Zeitalter der Glaubenskämpfe, in: Gebhardts Handbuch der deutschen Geschichte, Bd 2, Stuttgart 1955.
– Martin Luther, in: Die großen Deutschen. Deutsche Biographie, Bd 1, Berlin (West) 1956.
– Die Deutung Luthers und der Reformation als Aufgabe der Geschichtswissenschaft, in: ThQ 140, 1960.
– Martin Luther und die Reformation im Unterricht. Gesichtspunkte und Überlegungen zur historischen Erfassung, in: Oberrheinisches Pastoralblatt 61, 1960.
– Die Entstehung der Konfessionen. Grundlagen und Formen der Konfessionsbildung im Zeitalter der Glaubenskämpfe, München / Wien 1965.

Zeumer, K., Heiliges Römisches Reich deutscher Nation, Weimar 1910.

Zwinglis sämtliche Werke, CR 88–98, 100–101, Zürich 1959 ff.

Zwingli, Hauptschriften, bearb. von F. Blanke / O. Farner / O. Frei / P. Pfister, 11 Bde, Zürich 1940–1963.

PERSONENVERZEICHNIS

Die in Klammern gesetzten Zahlen hinter den Namen bezeichnen die Lebensjahre, bei Päpsten die Jahre des Pontifikates. Regenten und Bischöfe, die im Text nicht besonders hervortreten, stehen unter den Ländern bzw. Bistümern. Heilige stehen unter den Vornamen. Die im Text zitierten Namen neuerer Autoren sind im Register kursiv gesetzt.

Abkürzungen: Hl. = Heiliger; Mrt. = Martyrer; Kg. = König; Kf. = Kurfürst; Hg. = Herzog; Kard. = Kardinal; EB. = Erzbischof; B. = Bischof.

FOTONACHWEIS

Abb. 1, 2, 3, 9, 13, 15, 16: Deutsche Fotothek, Dresden
Abb. 4: Niedersächsisches Landesmuseum, Hannover
Abb. 5: Alinari, Firenze
Abb. 6, 7: Soprintendenza per i Beni Artistici e Storici, Neapel
Abb. 8, 23: Bildarchiv – Foto – Marburg
Abb. 10: Kunstmuseum Winterthur
Abb. 11, 12, 17: *Peter Manns / Helmuth Nils Loose*, Martin Luther, Verlag Herder, Freiburg i. Br. 1983
Abb. 14: Staatliche Kunsthalle, Karlsruhe
Abb. 18: Hessisches Landesmuseum, Darmstadt
Abb. 19, 20, 21, 22, 24: Colmar, Musee d'Unterlinden

Wir danken den genannten Institutionen für ihre Unterstützung.

Martin Luther 1540 · Heinrich Altegrever · Dresden, Kupferstichkabinett

Hans Luther 1527 · Lukas Cranach d. Ä. · Wartburg-Stiftung Eisenach

Margarete Luther 1527 · Lukas Cranach d. Ä. · Wartburg-Stiftung Eisenach

Luther auf dem Totenbett 1546 · Lukas Cranach d. Ä. · Landesmuseum Hannover

Papst Leo X. bespricht mit Michelangelo den Weiterbau der Peterskirche in Rom
Jacopo da Empoli · Casa Buonarroti, Florenz 1506

Papst Clemens VII. · Sebastiano del Piombo · Museo di Capodimonte, Neapel

Papst Paul III. · Tizian · Museo di Capodimonte, Neapel

Erasmus von Rotterdam 1523 · Hans Holbein d. J. · Langford Castle, Earl of Radnor

Johann v. Staupitz · Gemälde in der Erzabtei St. Peter in Salzburg 16. Jh.

Huldrych Zwingli · Hans Asper · Kunstmuseum Winterthur

Johannes Tetzel OP · Rosgartmuseum Konstanz

Dr. Johannes Eck
Detail des Bronzeepitaphs von J. Eck in der Pfarrkirche Unsere Liebe Frau in Ingolstadt

Reiterbild Kaiser Karls V. · Tizian · Prado, Madrid

Georg Burkhardt aus Spalt 1537 · Lukas Cranach d. Ä. (Werkstatt?) · Kunsthalle Karlsruhe

König Franz I. · Jean Clouet · Paris, Louvre

Landgraf Philipp von Hessen · Hans Krell · Wartburg-Stiftung Eisenach

Kurfürst Friedrich der Weise · Peter Vischer d. J.
Detail aus dem Bronzeepitaph des Kurfürsten in der Schloßkirche zu Wittenberg 1527

Moritz von Sachsen 1526 · Lukas Cranach d. Ä. · Prinzessin von Hessen u. b. Rhein, Darmstadt

Isenheimer Altar · Matthias Grünewald · Unterlinden-Museum, Colmar

Auferstehung aus dem Isenheimer Altar

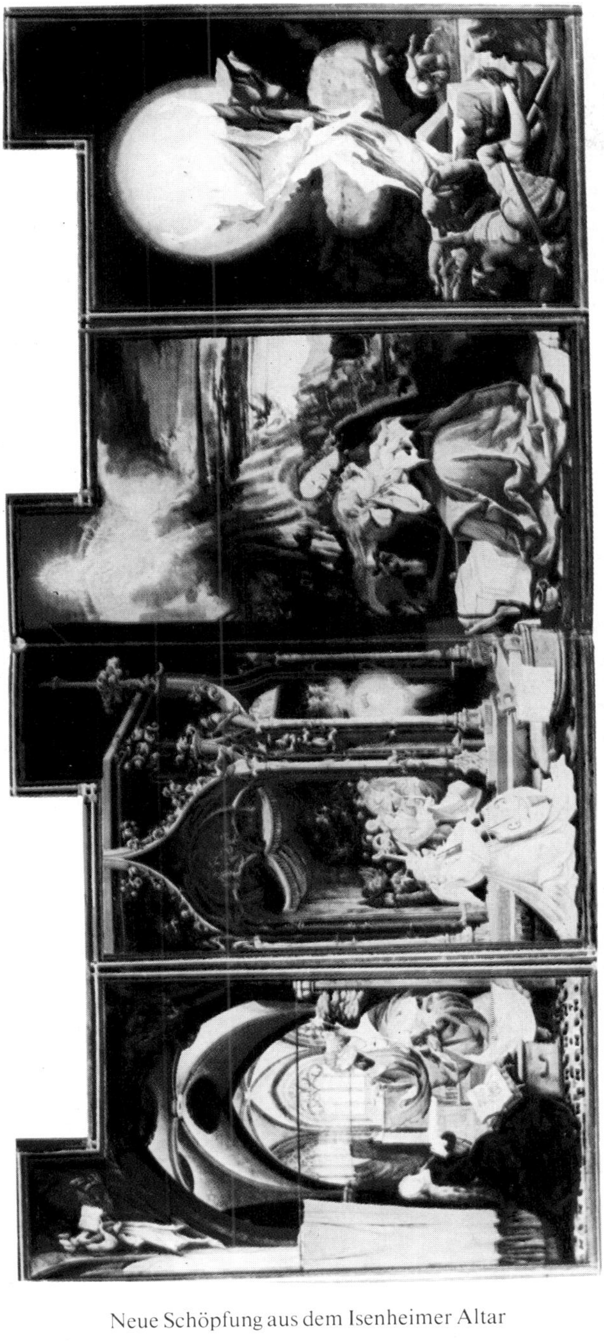

Neue Schöpfung aus dem Isenheimer Altar

Kopf des Gekreuzigten aus dem Isenheimer Altar

Versuchung des hl. Antonius aus dem Isenheimer Altar

Maria in der Landschaft aus dem Isenheimer Altar